玄門真宗

關帝信仰
與現代社會研究論文集

玄門真宗 主辦

國立臺中科技大學應用中文系 承辦

蕭登福、林翠鳳 主編

序言

關帝信仰國際學術研討會，係由國立臺中科技大學應用中文系和玄門真宗，所聯合舉辦。玄門真宗是以祀奉關帝為主的新興宗教，信眾熱心公益，且關懷台灣的宗教及學術發展。自2010年8月起，玄門真宗教尊陳桂興、理事長柯添勝先生即和我及林翠鳳教授等密切磋商，訂立了此次研討會的主題，並擬訂邀請國內外參加會議的專家學者。此次研討會的主題有二：其一主題是關帝信仰國際學術研討會，邀請國內外知名學者針對關帝信仰相關的子題來發表論文。其二主題為各宗教皈依儀式的探討，擬請各宗教執事者撰寫該教皈依（或稱歸信、入門、受洗）軌儀，派人來發表，並和與會學者共同座談。會議時間訂為2011年10月7日及8日兩天。會後出版《關帝信仰與現代社會研究論文集》及《宗教皈依科儀彙編》兩本專書，以供學界及宗教界參考。

此次會議，參加的海外學者，有來自日本京都大學的麥谷邦夫；來自中國的四川大學博導朱越利、中國社科院退休研究員胡小偉、福建藝術研究院葉明生；來自新加坡的蘇瑞隆、李焯然；來自馬來西亞的王琛發；來自香港的暨大客座教授游子安等。國內學者，依姓氏筆劃，則有：丁

孝明、王見川、李建德、李紅珍、林安梧、林文欽、林翠鳳、林振源、洪錦淳、柯奕銓、張家麟、陳益源、鍾雲鶯、蔡光思、錢玲珠、鄭志明、釋廣心、廖崇斐、廖芮茵、蕭登福等人。

此次研討會已於2011年10月圓滿結束，學者所發表的論文，有文獻研究，也有田野調查，有縱的歷史源流論述，也有橫的當代各地區關帝信仰的討論。在歷史源流上，包括了魏晉南北朝至宋元間的關帝前史，也有元明間《道法會元》關帝神格的討論，明清時代關帝和戲曲，及關帝信仰和西洋教會相衝突的探討。在以當代各地區橫向的探討方面，有台灣、香港所見關帝相關善書、福建詔安客家地區的關帝信仰、南洋天地會的關帝信仰、越南關帝信仰，以及近代關帝經典及義理的討論等。在關帝的研究內容上，較以往更為廣闊。會後學者修改的論文，均已陸續寄回，即將匯整出版。

本次會議的相關經費，除少部分由應用中文系業務費支付外，其餘包括學者的機票費、交通費、食宿，以及論文的刊印、旅遊招待等等，絕大部分的經費，皆由玄門真宗所提供；玄門真宗不僅提供經費，會議期間並出動大批信眾支援會場的服務活動，是本次會議成功的主要因素。今論文集即將結集成書，謹誌數語以表謝忱。

蕭登福 謹序

目次

關帝信仰與現代社會國際學術暨皈依科儀研討會

議程表

日期	2011年10月7日（週五）
報到	8:00－8:25
開幕式	8:25－8:50　校長、貴賓致詞
地點	國立臺中科技大學中商大樓　國際會議廳

場次	時間	主持暨評論人	發表人	論文題目
第一場	8:50-10:20	蕭登福	麥谷邦夫 朱越利 蘇瑞隆	關聖帝君前史 《道法會元》中的關元帥 《護國佑民關帝伏魔寶卷》初探
茶敘	10:20-10:35	茶　敘		
第二場	10:35-12:00	朱越利	張家麟 游子安 胡小偉	論華人民間宗教神祇的神格轉化：以關公晉昇玉皇大帝為焦點 香港關帝信仰與善書 明末西洋教會與宮廷關公信仰的衝突
第三場	12:00-12:20	天德教皈依科儀展演		
午休	12:20-13:30	用　餐		
第四場	13:30-15:30	鍾雲鶯 游子安	王琛發 林振源 王見川 丁孝明	南洋天地會的關帝信仰 福建詔安客家地區的關帝信仰 《關帝明聖經》的流傳與著作年代初探 論關帝信仰的成因及其文化意涵
茶敘	15:30-15:50	茶　敘		
第五場	15:50-17:10	王琛發	釋廣心 蔡光思 鍾雲鶯	佛教皈依科儀 天帝教教徒皈宗儀式與認識教壇課程 一貫道的求道儀式及其意義
第六場	17:10-17:30	天帝教皈依科儀展演		

關帝信仰與現代社會國際學術暨皈依科儀研討會

議程表

日期		2011年10月8日（週六）		
報到		8:20－8:50		
地點		國立臺中科技大學中商大樓　國際會議廳		
場次	時間	主持暨評論人	發表人	論文題目
第一場	8:50-10:20	林安梧	葉明生 廖芮茵 蕭登福	關帝信仰文化之忠烈餘韻—明花關索詞話與福建等地關索戲述略 臺灣關帝信仰與文創產業 宋元至清，關帝神格及相關道書、鸞書探論
茶敘	10:20-10:35	茶　敘		
第二場	10:35-12:00	林文欽	陳益源 李焯然 林安梧/廖崇斐	越南關帝信仰 儒家忠義觀念與関帝信仰 三國演義的關羽與關聖帝君的『義』
第三場	12:00-12:20	天主教皈依科儀展演		
午休	12:20-13:30	用　餐		
第四場	13:30-15:30	葉明生 陳益源	林文欽 鄭志明 林翠鳳 李建德	高雄地區關帝廟籤詩之研究——以《關帝百首籤詩》為中心 關帝信仰與善書的社會教化 關帝信仰在臺灣之探析 近現代「玄靈」關帝經典及其儒學義理略論
茶敘	15:30-15:50	茶　敘		
第五場	15:50-17:10	鄭志明	錢玲珠 洪錦淳 李建德/柯奕銓	進入永恆的生命之門——天主教入門聖事 佛教皈依儀式探微 當代道教宗派傳度科儀意涵初探——以太乙玄宗為論述焦點
第六場	17:10-17:30	佛教皈依科儀展演／閉幕式		

每篇論文發表人15分鐘，討論人10分鐘，其餘時間為綜合討論。

研討會召集人國立臺中科技大學蕭登福教授於開幕式中致詞

玉線玄門真宗陳桂興教尊與香港色嗇園李耀輝主席互贈紀念品

蕭登福教授與香港色嗇園李耀輝主席互贈書籍

吳惠珍主任與香港色嗇園李耀輝主席互贈紀念品

朱越利教授、麥谷邦夫教授

蘇瑞隆教授、蕭登福教授

胡小偉教授、朱越利教授

游子安教授、張家麟教授

鍾雲鶯教授、林振源教授、王琛發教授

丁孝明教授、王見川教授、游子安教授

林安梧教授、葉明生教授

蕭登福教授、廖芮茵教授

林文欽教授、李焯然教授、陳益源教授

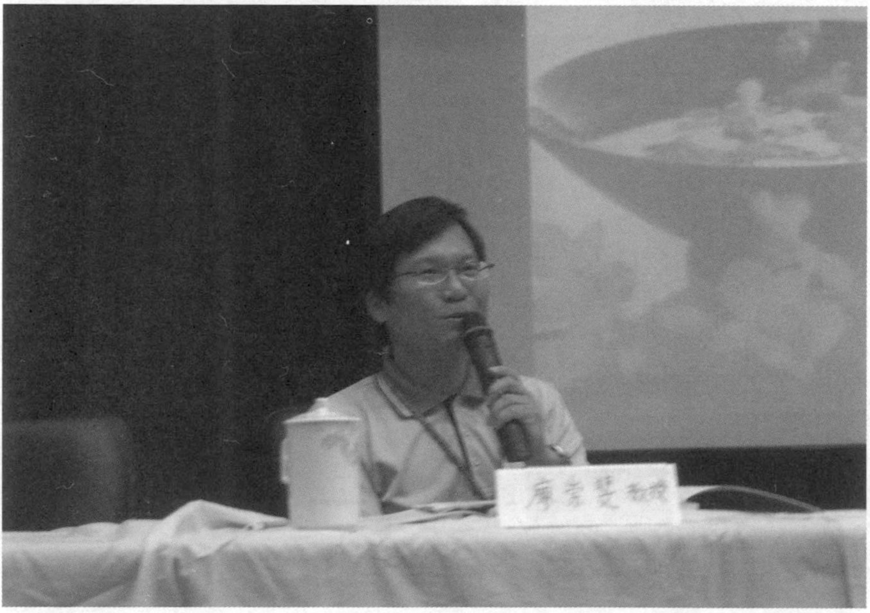

廖崇斐教授

葉明生教授、鄭志明教授、林文欽教授

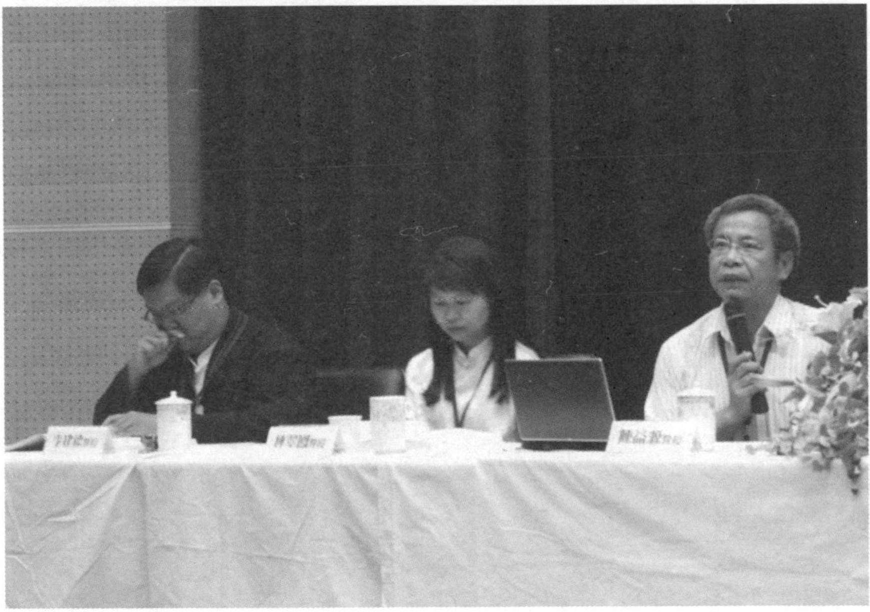

李建德博士、林翠鳳教授、陳益源教授

與會貴賓

與會貴賓

會場即景

會議論文集書影

關聖帝君前史

麥谷邦夫
京都大學人文科學研究所教授

明代謝肇淛曾言：「今天下神祠，香火之盛莫過於關壯繆。（註1）」正如其言，明代以後，關帝廟在全國範圍內被修建，對祭神關帝的虔誠信仰也廣泛地滲透到社會的各階層。這可謂是近世中國宗教史上的一大奇觀。

然而，原本只是三國時代蜀國皇帝劉備手下一員武將的關羽，最早記載其被神格化的歷史資料卻是唐代董侹的〈裴公重修玉泉關廟記〉。董侹是元和年間（八〇六年～八二〇年）的人物，距關羽歿年有六百餘年的歷史。此後進入宋代，關羽被追贈王號，在各地也陸續建起了祠廟。而到了明代以後，關羽被賜予帝號，其祭祀被列入國家祭祀的體系，並且關帝廟也在全國範圍內被修建。如此，關羽成為中國香火最旺的神而受到來自社會各階層的虔敬崇拜。但是在此之前，也就是從魏晉南北朝至宋元時代，關羽在中國社會和傳統文化中究竟是怎樣的形象這一問題，尚未得到完全的解明。本稿以關羽在成為關聖帝君為人所崇拜之前，在朝廷、民間以及道教和佛教中的形象問題為焦點，追溯「關聖帝君前史」這段歷史變遷的足跡。

一、唐代以前的道教和關羽

六朝時代，道教的發展進入到教理形成體系化，並具有能與佛教對抗的經典群的階段。代表江南道教的《真誥》，將多數歷史人物都納入其教理體系中。這一時期距魏晉時代未遠，人們對三國時代的爭戰及活躍其中的人物尚記憶猶新。如後文所述，魏國的曹操、吳國的孫策、蜀國的劉備，均在《真誥》所構建的神仙世界中佔一席之地。除此之外，在距當時極近的時代的歷史人物被神格化而受到民眾信仰的事例亦屢見不鮮，但其中卻毫無關於關羽的紀錄。現在查考當時的道教資料，其中言及關羽的內容亦十分稀少。

神仙術的集大成者葛洪的著作《抱朴子》分為內篇與外篇，內篇是關於神仙道家的敘述，外篇則整理記錄了以儒家為主的一般思想學說。內篇中沒有關於關羽的內容，而外篇的〈清鑒〉篇中則有如下記載：

註1：《五雜俎》卷一五：「今天下神祠，香火之盛莫過於關壯繆，而其威靈感應載諸傳記及耳目所見聞者，皆灼有的據，非幻也。」

抱朴子曰：「咸謂：『勇力絕倫者，則上將之器，洽聞治亂者，則三九之才也。』然張飛、關羽萬人之敵，而皆喪元辱主，授首非所。孔融、邊讓文學邈俗，而竝不達治務，所在敗績。鄧禹、馬援田間諸生，而善於用兵。蕭何、曹參不涉經誥，而優於宰輔。爾則知人果未易也。欲試可乃已，則恐成折足覆餗。欲聽言察貌，則或似是而非，真偽混錯。然而世人甚以為易，經耳過目，謂可精盡。余甚猜焉，未敢許也。」

在出身於江南的葛洪看來，關羽一方面是如張飛之類的萬夫莫敵的勇將，但另一方面葛洪也對其「喪元辱主，授首非所」的下場給予批判（註2）。這段內容雖著重於敘述對歷史人物很難做出評價，但葛洪不贊成世俗對武將關羽的評價的立場是相當明確的，並且完全不認為關羽擁有何種靈力。

其次，傳述了江南茅山道教的啟示的《真誥》卷一五〈闡幽微〉篇中有「侍帝晨有八人。徐庶、龐德、爰倫、李廣、王嘉、何晏、解結、段浩竝如世之侍中。」之記載，列舉了任仙界的侍帝晨之職務的魏晉時代的八位歷史人物。為這一段作注的陶弘景記錄了八人的簡要的傳記，關於龐德的記述為：「龐德字令明，南安人。隨張　南降魏武，拜立義將軍，屯樊城，為關羽所害，謚杜侯。迎喪葬鄴，身首如生。」在《真誥》中，做為關羽的敵對者的龐德得到侍帝晨這一仙界的官職，但對於關羽卻沒有特別的記載。陶弘景也只是淡淡地記敘了關羽在樊城將龐德斬殺這一歷史事實而已。

同樣是在《真誥》的〈闡幽微〉篇中，有「魏武帝為北君太傅」、「孫策為東明公賓友」、「玄德今為北河侯。與韓遂對統。今屬仙官」等記載，將魏武帝、東吳的孫策、蜀國的劉備列入仙官。

關於劉備玄德，陶弘景作注如下：

仙官又有北河司命禁保侯，亦司三官中事，乃隸東華宮，保命君領之。此則是北河侯，必是相統屬矣。劉備字玄德，涿郡人。初起義兵，後遂據蜀，稱尊號。三年病亡，年六十三，謚昭烈皇帝。尋于時同為三國之主，魏武孫策，今位任皆高。劉此職雖小而隸仙官，其優劣或可得相匹也。

註2：對吳人而言關羽是吳國的敵對者，因此吳人對關羽的評價是相當嚴厲的。《宋書》卷二二〈樂志〉四有韋昭作〈吳鼓吹曲〉十二篇，其中第七篇〈關背德〉讚頌了違背與吳國之情誼與吳國為敵的關羽被打倒之事，吐露了當時吳國人的心聲。2k•

此處雖言劉備在仙界的地位可與魏武帝和東吳的孫策相匹敵，但活躍於劉備左右的關羽、張飛與仙界的關係，則完全沒有被提及。將眾多六朝歷史人物列入仙界的《真靈位業圖》中也有類似情況，曹操之弟曹洪、曹仁被列入仙界，而關羽和張飛則不見其名。

僅憑以上事例當然無法急於得出結論，但可見在曾是三國吳地的江南的士人以及江南的道教系統中，對於關羽的評價並不高，甚至說對關羽毫無興趣亦不為過。並且，流傳在北朝的道教經典中也不見關於關羽的記載。

這種狀況在南北朝直到隋唐的道教中都沒有大的變化。唐末五代的著名道士杜光庭的《道教靈驗記》（《雲笈七籤》卷一二〇）的〈吳韶修黃籙齋却兵驗〉一條中，有如下記載：

> 吳韶者，汴州開封人也。家富，為魏大將軍，領兵三萬，泝江入蜀，至戎州值蜀將關羽總師五萬拒之，與韶水陸大戰。韶素好道，常持陰帝陰符經。是日陣敗，告天曰：「吾聞持陰符者，危急之日，有陰靈助之。喪敗如此，願賜救護。」言訖，有二白衣謂韶曰：「汝自入峽，縱意殺人，幽魂咨怨，致此亡敗。」韶曰：「危既如此，何以免之。」二神人曰：「汝速為冤魂告天發願，請修黃籙大齋，拔贖亡者。如此當免失利。」韶如其言，即為發願。關

羽亦已收軍，韜收合敗卒，直至夷陵屯集，乃修黃籙道場三日。前二神人復見謂之曰：「冤魂竝已託生諸方。汝亦沾此餘福，神兵密衛，必得大勝。……」

此處，持《陰符經》、修黃籙齋者，是與關羽對峙的吳韜，關羽在這裡不帶任何道教的色彩，只是被淡淡地記述一筆而已。這個靈驗說，當然只是為了宣揚持《陰符經》在兵法上的利處和通過修覩籙齋所得到的死者濟度之功效罷了。不管是《陰符經》也好黃籙齋也好，正因為它們在杜光庭所處時代的道教中有著重要的地位，因此才誕生了這樣的靈驗說。如果關羽在道教中也得有一席之地的話，靈驗說的內容可能就會發生變化了。與江南道教的代表葛洪、陶弘景不同，杜光庭與蜀有著密切關係，但即便如此，在他看來，關羽也不過是為先主征戰的一員武將罷了。

二、唐代的關羽廟

《道教靈驗記》成書於唐末，距董侹作〈裴公重修玉泉關廟記〉的元和年間約一世紀。《道教靈驗記》中雖然沒有關羽神格化的影響的記載，但並不能說唐代朝廷沒有祭祀關羽的活動。武成廟中關羽的配祀就是代表之一。

根據《唐會要》卷二三〈武成廟〉的記載，唐代對太公望呂尚的祭祀，始於開元十九年

（七三一年）在兩京及天下諸州各建一太公廟。當時，配享只有張良。之後，到了乾元元年（七五八年），太常少卿于休烈上奏，將張良移至漢祖廟。兩年後的上元元年（七六〇年），太公望被追封為武成王，按照文宣王（孔子）之規格修建武成廟，配亞聖十哲祭祀。此後，在德宗的建中三年（七八二年），禮儀使顏真卿上奏，令武成廟有諸侯之奏樂規格，並於春秋兩季舉行釋奠。當時，朝廷命史館考定配享者，挑選古今名將，效仿十哲七十二弟子做為從祀（註3）。其中就包括「蜀前將軍漢壽亭侯關羽」，這一歷史事件在關羽被列入國家規格的祭祀場所上，有著重要的意義。

與朝廷將關羽列入國家祭祀相比，民間對關羽的祭祀又是怎樣的狀況呢？唐代的狀況已經很難明確得知，但如果董侹的〈裴公重修玉泉關廟記〉中所載的玉泉山的關帝廟真的是從天台智顗的時代開始就存在的話，那麼六朝末期在關羽戰死之地，應該存在著一定形態的關羽廟。

但是，《全唐詩》卷二四八中收錄有郎士元所作的題為〈關公祠送高員外還荊南〉一詩。（註4）郎士元是玄宗朝天寶一五年（七五六年）的進士，如果《全唐詩》所收郎士元之詩確為其所作，那麼在玄宗的時代，就已經存在祭祀關羽的關公祠了。此外，在宋代的地理書中所記載的關羽廟的一部分，其起源可以追溯到宋代以前。例如，《太平寰宇記》卷七二〈劍南西道益州華陽縣〉中載「關侯祠張飛祠俱在府西南七里惠陵左右，宋盧陵王立」，說明當時劉宋的盧陵王所立的「關侯祠」與「張飛祠」同時存在。王象之的《輿地紀勝》卷六六〈荊湖北路鄂州景物下〉載「卓刀泉。在江夏東十里劉備郊壇下。世傳關羽嘗卓刀于此。有廟在泉上」；同書卷八二〈京西南路襄陽府古蹟〉載「關將軍廟。即漢將關羽也。舊在鳳林關內」；范致明的《岳陽風土記》載「石瀨廟乃關公廟。湘州記云，石子山溪西有小溪，溪水映徹。關公南征，嘗憩此，因以名羽瀨。今廟亦以此名之。隨軍土地三軍廟助順廟，圖經皆以為關公並呂蒙行軍所置」。以上史料中所載的卓刀泉畔的關羽廟、關將軍廟和關公廟，應該都是關羽在宋代被封為武安王之前，流傳於民間的祭祀關羽的廟堂。此外，還有史料記載了並非是獨立的關羽廟，而是在蜀的先主廟中有做為配祀的關羽和張飛（註5）。這些與關羽有密切聯繫的祠廟，大多是建於古戰場或是跟關羽有關聯之地。

如此，在唐代關羽成為武成廟配祀之前，民間應該也存在著祭祀關羽的祠廟。然而，從六朝到唐末，卻未能發現與道教的教理有關聯的關羽被列入神仙體系中的記載。以往的研究

註3：據《新唐書》卷一五〈禮樂志〉五，共繪有古今名將六十四人之像。王涇《大唐郊祀錄》卷一〇〈武成王廟〉中亦書東西壁共繪有六十四人像從祀該廟。
註4：《文苑英華》卷二七二中載該詩作者為無名氏，詩題亦為〈關侯祠送高員外還荊南〉。
註5：宋．呂頤浩《忠穆集》卷八：「涿州西南二十里有蜀先主廟，以關羽張飛配。」

都認為關羽信仰及其祭祀的興盛是在宋代以後，而道教中的情況與之相同，在此也可以得到再次確認。

在唐代，使關羽的神格化得以傳承的，是貞元十八年（八〇二年）董侹所寫的〈裴公重修玉泉關廟記〉。雖然這篇文章已是眾所周知，但因為是關於關羽神格化的重要史料，所以在此仍引用如下：

玉泉寺覆船山，東去當陽三十里，疊障迴擁，飛泉迤邐，信途人之淨界，域中之絕景也。寺西北三百步有蜀將軍都督荊州事關公遺廟存焉。將軍姓關名羽，河東解梁人。公族功績詳於國史。先是，陳光大中智顗禪師者至自天台，宴坐喬木之下。夜分忽與神遇，云：「願捨此地為僧坊，請師出山，以觀其用。」指期之夕，前壑震動，風號雷虓，前劈巨嶺，下堙澄潭，良材叢木，周匝其上，輪奐之用則無乏焉。惟將軍當三國之時，負萬人之敵，孟德且避其鋒，孔明謂之絕倫。其於殉義感恩，死生一致，斬良擒禁，此其效也。嗚呼，生為英賢，歿為神靈，所寄此山之下，邦之興廢，歲之豐荒，於是乎繫。昔陸法和假神以虞任約，梁宣帝資神以拒王琳，聆其故實，安可誣也。至今，緇黃入寺，若嚴官在傍，無敢褻瀆。荊南節度工部尚書江陵尹裴均曰：「政成事舉，典從禮順，以為神道之教，依人而行，禳彼妖昏，祐我蒸庶，而祠廟墮毀，廞懸斷絕。豈守宰牧人之意也耶。」乃令邑令張憤經始其事。爰從舊址，式展新規，欒櫨博敞，容衛端肅。唯曩時禪坐之樹，今則延袤數十圍。夫神明扶持，不凋不衰，胡可度思。……其增創制度，則列於碑石。貞元十八年記。（《全唐文》卷六四八）

這篇記事的要點在於，距玉泉寺西北三百步之遙有關羽的遺廟存在，陳朝光大年間（五六七年—五六八年）天台智顗到訪此地，夜間，化身為「神」的關羽向其顯現，云願捨該地為建僧坊，並施展其神力將僧坊建成（註6），顯示其身為玉泉寺守護的靈威。荊南節度使工部尚書江陵尹裴均嘆息關羽遺廟荒廢，令邑令張憤於舊址上重建其廟。

與此同類的記事，可見於同樣是唐代的范攄的《雲溪友議》卷上〈玉泉祠〉。范攄是僖宗朝（八七三年—八八八年）的人物，在董侹五、六十年之後。其文中關於關羽的記載有兩則，其中之一便是玉泉祠。其文如下：

玉泉祠，天下謂四絕之境。或言此祠鬼輿土木之功而樹。祠曰三郎神。三郎即關三郎也。允敬者則彷佛似覩之。緇侶居者，外戶不閉，財帛縱橫，莫敢盜者。廚中或先嘗食者，頃刻

註6：《佛祖統紀》卷三九為隋開皇十二年（五九二年）一、二月之事。

大掌痕出其面，歷旬愈明。侮慢者則長蛇毒獸隨其後，所以懼神之靈如履冰谷。非齋戒護淨，莫得居之。

此處並未言及關羽以天神之姿顯現為智顗修建僧坊之事，但言玉泉祠乃借鬼神之力修成，其祭神名曰「三郎神」，亦即關三郎。范攄雖未明言關三郎為何人，但因他是將玉泉祠做為和關羽相關的傳說而寫了這則記載，因此關三郎亦應指代關羽。只是，其他史料中均未見關羽排行為三的紀錄（註7）。

但是，宋代張商英於元豐四年（一〇八一年）所撰〈重建當陽武廟記〉（《全宋文》卷二二三一）中，更為詳細地記述了智顗與關羽的神靈的問答過程（註8）。其大致內容如下：

智顗自天台至玉泉，安坐林間，山中大力鬼神及其眷屬現種種怪異可怖之姿慾惑智顗。顗愍之曰：「汝何為者，生死於幻，貪著餘福，不自悲悔。」一丈夫現姿曰：「我乃關某，生於漢末，值世紛亂，九州瓜裂。……死有餘烈，故主此山。……願捨此山，作師道場。我有愛子，雄鷙類我，相與發心，永護佛法。」顗乃授關羽父子五戒，關羽為顗建玉泉寺，其神亦廟食。歲越千稔，「魔民」世出，寺綱頹紊，廟亦浸弊。元豐年間蜀僧名承皓者再建廟宇。

上文中需要注目的是，董侹的〈裴公重修玉泉關廟記〉中所沒有的智顗與關羽的神靈的問答、關羽父子像與發心受戒成為玉泉寺的護法神，以及元豐年間關羽廟荒廢之事。智顗與關羽的神靈的問答，想必是做為玉泉寺的緣起而創作的，它表明在當時，關羽做為玉泉寺的伽藍神的傳說已經確立起來了。但是，有關智顗的這一傳說，是否在玉泉寺初建之時就已存在，卻是十分值得懷疑的。

這裡引用宋代志磐的《佛祖統紀》卷六中記載的智顗與關羽相關記事之注。其文如下：

〈智者上玉泉圖〉，必應表聞神異。故晉王答書有云：「當陽建寺，既事出神心。理生望表，即當具奏嘉號。」章安撰別傳，略不及關王事，殊所未曉。若謂之無所聞知，則章安親在玉泉聽講矣。謂之不語神怪，則華頂安禪，強軟二魔，必言之矣。矧夫關氏事跡，逮今神應，豈於當時有所遺逸邪。今據玉泉碑以補其闕，用彰吾祖之聖德若此。至若別傳敘事之際，尚多浮辭，今竝刪略，務存簡實。至他所未錄者，今竝收載。覽者宜知。

從上文可知，章安撰述的《智者別傳》中所沒有的與關羽的神異相關的記述，志磐從〈玉泉碑〉中得以補足。章安是智顗的直系弟子，據傳章安的《別傳》是以早先成書的智寂禪師本的《別傳》

註7：關於關三郎，在俞樾的《茶香室叢鈔》卷一五〈關三郎〉中有詳盡的考證。此外，明代袁中道《珂雪齋集》外集卷五中認為關三郎即關羽之子關平，但袁中道並未給出確據。

註8：《佛祖統紀》〈序・息眾疑・釋門諸書〉中亦有〈（宋張商英）關王祠堂記〉。

為底本（註9），並根據其親眼所見的智顗的事蹟撰寫成傳記。而這樣的傳記中沒有記錄智顗與關羽的上述逸話，有力地表明了這段逸話為後世所添加的可能性很大。同時，卷六末中列舉了其所依據的資料，分別為《國清百錄》、《智者別傳》、《高僧傳》、《三部疏記》、《南北史》、〈玉泉碑〉、〈國清碑〉以及〈關王祠堂記〉。志磐儘管也讀過張商英的〈關王祠堂記〉，但是從〈玉泉碑〉補足逸話這一點可以看出，〈關王祠堂記〉是以〈玉泉碑〉為底本寫成的（註10）。

范攄的《雲溪友議》中所記述三郎神之事，在張商英所撰的〈元祐初建三郎廟記〉（《全宋文》卷二二三一）中亦可見。文中，張商英仿李冰與二郎神的關係，稱關羽與三郎神為父子關係，同時還記述了重修關帝廟的僧承皓同樣修建了三郎祠。但是，在范攄的時代三郎祠早已存在，因此承皓所建的三郎祠並不是當時初建，而是如同關羽廟一般，是荒廢後再建之祠廟（註11）。綜上所述，可以推定唐代在玉泉寺已經有關羽廟和三郎祠。張商英等宋人明確認為這分別是關羽和關平父子的祠廟，但在此之前的史料中往往將兩者混淆起來。

此處再例舉一條與關羽相關的傳說的史料。在唐代段成式的《酉陽雜俎》續集卷三中有如下內容（註12）：

武宗之元年，戎州水漲，浮木塞江。刺史趙士宗召水軍接木，約獲百餘段。公署卑小地窄，不復用，因併修開元寺。後月餘日，有夷人逢一人如猴，着故青衣，亦不辯何製。云：「關將軍差來採木。今被此州接去，不知為計。要須明年，却來取。」夷人說於州人。至二年七月，天欲曙，忽暴水至。州城臨江枕山，每大水，猶去州五十餘丈。其時水高百丈，水頭漂二千餘人。州基地有陷深十丈，處大石如三間屋者，堆積於州基。水黑而腥，至晚方落。知州官虞藏玘及官吏纔及船投岸。旬月後，舊州地方乾。除大石外更無一物。惟開元寺玄宗真容閣去本處十餘步，卓立沙上。其他鐵石像無一存者。

上文記述了「關將軍」調遣部下興起洪水採集木材，但為州官所獲用以修建開元寺，翌年又興洪水取走木材這一奇談。文中未說明「關將軍」為何收取木材，只敘述了這位「關將軍」擁有興洪水取木

註9：《佛祖統紀》卷九〈諸祖旁出世家〉：「禪師法論，依玉泉學。與會稽智果終南龍田法琳，皆同學智者，竝與智者作傳，皆不復存。章安所撰別傳，用國清智寂禪師本，稍加增益，遂行於世。此四師雖無事跡可尋，亦皆當時得道英器。（注：見百錄序及別傳注。）」

註10：關於張商英的〈關王祠堂記〉對玉泉寺的緣起之說起到了什麼作用，可參考方廣錩的〈介紹清咸豐刻本《武帝明聖經》〉（《關羽、關公和關聖—中國歷史文化中的關羽學術研討會論文集》，二〇〇二年一月，社會科學出版社）。

註11：《關聖帝君聖蹟圖誌全集》卷三〈玉泉顯烈廟〉：「又有廟曰昭貺，即帝之子平也。俗呼為三郎廟。按荊門志曰，廟興於陳梁之間。蓋始於智顗大師開山之時。歷隋至唐，咸祠事之。……元豐四年，住山承皓撤而新之，復建三郎祠。皆張商英為記。……」且《全宋文》以道光《新津縣志》為〈重建當陽武廟記〉及〈元祐初建三郎廟記〉之出典。二文中稱關羽為「帝」、「關帝」，但關羽被賜予帝號是在明代以後，宋代不可能將關羽稱作「關帝」。很有可能是縣志的編纂者擅自將張商英原文中的「王」、「關王」改成了「帝」、「關帝」。

註12：該文亦見於《太平廣記》卷三三六。

材的靈力。雖然沒有確證證明這位「關將軍」就是關羽，但因這則奇談的舞臺戎州在蜀地，因此可以推斷「關將軍」指的應該就是關羽（註13）。

還有，在宋代孫光憲的《北夢瑣言》卷一一中有如下內容：

唐咸通亂離後，坊巷訛言關三郎鬼兵入城，家家恐悚。罹其患者，令人寒熱戰慄，亦無大苦。弘農楊玭挈家自駱谷路入洋源，行及秦嶺，回望京師乃曰：「此處應免關三郎相隨也。」語未終，一時股慄斯，又何哉。夫喪亂之間，陰厲旁作，心既疑矣，邪亦隨之。關妖之說，正謂是也。

上文記述唐咸通年間（八六〇年～八七四年），市井流傳疫病神關三郎率鬼兵入城，所到之處人皆「寒熱戰慄」之流言，一時間人心惶惶。《北夢瑣言》的作者孫光憲冷靜地分析了流言與人們的反應。透過此段史料，可見與玉泉寺的護法神關羽所完全不同的、率領鬼兵禍亂民間的鬼帥關羽或是關平的傳說的存在。

三、宋代的道教與關羽

如上所述，可以確認唐代在民間存在若干關羽廟，且關羽在國家祭祀體系中的地位，只

不過是武成廟配祀的眾多將軍中的一人。這種狀況發生大的改變，要等到宋代以後。（註13）

入宋後，關羽廟漸次被稱為顯烈廟、武安廟以及關王廟。這種稱法始於哲宗元符元年（一〇九八年）玉泉的關羽廟被賜予廟額「顯烈廟」（註14）。之後到了徽宗時代，關羽被封為忠惠公，又被追封為武安王（註15）。這樣，關羽漸漸確立了他做為武神的獨立的地位（註16）。

隨著關羽地位的上升，道教也開始試著將關羽列入其體系中。《漢天師世家》卷三中，記述了一段徽宗崇寧二年（一一〇三年）的記事：

三十代天師諱繼先，字嘉聞，又字道正，號翛然子，二十七代天師之曾孫。祖敦信。父處仁，

註13：如同上述《輿地紀勝》卷八二中所載「關將軍廟。即漢將關羽也」，說到「關將軍」人們一般都會想到關羽。清代文廷式《純常子枝語》卷二三中引上文曰：「按此即近時所謂龍木也。戎州今敘州地，疑是時已有關將軍廟矣。」可見會昌年間似已有關將軍廟（關羽廟）。

註14：《續資治通鑑長編》卷四九八哲宗元符元年五月：「乙丑……詔賜荊門軍漢壽亭侯關羽以顯烈廟為額，從本路監司請也。」此外關於玉泉的顯烈廟，宋．王象之《輿地紀勝》卷第七八〈當陽縣〉載：「顯烈廟。在當陽縣玉泉山。其神乃武安王關羽。去當陽十五里有關王墓。容齋四筆云：『紹興中，洞庭漁者得壽亭侯印，以為關雲長封漢壽亭侯，故歸之廟中。』」

註15：據《萬曆野獲編》卷一四〈解池神祠加號〉，關羽於徽宗崇寧元年（一一〇二年）被追封忠惠公、大觀二年（一一〇八年）被追封武安王。《關聖帝君聖蹟圖誌全集》卷三封爵考的內容亦與此相同。此後於宣和五年（一一二三年）封義勇武安王、高宗建炎三年（一一二九年）加壯繆義勇王、淳熙十四年（一一八七年）加英濟王。

註16：關於宋代以後武神關羽的變遷，小島毅〈國家祭祀における軍神の變遷〉（《日中文化研究》第三號，一九九二年）中有詳細的論考，此處略。

仕宋知臨川縣。宋元祐七年壬申十月二十日，生於蒙谷庵。……崇寧二年，澥州奏鹽池水溢。上以問道士徐神翁，對曰：「蛟蠥為害，宜宣張天師。」命有司聘之。明年赴闕。……十二月望日，召見。上曰：「澥池水溢，民罹其害，故召卿治之。」命下，即書鐵符，令弟子祝永佑同中官投澥池岸圮處。踰頃，雷電晝晦，有蛟蠥磔死水裔。上問：「卿向治蛟蠥，用何將，還可見否。」曰：「臣所役者關羽，當召。」至即握劍召於殿左，羽隨見。上驚擲崇寧錢與之曰：「以封汝。」世因祀為崇寧真君。

此處記載的崇寧二年關羽受天師張繼先之命除去解池溢水的元兇蛟、被徽宗封為崇寧真君受世人祭祀之說，當然只是為了提高張天師的權威的虛構。亦因此，關於這一事件發生的年份，史料中也各有差異。

明代汪砢玉的《古今鹺略》卷八中所引「古記」載，宋大中祥符七年（一〇一四年）解池水減，鹽收量急劇減少，帝遣使視察，得知此災厄乃蚩尤作祟。帝遣呂夷簡為之祀，呂夢見一神人顯現曰：「吾蚩尤也。上帝命我主此鹽池。今者，天子立軒轅祠。軒轅吾仇也。我為此不平故絕池水爾。若急毀之則已，不然禍無窮矣。」呂還告其事，王欽若言蚩尤乃邪神，當令張天師治之。帝乃召張天師退蚩尤。同時，《古今鹺略》還引用了《廣見錄》中崇寧四年（一一〇五年）張天師平解池妖祟之記事，其年代就有了兩種說法（註17）。而在《山西通志》卷一六八中則是徽宗政和年間（一一一一年～一一一八年）。不管是哪一種說法，解池變異事件被認為是史實而寫入史書，但關羽受張天師之命平蚩尤之祟並被賜予真君之號的記事則不見於史書。關羽平蚩尤之說，不過是為了提高張天師的權威而創作出來的故事，只記載於《廣見錄》之類的稗史小說並流傳於世。

關於這個問題，道教資料中有一條值得注目，即《道法會元》卷二五九〈地祇馘魔關元帥祕法〉中所附陳希微的〈事實〉。其文如下：

昔三十代天師虛靖真君於崇寧年間奉詔。旨云：「萬里召卿，因鹽池被蛟作孽，卿能與朕圖之乎。」於是真君即篆符文行香，至東嶽廊下，見關羽像，問左右：「此是何神。」有弟子答曰：「是漢將關羽。此神忠義之神。」師曰：「何不就用之。」於是就作用關字內加六丁，書鐵符，投之池內，即時風雲四起，雷電交轟，斬蛟首於池上。師覆奏曰：「斬蛟已竟。」帝曰：「何神。」師曰：「漢將關羽。」帝曰：「可見乎。」師曰：「惟恐上驚。」

註17：汪砢玉將二說合記曰：「以此考之，廣見錄所載，年份不差。虛靜之召當在四年之前。蓋崇寧盡五年也。世傳虛靜平解池之祟，以為得神之助，斬池中蛟也。由是侯有崇寧真君之號。琦謂解池神怪之說，參諸前史，止稱有八年之水，君臣以修復而稱賀，無召天師平祟之文，而兩出于傳記小說。一見于祥符時，一見于崇寧時，二天師之力居多，以上所說不同，故具列之。」

帝命召之，師遂叩令三下，將乃現形於殿下，拽大刀，執蛟首，於前不退。帝擲崇寧錢，就封之為崇寧真君。師責之，要君非禮，罰下酆都五百年。故為酆都將。此法乃斬蛟龍馘魔祖法始也。故書其首末，以示後之嗣法之士。陳希微謹誌。

據《茅山志》卷九，記事的作者陳希微乃徽宗政和中的茅山抱元觀的道士（註18）。這則記事中值得注目的是，天師張繼先（虛靖為賜號）遣關羽之神靈成為雷法「斬蛟龍馘魔」之起源，以及關羽在徽宗面前失禮為張天師所責，罰其降下酆都五百年，而由此成為酆都的鬼將（註19）。此處還有一點需要指出的是，成為張天師派遣關羽之契機的，是張天師看見在東嶽廟迴廊上所繪關羽像一事。東嶽廟是祭祀東嶽泰山的泰山府君之廟，亦祭祀著以十王信仰為基礎的冥府之諸神。如果上述史料真實地反映了宋代東嶽廟的狀況的話，那麼關羽已然成為與冥府有密切關聯的神被祭祀。若然，則此事可視為關羽受張天師之罰降下酆都的伏筆。

像這樣的在東嶽廟中有關羽的畫像，以及關三郎率領陰兵也就是鬼兵侵入城市這些流傳在唐代民間的傳說，可看作是關羽與酆都關聯起來的背景之一。然而在雷法中關羽的身分不是天將而是酆都的鬼帥這一點，是其以道教教理為基礎的必然結果。

關於酆都，在梁朝陶弘景編纂的《真誥》〈闡幽微〉篇中有詳細的記述。文中述到在中國的遙遠北方有一座羅酆山，山中有洞，洞外和洞內各有六座鬼神的宮室，其中在山中的被稱為外宮，在山洞內的被稱為內宮。內外宮室的制度完全相同，第一宮為紂絕陰天宮、第二宮為泰煞諒事宗天宮、第三宮為明晨耐犯武城天宮、第四宮為恬昭罪氣天宮、第五宮為宗靈七非天宮、第六宮為敢司連宛屢天宮。這些宮室都由鬼神掌管，根據陶弘景的注解，這些宮室也是北酆的鬼王，亦就是閻羅王或稱北大帝，專門裁決罪人之官府。人死後首先前往紂絕陰天宮，決定其死後的去處。而那些因事故或生病而急死之人則前往泰煞諒事宗天宮，賢者聖人則前往明晨第三天宮。恬昭罪氣天宮的鬼官地斗君管轄人的壽命及命運。文官中的優秀者，可被授予叫做地下主者的冥界文官之職，滿一定年數后就可升作仙官。而武官中的優秀者，則可當上叫做地下鬼帥的冥界武官，同樣滿一定年數後也可升作仙官。

由此可見，酆都是個以北大帝為最高統治者、以地下主者及鬼帥等文武官員組成官僚機構的冥府世界。其中的鬼帥被描繪成受理冥界的訴訟（冢訟）、降災禍於世人、令人畏懼的形象（註20）。《真誥》中的鬼帥出自何處已無從考證，有可能是源自江南的寒門出身的人物。宋代的天師道將關羽納入雷法時，應該就是利用了《真誥》中酆都的傳說以及關羽的被祀於

註18：元至正年間的蕭山觀道士陳希微之事見於元．陶宗儀《南村輟耕錄》卷二七，並非記事的作者陳希微。

註19：關於這段資料，可參考丸山宏〈關羽信仰と道教儀禮〉（《東北アジアにおける關帝信仰の歷史的現在的研究》，山田勝芳編，科學研究費補助金研究成果報告書，二〇〇〇年三月）。

東嶽廟和武成廟、化身佛教的伽藍神和令人畏懼的率領「陰兵」的武神等諸形象。陳希微身為茅山道士，對酆都的傳說應該是相當瞭解的，這也可看作是他將關羽構想成酆都的鬼帥的重要背景。

在元代的道典中，也有關羽是「鬼仙」的明確記載。元代衞琪注《玉清无極總真文昌大洞仙經》卷五中有如下內容：

玄契曰，真人得洞微清淨聖耳，梵通无礙无障內外虛明聞一切音聲，能斬酆都山泰殺諒事宗天煞惡根地根魔籍鬼帳，常以丹果供養元始天王，結帶生核，進登鬼仙。鬼仙者，人死而英靈不昧，君蒿悽愴昭明，能禍福於人。（注：如今天下州縣城隍、土地、關羽、張飛之類是。）

這裡將關羽和張飛死後的神靈並作城隍神、土地公這些「能禍福於人」的「鬼仙」。而這一傳說也可視作是酆都傳說的延續。可以說至少到宋代為止的道教中關羽的地位，並不是始終做為一個獨立的神格被信仰，他同時也被描繪成與冥界有著密切關係的「鬼帥」、「鬼仙」以及被天師調遣的冥界神將（註21）。

四、道教儀禮中的關羽

因為和第三十代天師張繼先關聯，關羽首先在道教的雷法中佔據了一席之地。能夠表明關羽和雷法的關係的代表性的資料，是《法海遺珠》與《道法會元》。兩書均為宋代至元末明初的南宗、正一派、淨明派等的符籙呪法的集大成之經典。其中《道法會元》卷二五九〈地祇馘魔關元帥祕法〉、同卷二六〇〈酆都朗靈關元帥祕法〉中所記載的以關羽為主將的雷法，也是以《真誥》以來酆都說為基盤的。

〈地祇馘魔關元帥祕法〉的構成如下：

主法為「北極紫微大帝」，主將為被賦予「雷部斬邪使興風撥雲上將馘魔大將護國都統軍平章政事崇寧真君關元帥」這一威嚴官名的關羽。關羽之容貌為重棗色（深暗紅色）面、鳳眼、三牙（三丫）鬚、長髯一尺八寸；服飾為天青結巾、大紅朝服、玉束帶、皂朝靴。執

註20：《真誥》卷七甄命授中有關於王延、范疆、傅晃、梁衛四鬼帥與冢訟的記述。

註21：元・苗善時編纂的《純陽帝君神化妙通紀》卷六〈宮中勦祟第八十二化〉載：「政和中，宮禁有祟，白晝現形，盜金寶，姦妃嬪，獨有上所居无患。自林靈素王文卿諸侍宸等治之，息而復作。上精齋虔禱，奏詞九天。晝寢見東門外有一道士，碧蓮冠，紫鶴氅，手執水晶如意，前揖上曰：『臣奉上帝敕來治祟。』良久，一金甲丈夫捉祟，劈而啗之且盡。上問：『丈夫何人。』道士曰：『乃陛下所封崇寧真君關羽也。』上勉勞之再四。……」同樣的記事亦見於《消搖墟經》卷二及《呂祖志》，此道士實為呂洞賓。此處的關羽受呂洞賓之使捉拿妖祟，其構造與《漢天師世家》及陳希微〈事實〉同。由此可見元代關羽在道教中的地位並未有大改變。

龍頭大刀、有赤兔馬隨、如馘攝怒容、自雷門而至。法師唸種種咒語，發出「元帥真形符」、「六丁恙鬼雷符」等符，奉北極紫微大帝之命遣關羽等將捉拿邪鬼。

以上是〈地祇馘魔關元帥祕法〉的概略。在「元帥真形符」的下方，附有「關平、關索、大逞威靈、前追惡鬼、後馘妖精」等注記。而關羽之子中除了關平，還有後世創作出來的關索，可見〈地祇馘魔關元帥祕法〉中含有明代以後作成的部分。只是在本卷中，還列舉了以「祖師三十代天師虛靖弘悟真君張（諱繼先）」為主法、以「東嶽獨體地祇義勇武安英濟關元帥（諱羽）」為主將的別法，在其後附有陳希微的〈事實〉。此處關羽的稱號為「東嶽獨體地祇義勇武安英濟」，與〈事實〉中所描述的調遣東嶽廟的關羽的內容相一致。但其稱號中只附上了宋代賜予的「義勇武安王」和「英濟王」，可見這部分是年代較早的「關元帥法」。

在《道法會元》中，其他與關羽的稱號有關的符法或雷法還有很多。現以其是否與酆都有關為據，將其分為兩大類。首先是與酆都無關的，有〈玉宸鍊度符法〉（卷一五、卷一六）、〈正一靈官馬元帥大法〉（卷三六）中的「轟雷攝正青靈上衛上將關元帥」和「轟雷攝正青靈上將關羽」、〈神捷五雷祈禱檢〉（卷四七）中的「義勇武安元帥關羽」、〈九州社令陽雷大法〉（卷一二七）中的「地祇興風遏雲大將關元帥羽」、〈九州社令陽雷祈禱檢式〉（卷一二八）中的「黑虎大神皮明馘魔關羽」、〈上清五元玉冊九靈飛步章奏祕法〉

（卷一八四）中的「護道崇寧威烈關將軍」。上述中的關羽有的是雷部的上將，有的是地祇，但其絕大部分形象都只是雷部的一員神將，其靈威並沒有被特別地強調。

與此相對的，與酆都有關的關羽的稱號有「酆都追攝元帥關羽」（卷二二一〈清微玉宸鍊度奏申文檢〉）、「酆都馘魔關元帥」（卷四一〈清微言功文檢〉）、「酆都朗靈元帥關羽」（卷四八〈神捷五雷祈禱檢式〉）、「酆都馘魔元帥關羽」（卷四九〈神捷五雷祈禱檢式〉）、「酆都忠勇馘魔關元帥」（卷八六〈先天雷晶隱書〉）、「酆都行司關元帥」（卷一三二〈雷霆祈禱祕訣〉）、「朗靈馘魔關元帥」（卷二二二〈神霄遣瘟治病訣法〉）、「（酆都）外臺獄主關將軍」（卷二四一〈雷霆三五火車靈官王元帥祕法〉）、「雷部斬邪使興風撥雲上將馘魔大將護國都統軍平章政事崇寧真君關元帥」（卷二五九〈地祇馘魔關元帥祕法〉）、「酆都朗靈馘魔大將關元帥」（卷二六〇〈酆都朗靈關元帥祕法〉）、「酆都大威德大忿怒統天禦地殺鬼馘魔大將關羽」（卷二六二〈酆都考召大法〉）、「九獄主者關帥」（卷二六四〈北陰酆都太玄制魔黑律收攝邪巫法〉）等。其中除了〈地祇馘魔關元帥祕法〉（卷二五九）與〈酆都朗靈關元帥祕法〉（卷二六〇）中將關羽做為主將外，其他場合關羽均以酆都將領中的其中一人登場，地位並不十分高（註22）。

可見，在宋代以後興盛的道教的符法或雷法中的關羽，不管是否與酆都有關，其形象基

註22：關於《道法會元》中的「關元帥法」，可參考前述丸山氏論文。

本都只是受差遣的諸多神將的其中之一，或是雷部的神將，或是酆都的陰神，其性格並無定式。而透過陳希微的〈事實〉和第三十代天師張繼先相關的創作明確了關羽酆都大神的形象這一點是無可置疑的。關羽在道教教典中的登場，幾乎只侷限於宋代盛行的符法或雷法中，與明代以後的關聖帝君相比，其做為神的性格和事蹟也有著很大的侷限性。

小結

本文主要針對在對關聖帝君的信仰被確立的明代以前的關羽的形象進行了研究。明代以前和以後，關羽的形象及性格有著顯著的差異。南北朝時代無論是在民間還是在道教中，關羽都未受到重視。唐代以後，經由佛教徒之手將關羽和玉泉寺的緣起聯繫在一起，並被賦予了伽藍神的性格，同時成為武成廟的配享武將，其功績得到認可。另一方面，在民間，與關羽有關的舊地上建有祠廟，並流傳著關羽具有某種靈力之說。宋代以後，國家賜予其廟額和王號，產生了與之相關的解池及天師雷法的傳說，其在道教中做為冥府酆都的鬼帥的性格也逐步明確。

但是，在明代以後對關聖帝君的信仰中，做為冥府的鬼帥的關羽的形象漸漸淡薄。這其中的背景，是關羽被明確納入國家的祭祀體系中，以及其在小說和戲曲中形成的新的形象有著巨大的影響力。這種轉變在宗教史上究竟有著何種意義，特別是在道教史上究竟形成了怎樣的轉變，都是今後值得進一步研究的課題。

《道法會元》中的關元帥

朱越利
四川大學宗教研究所博士生導師

明《道藏》中的一部道經題為《道法會元》，卷帙浩繁，總計268卷。關羽神在其中25卷裡出現，被稱為元帥、大將等。（註1）《道法會元》告訴我們，南宋以來流傳的所謂「關羽斬蚩尤」的神話並非道教編造的。從《道法會元》中關元帥的神格、名號和形象，可以感到宋元時期符籙派融合的趨勢，可以追尋該時期道教與文學互動的一點痕跡，可以發現道教借用佛教的幾個例證。

註1：這25卷是：卷15、卷16、卷22、卷23、卷36、卷41、卷47、卷48、卷49、卷82、卷86、卷88、卷127、卷128、卷132、卷146、卷184、卷203、卷206、卷221、卷241、卷259、卷260、卷262和卷264。

一、《道法會元》編著於元末明初

《道法會元》中出現關羽神的25卷，有的整卷或散插在卷中的有的文章可以看出或考證出撰述年代。那些考證不出撰述年代的整卷和文章，只能以《道法會元》全書的編輯年代為其撰述年代的下限。1991年出版的《道藏提要》判斷說：《道法會元》卷244提及元末三十九代天師張嗣成，卷210又有元至正丙申（1356）王玄真、張雨等序文，因此《道法會元》「當編於元末明初。」《道藏提要》此條原文將《道法會元》「卷244」誤印為「卷224」，蓋排版之誤，本文將之更正為「卷244」（註2）。

《道法會元》所述清微派道法中，臨壇法師有時開列歷代宗師姓名與他一起請神，有時恭請歷代宗師和眾神一道降臨法壇。所列或所請宗師年代最近的是「上清三景大洞法師清微總章上卿混元真人趙宜真」，或稱「清微總章上卿浚儀原陽趙先生」（註3）。在1994年的「龍虎山道教文化研討會」上，筆者據之判斷說：「《道法會元》蓋趙宜真或其弟子所輯，輯於元末或明初。」（註4）

《道法會元》輯於元末明初的說法，為不少學者所接受，但近年來出現了個別不同看法。

根據趙宜真的名字出現在臨壇享祭的仙真、祖師之列，在2004年出版的英文著作《道藏通考》中，「道法會元」條說：《道法會元》卷15等處列有趙宜真姓名的表章應是趙宜真的弟子作法事時所用，這表明編著《道法會元》時趙宜真已經羽化甚久，已被他的傳人視為仙真。因此，《道法會元》可能是明版《道藏》的一位編著者專門為編輯《道藏》而彙編的，這位編著者很顯然就是趙宜真道長的弟子劉淵然（1351～1432）的傳人邵以正（約1427～1454），《道法會元》彙編完成的年代當在15世紀上半葉中（註5）。

2009年，又有學者根據《道法會元》將趙宜真列入啟請神靈中，也認為編著《道法會元》時趙宜真已作古，進而推斷《道法會元》當彙輯在趙宜真逝世的明洪武十五年（1382）至《正統道藏》始刊的明正統九年（1444）之間（註6）。

註2：任繼愈主編《道藏提要》，第961頁，中國社會科學出版社，1991年7月第1版。又見第588頁，2005年12月第3次印刷（第三次修訂）。

註3：《道法會元》卷15、卷19、卷20、卷21、卷23、卷25、卷32、卷33、卷46和卷49，《道藏》28\754中、780中、783上中、806中下、819中、863上、864上中、867中下、29\57下～58上、93上。文物出版社、上海書店、天津古籍出版社，1988年第一版。

註4：朱越利《張宇初論道派》，原載張金濤，郭樹森主編《道教文化管窺——天師道及其它》，第163頁。江西人民出版社，1996年8月第1版。

註5：施博爾（Kristofer Schipper）和袁冰淩撰「道法會元」條，見施博爾（Kristofer Schipper）和傅飛嵐（Franciscus Verellen）合編「《道藏通考 The Taoist Canon： A Historical Companion to the Daozang》，第3冊，第1105～1106頁。芝加哥大學出版社，2004年。尹志華博士為本文掃描「道法會元」條，劉康樂博士為本文翻譯了此條，謹表示感謝。

註6：蓋建民、陳龍《趙宜真道履、著述及其丹道思想特色新論》，趙衛東主編《問道昆崳山——齊魯文化與昆崳山道教國際學術研討會論文集》，第61～62頁。齊魯書社，2009年6月第1版。

《道法會元》的編著年代出現了新的推斷，所以，本文有必要重新回答《道法會元》編著於何時的問題。

趙宜真在《道法會元》卷5末尾對《道法會元》的編著做了說明。這800餘字的說明，落款「原陽子趙宜真書」。為敘述方便，本文暫為這篇說明代擬一個假篇目《保守靈文誡》。

趙宜真《保守靈文誡》（代擬篇目）說唐代時祖舒「總四派而為一，會萬法以歸元」，章法詳備，但符章經道、簡策詔令散漫。近世高道或只傳一種道法，或咒訣只靠口傳。趙宜真是說唐代女冠祖舒創立了清微道法，但一直沒有清微道法的總集。按：趙宜真所說「四派」指的是清微派、靈寶派、道德派、正一派。「總四派而為一，會萬法以歸元」就是《道法會元》書名的出處。

趙宜真接著自述說，他編著了《道法會元》：他「將師傳四派歸一宗譜、道樞元降秘文列於篇首。其符章經道、簡策詔令，取其切於用者，各以類聚。其諸階雷奧，止取三元、神捷、神烈、大雷、岳酆諸將之法見於贊化、顯於當時者，各存其要。其煉度登齋章法止以玉宸為主。而行持進止之訣，撮其機要，逐一條陳。仍記諸仙宗旨，參序其間，編校成帙。甚至行移事節，各立限期，分三十品，著定檢文，以便發遣」（註7）。趙宜真的自述，簡要介紹了他編著的《道法會元》的內容和結構。

今本《道法會元》的內容和結構，與趙宜真的簡要介紹相符合。今本《道法會元》卷2和卷3包括「清微應運」、「三派始祖」和「清微帝師宮分品」，的確是四派歸一宗譜（註8）。卷1包括「清微道法樞紐」、「清微大道秘旨」和「道法九要」（註9），可以統稱為「道樞元降秘文」，卷1至卷3的位置正是「篇首」即全書之首。趙宜真所說「四派歸一宗譜、道樞元降秘文列於篇首」，指的就是這前3卷。今本《道法會元》前3卷之後各卷收錄的「符章經道、簡策詔令」，皆分類彙集，符合趙宜真所說「各以類聚」；收錄的各類法術，符合趙宜真所說「三元、神捷、神烈、天雷、嶽酆」的編排順序。今本《道法會元》只在卷13至卷23集中收錄煉度登齋章法（註10），符合趙宜真所說「止以玉宸為主」。散見今本《道法會元》各卷的行持進止之咒訣，的確如趙宜真所說「逐一條陳」。今本《道法會元》卷5、卷7、卷8、卷14、卷17中穿插著署名趙宜真撰寫的說明，符合趙宜真所說「仍記諸仙宗旨，參序其間」。今本《道法會元》中有多卷「文檢」，符合趙宜真所說「著定檢文，以便發遣」。由此看，的確是趙宜真編著了《道法會元》。

註7：《道法會元》卷5，《道藏》28/707上～708上。
註8：《道藏》28/680中～688中。6月第1版。
註9：《道藏》28/673下～679下。
註10：《道藏》28/736上～814中。

趙宜真《保守靈文誡》（代擬篇目）接著說：「豈意比年有參學者，本以無知，類乎謹願，未嘗苦行而得之不難，遂失之易，弗顧盟誓，視為閑文。輒被同袍詭計竊錄，從而除去序編姓名，妄將旨訣增減，掩為己有，轉以授徒」（註11）。這說明趙宜真初編《道法會元》時，寫有序言，並署上了姓名。趙宜真是說他編著的《道法會元》遭到竊錄，已經流散到外人之手，序言和他的署名被刪掉了，正文也被增減。

趙宜真告誡說：「吾黨正宗法子，繼今而後，尤當保守靈文，毋蹈前車覆」（註12）。趙宜真此篇《保守靈文誡》（代擬篇目）或許是補入他初編的《道法會元》的，或者是為再編《道法會元》而撰寫的，今已難辨何者為是。若經過再編，再編者有可能是趙宜真本人，也有可能是趙宜真的弟子。從「尤當保守靈文」的告誡推斷，即使是趙宜真弟子的再編本，也經過趙宜真首肯，也保持了趙宜真初編本的內容和結構。趙宜真或其弟子不會將《保守靈文誡》（代擬篇目）補入被增減的竊錄本中。

《保守靈文誡》（代擬篇目）表明，初編或再編《道法會元》時，趙宜真仍在世。趙宜真為元末明初人。

今本《道法會元》中五嶽神的封號，也表明《道法會元》編著於元末或明初。

明太祖朱元璋下詔重新確定諸神封號。《明史》卷50《禮志》記載：「（洪武）三年，定諸神封號。凡後世溢美之稱，皆革去。天下神祠不應祀典者，即淫祠也，有司毋得致祭。」對於嶽鎮海瀆的神號，朱元璋下詔將歷代皇帝封贈的名號全部取消。《明史》卷49《禮志》曰：「（洪武）三年，詔定嶽鎮海瀆神號。略曰：『為治之道必本於禮，嶽鎮海瀆之封起自唐宋。夫英靈之氣，萃而為神，必受命於上帝，豈國家封號所可加？瀆禮不經，莫此為甚！今依古定制，並去前代所封名號。五嶽稱東嶽泰山之神、南嶽衡山之神、中嶽嵩山之神、西嶽華山之神、北嶽恒山之神。』」同年六月，朱元璋的詔文被刻碑豎立在嶽鎮海瀆各處，詔告天下。今山東省泰安市岱廟、河南省濟源市濟瀆廟仍矗立著刻有朱元璋這道詔文的《大明詔旨碑》。碑文收錄於明代郎瑛著《七修類稿》卷11，名為《本朝嶽鎮海瀆碑》。

今本《道法會元》的五嶽神稱號都是洪武三年（1370）前歷代皇帝封贈的封號，沒有朱元璋限定的稱呼。比如卷3曰：「五嶽：東嶽泰山大生天齊仁聖帝，居蓬玄太空宮。南嶽衡山大化司天昭聖帝，居朱陵太虛宮。西嶽華山大利金天順聖帝，居太極總仙宮。北嶽恒山大貞安天元聖帝，居太極總玄宮。中嶽嵩山大寧中天崇聖帝，居上帝司真宮」（註13）。此外，卷39稱東嶽神宋大中祥符元年（1008）的封號「天齊仁聖王」，卷45、卷63、卷255、卷

註11：《道法會元》卷5，《道藏》28/707下～708上。
註12：《道法會元》卷5，《道藏》28/707下～708上。
註13：《道法會元》卷3，《道藏》28/687中。

256稱東嶽神宋大中祥符四年（1011）的封號「東嶽天齊仁聖帝」，卷22、卷35、卷42、卷43、卷48稱東嶽神元至元二十八年（1291）的封號「東嶽天齊大生仁聖帝」，卷5將東嶽神的聖帝封號簡稱為「東嶽大帝」。

上述五嶽神稱號或可以解釋為趙宜真只是原樣移錄了前人的文字而已，不觸犯朱元璋的詔令。但對於《道法會元》卷15、卷19、卷20、卷21、卷23、卷25、卷32、卷33、卷46和卷49的內容就不能這樣解釋。這些卷所列清微派宗師系譜，列到趙宜真的師父，稱為「上清三洞五雷法師清微採訪使臣曾貴霓」或「洞淵塵外曾真人」，說明這些卷是趙宜真編寫或日常使用的道法科儀經本。其中卷19、卷20和卷21等三卷稱五嶽神為「五嶽總領真君」和「五嶽名山聖帝」，含宋元封號，而不稱五嶽之神。這裡的「五嶽總領真君」和「五嶽名山聖帝」稱號如果編寫或使用於洪武三年（1370）之後的話，就是抗旨。

《贛州府志》記載，趙宜真是宋太祖趙匡胤之子武功王趙德昭的十三世孫。趙德昭於宋太宗時自殺身亡。自殺之因不明，留下謎團。趙宜真之父仕元為江西吉安府安福令。趙宜真因病錯過了科舉考試，遂拜李元、張天全為師，從塵外遊，常住匡山。洪武壬戌（1382）他羽化的第二天，「縣官士庶觀者雲集」，景泰六年（1455），朝廷贈他「崇文廣道純德原陽趙真人」號。《贛州府志》稱讚他「于正乙、天心、雷奧、全真還丹之旨多所發揮。」「其徒甚眾」（註14）。

明李時珍《本草綱目》卷1上、明江瓘編《名醫類案》卷9、明張介賓撰《景岳全書》卷64分別錄趙宜真仙方、醫論和醫書。

趙宜真是著名道士和醫生，匡山（廬山）為當地三教活動中心，趙宜真和匡山皆為官府、民眾所矚目。如果洪武三年（1370）之後趙宜真抗旨，在道法科儀活動中朗誦歷代皇帝封贈的五嶽神封號，蓋難以不被官府發現。由此推測，趙宜真編著《道法會元》的時間在洪武三年（1370）之前，主要彙集了宋元時期的道法。如果《道法會元》經過弟子再編，再編的時間亦在洪武三年（1370）之前。

洪武三年（1370）之前趙宜真仍在世，但在今本《道法會元》中他卻被做為神仙召請，何以故？這有兩種可能。

第一種可能是，趙宜真健在時其弟子的確已經將他做為神仙召請，故再編《道法會元》時其弟子在清微派宗師系譜最末位增添了他的名字。《靈寶玉鑒》卷13描述法師臨壇作法時存思人間三師，請三師超拔開渡。其曰：「各禮師訣。（先存經師形相、名諱，心禮三拜。）咒曰：『願師得仙道，上登高靈，為我超拔，一切皆成道真，我身升渡。』（次存籍師形相、

註14：《江西通志》卷104。

名諱，心禮三拜。）咒曰：『願師得飛仙，上登高真，為我開渡，七祖父母，早生天堂，我得真道，升入無形。』（存真師形相、名諱，心禮三拜。）咒曰：『願師得升度，上登高仙，為我開渡，五苦八難，名入仙籍，永為真人。』師曰：『修行之道，本在存師。師之不存，道從何得？所為師者曰渡師，渡師之師曰籍師，籍師之師曰經師，以上人間三師也。別有天上三師者，太上老君為度師，虛皇大道君為籍師，元始天尊為經師也……』」（註15）。此時的人間三師有可能仍然健在。佛教密宗要求將敘上師觀想成佛，甚至觀想上師的恩德還大於佛陀。宋元道教受此教義的影響，蓋有可能。

第二種可能是，趙宜真明洪武十五年（1382）羽化後，其弟子刊印《道法會元》時將趙宜真姓名加入清微派宗師系譜中。加入趙宜真姓名的時間，自然不遲於《正統道藏》始刊的明正統九年（1444）。

僅以趙宜真的名字出現在臨壇享祭的仙真、祖師之列，即判斷編著《道法會元》時趙宜真已經羽化甚久，蓋忽略了上述複雜情況。

今本《道法會元》沒有趙宜真的序言和署名，也看不出「行移事節，各立限期，分三十品」的品目和序列，蓋為殘本和錯簡本。

今《道法會元》沒有其他人署名或說明自己是編者，也沒有序跋介紹其他人是編者，只有趙宜真《保守靈文誡》（代擬篇目）說明自己是編者。故而，在沒有發現新的證據之前，筆者仍持自己的舊說。如果表述得更精細一些，則是：《道法會元》編著於元末或明初洪武三年（1370）之前。編著者為趙宜真。若經過再編，再編者是趙宜真本人或是其弟子，再編於元末或明初洪武三年（1370）之前。

二、道教的原創是「關羽斬蛟」

《道法會元》中一些追本溯源的文章被題為《事實》。《道法會元》卷259「地祇馘魔關元帥秘法」之後有一篇《事實》，署名陳希微撰，講述北宋崇寧（1102～1106）年間關羽受封崇寧真君之事。其曰：

「昔三十代天師虛靖真君於崇寧年間，奉詔旨云：『萬里召卿，因鹽池被蛟作孽，卿能與朕圖之乎？』於是真君即篆符文，行香至東嶽廊下，見關羽像，問左右：『此是何神？』有弟子答曰：『是漢將關羽，此神忠義之神。』師曰：『何不就用之？』於是就作用『關』字，內加『六丁』，書鐵符，投之池內。即時風雲四起，雷電交轟，斬蛟首於池上。師復奏曰：『斬蛟已竟。』帝曰：『何神？』師曰：『漢將關羽。』帝曰：『可見乎？』師曰：『惟恐上驚。』

註15：《道藏》10/234中。

帝命召之。師遂叩令三下。將乃現形於殿下，拽大刀執蛟首於前，不退。帝擲崇寧錢，就封之為『崇寧真君』。師責之要君非禮，罰下酆都五百年，故為酆都將。此法乃斬蛟龍馘魔祖法始也，故書其首末以示後之嗣法之士。陳希微謹志」(註16)。

日本學者二階堂善弘教授推斷說，《事實》所述大概是這一故事相當早的形態，這一故事的早期形態是張虛靖命關羽斬蛟(註17)。

荷蘭學者田海（Barend J，ter Haar）教授認為：關羽神於宋徽宗時斬蛟的傳說「可能與真實的歷史事件聯繫得更為緊密」，關羽神於宋真宗時斬蚩尤的傳說「出現得要稍晚一些」，證據就是《事實》，「以陳希微為標誌，陳希微自稱為張繼先的學生。叫這個名字的道士活躍於1093年左右，或許比張繼先更早，可能生活在宋徽宗統治期間」。他這篇論文的結論是：「關羽信仰與早期道教的關係比與早期佛教的關係更為密切」(註18)。

二位學者皆對《事實》給予了足夠的重視，得出了正確的判斷。但是，只有將《事實》的寫作年代確定下來，才更有說服力。

我們可以從作者陳希微判定《事實》的寫作年代。陳希微，生卒年不詳，但有文獻表明他是北宋茅山道士。明王鏊撰《姑蘇志》卷58講述了陳希微入道的經過：「陳希微，字彥真，吳人，先名伯雄。元祐中得疾，因往茅山劉靜一求符水。下山，覺眩冒，不能前。據石大嘔，此疾遂愈。棄家為道士，築室柳汧泉上。徽宗聞其名，屢詔不起，乃以所居為抱元觀，而錫以洞微法師之號。」可知陳希微於北宋哲宗元祐（1086～1093）中成為茅山道士，後引起了宋徽宗的注意。

南宋周密撰《癸辛雜識》前集說道士陳彥真常教人道家胎息之法，「令常寄其心，納之臍中，想心火烈烈然，下注丹田。如是坐臥起居不廢。行之既久，覺臍腹間如火，則舊疾盡去矣。」周密，淳祐（1241—1252）中曾任義烏令。大概是陳希微的方術頗有名氣，引起了宋徽宗的注意。

南宋周應合撰《景定建康志》卷45曰：「抱元觀在茅山柳谷泉。考證：『舊名柳谷庵，政和八年六月二十九日，因陳希微修行於此，有敕賜抱元觀為額。』」周應合，淳祐（1241～1252）間進士。他記載政和八年（1118）宋徽宗向陳希微賜號，表明這一年陳希微仍在世。

據《漢天師世家》卷3，宋徽宗於崇寧四年（1105）賜三十代天師張繼先號虛靖先生，同年又封其為真君。《道法會元》卷259《事實》稱張繼先為虛靖真君，當寫於崇寧四年

註16：《道藏》30/594上中。
註17：二階堂善弘著《道教・民間信仰における元帥神の變容》，第169、170頁，關西大學出版社，2006年10月發行。
註18：（荷蘭）田海（Barend J，ter Haar.）撰，邢飛、張慧敏、張崇富譯《關羽信仰興盛與道教的關係》，《弘道》第47期，第58、59、63頁，2011年6月。

（1105）之後。陳希微以親見親聞的口吻寫成，撰寫的時間蓋距張繼先鹽池作法之時崇寧（1102～1106）年間不遠，蓋不遲於北宋末年，即不遲於靖康元年（1126）。

關羽鹽池斬蛟的神話，在張天師一系的記載中一直沿襲。《漢天師世家》和《龍虎山志》的記載與陳希微所述基本相同。明《漢天師世家》卷3記載：崇寧三年（1104）十二月，三十代天師張繼先奉旨書鐵符，召關羽，「令弟子祝永佑同中官投解池岸圯處。逾頃，雷電晝晦，有蛟孽磔死水裔」（註19）。清婁近垣《龍虎山志》卷6《世家》記載：崇寧三年（1105），張繼先奉旨「書鐵符，投池中，怒霆磔蛟死」。張繼先所招神將關壯穆（註20）。

在講述關羽道教神跡的現存文獻中，茅山道士陳希微的《事實》是年代最早的。自唐代以來，民眾、士人、朝廷，儒教、佛教、道教，都參與了關羽神的塑造。道教參與關羽神的塑造，當始於崇寧（1102～1106）至靖康元年（1126）間。

在陳希微的《事實》所述神話中，神將關羽在鹽池斬殺的是孽蛟，不是蚩尤。但後來有人將關羽斬蛟的情節篡改為斬蚩尤。

關羽鹽池斬蚩尤的神話見於南宋無名氏作《大宋宣和遺事》和元代的《廣見錄》、《三教源流搜神大全》、雜劇《關雲長大破蚩尤》等。《大宋宣和遺事》元集曰：崇寧五年（1106），三十代天師張繼先遣漢將關羽和山神石氏鹽池除蛟，蛟乃蚩尤所變，欲求祀典。《廣見錄》也這樣說。《三教源流搜神大全》卷3則將時間提前為北宋真宗大中祥符七年（1014）。大意是那一年，主管鹽池的蚩尤神竭鹽池之水相要脅，要求朝廷拆毀軒轅殿。宋真宗遂命張天師討伐蚩尤，張天師指派關羽戰勝了蚩尤，鹽池水如故。雜劇《關雲長大破蚩尤》中遣關羽斬蚩尤的天師則自稱「貧道張乾耀」，自稱「三十二代」（註21）。

《大宋宣和遺事》為南宋無名氏作，經元人增益。現已無法判斷將關羽斬蚊篡改為關羽斬蚩尤者是南宋人還是元人，只能籠統地說篡改於南宋或元代。

關羽鹽池斬蛟的神話被篡改，與後世有人將蚩尤刻劃為惡神、有人將蚩尤與鹽池相聯繫有關。明顧起元曰：「又按：俗稱關羽死後為神，有破蚩尤於鹽池事。今山西解州是《寰宇記》云蚩尤之封域，有鹽池之利。王冰《黃帝經序》云：『其血化為鹵，今之解池是也。』方百二十里，鹵色正赤。故呼解池為『蚩尤血』，則俗稱『雲長』云云，亦有自來矣」（註22）。王冰，號啟玄子，醫學家，唐代宗時曾任太僕令。《太平寰宇記》，樂史撰於宋太宗時。由於傳說解州是蚩尤被殺被分屍之地，後人遂將解州的鹽池與蚩尤被殺聯繫在一起。

註19：《道藏》34/827上。
註20：《藏外道書》19/465上。
註21：關於張乾耀，請參閱（日）二階堂善弘《有關天師張虛靖的形象》，《臺灣宗教研究通訊》第3期，2002年4月，第34～48頁。
註22：明顧起元撰《說略》卷7。

講史話本《大宋宣和遺事》和雜劇《關雲長大破蚩尤》採納關羽鹽池斬蛟的神話，反映了道教對文學藝術的影響。但《大宋宣和遺事》和雜劇《關雲長大破蚩尤》等又吸收了蚩尤神話，將道教神話中的關羽鹽池斬蛟篡改成斬蚩尤。

元胡琦寫了一篇《解池斬妖考辨》，以李燾《續通鑒長編》記載崇寧四年（1105）修復鹽池為依據，否定了所謂宋真宗時關羽鹽池戰蚩尤的傳說，判定《廣見錄》所說為準，肯定了宋徽宗時三十代天師張繼先召關羽鹽池斬妖之事（註23）。胡琦將神話內容牢牢地確定為被篡改的「關羽斬蚩尤」，大概不知有陳希微的《事實》一文，或者是對此文不以為然。胡琦的《解池斬妖考辨》誤導性很大。

元代之後，明彭大翼撰《山堂肆考》卷149、明王世貞撰《弇州四部稿》卷174、《弇州四部稿續稿》卷170、清初徐道編《歷代神仙通鑒》（一名《三教同原錄》）卷19以及一些廟志、碑刻等，紛紛轉述關羽鹽池斬蚩尤的神話，並隨意改動。如《歷代神仙通鑒》卷19說：宋元祐中（1086-1093），哲宗召三十代天師張繼先除解州鹽池之害。這一改動過於出格！元祐七年（1092）張繼先剛剛出生，如何能於元祐中作法除害？

清錢曾《讀書敏求記》說：「《漢天師世家》一卷中稱三十代天師諱繼先者，宋崇寧二年投符解州鹽池，磔蛟死水裔。上問：『用何將？』隨召關某見於殿左。上驚，擲崇寧錢與之，曰『以此封汝。』世因祀為『崇寧真君』。此當是關帝受封之始。」錢曾只引《漢天師世家》，大概與胡琦同樣，亦不知有陳希微的《事實》一文，或者亦是對此文不以為然。錢曾引述了關羽鹽池斬妖神話的最初版本，但影響甚微。

南宋或元代對關羽鹽池斬蛟神話的篡改，以及元、明、清三代對這一篡改的輕信和傳播，將道教的原創「淹沒」了，使不少當代學者誤信了各種篡改。如元雜劇《關雲長大破蚩尤》被誤解為關羽崇拜形成初始階段的標本式戲劇（註24），或誤以為關羽的崇寧真君封號最早出現在元代三國戲中，或誤以為「關羽斬蚩尤」為張天師系統之神話，甚至誤以為明初第四十二代天師張正常首次把「關羽斬蚩尤」事寫進《漢天師世家》等等，茲不贅述。不少當代學者的誤信，不足為怪。今考證陳希微的《事實》一文，供參考。

蚩尤，中國上古時代的部落領袖。有學者說蚩尤即炎帝，有學者說蚩尤是炎帝後裔。《山海經・大荒北經》記載黃帝和蚩尤大戰於冀州之野，黃帝擒殺蚩尤，這就是傳說所謂的「阪泉之戰」。丁山說：所謂「阪泉之戰」黃帝擒殺蚩尤的故事，不過是將祈雨的典禮演繹成祈雨的神話而已，其實並無擒殺之事（註25）。上古時代，部落間的攻伐爭戰是常有之事。蚩尤

註23：（清）張鎮編《解梁關帝志》卷2。宋萬忠、武建華標點本，第105～106頁。山西人民出版社，1992年9月第1版。

註24：參閱回達強、金強《元雜劇〈關雲長大破蚩尤〉與關羽戰神、雨神崇拜的發軔》，《河北學刊》第28卷第5期，2008年9月。

的部眾，後來一部分融入黃帝部落，一部分繁衍為一些少數民族。無論蚩尤是否被擒殺，他都是中華民族的始祖之一。

蚩尤被尊為神。《皇覽・塚墓記》云：「蚩尤塚，民常十月祀之。」《龍魚河圖》云：「後天下複擾亂，黃帝遂畫蚩尤形象，以威天下。」《述異記》卷上云：「太原村落間祭蚩尤神，不用牛頭。」《史記・高祖本紀》記劉邦起兵，「祠黃帝、祭蚩尤於沛庭。」《史記・封禪書》記齊祀八神，「三曰兵主，祀蚩尤。」丁山說：炎黃二帝都是日神的子孫，炎帝即蚩尤，蚩尤是火神、戰神，也是天神（註26）。

傳說蚩尤神的形相有多種，明顧起元曰：「蚩尤，天符之神，狀類不常。」或「獸形，傅以肉翅」。或「銅頭鐵額，食沙石，制五兵之器，變化雲霧」。或「龜足蛇首」。或「人身牛蹏，四目六手」。或「牛耳，鬢如劍戟，有角」（註27）。這些形相皆不是蛟。

歷史上有人將蚩尤刻劃為惡神，編造了關羽鹽池斬蚩尤的神話。這些人或許是以成敗論英雄，或許是出於偏見，或許純粹是一種文學行為。我們不必苛責古人對蚩尤不敬。但今天我們卻不宜重複這類不敬的刻劃，我們應一併歌頌黃帝、炎帝和蚩尤。

三、關元帥與符籙道法

六朝時期，茅山是上清派的本山，六朝上清派盛行存想術。如前所述，北宋的茅山道士陳希微修練中「令常寄其心，納之臍中，想心火烈烈然，下注丹田」，表明他繼承了六朝上清派的存想術。但他卻記錄張天師召關羽鹽池斬蛟的神話，講述驗魔祖法的源頭，使人禁不住要問他是否加入了正一派。從陳希微身上，我們看到上清派與正一派融合的影子。

陳希微《事實》所述關羽鹽池斬蛟神話雖然簡短，但卻全面展示了道教關羽元帥的神格。第一，忠義。「三十代天師虛靖真君問左右：『此是何神？』有弟子答曰：『是漢將關羽，此神忠義之神。』師曰：『何不就用之？』」張虛靖召遣關羽，是看重他的忠義。第二，勇猛。「即時風雲四起，雷電交轟，斬蛟首於池上。」何等勇猛。第三，為酆都將。酆都山為道教神話中的鬼獄，道經稱其在北方癸地，由酆都北陰大帝等統轄。所謂「要君非禮，罰下酆都五百年」，這一故事情節的作用是轉變關羽的身分，從漢將轉變為酆都將，將關羽神請入符籙派道法。關羽為酆都將，表明在符籙派道法中他的主要職責是驅邪趕鬼，維護一方或一家的幸福安寧。佛教將關羽的身分轉變為佛教護法伽籃菩薩，朝廷曾延漢將關羽配祀武神「武

註25：丁山《中國古代宗教與神話考》，第400頁。龍門聯合書局，1961年版。上海文藝出版社，1988年影印。
註26：丁山《中國古代宗教與神話考》，第393～398頁。龍門聯合書局，1961年版。上海文藝出版社，1988年影印。
註27：明顧起元撰《說略》卷7。

成王」姜尚。與佛教護法神和儒教武神兩種身分相比，關羽做為道教酆都將，距民眾的精神生活更近。

陳希微最後說：「此法乃斬蛟龍馘魔祖法始也」（註28）。「蛟」被「魔」取代，「斬蛟」被「馘魔」取代，斬蛟神話為馘魔法術提供了起源。「馘」的讀音為「國」，原是割掉犯人左耳的一種酷刑，將戰爭中殺死的敵人的左耳割下來計數以領軍功也叫「馘」。後來「馘」成為「斬」、「殺」的同義詞。從陳希微的講述看，北宋末年已經形成了馘魔法。在馘魔法中，「馘魔」就是「斬魔」、「殺魔」，暗含著忠義、勇猛和酆都將三義。

南宋時有道士繼承馘魔法創立了酆嶽派。筆者曾說：「張宇初的三洞四輔道派說啟示我們，酆嶽派是確實存在，有歷史依據的。我們可以從《道法會元》所輯錄的各種酆都法中找到一些線索，印證張宇初之說。」「《造令式》依次列北極大帝等祖師、北極天蓬元帥等聖師、北極酆都上帝等宗師和三天大法師正一靜應正君（張道陵）、西臺御史魏真君。魏真君即魏伯賢，當為創派之人。」「酆嶽派尊崇北極鎮天降魔天蓬元帥、蒼天上帝和北陰玄天酆都鬱絕大帝（北陰酆都玄天大帝、酆鬱大帝），立有龐大的帥班和鬼伍，包括酆都朗靈馘魔大神關羽，立有十二宮、九獄、六道、諸司，定有黑律、儀軌，以符咒行考召法，召神遣將，驅邪捉鬼」（註29）。

《道法會元》卷260至卷268述南宋和元代的酆嶽派道法，其中稱關羽為「酆都朗靈馘魔關元帥」（或「酆都朗靈馘魔大神」）、酆都「九獄主者關帥」、「酆都大威德大忿怒統天禦地殺鬼馘魔大將」（或「大威德大忿怒大勇敢大化身統天禦地潑托將軍酆都馘魔大將」）等。

南宋時有道士繼承馘魔法創立了地祇法。地祇法內派別眾多。卷253《地祇緒餘論》曰：「地祇一司之法，實起教於虛靖天師，次顯化於天寶洞主王宗敬真官，青城吳道顯真官、青州柳伯奇仙官、果州威惠鍾明真人相繼而為宗師。其後如江浙閩蜀湖廣，嗣法者何限？姓名昭揭寧幾人？其書始則有石碑本，繼則有鐵林府地祇、原公夫人廟地祇、五雷地祇、五虎地祇、索子地祇、十字地祇、四凶地祇、聖府地祇，後則有蘇道濟派、溫州正派、李蓬頭派、過曜卿派、玄靈續派，如此等類，數之不盡」（註30）。

《道法會元》卷253有劉玉於寶祐六年（1258）述「地祇法」曰：「地祇一法，凡數十階。溫將軍專司，亦十餘本，使學者莫之適從。余初得之盛仙官椿，繼得之李真君守道。再

註28：《道藏》30/594上中。
註29：參閱朱越利《張宇初論道派》，載張金濤，郭樹森主編《道教文化管窺——天師道及其它》，第156～159頁。江西人民出版社，1996年8月第1版。
註30：《道法會元》卷253，《道藏》30/557上中。

得之於六陰洞微盧仙卿埜，所授之本已大不同。繼而遇時真官，則符篆愈異。晚參之閭判官天佑，及傳之呂真官希真，玄奧始全備矣……今以其傳授之於巽園黃君景周」（註31）。盧埜為酆嶽派第四代傳人，劉玉曾從盧埜受地祇法。黃景周咸淳十年（1274）撰《地祇緒餘論》曰：「《敕制地祇經》云：『凡人榮枯貴賤得失、屈伸否泰、善惡吉凶，皆屬東岳，並係地祇。巡遊世間，混雜往來，中界一念始舉，地祇即錄，分毫功過，報應即行。法人最要修身處世，事上待下，無一欠缺。操履既正，將帥自然扶持，符水自然靈驗，幽冥自然無業累。地祇禍福報應只在眼前，尤當謹畏。』諸行法官指地祇為小酆都，正謂此也」（註32）。筆者曾說：由盧埜與劉玉的師徒關係和《敕制地祇經》所云可知，「地祇法當與酆嶽派有密切關係」（註33）。

從《道法會元》中關元帥的神號，可以進一步看到地祇法與酆嶽派的密切關係。

《道法會元》卷253至卷259述南宋和元代的地祇法。地祇法尊崇東嶽泰山天齊仁聖帝、天蓬玉真壽元真君蒼天上帝、北極紫微大帝等，召遣的主將是翊靈昭武顯德上將溫元帥（翊靈昭武溫太保瓊）和鐵櫜地雷東平忠靖王張元帥巡（通天斬邪大將東平忠靖威烈元帥張巡）。

《道法會元》卷259講述三派「地祇馘魔關元帥秘法」。具體言之，第一派稱關羽為「雷部斬邪使興風撥雲上將馘魔大將護國都統軍平章政事崇寧真君關元帥」（或「馘魔大將」）和「朗靈神」，第二派稱關羽為「酆都朗靈大將」和「大威德大忿怒大勇敢大化身統天禦地馘魔大將關羽」，第三派稱關羽為「東嶽獨體地祇義勇武安英濟關元帥」（註34）。第一派和第二派的關羽神號與酆嶽派相同。

酆嶽派和地祇法關元帥名號中比馘魔法多出「朗靈」二字，有時簡稱關羽為「朗靈神」或「朗靈將」。《道法會元》卷259述地祇法的「現形回應咒」曰：「朗靈神，朗靈神，速降臨，速降臨。關某上將大逞威靈，手執寶刀，斬滅魔靈。准今呼召，速出嶽庭。急急如律令」（註35）。《道法會元》卷265「法官非當兇惡制伏雄魔、攝捉英猛之鬼，不得用朗靈將」（註36）。酆嶽派和地祇法都有「朗靈咒」。《道法會元》卷259「變形書迎刀符」曰：「密唸朗靈咒，呼召，見關帥現形，即吸入中宮」（註37）。《道法會元》卷260曰：「塗咒……朗靈神，朗靈神，誅滅惡鬼不正神，報應甚分明」（註38）。

關元帥名號中的「酆都」、「馘魔」來自馘魔法，「九獄主者關帥」之稱從「酆都將」

註31：《道藏》30/555下～556中。
註32：《道法會元》卷253，《道藏》30/556下。
註33：參閱朱越利《張宇初論道派》，載張金濤，郭樹森主編《道教文化管窺——天師道及其它》，第159頁。江西人民出版社，1996年8月第1版。
註34：《道藏》30/588下～593下。
註35：《道藏》30/589上。
註36：《道藏》30/630上。
註37：《道藏》30/589下。

的身分衍生而來，「大威德大忿怒大勇敢大化身」取自佛教，「朗靈」二字另含深意。

《道法會元》卷207述「太極葛仙公施食法」，作法道士咒曰：「一切含靈，悉仗天恩，齊登道岸。」然後存思：「凝定，默存自己一點靈光起于中宮，上升泥丸，化為太一救苦天尊，與天地同體，放五色祥光，洞照幽陰之下……只見酆都幽陰之境，一時悉化光明。」然後再唸咒。「咒畢，存見幽陰朗徹，地府開通，一切幽靈等眾，盡乘光明而至」（註38）。這裡描述道士自己心中的靈光、放光的太一救苦天尊為「朗靈」，濟度酆都的一切幽靈悉化光明也叫做「朗靈」。「朗靈」的含意是存思法與符籙結合在一起濟度幽魂。

《道法會元》卷150「洞玄玉樞雷霆大法」稱上天有天醫朗靈院，能夠為人驅邪治病。其描述作法道士上章祈請璿宮大聖北斗七元真君玄靈上帝賜聖旨。其中曰：「告下朗靈院，召降天醫靈官、治病功曹、驅邪將吏，定今夜亥子時中降赴某人家，掃除故炁，收捉妖邪，醫治某人見患」（註39）。「朗靈」二字又指天醫朗靈院，由星宿神管轄。

酆嶽派和地祇法的「朗靈」二字的含意，與「太極葛仙公施食法」和「洞玄玉樞雷霆大法」有相同之處。《道法會元》卷259「地祇馘魔關元帥秘法」曰：「括竅造化作用：靜定調真息，靈光運坎離。一輪明月上，此即朗靈機」（註40）。這是將內丹術用於符籙法術，二者結合在一起濟渡幽魂。《道法會元》卷260「大馘魔酆都追鬼總符」曰：「朗靈轟煞。」

小字注「朗」字曰：「天罡、太乙、勝光、小吉、從魁、河魁、登明、神後、大吉、大沖、功曹、傳送，攝！」小字注「靈」字曰：「角、亢、氐、房、心、尾、箕，斗、牛、女、虛、危、室、壁，奎、婁、胃、昴、畢、觜、參，井、鬼、柳、星、張、翼、軫」（註）。「天罡」等為六壬式卜術中的十二支神名，為一年十二月將名（註41）。「角、亢」等為二十八宿名。「大馘魔酆都追鬼總符」的「朗靈」，被解釋為月將星宿，疑指天醫朗靈院。「朗靈」二字表明酆嶽派和地祇法融彙了其它道法的內容。

關元帥也被其他道法請去除魔斬妖。其他道法借用了關元帥在酆嶽派和地祇法中的原有神號，略有發揮。《道法會元》中其他道法的關羽神號如下：

清微派稱關羽為酆都朗靈馘魔上將關元帥、酆都朗靈元帥關羽、酆都馘魔元帥關羽、酆都馘魔關元帥、酆都追攝元帥關羽、酆都關元帥、酆都大將關羽等（註42）。神霄派稱關羽為酆都忠勇馘魔關元帥（註43）。九州社令陽雷大法稱關羽為馘魔關羽、酆都行司關元帥、地祇興風遏

註38：《道藏》30/305中下。
註39：《道藏》29/779中。
註40：《道藏》30/588下。
註41：《道藏》30/595中。
註42：《六壬大全》卷2。
註43：《道法會元》卷23、卷47、卷49、卷22、卷23、卷48，《道藏》28/811上、29/71上、88上、89下、93中、94上、28/797中、798上、799上、811下、29/82中、86上。

雲大將關元帥（註44）。正一忠孝家書白捉五雷大法稱關羽為酆都馘魔朗靈關元帥（註45）。上清五元玉冊九靈飛步章奏秘法稱關羽為護道崇寧威烈關將軍（註46）。神霄金火天丁大法稱關羽為酆都行司關元帥（註47）。神霄遣瘟治病訣法稱關羽為朗靈馘魔關元帥（註48）。雷霆三五火車靈官王元帥秘法稱關羽為（酆都）外臺獄主關將軍（註49）。

符籙各派自六朝以來，始終處於既堅持個性，又互相靠攏、融合的過程之中。宋元是道教符籙各派加速融合並最終合一的時期。北宋時逐漸形成符籙派三山鼎立的局面。宋哲宗因勢利導，敕三茅山經籙宗壇與信州龍虎山、臨江閣皂山，三山鼎峙。此後，茅山玉晨觀住持黃澄向宋徽宗請求混一三山經籙，獲得批准。日曆翻到嘉熙三年（1239），宋理宗順應實情，命三十五代天師張可大提舉三山符籙，確定了龍虎山在符籙諸派中的領導地位。符籙諸派於元成宗大德八年（1304）最終混合為正一派（註50）。酆嶽派、地祇法和其他道法圍繞著關羽神表現出來的「你中有我，我中有你」，是宋元道教符籙各派加速融合大潮中的一朵浪花。

四、關元帥與文學藝術

二階堂善弘教授著《道教・民間信仰における元帥神の變容》說：隋唐以後許多官名稱為元帥，金元時期此現象亦很突出。受此影響，元明雜劇將漢代的韓信、三國的孫堅也改稱元帥。五代、宋以後民間信仰中出現一批新的武神，其中一類為元帥神，這與受到通俗文藝的影響大概不無關係。據《道法會元》，元末明初元帥神也被道教所接受（註51）。

關羽形象的定型經歷了從西晉陳壽《三國志》，到元末明初羅貫中的《三國演義》，長時期的藝術塑造過程。三國故事早在唐代以前就已流傳。至宋代已出現了「說三分」專業藝人。在元代，《三國志平話》及《三分事略》等書的先後刊行，元雜劇以關羽為主要角色的劇目有十餘種。至《三國演義》，關羽的形象最後定型。具體地說，在《三國志・關羽傳》中關羽只是「美鬚髯」，到《三國演義》則擴展為「身長九尺，髯長二尺，面若重棗，唇若

註44：《道法會元》卷86、卷88，《道藏》29/355上、357中、362下、366上。
註45：《道法會元》卷128、卷132、卷127，《道藏》29/623中、648中、615上。
註46：《道法會元》卷146，《道藏》29/759中。
註47：《道法會元》卷184，《道藏》30/174下。
註48：《道法會元》卷203、卷206，《道藏》30/292中、30/302中。
註49：《道法會元》卷221，《道藏》30/375中。
註50：《道法會元》卷241，《道藏》30/491上、492中。
註51：參閱朱越利《讀〈茅山志〉劄記五則》，載《世界宗教研究》1998年第4期。

塗脂，丹鳳眼、臥蠶眉，相貌堂堂，威風凜凜」。在《三國志‧關羽傳》中關羽只是「策馬刺良於萬眾之中，斬其首還」，沒有明確使用的兵器是寶劍還是大刀，至今有學者仍為之爭論不休。在《三國演義》中關羽不僅用刀，並且揮舞的是「青龍偃月刀」，並有持刀副將周倉立於背後。在《三國志‧關羽傳》中關羽只有關平、關興二子，在《三國演義》中關羽還有第三子關索。在《三國志》中赤兔馬是呂布的坐騎，始終與關羽無緣。在《三國演義》中曹操將赤兔馬贈給關羽，關羽騎著赤兔馬馳騁疆場。關羽遇難後，赤兔馬絕食而亡。

從《三國志》到《三國演義》，關羽的形象是逐步豐滿起來的。《道法會元》的關元帥形象處於這一豐滿過程之中，它吸收了文學藝術對關羽形象的塑造成果，有可能也對後者產生一些影響，對考證關羽形象的塑造過程或有幫助。

酆嶽派和地祇法的祝贊咒令中，歌頌了關元帥的忠義和勇猛。《道法會元》卷259一道「元帥忠義立誓咒」曰：「劍氣淩雲，實曰虎臣。義敵一國，力效萬神。蜀展其翼，吳拆其鱗。惜乎忠勇，前後絕倫。大震威聲，關某律令」（註52）。《道法會元》卷260一道「助贊咒」曰：「馘魔大將，英烈威靈。在生忠勇，死後為神。忠貫日月，德合乾坤。寶刀在手，怒氣淩空。誅斬妖魔，賓服不臣……」（註53）更多的還是歌頌關元帥的英勇無敵。《道法會元》卷259一道「誓章」曰：「關羽神吏，翻倒乾坤。掌天之威，真君之權。呼吸雷霆，撼動山川。吾誓到處，斷絕邪源。刀持在手，呼聖集仙……」（註54）另一道「敕咒」曰：「朗靈大將，速下酆營。持刀跨馬，斬鬼來呈。順者不斬，逆者滅形。稍有違戾，如逆上清」（註55）。

除了直白的歌頌外，酆嶽派和地祇法的祝贊咒令還藝術性地刻劃了關元帥忠義和英勇的形象。《道法會元》卷259曰：「元帥重棗色面，鳳眼，三牙鬚，長髯一尺八寸。天青結巾，大紅朝服，玉束帶，皂朝靴。執龍頭大刀，有赤兔馬隨。常用喜容。如馘攝，怒容，自雷門而至」（註56）。

在同卷中，關羽的面色、衣著有變化，乘赤兔馬改為乘火雲：「面紅紫色，紅袍金甲，長髯，手執大刀，乘火雲，自南方而來」（註57）。在《道法會元》卷262中，面色、巾色和靴色與卷259中又不同：「赤面長髯，皂巾，手執大刀，綠靴」（註58）。衣色也與卷259中有異：「酆都小馘魔符……奉北帝敕，急召大將關羽……存大將皂衣執刀，自東北方雲霧

註52：《道藏》30/588下。
註53：《道藏》30/595上。
註54：《道藏》30/589上。
註55：《道藏》30/592中。
註56：《道藏》30/588下。
註57：《道法會元》卷259，《道藏》30/593下。
註58：《道法會元》卷262，《道藏》30/602上。

而來」（註59）。

關元帥手持的兵器，除上述寶刀、龍頭大刀、大刀、刀等名稱外，《道法會元》卷259「響刀現行符」中還稱為龍刀、一梃墨：「朗靈神，速降臨，關羽龍刀轟煞。」小字注曰：「一名一梃墨」（註60）。龍刀並非關羽專用，卷261「酆都車夏二帥秘法」中車夏二帥也使龍刀。其「催咒」曰：「龍刀分汝體，虎印破汝身。急依神律制，附體現魔精。疾！疾！」（註61）。

有學者考證說：關羽的偃月刀之名見於北宋《武經總要》，是當時名家健鬥之人自製以標新立異來突出自己的一種武器。此種刀屬於重兵器，日常練武時會用到，但基本不用戰陣。因其太過笨重，並不利於靈活作戰（註62）。

《道法會元》卷259「元帥真形符」咒提到關羽的持刀副將周昌將軍曰：「周昌將軍，速現速臨。手捧寶刀，斬滅邪精」（註63）。

胡小偉研究員考證說：目前文獻典籍中「周倉」為關王隨從的說法，首見於元末人魯貞《桐山老農文集》記述的開化《關王廟碑記》「迎神詞」中。周倉原型本為徽商所祀神祇「五顯神」之部屬將軍。周倉形象的出現，不應晚於至順二年（1331）（註64）。另有學者說：「周倉是在元末明初這段時間內才隨關羽做侍衛的」（註65）。不知《道法會元》中的「周昌」是「周倉」之誤，還是另有出處。

《道法會元》卷259出現了關羽的兒子關平和關索。「響刀現行符」中的「天符牒」後曰：「右符遣清源妙道真君陳昱、崇寧真君關羽、禁將趙旻、關平如役。緊用方可用之。傳法之士以忠義為心，其應如響」（註66）。「元帥真形符」中一段咒語曰：「關平、關索，大逞威靈。前追惡鬼，後馘妖精」（註67）。

截至陳壽《三國志》和裴松之《注》，歷史文獻對關羽的先輩和關統而後以及婚姻關係無隻字記載。在元代刊刻的《三國志平話》中已有關索隨諸葛亮南征孟獲的故事。羅貫中吸收了宋元時期的民間傳說，把關索的故事寫進了《三國演義》。據周紹良《關索考》，《三國演義》聯輝堂本有「花關索荊州認父」的故事（註68）。

註59：《道法會元》卷262，《道藏》30/609中。註47：《道法會元》卷146，《道藏》29/759中。
註60：《道藏》30/590上。
註61：《道藏》30/599下。
註62：劉丹《關羽真的用過青龍偃月刀嗎？》，《史實探讀》2009年第18期，第66頁。
註63：《道藏》30/589中。
註64：胡小偉《〈周倉考〉補正》，《明清小說研究》2003年第2期，第99頁、101頁。
註65：王萬嶺《周倉何時隨關羽》，《文學遺產》1999年第1期，第81頁。
註66：《道法會元》卷259，《道藏》30/590下。
註67：《道法會元》卷259，《道藏》30/589中。
註68：蔡東洲《「關羽現象」五考》，《四川師範學院學報（哲學社會科學版）》1995年第1期。第35頁。

《道法會元》中還出現了關羽的大刀圖像。《道法會元》卷259「元帥真形符」中繪一把刀尖下指的短柄寶刀圖像（圖1），「響刀現行符」中繪一把刀尖直上的長柄龍刀圖像（圖2），卷260「朗靈符」中繪一把刀尖直上的短柄寶刀圖像（圖3）（註69）。

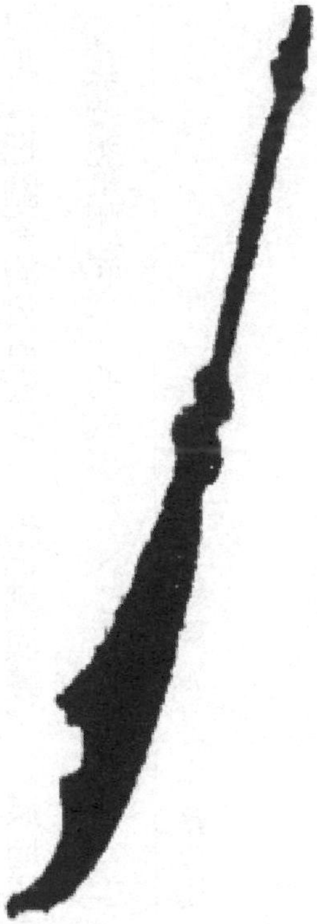
圖一

圖二

圖三

《道法會元》中還出現了關羽的圖像。《道法會元》卷259「元帥真形符」中繪有關元帥右手捧敕令、左手持鐵鈴鐵索圖像（圖4），「變形書迎刀符」中繪有一幅關元帥右手執刀、左手持鐵索圖像（圖5），卷260「朗靈符」中繪有關元帥頭頂天雷、足踏地電、左手執寶刀圖像（圖6）（註70）。

圖四

圖五

圖六

註69：《道藏》30/589中、590上、596下。

註70：《道藏》30/589下、597上。

這些圖像出現在明《道藏》版中，是否宋元符圖原貌，不得而知。這些圖像與俄國人柯茲洛夫 1908 年從中國甘肅望城子盜走的金代關羽畫像不同（註71）。也就是說，這些圖像既不能稱文人畫，也不是年畫，而是符圖，頗像剪紙。如果《道藏》本《道法會元》中的的關羽圖像（包括關羽大刀圖像）是宋元符圖原貌的話，則可能與古代剪紙、影戲有某種相互作用的關係。

五、關元帥與佛教密宗

早期道教曾經吸收佛教的內容，從一些道經的經名即可看出，如一些經名中使用了「因緣」、「本生」、「本願」、「本際」、「本行」、「本起」、「行道」、「往生」、「受生」、「證果」或「法輪」等術語（註72）。

至遲自魏晉時期始，印度佛教密宗就傳入中土。早期道教吸收了佛教密宗施餓鬼普渡的思想（註73）。早期道教也吸收了佛經中的一些梵文，因此出現了《洞玄靈寶度人經大梵隱語疏義》。早期道經中有許多音譯的咒語，疑大都取自佛教密宗。一些學者研究了道教與佛教密宗相互吸收的關係（註74）。

李遠國研究員指出：道教雷法尤其是神霄一派大量地吸收了佛教唐代密宗的修行方法，

《道法會元》第83至87卷《先天雷晶隱書》貫穿著道教和密宗雙修的原則，收有真言密咒二十多種，主法神之一是密宗的摩利支天大聖。雷法還吸收密宗的手印之道，使道教的訣目與步罡一起成為道法行持中最重要的形體動作。雷法還吸收密宗的「修本尊法」和「種字法」。密宗的「修本尊法」在道教中演變為「變神法」（註75）。

佛教密宗繼續向中土傳播，至宋元時期，從未斷絕。南宋洪邁《夷堅甲志》重刻本卷1記載：紹興三年夏，袁可久之弟袁昶，書寫寶樓閣咒「唵摩尼達哩吽撥吒」八個字貼在臥室柱子上，使妖祟絕跡，使受夢魘折磨的汪成從此可以安睡。

呂建福教授說：「宋真宗詔印度梵僧，於金明池水心立壇咒龍，據說有雲霧自池中出，須臾雨至。此後每年歲旱，必作咒法，史稱多有靈驗。據記載，宋代金總持有一些弟子持咒

註71：王樹村編著《中國民間年畫史圖錄》十九金印本「義勇武安王位」，上海人民美術出版社，1991年5月第1版。
註72：朱越利《道經總論》，第34～35頁。遼寧教育出版社，1991年12月第1版。
註73：吉崗義豐《道教と仏教》第1冊。國書刊行會，1970年2月第1版。
註74：如汶江（真名張毅）撰《試論道教對印度的影響》（《南亞與東南亞資料》，1982年第2期）、黃心川著《印度宗教與中國佛教》（中國社會科學出版社，1988年）、高羅佩著《中國古代房內考》（李零，郭曉蕙等譯，上海人民出版社，1990年）、蕭登福著《道教星斗符印與佛教密宗》（新文豐出版股份有限公司，1993年）、蕭登福著《道教與密宗》（新文豐出版股份有限公司，1993年）、蕭登福著《道教術儀與密宗典籍》（新文豐出版股份有限公司，1994年）、黃心川撰《道教與密教》（《中華佛學學報》，1999年第7期）、朱越利撰《藏傳佛教和道教》（《中央民族大學學報（哲社版）》，2000年第4期）等。
註75：李遠國《神霄雷法——道教神霄派沿革與思想》，第264～267頁。四川人民出版社，2003年7月第1版。

行法，驅病消災，立壇祈雨，亦為人們所信。」宋仁宗崇信密教。宋代新譯了很多密教經典，「以明王類、諸天類為中心，突出主尊的忿怒相。」「密教在元代得到元王朝的直接支援和尊崇，其發展盛極一時……元代的密教除了傳統密教外，印度的密教繼續東傳，而新傳入兩個系統的密教，就是藏傳密教以及西域（中亞）密教，大理密教也不時地向北方傳播。」「元代進行了漢藏大藏的對勘，編訂《至元法寶勘同目錄》……包括漢、梵、藏、維吾爾四種語言。」「元代以來密教深入民間俗流，出現了俗處的瑜伽行者」（註76）。

《元史》記載：元世祖忽必烈採納帝師八思巴的建議，自至元七年（1270），每年二月十五日於皇宮大明殿，由帝師率 500 名藏傳佛教僧人，舉行啟建白傘蓋的佛事。白傘蓋「置於大明殿御座上，頂用素段，泥金書梵字於其上，謂鎮伏邪魔護安國剎」。做為配合，從十三日開始到十六日結束，朝廷組織了首尾排列三十餘里長的各種儀仗、社直、諸壇遊行隊伍，迎引傘蓋，載歌載舞，周遊皇城內外，叫做遊皇城。都城百姓聚集在街道兩旁觀看遊行表演。關羽做為監壇神被神轎軍抬著列於隊伍中，一起遊皇城（註77）。這表明關羽神被元代廷接納，關羽神與藏傳佛教的儀式有接觸。

佛教密宗向中原地區的繼續流傳和深入民間，使道教感到威脅，同時也為道教繼續吸收佛教密宗提供了便利。《道法會元》卷 265「北陰酆都太玄制魔黑律靈書」有一條戒律規定，諸法官（也就是酆都派道士）「不得誦唸佛書魔教」，不得「禮釋敬僧」（註78）。卷 268「泰玄酆都黑律儀格」中鄭知微說：「西夷之教所發文字，諸使者視如陽間民人詞狀，豈肯便為傳達於天廷耶？」（註79）這些規定和貶詞表明，宋元時的道士誦唸佛經、禮拜佛僧、使用音譯佛咒（西夷之教所發文字）上章奏表等，並不罕見。

地祇派傳人黃公謹於咸淳十年（1274）回憶自己入道之前，曾聽祖仁和尚給他講解佛藏奧旨，閒暇時還閱讀佛教語錄，寫寫心得（註80）。元鄭所南說「祭煉當以寶籙為其用」，靈寶諸派多用寶籙法，寶籙法「不出於唵吽吒唎四字」，「凡語吽字，皆屬心神，當知唵吽吒唎吾心神之內諱」，「寶籙當以作用唵吽吒唎為主」（註81）。蓋出自元代的《太上泰清皇老帝君運雷天童隱梵仙經》也吸收了梵音咒語（註82）。可以想見，宋元符籙派道士對佛教並不陌生，一些道士也瞭解佛教密宗。

《道法會元》是深藏佛教密宗內容的「富礦」。二階堂善弘教授說：從《道法會元》中可以看到佛教特別是密宗對道教的濃厚影響，比如有神將為觀音大士化身，神將中出現了軍荼利明王、太子哪吒等，將神將描寫為三面六臂，陀羅尼系咒語「唵吽吒唎」隨處可見（註

註76：呂建福《中國密教史》，第456～515頁。中國社會科學出版社，1995年8月第1版。
註77：《元史》卷77《祭祀志六》。
註78：《道藏》30/625下。
註79：《道藏》30/648下。
註80：《地祇緒餘論》，《道法會元》卷253。
註81：《太極祭煉內法》卷中，《道藏》10/450中下、451中。
註82：朱越利《道藏分類解題》，第97頁。華夏出版社，1996年1月北京第1版。

83）。除了二階堂善弘教授所說之外，《道法會元》卷6、卷9的卷目分別稱為「玄一碧落大梵五雷秘法」和「清微梵炁雷法」，卷98、卷229分別有小目「天寶梵號」和「梵語咒」等，全書受到佛教特別是密宗影響之處不勝枚舉（註84）。

《道法會元》中的關元帥，自然也帶有佛教密宗的色彩。《道法會元》卷259又一派的「召咒」中稱關羽為「大威德大忿怒大勇敢大化身統天禦地馘魔大將關羽」，卷260的「召咒」中稱關羽為「大威德大忿怒大勇敢大化身統天禦地潑托將軍酆都馘魔大將關羽」。卷262的「敕遣咒」中稱關羽為「酆都大威德大忿怒統天禦地殺鬼馘魔大將關羽」（註85）。

佛教密宗主尊有「大威德金剛」，梵名「閻魔德迦」。因其能降服惡魔，故稱大威，又有護善之功，故又稱大德。佛經描述他呈大忿怒相，具大威勢，能摧殺閻魔，極勇猛，故又稱「大忿怒尊閻魔敵」、「降閻魔尊」等。大威德金剛是藏傳佛教格魯派密宗所修本尊之一，藏語為「多吉久謝」，意為「怖畏金剛」。漢譯大威德明王、牛頭明王等。大化身，佛教說佛被大乘菩薩之機，或現八萬四千相好之身，或現微塵數相好之身，滿虛空中，稱為大化身。

《道法會元》中關元帥的名號中出現「大威德大忿怒大勇敢大化身」字樣，意在吸收佛教密宗神話以增加關元帥的威力。從《道法會元》的咒語和解說中可以證明這一點。卷260曰：「奉此敕命，神愁鬼滅。若親若疏，一一追攝。殺鬼馘魔，大震威德。分明響報，響報分明，急攝！」「唵震大威神斬馘攝。以煞文、煞氣怒入。」「元帥有大威德，一日行一周天。此為按星帶斗，天賜威力，日行萬程，造化一身，皆藉北斗瑤光之力。不可輕洩。」「右以雙手雷局運雷，作怒，存元帥大怒振威，統領八將，乘駕黑雲，直抵患家。」（註86）

另外，《道法會元》卷260「大緘魔酆都追鬼總符」咒說「潑托」是關羽的祖姓，其曰：「關羽祖姓，是名潑托。酆都執事，陰雷掌握。擒捉妖魔，分明莫錯」。同卷「朗靈符」咒亦曰：「關羽祖姓，是名潑托」（註87）！《道法會元》卷259稱關羽為「⿰口發托」或「⿰口發吒將軍」。其「關召」曰：「唵，⿰口發托雲長速至，攝！」「召酆都大魔王咒」：「⿰口發吒將軍速現，攝」（註88）。「⿰口發托」、「⿰口發吒」與「潑托」，蓋為梵文或藏文同一詞的不同音譯。

蔡東洲教授考證說：清康熙十七年（1678）解州關羽故宅古井中的「古磚」記載關羽聖祖石盤公，諱審，字問之。聖父諱毅，字道遠。聖配胡氏。聖子平。雍正時清廷才正式追封關羽先輩三代公爵：曾祖曰光昭公，祖曰裕昌公，父曰成忠公（《清史稿・禮志三》）。關羽信徒據「古磚」而作《世系考》、《關帝本傳》、《關帝年譜》。按《關聖帝君世系圖》稱，始祖龍逢，曾祖，祖審，考毅。羽子興、平、索，孫統、敝、彝，玄孫朗。關索乃由民間傳說、

註83：二階堂善弘《道教・民間信仰における元帥神の變容》，第111頁。
註84：《道藏》28/708中、717下、29/424中、30/429中。
註85：《道藏》30/592上、595上、609中。
註86：《道藏》30/596上、597中下。
註87：《道藏》30/595中下、596中。
註88：《道藏》30/591下、593中。

小說增飾而來，聖祖關審和聖父關毅系清人偽造而出（註89）。解州古井「古磚」所載關羽祖姓「石盤」，遲於《道法會元》，不知與「潑托」有無聯繫。

另外，《道法會元》中有不少取自佛教密宗的音譯咒語，比如關羽「潑托」名號後緊接著音譯咒語。卷260「大䰡魔酆都追鬼總符」曰：「唵吽吽，嚩囉唎，唵吽吽吒，唵吽吽吒，黑咀咒，吽，殺攝！」同卷「朗靈符」咒亦曰：「唵吽吽，嚩囉利，唵吽吽吒，攝！唵吽吽吒，黑咀鬼，吽，殺！」（註90）《道法會元》卷259「召酆都大魔王咒」曰：「唵吽吽，朗靈敕煞，關某攝……唵吽吽，𠾐吒將軍速攝。」（註91）

《道法會元》中的關元帥的佛教密宗色彩，為宋元時期道教吸收佛教密宗的現象，增添了例證。

《道法會元》中的佛教密宗色彩，哪些來自唐密，哪些來自印度密教，哪些來自藏傳密教，哪些來自西域（中亞）密教，哪些來自大理密教，尚待學者考辨。

註89：蔡東洲《「關羽現象」五考》《四川師範學院學報（哲學社會科學版）》1995年第1期。第36頁。
註90：《道藏》30/595下、596下。
註91：《道藏》30/591下、593上中。

《護國佑民關帝伏魔寶卷》初探

蘇瑞隆
新加坡國立大學中文系副主任

關帝是一個民間宗教的大神，儒釋道三教和民間宗教都從不同的角度來看關帝，王朝政府與民間地方勢力在不同的層次上對關帝神格與形象的塑造都有所貢獻。就如同著名學者沃森（James Watson）在他討論媽祖崇拜的文章所指出的，王朝和地方精英都從不同的角度來塑造媽祖的形象（註1）。假如沒有王朝的力量，媽祖可能無法從一個原本微小的地方神成為中國南方的大神。對於關帝這樣一個具有巨大影響力的民間之神來說，人們對他的詮釋範圍更為寬廣，例如九世紀時佛教將關羽當成守護神來崇拜，取代了印度的提婆神（devas），而到了宋代，道觀也將他當成保護神。簡言之，佛道兩教對關帝信仰不同的詮釋，可是也有類似

註1：見 James L. Watson，“Standardizing the Gods：The Promotion of T’ien Hou（Empress of Heaven）Along of the South China Coast，960-1960，” in David Johnson，Andrew J. Nathan，Evelyn S. Rawski（Hg.），Popular Culture in Late Imperial China（Berkeley：University of California Press，1985），pp. 292 - 324. 中譯本〈神的標準化：在中國南方沿海地區對崇拜天后的鼓勵〉，收於【美】韋思諦編，《中國大眾宗教》（南京：江蘇人民，鳳凰出版傳媒集團，2006），頁57～92。

的方面（註2）。杜贊奇（Prasenjit Duara）教授也在一篇研究關帝信仰的文章中，指出關帝神話的核心不是靜止不動的，不同的群體對這個神話有不同的詮釋，他們重新發現新的因素，建立起和關帝神話的新聯繫（註3）。

本文擬研究《護國佑民關帝伏魔寶卷》這部民間宗教經卷。從宋代開始，歷代朝廷表揚關公的忠義精神，不斷地對他加以敕封，這代表了官方的力量。本寶卷是一部從民間宗教角度來看關帝的經書，從而將關帝納入自己的信仰系統，使之成為自己宗教的保護神，藉以吸引原來崇拜關帝的信眾。這代表了民間推動宗教的一種力量。就目的而言，這種做法和佛教、道教吸納關帝沒有不同。這部書運用了宣傳民間宗教的說唱文類寶卷來宣揚關帝的忠義和神力。

佛教和道教都曾經展開對關羽的神化。佛教對關羽神的吸收主要是使用荊州玉泉山的傳說。建安二十四年（219）孫權遣將殺關羽及子關平於湖北臨沮，據說孫權將關羽的首級傳送曹操，而以諸侯之禮葬其屍骸（註4）。關羽之墓即位於湖北當陽，而玉泉寺就在當陽之東三十里。關於此事，最早的記載是唐代董侹（生卒年不詳）《荊南節度使江陵尹裴公重修玉泉關廟記》：

玉泉寺覆船山，東去當陽三十里，疊障迴擁，飛泉迤邐，信途人之淨界，域中之絕景也。寺西北三百步，有蜀將軍都督荊州事關公遺廟存焉。將軍姓關名羽，河東解梁人，公族功績，詳於國史。先是陳光大中智顗禪師者，至自天臺，宴坐喬木之下，夜分忽與神遇，云願舍此地為僧坊，請師出山，以觀其用。指期之夕，前壑震動，風號雷虢，前劈巨嶺，下堙澄潭，良材叢木，周匝其上，輪奐之用，則無乏焉。惟將軍當三國之時，負萬人之敵，孟德且避其鋒，孔明謂之絕倫。其於殉義感恩，死生一致，斬良擒禁，此其效也。嗚呼！生為英賢，歿為神靈，所寄此山之下，邦之興廢，歲之豐荒，於是乎系。……貞元十八年記（註5）。

此文作於貞元十八年，即公元602，可說是對關公玉泉山傳說最早的記載。後來南宋僧人志磐（生卒年不詳）所著的《佛祖統紀》（成書於咸淳五年，即公元1269）也記載，關公

註2：Prasenjit Duara，"Superscribing Symbols：The Myth of Guandi，Chinese God of War，" The Journal of Asian Studies，Vol. 47，No. 4（Nov.，1988），pp. 778-795。中譯本見杜贊奇〈刻劃標誌－中國戰神關帝的神話〉，收於【美】韋思諦編，《中國大眾宗教》（南京：江蘇人民，鳳凰出版傳媒集團，2006），頁97。

註3：見杜贊奇，〈刻劃標誌－中國戰神關帝的神話〉，頁95。

註4：見【西晉】陳壽（233～297），《三國志》（北京：中華書局，1959），卷36，頁941。

註5：【清】董誥等編，《全唐文》（北京：中華書局，1983），頁7001～7002。

在隋朝開皇年間（581～600）曾帶領義子關平在荊州玉泉山向高僧天臺大師智顗顯靈，並且在七日之內建造了一座寺廟，最後接受了五戒，成為佛教護法（註6）。輾轉流傳，這個故事就逐漸定型了，是關公成為佛教徒傳說的基本來源。根據〈隋天臺智者大師別傳〉，智者大師到玉泉山時，發生旱災，當地百姓都驚慌失措，因為其地原本「荒險神獸蛇暴，諺云：三毒之藪踐者寒心。」，於是大師持咒，天降甘霖，春夏旱解，百姓歡欣（註7）。〈隋國師智者天台山國清寺釋智顗傳〉也有同樣的記載（註8）。學者劉海燕指出，智顗建玉泉寺，確實有降魔服妖的事蹟，但是關羽的祠廟獨立於玉泉寺之外，其年代應比玉泉寺更為久遠。這個傳說是佛教徒利用本土鬼神信仰創造出來的（註9）。玉泉山的傳說是佛教將關公吸收進入其神譜的一種巧妙的做法，因為玉泉山的地理位置正是關羽信仰的中心。加上智者大師的聲譽及其神奇事蹟，兩者完美結合，成功地將關公神納入佛教系統。迄今，關公仍是許多佛寺的伽藍護法，可見佛教造神影響之深。

道教對關羽的神化，可以從下列兩個例子來看，第一，收於《道藏》，傳為宋代作品的《太上大聖朗靈上將護國妙經》是一部將關羽崇拜道教化的例子。開頭一段也稱關公為玉泉山的神明：

爾時與國太平天尊、義勇武安王、漢壽亭侯關大元帥勑封崇寧真君，聖父聰明正直、忠翊仁聖明王，聖母助順明素元君，神子聖孫，參謀大將，麾下左右統兵分兵之神，伏兵降兵之神，藏兵收兵之神，布陣擺陣之神，團陣走陣之神，水陣火陣之神，八方八煞、四方四勇天丁，掣電轟雷、騰雲致雨、鳴鑼擊鼓、發號施令將軍，合司文武公卿，玉泉山得道仙真（註10）。

《道藏提要》指出關羽在宋徽宗大觀二年（1108）加封武安王，宣和五年（1123）封義勇武安王，因此這部道經大約作於北宋末或南宋末（註11）。中國學者蔡東洲、文廷海則認為此經提到了「行臺御史」，這是元代特有的官職，而且「崇寧真君」的封號是否為宋代（一般以為此封號賜於北宋崇寧元年或三年，公元 1102 或 1104 年）所賜無法確定，因此將此書

註6：見《大正新脩大藏經》（東京：大正一切經刊行會，1927），第49冊，No. 2035《佛祖統紀》，頁183。

註7：《大正新脩大藏經》，第50冊，No. 2050，《隋天臺智者大師別傳》，頁195。

註8：《大正新脩大藏經》，第50冊，No. 2060，《續高僧傳》，頁566。

註9：參看劉海燕，《從民間到經典：關羽形象與關羽崇拜的生成演變史論》（上海：上海三聯書店，2004），頁31～33。

註10：《道藏》（北京：文物出版社；上海：上海書店；天津：天津古籍出版社，1988），第34冊，頁746。西方學者編輯的道藏提要只大略總結了經意，並未提出任何見解，見 The Taoist Canon：A Historical Company to the Daozang，Volume 2，edited by Kristofer Schipper and Franciscus Verellen（Chicago：University of Chicago Press，2004），1129。

註11：任繼愈主編，《道藏提要》（北京：中國社會科學出版社，1991），頁1145。

的著作年代定於元代之際（註12）。這部經在內容上將關羽寫成了道教的神祇，玉皇大帝敕封他「三界都總管、雷火瘟部、冥府酆都御史，提典三界鬼神（註13）。」利用關羽忠肝義膽、武藝高強的特質，使他成為賞善罰惡的判官。此經在形式上則明顯地模仿了一般佛經的形式和結構，總結關羽的事蹟之後，以佛經慣用的「即說咒曰」引出一段咒語，將關羽描述為可以制伏鬼神的「三界都總兵馬招兵大使、統天禦地誅神殺鬼大元帥」。最後的結語「一切人天，均霑利益。信受奉行，作禮而退。」也和一般佛經的結尾用語大致相同（註14）。這說明了道經對佛經的模仿。

除此道經外，另外還有數部民間所造經書，如《關王忠義經》、《關聖帝君覺世真經》、《關聖帝君寶訓》、《關聖帝君應驗桃園明聖經》（又稱為《武帝明聖經》、《明聖經》、《桃園經》、《明聖桃園經》、《桃園明聖經》、《蓋天古佛應驗明聖桃園經》、《古佛應驗明聖經》）、《聖帝寶誥》等，學者胡小偉已有詳細論述，在此毋庸贅述（註15）。雖然《太上大聖朗靈上將護國妙經》在宋元之際就已刊行，但是最著名的道教關羽的傳說莫過於「解州平妖」。關羽解州平妖，大破蚩尤的故事是元明之間透過民間傳說，將關羽進一步神化的例子。

根據成書於宋末元初的《大宋宣和遺事》記載：

崇寧五年夏，解州有蛟在鹽池作祟，布炁十餘里，人畜在炁中者，輒皆嚼齧，傷人甚眾。詔命嗣漢三十代天師張繼先治之。不旬日間，蛟祟已平。繼先入見，帝撫勞再三，且問曰：「卿此翦除，是何妖魅？」繼先答曰：「昔軒轅斬蚩尤，後人立祠於池側以祀焉。今其祠宇頓弊，故變為蛟，以妖是境，欲求祀典。臣賴聖威，幸已除滅。」帝曰：「卿用何神，願獲一見，少勞神庥。」繼先曰：「神即當起居聖駕。」忽有二神現於殿庭：一神絳衣金甲，青巾美須髯；一神乃介胄之士。繼先指示金甲者曰：「此即蜀將關羽也。」又指介胄者曰：「此乃信上自鳴山神石氏也。」言訖不見。帝遂褒加封贈，仍賜張繼先為視秩大夫虛靖真人（註16）。

崇寧五年為西元1106年，元明之間的各種文獻更加詳細地描繪此事件，這個故事將張天師自然地和關公聯繫起來，由張繼先（1092～1127）來介紹關羽，等於讓道教最高領導者直接認可關羽神的功績。使得關羽忠君報國、斬妖伏魔的形象受到官方的的承認，在民間

註12：蔡東洲，文廷海《關羽崇拜研究》（成都：巴蜀書社，2001），頁94。
註13：同註10。
註14：《道藏》，第34冊，頁747。
註15：參看胡小偉《關公崇拜溯源》（太原：北嶽文藝出版社，2009），第2冊。
註16：《新刊大宋宣和遺事》（北京：古典文學，1954），頁15～16。

自然深入人心，逐漸成為一種固定的印象（註17）。與佛教相比，道教中人更進一步將關羽塑造成一個神威無比、至高無上的大神，其神格甚高，神權至大，不像在佛教中，關羽只是一個伽藍護法神。這可能是因為佛教本身的系統強調因果報應，重視修行覺悟，了脫生死，沒有這樣的造神體系。而且佛教是一個外來的宗教，在造神原則方面也受到了較大的限制。因此在吸納關羽的同時，無法像道教這麼自由。

在佛教和道教相繼將關羽納入其系統，民間宗教也有類似的做法。《護國佑民關帝伏魔寶卷》就是明代的民間宗教將關羽神納入自己的神學系統的例子。以下將根據其版本、成書年代、內容敘事和結構等來論述這部民間宗教寶卷的內涵。

《護國佑民關帝伏魔寶卷》的版本

這部書有許多版本，澤田瑞穗記載了至少有五種：一、二十四品。清初刊、摺本、首尾欠；二、二卷二十四品、石印大字、摺本二冊；三、二卷二十四品。民國二十三年、正一堂修士道恕（朱培蘭）序。石印本、大一冊。四、四卷二十四品。題簽《伏魔寶卷降乩註釋》（見《關帝伏魔寶卷註解》），光緒二十二年吉林北山關帝廟學善堂藏版，刻本大四冊一帙。圖像並讚美詩四十頁，序十二篇。五、四卷二十四品。題簽《伏魔寶卷》（見《關帝伏魔寶卷註解》）。民國二十二年季春再版，上海宏大善書局印，大四冊一帙。本文元亨利貞四卷，是四卷二十四品的重印本（註18）。

中國大陸在1994年出版了一套四十冊的《寶卷初集》，其中第五冊就收有明版的《護國佑民伏魔寶卷》（註19），但是這套寶卷由於法輪功被禁的關係，也受到了池魚之殃，遭到了查禁。2005年中國又出版了大套的宗教經卷《民間寶卷》，共二十冊，其中第四冊所收的本子就是這個明代刻本（註20）。另外，還有2009年出版的《關帝文化集成》，版面較大，但收的也是這個本子（註21）。這應該是目前最早的刻本，為了討論方便，本文討論所引用的段落都來自這個《民間寶卷》的版本。

吉林北山關帝廟學善堂藏本和上海宏大善書局印本現在都已在網上流傳。這兩種版本都稱為《伏魔寶卷降乩註釋》，說明了是有人扶乩召請諸方神明下凡來註釋這部《伏魔寶卷》，顯然是後人在明版的寶卷基礎上潤色增飾而成的。從表面上看，這兩部書和明版最大的不同，第一，就是在書的前面加上了許多插圖，如三聖圖（關羽、劉備和張飛）、八菩薩、四金剛、四帥和呂祖等神像。第二，寶卷正文之前加上了諸神降乩的序言，如達摩祖師、東嶽大帝等。

註17：參看蔡東洲，文廷海，《關羽崇拜研究》，頁94～95。

註18：澤田瑞穗《增補寶卷的研究》（東京：圖書刊行會，），頁112。

註19：張希舜、濮文起、高可、宋軍編。《寶卷初集》（太原：山西人民出版社，1994），第五冊。

註20：濮文起主編，《民間寶卷》（中國宗教歷史文獻集成之五）（合肥市：黃山書社，2005），第四冊。

註21：張羽新、張雙志編纂，《關帝文化集成》（北京：線裝書局，2009），第二冊。

這些注解形成了自己一套的詮釋系統，值得研究。

《護國佑民關帝伏魔寶卷》的成書年代

「三界伏魔大帝神威遠鎮天尊關聖帝君」的封號究竟起於何時，學者之間眾說紛紜，莫衷一是。首先清代趙翼（1727～1814）的《陔餘叢考・卷35・關壯繆》載：

明洪武中，復侯原封，萬曆二十二年，因道士張通元之請，進爵為帝，廟曰英烈。四十二年又敕封三界伏魔大帝神威遠鎮天尊關聖帝君，又封夫人為九靈懿德武肅英皇后，子平為竭忠王，興為顯忠王，周倉為威靈惠勇公。……其道壇之三界馘魔元帥，則以宋岳飛代；其佛寺伽藍，則以唐尉遲恭代（註22）

萬曆四十二年即公元1615年，趙翼詳細的記載了關公自宋徽宗（1100～1126在位）以來的皇家封號，而且列出各種細節，如關羽夫人及其子等人的封號，若非對此事有確切的證據，應該不敢如此言之鑿鑿。但是比趙翼年輕數歲的李調元（1734～1803），在其《新搜神記・神考》卻載萬曆三十三年（1605）：「三十三年甲寅十月十九日，太監李恩奉旨到正陽門廟上九旒珠冠一，真素玉帶一，四盤龍袍一，黃牌一，加封三界伏魔大帝神威遠鎮天尊關聖帝君，醮三日，頒行天下，文武慶賀。」（註23）李調元不但記載了年，而且連月日也沒有漏過，比趙翼更為詳細。雖然沒有證據可以證明真正敕封的年代，但根據這兩位清代學者的紀錄，《護國佑民關帝伏魔寶卷》必然作於明代萬曆年間或者萬曆之前，應無可疑。

現代學者多採用趙翼或李調元之說，但卻也有例外的。例如民間秘密宗教專家喻松青指出，「三界伏魔」的封號賜於明代萬曆四十一年（1614）十一月十二日，可惜她並未註明資料來源。又如日本學者澤田瑞穗指出關羽於天啟四年（1624）受封為「三界伏魔大帝神威遠鎮天尊關聖帝君」，但也未說明根據何種文獻所訂定。而且他認為這部寶卷的寫作年代是清康熙十六年（1677），因為寶卷內容說明二月三日在北京受關帝神所託，丁巳年癸卯月完成，張、曹、李、王、張、孫六人善心援助出版。他推論此丁巳年應為1677。（註24）這一說法已被現代學者謝忠岳駁斥，因為從種種內在的證據來看，這部寶卷應該是明代的作品。（註25）

註22：『清』趙翼，《陔余叢考》（上海：商務印書館，1957），頁757。
註23：『清』李調元，《新搜神記》（臺北：臺灣學生書局，1989），頁6。
註24：見澤田瑞穗，增補《寶卷の研究》（東京：国書刊行，1975），頁113。
註25：謝忠岳，《寶卷考錄兩種》，《圖書館工作與研究》，1998年第2期，頁36-37。

首先，《護國佑民伏魔寶卷・老爺護民品第二十三》道：「合堂大眾，內耳聞聽，伏魔老爺不是你我稱讚，千佛牒文，玉皇勑命。當今天子御筆親點，敕封三界伏魔大地神威遠鎮天尊，頒行天下，盡都得知，因後人不明先天大道，留下伏魔寶卷，天下流傳。合外合裡，合今合古，合聖合凡，合生合死，一體同觀，本來無二。大眾虔誠，同音讚和，莫當非輕，也是實麼。」（註26）雖然「三界伏魔大帝神威遠鎮天尊關聖帝君」敕封的年代無法核實，但所有的資料都指向明代萬曆年間，則寶卷中的當今天子指的應該是明神宗朱翊鈞（1573～1620在位）。另外，謝先生引用了《靈應泰山娘娘寶卷・娘娘增福延壽品第十三》：「聖天子，時有道，靈神住世；保大明，萬萬歲，萬萬餘年；聖娘娘，還護著，真明帝王。」謝先生任職於天津圖書館，所見的版本與《寶卷初集》不盡相同，後者載：「保皇王，萬萬歲，萬萬餘年」。但也有可能原文有「大明」一詞，到了清代，民間宗派受到清政府的鎮壓，而將「大明」刪除，以掩人耳目。儘管如此，其中「真明帝王」一詞應該是極強的證據。

根據另一部同屬一教派的經卷《靈應泰山娘娘寶卷・施財刊板功德無量品第十二》的記載：

因孝心　感動了　觀音老母

現增福　榮華富　洒樂縱橫

十王卷　施錢糧　圓成結果
伏魔卷　施資財　結果完成（註27）

《靈應泰山娘娘寶卷》的體制、形式和用語都和《護國佑民伏魔寶卷》極為相似，這部寶卷講述了北京城張員外之妻——董夫人因膝下無子嗣，誠心參拜泰山娘娘，於是發願捨財刻此寶卷。〈收圓結果寶卷完成品第二十四〉載：「北京缺少寶卷，老母警覺數遍，不敢不從。先造《十王寶卷》。眾人錢糧，所求如意。《伏魔寶卷》，老長者獨自發心，及感合會善人，共捨資財，結果完成。泰山老母靈應寶卷，原是妻董氏自施資財刊版，娘娘報應，所求老母，盡皆如意，心願已足。」（註27）從這些段落來看，這三部寶卷相繼刊刻，時間距離不長。如果「三界伏魔大帝」的稱號作於萬曆年間，那這三部書大約於同一時期刊行。研究寶卷的權威學者車錫倫指出，《靈應泰山娘娘寶卷‧勅封天仙聖母品第二》記載：「白草窪，新修蓋，行宮殿宇。」白草窪就是後人所稱的西頂，而根據《萬曆野獲編》，北京的西頂娘娘廟大約始建於萬曆三十六年（1608）。（註28）而《護國佑民伏魔寶卷‧伏魔洒樂品第二十一》載：

註26：《護國佑民關帝伏魔寶卷》，收在濮文起主編，《民間寶卷》（中國宗教歷史文獻集成之五）（合肥市：黃山書社，2005），第四冊，頁571。本文所引《伏魔寶卷》皆出自此明本。
註27：《靈應泰山娘娘寶卷》，頁371～372。
註28：車錫倫，《明代西大乘教的〈靈應泰山娘娘寶卷〉》，《揚州大學學報》（人文社會科學版），1993年，第4期，頁63。

「御駕親封，伏魔大帝，缺經少板，丁巳年，癸卯月，發心開造一部私傳也。」（註30）據此，最近的丁巳年為萬曆四十五年（1617），農曆二月三日起造真經，當月這部《伏魔寶卷》就完成了。車錫倫和謝忠岳兩位先生的結論是相同的，這部寶卷作於公元1617年。

關於《護國佑民關帝伏魔寶卷》的作者，無法詳細知道。唯一僅存的證據是《靈應泰山娘娘寶卷・娘娘發心留經品第十一》：「警動聖母娘娘，聽說自我在泰山神通廣大，感動天下男女進香，缺少行覺寶卷。徑送悟空，入宅施法留經。著老長者董氏夫人，施財刊板，留於北京，萬人唸佛，稱讚功德。」（註31）據此，車錫倫認為這名法號「悟空」的宗教人員就是《十王寶卷》、《靈應泰山娘娘寶卷》和《護國佑民關帝伏魔寶卷》的作者，這些寶卷文字粗疏，不夠典雅。他推測悟空應該當時北京西大乘教的佈道人員。（註32）明代無為教的教主羅清（1442～1527），法號悟空，（註33）不知道是否作者故意使用這個名字，讓讀者自然聯想到羅祖，是一種暗示表現法。

《護國佑民關帝伏魔寶卷》的體制和內容

《護國佑民關帝伏魔寶卷》以諸佛菩薩降臨為開端：

勅封三界伏魔大帝，神威遠　天尊。
伏魔寶卷，法界來臨，諸佛菩薩降來臨，隨處結祥雲，
誠意方殷，諸佛現全身。
南無靈感觀世音菩薩
南無普賢菩薩
南無地藏王菩薩

可以看到其中許多和佛教講經的儀軌用語非常相似，可見這個民間宗教基本上是一種民間佛教的形式。接著是模仿佛經的開經偈語「伏魔寶卷力意深，傳留後世勸賢人。有人信受伏魔卷，萬劫不踏地獄門。」然後召請萬神來護持寶卷：

南無盡虛空遍法界，過現未來佛法僧三寶。伏宣伏魔寶卷者，休當非輕。沐手拈香，誠

註29：《靈應泰山娘娘寶卷》，收在張希舜、濮文起、高可、宋軍編。《寶卷初集》（太原：山西人民出版社，1994），第十三冊，頁201。
註30：《護國佑民關帝伏魔寶卷》，頁564。
註31：《靈應泰山娘娘寶卷》，頁178。
註32：車錫倫，《明代西大乘教的〈靈應泰山娘娘寶卷〉》，頁63。
註33：參看濮文起，《中國民間秘密宗教辭典》（成都：四川辭書出版社，1996），頁127。

心敬意。齊聲和佛，後請諸天菩薩。羅漢聖僧齊來赴會。天靈皇，地靈皇。八卦覺照，太上陰陽。燃燈古佛，中天玉皇，北方真武，泰山娘娘，阿難迦葉，東海龍王。三官大帝，普放金光。馬趙溫岳，護持經堂。當莊土地，本府城隍。門神護法，家主竈王。家宅六神，本營家堂。齊來赴會，同授明香。東嶽天齊，幽冥地藏。萬神擁護，普降吉祥。

從這個諸神譜（Theogony）可以看出這個民間宗教是屬雜糅佛、道兩教的一種民間宗教，是明清以來民間秘密宗教的特點。將燃燈古佛置於玉皇上帝之前，說明了作者對燃燈古佛的重視。白蓮教的龍華三會，其中龍華初會，由燃燈佛掌教；龍華二會由釋迦佛掌教；龍華三會，則由彌勒佛掌教。這一點透露了其宗派體系的源流。寶卷結尾〈收元結果品第二十四〉，「收元」一般寫成「收圓」，這也是白蓮教的用語。無生老母自開天闢地以來，要降下三次道來，將自己迷失的皇胎兒女召回。所謂「龍華三會」又分為青陽、紅陽、白陽三期。這個教義為明清以來各民間教派所採用，各個宗派都稱自己乃是白陽時期收圓的教派。由此看來，《護國佑民關帝伏魔寶卷》的基本的神學宗教思想是延續白蓮教而來的。

本寶卷整體結構包含上下卷，各含十二品，共有二十四品。每品的題目從五個字到八個字不等，題目之後接著就是曲調名，基本上是先用散文的形式敘述，然後用韻文的形式再唱一遍。韻文部分基本上都是三、三、四字連成一個句子。這二十四品是〈伏魔寶卷品第一〉（上小樓）、〈三人和合萬法皈一品第二〉（紅蓮兒）、〈三官保本玉帝封神品第三〉（疊落金錢）、〈關老爺轉凡成聖品第四〉（山坡羊）、〈關老爺聖心喜悅品第五〉（耍孩兒）、〈關老爺除苦救眾品第六〉（傍粧臺）、〈勑封伏魔品第七〉（側郎兒）、〈伏魔功德品第八〉（皂羅袍）、〈參禪打坐脫苦離沈品第九〉（折桂令）、〈調神出性品第十〉（鎖南枝）、〈見性明心品第十一〉（駐雲飛）、〈伏魔顯靈降聖品第十二〉（畫眉序）、〈伏魔爺化人為善品第十三〉（浪淘沙）、〈萬神擁伏魔分第十四〉（金字經）、〈伏魔寶卷結果第十五〉（棉搭序）、〈伏魔寶卷功德大品第十六〉（紅綉鞋）、〈伏魔爺安邦定國品第十七〉（桂枝香）、〈伏魔大帝成登證覺品第十八〉（朝天子）、〈伏魔參禪透無蘊品第十九〉（駐馬聽）、〈勸眾參禪品第二十〉（桂山秋月）、〈伏魔洒樂品第二十一〉（寄生草）、〈伏魔爺保當今品第二十二〉（粉紅蓮）、〈伏魔老爺護民品第二十三〉（清江引）、〈收元結果品第二十四〉（一封書）。

這二十四品中，第十四稱為「分」，像昭明太子蕭統（501～531）將《金剛經》分為三十二個「分」一樣。車錫倫指出「品」和「分」是音同字異。（註34）寶卷敘事的形式不像

註34：車錫倫，《明代西大乘教的〈靈應泰山娘娘寶卷〉》，頁61。

一般的小說按照情節的發展，層層推進，而是抓住數個重要的情節或者事件，反覆地用散文和韻文交替來敘說。所以即使本寶卷有二十四品，並沒有連貫的情節，因此不能將之與一部小說相比。以下將寶卷的內容重點分為三個方面來討論。

一、關公受封為三界伏魔大帝、神威遠鎮天尊的經過

首先，作者用宗教的角度來詮釋劉關張的桃園結義，〈伏魔寶卷品第一〉載：「老爺原根桃園結義，關、劉、張三人。三性圓明，一體同觀。白者白如雪，紅者紅如血，黑者黑如鐵，非凡人也。……有裡有外，凡聖一般修行。鎖心猿，宰了意馬，祭了龍天。癡牛殺死，祭地方圓。天地開泰，左逢右也原。本人是赤心，當人是當今，原人皈了一，三人轉法輪。」（註35）此處寶卷作者用修行的角度來解說，「癡牛」（有時寫成「赤牛」）、「心猿」、「意馬」指的都是妄心，託名呂純陽的降乩註解道「白者，赤者，黑者，指修行必用神氣精也。」（註36）這樣巧妙地用將劉、關、張三人和修行練氣聯繫起來。接著將劉、關、張三人分別稱為「當人」、「本人」和「元人」。僅僅此段還無法真正辨別三人究竟如何和這三種名稱相對，要到〈三人和合萬法皈一品第二〉才更具體地說明：「話說三人結義。大哥是，當人清淨法身。二哥是，原人千百億化身。三弟是，圓滿報身。三身原現一體同觀。」上文用精、

氣、神來比喻劉關張，是藉道教觀念來詮釋；此處將劉關張比喻為佛祖的法身、化身和報身，卻是藉佛教的詞彙來將三人與佛教聯繫起來。根據《大乘義章》卷十九，法指的是人先天具有的如來藏，真心本覺，以此修行佛身之因，故稱法身佛；以法身為因，經過修行而得佛果之身為報身佛；為度十方眾生，佛隨三界六道之不同情況而化現，此為化身佛。（註37）本寶卷直接將劉、關、張等同於三身佛，自然十分牽強，但其目的在於強調關羽經由修行而證道，這是全書的重點。

「原人」有時寫成「元人」，本寶卷時常出現類似的情形，顯示作者的書寫習慣較為隨便。這是「九六原子」的觀念，也是明清白蓮教演繹佛教用語而來。《佛說觀彌勒下生經》云：「無數百千眾生。諸塵垢盡得法眼淨。或復有眾生見迦葉身已。此名為最初之會。九十六億人皆得阿羅漢。斯等之人皆是我弟子。所以然者。悉由受我訓之所致也。……彌勒亦由我所受正法化。得成無上正真之道。阿難當知。彌勒佛第二會時。有九十四億人。皆是阿羅漢。亦復是我遺教弟子。行四事供養之所致也。又彌勒第三之會。九十二億人。皆是阿羅漢。亦復是我遺教弟子。爾時比丘姓號皆名慈氏弟子。如我今日諸聲聞皆稱釋迦弟子。」（註38）白

註35：《護國佑民關帝伏魔寶卷》，頁492，494～495。
註36：《護國佑民伏魔寶卷註解》（光緒二十二年吉林北關關帝廟學善堂刻本），第一冊，頁7b。
註37：任繼愈主編，《佛教大辭典》（南京：江蘇古籍出版社，2002），頁91。
註38：《大正新脩大藏經》，第十四冊，No. 453，《佛說彌勒下生經》，頁422。

蓮教則造出一個神話，說無生老母造出了伏羲和女媧，然後由金公、黃婆為他們做媒，生下九十六億皇胎兒女，這些人被稱為「原子」、「原佛子」或「賢良子」等。他們在人間受物慾吸引，迷失本性。無生老母於是決定分別在青陽、紅陽和白陽三期，派遣燃燈佛、釋迦佛和彌勒佛來將他們渡回老母的國度。（參見《古佛天真考證龍華寶經》）（註39）「當人」可能就是民間宗教中的「當來人」，基本上就是九六原子的另一說法；「本人」指的是人之善良本性，這些原子本性善良，只是暫時迷失，所以說「原人化身千百億」。這樣藉由劉、關、張三人將和聯繫起來，用來宣說自己的教義，可謂工巧矣。

其次，大概是最為人所詬病的就是寶卷作者將關公寫成練氣之士，接受觀音菩薩和羅祖的點化，最後成就，受封成神。這部寶卷據說屬於明代西大乘教或者黃天道的經卷（這個議題下文再詳論），而到了清代也成為許多宗派念誦的寶卷。這些宗派在清代都被視為邪教，因此這部寶卷也被視為邪教的經書。其所以邪的原因，其中就是創造了以羅祖來點化關公的神話。清代直隸滄州知州黃育楩（19世紀在世），他著名的《續刻破邪詳辨》對此大加撻伐：

《三義護國佑民伏魔功案寶卷》：一邪教有《三義護國佑民魔功案寶卷》，內云：『佛曰：吾觀火帝真君下生，一十八劫已盡，即差南海觀世音菩薩化為師羅度他還源。』又云『次後勸化男女，赴命歸根，收源結果，跟老爺答查對號。』噫。此卷前半惟照三國演義鋪敘成文，亦無足議。後云『觀音菩薩化為師羅，度他還源。』又有『赴命歸根，收源結果，答查對號』之說。是直以關聖為邪教中神也。亦思後漢妖人張角、張梁、張寶創立邪教，又號稱黃巾，混亂天下。斯時關聖與劉先主，張桓侯，皆係布衣，即奮起義師、大破黃巾。是黃巾為千古習邪之首惡，關聖建千古誅邪之首功。迄今一千六百四十餘年，威靈顯赫，血食萬方，保佑黎民，護維國社。凡遇邪教謀逆，關聖必顯神威，使之盡歸殄滅。邪教傳徒，關聖必陰驅逐，使之盡被刑誅，且又墮入地獄，永不超生。總由邪教造經，反誣關聖為邪教。宜關聖之誅邪教，如此其嚴也。至云『火帝真君下世』，止因關帝赤面而揑造此言。而惟『觀音化師羅』一語、尤為妄謬。師羅即羅祖，係唐代時人、比關聖遲生五百餘年，又安能渡化關聖也。誣枉聖人，罪大惡極，伏魔功案寶卷，不可信也。」（註40）

黃育楩所引的《三義護國佑民魔功案寶卷》與現代流傳的《護國佑民關帝伏魔寶卷》不盡相同，現代流傳的版本並未說觀音菩薩幻化為師羅，這兩位是分開的。寶卷中觀音菩薩變化為美貌女子在一古廟躲雨，故意裝心痛，要關羽按她一把。關羽以男女授受不親拒絕，於

註39：收在濮文起主編，《民間寶卷》，第三冊。參看濮文起，《中國民間秘密宗教辭典》，頁127。
註40：見澤田瑞穗，《校注破邪詳辨：中國民間宗教結社研究資料》（東京：道教刊行會，1972），頁91。

是觀音菩薩起在虛空，現出本相。觀音菩薩以牒問報與三官爺，三官爺輾轉報給玉帝。於是龍霄寶殿之上，眾神議論雲長乃是有德之人，該當封神：「在凡封壽亭侯，在聖封武安王。招討關元帥，眼觀十萬里，日赴九千壇。千里呼，萬里喚，隨心應口，應口隨心。神無大小，靈者為尊也，是實麼。」（註41）從此關老爺神通廣大，斬妖除魔，〈三官保本玉帝封神品第三〉道：

宣真經，力意深，增福延壽。請真經，宅內供，邪魔不侵。
關老爺，比不得，善神善祖。性公道，罰惡人，護持善人。
慧眼觀，十萬里，剎那就到。神通大，展金光，貫滿乾坤。
在黃河，滅妖邪，佑民護國。破苗蠻，擋倭國，永不來侵。（註42）

此處幾乎把中國所有救平外患之功都歸功於關帝。那麼關帝的神通從何而來？〈關老爺轉凡成聖品第四〉載：「關老爺廣大神通，指山山崩，指水水滅。呼風風來，喚雨雨至。上管天兵，中管神兵，下管陰兵。三界都招討協天都元帥相伴菩薩金身，護佛金相。凡聖雙修，曾受師羅點化也。得皇天聖道，採天地骨髓，佛祖命脈，日精月華。風中有罡，按定五氣，煉得形神入妙與道合真。」（註43）師羅即羅清，是明代無為教的教主，或稱羅祖。以羅祖來點化關羽，一個是三國人，一個是明代人，確實不倫不類。但若以民間宗教的角度來看，羅祖既已得道，而關羽當時並未得道。因此他來渡化關公神是合理的，因為這是靈界的規則，時間先後因果沒有關係。等於是藉羅祖法力將關帝納入自己宗派的神明譜系，這是這部寶卷的重點所在。關羽成神不僅是由於觀音推薦，羅祖點化，玉帝敕封，而且還加上自己的參禪修練——「一仗古佛勅封，二仗玉帝牒文，三仗萬歲金口，封吾三界伏魔。」（註44）此處的古佛似乎不是燃燈古佛，因為整個寶卷中都沒提到。反而是羅祖為其教徒認為是古佛託生，來渡化世人。因此此處的古佛指的應該是為明清各民間宗派所共同奉祀的羅祖，即師羅。

二、強調關帝的參禪修道

本寶卷的另一個特點是強調打坐參禪，練氣存神。整個寶卷大部分的篇幅都在闡述練精化氣，練氣化神，練神還虛的內丹修練。〈參禪打坐脫苦離沈品第九〉載：

註41：《護國佑民關帝佛魔寶卷》，頁499。
註42：《護國佑民關帝佛魔寶卷》，頁501。
註43：《護國佑民關帝佛魔寶卷》，頁503。
註44：《護國佑民關帝佛魔寶卷》，頁517。

肝州臍州到丹田，子陽宮裡真修練。
養寶只在臍州城，清氣常把濁氣換。
一股清氣往上升，三昧火把濁氣練，
海底燒的赤通紅，一顆明珠才發現。
輕輕滾上崑崙頂，萬兩黃金也不換。
前開後開開通了，中宮返奏空王殿。

這段話詳細說明了練功的的過程，意守丹田，等到氣足之後，氣往上升起。如三昧真火練化身上濁氣。崑崙頂指頂輪，是最難打開的穴道之一。中宮指中脈，最後全身氣脈打通，進入空靈的境界。〈調神出性品第十〉載：「話說伏魔大帝，得了五眼六通。三周七喻，三身四智，一體同觀。觀乾坤世界如同手掌。……抽鉛乾汞，純陽寶滿，靈光出殼，金光接引。」等於說關帝禪定之後，獲得種種神通。所謂「五眼」者，「（一）肉眼，為肉身所具之眼。（二）天眼，為色界天人因修禪定所得之眼，此眼遠近前後，內外晝夜上下皆悉能見。（三）慧眼，為二乘人之眼，能識出真空無相；亦即能輕易洞察一切現象皆為空相、定相。（四）法眼，即菩薩為救渡一切眾生，能照見一切法門之眼。（五）佛眼，即具足前述之四種眼作用之佛眼，此眼無不見知，乃至無事不知、不聞；聞見互用，無所思維，一切皆見。」（註45）六通是「指六種超人間而自由無礙之力。即：（一）神境通，又作身通、身如意通、神足通。即自由無礙，隨心所欲現身之能力。（二）天眼通，能見六道眾生生死苦樂之相，及見世間一切種種形色，無有障礙。（三）天耳通，能聞六道眾生苦樂憂喜之語言，及世間種種之音聲。（四）他心通，能知六道眾生心中所思之事。（五）宿命通，又作宿住通，能知自身及六道眾生之百千萬世宿命及所做之事。（六）漏盡通，斷盡一切三界見思惑，不受三界生死，而得漏盡神通之力。（註46）」前五通外道各種修練也可達到，唯漏盡通為佛家獨有之境界，是菩薩依定慧力所示現的六種無礙自在妙用。「三周七喻」指的是《法華經》的內容，此處指關羽神對佛理的掌握。三身則指三身成就，即法身、化身和報身。四智指佛的四種智慧，即大圓鏡智，平等性智，妙觀察智，成所作智。最後，「一體同觀」是一個在此寶卷中出現過多次的詞，出自昭明太子蕭統所分的《金剛經》第十八分，「一體同觀」的「一體」，就是「無二」的「實相理體」。這裡說明了關羽達到了佛的境界。

將道教的修練和佛教的禪定修行結合起來，既強調練氣存神，又主張參禪證道，這是這個民間宗教的教義特點。

註45：見《佛光大辭典》，慈怡編，（高雄：佛光出版社，1988），頁1151～1152。
註46：見《佛光大辭典》，頁1290。

三、本寶卷的刻印過程：關帝顯靈、眾人捨財

本寶卷的第三個特點是一再強調造寶卷的經過。〈伏魔顯靈降聖品第十二〉載：

想當初，造真經，不是非輕。伏魔爺，一夢中，叫我答應。
著我造，伏魔卷，財糧浩大。空有法，無有財，怎得成功！
今二月，初三日，昏沉熟睡。伏魔爺，在北京，顯大神通。
口聲聲，指著我，開板造卷。我弟子，惺迴來，諕了一驚。
慌忙的，我弟子，跪拜禱告。討上上，三根籤，我纔應承。
諸大眾，為伏魔，有緣有分。眾打夥，捨資財，結果完成。（註47）

這一段詳細說明了發心刊刻寶卷的由來，抽籤禱告的慎重過程，眾人一起出錢出力，最終才能完成這一項重大的任務。寶卷也一再說明這是關老爺的旨意，並非百姓好事自作。〈敕封伏魔品第七〉載：「話說關老爺遊空，聽得天下善人。都有行覺經卷。吾者降魔大帝神位不小，缺少真經傳於後世，不得興隆。但有人喜捨資財，刊板留在北京，稱讚吾名。我放金光一段，保佑施財之人，子孫興隆，榮華富貴，亦不虛說也，是實嗎？」既然是神明示下，

百姓豈有不盡心之理！最後一品〈收元結果品第二十四〉曰：「張曹李王張君子，五人共同發善心。善名在板永不壞，萬萬餘年不沾塵。寶卷圓滿，力意無邊。」（註48）這更強調了刻印寶卷的功德無量，肯定《伏魔寶卷》的威力。

《護國佑民關帝伏魔寶卷》究竟屬於何種民間宗教之經卷？

最後的問題是本寶卷繼承了白蓮教和羅祖系的宗教思想，但是究竟是屬於哪一個宗派還是個有爭議的問題。車錫倫將此寶卷定為明代在北京、天津一代流行的西大乘教經卷，西大乘教以保明寺（皇姑寺）為其中心。其理由主要是根據澤田瑞穗的說法，澤田指出《十王寶卷》中大力讚頌西大乘教的祖師呂洞賓，而且《靈應泰山娘娘寶卷》中藉泰山娘娘之口道出：她「缺少行覺寶卷，徑送悟空，入宅施法留經。」（註49）車錫倫認為這個悟空就是《十王寶卷》中遊歷地府的衲子悟空。（註50）以此推論之，則《十王寶卷》、《靈應泰山娘娘寶卷》和《伏魔寶卷》都是同一批人刊刻，自然屬於西大乘教。然而，澤田本身並未做這樣的推論。

註47：《護國佑民關帝佛魔寶卷》，頁531～532。
註48：《護國佑民關帝佛魔寶卷》，頁580。
註49：《靈應泰山娘娘寶卷》，頁178。
註50：車錫倫，《明代西大乘教的〈靈應泰山娘娘寶卷〉》，頁63。

筆者較傾向用內在的文本證據來加以推論。學者謝忠岳認為該卷是明代黃（皇）天道的經卷。因為〈伏魔寶卷品第一〉就說道：「展放開，玄中玄妙。專講論，皇天聖道。放去收來，攬清換濁，出殼入殼。」（註51）〈關老爺轉凡成聖品第四〉載：「凡聖雙修。從授師羅點化，也得皇天聖道，凡聖雙修，曾受師羅點化也。得皇天聖道，採天地骨髓，佛祖命脈……。」（註52）〈伏魔寶卷功德大品第十六〉載：「話說伏魔大帝想起少年英雄……多蒙師羅提惺，傳與我皇天聖道。」（註53）這幾條資料非常清楚地說明了這部寶卷應該是屬於黃天道的民間經卷。黃天道創立者李賓，法號普明，他本來修習無為教，後來自創黃天道，以普渡九十二億原人為己任。他的主要著作是《普明寶卷》上下兩卷，學者濮文起指出這部寶卷與羅清身後的無為教相比，更重視內丹的修練。（註54）一旦結成內丹，就能超凡入聖。這些思想都和《護國佑民關帝伏魔寶卷》一致。例如〈三人和合萬法皈一品第二〉「修道人，先調理，先天一炁。採清風，換濁氣，養氣存神。氣要聚，養聖胎，三花聚頂。五氣朝，在中宮，見性明心。開三關，透九竅，通天徹地。從海底，往上返，湧上崑崙。霹靂響，金門炸，開關展竅。養嬰兒，成正覺，湧出雲門。」（註55）這段話中的「嬰兒」就是修練成功的內丹，練氣之士最後三花聚頂、五氣朝元，就能了脫生死。這是從外緣的關係來看《伏魔寶卷》宗派歸屬。車錫倫在他最近的論文之中也改變了他的看法，認為本寶卷是黃天道的作品。（註56）因此這種說法可說是學界目前的定論。

餘論

《護國佑民關帝佛魔寶卷》為明清多個民間教派所諷誦，影響力甚大。詳細研究其內容，則發現本寶卷一再稱揚「皇天聖道」重視內丹修練，與黃天道《普明寶卷》是一致的。這部寶卷所展現的宗教系統明顯地是明清以來三教合一，而以白蓮教為中心的民間宗教系統。這種宗教系統在當代的一貫道的教義中有許多類似的呈現，足見中國民間宗教的一脈相承。（註57）本寶卷的目的在宣揚關公的道德與神力，從而將關公神納入自己宗派的神譜之中，這種做法也是明清民間宗教的特色。例如，《靈應泰山娘娘寶卷》也是這個教派吸收泰山碧霞元君的例子。寶卷的內容不是直線性的敘述一個故事，而是經由散文和韻文的交替，反覆不

註51：《護國佑民關帝佛魔寶卷》，頁491。
註52：《護國佑民關帝佛魔寶卷》，頁503。
註53：《護國佑民關帝佛魔寶卷》，頁547。
註54：濮文起，《秘密教門 中國民間秘密宗教溯源》（南京：江蘇人民出版社，2000），頁76～77。
註55：《護國佑民關帝佛魔寶卷》，頁497～498。
註56：車錫倫，〈明黃天教悟空編《護國佑民關帝佛魔寶卷》〉，收在車錫倫，《民間信仰與民間文學》（臺北：博揚文化事業有限公司，2009），頁346～352。
註57：參見宋光宇，《天道鉤沉》（臺北：元佑出版社，1983）。

斷地強調關帝的忠義、其修練成神的經過，羅祖和觀音對他的點化，以及寶卷刊刻的贊助人如何努力捨財捐刻的事情。民間宗教以寶卷的形式，使用通俗的語言來詮釋佛道兩教的教義，形成了一個宣揚中國民間宗教一個重要的媒介。《護國佑民關帝佛魔寶卷》由於時過境遷，教派的支持已成了歷史，其內容太重視宗派的特色，強調關公修練的一面，缺乏普遍的勸善罰惡的精神，因此也無法出現在現代善書之列，成為了歷史的陳跡。

論華人民間宗教神祇的神格轉化：

以關公晉升玉皇大帝為焦點（註1）

張家麟
真理大學宗教系教授

一、緣起

關羽在三國時壯烈戰死，後主劉禪封他為「壯繆侯」，意指他是位驍勇善戰，但功敗垂成，無法完成偉大功業的將軍。直到宋代朝廷才將他列為歷朝將軍的陪祀神。隨著歷史的時間巨輪轉化，關公的神格不斷提升，由三國時期的「侯」，到宋、元時期變成「王」，到明代萬曆年間，他再次被提升為「帝」。不只政治領袖在提升關公的神格，到了清代民間宗教的鸞堂系統也經由扶鸞儀式寫出一序列的經典，宣稱關公成為「玉皇大帝座前的宰相」，進而由三教教主舉薦關公為第十八代「玉皇大帝」，此種說法也在民國六〇年代的當代臺灣鸞堂的鸞文再次被確認。

當關公由神轉化為天公，在民間宗教的鸞堂系統被信徒所認同的宗教現象，已經變成華

註1：本文於2010年6月發表於「桃園明聖經學會」舉辦之「關帝經典文化學術會議」。

人社會關公信仰中的一個特殊現象。如果宗教研究的核心在於「信仰」與「儀式」兩個神聖的面向，（註2）則關公成為天公的信仰現象，就值得學界關注。因為部分華人民間宗教信仰者對關公成為天公表達出強烈的「信仰情感」。過去對此現象已有討論，部分論述著重在關公成為天公的變因，其中有學者主張主要因素為「善書」，認為明代以來的以儒為主的民間宗教所出版的善書，將關公形塑成「玉皇大天尊玄靈高上帝」。（註3）另外一種說法則歸因於扶鸞儀式，經由民間宗教的鸞堂舉行扶鸞儀式，在儀式中創造出經典或鸞文，指出關公為第十八代天公，主持凌霄寶殿上的各種人神事務，負責率領眾神鑑察人世間的功過，成為一神之下，萬神之上的眾神領袖。（註4）第三種論述則認為關公成神，甚至成為天公，應該從多種角度去理解；善書的因素只是其中之一，另外應該理解過去帝王的敕封，提升關公的神格，及關公神職、神能不斷的擴張等角度，從這些角度才可能深刻理解關公信仰的真實狀況。（註5）這些說法都指出了關公成為玉皇大帝的部分因素，筆者認為應該還有其他的宗教、思想與社會因素，助長這種神格轉化與提升的宗教現象。

因此，在本文中將在過去的基礎上，深入討論關公神格轉化與提升成為天公的現象，及形成這些現象的背後變因？包含下列幾個問題，如為何是關公晉升為天公，而不是其他神祇？關公本來為偉人神，如何成為自然神中的天公？當關公成為天公以後，信徒接納這種神格轉化的信仰基礎是什麼？這些問題構成本文討論的重心。

一、關羽成為天公的「醞釀期」：關公的神格累積基礎

一、神祇的神格轉化

華人民間宗教與道教神祇的神格轉化現象經常可見，例如天公的神格，從最早的「昊天上帝」，發展到宋代就出現「玉皇上帝」，甚至兩者合一成為一個神；儒者將昊天信仰視為儒家的最重要的神祇，道教則把祂放在三清之下的位階，民間宗教信徒則視祂為眾神之神，

註2：涂爾幹（Emil Durkheim），1999，《宗教生活的基本形式》，上海：人民出版社，頁452～457；Otto，Rudolf 1931："Parallels and Convergences in the History of Religion，" in Rudolf Otto，Religious Essays：A Supplement to 'The Idea of the Holy，' London：Oxford University Press.

註3：王見川，2002.10，〈軍神、協天大帝、關聖帝君：明中期以來的關公信仰〉，《臺灣宗教研究通訊》第4期，頁263-279。黃國彰，2009，〈關帝經典的奧秘與對國家社會的正面影響〉，《關帝經典文化學術研討會論文集》，臺北：社團法人中華桃園明聖經推廣學會，頁127～129。鄭志明，1986，《中國社會與宗教－通俗思想的研究》，臺北：臺灣學生書局，頁283～284。

註4：朱浤源，2002，〈關公在政治思想的地位〉，《關羽、關公和關帝》，中國北京：社會科學文獻出版社，頁207～213。

註5：洪淑苓，1995，《關公民間造型之研究－以關公傳說為重心的考察》，國立臺灣大學出版委員會，頁478。

這些都是神格轉化的現象之一。又如星神中的紫微星，它本來是最重要的北方星，其功能也一再轉化，從擁有考校諸星與世人功過的功能；後來與三官大帝的天官結合，轉化為賜福的功能；再發展成為主管地府、天上雷神的職責。（註6）再如東嶽大帝，本來只是天子封禪的所在地─泰山，到唐代被皇帝提升為「王」，到宋代，再被提升為「帝」，其神祇的位階不斷提升，（註7）而且從「自然神」的神格，擬人化成「偉人神」的神格。

這種神格轉化的現象是多神論的華人宗教特色，異於西方基督教的一神論，上帝的造型可能會變，但是神格不太可能轉化。而華人民間宗教的神祇及神格變化可以從幾個層次觀察，如神祇在諸神中的「位階」，神祇「功能的變化」及「神祇類型互為轉化」等。這種現象及其轉化皆有其內在原因，是神譜學中應該深入剖析的問題。

在本文即是以此思維，討論關羽成鬼後，再由鬼成神，甚至變成玉皇大帝的現象與原因。從前述所言神格轉化的三個層次，分析關羽壯烈戰死成「鬼」，顯靈成「神」，轉化成「偉人神」，再由「偉人神」轉化成「自然神」-天公。由區域信仰，轉化成跨區域的神祇。再由「單一功能」轉化成「多功能」神祇等原因。這些原因相當複雜，本文暫且將關羽成為天公的過程，切割為「醞釀期」、「關鍵期」、「強化期」及「鞏固期」等四個階段。隨著歷史的轉動，分析其內在變因，在文中歸納成宗教、政治、文學等三個面向的原因。其中，在宗教方面包含宗教顯靈、宗教儀式、信仰觀及宗教經典等因素；在政治方面包含政治領袖敕封及政治領袖對神的期待等因素；在文學方面包含與關公有關的三國平話與三國演義等因素；本文將論述這些因素，及其彼此交互影響後，重新提出對關公神格轉化的解釋。

二、關公由偉人神跨越成自然神的可能

為了理解關公由鬼成神，再由一個區域性的神祇，發展成為天公的過程，理應對關公醞釀為天公的長期歷史過程有所理解。祂不可能一夜之間轉化為天公，必須對在祂被捧為天公前的各種現象加以分析。

在關羽成神的過程中，起初關羽在歷史的評價並不高。他後來會成為華人地區儒、釋、道三教的重要神祇，不在於他的歷史地位，而在於華人對他的宗教信仰心理，及其他的神話、政治領袖敕封、小說、戲曲、宗教儀式等因素。然而他為何可以成為天公，形同由偉人成神後，再轉化成華人民間宗教中最重要的自然神－天公，此種現象宛如跨越了偉人神與自然神間的鴻溝，這絕非突然出現的現象，而是關羽成神後，長期神格不斷提升的累積效果。

註6：蕭進銘，2008，〈萬星宗主、賜福天官及伏魔祖師－紫微大帝信仰源流考察〉，《道教神祇學術會議論文集》，臺北：保安宮，頁36～60。
註7：莊宏誼，2008，〈道教東嶽大帝信仰〉，《道教神祇學術會議論文集》，臺北：保安宮，頁93~110。

換言之，關羽在戰國末年戰死後是為鬼，後主劉禪為緬懷其英烈，封他為壯繆侯，此時的關羽只是英勇殉國的將軍，尚未成神。關羽被後人所祭拜而立廟，出現於魏晉南北朝，根據荊楚濃厚的巫術風俗，關羽在荊楚地區的神蹟展現，可能是他能夠成神的主要原因。（註8）此時的關公與天公同時存在，被華人祖先所膜拜。也沒有關公為天公的現象，關公也只是個區域性的神祇，不像天公是皇家貴族所祭拜的重要自然神，帝王也從未祭拜過關公。由此看來，關公要成為天公的路途非常遙遠，關公與天公的信仰並行不悖，一為區域性的靈驗神祇，另一為帝王祭拜的自然神。

從神祇發展的歷史來看，天公崇拜的起源非常早，根據詩經、禮記等古書的紀錄，華人祖先早在四千年前就有對天崇拜的歷史，認為天的偉大而產生畏懼與景仰的信仰心理，乃對此自然神加以崇拜，是屬於眾多自然崇拜的一部分。（註9）由於中國帝王以天子自居，對天的崇拜變成歷代帝王重要的祭典及政權合法化的基礎。每年天子都必須於京城的南郊祭天，少數天子遠離京城到泰山頂祭拜天地，稱為「封禪」。到了唐代，玄宗皇帝欽定正月初九為天公誕辰，此習俗延續至今，華人民間宗教在此日拜天公。在宋以前，天公崇拜尚為皇室的專利，之後才開放天公給普羅大眾祭拜。因此，在民間宗教與道教的廟宇才會有廟門口前的天公爐，天公的崇拜變成華人社會不分階級的自然神崇拜。

本來天公崇拜與關公崇拜是平行的兩條線，到了清代末年這兩個神祇的崇拜才結合成一，臺灣目前部分的民間宗教信仰者會認為此時此刻的天公已發展到第十八代，由關公受禪為玉皇大帝。此宗教神祇神格的轉化，應該從關公成神後的神格擴張與提升來理解，或許可以理出頭緒。這中間需要處理許多信徒對宗教神祇轉化的信仰因素，及神祇神格轉化的宗教思想等問題。例如偉人神與自然神可否交替？眾多的偉人神中，為何獨挑關公來擔任天公的職位？天公為華人民間宗教與道教相當重要的自然神，尤其民間宗教信仰者把天公當作玉皇大帝，為眾神之首，關公憑哪些條件而被推派為天公？事實上這些問題點出了宗教神祇研究中的一項重要課題，即在信仰者心目中，神祇可能隨著歷史與社會的變遷而產生內涵上的變化，這種變化在關公成為天公的個案上特別明顯。其中，文學、戲曲小說將關公神化，讓一般普羅大眾喜歡戰敗的關公，勝過打勝仗的曹操，而此流行的文學乃奠定關公信仰的紮實基礎。

三、戲曲、小說將關羽形象注入普羅大眾心中，奠定關公信仰基礎

普羅大眾喜歡關羽是深受戲曲、小說的影響，從唐、宋以來就出現說書、戲曲的三國平

註8：胡小偉，2005，《伽藍天尊》，香港：科華圖書出版社，頁13。張家麟，2008，《臺灣宗教儀式與社會變遷》，蘭臺出版社，頁178。

註9：周立方，1996，〈玉皇的自然神崇拜〉，《玉皇文化學術研討會論文集》，臺灣：宜蘭玉尊宮管委會，頁11。楊亞其，1996，〈析玉皇信仰〉，《玉皇文化學術研討會論文集》，臺灣：宜蘭玉尊宮管委會，頁35～38。

話劇本，此劇本日後變成羅貫中撰寫三國演義的主要情節。而戲曲與小說所描寫的關羽和三國志大不相同，陳壽撰寫的三國志對關公的評價並不高，相反的，三國演義筆下的關公儘管壯志未酬而戰死沙場，甚至身首異處，卻在普羅大眾心目中立下了「忠義」的不朽典範，這是民間宗教關公的宗教倫理基礎。

在三國演義的忠義事蹟中關羽和曹操、劉備間的恩怨情仇展露無疑，曹操大敗劉備，劉備投奔袁紹，關羽戰敗被俘，曹操欲收服關羽，拜其為將軍，禮之甚厚。曹操甚至色計讓關羽和劉備夫人共處一室，關羽秉燭達旦夜讀春秋，嚴守男女之防，實踐異姓兄弟不可侵犯他人之妻的道義；關羽秉燭夜讀春秋，維護兄嫂的貞節，從當夜起，關公已經超凡入聖，而秉燭夜讀春秋的姿勢，變成日後他成神的主要造型。

不僅如此，關羽幫曹斬顏良、解白馬之圍，曹更加寵愛關羽。命其部屬張遼詢問關羽，是否願為曹效忠。關羽明白告訴張遼，他知曹操非常厚待他，但因與劉備義結金蘭，誓死效忠，故不能違背此誓言。張遼將關羽此意告知曹操，曹操稱讚他為「事君不忘本，天下義士也」。關羽斬顏良後，曹操封賞特別豐厚，想留關羽，但是關羽退還其賞賜，拜書告辭，曹操制止部屬，讓他離去，成全關羽各為其主的心意。（註10）

三國演義誇大關羽的奇人奇事，終於將關羽神化成中國民族偉大的神祇，這種部分史實加上歷代文學家的創作想像，使三國演義故事中的關羽鮮活的形象注入一般民眾的心理。民眾從文學戲曲認識他，遠超過史學的記載，三國演義中的關公取代了歷史三國志的關羽；因此，三國演義變成民眾信仰關公的主要動力之一。（註11）

普羅大眾認識戲曲、小說中的關羽形象是日後關羽成神的主要信仰基礎，如果沒有三國平話與三國演義，關羽可能只是區域性的神祇。儘管他曾經於荊楚地區顯靈，可能只是地方「小神祇」，而三國平話與演義將關公鮮活的形象，注入到普羅大眾心中，贏得他們廣泛的認同，使祂成為家喻戶曉的跨區域性「大神祇」。因此，文學中的三國平話與演義是關羽成神的重要文化基礎。

四、佛教法師將關公納入佛教神祇，種下佛祖推薦關公為天公的種子

關羽在魏晉南北朝因為顯靈而成神，得到戲曲與小說的協助，而成為一般庶民社會祭拜的神祇。顯靈的傳說配合三國平話的戲曲故事，在唐代關公已經成為普羅大眾喜歡的神祇。

註10：朱大渭，2002，（武將群中獨一人），《關羽、關公和關帝》，中國北京：社會科學文獻出版社，頁45。

註11：曹俊漢，2002，（細說中國民間社會中的『義氣』：從關雲長與曹孟德一段恩怨情仇說起），《關羽、關公和關帝》，中國北京：社會科學文獻出版社，頁50~72。

從佛教天臺宗智顗與禪宗神秀兩位大師的紀錄中，證實了當時關公廟宇的普遍性。智顗大師告訴門徒，關羽願意捨關公廟為佛祖建造玉泉寺。（註12）神秀大師也有類似關羽顯聖的說法，他宣稱玉泉山建立的道場為三國關羽顯聖之地，神秀拆毀關公廟破土建寺，看見關公提刀躍馬於雲霧之中，並願意擔任佛祖的護法神，乃將關羽奉為伽藍尊者。（註13）

從佛教的師父宣稱關羽顯聖的紀錄，說明了關公在唐代時期已經是普羅大眾信仰的重要神祇。佛教師父將關公納入佛教的神祇中，意味著外來佛教法師在中國宣教採取與民間宗教融合的策略，為了擴張佛教的信仰版圖，而接納民間宗教的關公信仰。因此在全球的佛教信仰中，只有中國佛教的天臺宗與禪宗有關公神像。這也是關公信仰的佛教化現象，祂源起於民間宗教，到了唐代滲入到佛教信仰中，而此現象種下日後經典造神的過程中，關公被佛教教主釋迦牟尼佛推薦為天公的種子之一。

五、道教的道長召請關公，種下道祖推薦關公為天公的種子

道教和民間宗教的神祇重疊處甚多，當民間宗教的神祇普遍在民間供奉時，道教領袖就可能將這些神祇納為道教的神譜，來擴張道教的信仰。在宋代哲宗皇帝時，他曾召請三十代天師張繼天到朝廷，解決朝廷的困境。張天師乃延請關公到解州斬掉蚩尤，解除鹽池之害，

張天師請關公現形於皇帝前，皇帝封他為「崇寧真君」。（註14）宋代徽宗也有類似的故事，道士召請關公來幫皇帝除害。到了明代神宗萬曆年間，解州道士張通元建請關羽為帝，萬曆四十二年（1614年）皇帝加封關羽為「三界伏魔大帝神威遠震天尊關聖帝君」，從此道教和關公的關係更為緊密，關公變成道教掌管天、人、陰間三界最高的神祇。

當關公信仰滲入到佛、道兩教後，隨著時間的推演到了清代，祂變成儒教的神祇，主要原因在於清康熙皇帝、雍正皇帝對關公當作儒家道德律實踐者而加以敬拜，咸豐皇帝將祂迎入孔廟，形成關孔並祀的現象。因此，政治因素強化關公成為儒、釋、道三教的神祇。清代關廟的對聯就可以說明關公信仰在三教的重要地位：

「儒稱聖，釋稱佛，道稱天尊，三教盡皈依，式瞻廟貌長新，無人不肅然起敬。漢封侯，宋封王，明封大帝，歷朝加尊號，矧是神功卓著，真可謂蕩乎難名。」

當關公成為三教的重要神祇後，種下了關公在日後經典造神運動中，被道教教主三清及

註12：胡小偉，2005，《伽藍天尊》，香港：科華圖書出版社，頁25~26。朱浤源，2002，〈關公在政治思想的地位〉，《關羽、關公和關帝》，中國北京：社會科學文獻出版社，頁192~193。

註13：胡小偉，2005，《伽藍天尊》，香港：科華圖書出版社，頁41～42。

註14：王卡、汪桂平，2002，（從《關聖大帝返性圖》看關帝信仰與道教之關係），《關羽、關公和關帝》，中國北京：社會科學文獻出版社，頁94。

儒家教主孔子，及佛教佛祖共同推薦關公為天公的說法。

六、政治領袖敕封關公提升關公的神格與職能

政治領袖喜歡關公異於一般普羅大眾，有其政治的考量。當關公信仰成為流行於普羅大眾的宗教活動時，政治領袖站在統治的利益，會將大眾的信仰轉化為其信仰的一部分，使庶民大眾與政治領袖的信仰合一，政治領袖藉此攏絡民眾，或教化子民，有利於百姓對朝廷認同與效忠，達到社會穩定的效果。

過去君主專制王朝皇帝對關羽不斷的加封，大都是看重關羽的「忠義」與「神蹟」的事蹟，透過對關公的敕封，維繫民眾對朝廷的認同，與發展儒家道德律為社會主流價值，期待社會穩定。關羽戰死沙場後，後主封他為「壯繆侯」，到了宋代徽宗加封他為「忠惠公」，之後提升為「武安王」、「義勇武安王」，宋孝宗再加封為「壯繆義勇武安英濟王」，在元代時文宗封他為「顯靈義勇武安英濟王」，到明神宗時由王提升為帝，封他為「三界伏魔大帝神威遠震天尊關聖帝君」，清聖祖也賜封他為「忠義神武大帝」。

這些皇帝都認為關聖帝君的英勇做為值得肯定，因此不斷提升關羽的神格，由「侯」而公，再轉化為「王」，再由「王」提升為「帝」。當皇家貴族肯定關羽之際，理當加深了民

間宗教中的關羽崇拜現象。尤其明代之後派遣官員正式以儒家儀軌祭拜關公，更易推廣關公信仰。關公變成普羅大眾與君主王朝共同膜拜的神祇，此神祇的神格提升之際，其功能也有轉化，由原來的「英勇將軍」，變成「顯靈將軍」，再蛻變成「三界伏魔大帝」，掌管天界、人界與地界斬妖除魔的大帝。形同由單一功能的英勇將軍，變成掌管天上、地獄與人間各種吉凶事務的多功能神。由於關公的神格提升與職能擴張，種下祂成為天公的重要因素之一。

至於清代皇帝對關公的景仰又有另外的考量，他們認識中國的歷史少從正式的史籍，而從三國演義來理解中國。三國演義變成滿清入關前的重要兵書與史書，使得關公在康熙、雍正與咸豐皇帝心目中異常重要。康熙皇帝封關公後裔世襲五經博士，雍正皇帝提升關公的地位認為文人都應祭拜關公，咸豐皇帝則將關公迎入孔廟，與孔子並列由文武百官共同祭拜。（註16）

在清代以前關公只是個英勇的將軍，宋代皇帝將關公列入歷朝的偉大將軍祠堂中，當做陪祀神加以膜拜，明代皇帝則提升關公的地位取代了姜太公的武聖位置，變成武廟中最重要

註15：趙翼，1990，《陔餘叢考》，第35卷，《關壯繆》，河北：人民出版社，頁622～623。胡小偉，2005，《伽藍天尊》，香港：科華圖書出版社，頁41～42。胡小偉，2005，《伽藍天尊》，香港：科華圖書出版社，頁1～2。

註16：王見川，2006，（清代黃帝與關帝信仰的『儒家化』－兼談『文衡聖帝』的由來），《關公信仰與現代社會》，臺北：真理大學宗教學系，頁94～99。

的主神。然而清代皇帝則認為關公實踐了孔子的道德律，是讀書人應該學習效法的對象，因此關公與孔子地位並駕齊驅，關、孔並祀的傳統就此新設。這種讀書人膜拜關公的傳統，使關公變成民間宗教中「以儒為宗」的信仰神祇，表現在臺灣地區三聖恩主或五聖恩主的關公信仰系統中。（註17）而此恩主公信仰從明、清以來，運用扶鸞儀式創造出許多經典，在經典中種下了關公成為儒教教主推薦為天公首選的因子。

七、關公職能擴張，奠定他成為天公的基礎

關公成為儒、釋、道三教與民間宗教的神祇，其信仰範圍隨之擴張。再加上祂的功能不斷擴張，才是奠定日後清季與民國時期經典造神運動中，促使祂成為天公的主要原因。最早的關公崇拜是區域性的神祇，隨著關公的顯靈，佛道教領袖的推廣，歷代皇帝不斷的加封，使關公跨出區域性的信仰，變成中華地區各民族的重要神祇，祂的職能也隨之擴張成為多功能的神祇。

由於政治領袖期待他的子民效法關公英勇報國，與實踐儒家五倫道德，關公成為軍人守護神與讀書人祭拜的「文衡聖帝」。民間宗教中鸞堂的扶鸞儀式從魏晉南北朝以來，關公經常降鸞在鸞堂中，讀書人為了求取功名，除了祭拜孔子添智慧，也會膜拜文昌帝君或文魁星，

更會到鸞堂求助關夫子降鸞指點迷津。（註18）

關公與劉備、張飛義結金蘭的美名，變成中國異性兄弟結盟的典範。關公對異性兄弟信守承諾，實踐忠義的表現，形成日後中國社會的重要行為模式之一。當明代崇禎皇帝自盡後，其子民秘密結社成為洪門，廣納異性兄弟結盟共同反清復明，便將關公納為洪門的祖師爺。希望洪門弟兄進入這團體後，形同義結金蘭的兄弟，為了洪門利益，兩肋插刀在所不辭。關公信守承諾的行逕，也被行商的生意人視為不可多得的守護神，因此他也是生意人祭拜的武財神。（註19）

關公不只是軍人、文人、幫會與商人的守護神，也是警察神。在隋唐之際，關公被請入城隍廟供奉，關公顯靈協助宋代的胥吏破案，幫助了他們解決難題，於是胥吏更加虔誠祭拜關公，也為關公立廟，從此奠定日後華人警察祭拜關公的傳統。（註20）由於中國部分地區以關公誕辰為農曆五月十三日，此時剛好為北方農村缺雨的尾端，當村民祭拜關公時，順便求

註17：王志宇，1997，《臺灣的恩主公信仰─儒宗神教與飛鸞勸化》，臺北：文津出版社。

註18：王見川，2006，〈清代黃帝與關帝信仰的『儒家化』─兼談『文衡聖帝』的由來〉，《關公信仰與現代社會》，臺北：真理大學宗教學系，頁 89-104。

註19：候　杰，2006，〈關公信仰與中國社會─以華北地區為中心的考察〉，《關公信仰與現代社會》，臺北：真理大學宗教學系，頁79～80。

註20：胡小偉，2005a，《超凡入聖》，香港：科華圖書出版社，頁85～124。

雨，此時天降甘霖，稱為關公的「磨刀雨」，所以中國北方百姓將關公視為雨神。

上述這些關公的職能擴張，到明代萬曆年間，皇帝追封他為「三界伏魔大帝」，此稱號使得關公的職能提升到前所未有的境界，他變成天界、冥界與人世間最重要懲惡揚善、斬妖除魔的神祇。這種職能不斷擴張的情形，使關公的信仰層面更為廣闊，也奠定日後經典造神運動中，經由扶鸞儀式降鸞宣稱關公成為天公的有利情境。

三、關公成為天公的「關鍵期」：宗教經典中的神格論述

歷經明、清兩代到民國61年，民間宗教中經由扶鸞儀式創造許多與關公有關的經典，其中部分經典指出關公為十八代天公，而此論述是基於關公成神後，其神格與職能不斷擴張的脈絡下發展而來。經典中的關公由偉人神轉化為自然神，變成眾神之首的天公—玉皇大帝。這種說法成為臺灣地區以恩主公為主神的鸞堂系統，與部分關公廟宇的信仰者內心的信仰態度與認同。而造成這種信仰現象的主要因素之一，在於扶鸞儀式的鸞文與經典，主要表現在下列四本經典中。

一、《關聖帝君應驗桃園明聖經》透露關公為天公助手的訊息

民間宗教中經由扶鸞儀式創造出許多經典，在明代末年出現的關聖帝君經典為《關聖帝君應驗桃園明聖經》，其寶誥中指出：

「太上神威，英文雄武，精忠大義，高節清廉，『協運皇圖』，德崇演正，掌儒釋道教之權，掌天地人才之柄，上司三十六天星辰雲漢，下轄七十二地土壘幽酆。秉注生功德，延壽丹書；執定生死罪過，奪命黑籍。考察諸佛諸神，監制群仙群職。高證妙果，無量度人。」（註21）

此經文的意涵指出關聖帝君的職與範圍，負責「協助」玉皇大帝管理眾神、世人與諸鬼。連儒、釋、道教三教的教務也交由祂處理，祂監督管理的範圍上至天庭，下至人間與地獄，擁有定人生死，考察諸仙佛是否失職的職權。祂再也不是單純的武神、文人神、警察神、財神和雨神，祂已經升格為天公的左右手，協助天公管理神、人、鬼三界的事務。此經典比較符合明代萬曆皇帝封關帝為「協天護國忠義大帝」的稱號，也符合明神宗時封祂為「三界伏魔大帝神威遠震天尊關聖帝君」的聖號。既「協助」天公，又管理「三界」的各種事務，使

註21：鄭志明，1986，《中國社會與宗教－通俗思想的研究》，臺北：臺灣學生書局，頁286。

關公的神格提升與職能擴張，經由扶鸞儀式創造的經典再次得到確認。對關帝的信仰者而言，在研讀經典之際，得知他們所信仰的關公，已經成為天公的左右手。由於關公神格的提升，強化信仰者的心理認同。對關聖帝君的信仰發展而言，信徒不斷散佈與唸誦此經典，將可鞏固他們對關公的信仰崇拜，甚至宣揚關公信仰。

再者，《關聖帝君應驗桃園明聖經》‧〈南天文衡聖帝關恩主寶誥〉的經文，直接點明關聖帝君為天公的首相：

「至靈、至聖、至上、至尊忠孝祖師，伏魔大帝關聖帝君；大悲、大願、大聖、大慈，玉帝殿前『首相』，真元顯應昭明翊漢天尊。」（註22）

在明聖經中很具體的指出關公已在玉帝殿前擔任首相。換言之，此時的關公已經是玉帝之下，眾神之上的高階神祇。就經典造神運動而言，此經文幫助關公又往前跨一大步，祂變成玉皇大帝凌霄寶殿上最重要的首相。而此項說法隨著明聖經廣為流傳，從清代發展到民國，關公為玉帝座前首相的說法，更易成為信仰者引為美談的宗教經驗。對關公成為天公只差一小步，如果再有新的經典出現，就可以協助關公這尊偉人神跨越鴻溝，邁向自然神中眾神之神的玉皇大帝寶座。

就信仰者而言，這種逐漸升高關公神格與職能的經典現象，是合理而且可以接受的邏輯。因為關公不是莫名其妙成為天公，而是接受歷史諸多的考驗，直到明末清初才在眾神中脫穎而出，成為玉帝的左右手，再成為天公的首相。

信仰者這種期待終於得到體現，在「新版」的《桃園明聖經》〈聖帝新寶誥〉中，直接說出關公榮登第十八代天公。寶誥中說明此項過程：

「精中大義，雄武英文。在三分國祚之時，漢賊豈容兩立。建萬世人臣之極，馨香自足千秋。精靈充塞於古今，至剛至大。誓願挽回夫劫數，存道存人。御宇蒼穹，任十八天皇而繼統。執符金闕，渾三千世界於於括囊。孰主宰，孰綱維，赫赫大圜在上。自東西，自南北，隆隆祖氣朝元。作聖賢仙佛之君師，卅六天誕登大寶。主升降隆污之運會，十萬劫普渡慈航。佛証蓋天，恩覃曠劫。大悲大願，大聖大慈，太平開天，普渡皇靈，中天至聖，仁義古佛，玉皇大天尊，玄靈高上帝。」（註23）

在此新寶誥出現之前，事實上至少有三種以上的經典說明關公已經成為天公的宗教信仰論述。因此，《桃園明聖經》的新寶誥理應是承接過去明聖經聖帝寶誥中的說法，直接將關

註22：財團法人行天宮文教發展促進基金會，2009，《明聖經》，臺北：財團法人行天宮文教發展促進基金會，頁18～20。
註23：社團法人中華桃園明聖經推廣學會，2009，《中天玉皇關聖帝君經典輯錄》，臺北：桃園明聖經推廣學會，頁13。

公為天公首相的「事實」（reality）升格，與強化過去已經出現的《洞冥寶記》及《玉皇普渡尊經》中對關公為天公的論述。即《桃園明聖經》〈聖帝新寶誥〉再進一步升格過去明聖經中關公的職能與職位，是屬於經典造神運動中的一環，而此將可強化與滿足關公信仰者對關公神格的認知與期待。

二、《洞冥寶記》、《玉皇普渡尊經》與《玉皇普渡聖經》先後指出關公成為天公

以扶鸞儀式為主的鸞堂系統，其以關公為主神，承接明、清兩代時的關公神格，經由扶鸞儀式寫出鸞文與經典，提升關公的神格。到了民國時期，有三種經典先後指出關公已經成為天公的說法。最早一次為13年「洱源紹善壇」透過扶鸞將關公再次提升神格，晉升為玉皇大帝，成為萬神之王。（註24）第二次則是於民國16年「昆明洗心堂」出版的《高上玉皇普渡尊經》，詳細說明關公被三教教主推薦，在無極天尊面前再三辭讓，最後終於登基擔任玉皇大帝。最近一次於民國61年出現在臺灣「臺中聖賢堂」扶出《玉皇普渡聖經》，關公被五教教主推薦，受禪為天公。

在《洞冥寶記》第十卷三十八回中指出，第十七代玉皇大帝上表辭職，老母允許，立命三教聖人會議，公推關聖居攝，於甲子年（民國13年，1924年）元旦受禪登基，繼任為蒼穹

第十八代聖主。在寶記中指出：

「有皇上帝，多年御世，歷數難稽，髦期已倦於勤，禪代合符乎數。然非有赫赫之大聖，不足以鎮穆穆之玄穹。恭維太上神威，蓋天古佛，三界伏魔，協天大帝，大成義聖，護國翊運天尊關聖帝君殿下」。「管天地人三才之柄，掌儒釋道三教之權。上司三十六天星辰雲漢，下轄七十二地土壘幽酆。考察諸佛諸神。監制群仙群職。卓哉允文允武，偉矣至聖至尊。迺本歲上元甲子元辰，供奉老母慈命，升調上皇，召回西天同享極樂。即以我聖帝纘承大統，正位凌霄。特上尊號曰：『蒼穹第十八聖主武哲天皇上帝』。」（註25）

在《洞冥寶記》中，首次記載關公成為天公的神職，關公終於跨越了偉人神的極限，成為華人民間宗教自然神中的眾神之王－天公，祂身著人世間皇帝的官服，頭戴皇帝的冠冕，此為關公的新造型。

註24：萬有善書出版社1979，《洞冥寶記》，萬有善書出版社，頁46～53。朱浤源，2002，〈關公在政治思想的地位〉，《關羽、關公和關帝》，中國北京：社會科學文獻出版社，頁207～213。

註25：正一善書出版社，2000，《洞冥寶記》，正一善書出版社。黃國彰，2009，〈關帝經典的奧秘與對國家社會的正面影響〉，《關帝經典文化學術研討會論文集》，臺北：社團法人中華桃園明聖經推廣學會，頁128-129。

然而關公成為天公的造神運動並未停止，在中華桃園明聖經推廣學會出版的《中天玉皇關聖帝君經典輯錄》中，尚收存丁卯年（民國16年，1927年）「昆明洗心堂」出版的《高上玉皇普渡尊經》，再一次強化關公成為天公的「事實」：

「在無極天尊面前接受道教元始天尊、儒家大成至聖先師與佛教牟尼文佛三教教主的推薦，在此道德衰退的季世，唯有通明首相（關公）道根深重、聰明穎異、文武雙全、功德昌盛，堪作諸神尊之師，萬聖之王，能應任玉皇大帝寶座。然而關公得知三教教主的推薦後誠惶誠恐、稽首頓首，叩謝無極天尊提攜之德，再三退讓。……三教道主奉命薦舉，伏願首相唯命是從。……於是帝君欲辭無言，上朝無極天尊。」（註26）

到了民國61年「財團法人臺中聖賢堂」經由扶鸞儀式第三次昭告天下告知信徒玉皇大天尊玄靈高上帝再次降鸞於，將出版《玉皇普渡聖經》，再次說明關公為天公的「事實」。該年正月初六元始天尊降鸞於聖賢堂的鸞手，為《玉皇普渡聖經》撰寫序文：

「今著《玉皇普渡聖經》者，乃蒼穹天皇，由儒道釋耶回五教教主，共議選舉關聖，於甲子年元旦，受禪為第十八代玉皇大帝位，其尊號曰：玉皇大天尊玄靈高上帝，統御諸天、管轄萬靈、掌理三界十方、撫綏天下生民，並及九幽六道，今　玉帝為普渡天下蒼生、特敕命著作《玉皇普渡聖經》，以教化為普渡之本，此經之著，務使誦者易誦，讀者易讀，並易了悟經意奉行，冀能收到普化之效而著作者。」（註27）

這些鸞文與經典皆指出關公已成為第十八代玉皇大帝，只是在成為天公的細節上有些差異，比較這些經文可以發現具體的差異如下：第一為《洞冥寶記》指出關公是經由老母的同意接掌玉皇大帝的寶座，在《玉皇普渡尊經》則指出是經由無極天尊同意後接掌玉皇大帝的寶座，而《玉皇普渡聖經》中並無此項論述。第二為《洞冥寶記》與《玉皇普渡尊經》都指出關公接掌儒、釋、道三教之權，而在《玉皇普渡聖經》擴張為儒、道、釋、耶、回五教。第三項差異為《洞冥寶記》並無受禪的說法，而在《玉皇普渡尊經》與《玉皇普渡聖經》皆有受禪之說，尤其在《玉皇普渡尊經》中關公向眾神謙讓再三後，才受禪為第十八代天公。第四項差異為《洞冥寶記》宣稱關公於民國13年（1924年）升調天公，而《玉皇普渡聖經》

註26：社團法人中華桃園明聖經推廣學會，2009，《中天玉皇關聖帝君經典輯錄》，臺北：桃園明聖經推廣學會，頁108～118。

註27：財團法人臺灣省臺中聖賢堂，2003，《玉皇普渡聖經課誦本》，臺灣臺中：財團法人臺灣省臺中聖賢堂，頁4～5。

的經文註釋中卻說關公早在民國前48年（1864年）即接掌玉皇大帝之位。（註28）

關公在不同時期由不同鸞堂寫出的經典，都指證祂已經成為天公的事實；然而，不同鸞手的鸞文是經文中細節差異的主因，但是此差異並未妨礙關公成為天公的神格主軸。就信仰者而言，他們不一定在意、也不明白關公成為天公的細節，他們比較關心十八代天公的寶座是否輪到關公來擔任。在民國不同的年代，與大陸、臺灣兩地不同的鸞堂空間背景下，經由扶鸞儀式神祇降鸞到不同鸞堂的鸞手上，開創出關公成為天公的「共同事實」。當不同的鸞文與經典，前後闡述關公接位天公的神格「事實」，更可滿足關公信仰者的信仰崇拜心理。因為他們信仰的神祇已經成為眾神之神，形同關公為高神一等的神祇，信仰者也與有榮焉。

當關公信仰者認同關公為第十八代天公時，曾引起天帝教與道教的反對，前者認為天帝為其主神，而天帝不可能是關聖帝君。在其神譜中，第一層為無生聖母主持無生聖宮，第二層為玄穹高上帝主持金闕凌霄寶殿，第三層由三期主宰主持清虛宮，第四層才是關聖帝君主持中天昭明聖殿，第五層則由文衡聖帝主持南天文衡聖宮。因此以該教的神譜系統來看，關公只是第四層的神祇，不可能由位於第四層的關公，變成第二層凌霄寶殿的主宰者。（註29）後者則以道教總廟三清宮為代表，他認為關公由五教教主共選為第十八代玉皇大帝的說法，不但不符合宗教與神學的邏輯，同時也貶抑了關公忠義不阿的神格，實在荒誕不經，鼓勵道

教徒不要盲從倡導這項論述。（註30）

儘管有這兩類的宗教領袖對關公為天公的論述提出異議，但是以鸞堂系統為主的關公信仰，他們的主神即是關公，陪祀神為呂恩主洞賓、王恩主靈官、張恩主單、岳恩主飛，信仰者當然希望他們的主神神格愈高愈好。不同於天帝教以無生聖母或天帝為主神，道教以三清為主神，後兩者的信仰者當然不必然同意關公變成該宗教神譜系統中最重要的神祇。因此關公在這三個宗教中引起的論戰，在信者恆信，不信者恆不信的信仰心理下，造成關公是否為天公各自表述的分歧現象。

四、關公成為天公的「強化期」：扶鸞儀式、經書推廣與關公神格認同

一、鸞堂的鸞生與信仰者對扶鸞儀式的認同，相信關公已成為天公

關公成為天公的神格論述最主要來自於華人民間宗教以關聖帝君為主神的鸞堂系統，鸞

註28：財團法人臺灣省臺中聖賢堂，2003，《玉皇普渡聖經課誦本》，臺灣臺中：財團法人臺灣省臺中聖賢堂，頁76～77。
註29：天帝教使院，1982，《天帝教簡介》，南投：天帝教使院。
註30：道教總廟三清宮，2007，《道教諸神聖紀》，臺灣宜蘭：道教總廟三清宮管理委員會，頁85。

生與信徒常態性的參與扶鸞儀式，他們相信扶鸞儀式為神明降臨的具體表現；（註31）因此也認同經由此儀式扶出的鸞文，相信關公為天公助手、首相及天公的論述。總結來說，鸞生與信徒對鸞文高度認同，進而對關公轉化成為天公的神格深信不疑。

然而，這種認同並非存在於所有華人民間宗教的信徒，大部分只存在於以關公為主神的鸞堂系統。原因在於華人民間宗教中各派別，如紅卍字會、天帝教、真佛心宗等民間宗教團體，他們皆有扶鸞儀式，但是其主神並非為關公，關公只是眾多神祇之一。因此，信徒會相信他們自己教派的神祇譜系，不太可能將關公升格為天公，也就沒有關公為天公的神格論述。

相反的，鸞堂系統的效勞生，他們敬拜以關公為主神的三聖恩主或五聖恩主，常態性參與扶鸞儀式，在此儀式中聆聽神的話語，接受恩主公的道德律。他們自稱為「沐恩鸞下」，為恩主公的學生，關公的話語成為他們現世與來生的生活指引，實踐恩主公的仁、義、禮、智、信儒家道德。（註32）他們深信恩主公經常在扶鸞儀式過程中來到鸞堂現場，甚至有些鸞生親耳聽見恩主公傳達的訊息，或是看見恩主公寫出的鸞文。當他們深信恩主公顯靈於扶鸞儀式時，並願意接受恩主公在扶鸞儀式的教誨與解惑。這種高度認同扶鸞儀式的現象，非常容易相信鸞文的敘述。因此，當他們被告知恩主公已經成為天公時，部分鸞堂的主事者乃幫恩主公重塑神像造型，幫祂戴上玉皇大帝的皇冠，將恩主公當作天公來膜拜。

二、誦經與印經，推廣關公為天公的論述

另一促使鸞堂的鸞生與信仰者推廣關公為天公的原因，在於對誦經與印經。鸞生在平時常態性的扶鸞儀式、拜斗與聖誕祭典時期，都得誦經，他們認為這是個人累積功德、表達對神景仰及個人修行的重要法門。因此，從明、清以來到民國為止，中國大陸的「洱源紹善壇」、「昆明洗心堂」及臺灣的「臺中聖賢堂」、「中華玉線玄門真宗」及「桃園明聖經學會」等團體，創造出關公經典，可能都是他們經常唸誦的經典。如《桃園明聖經》、《忠義經》、《覺世真經》、《玉皇普渡聖經》、《大解冤經》（註33）、《文懺、武懺》（註34）、《玄靈玉皇寶經》（註35）、《赦罪寶懺》（註36）、《戒淫經》、《關聖大帝返性圖》、《救劫渡人指迷篇》與《玉皇普渡尊經》等經典，是信仰者相當熟悉的經典。其中部分經典論述關公坐上凌霄寶殿，主持玉皇大帝的職務，理所當然容易成為信徒的信念。

由於鸞堂的鸞生與信徒經常唸誦經典，他們彼此口耳相傳，容易接受經典中的論述。不

註31：張家麟，2008，《臺灣宗教儀式與社會變遷》，蘭臺出版社，頁1～38。
註32：張家麟，2008，《臺灣宗教儀式與社會變遷》，蘭臺出版社，頁175～198。
註33：玄門真宗出版社，不詳，《玄靈高上帝大解冤經》，臺中：玄門真宗出版社。
註34：財團法人覺修宮，1967，《文懺、武懺》，臺北：財團法人覺修宮。
註35：玄門真宗出版社，不詳，《玄靈玉皇寶經》，臺中：玄門真宗出版社。
註36：玄門真宗出版社，不詳，《玄靈高上帝赦罪寶懺》，臺中：玄門真宗出版社。

只接受關公的道德律，也會認同其神格轉化的神學論述；無形中也深信經典中關公已於甲子年榮任第十八代天公的說法，稱祂為「玄靈高玉皇上帝」。此時，信徒心目中對關公已經由偉人神轉化為自然神－天公的神格，已有相當的認知與認同。

除了唸誦經典之外，另一刊印經書的活動，也會助長此項論述的傳播。在華人的宗教傳統中，信徒鳩資共同出版鸞書、佛經，是累積功德的表現。當扶鸞儀式創造出關公為天公的鸞書與經典，只要鸞堂領袖願意發動信徒捐款印書，大部分都可以得到信徒的支持。一般經典或鸞文都「免費贈送，歡迎翻印」，無償提供給任何人。這是因為華人功德觀的心理表現，幾乎所有鸞文的卷首語都會提及盼望經書可以由讀者自由翻印或傳閱達到勸世的效果。（註37）這種心理造成關公的《桃園明聖經》、《玉皇普渡聖經》及《玉皇普渡尊經》，在臺灣各廟宇幾乎隨手可得。它們被當作善書發行，捐獻者相信，只要在善書後面都會列上其姓名，鑑察人世間功過的神祇將上表天庭，記錄其善行，庇蔭信徒個人及其子孫的今生與來世。

鸞堂的信仰者經由鳩資出版經典來換取功德，大量翻印經典，贈送給信徒或寄放在各廟宇，讓人免費索取，形成過去華人社會及現在臺灣民間宗教特色；無形間造成關公經典的流行。而此流行現象，也會傳達關公已成為天公的訊息。這種宗教功德觀，反應在經典的出版，推廣並加深了信仰者對關公成為天公的印象。如果沒有華人民間宗教助印經書的宗教傳統，關公成為天公的論述，不會大量流行。相形之下，這種說法只是少數人接觸經典後的認知。

五、關公成為天公的「鞏固期」：華人民間宗教的人神轉化信仰與關公神格鞏固

一、人可以成為自然神的信仰，亦接受關公神格轉化的論述

關羽壯烈殉國後封侯成鬼，顯靈後成神，再由神榮任為天公。這種轉化的過程，形同由人↓成鬼↓成神（偉人神）↓成天公（自然神）。彷彿人、鬼、神間可以逐漸轉化而提升，甚至偉人神可以跨越鴻溝成為自然神。這種現象是華人民間宗教的神祇信仰特色，它普遍的被鸞堂信仰者所接受，應該和他們內心的人神轉化信仰基礎有密切關聯。

打開鸞書，經常可以看到各類神明降鸞到鸞堂，包含自然神、偉人神與想像神，皆會下凡到人間。其中有些鸞文闡述著人成鬼再成神的各種前世今生故事，用此勉勵鸞生與信仰者應該在今世努力行善修行，做為來世成神的準備。

根據《臺灣宗教資料彙編》收印清季時的臺灣地區鸞書，不少神祇降鸞在不同地區的鸞堂，包含觀音、福神、天上聖母、司命真君、城隍、關公等神祇，都附身在鸞手，傳達具道德律的詩詞，再以個人的前世解釋這首詩，來規勸鸞堂的鸞生與信徒。以〈一聲雷〉中的鸞文為例，老社寮莊盡善堂觀音佛母降詩兩首：

註37：智仁堂，1966，《鸞嘁精華》，臺北：南華出版社有限公司，頁1。

「盡力修行不記秋，善心將水共長流。堂開斗室通三界，佛道光明萬古留。」

「觀來塵界讀凌空，音韻鏗鏘苦節通。佛法無邊施化雨，母儀有象佈清風。」

詩文後面觀音佛母自己陳述前世今生，祂的前世為清代人，生於道光十一年，姓顏，閨名菊香，因處於亂世，搭船時船夫都是賊黨，傷害其父母而且欲對她強行污辱，她對匪黨好言先勸失敗後，乃投江自盡。魂魄到森羅殿下，判官察其功德，認為她能全孝道重名節，不虧佛門的期待。乃上表天庭，封此鬼魂任觀音佛母之職。（註38）

此例說明人人積德盡孝後，皆可能成為觀音佛母，即人成鬼之後可以轉化為經典中的「想像神」。再舉一例說明，人只要嚴守男女分際，就可能成為福神，即人死後，可以成為「自然神」。在〈一聲雷〉中的鸞文指出，大南埔莊福神降詩：

「坐懷不亂古完人，色戒吾生步後塵。片念未常稍蕩檢，光明正直本天真。」

詩文後面福神自己陳述祂前世為淡水人士，姓周，名登海。幼時讀書，長大後去儒，隨父親經商。在經商過程曾有沉魚落雁的少婦色誘他，他嚴守男女的分際，不為所動。不僅如此經商過程，童叟無欺，嚴守孝道，兄弟手足和睦相處，直到五十八歲過世。到了地獄冥府，判官認為他功德無量，成全節婦的貞操，嚴守手足之義，經商誠實，盡忠盡孝，乃上表天庭，

被派認為福神。（註39）

另再舉一例說明，少婦亡夫之後孝順公婆承擔整個宗族的家計，忠孝的義行感動冥府判官，最後成為獅巖洞的天上聖母。天上聖母降曰：

「百尺獅嚴小洞天，紅塵相隔自蕭然。桃源有路思尋去，月色朦朧踏曉然。」

「淒風苦雨憶當年，親老家貧懍志堅。天眼垂青憐勁節，千秋神道永昭然。」

詩文後面天上聖母自己陳述，祂是清雍正時期江左人士，閨名趙秀紅，幼時學習經書，稍明道義，嫁為人妻後，夫婿早死。家道中落，一貧如洗。然而家有公婆，又懷孕數月，夫家一門的家計與命脈，必須承擔。母兼父職，帶領孤兒，孝順公婆直到老死。兒子成年後，獲有功名，娶妻生子，家道中興，臨終之前告知子孫，努力行善無愧天人。魂歸冥府，閻羅王肯定吾的一生，乃上奏玉殿，命我為泉州府涵江的天上聖母，任職數十年後，才轉到獅巖洞，享受千秋血食。（註40）

註38：王見川、李世偉，2009，《臺灣宗教資料彙編》第一輯第九冊，臺北：博揚文化事業有限公司，頁202～207。
註39：王見川、李世偉，2009，《臺灣宗教資料彙編》第一輯第九冊，臺北：博揚文化事業有限公司，頁279～286。
註40：王見川、李世偉，2009，《臺灣宗教資料彙編》第一輯第九冊，臺北：博揚文化事業有限公司，頁272～278。

類似的故事在過去的鸞文中經常可見，從此可以得知在鸞堂的信仰中，鸞堂領袖主持的扶鸞儀式神明經常降鸞，透露人死後可以成神的信仰價值觀，而且可以成自然神、想像神與偉人神，為各種類型的神祇。這種宗教信仰觀可以說明為何鸞堂的鸞生與信徒相信，人人只要累積功德，盡忠盡孝，來世可能成神。換言之，今生努力行善實踐儒家道德律，死後到地獄也會被判官上表天庭，分發神職給人擔任。這意味著人死為鬼，而鬼可能成神，也可能成為自然神。這種人↓鬼↓神↓自然神的信仰體系，普遍存在於扶鸞儀式參與者的腦海中。因此，依此人神轉化的信仰邏輯，鸞堂鸞生與信仰者將會相信關公成鬼後，由於在世的功德，使他成神，也有可能讓他成為天公；認同祂可以由偉人神的神格，跨越到自然神的神格，而晉升為眾神之神的論述。

二、自然神擬人化，讓鸞堂信仰者認可玉皇大帝由關公擔任

華人民間宗教的神學體系，對神祇的看法具有原始宗教的觀念，認為自然界中天上的日、月、星辰等「神」，及地上的河、海、岱等「祇」加以膜拜，這是華人最早的宗教信仰觀，也是「宗」的原始意涵。不只如此，華人祖先也會將自然神想像由人來擔任，這也是天公可能由關羽來擔任的主要因素。由於華人民間宗教對神祇有此宗教想像與信仰的「神學觀」，因此容易接受自然神由人來擔任。

將「自然神擬人化」，是民間宗教信仰者共同的神學觀，包含將自然神祇轉化為歷朝歷代的某位人士來擔任，及將這些自然神被雕刻成為具有人的形象的神像。這兩種神學信仰，普遍展現於華人民間宗教中的廟宇和信徒的心目中。表現於信徒對這些神祇的神像雕刻及膜拜活動。

民間宗教對天、地等自然現象的崇拜，包含敬拜天上的神，如太陽神、太陰神、北極星、北斗七星、斗姆、太歲星君、文曲星、雷神、火神或三官大帝等，崇拜地上的祇，如土地公、灶神、城隍、東嶽大帝、三山國王等，祂們皆被信徒雕成「人型」的神像，擺在廟宇的供桌上。

具有人名的自然神祇如北極星，被信徒稱為「北極玄天上帝」，又名「真武大帝」，據《太上說玄天大聖真武本傳神咒妙經》，真武大帝是太上老君的化身。三官大帝分別由堯、舜、禹擔任。文曲星為文昌帝君，又稱梓潼帝君，為晉朝張亞子。灶神稱為張恩主，名為張單。先天豁落王靈官為火神，名為王善。社稷之神為土地神，社神為共工氏之子，名為句龍，稷神為烈山氏之子，名為柱；另一說法為西周人叫做張福德。六十位太歲星君，也被賦予六十個名字，在太歲殿中都可看到。有些自然神儘管沒有人的名字，但也被信徒雕刻成為人形，如玉皇大帝、北斗星、南斗星、城隍、三山國王、東嶽大帝、河神、海神等。其中海神信仰發展到清代，變成兩個神祇，一為自然神的海龍王，另一為天上聖母林默娘。後者的現象與關公榮升十八代天公的說法有些雷同。

當民間宗教的信仰者內心深信自然神可能是由歷朝歷代的傳說或歷史人物擔任，依此類推，信仰者乃會將自然神以人型來雕塑。換言之，自然神與人可以彼此交替，而非兩條平行線，如果歷史上的偉人或傳說中的人物，他們的靈驗事蹟或貢獻被人肯定，祂就可能成為自然神。像中國傳說中堯、舜、禹三位領袖，就變成三官大帝的化身；天官、地官、水官本來是屬於自然崇拜的神祇，早在堯、舜、禹出現前就已經存在，但是當信仰者認為自然神可由人替代，信徒也就接受三官大帝為堯、舜、禹三位領袖。

如果這種自然神擬人化的宗教信仰觀，普遍存在於華人民間宗教的信徒，他們就容易接受自然神的天公由關羽來擔任。但是關羽如果只是一位戰敗的將軍，要一躍而上成為眾神之神的天公，勢必有其難度。因此，從關羽到壯繆侯，由侯而公，公轉王，由王封帝；再由武神擴張為多功能神；甚至由民間宗教滲入到儒、釋、道三教；再用許多小說、劇本形塑關羽鮮活的道德形象，注入到百姓的腦海中。當這些因素隨著時間歷史的演變，逐漸發酵，乃建構起關羽成為天公的基礎論述。最後再經由扶鸞的創造經典活動，指出關羽為玉皇大帝的左右手，再升任為首相，最後謙讓再三，受禪為玉皇大帝；此論述一提出，容易得到以關公為主神的鸞堂信仰者與鸞生的認同。而此認同現象，會因華人民間宗教的神學觀更形鞏固。因此，我們在分析關公成為天公的神格轉化現象，不可忽略「人可為自然神」，或「自然神擬人化」的神格轉化信仰觀。當然，這也是華人民間宗教部分神祇神格轉化的共同基礎。

陸、結論

由本文上述的討論可以得知，關公晉升為天公並非單一因素，而是經歷過歷史長期的演化，關公會被鸞堂信仰者在造經運動中雀屏中選為天公，是經過長久的「醞釀期」，他由壯烈成鬼，顯靈成神，到成為跨宗教、行業、區域的神祇，再成為多功能的神祇，到了明代祂已經幾乎無所不能，掌管天界、地界與人界。有此醞釀期，才可能讓關公跨越偉人神到自然神－天公的鴻溝。

當關公擁有各種功能的神格變化，經由扶鸞儀式產生的經典是使祂成為天公的「關鍵期」，這也是過去學者強調關公神格轉化的重點。本文同意經典造神是關公神格轉化成為天公的關鍵因素，但是，這無法完整陳現鸞堂信仰者對關公成為天公的內在認同。因此，在本文前面的討論中，提出了扶鸞儀式參與者對扶鸞及鸞文的認同；和這些鸞生與信仰者常態的誦經活動，才會認知與認同關公已經成為天公。在扶鸞儀式與誦經活動形同「強化」了關公已為天公的「事實」。至於本研究在前言中提出關公為偉人神，如何跨越成為自然神中最高的神祇？此問題如果沒有經由華人民間宗教信仰者對神祇神學觀的系絡（context）中去理解，將無法得到合理的解釋。這也是本研究與過去研究最大的差異，本文深信華人民間宗教中擁有人死後可以成鬼→成神→自然神的神學信仰，是認同關公成為天公的底蘊。另外一種神學觀是相信「自然神擬人化」，信仰者認為自然神可由人來擔任，自然神也可塑成人型，在這種信仰體系下，自然神的天公由關公擔任，就可以得到合理的解答。這也是信徒「鞏固」關公壯烈成鬼的將軍，榮任到自然神最高的位階玉皇大帝寶座上的重要思想因素。

從上可以得知，關公成為天公的神格轉化現象，在每一個階段都有它的特殊變因，這些變因相當複雜，固然可以歸納化約成宗教、政治與文學三個面向，但每一階段各有其著重點，應該仔細理解後，才可說關公神格已經轉化為天公。

然而，這種信仰現象，並非所有民間宗教信仰者的共同認知，甚至也不一定得到關公信仰者的認同。相反的，可能只侷限於以關公為主神的鸞堂系統的鸞生及效勞生。因為他們參與和認同扶鸞儀式，擁有共同的神降鸞的神祕經驗；及平時對關公經典的朗誦，容易認同與深信經典中陳述關公已成為天公的論述，這些活動都可能深化與鞏固關公成為天公的神格轉化信仰。而支持信徒從事扶鸞儀式與誦經、印經的動力，在於華人的功德觀及成神觀，他們相信參與神聖的宗教活動可以累積個人功德，並德庇子孫，尚且是個人成神的準備。因此，這些信仰者願意投入有利於關公神格轉化的各種活動。

因此，關公成為天公的神格轉化並非一夜之間形成，而是經由長期歷史演化的結果，此演化到民國六〇年代才告成熟。一般論者以為經典造神運動是主要因素，但是深究這演化的過程就可得知，飛鸞造經活動及其背後的神學信仰系統，才是關鍵因素。從本文的論述及研究成果，提供了未來神祇神格轉化的研究新脈絡，即在經典之外，應該關注信仰者的神學與宗教價值體系、政治與社會變遷因素，及文學中對神祇形象的形塑作用。關公神格轉化為天公只是華人民間宗教及道教神譜學中的個案，形成此個案的各種因素，不一定合適於所有的神祇；但是，它可以成為未來其他神祇神格轉化研究的參考架構。

參考書目

Otto，Rudolf 1931：“Parallels and Convergences in the History of Religion，” in Rudolf Otto，Religious Essays：A Supplement to ‘The Idea of the Holy，’ London：Oxford University Press.

天帝教使院，1982，《天帝教簡介》，南投：天帝教使院。

王卡、汪桂平，2002，（從《關聖大帝返性圖》看關帝信仰與道教之關係），《關羽、關公和關帝》，中國北京：社會科學文獻出版社。

王志宇，1997，《臺灣的恩主公信仰－儒宗神教與飛鸞勸化》，臺北：文津出版社。

王見川，2002.10，〈軍神、協天大帝、關聖帝君：明中期以來的關公信仰〉，《臺灣宗教研究通訊》第4期，頁263～279。

王見川，2006，（清代黃帝與關帝信仰的『儒家化』－兼談『文衡聖帝』的由來），《關公信仰與現代社會》，臺北：真理大學宗教學系。
王見川、李世偉，2009，《臺灣宗教資料彙編》第一輯第九冊，臺北：博揚文化事業有限公司。
正一善書出版社，2000，《洞冥寶記》，正一善書出版社。
玄門真宗出版社，不詳，《玄靈玉皇寶經》，臺中：玄門真宗出版社。
玄門真宗出版社，不詳，《玄靈高上帝大解冤經》，臺中：玄門真宗出版社。
玄門真宗出版社，不詳，《玄靈高上帝赦罪寶懺》，臺中：玄門真宗出版社。
朱大渭，2002，〈武將群中獨一人〉，《關羽、關公和關帝》，中國北京：社會科學文獻出版社。
朱浤源，2002，〈關公在政治思想的地位〉，《關羽、關公和關帝》，中國北京：社會科學文獻出版社。
周立方，1996，〈玉皇的自然神崇拜〉，《玉皇文化學術研討會論文集》，臺灣：宜蘭玉尊宮管委會。
社團法人中華桃園明聖經推廣學會，2009，《中天玉皇關聖帝君經典輯錄》，臺北：桃園明聖經推廣學會。
洪淑苓，1995，《關公民間造型之研究-以關公傳說為重心的考察》，國立臺灣大學出版委員會。
胡小偉，2005，《伽藍天尊》，香港：科華圖書出版社。
胡小偉，2005，《超凡入聖》，香港：科華圖書出版社。
候　杰，2006，〈關公信仰與中國社會—以華北地區為中心的考察〉，《關公信仰與現代社會》，臺北：真理大學宗教學系。
財團法人臺灣省臺中聖賢堂，2003，《玉皇普渡聖經課誦本》，臺中：財團法人臺灣省臺中聖賢堂。
財團法人行天宮文教發展促進基金會，2009，《明聖經》，臺北：財團法人行天宮文教發展促進基金會。

財團法人覺修宮，1967，《文懺、武懺》，臺北：財團法人覺修宮。

涂爾幹（Emil Durkheim），1999，《宗教生活的基本形式》，上海：人民出版社。

張家麟，2008，《臺灣宗教儀式與社會變遷》，臺北：蘭臺出版社。

曹俊漢，2002，〈細說中國民間社會中的『義氣』：從關雲長與曹孟德一段恩怨情仇說起〉，《關羽、關公和關帝》，中國北京：社會科學文獻出版社。

莊宏誼，2008，〈道教東嶽大帝信仰〉，《道教神祇學術會議論文集》，臺北：保安宮。

智仁堂，1966，《鸞嘁精華》，臺北：南華出版社有限公司。

黃國彰，2009，〈關帝經典的奧秘與對國家社會的正面影響〉，《關帝經典文化學術研討會論文集》，臺北：社團法人中華桃園明聖經推廣學會。

楊亞其，1996，〈析玉皇信仰〉，《玉皇文化學術研討會論文集》，臺灣：宜蘭玉尊宮管委會。

萬有善書出版社1979，《洞冥寶記》，萬有善書出版社。

道教總廟三清宮，2007，《道教諸神聖紀》，宜蘭：道教總廟三清宮管理委員會。

趙翼，1990，《陔餘叢考》，第35卷，《關壯繆》，頁622～623，河北：人民出版社。

鄭志明，1986，《中國社會與宗教－通俗思想的研究》，臺北：臺灣學生書局。

蕭進銘，2008，〈萬星宗主、賜福天官及伏魔祖師－紫微大帝信仰源流考察〉，《道教神祇學術會議論文集》，臺北：保安宮。

九份勸濟堂關公成神的造型 - 關公夜讀春秋

關羽為將軍時英勇的英姿

佛教 - 中臺禪寺禪宗的迦南尊者 - 關公

鸞堂 - 三芝錫板智成堂的關公造型

日月潭文武廟關公與岳飛並祀為民國政府建立的傳統

宜蘭西關廟關公夜讀春秋的造型

鸞文經典指出 - 關公榮登十八代玉皇大帝， 稱為玄靈高上帝， 關帝已戴上「冠冕」

宜蘭勉民堂以關公為主神的鸞堂信仰 - 早年（清季）以神主牌崇拜， 現在則以關公神像膜拜

關公為眾神之神 - 玉皇大帝

三教教主共推關公為玉皇大帝

山西關聖祖廟的玉皇大帝造型
統

關公為玉皇大帝，特殊的千手關公造型

北京白雲觀王靈官神像 - 自然神擬人化造型

松山慈祐宮玉皇大帝 - 自然神擬人化造型

臺北松山慈祐宮北斗星君 - 自然神擬人化造型

臺北松山慈祐宮南斗星君 - 自然神擬人化造型

新竹城隍廟城隍爺 - 自然神擬人化造型統

臺北覺修宮斗姆 - 自然神擬人化造型

香港關帝信仰與善書

游子安
國立暨南國際大學歷史學系客座助理教授

香港廟宇奉祀神祇甚夥，主要有關帝、北帝（玄天上帝）、文昌、洪聖大王、天后、觀音、呂祖、龍母、車公、譚公、黃大仙等，廟宇數量三、四百所。（註1）其中以奉天后者最多，天后廟（主祀天后計算）超過80間。奉祀媽祖場所，香港大多稱天后廟或天后宮。（註2）香港廟宇奉祀的神祇，筆者大致分類如下：

（1）原始及自然崇拜（包括土地、山川、星宿）：計有盤古、女媧、神農、軒轅黃帝、三官、太陰娘娘、北帝、文昌、魁星、洪聖、龍母、城隍、福德、金花、三山國王、財帛星君等等。

註1：香港廟宇向來缺乏完整統計數字，只有很籠統的說法。如香港政府新聞處出版〈香港2010〉寫道：「道堂宮觀超過300個」；〈香港1999〉記述：「有華人廟宇超過600所」，見〈香港2010〉，頁309；〈香港1999〉，頁276。

註2：詳參拙文〈天后信仰與香港廟宇的特色〉，〈2009臺中縣媽祖國際學術研討會論文集〉，臺中縣文化局，2009年。此文亦收進〈善書與中國宗教：游子安自選集〉，臺北：博揚文化，2012年一月出版。

（2）諸聖仙佛：玉皇大帝、觀音、天后、譚公、太上老君、呂祖、黃大仙、齊天大聖、濟公、哪吒、吳真君等等。

（3）先賢將相：孔子、華陀、關羽、劉備、張飛、包公、岳飛、侯王、車公、綏靖伯（原名陳仲真）、周王二公（兩廣總督周有德、廣東巡撫王來任）等等。

（4）行業祖師爺：魯班、華光、樊仙等等。

本文主要分三部分，首先，關帝廟宇道堂在香港之建立，大體上可劃分成三個時期；然後分析關帝信仰在香港的特點，與區內經濟民生、軍事建置關係。第二部分指出在香港流通較廣的是哪些關帝善書；再而是探討關帝善書的編纂印送者，分宗教團體與個人兩方面來論述。

一、關帝信仰在香港

以下一段「世界關公文化網」的描述，影響及於一般人對香港關帝廟的認識：

香港版圖只有內地半個縣大小，卻有10多家關帝廟。最著名的是位於太平山腰荷李活道的文武廟，建於1874年，供奉武聖關羽和文昌帝君。香港最古老的關廟屬大澳關帝廟，創建於明弘治年間。香港較知名的關帝廟還有大埔文武廟、協天大帝廟、慈雲山關帝廟等。（註3）

數量上，全港不只「10多家關帝廟」，實有30多間以關帝為主神的廟宇。（詳見下文）而荷李活道的文武廟，並非建於1874年，廟內有銅鐘乙座，道光27年（1847）鑄，一般認為建於1847年。香港供奉關帝廟宇道堂之建立，筆者認為大體而言可劃分成三個階段去瞭解。

（一）關帝廟宇道堂建立之三個階段

（1）香港歷來是移民社會，關帝廟之建立與不同年代移徙定居本地民系有關

宋元以來入遷的新界鄧、文、侯、廖、彭、陶氏宗族，於康熙至乾隆年間在墟市和村落建立二帝廟或關帝廟，例如元朗舊墟玄關二帝廟、元朗輞井圍玄關帝廟、（註4）大澳關帝廟等。清代香港建立的墟市，皆建廟宇做為商業糾紛仲裁之所，多祀關帝、文昌、真武或天后。如有明確年代可考、較早在香港之關帝廟，約創建於康、乾年間，與墟市的建立關係密切。

註3：世界關公文化網http：//www.guangong.hk/webs2/wenhua/4.htm，擷取日期：2011年9月2日。
註4：元朗輞井圍玄關帝廟，建於康熙年間，廟內有康熙32年（1714）銅鐘。

元朗舊墟玄關二帝廟，及建於乾隆六年（1741）的大澳關帝廟。大澳居民主要是廣府人，從事漁業、煮鹽。康熙8年（1669）錦田鄧族建立元朗墟，奉祀洪聖大王的大王廟於同年建立，是墟市的政治及宗教信仰中心。元朗墟內另一所主廟是玄關二帝廟，供祀北帝及關帝，康熙年間建立，廟內有康熙53年（1714）的古鐘。

（2）十八世紀以來客家人入遷

關帝廟之數量，蕭國健選列其中15間，建築形制大多是兩進三間。（註5）據陳小寶統計，香港共有26間主祀關帝的廟宇。（註6）此非完整數字，還有元朗廈村市關帝廟、筲箕灣南安坊關帝廟（與張飛廟比鄰）、慈雲山關帝廟、鯉魚門協天宮、長洲關公忠義亭、大埔船灣岐山三宮廟等等，因由坊眾管理或規模有限而為人忽略。還有如三宮廟於清初始建，三宮是指協天宮、天后宮及孔聖宮。（註7）

香港關帝廟之地區分佈，其中以新界沙頭角（6間）、元朗（6間）、大埔（5間）三區最多。除了建於元朗、大埔墟市之外，其餘全部位於客家村落。清康熙八年（1669年）清廷始行「復界」，（註8）居民被允許遷回本港境內，唯人數不多，雍正初年兩廣總督何克敏等地方官員悉力招致鄰近地區人民，開墾荒田。其時，廣東之東、西、韓各江流域及閩贛二省之客籍農民，相繼遷入本港。

（註9）以沙頭角為例，居民是1669年之後遷入的客家人，此地區經過1825年開始填海以後，變成了一個客家人的墟市。沙頭角山嘴村協天宮，始建於1835年之前。光緒二十二年（1896）重建，捐資者主要多來新金山（澳洲的墨爾本）各埠，其次是老金山（美國的三藩市等地）、檀香山各埠。（註10）可見經過兩百年子孫繁衍，當地人口又移民到海外。（註11）而1825-1935年代沙頭角因建墟需要而成立十約，初名東和墟，後來更名為沙頭角墟，東和墟的成立不單只有經濟收益，開辦東和學校，並建有文武廟。（註12）

（3）二十世紀以來奉祀關帝道堂的創立

註5：詳參謝永昌、蕭國健《香港廟神志》，香港：香港道教聯合會，2010，頁49～50。

註6：陳小寶〈香港關帝信仰研究：以關帝廟為中心〉，M.A.Dissertation，University of Hong Kong，2007，頁16。

註7：《船灣岐山三宮廟重光典禮特刊》，大埔船灣聯村村公所，2009。

註8：清初為防止沿海居民與鄭成功聯繫，下令閩粵沿海居民遷徙內地，村莊荒蕪被毀，稱為「遷界」。至康熙八年（1669年）清廷始行「復界」，居民得以返回原地，重建家園。

註9：有關復界後之香港及客族之遷入，詳參蕭國健《清初遷海前後香港之社會變遷》第四章，臺北：臺灣商務，1986。

註10：捐資名單見《重建協天宮碑記》，科大衛、陸鴻基、吳倫霓霞合編《香港碑銘彙編》，香港：香港博物館，1986，頁262～280。

註11：香港有多所廟宇碑記，反映當地村民移民海外。如咸豐11年〈重修八鄉古廟碑〉，瀨川昌久指出，「金山梓友」共90人，捐款重修元朗八鄉供奉觀音為主神的廟宇，瀨川昌久著、錢杭譯《族譜：華南漢族的宗族．風水．移居》，上海：上海書店，1999，頁55-56。

註12：夏思義（Patrick Hase）〈十約：沙頭角地區的定居與政治〉，文載劉義章主編《香港客家》，頁81-83。另可參考饒玖才《香港舊風物》。清代沙頭角的東和墟曾頗興盛，及至1951年香港部分劃為禁區，沙頭角墟市開始衰落。

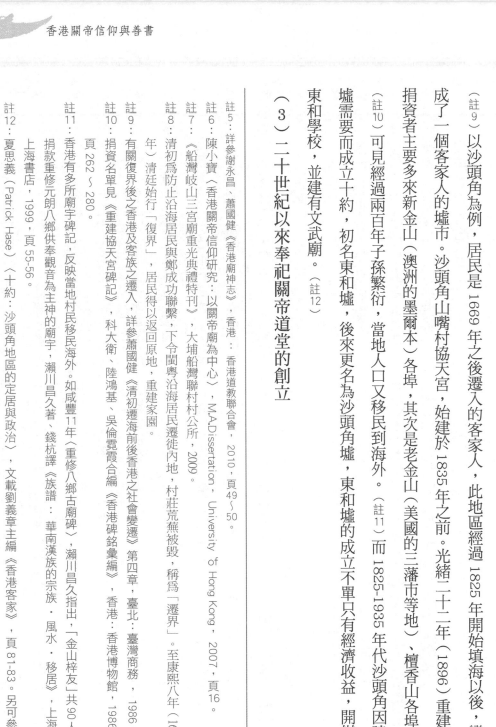

香港最早有明確成立年份的道堂，是1896年建立之從善堂，奉玉皇大帝為主神，另供奉文昌、關帝、呂祖、李大仙等仙神，1920至1950年代道堂祠閣奉祀關帝，如黃大仙祠、軒轅祖祠、通善壇、香港德教紫靖閣（潮汕人士）、圓玄學院、萬德苑等。其中從善堂、通善壇是關帝善書的印送團體（詳見第三節）。以圓玄學院為例，1950年曲江覺善道壇、廣州宏道精舍（奉呂祖之道壇）弟子王明韻、謝顯通等來港闡道，覓地建壇，及後得到趙聿修、楊永康、陸吟舫資助並向政府申請用地。1953年明性堂開幕，供奉關帝、觀音、呂祖與濟佛四聖，此亦圓玄學院內最古之殿堂。1971年圓玄學院三教大殿建成，才邁進另一新階段。圓玄學院早期創立者皆關帝、呂祖信仰者，基於這樣的認識，我們才明白趙聿修、呂重德、陸吟舫等圓玄骨幹份子，為何於1959年、1960年支持並大力捐助大澳關帝廟、梅窩文武廟的重修。

（2）關帝信仰在香港的特點

香港關帝廟的建立及重修，與區內經濟民生、軍事建置、教育興辦攸關，是經濟與軍事變遷之印記；而關帝和天后做為朝廷認可的神祇，也發揮了整合地方的功能。簡述如下。

（1）關帝崇祀與墟市

嘉慶《新安縣志》載香港至乾隆年間，已建有圓朗墟、石湖墟、大步墟、長洲墟等墟市。（註13）如長洲在乾隆年間開闢為墟市，地區主廟是奉真武之玉虛宮。清代香港建立的墟市，常見建有廟宇做為商業糾紛仲裁之所。又如大澳墟市，乾隆六年（1741）商人建關帝廟，1772年在旁建偏殿祀天后。大埔舊墟是清初香港地區三大墟場之一，承擔起新界中央及東部的經貿樞紐，舊墟天后廟亦因大步頭墟的建立，成為當地的議事中心。廟內正殿祀天后、觀音和華光，廟旁偏殿原建「協天宮」及「福德祠」，1986年重修，右偏殿建「譚仙宮」，遂成今貌。（註14）港島市區方面，上環文武廟始建於1847年，由坊眾發起創建，奉祀文昌帝君及關聖帝君，為香港開埠初期中上環一帶華商及居民祭祀中心，文武廟旁亦有公所。公所是華人簽約、審判及解決商業糾紛的場所。（註15）東華醫院於1872開幕時，紳商先到文武廟拜祭，此後東華總理，都會到文武廟舉行秋祭典禮，為市民祈福消災。（註16）清代較後期墟市奉關帝者，如西貢協天大帝廟；大埔新墟（太和市）由七約建立，文氏與馬氏等宗族於

註13：舒懋官修、王崇熙等纂《新安縣志》卷二〈輿地略一．墟市〉，臺北：成文，1974年據清嘉慶二十五年刊本影印，頁67～68。

註14：詳見〈大埔舊墟天后宮丙寅年重修落成紀文〉（1986），文載大埔舊墟天后宮修建委員會編印《大埔舊墟天后宮重修開光典禮特刊》，1987，缺頁碼。

註15：丁新豹〈文武廟——中國人的仲裁機構〉，丁新豹主編《香港歷史散步》，香港：商務印書館，2008，頁161。

註16：當年港府以文武廟原先登記值理大多亡故，又未能聯絡為由，頒佈第一份與傳統宗教管理有關的法例《文武廟條例》，1908年將文武廟及其所屬廟產撥交東華醫院管理。

光緒十九年（1893）建文武二帝廟。

（2）關帝信仰與產鹽區

元代關羽廟以其出生地山西解縣為中心，以鹽池守護神或財神面貌流傳開來。（註17）關羽打敗禍害鹽池的孽蛟（南宋以來改成斬蚩尤）（註18）、鎮守鹽池的神話，使關羽有了經濟保護神的身分；（註19）明末大運河沿途競相建立關廟，以祈保人流物轉之平安，此為後世關羽司職財神之重要緣由。自昔香港盛產海鹽，西自新田至屯門，東自沙頭角至九龍灣，皆為產鹽地區。康熙初年遷海，區內鹽業大不如前。（註20）至今香港地名不少仍與鹽相關，如大澳鹽田、沙頭角鹽寮下與鹽灶下、大埔鹽田仔等。沙頭角亦屬產鹽區，鹽鋪建在鹽寮下，鹽灶下村也曾經是鹽場，建有協天宮，於十九世紀下半期才被開墾為為耕地。（註21）光緒二十二年（1896）沙頭角山嘴村協天宮重建，捐資者包括「鹽田沙頭墟各號」。（註22）光緒二十年深水埗協天宮重修，捐資者也有「鹽船永十四隆」。（註23）此外，大澳位於大嶼山西北角，早在北宋已設鹽場，鹽田在乾隆年間開築，1970 年代以來鹽田逐漸廢置，只存鹽田遺址，區內建有關帝廟、楊侯廟與天后廟。

（3）關帝廟與清期駐軍

清代中葉以來，朝廷更為重視香港地區的海防。清初在這裡設防，是為了對付鄭成功和沿海海盜。從乾隆中期後，海防逐步以防範洋人為重點，確認虎門、大嶼山等處海防的重要。大嶼山位居珠江河口東南隅，扼守船隻至珠江口重要通道，是清代重要邊防據點。但由十八世紀下半期開始，香港地區的防禦中心漸次移到九龍半島，然後是香港島。1898年，大嶼山島上之前清兵防全廢。清代海防地域有「鎮」、「協」、「營」等軍事體制，極重要的海防地區稱為「鎮」，其次為「協」，再次為「營」。天后、關帝廟宇之重修，留下清代海防武官捐款的紀錄。深水埗關帝廟可資說明。光緒二十年深水埗協天宮重修時，除了商舖、拖船

註17：《繪圖三教源流搜神大全》（1593年序）卷三〈義勇武安王〉，臺北：聯經出版事業公司，1980，頁108～111。

註18：見朱越利〈《道法會元》中的關元帥〉，臺中技術學院主辦「關帝信仰與現代社會國際學術研討會」報告論文。

註19：見金井德幸〈社神和道教〉，載於福井康順等監修，朱越利等譯《道教》第二卷（上海：上海古籍出版社，1992年），頁141～143。

註20：蕭國健《清初遷海前後香港之社會變遷》第四章，臺北：臺灣商務，1986，頁27～29。

註21：夏思義〈十約：沙頭角地區的定居與政治〉，文載劉義章主編《香港客家》，桂林：廣西師範大學出版社，2005，頁78～80。

註22：《重建協天宮碑記》，科大衛、陸鴻基、吳倫霓霞合編《香港碑銘彙編》，香港：香港博物館，1986，頁280。

註23：《重建協天宮碑記》，《香港碑銘彙編》，頁291。

外，捐助較多是大鵬灣協右營武官，包括來自廣東大鵬協鎮都督府、大鵬協鎮中軍都府、大鵬協鎮右營守府等衙門。（註24）1961年關德興編集重刻《關聖帝君聖蹟圖誌》（詳見下文），其中一篇陳鐵兒《武聖堂集》，簡介香港上環、深水埗等地關帝廟（文武廟），特別提及深水埗關帝廟與清期駐軍關係密切：

香港中環荷李活道文武廟，建於何時無可以考，只廟石柱刻有重修於道光庚戌之歲，至今已有百餘年矣。至九龍深水埗之關帝廟，建時雖不可考，門聯石刻光緒七年「辛卯」立字樣。（辛卯為光緒十七年1891——引者）……緣當時中英邊界分域設在旺角山，山頂豎有木製界柵，下有卡廠，廠有身穿大鵬灣協右營字樣之華勇駐守，因當時深水埗至九龍城範圍，尚隸於清代大鵬灣協右營所統屬之故也。離旺角半里，有關帝廟，廟前空地，為當地村民販夫麕聚場所，此關帝廟附近有一豬仔墟小市場，距此不遠，設有一所灰窨，其時深水埗最大村莊為石峽尾及李鄭屋村，村民多客籍人，生活樸素，初一、十五日多往該關帝廟進香。梅窩白銀鄉文武廟，建於明萬曆年間，幾經重修，最後在光緒中葉重修。至民國五十年公曆一九六一年四月再重修之大澳關帝廟。建立年代待查。（註25）

此外，咸豐二年大澳關帝廟重修：「本廟興創以計兩百餘載，自乾隆六年間為之重修，始像廟貌。至今約值百有餘年，寰宇將為之傾頹。」碑刻記載「署廣東水師提標左營遊府」、「大鵬協鎮右營」等二十多名武官捐款。（註26）

（4）區內教育與二帝信仰

做為儒教神明，關帝被士人尊稱為「文衡帝君」、「山西夫子」、「關夫子」。清代香港地區的鄉村重視教育，教育場所多為祠堂、書室、書院、家塾，（註27）或在關帝廟旁建學塾，或以二帝為名建立書院。為鼓勵人們出資修廟，有將之與教育機會結合起來，如香港大埔汀角村關帝廟旁建學塾，乾隆五十年（1875）的重修碑文明言：「碑內無名，子孫永遠不得在此讀書」。（註28）又如錦田鄧族於道光初年建二帝書院，供奉文昌、關帝，並用作教育子弟

註24：《重修協天宮碑記》，《香港碑銘彙編》，頁281。2010年10月16日，深水埗協天宮，舉行了「關聖帝君迎聖大典暨深水埗關帝廟門樓落成典禮」及巡遊活動，同時更名為「關帝廟」。

註25：陳鐵兒《武聖堂集》，見《關聖帝君聖蹟圖誌》增集卷四，關德興藏版（香港：廣信印務公司，1961年），頁6～7。

註26：〈重修武帝古廟碑誌〉，《香港碑銘彙編》，頁103。

註27：詳見蕭國健《清初遷海前後香港之社會變遷》第四章第四節，臺北：臺灣商務，1986，頁209～214、245～249。

註28：〈重修本廟題助碑〉，科大衛、陸鴻基、吳倫霓霞合編《香港碑銘彙編》，頁45～47。

的學塾。另一個特別的例子，鄉村教育場所改建成關帝廟。如沙頭角谷埔村於 1931 年建成啟才學校，因人口銳減而關閉，學校下層改建成協天宮。上文提及沙頭角墟，因有經濟收益，開辦東和學校，並建有文武廟。市區方面，1908 年，香港政府頒佈《文武廟條例》，把文武廟嘗產、學校和管理權移交東華三院，自此廟宇的收入除用於廟之建設和維修外，亦支持東華三院辦理義學、醫院等善舉，並定名為「文武廟義學」。

（5）朝廷認可的神祇：關帝與天后

近三百多年，關帝與天后廣受尊崇，是朝廷與民眾在諸神「選擇」的結果。二階堂善弘指出，華光與關帝自清代以降，從信仰隆盛與廟宇數量呈現強烈對照和差異。（註29）海外日本、越南的華人會館、廟宇，常見關帝與天后並祀。（註30）澳門三街會館又稱「關帝廟」，因為設有關帝神殿及財帛星君殿，以示崇敬。1913 年澳門商會成立後，三街會館漸失原來功能，街坊遂習稱關帝古廟。大澳關帝廟，與天后廟比鄰而建。香港各個村落的公共崇祀對象，多為有功於民的神明，特別是朝廷認可的祀典神祇。以大埔地區為例，區內聯鄉廟宇多在乾隆年間已建立，主要有兩個神明祭祀系統：天后和關帝（或關帝加文昌、關帝加樊仙）的系統。廟宇的神祇成了建立聯鄉組織的共同象徵，關帝和天后做為朝廷認可的神祇，扮演了整合地方的角色。根據蔡志祥分析，（註31）再補充整理列表如下：

聯鄉組織	聯鄉廟宇／祭祀中心	建立年份／附注
大埔頭、南坑、新圍仔的聯益鄉	舊墟天后廟	康熙三十年（1691年）廟旁偏殿左有「協天宮」
汀角約	協天宮	建於清初，乾隆五十年重修
林村鄉約二十六村	放馬莆的天后宮	乾隆二年（1737）
東北海面的漁民社區	塔門的天后古廟	乾隆三十六年
樟樹灘約	協天宮	乾隆中葉
大埔七約	新墟太和市的文武廟	光緒十九年（1893）議事仲裁之所

註29：華光與關帝共通點頗多，馬元帥華光亦屬武神性質，同為道教四大元帥，《南遊記》又稱《五顯靈官大帝華光天王傳》，是以華光馬元帥為主人翁的小說，可見明末華光信仰曾經非常流行，可是清代以來大不如前。詳見二階堂善弘《明清期における武神と神仙の發展》第四章〈華光と關帝〉，吹田市：關西大學出版部，2009，頁101～114。

註30：參見拙文〈明中葉以來的關帝信仰：以善書為探討中心〉，收進王見川、蘇慶華、劉文星編《近代的關帝信仰與經典：兼談其當玉皇的緣由》，臺北：博揚文化，2010，頁18～20。

註31：蔡志祥〈傳統節日〉，廖迪生主編《大埔傳統與文物》第三部分第七章，大埔區議會出版，2008，頁113～114。

此外，一般論述香港關帝信仰，只注意文武廟、關帝廟，其實還有道堂祠閣，及保良局一些慈善團體也主祀關帝。關帝象徵正義、保護婦孺，故保良局在創局初期已開始奉祀關帝，而該局當時審理拐帶案件、立誓領育及嫁娶等，均於關帝像前進行，以示公正。時至今日，每年農曆六月二十四日關帝誕，該局均會舉行祭祀典禮。香港另一現象，香港警署拜關公，幫會社團也拜關公。（註32）以下述論《文武二帝葆生永命真經》、《關聖帝君明聖經》幾部在香港流通較廣之關帝善書。

二、香港流通較廣的關帝善書

善書是勸戒人們行善止惡並確立道德規範的指導書，近四百年來對社會民眾產生深刻影響。善書的思想，兼融三教及民間信仰，即儒家忠孝節義、道德內省與陰騭觀念、佛家的因果輪迴及道教積善銷惡的觀念。近世善書的濫觴首推《太上感應篇》，著成於北宋末南宋初，託名太上老君所傳。《感應篇》提到欲求天仙或地仙者立若干善，為惡則被奪算，這是道士修練的追求，但它的「善」、「惡」標準，卻是儒家的倫理道德。此書與明清時寫成的《文昌帝君陰騭文》、《關聖帝君覺世經》三部最受尊崇的善書，人們以「三聖經」之名結集刊行。現存較早「三聖經」合刊本，是1806年出版的《聖經彙纂》，（註33）三部善書在民間具有經典的地位。「三聖經」是託名太上老君、文昌帝君、關聖帝君的編著的善書，而民間建廟祀三聖，有不同組合，如黃大仙祠左側建三聖堂，崇祀觀音、關帝和呂祖。香港「三聖」組合不一而足，而關帝常見其中。

香港善信究竟較常印送那幾種經書？從1990年代初筆者訪問廣興書局得知，就其書局所存版本，以《關聖帝君救劫文》、《關帝明聖經誦本》、《白衣大士神咒》、《白衣觀音神咒》及《繪圖玉歷寶鈔勸世文》等，每次印數較多，或五千本或過萬份。近年一些以故事形式及用白話文寫的勸善書，流通量很大。據香港宏大印刷的負責人告知，《心即是佛白話玉歷（附了凡四訓）》最初印兩千本，後來增至三、四萬，而近年善書印刷的形式也漸趨多樣化。上文提及香港有30多間以關帝為主神的廟宇，關帝與文昌並祀於上環、大埔兩所文武廟，分別是港島、新界區香火最盛的廟宇之一。而將文武二帝合刻的經文，也是香港常見流通較廣的關帝善書。

註32：李慧筠〈香港警察的關帝崇拜〉《臺灣宗教研究通訊》第5期，2003年，頁223～236。

註33：《聖經彙纂》，嘉慶十一年廣州以文刻字店藏板，巴黎：法國國家圖書館東方寫本部（D partement des Manuscrits division orientale，BibliothequeNationale de France）藏。有關「三聖經」，詳見拙著《善與人同——明清以來的慈善與教化》第二章第一節，北京：中華書局，2005。

（1）《文武二帝葆生永命真經》

關帝善書系統，除了關帝經文，還不可忽略近代關帝領銜降鸞及與諸神經文合刻的善書。1843年在越南河內建立的玉山祠，合祀文昌帝君、關帝、呂祖，刻印多種關帝經書，可分為關帝經文、經文合刻、群真訓文（如《救生船》）三類。經文合刻類如《文武二帝葆生永命真經》，由《文帝救劫葆生經》與《武帝救劫永命經》二書合刻而成，是光緒十七年（1891）於廣東信宜縣文武二帝宮降筆而成。（註34）合刻本還有《關帝明聖經》與呂祖經文合編本，如《玄妙明聖二經合刊》，廣東曲江覺善道壇1945年合刊，由香港圓玄學院弟子再重印。（註35）現所見《文武二帝葆生永命真經》，是香港從善堂及先天道道堂重印本。

《文武二帝葆生永命真經》原非先天道本派經典，是先天道借用之善書。（註36）先天道傳入香港的關鍵人物——田邵邨，（註37）在〈重刻葆生永命真經序〉中指出關帝與呂祖諸神開壇闡教：

> 幸有文昌、關聖、孚佑三帝君，以及北帝、觀音、天后仙聖等等尊神，領旨下凡，飛鸞顯化，頂替三教聖人，救世化世，挽世福世，以挽回世運，以輔翼三期；降下千萬乩文，護道修道，辦道行道，以接續道統，以了明一貫。方方闡教，教人戒殺放生；處處開壇，開口談經說法。道光庚子，光緒庚子，庚對庚而子對子，花甲重逢，六十餘春矣，上下同光不夜

之天，世運人心，將來有望矣，又得文武二帝，近今降有《葆生永命真經》。（註38）

1920年代以來，《文武二帝葆生永命真經》由從善堂、關本源堂不斷重印。（詳見附表）

（2）《關聖帝君明聖經》

又稱《關帝桃園明聖經》，降筆年代，有認為是清中期以後撰作。（註39）現存版本有嘉慶二十五年（1820）序言、道光二十年（1840）高守仁降筆序、湖南永定胡萬安注的《明聖經註解》，定邑（四川武勝縣）龍女寺臨鸞書出。（註40）《明聖經》胡萬安注本在坊間頗流行，

註34：《文武救劫葆生經．武帝救劫永命經》，香港從善堂1969年重印，頁5。關帝廟常做為善書的藏板地或刊印團體。如道光年間粵東省城西湄洲二帝廟刊印《武帝寶訓像註》，Catalogue of Chinese books and manuscripts in the Library of the Wellcome Institute for the History of Medicine，London，1994，頁170。

註35：《玄妙明聖二經合刊》，香港玉清別館1986年重刊。

註36：陳進國《隔岸觀火：泛臺海區域的信仰生活》，廈門：廈門大學出版社，2008，頁255。陳氏所參照《文武二帝葆生永命真經》，乃1935年福建汀州連城席湖營習善堂重印本。

註37：田邵邨（1862～1924年後）清遠善化鄉人，道號昌瑞，號梧桐山人。田氏著述甚豐，其著述包括《梧桐山集》共三集，及《道脈總源流》；田氏在港創立多所道堂，包括小霞仙院、桃源洞等，是先天道傳入香港的關鍵人物。

註38：見田邵邨〈重刻葆生永命真經序〉，《梧桐山集》，卷三，頁65～66。

註39：酒井忠夫《增補中國善書の研究下》（東京：国書刊行會，2000年），頁325、頁49。

註40：《關聖帝君明聖經註解》，筆者據咸豐七年廣州醉文堂刊本。

如1930年潮陽郭泰棣、1980年臺灣廣文書局皆重印胡氏注本。（註41）香港地區亦據此注本刊行流通，1969年蘇文擢在跋言中說：

《關聖帝君明聖經誦本》，蓋本港之信善者，據民國十九年庚午歲潮陽郭泰棣氏刻本而影印，以廣流傳者也。……百餘年來，坊間輾轉傳悉，悉以道光二十年定邑胡印田氏注本為依歸。（註42）

1930年代，潮陽郭氏（郭鴻暉、郭泰棣父子）除了在潮汕地區力行善舉，又致力於善書流通，特別是《三聖經》，「向已別求《明聖經注解》、《陰隲文圖證》、《太上感應篇集傳》三種善本樣刻之，使各自為書。」（註43）郭泰棣在《三聖經誦本》序言說：「三聖真言傳世久遠，而其持誦之效果歷代皆有事驗可憑」。（註44）1930年有用大字精刊，編成誦本，像《三字經》一類蒙學教材，方便誦讀：

《關聖帝君明聖經》前得胡氏註解原本，為之重刻，以正近來傳本之誤。繼思誦持經典發心之人有不待玩味註解者矣，用註解隔斷其間，反不便誦讀，是以更就經文及應持誦之各

篇刻為一冊，大字精刊，悅人心目，益可動人誠敬之意，名曰誦本，凡我信徒共頂禮之。（註45）

除了定邑胡印田氏注本，《關帝明聖經》還有清末貴州大醮扶鸞，托名朱子降鸞刪定而成《朱子刪定玉泉真本桃園明聖經》（稱「朱註明聖經」）。1929年出身自軍界、崇祀關帝的蔡飛（1892～1960年代，廣東陸軍速成學堂畢業，同善社入道，號「好了道人」，及後到馬來西亞等地辦道）推許並募印此書說：「盈天地間善書多矣，然最流行者，則為《明聖經》」。（註46）筆者所據為1939年上海明善書局（同善社創辦的書局）刊本，蔡飛對此書流通有莫大貢獻，「昔自宜昌鈔得後」，自1930年、1932年、1933年、1935年、1938年和1939年在北平、上海等地重印，「是經已六版矣」，蔡飛募印此書五萬多本。此板本特點之一，是在香港同善社、先天道道堂之間流行，如《朱子刪定玉泉真本桃園明聖經》（註

註41：卷首有1930年郭泰棣序，《關聖帝君明聖經誦本》重印本（臺北：廣文書局，1982年）。
註42：蘇文擢〈關聖帝君明聖經誦本跋〉，1969年，《關聖帝君明聖經誦本》（香港：缺出版者，1980年）。
註43：〈郭輔庭跋〉，載金纓纂輯、唐漢譯注：《覺覺錄：金玉良言大全》（北京：中國對外翻譯出版公司，2000年），頁425。
註44：〈三聖經誦本序〉，《三聖經誦本》，潮陽郭泰棣1931年刻，香港中文大學圖書館藏，葉2至3甲。
註45：《關聖帝君明聖經誦本》，1930年郭泰棣序重印版本（臺北：廣文書局，1982年）。
註46：蔡飛：〈桃園明聖經序〉，《桃園明聖經》（上海：上海明善書局，1939年），序頁1上。

47）藏於香港道德會福慶堂，屬先天道脈，創立者如黃梓林（1872～1962），道號了因山人，南海縣官窯鎮人，之前在廣州崇正善堂力行善事，對關帝諸善書益喜印贈。廣東道德會址設於崇正善堂，奉祀孔子及關帝。（註48）香港道德會福慶堂刊印善書，多來自崇正善堂，如《關帝明聖經》書內有崇正善堂1932年序。香港道德會分支善慶洞，主祀玉帝，並祀四聖帝君：玄天上帝、文昌帝君、關帝及孚佑帝君。

（3）《關聖帝君靈簽》

凡一百籤。清代《關帝靈簽》源自《正統道藏》所收《護國嘉濟江東王靈籤》，增加註解等，清末以來也常見附於關帝經文。（註49）香港坊間流通本與《關帝明聖經》合刊，即《關帝明聖經誦本·關聖帝靈簽合刊》一書，陳湘記書局藏版。

三、關帝善書刊印團體

關帝善書在香港，多是重印清代至民初舊板，並沒太多扶鸞新著。如香港現存清末民初鸞訓結集，《三教鸞文》可說是「地道」乩文，降於香港。《三教鸞文》由林愛梅編輯，收錄1927至1932年降於三教總學會鸞文，降鸞仙佛甚夥，包括玄穹高上帝、三官、斗姥、軒轅黃帝、太上道祖、關帝、呂祖、觀音、天后等。（註50）香港編印關帝善書團體主要是道堂祠閣，甚少由廟宇編印，廟宇功能主要是奉祀神明。因此，若從關帝善書承傳和流通角度來看，從善堂、通善壇、香港德教紫靖閣等道堂有更重要的作用。

以下先列舉1920年代以來有明確版本或序刊年份的關帝善書，凡十五種，以見關帝善書在香港地區流通及崇信關帝的宗教團體的概貌。

註47：〈朱註明聖經六版宣言〉，《桃園明聖經》（上海：上海明善書局，1939年），頁48下。

註48：有關福慶堂，詳參拙文〈先天道的尊孔崇道：香港道德會福慶堂、善慶洞的源流和變遷〉（與危丁明合著），《民俗曲藝》第173期，財團法人施合鄭民俗文化基金會出版，2011年9月。

註49：酒井忠夫〈中国の籤と藥籤〉，見酒井忠夫、今井宇三郎、吉元昭治編《中国の靈籤・藥籤集成》，東京：風響社，頁528～530。

註50：香港三教總學會扶鸞及印送善書，參見拙文〈二十世紀上葉軒轅黃帝崇奉、三教總學會與香港扶鸞結社〉，《臺灣宗教研究通訊》第九期，臺北：蘭臺出版社，2011年，頁149～161。

附表：香港團體與個人刊印關帝善書舉隅（按重刊年份編排）

書名	編、序者	板本	重刊者、年份
文帝救劫葆生經．武帝救劫永命經	田邵邨〈重刻葆生永命真經序〉，約 1920 年		《梧桐山集》卷三
忠義鏡（關壯繆世家）	何廷璋著 田邵邨 1921 年序	清遠飛霞洞	香港三教總學會馮其焯 1922 年發梓
中皇明聖經	宣統元年普教帝君序，降於湖南昭潭宣化文社	上海明善書局	香港宗教哲學研究社趙連城（1940）
文武二帝葆生永命真經	關通悟（曉常）1954 年撰誌		關本源堂合編印送，1954 年
關帝明聖經註	關曉常 1949 年序	九江關本源堂藏電板	香港通善壇（1949、1955）
關帝明聖經註	關曉常 1949 年序	九江關本源堂藏電板	香港德教會 1955 年重印
關聖帝君聖蹟圖誌	盧湛彙輯，康熙三十二年于成龍序	道光十八年關天培刊本	關德興（1961）
關帝明聖經		從善堂藏版	從善堂（1966、1972）

文帝救劫葆生經·武帝救劫永命經	光緒十七年於廣東信宜縣文武二帝宮降筆而成	從善堂藏版	從善堂 1969 年重印；隱廬佛社 2004 年重印
關聖帝君明聖經誦本	道光年間湖南永定胡萬安注釋 書前有蘇文擢〈關聖帝君明聖經誦本跋〉，1969 年	潮陽郭泰棣氏刻本	鄧悠盛 1980 年於香港重印
玄妙明聖二經合刊	1945 序	曲江覺善道壇	玉清別館 1986 年重刊
關聖帝君保安懺（又稱武帝寶懺）	張良乩撰 謝錫璜識	九龍嗇色園普宜壇黃大仙祠藏 1923 年版	香港雲泉仙館 1988 年重印
關帝明聖經註（內頁作關帝明聖經全集）		上海宏大善書局藏版（1930）	1990 年重刊，贈經者：新馬師曾（鄧永祥，封面題簽）； 贈經處：抱道堂等
玉皇普渡聖經與德教心典合編		臺中聖賢堂	德教紫靖閣，2006 年刊
關帝覺世寶懺		咸豐年間黃啟曙輯《關帝全書》，收進《關帝文獻匯編》	華人廟宇委員會，2010

從上表可見，關帝善書在香港地區傳播，主要是道教壇堂、祠閣與民間宗教團體。從善堂、香港三教總學會、嗇色園普宜壇及德教會等道堂祠閣編刊關帝經書，其淵源關係，簡述如下：

從善堂，光緒二十二年（1896）建立，奉玉皇大帝為主神，另供奉文昌、關帝、呂祖、李大仙等仙神，從善堂現存所見經書有三十種以上，年份較早的是《玉帝救劫真經》，「寶訓於光緒二十四年再刻」，距立堂不過兩年。此亦是筆者所知，香港現存最早的一部善書。香港善信重印《文帝救劫葆生經．武帝救劫永命經》，多據從善堂藏版。附帶一提，學者研究經書也有參與重刊。如 1968 年 Alvin P. Cohen 在香港搜集善書，大多是從善堂印行，（註51）這位學者於 1972 年捐資印送《關帝明聖真經》二十八本。（註52）

香港三教總學會於 1920 年代初成立，1925 年倡建軒轅祖祠，奉祀軒轅黃帝，及鍾離祖、關帝、呂祖、齊天大聖諸位仙聖。三教總學會是 1920 ～ 1930 年代香港活躍的扶鸞結社，主要降鸞是關帝、呂祖和軒轅太始祖，學會仝人稱「關、呂門下」。辛未年（1931）元月十三夕上元天官降筆云：「諸子親近鸞台，得關呂帝師陶冶，性情品行，必有可觀」。（註53）《忠義鏡（關壯繆世家）》著者何廷璋，是主持三教總學會學務兼編輯，（註54）版本來自清遠飛霞洞。（註55）

觀音、呂祖、關帝是民眾普遍崇祀神明，由來已久，清初蒲松齡說：「故佛道中唯觀自在，仙道中唯純陽子，神道中唯伏魔帝，此三聖願力宏大，欲普渡三千世界，拔盡一切苦惱，以是故祥雲寶馬，常雜處人間，與人最近……。」（註56）香港黃大仙祠左側建三聖堂，崇祀觀音、關帝和呂祖，嗇色園普宜壇奉祀關帝、齊天大聖諸神，源自廣東西樵普慶壇傳統。1923年印《關聖帝君保安懺》（又稱《武帝寶懺》），書後有1923年謝錫璜題識，可知建立開始已崇奉關帝：

> 《武帝保安懺文》乃張道人子房乩撰（即張良），坊間向無印行，各壇所藏均是鈔本。……（普宜壇）崇奉黃赤松先師，兼奉關聖帝君。每逢聖誕，恭誠禮懺，素著靈顯，苟無善本懺文，不足以昭誠敬用，特繕寫七部，藏之壇內，以垂久遠。……（註57）

註51：Alvin P. Cohen，A Chinese TempleKeeper Talks About Chinese Folk Religion，Asian Folklore Studies（Nagoya），Vol.XXXVI-1，1977。

註52：見《關帝明聖真經》封底內頁「印經題名」（香港：南鎮從善正全堂，1972年）。

註53：《三教鸞文》卷下，三教總學會1932年出版，頁79。

註54：《忠義鏡》，何廷璋著、田邵邨1921年序，香港三教總學會馮其焯1922年發梓，隱廬佛社藏。

註55：《飛霞洞志》上集卷一「事略．著書」，頁26。

註56：蒲松齡著、路大荒整理《蒲松齡集》卷2〈關帝廟碑記〉（上海：上海古籍出版社，1986），頁43。

註57：《關聖帝君保安懺》〈附記〉，香港雲泉仙館1988年重印本，頁47下。

1947年由潮陽至香港的商客創辦紫苑閣，紫苑閣於1948年成立香港德教總會，紫香、紫靖等二十個閣加入總會，尊關帝為「玄旻高上帝玉皇赦罪大天尊」。（註58）德教會重印《關帝明聖經註》，雖然也用九江關本源堂藏板，與其他版本有別者，是書後附《德教心典》。（註59）《德教心典》於1942年在汕頭市紫和閣乩撰而成，是現今德教會的經典之一。

個人方面，以下用關德興，及通善壇創辦者關曉常印送關帝善書為箇中實例。

四、個人刊印關帝善書的例子：關德興與關曉常

重印關帝善書的關氏子弟，常自稱「裔孫」。其中一位熱衷於印送關帝經的是關德興（1906～1996），他曾主演接近一百部黃飛鴻電影，並任香港八和會館會長。關德興為著名小武，以演關公、武松為著，抗戰時義演義賣，被稱為「愛國藝人」。關德興生平篤信關帝，1958年關德興建「武聖堂」，奉祀梅與天塑贈之關帝聖像。1961年關德興編集重刻《關聖帝君聖蹟圖誌》，據道光十八年（1838）關天培刊本重印《關聖帝君聖蹟圖誌》，兩人皆以「裔孫」自稱。書前有香港青山大仁祥（同善社廣東省號）弟子劉超然敬贈「玉皇普渡大天尊玄靈高上帝」神號和聖像。《關聖帝君聖蹟圖誌》原書五冊，改為四冊，第四冊是增集，關德興撰〈後序〉於香港武聖堂以誌其事：

今重刻《關聖帝君聖蹟圖誌》兩千本，或有問於余曰：子豈祈福祥，或結歡於聖哲，為人之所不為者而表於今世之人乎？余亟曰：否。……況生夫今之世，廟堂遷變，人間何世。有善書而不流傳，則乾坤正氣，何足以使人觀感，悠然而生忠義仁勇之風，故本「一時勸人以口，百世勸人以書」之念，為繼絕學，揚先聖之道，於此書重刻。（註60）

《關聖帝君聖蹟圖誌》版本最特別是增集卷四，有一篇陳鐵兒《武聖堂集》，像善書靈驗記般，收錄戲班在順德西山廟（奉祀關帝之廟）演關戲軼事、關德興1949年在安南演關戲，及1950年代在香港演關戲的一些靈應故事：

民國三十八年，關德興在安南三多戲院登臺，正本「平貴別窰」，出頭「守華容」，以因走埠此間，演員臨時組合，故關德興演完「別窰」，即需講戲排演及食飯，無暇沐浴，便告頭場飾周瑜出台，其後改飾關公，至「守華容」一場，配合馬僮「大番」而出，即告馬步不穩，一膝跪下，連「盔頭」與鬚一併跌下，膝蓋亦受傷，唯認罪不潔，方能演完。至四十三年歲底，關德興劇團演於香港九龍普慶戲院，日演「平貴別窰」，因落力過度，突患

註58：有關德教崇奉關帝，詳參拙文〈六十年來香港德教團體的歷史與發展〉，收進《善書與中國宗教：游子安自選集》，臺北：博揚文化，2012年1月出版。

註59：1962年德教會據1949年九江關本源堂藏板重印《關帝明聖經註》，封面題「鄭耀德堂敬贈」，筆者藏。

註60：《關聖帝君聖蹟圖誌》增集卷四，關德興藏版（香港：廣信印務公司，1961年），香港中文大學圖書館藏，頁1。

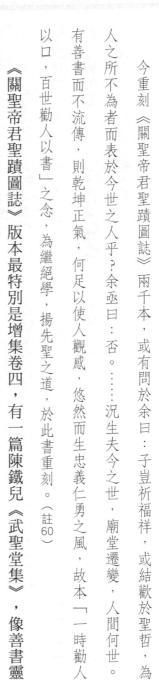

抽筋，症甚嚴重，夜戲「守華容」本不能再演，以因不欲班主損失，勉強飾關公出場。不料出台時，如有神助，絕不見得辛苦，在其平時演「守華容」一劇出臺演罷「四門頭」「紮架」後，已汗流浹背，唯此一次演至完場絕無汗流，至為奇蹟。又於民國四十六年，關德興在九龍大觀製片場拍「彩色」「關帝送嫂」，當其飾關公騎上馬時，見場中佈置混亂，所用「道具」「關刀」又脫柄，不能開拍，忍不住大喝佈置人一聲。及表演，馬忽失蹄而墮下，幸該馬未有翻身，否則不堪設想。彼以經此小挫折，後悔扮關帝時是不夠修養。（註61）

演出關公戲有不少禁忌，如演出前要齋戒沐浴，掛了鬚不可以隨便開口講話。關德興有感多次轉危為安，重刻《關聖帝君聖蹟圖誌》一書，可看作是對神明庇佑的感恩。關德興平生奉祀關帝，1996年逝世後，香港坪洲金花廟善信奉關氏為金花娘娘的護法大將軍，每年農曆八月二十七日列為「關德興護法大將軍成道寶誕日」。

除了關德興，虔誦《明聖經》而屢獲關帝庇佑的靈驗事蹟，還有黃子律（1878-1960），廣東寶安縣人，光緒二十七年（1901）考獲「小三元」，及後科舉停廢，一生致力於教育事業，創立鐘聲學校。黃子律自幼誦讀恪遵《明聖經》，奉行《文昌功過格》，（註62）著述〈感恩記〉一文，乃感謝關帝神恩庇護而作：

僕三齡失怙，四歲析箸，家無長物，只有善書數本。嘗持以問二先兄吉雲，蒙一一指示，此為《繪圖二十四孝》，此為《桃園明聖經》，中繪長鬚者為玄靈高上帝關聖帝君，右為靈侯太子，左為周大將軍。甚顯靈，須先盥而後視之。僕謹記於心，以後欲閱之，必遵先兄所訓。至十四、五歲，因多病，見《明聖經》內，有「如有焚香諷誦者，轉禍為祥顯聖靈」之句，思諷誦，因功課忙不果。翌年春夏之交，本鄉痘症盛行，死亡無虛日，人有戒心。忽先兄得病，家人惶甚，僕一面延醫，一面虔誦《明聖經》。閱數月，醫師拱手相賀，此乃珍珠痘，百無一二，旬日便愈，果如其言。

光緒二十四年（1898——引者）戊戌仲冬，先母陳安人忽生一對口瘡。晨起猶行止如常，早膳之際，謂頸項甚緊，視之，見後枕骨中起一紅點，其大如菽，以指抓之劇痛，初不甚為介意，飯罷告而出。迨正午，小婢倉皇走告，安人危甚。……先兄出外卜休咎，僕則浣沐虔誦《明聖經》三遍，並占一籤語：「崔巍崔巍復崔巍，履險如夷去復來；身似菩提心似鏡，長安一道放春回。」看畢心稍定，以籤語必有朕兆。……（及後得尼姑藥方治癒——引者）

註61：《關聖帝君聖蹟圖誌》增集卷四，頁14-15。
註62：黃子律生平，詳見黃建五〈記我的父親：小三元——黃子律〉，《大成》第101期，頁51～54。

噫！一日之間，驚喜交集，雖藥之妙，亦神之靈，細味籤語，有如面告，此《明聖經》之念念不忘，而吾母吾兄實感聖恩之呵護也。（註63）

筆者搜集所得，1950 年代前後，通善壇印送關帝善書甚夥，這與其中一位創辦者關曉常有關。關曉常，廣東九江人，先後於慶雲洞、通善壇入道，道號分別為常悟、常善子、通悟，1942 至 1943 年任通善壇正主持。（註64）香港通善壇道脈來自廣東茶山慶雲洞，慶雲洞建立又緣於文武二帝廟的香火。1894 年瘟疫流行，一些道侶在鶴山縣沙坪文武二帝廟設壇啟鸞，開方闡化，及贈醫送藥。（註65）後來茶山慶雲洞、九江慶雲下院先後於 1898 年、1914 年創立，奉祀呂祖、文昌、關聖及觀音。1938 年，張圖正、關曉常、梁通正幾位南海九江人士在香港創辦通善壇。流傳至今多種善書，註明是南海九江關本源堂藏板，包括（註66）《關帝明聖經》、《文武二帝經》、《呂帝覺世經》、《佛說高王觀音經》等。

關氏重印《關帝明聖經註》，封面內頁注明：「諸君印送，不取板資，問香港結志街通善壇便知」。書前有常善子關曉常 1949 年序，提及請了因山人（黃梓林）「潛心考校，分句編輯」，再由關氏出資製為電版派送：

曉常不德，虔事聖帝二十餘年。聖訓所垂莫敢愣視，近鑒於世變孔亟，望治彌殷。爰期人人奉持聖經法語，心領神會，崇正黜邪，□臻於光天化日之盛軌。因不忖愚昧，博訪周諮，搜為《明聖經註解》多卷，彙交門友了因山人，潛心考校，分句編輯。後仗章君伯　費月餘之精力，敬慎繕錄，凡二十七篇。由曉常喜獨淨資，製為電版，裝帙成卷，分途贈派。其有同志君子借取版權，矢志印送，以廣流通。（註67）

關氏為關帝、呂祖、觀音多種經書撰識語，《文武二帝葆生永命真經》關通悟於1954年撰誌一篇，提及因承師訓而避過劫難：

《文武二帝經》，……弟子久已奉持敬誦。……弟子當日陷廣州時，屢思南洋之行，幸疊次為群真明示所阻。而南洋大小兒，竟於乙酉（1945年——引者）四月，受暴徒集體屠殺所害。弟子幸承師訓，卒不果行，得存性命，終身感激，輒至涕零，無以為報，曾發心輯印《明聖經註解》

註63：黃子律〈感恩記〉，載於《子律黃先生哀思錄》，1960，頁40～41。
註64：《通善拾編》〈照片類〉（香港：通善壇，1948年），缺頁碼。
註65：佛山市南海區民族宗教事務局編：〈南海市宗教志〉，2008，頁74～75。
註66：有關通善壇歷史，可參蘇功緣：〈通善拾編感言〉，載《通善拾編》第一期（香港：通善壇，1948年），缺頁碼。
註67：關曉常1949年序，《關帝明聖經註》（九江：關本源堂，1955年）。

若干本，以答聖恩。今再刊《文武二帝葆生永命經》若干本，藉求消解災厄，書成，恭誌數言，以明心跡。癸巳夏，關通悟謹誌。（註68）

通善壇印《關帝明聖經註》、《佛說高王觀音經》等書版本，常附1939年香港通善壇開幕紀念乩文，以「通善壇開幕紀念」、「關聖帝君文昌帝示」等文句起首：

通明奏准結緣開，善道如今立道台，壇成此日重光見，開通雲洞嘉將來。……
關前有路達香江，聖德咸孚異地光，帝澤有緣與教化，君生同結未來壇。……（註69）

五、後話

「關公信俗」和晉劇已經正式向聯合國教科文組織申報2012年「人類非物質文化遺產代表作名錄」和「優秀實踐名冊」。（註70）「關公信俗」是民間信奉關公的各種習俗的統稱，包括祭祀、民俗、文藝等，是民間文化與民眾信仰體現。而申報地區山西運城，是關公祖居地和「關公信俗」的發源地。自1989年以來，運城已連續舉辦17屆「國際關公文化節」。（註71）關帝善書，以《覺世經》、《明聖經》二書為主體，加上對經文的的註釋書，靈驗記、靈簽、散篇的勸善文，乩訓，如胡萬安注的《明聖經註解》等，蔚成一個系統。「關公信俗」現申報世界非物質文化遺產，關公可與媽祖信俗同樣具備凝聚海內外華人的作用。而關公的「忠義仁勇」精神，可以淨化人心，止惡揚善。（註72）現今社會，誠信、正直、仁愛、對天地敬畏之心等美德更須發揚，《關聖帝君覺世真經》提出忠孝節義為立身之本：「敬天地，禮神明；奉祖先，孝父母。守王法，重師尊；愛兄弟，信朋友。睦宗族，和鄉鄰；別夫婦，教子孫。時行方便，廣積陰功；救難濟急，恤孤憐貧。……」正是當代社會須尋回已失落的價值。透過善書、寶卷等途徑，關公信仰數百年來成了教化民眾的寶貴資源。因此，關公信仰別具重要的教化意義，而善書更是關公信仰主要的文化載體。

註68：《文帝救劫葆生經武帝救劫永命經合編》，關本源堂編印，1954年。

註69：《佛說高王觀音經》封底內頁（香港：全民印務，1954年）。

註70：晉劇將是中國第一個申報聯合國非遺「優秀實踐名冊」的項目。

註71：二十世紀八〇年代後，解州關帝廟廟會得到恢復和發展，詳參閆愛萍〈地方文化系統中的關帝信仰——山西解州關帝廟廟會及關帝信仰調查研究〉，《山西師大學報》（社會科學版）第37卷第2期，2010年3月，頁68～70。

註72：建於光緒十八年（1892）的香港大埔文武二帝廟，廟內牆壁上書「願天常生好人，願人常行好事」，大字書寫「忠」、「孝」、「廉」、「節」四個大字。入廟參拜者無不映入眼簾，既有警惕作用，也可收潛移默化之效。

明末西洋教會與宮廷關公信仰的衝突

胡小偉（註1）
中國社會科學院文學研究所研究員

引言

大約十年前在河北涿州舉辦的海峽兩岸「中國歷史文化中的關羽學術研討會」上，我曾發表過一篇論文《三教圓融與關公崇拜》（註2），縷述儒、道、佛三教在唐宋之際的融合和關公崇拜興起的關係。本篇文章則從另一角度，談論明清關公信仰成為國家主流價值體系後，與外來宗教的首次衝突，順便談及明代宮廷關公信仰向民間宗教流播的一些插曲。

需要說明的是，與佛、道、儒典籍流傳有序不同，這次宗教衝突的文獻資料或者秘而不宣，或者毀失殆盡，不可能從學理細節加以廓清，只能從歷史線索予以綜述。其間或有推理揣測之處，點到即止。

這個問題似乎還未見論及者，故不揣固陋，拈出以就教各位方家。

一、明末西洋教會曾視關公信仰為「淫祀」

晚明關羽崇拜隆盛之際，曾遭遇嚴重挑戰。此事緣於一批西洋教士深入中國，由於「一神教」的原因，他們對於當時方興未艾的關羽崇拜，想亦應有相當介紹評價。這是一個時代的特殊問題，可惜這一部分的資料還沒有「浮出歷史」。審斷公案，慣常是兩造各有歧說。只是處於明末社會大變亂之際，儒家陷於紛亂，無暇評說；而耶穌會士由明入清，雖無窒礙，但自有隱衷，無由評說。此節雖涉及近世中西宗教衝突，但因種種原因，號為「顯學」的明史界卻鮮有道及者。以其事關重大，無由擱置，姑繫於此。

囿於聞見，筆者唯見李天綱的著作（下稱李文）稍微涉及到這個問題：

「在JAP I SIN 42／2b《摘出問答彙抄》，耶穌會士從三部漢語舊作中抄錄了四個題目：『答敬城因並嶽瀆火土之神』（摘錄《口鐸日抄》），『答拜天地』（自《辨敬錄》），『答擇地』（自《答客問》），『答祀關公』（自《答客問》），全都是持反對態度的。」（註3）

註1：胡小偉，中國社會科學院研究員、中國太湖文化論壇常務理事、中國民間文藝家協會關公文化專業委員會主任、中國文物保護基金會關公文物保護專項基金發起人。

註2：已收錄在《關羽、關公和關聖——中國歷史文化中的關羽學術研討會論文集》，盧曉衡主編，中國社科文獻出版社2002年出版。

註3：《中國禮儀之爭：歷史・文獻和意義》第二章《中國禮儀之爭的漢語文件》。上海古籍出版社1998年，204頁。

又說：

「像『關帝』這樣連國家也承認可以祭祀的『古名賢忠義，雖祀之，可也』。對此，耶穌會明確地說：『是淫祀也。』」（註4）

李文且說，《答客問》全名為《祭祖答問》，作者署名「文都辣、徐慕義」：

「文都辣即西班牙方濟各會士，和李安堂一起到達福建的兩個最早的西班牙傳教士之一。文都辣後期到山東濟南傳教。1659年回歐洲報告『中國禮儀之爭』。1669年帶了六名年輕的方濟各會士回中國。該會反對中國禮儀，後逐漸與耶穌會合作。作者自署『逸民文都辣』，『逸民』即為天主教徒，而作者藉隸『雲陽』則表示入籍中國。」

並認為：

《祭祖答問》應該是在康熙朝羅馬發佈禁令之後，天主教會不得已而請中國人講解中國人的小冊子。（註5）

這應當是聖方濟各會士的態度。他們也的確以羅馬宗教裁判所決定的審查標準，對中國教民每一種信仰方式仔細考查後，決定在教區內令教民棄置或焚毀本土神像。故明末許大受《聖朝佐辟》特有「辟廢祀」一節，抗議天主教毀滅中國民間社會的偶像崇拜，可以代表教外的儒家士大夫對天主教禁止中國禮儀制度的反感，其中特別談到新近封敕的「關聖帝君」：

「經傳所定五祀、方社、田租等位，《祀典》所載『捍大災、恤大患、死勤事、勞本國』等諸靈爽以上，及吾夫子之聖神。凡從夷者，概指為魔鬼，唾而不顧，以為諂天主之妙訣，必督令棄之廁中。其有龕室者，令舁至本邑戎首之家所私設天主堂內雜燒之，嗟嗟！以大聖大賢、精忠仗義之神明，或受人彘之刑，或受秦火之烈，何慘也！舉歷代我朝所褒崇之聖哲，即關公為神皇，近年所新加帝號之英靈，而恣意私戕，又何逆也！」（註6）

此言「人彘」是指呂后虐待戚姬，「秦火」是指秦始皇焚書，可謂氣憤已極。亦可知這次焚毀的像設中，確有關羽神像。而已受洗加入耶穌會的福建泉州教徒嚴謨在《草稿》（抄白）中則申辯說：

註4：同前，207頁。
註5：同前，128～129頁。
註6：輯入徐昌治編《聖朝破邪集》卷四（香港建道神學院，1996年出版）。按許大受是浙江湖州府德清縣人。其父許孚遠曾在萬曆年間任福建巡撫，因之他對「中國禮儀之爭」有所瞭解。

「目今我國祖宗外祭祀已死之人，類有兩樣，須為分別。一樣是國家祀典。如先聖先賢，及本處忠孝節義等祀法古常典禮者。此可祀者也。一樣是流俗邪祀。如將人類名流做神靈供事，祈籤焚楮，下願求福等，為魔鬼之借托，欲以僭古上帝百神之事者，則不可祀者也。又有一種原是常典所祀者，被人入邪其中，變作淫祀，處處遍祀，一用祭野鬼之法矣，則當悉禁其邪祀邪禮，以仍歸於常典中而後可祀者也。」（註7）

而關公崇拜既已納入國家祀典，自然屬於「可祀者」之列。因此李天綱認為：

「這樣三類劃分，可以看出，耶穌會對官方的祭祀沒有辦法，只得妥協，而對民間的祭祀，則藉助儒家，採取了有限的妥協措施。」（註8）

傳教士所繪徐光啟與利瑪竇圖

由於耶穌會士在中國連續傳教時間較長，對於中國文化浸濡較深，也善於和中國官方妥協，

至以「西儒」身分周旋於宮廷廟堂及民間儒士之間。他們對祭祀關羽採取某種默許態度，也是完全可以理解的。

但李天綱之說尚有不足。實際上耶穌會士對於關羽崇拜，態度從苛嚴到寬容之間，也曾發生 180 度轉變，並且與當時一件宮廷秘聞有關。

文秉《烈皇小識》嘗披露過崇禎初年的一件軼事：

「上初年崇奉天主教，上海（按即大學士徐光啓籍貫），教中人也。既入政府，力進天主之說，將宮內俱養諸銅佛像盡行毀碎。至是，悼靈王（按即崇禎與寵妃田氏所生皇五子慈煥）病篤，上臨視之，王指九蓮華娘娘，現立空中，歷數毀壞三寶之罪，及苛求武清（按指萬曆李太后家族）云云，言訖而薨。上大驚懼，極力挽回，亦無及矣。時閣臣皆從外入，素不諳文義。上既痛悔前事，特頒諭內外，有『但願佛天祖宗知，不願人知也』等句，幾不成

註7：同前 211 頁。署為「乙亥秋月」（康熙三十四年，即 1695 年）。這是福建泉州人嚴謨（教名保祿）等六人給當時的福建代牧主教穆若瑟（Jose Monteiro，1646～1720）的一封信，作者曾為耶穌會寫了大量為中國禮儀辨護的文章，受到了後來到達福建的著名主教閻當的迫害，不讓他們進行教堂生活。他上書耶穌會請求幫助，並與別的修會爭論中國禮儀細節問題。（148、158～164 頁）此外嚴氏還寫有《天帝考》呈送羅馬教廷。李天綱說嚴家「全面介入了禮儀之爭」，也正是他堅持主張用「上帝」來翻譯 God 的。（221～224 頁）方豪：《中國天主教史人物傳》有嚴謨傳（中華書局影印公教香港真理學會，（臺北）光啟出版社 1970 年，105～107 頁）。

註8：同前，211～212 頁。

皇言矣。」（註9）

又《明宮詞》註「福王可似悼靈王」句時，嘗引《彤史拾遺》言：

「當妃居啟祥宮時，皇五子有疾，兩河偗餉者，日三至。武清侯孽子李國正，許其兄國瑞藏禁物，自莊房、土地外，精環寶累萬萬。上召見國瑞，諭以輸餉。辭不能，上怒責之。既而國瑞死，皇五子疾劇。有憑之為言者曰：『吾九蓮菩薩也！上待吾家薄，吾將逝去。此皇五子慧，隨我行！』先是，神宗時孝事慈聖皇太后。有言慈聖為『九蓮化身』，遂以慈聖像裝九蓮菩薩祀之，武清侯即慈聖家也。至是宮中禱九蓮，徹三晝夜，而皇五子終不起，謚曰『悼靈王』。後上至妃宮，思悼靈哀之。值寇亂甚，河南諸王多被害。愴念骨肉，呼老宮婢能言宮中往事者，使言之。因言福王之國時，神廟鍾愛王，出宮門召還者三，且約三歲當入朝。當大漸時，猶顧視貴妃，以河南為念，今何如矣！上唏嘘而起。」（註10）

可知崇禎早年確曾改奉天主教，而隨着徐光啓於崇禎五年（1632年）以禮部尚書兼內閣大學士，參與機務。起因是因為崇禎初年天災人禍不斷，按照中國傳統政治「天象示警」之說，曆法觀測就具有重要作用和非常意義。但崇禎二年五月乙酉朔（1629年6月21日）日蝕，欽天監的預報卻發生了明顯錯誤，崇禎遂決心改曆，命令徐光啟在北京宣武門內組成百人的曆局，聘請耶穌會士鄧玉函、羅雅谷、湯若望等參加編譯工作。歷時五年，成書一百三十七卷，命名為《崇禎曆書》。《崇禎曆書》與中國古代天文學體系最顯著的不同是：採用第谷的宇宙體系和幾何學的計算系統，引入地球和地理經緯度概念，應用球面三角學，採用歐洲通行的度量單位，分圓周為360°，分一日為96刻，24小時，度和時以下採用60進位制。這無疑是中國曆法「與世界接軌」最為重要的努力，也從此奠定了徐光啟做為科學家的地位。但很少有人注意到，隨着徐光啟被重用，天主教的勢力開始大規模深入內苑禁掖。

從大唐景教，尤其是成吉思汗以來，也許從來沒有像這一時期那樣，天主教有機會實現合於中世紀歐洲的「政教合一」，可以視為耶穌會士宮廷傳教之歷史性的機遇。故其排佛斥道之舉，也一度毫無顧忌，達於斯極。

註9：文秉之父文震孟曾於崇禎元年以侍讀召。改左中允，充日講官。一度貶歸，復於五年即家擢右庶子，進少詹事，八年特擢禮部左侍郎兼東閣大學士，入閣預政。未幾忤溫體仁，辭歸。著有《文文肅公日記》，故文秉所記宮廷爭議事獨詳。

註10：史夢蘭《全史宮詞》，中國戲劇出版社《中國古典文學名著百部》之一，227頁。案四庫全書收錄有浙江巡撫採進本毛奇齡著《勝朝彤史拾遺記》六卷，「是書皆明一代后妃列傳」，但無此節。毛奇齡（1623～1713）字大可，又名甡，蕭山（今屬浙江）人。康熙時任翰林院檢討、明史館纂修官等職。

崇禎毀壞宮內佛像之事，《明史》本紀及《崇禎實錄》、《長編》等書均未記載，或者出於外人或清士對於天主教一度滅佛問題的隔膜。但劉若愚《酌中志》卷十七卻有透露，稱：

「隆德殿舊名立極寶殿，供三清上帝諸尊神。崇禎五年（1632年）九月內，將諸像移送朝天等宮，六年四月十五日更名中正殿。」

這正是徐光啟入閣以後不久發生的事件。王譽昌《崇禎宮詞》吳理註還說：

「乾清宮梁拱之間，遍雕佛像，以累百計。一夜殿中忽聞樂聲鏘鳴，自內而出，望西而去。三日後奉旨撤像，置於外之寺院。」

至於撤像原因，也有不同說法。《崇禎宮詞》註言：

「內玉皇殿，永樂時建。有旨撤像，內侍啟鑰而入，大聲陡發，震倒像前供桌，飛塵滿室，相顧駭愕，莫敢執奏。像重甚，不可動搖，遂用巨絙曳之下座。時內殿諸像並毀斥，蓋起於禮部尚書徐光啟之疏。光啓奉泰西氏之教，以辟佛老，而上聽之也。」

按徐光啟是在崇禎五年六月以禮部尚書兼東閣大學士入閣，參與機要的。六年八月加太子太保、文淵閣大學士兼禮部尚書，可謂位極人臣。同年十一月病逝，謚文定，時間其實並不長。但由他帶入明末宮闈，具有中西方宗教意義的緊張和對抗，究竟持續了多長時間？是一疑焉。

耶穌會編著的《聖教史略》說，直到崇禎十三年（1640年），湯若望還曾上書，規勸崇禎信仰天主教：

「皇上因左右不乏奉教之人，已習聞其說，閱若望奏本，頗為心動。雖未能毅然信從，而於聖教之真正，異端之無根，固已灼有所見。有一事可證，時有以軍餉乏絕告急者，皇上即命將宮中多年供奉之金銀佛像悉數搗毀，以充兵餉。遠近哄傳崇禎皇上棄絕異端，要奉天主教。」（註11）

則將毀像之舉，推諉於軍餉不繼，或者兩種因素並存。這是否意味對崇禎入教的最後動員？或者是將毀棄金銀佛像歸咎於局勢緊張，以推卸耶穌會士的責任？何為的解，值得探究。

註11：耶穌會編《聖教史略》二，，轉引自車錫倫《泰山「九蓮菩薩」和「智上菩薩」考》。車氏認為「此說亦非無據，明政府連年內外用兵，國庫空虛，崇禎曾多次『諭廷臣助餉』。」顯然絲毫沒有料及宮中發生的中西宗教衝突因素。

這個時候恰恰與皇五子死亡時間前後踵繼，不謂無因。孫承澤《思陵典禮記》卷二言：

「崇禎庚辰（十三年，1640年），上因皇五子臨歿之言，遂長齋。」

文秉且言：

「京師天主教有二西人主之，南懷仁、湯若望也。凡皈依其教者，先問：『汝家有魔鬼否？有則取以來。』魔鬼即佛也。天主殿前有青石幢一，大石池一，其黨取佛像至，即於幢上撞碎佛頭及手足，擲棄池中。候聚眾多，然後設齋邀諸徒黨，架爐鼓火，將諸佛像盡行熔化，率以為常。某年六月初一日復建此會。方日正中，碧空無纖雲，適當舉火。眾共聳視，忽大雷一聲，將池中佛像及諸爐炭盡行攝去，池內若掃，不留微塵。眾皆汗流浹背，咸合掌西跪，唸阿彌陀佛。自是遂絕此會。」（註12）

在天主教記載中，這個事件也可以得到間接證實。徐宗澤《中國天主教傳教史概論》說，崇禎初年天主教大舉進入明廷宮闈，是出於對萬曆四十四年、天啟二年由南京禮部侍郎沈漼兩次發動「南京教案」（天主教記載稱為「南京教難」），天主教士及信奉華人受到迫害以後，由徐光啟策劃採取的反擊措施：（註13）

「自南京教難平息後，徐文定（按即光啟謚號）益知西士在中國傳教，非籌劃一永久堅固之基礎，不能平安無事。朝廷之寵倖，官紳之友誼，終不可持久。又見利瑪竇已故世，楊廷筠、李之藻亦相繼離開人世。李之藻臨終之際，又握公手以聖教相託。徐公自沈失寵後，雖入閣拜相，而年已經古稀，於是深謀遠慮，欲為聖教籌一久安之計。此計維何？即令明廷正式承認傳教士之永久居留問題也。會欽天監推算日月食，屢屢錯誤，乃從修曆方面進言。」

「自徐文定公薦舉湯若望等修曆，湯公得皇上寵倖，出入宮禁，頗形利便。與太監等往來，常趁機言聖教道理，聖教化行禁內。約在1430年（崇禎三年）太監龐天壽首倡奉教，同時領洗者十人，龐天壽取聖名Achill　e（筆者按：龐氏後於永曆四年庚寅1650年上書教皇請求援兵時，嘗自謂『信心崇奉二十餘年』）。初由十人，漸至四十人，妃嬪皇子亦有奉教者。禁中安治聖堂一座，湯若望屢次在內舉行彌撒，施行聖事。數年之內，宮中受洗者，有

註12：《烈皇小識》卷六，上海書店覆本160頁。

註13：「南京教案」是天主教入華後首次與中國本土信仰發生嚴重的對抗衝突，其間又夾雜著東林與浙黨的紛爭，情況比較複雜。主要事件是萬曆四十四年（1616年）五月沈㴶《參遠夷疏》題為「奏為遠夷闌入部門，暗傷王化，懇乞聖明申嚴律令，以正人心，以維風俗事」。攻忤傳教士以「大西洋」與「大明」「相抗」，「詭稱天主」，是將「駕軼」在「天子」之上。開局翻譯西書則為「舉堯、舜以來中國相傳綱維統紀

五百四十人之多。此皆當日神父所記載，並非虛語。」（註14）

可見崇禎初年天主教在宮禁活動頻繁，頗有成效。而湯若望所以敢於選擇崇禎十三年的時機建言，已經無關天象曆法，因為滿州、民亂兩股勢力交織，早已深深攪亂南北，明廷亦已病入膏肓了。李清《三垣筆記》卷下言：

「上以邊警日深，督撫不能驅勦，任其焚掠，言之出涕。周侍御燦（原注：崇禎辛未，吳江人）言：『戊寅年五案大法，皇上先已行之，與其嚴之於後，不若用之於先，請逮治一二最重者，震悚人心。』上然之。楊侍御若橋（崇禎丁丑，北通州人）言：『湯若望（西洋人）深明銃法，宜將新造西洋大炮先行點試，然後傳其法各邊，可以破敵。』時劉總憲宗周奏曰：『臣聞國之大事，以仁義為本，以節制為師，不專恃一火器。近來通不講人才，不講兵法，任敵所到即陷，豈無火器？反為敵用。若堂堂中國，止用若望鑄造小器，恃以禦敵，豈不貽笑邊方？』上勃然變色。」

正是皇帝指揮混亂，而文士大夫也臨陣無方，禦敵無策，故使用西洋火銃以實現武器優勢，已成為耶穌會士感到可以向皇帝攤牌的一種手段了。此事記載甚廣，包括《崇禎實錄》、張岱《石匱後集》和計六奇《明季北略》等，可見頗有影響。

今天看來，劉宗周堅持儒家理念的奏言，不免有迂腐之嫌，因為依賴新式武器，尤其是火器對付冷兵器，以少勝多的戰例不勝枚舉，但仍然需要高昂士氣，嚴格紀律，鎮定心態和從容指揮。這在明末官軍「綱紀鬆弛」的情況下，其實難以做為克敵制勝的法寶。故劉宗周之說亦不失為鉗制崇禎帝繼續「西化」的一把利器。耶穌會士所以會利用崇禎奉信時機，採用激烈手段滅佛傳教，且敢於把奉祀正處於隆盛高潮期的關公崇拜也列入「淫祀」。由此推知，毀壞佛像的真實原因還是出於宗教鬥爭。而毀佛之舉戲劇性的收煞，當然不會有「大雷攝物」之類神異，推測很可能是出於崇禎信仰之突然改換，又不願意聲張，並有嚴詞禁止天主教洩露於外之故。

註14：《中國天主教傳教史概論》第七章《中國天主教——自利瑪竇逝世至明末》，上海書店1990年覆土山灣印書館1938年排印版，199、202頁。宮中傳教事其註謂載「蕭若瑟神父《天主教傳行中國考》（P.Colombel pp.458 sp.）」又龐天壽即永曆時請命願命赴羅馬教廷請求援兵者，永曆四年卜彌格司鐸賫帶亦已受洗之永曆皇太后及龐氏致羅馬教皇及耶穌會總會長書赴歐，略效「申包胥哭秦廷」之意，搬取救兵。原件攝影曾刊載於《東方雜誌》八卷五號。正所謂「病急亂投醫」。

二、九蓮菩薩與宮廷關公信仰

按《明史・悼靈王傳》言：

「（慈煥）生五歲而病，帝視之，忽云：『九蓮菩薩言：帝待外戚薄，將盡殤諸子。』遂薨。九蓮菩薩者，神宗母，孝定李太后也。太后好佛，宮中像作九蓮座，故云。」

萬曆李太后之「九蓮菩薩信仰」實對晚明、清宮廷具有的貫串性意義。《明史》后妃列傳言：

「（李太后）顧好佛，京師內外多置梵剎，動費鉅萬，帝亦助施無算。居正在日，嘗以為言，未能用也。」

曾宣稱夢授《九蓮菩薩經》（即《佛說大慈至聖九蓮菩薩化身度世尊經》），後有《太上老君說自在天仙九蓮至聖應化度世真經》，今存萬曆四十四年御刊本），萬曆初年遂建京西慈壽寺，立「九蓮聖母像」碑為之祈壽，背面刻有「瑞蓮賦」。又在京師長椿寺「李太后之牌位」畫軸上寫明「九蓮菩薩之位」。顧炎武《聖慈天慶宮後記》：

「（泰山）碧霞元君之宮前一殿奉元君。萬曆中尊孝定皇太后為九蓮菩薩，構一殿於元君之後奉之。」（註15）

也證實李太后生前已被視作「九蓮菩薩」化身，亦猶乾隆、慈禧願意被人稱作「老佛爺」之意。又《酌中志》卷十六：

「大內西北之隅，建有英華殿一處，前菩提樹兩株，聞系九蓮菩薩慈聖皇祖母所植，高二丈，枝幹婆娑，下垂至地，儼若佛菩薩慈悲，接引眾生也者。」（註16）

即是說此。故美國羅格斯大學教授于君方言：

「這一點值得我們注意。因為這是因為李太后和她的兒子萬曆皇帝曾推動『九蓮菩薩』的信仰，而這個菩隆不但是觀音的化身，而李太后在她生前和她死後都被稱為九蓮菩薩。」（註17）

註15：《日知錄》卷十，二八中。
註16：《酌中志》119頁。
註17：《「偽經」與觀音信仰》，載《中華佛學學報》（臺灣）第八期（1995年7月出版126頁）。

其中敘述到李太后寵信保明寺呂尼，而呂系崇信白蓮教系統寶卷。李太后由何處獲取《九蓮經》，亦有蹤跡可尋，這就是順天保明寺（亦稱顯應寺、皇姑寺）。孫承澤《天府廣記》復言：

「順天保明寺，天順中建，俗稱皇姑寺。正統八年征也先，陝西呂尼叩馬諫而死。及復辟，乃為建寺，肉身尚在寺中。」（註18）

康熙二十二年《宛平縣志》則隔代增益傳說，謂：

「皇姑寺：明英宗天順八年為權奄王振誘，幸邊外。方度居庸，有陝西尼迎駕阻諫，曰『出必不利。』上怒，叱武士交捶之，尼趺座而逝。上北狩，數數見來，有所說。時或遺上餅餌，不絕。及還都，居南內，數數見尼有所說。復辟後，詔封尼皇姑，為建寺。賜額曰『順天保明』。後殿居姑，肉身趺座，愁容，一媼也。至萬曆間猶未裝金，姑頂尚熱。」（註19）

從傳說學觀念上說，改朝換代也是原生態故事發生轉化變形，或言「斷裂」的重要時機。

後來的傳述人不必顧忌故事的原生態，可以恣其想像，創作空間陡然擴大。故乾隆時奉敕修撰的《京城古迹考・顯應寺》就說：

「寺在黃村，俗呼皇姑寺。明正統八年，駕親征也先，陝西呂尼叩馬諫而死。及復辟，肉身不壞，乃塑而建寺焉。賜額保明寺，康熙五十一年災，五十三年奉敕重建……配殿二：一為漢前將軍關侯，一為灌口二郎神。」（註20）

據《中國秘密社會》考證，該寺創始人「呂尼」實為直隸開平中衛屯，生於嘉靖四十一年之張氏，九歲「志脫塵寰」，發願創經，十二歲帶經入順天保明寺祝髮修行，法名歸圓，萬曆元年將所創五部六冊寶卷刊刻成秩的。該寺屬於西大乘教，組織以「三花五葉」（或三宗五派）、九幹十八枝為特色，「這一組織名稱在《九蓮經》中也有提到。」（註21）

弘治十二年（1499年）六月十五日，開山祖呂尼已故，第二代住持為呂尼的弟子楊氏，

註18：《天府廣記》，北京古籍出版社1984年校點本，第585頁。
註19：康熙《宛平縣志》卷之一《古蹟》。
註20：勵宗萬《京城古蹟考》，北京古籍出版社1981年排印本20頁。

保明寺與朝廷的關係更為密切，成了皇家香火院。同年明孝宗《御製保明寺碑記》不僅蠲免保明寺六頃七十六畝田的糧稅，而且規定：

「凡官員軍民諸色人等，自今以往，毋得侵佔田土，毀壞垣宇，以沮壞其教。敢有不遵朕命者，論之以法。」（註22）

由此可見保明寺所受的特殊優待。嘉靖四年又有《敕賜順天保明寺碑記》，敘述該廟及呂尼之始末淵源。（註23）

按保明寺一向與內宮女眷關係密切，沈德符《萬曆野獲編》曾載嘉靖六年的一道上諭，略謂桂萼、方獻夫等既奏請毀尼寺，亦不應令皇姑寺獨存。嘉靖佞道，故於佛寺興廢，了無縈懷。不料卻遭到弘治皇后（皇伯母昭聖康惠慈壽皇太后）與嘉靖生母（皇母章聖慈仁皇太后）同時出來為皇姑寺保駕，逼迫嘉靖收回成命，可見其於內闈影響之深：

「皇姑寺在京師西山，不知所始。嘉靖六年丁亥，上諭輔臣楊一清云：『前有旨下部，謂尼僧與僧道不同，而尼僧寺與僧寺道觀又不同，今因桂萼奏毀尼寺，已行下矣。今若皇姑寺仍留，是不去其根也。』乃旨出之後三四日，不知何人哀奏兩宮，皇伯母見諭，以皇姑（寺）為孝宗所建，似不可毀。聖母亦以孝宗為言。蓋小人進禍福之言，故兩宮一時傳諭。次日聖母又諭：『欲建一寺，即將此寺與我，亦好。』蓋此寺乃皇親內宮供給佈施，必有請告之者。按世宗此旨。已洞見宮掖隱情。既而聖諭又下，輔臣楊一清等曰：『慈訓兩頒，宜即順命。但懲惡務去本，方免後患。今將此寺房留與無歸尼僧暫住，止著終身，不許復引其類，其祖

註21：《九蓮經・三華五齊朝真品第十六》，可參譚松林主編《中國秘密社會》第二冊213～218頁。明人蔣一葵《長安客話》言：「自平坡東轉，望都城，平沙數十里。中經黃村，有保明寺，是女道尼修道處……凡貴家女緇髡皆居其中，人不易入。」按嘉靖《敕賜順天保明寺碑記》言，該廟系「順天府宛平縣香山鄉黃村呂氏於正統年間於此置買田產」而創立，第二代住持為楊氏，則張氏實為第三代住持。康熙九年（1670年）《敕賜順天保明皇姑寺永順房碑記》（中國國家圖書館中文拓片資料庫索取號北京6496）猶延續前朝賜號，大書第三代住持尼善聰、第四代法琳、第五代歸春、歸永、歸續，第六代圓忠、圓住、圓慧、圓省、圓慶，第七代大穩、大存、大吉、大廣、大住、大果以致第八、九代法號，卻偏偏未書第一、二代住持尼法諱，與通常寺廟碑刻慣例不合，是一疑焉。

註22：碑原在北京市石景山區西黃村。中國國家圖書館中文拓片資料庫索取號北京6719。

註23：碑原在北京市石景山區西黃村。中國國家圖書館中文拓片資料庫索取號北京6725。又據今人介紹，該寺為康熙五十年（1711年）重建。有御制碑文以紀其事，同時易名顯應寺。現存皇姑寺仍然保持着康熙重修時的規模。寺廟坐北朝南，山門、天王殿已無存。第二進院落觀音殿，第三進院落老祖殿。第四進院落藥師閣無存，西配殿尚存。（http：//www.btxx.cn.net/bjcr/jdsy/zjhd/46.htm）但已成純然梵宇，歷史刻印亦淡去無痕。據聞石景山文物部門準備在對該寺修繕完畢後，建成區文物博物館。

宗時所賜敕額追回。』此旨既下，其後因循至今，又八十年矣。尼僧之增日多，宣淫日甚，檀施亦日益不貲矣。蓋其根株俱在內廷，以世宗英斷，尚不能剷除，況後世乎？自丁亥後又十年，而霍文敏（韜）為南禮卿，首逐尼僧，盡毀極庵，金陵一片地頓爾清淨。霍去而尼復集，庵復興，更倍往日矣！」（註24）

沈德符也感慨此事內情頗不簡單：「按世宗此旨，已洞見宮內隱情。」嘉靖十二年內監還曾為皇姑寺鑄鐘，該鐘現存北京市大鐘寺博物館。可知其與歷朝宮廷內闈關係極為密切，李太后也應當是由皇姑寺接觸到《九蓮經》的。

另一方面皇姑寺早已與關廟有關，嘉靖十九年親信太監黃錦所所立京師《重建關王廟記》中，就赫然列有「皇姑寺住持張氏」與內官監太監58人的名字。（註25）萬曆五年李太后建慈壽寺時，將關羽殿設為護法伽藍，說不定就是仿照皇姑寺來的。

康熙九年（1670年）猶有《敕賜順天保明皇姑寺永順房碑記》繼續供奉。碑刻正反兩面信善具名者蔚為大觀，幾至蟻行蜂聚，密密麻麻，不可辨識。此距明亡不過三十餘年，且康熙甫親政，是否表明懷明情緒？值得關注。康熙五十二年改由清宦陳枝盛夫人張氏獨立供養，遥稱關帝廟，似已不在呂尼傳人勢力範圍。但先後兩位張氏是否有血緣親屬關係，尚不可考。

實際上萬曆四十二年在敕封關聖帝君時頒發的御製醮詞中，已經談及：

「所傳《三界伏魔大帝關聖經懺》，足以師世淑人，安供名山福地，以乘久遠。用是朕發誠心，頒賜帑金，印造《伏魔經懺》。」

只是這篇經懺至今沒有發現。值得特別注意的是，萬曆年間還出現了一批褒揚關公的善書寶卷，如《護國佑民伏魔寶卷》、《三義護國佑民伏魔功案寶卷》及《銷釋萬靈護國了意至聖伽藍寶卷》等，編撰傳述關公超凡稱神入聖的種種經歷，如《護國佑民伏魔寶卷》逕以劉、關、張結義為第一、二品，「三官保本，玉帝封神」為第三品，「轉凡稱聖」為第四品，成神為第五品，封帝為第六品，岳飛替職為帥為第七品云云。但接下來則話題一轉，談及關羽先後得到師羅、觀音的點化，轉世先以「養氣」結為「聖胎」，「從海底，往上返，滾上崑崙。霹靂響，金門乍，開關展竅。養嬰兒，成正覺，滾出雲門。」然後「男兒懷孕，委實

註24：《萬曆野獲編》二十七卷「毀皇姑寺」條。又談遷《棗林雜俎》智集「呂尼阻駕」、蔣一葵《長安客話》卷三「皇姑寺」及西大乘教《普渡新聲救苦寶卷》等亦有記載。據説朱祁鎮復辟，改元「天順」後，曾為該寺賜額「順天保明」，倒讀即是「明保天順」。

註25：碑原在北京市西城區西四北大街雙關帝廟，中國國家圖書館中文拓片資料庫索取號北京324。按《明清進士題名錄》載，撰碑者蔡文魁為嘉靖二年癸未科（1523年）姚淶榜第三甲進士，徐階為此榜一甲第三名。（2510頁）

稀罕。懷孕整三年，先小後大，不方不圓。功圓德滿，入聖超凡。玄門開放，滾出天外天。」

降世凡塵，最終皈依無生老母名下的大段經歷，其中言：

「伏魔爺，根基深，不是凡人。元是南方火帝君。臨凡下世在東土，保國護民。」（第十三品）

這意味着關公已非「過去神」，而是「現世神」了。他與無生老母的關係也頗不尋常。

「超了凡，入了聖，皈家認祖，七寶池，洗蕩了，六根六塵。聚佛牌，標了名，答查對號，伴定了，無生母，永不沾塵。」（第二十二品）

此外還有「答查對上號，嬰兒見了娘。捽着手走西方。」（第十品）「嬰兒靈山會上我親娘……嬰兒見娘，赴到靈山不回鄉」（第十五品）等句，直白地將無生老母與關公之關係比擬母子。這些顯然超出歷史及文學範疇，屬於新起的民間宗教神話。其中「無生老母」所指為何，值得推敲。

萬曆元年李太后及太師國公朱希忠、司禮監太監馮保等曾為皇姑寺送了一口大鐘，上鑄有大字「天地三界十方萬靈真宰」。有研究者說，這就是民間教派崇奉的最高神「無生老母」的代稱。（註26）

由此可以推知，「九蓮菩薩」及「無生老母」都具有隱喻李太后的意義在內，則「關羽降世」之隱含內容，不言而喻。（註27）

也許這才是李太后特別尊崇關公的私秘原因，也是明宮太監、宮女利用皇五子以「九蓮菩薩」來挾制崇禎皇帝的一件法寶。

清代道光年間河北巡撫黃育楩曾經抄收了六十八部民間秘密宗教的經典，在他的《破邪詳辯》中曾斷定「無生老母」是萬曆年間創立還源教的弓長，與弘陽教飄高杜撰出來的，其他秘密宗教的領導者如普明、普靜、呂菩薩、米菩薩等，也都將無生老母奉為教主。（註28）

李世瑜與韓書瑞研究認為，這些人都受到羅清與他的「五部六冊」所影響，或自稱是他的後代。而「老母」之名早就出現在《皇極金丹九蓮正信皈真還鄉寶卷》（《金丹九蓮正信

註26：參見馬西沙等《中國民間宗教史》「皇姑寺的興衰」，上海人民出版社，1992，頁675～684。

註27：詳情可參《中國民間秘密宗教》第六冊，浙江人民出版社1991年出版。其中《護國佑民伏魔寶卷》為天津社會科學院濮文起收藏。

註28：《續刻破邪詳辯》71頁。

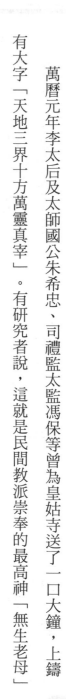

皈真還鄉寶卷》，明世宗嘉靖二年，即1523年重印）中了。（註29）該卷大意是說宇宙初創，乾坤冷清，上天發下96億仙佛星祖菩薩臨凡，並安排「三會收元」接濟歸天。現值皇極世，由彌陀負責收仙，故造經演卷，普渡世人，並安排「三宗五派」、「九幹十八枝」預為準備。亦民間偽造之經書寶卷一種。但為明清秘密宗教如金丹道、聞香教、八卦教、青蓮教、先天道、金幢教以致近世一貫道等奉為經書，影響甚大。這又開出關羽崇拜的一派別枝，不但在晚明社會與宮廷合作，對於當時的關羽崇拜有推波助瀾之功用，且直接影響到清廷及後世秘密社會。另話再論。

三、宦官中的關羽崇拜

至於何以如此的內情，《明史・薛國觀傳》說是貴戚「交通宦官、宮妾」所致，《李偉傳》則明說「中人（太監）構乳媼，教皇五子言之」。於此可知《九蓮經》在內宮的影響。《悼靈王傳》又稱：

「帝念王靈異，封為孺孝悼靈王玄機慈應真君，命禮臣議孝和皇太后、莊妃、懿妃道號。」

這是否意味崇禎索性改宗，由天主教復歸道教？但即便如此，也曾被禮部科臣毫不客氣地封駁回來。《思陵典禮記》卷二載：

「庚辰十一月十二日，上諭：皇五子悼靈王追贈為『孺孝悼靈王通玄顯應真君』。禮部疏奏：歷稽職掌所在，冊封典禮皆有王號，而無道號。蓋王號以世法垂儀，道號以神道設教……臣等禮官也，禮所行者，自當恪遵。若未經行，亦不敢輕自詭隨。」

禮科給事中李倡的言語，更是形同戟指：

「諸后妃祀奉先殿，不可崇邪教以亂徽稱！」

車錫倫認為，李倡所言既稱「邪教」，自然不是正統的佛教或道教，而是民間宗教，理固然矣。(註30)

《崇禎實錄》卷十三言此事稍詳。語氣也略微溫和一些：

註29：此本後為周紹良先生收藏（吳曉鈴有藏抄本）。參見周紹良《明萬曆年間為九蓮菩薩編造的兩部經》，《故宮博物院刊》（北京）1985年第二期，37～40頁。

註30：此節參考了車錫倫《泰山「九蓮菩薩」和「智上菩薩」考》，原載《泰安教育學院學報》1999年第二期；又輯入《信仰、教、娛樂——中國寶卷研究及其他》，臺北：學生書局，2002年12月出版。

「（七月）癸未，皇五子薨，謚曰『悼靈王。』初，疾甚，忽言九蓮菩薩來云：『上薄待戚屬不改，殤折且盡！』上聞之，大懼。九蓮菩薩者，孝定皇后李氏因夢奉祀之；后薨，像在宮中，跨鳳九首。至是，內臣託皇子神其事，上實未嘗至疾所也。初，籍武清侯李氏；至是，命復爵，免籍其貲。戊子，上諭：『朕念皇考、皇妣，終身蔬食布衣，以盡孝思。』少詹事李紹賢上言：『天子臨御萬方，不宜澹漠自苦。』不允……上念悼靈王靈異，命禮臣議孝和皇太后、莊妃、懿妃道號。十一月己卯，追封悼靈王為『玄機顯應真君』。禮科給事中李焻言：『諸后祀在奉先殿，傳之天下萬世；似宜仍前徽稱，不可崇邪教以褻聖號。』不聽。十二月，改封『通宣顯應悼靈王』，去『真君』號。」

可知崇禎對於皇五子之夭折，的確痛心疾首，刻骨銘心，遂以孝思為名，減膳自損。只是車氏之言做為學術考論，則有憾焉。他並不知道，封駁崇禎的這位「李倡」，在《崇禎實錄》卷九及《明史・諸王五》等明史記載中都寫作「李　」，他也是崇禎七年正陽門關帝廟碑具名人之一。（註31）

故這場「封駁」的背後，是否暗含着中西宗教，以及理學儒臣與皇帝君權之間的緊張和對抗？值得研討。車氏論述只由「真君」二字着眼，沒有慮及在當時理學眼中，天主教早已被視為「邪教」，入清以後更成為專詞。事實上由於佛、道、儒「三教圓融」的原因，明末宗教鬥爭的焦點，並非如元末紅巾軍那樣起於民間信仰，恰恰是天主教來華插了一杠子，攪亂了傳統社會「儒、道、佛」三教抗衡的格局。這是否曾經引起文士大夫及各方人士的反彈，則需要有可靠資料證實。

經此一役，耶穌會士也明白了關聖帝君雖屬民間信仰，但宮廷地位亦難動搖，自然對此莽撞之舉噤若寒蟬，甚至連「崇禎入教」這樣夢寐以求的「特大喜事」，載記也語焉不詳。所以有關天主教傳教論著雖有多種，似乎都未明確道及於此。

另外一方面，崇禎愛子的突然夭亡，是否隱藏着后戚、太監、宮女們合謀，以懲罰崇禎縱容耶穌會士毀滅佛像關像？禮部的拒絕，是否意味着理學大臣聯手，對於崇禎背叛關公護佑皇室傳統的一種懲戒？這與崇禎與儒之間持續緊張的關係，甚至對他自縊的個人慘劇，能否提供一種新的視角？都值得繼續研究考論。唯限於資料，不為定說。其間隱秘尚屬為未發之覆，還須明史學界及中西宗教史學者共同努力探索。

註31：孫承澤《春明夢餘錄》卷七曾載：「甲戌廷試，閣擬李焻為第一，上在文華殿閱初進十二卷，頃之，閣臣趨出，入閣，再搜十二卷以進。特拔第二十二卷劉理順為狀元，而李焻為二甲首。第二楊昌祚，第三吳國華，皆特拔也。」此事黃雲眉《明史考證》以他書校核，辨析為誤。（中華書局版 246 頁）但沒有考慮到孫承澤本為前榜進士，他的記述至少表明當時舉子哄傳之論。由此可知李焻一時聲譽。

萬曆年間關羽被崇封為帝君，事實上也有太監們的推波助瀾。

《明宮史》「道經廠」條言：

「習演玄教諸品經懺。凡建醮做好事，亦於隆德殿或欽安殿懸幡掛榜，如外之羽流服色。而雲璈清雅，儼若仙品。此廠掌廠林朝者，神廟時最有寵，如漢壽亭侯關君為『敕封三界伏魔大帝』之號，實朝所奏請也。光廟登極，升朝乾清宮管事。」（註32）

炳剛墓三義廟，今為北京八寶山陵園主體建築。

太監（古稱閹寺或宦官）是被逐出中國家族制度的一個特殊群體。他們自幼淨身入宮，做為皇室的個人奴隸失去了人身自由，從事大大小小的雜役苦差，永難出頭。但也有極少數幸運兒一步步接近天咫，從而襄贊機密，掌握要樞，位極人臣。尤其明宮十二監以司禮監為首，並特設司禮監秉筆太監充任皇帝私人秘書，有權在內閣「票擬」上代皇帝「批紅」。（註33）《酌中志》卷十二「內府衙門職掌」坦言：

「司禮監：掌印太監一員，秉筆、隨堂太監八、九員或四、五員。設有象牙小牌一面，長寸餘，每日申時交接，輪流該正。凡每日奏文書，自御筆親批數本外，皆眾太監分批。遵照閣中票來字樣，用硃筆楷書批之。間有偏旁偶訛者，亦不妨略為改正。最有寵者一人，以秉筆掌東廠。掌印秩尊，視元鋪；掌東廠權重，視總憲兼次輔；其次秉筆、隨堂如眾輔焉。」（註34）

崇禎時有人介紹司禮監的新情況說：

「司禮監內臣多閱史，後多延師習時藝，兼務博綜。司禮秉筆六人，名下各有六人。六部、兩直、十三省各有專司。故（內）閣、（六）部、台省訛舛，靡不訂正者。」（註35）

註32：《明宮史》54頁。按北京古籍出版社排印本《酌中志》卷十六不載。

註33：司禮監職能本為監督、管理皇城的儀禮、刑法、關防門禁之責，並掌管書籍字畫內府印刷等事務。呂毖《明宮史》「司禮監」言：「司禮監提督一員，秩在監官之上，於本衙門居住，職掌古今書籍、冊葉、手卷、筆、硯、墨、綾紗、絹布、紙札，各有庫儲之。選監工之老成勤勉者，掌其鎖鑰。」後來隨着皇帝「荒政」，職權逐漸延伸至掌理內外奏章、照閣票批朱等，還控制東廠、錦衣衛，相當於外廷的內閣，故時人稱秉筆太監為「內相」。治所在今北京市東城區吉安所右巷10號。清代改為宮眷死後停靈的處所。

註34：《酌中志》93頁。趙翼《陔餘叢考》卷二十認為「前明司禮監即樞密院」，「前明司禮監蓋即唐中葉以後之樞密院。樞密院本宦者為之」云云。但趙翼對明代司禮監權勢影響之廣泛，體會自不如明人深切。

註35：李清《三垣筆記》（上）。

此時的司禮監已儼然成為一個「內內閣」，許可權已經超逾前代，道經廠就是司禮監的下屬機構。

明代太監影響宮廷的大事很多，不僅有盡人皆知的鄭和、王振、汪直、劉瑾、魏忠賢等專信之寵，英宗復辟的「奪門之變」，直到崇禎自縊時王承恩追隨之殉，都證實着皇帝與親近太監之間，實際上有着一種生死相依的關係。關羽「桃園結義」之事蹟雖不相類，但在他們心目中，也許正是「忠義護主」的合適榜樣。有記載說：「明代費用甚奢，興作亦廣，其宮中脂粉錢四十萬兩，供應銀數百萬兩……宮女九千人，內監至十萬人。飯食不能遍及，至日有餓死者。」（註36）萬曆時「內府二十四監棋布星羅，所役工匠、廚役、隸人、圉人，以及諸璫僮奴親屬不下數十萬人。」（註37）明廷亡，「時中璫七萬人皆喧嘩出走，宮人亦奔走都市。」（註38）可見明宮太監、宮女數量之多。是故明代宮廷愈演愈烈的的關羽崇拜中，太監也是一支不可忽視的推動力量。

朱元璋本對太監鉗制甚嚴，但永樂依賴親信太監起兵奪權，遂以他們做為皇帝的私人代表，監督一切，無處不在。他們實際上握有代表皇權監視（以東廠制度為代表）、監督（以監軍制度為代表）和處罰（以廷杖制度為代表）士大夫及政府的職能，卻生前不能得享封妻蔭子的尊榮，死後不得葬入家族墓地，因而彼此之間結成一種超乎家族宗法，而接近於江湖社會的關係。大體而言，太監的養成制度類似於學徒，師父在教育之外，還得負責援引愛徒，而徒弟也須終身供養、孝敬師父，結成類似「義父子」的關係。從大的方面來說，太監既然自外於家族，生養死葬也需要彼此扶持照顧，而不能僅僅依靠宮廷變幻無常的退養「福利」，當然與宮廷內闈圍繞權力的鉤心鬥角，榮辱沉浮息息相關，也是他們的另一種日常功課。其實這種關係，也是文臣儒士之間的常態，不談也罷。

由於生前不入宗譜，死後不入祖墳，為葬身之地考慮，太監曾專門組織「義會」，如明代「凡內臣稍富厚者，預先捐資攤酒，立老衣會、壽地會，唸經殯葬，以為身後耳目之樂。」由於宮廷向為各種衝突的焦點地帶，主子的地位已屬變幻莫測，隨侍親信太監的命運更繫於此，榮辱與焉。所以太監與主子必須結成「死黨」，平時阿其所好，難時死力維護。這也在他們中生發出一種自詡「忠義」的私德，正如前述元帝近臣「阿魯、世傑班，日以『忠義』與之往覆論難」。一旦成功也能得到主子的相應回報：

註36：余金《熙朝新語》卷四。
註37：《萬曆野獲編》卷二十四。
註38：王譽昌《崇禎宮詞》下。序署「康熙壬申（1692年）」，所述為「白頭宮女在，閑坐說玄宗」之意。輯入《甲申朝事小紀》，書目文獻出版社（北京）1987年出版。

「王瑾，初名陳蕪。宣宗為皇太孫時，朝夕給事。及即位，賜姓名。從征漢王高煦還，參預四方兵事，賞賚累巨萬，數賜銀記曰『忠肝義膽』，曰『金貂貴客』，曰『忠誠自勵』，曰『心迹雙清』。又賜以兩宮人，官其養子王椿。其受寵眷，英、弘莫逮也。」（註39）

又趙世瑜《黑山會的故事：明清宦官政治與民間社會》致力於宦官退老贍養組織黑山會的組織形式時，曾接續梁紹傑研究，探及京西護國寺的問題，指出這是一處自明以來太監贍老的所在。（註40）

《酌中志》卷二十二言：

「京師墨山會地方，有贈司禮監太監剛公諱鐵之墓焉。寺中藏有遺像三軸，皆曰靖難時有功之太監，至今宛平縣有祭，凡掌司禮監印者繼續修葺。又曰『三義廟』，蓋祠先主、關、張君臣也。其五虎將軍像，龐士元先生像，皆先監掌印時令經營內官率塑匠往鐘鼓司，仿漢時裝束服飾以塑之，非出自古本流傳也。」（註41）

但趙世瑜認為：

「在明清各碑文中，這裡並沒有出現過三義廟的名稱，但由於黑山神祠或護國寺的神譜在佛教諸神中，還有忠義之神武聖關羽，可能其伽藍殿或後來的武聖殿中確塑有劉、關、張的塑像，而民間對於關羽的熱衷遠超神話了的宦官剛鐵和釋迦牟尼，因此以訛傳訛，使其俗稱『三義廟』。」（註42）

註39：《明史・宦官一》。

註40：梁文全稱為《剛鐵碑刻雜考——明代宦官史的一個謎》，載趙令揚、梁紹傑輯錄《明代宦官碑傳錄》，香港中文大學 1977 年出版，314 頁。

註41：《酌中志》卷二十二，203～204 頁。按張居正嘗撰《司禮監太監馮公預作壽藏記》，敘萬曆元年權奄馮保亦喜「黑山之壞聚，為太監剛公墓。剛在永樂時隨成祖靖難有功，公素慕其為人，故即其地旁而卜葬焉。」（影明版《張太岳集》卷九，115 葉下）剛鐵墓在今北京八寶山革命公墓「褒忠護國寺」內，現存殿堂 140 餘間，為市級文物保護單位。中國國家圖書館藏有弘治八年（1495 年）樹立的「洪武初年開國元勳正承奉剛鐵之墓」碑刻拓片（索取號北京 4118），又有康熙四年重刻的嘉靖、萬曆年間數通碑記，關心此題者可以參看。按《酌中志》復獻疑曰：「《宋史》列傳有云：某與遼將剛鐵大戰於某處云云。則此墓得毋遼將塚耶？抑剛公亦是遼裔，而名偶同，英猛同耶？」查《宋史》列傳十三《薛懷讓傳》，謂後漢薛懷讓守邢州時，有契丹將留麻答守鎮州，「遣副將楊安以八百騎攻懷讓，又命剛鐵將三百騎繼之。懷讓戰不勝，退保本州。」則其本事遠在五代，亦無關北京。民間競傳剛鐵為永樂朝太監，原名剛炳，因其常手持百餘斤的鐵槍衝鋒陷陣，永樂嘗稱之為「鐵」，遂名剛鐵。俗傳「當初遼國武將大耳韓昌進攻北京，在老山紮營，剛鐵在八寶山抗擊。打了一天一宿，韓昌終於被剛炳削掉了腦袋。無頭的韓昌騎着馬又跑了兩里地，身子才從馬上掉下來。後來掉腦袋地方叫上莊，掉身子的地方叫下莊。剛炳脫下戰袍，晾了三天才乾，這地方就叫掛甲店。」（http：//heritage.tom.com/page/paoluo/20.html）時空混淆，則類於「關公戰秦瓊」。趙世瑜、張宏豔《黑山會的故事：明清宦官政治與民間社會》（《歷史研究》2000 年第四期）透過剛鐵廟歷代碑刻，參照其他記載，探討了京師宦官與地方祭祀組織「會」，以及宦官與京師寺廟的關係。

註42：趙世瑜《狂歡與日常——明清以來廟會與民間社會》，三聯書店（北京）2002 年出版 341～342 頁。

現存碑拓資料有嘉靖八年張鵬舉撰文的京師《關王廟重修記》言：

「我邑東村名曰饒樂府，古來有之，而義勇武安王廟，亦古之遺址也。成化十七年六月，內府甫政修之，仍其舊。」

這也是太監熱心修葺關廟的明證。嘉靖以後更見熱衷，如嘉靖十九年蔡文魁撰寫，有多名「內官監等衙門太監等官」及錦衣衛官員參立的京師關廟碑文，額題亦為《重建關王廟記》。三十五年內官監太監鄭璽在為宮廷修繕準備石料的房山建立關廟，有《大石窩關王廟豎立碑碣記》存世。四十三年又有掌外廠太監楊寅捐資，在京城帽兒胡同建廟，御馬監、尚衣監、內官監、外廠掌廠官等內監四十三人立碑。（註43）同年又有太監盧添保供用庫外廠諸臣供奉香火。萬曆三十年「御馬監衙門太監等官」五人、「內府供用庫署庫事、御馬監衙門太監等官」三十七人，「掌庫太監二等官」數十人及其他太監立碑重修。（註44）錦衣衛亦有參與建廟者，事繁不絮，讀者可自行翻檢。可知明代太監、錦衣為關羽立廟，已經蔚然成風。

另錦衣衛雖不由奄人充任，但也隸屬司禮監太監管轄。前述逮繫楊漣受到感動，為他禱於關廟的「官旂」，就是指負責抓人的錦衣衛緹騎。明亡時情急，他們甚至將罪臣關押在關帝廟內。《崇禎長編》卷一：

「（崇禎十六年）刑部尚書張忻疏奏：周延儒，年五十五歲，宜興縣人。由進士歷任內閣大學士。蒙聖恩復起首輔，奉命視師。欺蔽納賄，濫用匪人，有負委任，致於聖怒。七月二十四日，皇上召錦衣衛，面發聖諭，命差官旗並吳甡一併催促來京候旨。該錦衣衛又於八月初一日請旨：『二輔到京，何處安頓？』奉旨：『準寄私寓，該官旗看守。』又據原差官旗史鳴鳳等狀云：『將周延儒催促來京，於本月二十五日晚進東便門內，在崇文門下頭條胡同關帝廟暫住。二十六日，移在正陽門關帝廟。』臣隨令官旗遵旨看守。於十二月初二日，奉旨：『若法司議罪，限三日內具奏。』臣即遵旨，咨會都察院、大理寺會議。」（註45）

在關公崇拜方面，清亦承襲明代太監舊規，在清宮敬事房檔案裏，尚存乾隆四年建立的《恩濟莊終身義會》第二分會收支紀錄，載明恩濟莊終身義會有總會首八人，分別來自敬事

註43：燕儒宦《義勇武安王廟記》，原在北京市西城區大帽胡同關帝廟。中國國家圖書館中文拓片資料庫索取號北京385。按《明清進士題名錄》載嘉靖三十八年己未科（1559年）丁士美榜第三甲有燕儒宦。

註44：趙鵬程《重修關王廟記》。碑原在北京市西城區大帽胡同，中國國家圖書館拓片資料庫索取號北京384。按《明清進士題名錄》載，隆慶五年辛未科（1571年）張元忭榜二甲一名為趙鵬程。（2554頁）又萬曆三十八年庚戌科（1610年）韓敬榜第三甲亦有趙鵬程。（2589頁）。此碑應為隆慶進士趙鵬程撰。

註45：《崇禎長編》卷一，上海書局覆神州國光社《中國內亂外禍歷史叢書》48～49頁。按周延儒（1593～1640）字玉繩，號挹齋，宜城鎮（今屬江蘇宜興市）人。萬曆四十一年會試殿試第一，年甫二十餘，美麗自喜。天啟中掌南京翰林院事。崇禎時以善揣摩上意，兩拜首輔。因屢畏戰失機，終被賜自縊。《明史》稱其「懷私植黨，誤國覆邦」，入《姦臣傳》。

房、兆祥所、打掃處、掌儀司、營造司、南府、圓明園、暢春園，每處各一人。第二分會有御茶房、御書房和古董房太監一百餘人組成。入會太監每名每月交制錢五十文，病故後在恩濟莊的安葬費為五千文。而內大臣、戶部尚書兼內務府總管海望撰文的恩濟莊《敕建關帝廟碑》，就是為了康熙、雍正時代的「隨侍宮監等，供職勤勞，賞銀建塋，復敕塋地近址，營造廟宇，奉關帝像，俾住僧永遠護視。」（註46）《日下舊聞考》卷九十七記述京師關帝廟時，也特別指出：

「一在恩濟莊路東，雍正十二年，世宗憲皇帝賜內監等塋地一區，名恩濟莊，並於其地敕建，於乾隆三年二月落成。戶部尚書海望撰碑記，乾隆五年七月立。」

據載，不久這裡便「設立茶棚一座，秉意普結善緣。」（註47）直至1949年後，關帝廟亦仍存立。（註48）此外海淀藍靛廠「立馬關帝廟」也是清代太監劉誠印、崔玉貴購買的太監養老及聚葬地之一。（註49）據知有關部門正着手在這裡建立一個「太監博物館」。而信奉佛教的太監則選擇廟宇所在地，如金山寶藏寺、岫雲寺等為葬地。

四、關公「本紀」與理學儒士的抗爭

崇禎改元之初，宮內司禮監秉筆太監及御馬監、內官監、御膳監及總督東廠、錦衣衛等宮內權勢數十人，猶為西華門內舊關帝祠宇復建鼎新捐資，稱頌關帝：

「由侯而王，由王而帝，祠宇偏天下，蓋其正氣炯炯，昭口兩口，而震慴英靈，顯護我國家，陰庇我黎庶，使華夷之人凡有口氣者，莫不皈依瞻仰。若子之於父母，呼吸無不回應；若人之於天地，口口無不覆轉，迄今口海內外，浹髓淪心，paramuisrelated祝唯恐不虔，詢有口來矣。」（註50）

註46：碑原在北京市海淀區恩濟莊，漢滿兩種文字書寫，中國國家圖書館中文拓片資料庫索取號北京5798。海望為此廟題匾「咸靈普護」，解放初期猶完整保留，1950年12月30日失火燒毀。又據恩濟莊出土之正德六年《雲惠寺敕諭碑》（中國國家圖書館中文拓片資料庫索取號北京2895）此地原系正德賜給御用監太監張永修廟的，恩濟莊太監墓地或者沿此發展而來。

註47：乾隆二十三年《關帝廟茶棚碑》，《北京圖書館藏中國歷代石刻拓本彙編》，中州古籍出版社（鄭州）1989年出版第七一冊115頁。

註48：李蓮英於宣統三年（1911年）二月初四去世，隆裕太后下令賜銀千兩，賞葬恩濟莊。據說「文化大革命」期間紅衛兵曾將李墓掘開，發現李蓮英身首異處，遂有人推斷李蓮英是被人暗殺的。（http：//www.wanancemetery.com.cn/fwxx/bzwh/bzwh/tjmd.htm）

註49：劉誠印號素雲道人，直隸東山）人。《北京西郊宅園記》記載，在一畝園附近有劉誠印宅院。而在妙峰山香道上的金仙菴附近，有劉誠印墓塔。據說他參與修建或重修的寺廟有20多座，如有白雲觀、宏恩觀、妙峰山娘娘廟、立馬關帝廟等。

可知崇禎初極，闢帝信仰在宮中仍然盛行不衰。後來耶穌會士在宮中毀像，到底會激發起怎樣迴響，限於資料，難以定讞。但宮外的反映卻有表現。

也就是徐光啟擔任大學士的崇禎五年二月，原任右春坊右中允黃道周既降調，患病求去。帝許之。因疏請放行，且上表言：

「臣自少學《易》，以天道為準，以四時春秋推其運。上下載籍二千四百年，考其治亂，百不失一。其法以春秋元年己未為始，上距詩乙丑十月辛卯朔，凡五十四年，加一得甲子上下卦，序每卦之序得六十七年零一百五十日。計自春秋己未至洪武戊申，凡二千九年，以詩乙丑益之中，分乾坤而損其十六，洪武戊申至今二百六十四年，以乾、屯、需、師四卦別之。陛下御極之元年，正當師之上六，其爻云：大君有命開國，承家小人勿用。自有《易辭》告誡人事，未有深切若 此者也。凡易一爻，直十一年零七十八日。今歷爻八之四矣，陛下深明天道，嘗寤寐以思賢才。而賢才卒不可遽得；懲毖以絕小人，而小人卒不可易絕。方開承之始，外清逆黨，內掃權奸，天下翕然，想望太平。曾未四年而士庶離心，寇攘四起，天下騷然。不復樂生。雖深識遠慮。豈圖變動不一，遂至於此……凡人主之學，一以天道為師，則萬物之情可照。人主斷事，一以聖賢為法，則天下之材具服。自二年以來以察去弊，而弊乃愈多；

以威創頑，而威乃滋殫、是亦反申，以歸周孔，損苛刻而張紀綱之秋也，惟陛下超然，深思《易．象》陰陽當否之際，何者謂之丈人？何者謂之弟子？何者謂之長子？何者謂之小人？因以去亂正功，安內攘外，不過數年而，三錫之功可成。無疆之休畢至矣。」（註50）

偏偏拿《周易》、天道說事，言外似另有意在。其中「君子、小人」之說，也明擺着用儒家觀念，申說亂世治理萬無依賴「工具決定論」的道理。崇禎當然也聽出他的弦外之音：

「帝詰：『葛藤株連，所指何事？收塩徒等項，立限數月，作何料理？及師中堪用者何人？令道周明切具奏。』道周遂悉意為明切之言，且舉在籍馬如蛟、毛羽健、任贊化、惠世揚、李邦華、梁廷棟，在任徐良彥、曾英、朱大典、陸夢龍、鄒嘉生諸人以對，帝惡其挾私逞臆，命削籍。四川道試御史吳彥芳，因科臣吳執御疏，舉陽剛君子曹于汴、劉宗周、惠世揚、易應昌、羅喻義、姜曰廣、文震孟、黃道周、陳仁錫、鄭鄤，因上言：『曹于汴等十人，固為真正君子，而此外尚有未蒙召用，未經裁處者，則有付身家於度外，直犯逆魏兇鋒，而九死

註50：碑原在北京西城區北長街靜默寺，拓片 95×62 + 18×15（額），95×62 + 18×15（陰額）cm。中國國家圖書館中文拓片資料庫索取號北京 638。《光緒順天府誌．京師誌》十六言：「靜默寺：在西華門外。寺為明季關帝廟舊處，康熙五十二年重建。寺門有敕建靜默寺額。」（477 頁）

一生之李瑾；以正論明國是，以勁力扶端人，而復饒有經濟之李邦華、畢茂康；力攻客魏，幾蹈不測，賴言官論救，而鐫秩以去之倪思輝；當先帝獲璽之時，而言璽出非瑞賢，去為灾，拂衣而歸之程紹。五人皆精忠，亮名節在宇宙，而身履丘園，足當陽剛君子之選。至京堂中之邪媚當斥者，無如通政使章光岳，心原暗昧，計善憑依，貪眾逆之金錢，具奏謀通逆疏，背駁回之嚴旨。乘間陰欲行私，所當重處，以懲眾職。』帝怒其乘機顛倒朋比行私，命將彥芳、執御俱削籍，下法司究問。」（註51）

黃道周是殉明之著名人物。他推薦之諸位朝士，很多人參與了一座形制巨大的關帝廟碑刻豎立。話說崇禎六年五月正值宮中焚毀佛像及其他中國造像最盛之時，正陽門關帝廟中突兀地出現了一座《關帝敕封疏記》，大約三十八行，每行約八十字。惜其似經人為破壞，難以辨識。（註52）第二年正月，還是在正陽門關帝廟，又樹立起一通近三米高，碑體特大的《三界伏魔大帝神威遠鎮天尊本紀碑》。（註53）奇怪的是，碑陽文字也已經人為毀壞，但由邊緣部分文字看來，這篇碑文首以「太祖高皇帝夢帝之言曰：「鄱陽之役，陰兵十萬……成祖文皇帝北征本雅失……神宗顯皇帝特」開端，大意敘述關羽生平事蹟，當為晚明儒士大夫為關羽生平的踵事增華，提升到「帝王本紀」規格的一種歷史書寫。碑陰題額為《三界伏魔大帝神威遠鎮天尊本紀立石因繇》，全文約三千字，倒是一篇很有意思的記述，亦為逸出當今煌煌明史學界，為學者專家弗道的一樁故典。

碑刻文長不錄。大約分為三個段落：第一段是發起人陳升自述，大略為癸酉（崇禎六年）三月他入正陽門關帝廟時，目遇關帝像洋洋，似有光芒，接着發現衣袖內函有經書，且異香撲鼻，一夕不散，似有所託。於是「蒐載事書，無慮數百種，詳其始末，訂其真訛。」為關帝重寫「本紀」，並且文稿也在假寐中得到帝意，獲得首肯，並示意立碑地點應為「乾亥來龍仔細看，坎居午向自當安」，即帝居紫禁城正南的正陽門。其中碑陽提及「共獵之役，正漢絕續一大（以下漫漶）」，碑陰又言：

「惟論帝之世，不勝長太息。當日輔先主，祇相與戮力，以扶漢天子耳！罷獵一會，基命定於頃刻。惜先主計不出此，而天下事遂去。」

案此事應當是指《三國志・關羽傳》裴松之引《蜀記》言：

註51：俱載汪楫編輯《藏抄本崇禎長編》卷之五十六。
註52：碑原在正陽門關帝廟。中國國家圖書館中文拓片資料庫索取號北京 1169。
註53：碑原在正陽門關帝廟。拓片 135×115+50×46（額），240×117+42×46（陰額）cm。中國國家圖書館中文拓片資料庫索取號北京 1028。註言「碑陽泐甚」，且圖片解析率極差，難以辨識。以上兩碑幸得首都圖書館地方文獻資料部王煒先生慨然相助，以該館所藏 1930 年拓本見示，才得以窺其全豹。謹志謝忱。

「初，劉備在許，與曹公共獵。獵中，眾散，羽勸備殺公，備不從。及在夏口，飄颻江渚，羽怒曰：『往日獵中，若從羽言，可無今日之困。』備曰：『是時亦為國家惜之耳！若天道輔正，安知此不為福邪？』」

再三痛惜不能及時為國除奸，以致養貽後患。是否有影射時事之意，最堪矚目。第二部分是書寫刻石過程中得到了京師及江南各地師友弟子的多方鼎力支持，「於是一時豪士、賢大夫皆願從吾遊」。第三部分是長達十四行，每行具銜或具籍列名十三人，總共達一百八十二人之眾。更值得注意的是具名人中，既有名著當朝的復社領袖或活躍人物張溥、文震孟、錢謙益、倪元璐、徐汧、楊廷樞、張明弼、艾南英等，又有以新科狀元劉理順、傅冠等為首的大批進士、官員，包括翰林院、錦衣衛、上林監、鴻臚寺等宮廷供職者。更值得注意的是立碑人的籍貫幾乎覆蓋了半個中國。聯想到崇禎帝在京師陷落之際居然徬徨無依，景山懸樑時只有司禮監秉筆太監王承恩追隨的結局，除了他剛愎自用的性格外，頗疑他與文官政府及宮廷內監的關係長期緊張有關。而他一度加入天主教，輕略忽視關公信仰，則加劇了他與儒士、太監的隔膜。這是否也是導致明亡的因素之一。明史界前賢對於此節似未引起注意，故贅此一筆，希望續有探及者。

五、不是結語

明清之交的激烈戰事，逼使天主教士不得不暫時偃旗息鼓，待時再起。但滿洲新貴入關前已接受喇嘛教，對於新奉之藏傳佛教正在興頭熱絡上，耶穌會只能退而求次，重新以修曆、製炮和工程規劃設計，努力獲得新朝廷的信賴。自雍正元年驅趕宮外傳教士於澳門，宮廷傳教士則淪為才藝侍從。另一方面，雍正又開始以關羽比隆孔子，以儒家禮儀、諡法尊崇，天主教士再無機會提及關公崇拜是否「淫祀」問題了。我的同事耿昇先生曾長期致力於翻譯明清耶穌會士書信集，他送我的譯本中，傳教士都避談關公信仰問題。有意無意，實難揣測。

十多年前我在臺北與俄羅斯科學院通訊院士李福清（Riftin，Boris Lyvovich）先生重晤時，他送我一份輯錄海內外關公研究論文目錄，其中 Joseph Edkins 於太平天國亂時之 1857 年，在上海《密勒氏評論》（Miscellany，or Companion To the Shanhae Almance）發表文章《Account of Kwan—ti，the God of War North—China Herald （shanghai）》。其後則有Legendary de C.S. 於抗戰前夕的1931年在《中國雜誌（China journal）》Vol XV，N.1發表《Figures in Chinese Art：Kuan Y ，the God of War》。Bedford O.H於抗戰爆發之1937年在同一雜誌（Vol.27，N3）發表《Kuan Y ，China』s God of War》。Duara Prasenjit於1988年在《亞洲研究（Journal of Asia Studies）》47卷發表的《Super scribing Symbols：The Myth of Guandi，Chinese God of War》，同年Prunner G.Kwansonggyo在《Mitteilungen aus dem Museum fur olkerkun dein Hamburg》（Bd.19）發表《A 20th Century Revival of ancient Cult of the Chinese God of War》，都是用「the God of War」詮釋關公。頗不尋常，恐怕不能簡單翻譯為「戰神」。我還搜尋到一張「庚子事變」後慈禧、光緒「兩駕回鑾」，未進紫禁城前。先拜正陽門關廟的照片，是一位美國人拍攝的，親筆題詞也是「Empress Dowayer』s clam at Tample of god of War，Return of Emperor & Empress Dowayer to Peking，Janury 1902。」這些資訊究竟意味西洋教會對於關公信仰如何看待，或者觀念有何轉變？近現代史以全球視野看待關公信仰有何借鑑？值得大家共同探討。

2011年8月24日於京西臥看山室

關帝：唐山過臺灣

胡小偉
中國社會科學院文學研究所研究員

引言

話說「河出圖。洛出書」向來被認為是中華文化淵源之始，故由中原遷徙各地的華夏子孫，往往自稱「河洛世族」，這在臺灣表現尤甚。關公文化其實也承載著這一份沉甸甸的血脈傳承。海峽兩岸，一水之隔。同胞相親，信仰相連。這本身既是一份信仰的傳遞互動，又是一種「血濃於水」的鄉情相依。對於奉行「敬天法祖」傳統的中華子孫來說，更有特殊的價值意義。

據地質學家推測：在遠古時代，福建與臺灣陸地相連，在第四紀的冰河時代，臺灣海峽曾是露出海面的陸地，後來因為氣候變暖，洋面上升覆蓋了臺灣海峽，遂使臺灣變成了島嶼。近年來的考古發現和地質學研究都表明，在距今約三百萬至一萬年前的更新世時期，由於地球上曾多次出現冰期和間冰期，每當冰期來臨，海平面下降，在福建和臺灣之間的淺灘區便露出一條「東山陸橋」。而「東山陸橋」曾是古人類跨越海峽進入臺灣的必經之地。

近年來，閩臺兩地考古學者發現的舊石器、新石器和商周時期文化遺址、遺物等，更證實了遠古時期閩臺經濟文化關係十分密切。閩臺兩地所展現的舊石器時代的經濟文化關係愈來愈明顯。如：距今約三萬至一萬年前的臺南「左鎮人」與「北京人」有近親關係；距今約一萬多年的福建「清流人」、「東山人」與臺灣長濱文化主人的年代相當，而且都以洞穴為活動場所等等。

也是只是一種歷史的巧合，正是三國時代東吳的遠航船隊，首次打通了大陸與臺灣的聯繫。臺灣古稱夷洲，那以前和大陸還沒有什麼聯繫，但它附近的島嶼（古稱亶洲，今為琉球島）卻從秦漢以來「時有至會稽貨布者」，會稽人出海也時常有因風向飄流至那裡的。孫權為「覓取海外之發展，謀求貿易之利」，於黃龍二年（230）派大將衛溫、諸葛直率甲士萬人尋找這兩個島嶼，結果只找到了夷洲，「但得夷洲數千人還」。這是中國史籍上有關臺灣最早的記載。臺灣與大陸的聯繫，也從那時逐漸密切起來。

據臺灣學者研究，實際上唐宋以來，澎湖即有閩人屯墾。明代立國初期，即以「海上為不征之地」，對東南沿海採取消極退守態度。洪武年間施行「禁海」政策，強制在澎湖的閩人廢棄辛苦建立的家園，全數撤回福建，致使原本市井繁榮的澎湖一夕荒蕪，造成史上有名的「墟澎事件」，反而聽任澎湖成為海盜巢穴。「抗倭」時期，東山水師曾兵臨澎湖。由於澎湖處於大陸架與臺灣島的中段，所以歷代移民或軍隊入臺，一般都會在澎湖停靠補給，或等待季風氣候適宜，繼續前行。因此澎湖便成為連接大陸臺灣不可缺少的樞紐。也是最早移民地帶。閩人大量遷臺是從晚明開始的。崇禎初年（1630）福建大旱，尤以同安特別嚴重。鄭芝龍建議福建巡撫熊文燦以給船舶送居民至臺灣開墾：「人給銀三兩，三人給牛一頭，使墾荒食力，漸成邑聚。」於是漳、泉赴臺者眾約有數萬人，這是中國官方第一次有計畫、大規模的向臺灣移民。東山、泉州等地關帝廟的神靈香火，也因此隨移民帶到臺灣。隨著明清以來東山以致漳州籍人士四次大規模向臺灣移民，途經東山銅陵鎮均向關帝廟敬禱分靈，因此東山銅陵關帝廟的香火也沿此傳佈臺灣各地。臺灣閩籍移民向有「漳七泉三」之說，縷述關帝文化經過漳州移民經東山傳播到臺灣的經過，大體分為四個時期：鄭成功、施琅先後復臺，福康安平亂、清代「唐山過臺灣」以及上世紀四〇年代光復祖國及國民政府遷臺，隨著大規模移民，關帝信仰及其文化傳播也逐漸在臺灣落地生根，普及深入，成為最為重要的信仰之一。

筆者曾多次訪問過大陸、臺灣的各地關廟，加之文獻考據，對此略有所知。且待一一道來，並望方家不吝賜教。

鄭成功復臺與「關帝過臺灣」

南明永曆十五年（順治十八年，即1661年）4月，鄭成功以南明王朝「招討大將軍」的名義，率軍由東山港出發，進擊澎、臺，驅逐荷蘭侵略者、收復臺灣，建立府縣地方政權機構。如設一府二縣。以府為承天府，天興縣、萬年縣。楊戎政為府尹，以莊文烈知天興縣事，祝敬知萬年縣事。行府尹查報田園冊，征納口銀（註1）。改臺灣（城）為安平鎮。《臺灣縣誌》對當時建制補充記敘云：天興縣（縣治在今臺灣嘉義縣佳興里）轄臺島北路，萬年縣（縣治在今高雄縣興隆里）轄臺島南路、中路之地隸在二縣之內。又設三安撫司，南、北與澎湖各一司。鄭成功逝世後，嗣王鄭經入臺，政制有更張，改東都為東寧，縣升格為州。地方基層機構，「設四方以居商賈，設里社以宅番、漢。治漢人有州官，治番民有安撫司。」同時還派員赴漳、泉各地，「招沿海居民之不願內徙者數十萬人東渡，以實臺地。」

如「陳」是臺灣最大姓，這不但有「陳林半天下」的俚諺可證，「國史館」臺灣文獻館（前臺灣省文獻會）的資料也顯示：臺灣每9個人中，就有1個人姓陳。據臺灣文獻館考證，陳氏本在河南陳州得其姓氏，又在福建為望族之一。首位入臺的陳氏，就是隨鄭成功驅逐荷蘭人的陳澤。須知凡是漳州籍遷臺居民，不論何姓，都是經由東山，在銅陵關帝廟焚香卜吉後，才揚帆遠航的。

由於萬曆年間皇室朝廷曾正式明確宣稱關帝不但「顯護在國，威庇在民」，舉國擁戴，是明代皇室的護祐神，而且其「顏如渥丹，騎曰赤兔」，位證坤方，為「南方赤火神」。所以不但入臺之前曾在東山銅陵關帝廟親為虔敬求籤卜吉，而且待臺灣局勢稍微安定，即在首府臺南修建祀典關廟（永曆二十三年，即1669年，有大小兩座，今分別稱「大關帝廟」和「開基武廟」），就是傍依所奉明室寧靖王府的鐘樓修建的，並在入清之後繼續保留，不時重修。日據時代猶有大關帝廟「關帝一夫當關，道路迴避」故事：

「最引人津津樂道的是，1906年再次重修時，正巧遇日人改正街道，準備筆直的拓寬永福路，但祀典武廟卻位於預定道路終點中央，而引發拆遷爭議。最後日方不敢居民反對，加上敬重關公，終究迫使道路轉折繞行，只拆除廟左外牆及官廳，而留下『關公一夫當關，道路迴避』的茶餘飯後話題。」

故能完好保留至今，成為臺灣一級文物保護單位。與此同時，鄭氏部將及委任的地方官員也紛紛在各地任所興建關帝廟，掀起臺灣興建關帝廟的第一波高潮。乾隆十七年《重修臺灣縣誌》言：

註1：詳見萬曆帝朱翊鈞親撰京師《勅建護國關帝廟碑》（碑在北京右安門護國關帝廟。拓片載首都圖書館《北京記憶》網站http://www.bjmem.com/bjm/yjs/detail.jsp?channelid=75036&primarykeyvalue=ID=11634076278l5&id=1163407627815）。又大學士焦竑撰，董其昌書京師《漢前將軍關侯正陽門廟碑》（明刊本《澹園集》卷十九。碑拓存中國國家圖書館）。

「關帝廟：在鎮北坊。崇祀關聖大帝……偽時（按指明鄭時代）建，寧靖王書匾曰：『古今一人』。康熙二十九年巡道王效宗修。五十三年巡道陳璸重修。五十六年，里人鳩眾改建。乾隆三年巡道尹士俍倡修。舊志志載各坊里之廟：一在西定坊港口，俗呼小關帝廟；偽時建，康熙五十八年里眾重修。一在道署左。康熙間道標營眾建；雍正三年巡道吳昌祚修，並撥鳳山縣大港社田租粟六十石，以供香燈；乾隆十七年巡道金溶鼎新改建。一在安平鎮。一在土墼埕保，今圮。一在永康里許厝甲。一在保舍甲。一在新豐里。俱偽時建。一在長興里，偽時建。康熙五十九年重修。一在保大東里，康熙五十六年建。一在澎湖媽宮西，康熙三十六年澎協副將尚宣建。」

康熙五十八年《鳳山縣誌》言：

「關帝廟：一在永寧里。一在安平鎮（改舊遺房屋而更拓之，宏麗甲一方）。一在土墼埕（神像先祀於烈嶼。時值播遷，有賊舟犯島，民多震驚；是夜見帝提刀躍馬，沿海馳擊，賊遂散去。島民因奉像來臺祀焉）。」

可知關帝神靈遷臺最初的功能之一，仍然是護衛疆土。嘉慶《續修臺灣縣誌》卷二《政志・壇廟》中，還明確道及神像就是由大陸分靈渡臺的：

「萬年縣關帝廟：在鳳山縣土墼埕保（今屬臺南市）。神像原祀於福建烈嶼，鄭成功入臺，清康熙下令遷界，島民遷臺，洪姓信徒奉神像來臺，建廟祀之。」

「永康里關帝廟，有四：許厝甲（今屬臺南市永康區）創於明鄭初期；永康里保舍甲（臺南市永康區）；長興里（今臺南市仁德區）；新豐里（今臺南市關廟區）。」

曾任南明唐王朱聿鍵政權的大學士黃道周，也曾率軍北上抗清。可惜書生領軍，又受鄭芝龍等人掣肘，只能一死報國。他即為銅山所軍籍，自幼就在東山關廟之側讀書，曾為關廟聯云：

「數定三分，扶炎漢，平吳削魏，辛苦倍常，未了一生事業；
志存一統，佐熙明，降魔伏虜，感靈丕振，只完當月精忠。」（註2）

註2：廟聯猶存東山關廟。筆者親見臺灣關廟由東山分靈移祀之廟，廟聯亦書此。按黃道周（1585～1646）字幼玄，一字螭若，號石齋，銅山所（今屬福建漳州市東山縣）人。天啟進士，曆庶起士，授編修，官禮部尚書。以節氣著稱於朝。唐王監國封武英殿大學士兼吏、兵兩部尚書，失敗被俘，堅不投降。臨終撕裂衣衿，以指血書寫『綱常萬古，節義千秋；天地知我，家人無憂。』

把關羽精神中「扶漢一統」的內涵突出強調出來，在這一點上，與當初關羽志在恢復的心境千載相通。

也許出於改朝換代的迴避心理，臺灣則傳說，這副對聯為京師正陽門關帝廟之關帝自書聯。如道光十九年《噶瑪蘭廳志》（今臺灣宜蘭縣）載：

「蘭中（關帝廟）……楹聯即用京都正陽門廟神所自作之句：『數定三分，扶炎漢，削魏伐吳，辛苦備嘗，未了生平事業；志存一統，佐熙朝，蕩魔伏寇，鹹靈丕振，祇完當日忠貞。』」

字句稍有出入。筆者 1997 年赴臺參加首屆兩岸關公文化研討會時，曾在多家由東山關廟分香建立的關帝廟中看見懸有這副對聯。

由於滿州早就信奉關帝，入關之前皇太極建瀋陽城時已先建關帝廟，順治元年又頒詔敕封關帝為「忠義神武大帝」。故施琅復臺，臺灣關帝廟香火照舊興隆，是否曾「一關各表」？或者在平撫改朝換代之際，明代將士家屬心理創傷方面有何功用？都是值得探索的。

由於雍正三年特頒諭旨將關帝祀典比靈斯孔子，追封三代，臺灣官吏也不甘落後，聞風而動，繼續修繕前廟，興建新廟。如彰化知縣秦士望《關帝廟碑》說：

「關帝者，漢壽亭侯。諱羽，字雲長，河東解梁人。初與蜀漢之昭烈帝及桓侯張諱飛為布衣交，恩同兄弟。後因漢室陵替，一片赤心，寢食不寧。昭烈欲伸大義於天下，帝與桓侯為左右翼，君臣之分定焉。帝喜讀《春秋》，梗亮有雄氣。下邳之役，王臣分離，帝不得已，因故人張遼，而有『降漢不降曹』之約，操陽許之，陰欲以恩結帝心，禮遇甚隆。帝斬將以謝之，遂棄其所賜而奔昭烈。迨昭烈收蜀，帝坐鎮荊、襄，盛（威？）震許、洛，勢成鼎足。天不祚漢，帝殉大節，而英靈之不顯，萬古凜如一日。故歷代遞加封號，易侯而王，易王而帝，推崇無以復加。普天之下像帝而廟祀者，難以更僕數。而我彰邑荒昧初開，民番雜錯，沐聖朝雍熙之化，漸知服教畏法。若更感之以帝德，懾之以帝威，則其鼓舞更神。

前之宰是邑者，創立廟基於城南，而經營未就，殿宇仍缺。予不自揣，竭蹶踵事，庀材鳩工，五閱月而廟成。後殿位於於木主以祀帝之三代祖禰。前殿鑴帝金像，冕旒端凝，宛然如生。一切陳設之具略備，復延戒僧覺欽為住持，以奉香燈。

夫自古忠臣義士，生為正人，沒為明神，皆足以奠俎豆，享血食。然或祀隆於一代，或廟建於一方，求其比戶屍祝，海隅禋祀，自漢迄今，日新月盛，唯帝一人。論者謂其德配尼山，聖分文武；忠同日月，氣塞天地。其言庶幾有當也。玆之草創殿宇，聊竭予誠。未滿予志。至於後此之規模，何以開擴風雨，伺以無頹，不得不厚期於來者。

大清雍正十三年（1735年）歲次乙卯七月中浣，福建臺灣府彰化縣知縣濰陽秦士望謹撰並書。彰化縣儒學訓導署教諭事隨梯、霧捒巡檢司巡檢口國榮、鹿仔港巡檢司巡檢王洪仁、典史邢繼周仝立。」（註3）

尤其是其中「荒昧初開，民番雜錯，沐聖朝雍熙之化，漸知服教畏法。若更感之以帝德，懾之以帝威，則其鼓舞更神」數語，已分明透露出尊奉關帝共同信仰，已成為朝廷官員教化「番民」的重要方式之一，但仍然存有限於財力，關帝廟宇未能盡善之憾。

施琅統一臺灣與關帝信仰到本土融合

鄭成功、以及隨後康熙二十二年（1683年）施琅統一臺灣，主帥、將士均是沿海閩人，故深知澎湖的位置顯要。隨後駐島官兵也仿照東山水師明軍舊例，陸續修建、增建關帝廟。如康熙澎湖《增建關聖廟頭門儀門記》說：

「澎湖關聖廟，乃康熙二十三年平臺後所建，以主斯土之祀者也。但時值草創，規模未備，且歲久飄搖。丙戌秋，餘與協營林、戴二君圮者復之、剝者墁之，畫棟雕甍，業已一律維新矣。茲協鎮許公謂當今武廟與闕里並重，廟制未宏，非所以肅祀事而答神貺。況去年歲時豐美、海嶼安瀾，兵民輯睦，何莫非仰賴神庥之所致也。治民祀神，非守土之責耶？因與餘謀所以廓其制焉。兩營諸同事，亦欣然報可。遂各捐廉俸，增建頭門一進三間，門內東西翼以兩廊各三間；又增建儀門一進三間，門內東西亦建兩廊各二間，以為祭祀時各官至止聽候行禮之所也。其天井階除，鋪砌磚石，俱各修整相稱焉。噫！道待人行，時至義起。許公之誠意如斯，其所見者遠矣。是役也，肇於丁亥之季冬、成於戊子（四十七年，1709年）之仲春，越兩月而告成。從此，廟貌森嚴，規模巨集敞；神所憑依，其在斯乎？所有助財宣力者，並備書於匾，以垂永久云。是為記。」（註4）

註3：碑存臺灣彰化市關帝廟，原大130×58cm。《石刻史料新編》第三輯（17）《明清臺灣碑碣選集》，138～139頁。新文豐圖書公司（臺北）1986年出版。連橫《臺灣通史》卷三十四《列傳六》言：「秦士望，江蘇宿州（今屬安徽）人。以拔貢生出仕。雍正十二年調彰化知縣。邑治初建，制度未詳，即以興學致治為心，凡有利民，罔不為之。翌年仿諸羅之法，環植刺竹為城，建四門，鑿濠其外，又造西門外大橋，通來往。前時臺灣瘴癘盛，水土惡，鄉僻之人每患癩疾，無藥可治，父母棄之，里黨絕之，流離道路，號為天刑。士望見而憫之，慮其感染，建養濟院於八卦山麓，以居之，旁及廢疾之人，養之醫之，民稱善政。」

註4：不署撰人。《臺灣文獻叢刊光碟檢索資料庫》（http：//140.114.72.27：2010/tr/ ata/0109/10940263.txt）

道光《澎湖續編・廟記》亦言：

「澎湖協營關帝廟：又名銅山館。清初創建，其神來自福建省東山縣銅陵鎮。」

雍正、乾隆年間關帝崇拜及官方祀典更上層樓，澎湖雖然僻居「海陬」一隅，也嚴格按照國家頒佈的官式祭祀儀典，尊崇關帝。如乾隆三十六年《澎湖紀略》記載：

「廟祀：澎湖關帝廟：廟在媽宮澳西偏，距廳治五里，日久傾圮。乾隆三十一年，餘與協營諸公捐俸增修，祠宇式廓，今煥然一新焉。祀神勇關聖也……至國朝順治九年加封忠義神武之號。乾隆二十五年二月廷議以原謚壯繆未協，請更定謚號，改謚神勇；歲祀用太牢，典禮與闕里並隆焉。乾隆三十三年三月奉上諭：『加封忠義、神武、靈佑關聖大帝，其官建祠宇、秩在祀典者，並依新號設立神牌，以申崇奉。欽此。』澎湖自乾隆三年奉文起，每歲三祭，開支錢糧銀一十八兩。」

駐島官兵捐資增建關帝廟的風氣，也從乾隆時期大盛，如《重建烽火館碑記》言：

「特簡鎮守福建等處地方駐劄澎湖水師副總鎮紀錄二次江諱起蛟、福建澎湖水師協標中軍副總府兼管左營林諱雲、緣首福建澎湖水師協標右營副總府帶紀錄二次戴諱福、澎湖右營守備吳科、署左右營守備紀廷政、王子□（下闕）、新調澎湖左營守備李其祥、（右營守備）楊元、千總許友勝、謝祖。把總許邦賢、游得貴、林廷寶、王國寶、王光燦、孫必高、陳維禮，（下缺）共捐，烽火門換戍澎臺班兵樂助，共成重建新廟，恭奉關聖夫子神像，永為烽火班兵住館，謹勒此碑為記。

乾隆三十年（1765年）正月（缺）日穀旦。」（註5）

同時在經濟發展，政治安定的情況下，也動員社會各方力量參與建廟，進一步凝聚軍民同心。如《重修關帝廟引》說：

「余涖澎之三日，循例謁神。恭詣武廟，見其棟宇傾頹，中心測然。夫修舉廢墜者，守土之責也，余亦何辭！但此意蓄而未伸。傳曰：『先勤民，而後致力於神。』將與地方事宜

註5：《臺灣文獻叢刊》網路版（http：//140.114.72.27：2010/tr/data/0218/2183O527a.txt）。原按：碑存澎湖縣馬公鎮長安里，176×83cm，花崗岩。原碑缺題，茲據文意撰題冠之。清代於臺灣行輪戍之制，由大陸福建沿海鎮營調兵渡臺，三年一更。營兵戍臺每建廟。

次第舉行耳。及晤總戎林公、戴公，已先得我心，諄切具陳厥舉，囑餘權輿肇始，各捐俸廉以倡。嗟乎！事以義舉，而四方回應者，其心同也。矧關聖之德播在人間，普天率土以至海隅日出，庸夫愚婦，罔不尊親焉。非心同乎？是役也，眾志僉俞，凡我屬兵民、衿士以及四方商賈遊歷斯土者，隨願捐輸，以勷厥工。庶廟貌重新，言言翼翼，以福我澎疆者，寧有既耶？是為引。」（註6）

臺灣情況亦復如此。值得注意的是，至遲在乾隆年間，臺灣原住民也開始崇奉關帝，並與大陸移民共建關帝廟了。乾隆臺南《貼納武廟香燈示禁斷碑》言：

「特調臺灣北路理番分府加五級、紀錄十九次朱，為查據底里等事。據麻豆社通土美涼、斗耳光、烏棒、擇臺、耆番沙連、巳夷、買郎、大瀨、勝東、來犁等具呈詞稱：涼等合社番產，沐【沐】恩清厘例，前例後票著查明。具覆等因：紹查虞朝莊一派地方，如黃大謨、謝明顯、葉大彪、陳思省、吳媽協、紀火勇等莊眾等，所管各業已升口輸課在案，其有旱產、田園難成片段者，貼納武廟香燈，歷年未有易者也。迨聖恩憐恤番，因番之立心不一，或以虞朝莊等產，亦為番界等語。前經仝通土老番勝望、社番涼等，會同於耆，共相妥議，暨本莊內外旱產納香燈者，更貼丁餉。議規立約，俱各心安。因涼等誤查底里，於清厘案內稟復黃大謨等，有名玆硬等細查確據，不敢欺神，亦不敢擾眾，仍依舊識，口充香祀。但私約難定，官斷有憑，理合聲明。呈叩，伏乞給示勒石，以成檔案口民番仝沐聖恩，永志不朽。切呈等口到分府。據此，除核案外，合行示諭。為此示仰虞朝仔莊民及社番，通土人等知悉：爾等務須遵照舊約，貼納武廟香燈，仍納番餉，兩相和睦。倘該莊民故違，將應完舊口短少租餉，許通土指名稟究。該社番等如敢於原約之外覬覦滋事，被該莊眾呈告，立即嚴拿究處，斷不姑寬。各宜凜遵毋違。特示乾隆肆拾貳年（1777年）陸月　日給。」（註7）

其中「麻豆社通土」應指當地原住民，觀其與「朝虞莊地方」的稱謂及雙方姓名的差異，即可一望而知。而「通土老番勝望、社番涼等，會同於耆，共相妥議」云云，則「通土老番」應為略通漢語之原住民代表。觀其大意，應為漢族移民擴展過程中，與原住民田產邊界發生糾紛，結果是以共同修建關帝廟，各自出資「貼納武廟香燈」，維持日常供奉，以「盟神設誓」方式，做為「兩相和睦」的基礎。

註6：《澎湖紀略．藝文志》。不載撰人及年月，姑置於此。

註7：碑存臺灣臺南縣麻豆鎮關帝廟文衡殿壁，原大233×86cm。額題『皇清』。《石刻史料新編》第三輯（17）《明清臺灣碑碣選集》555～556頁。

臺北也有類似情況，近年有介紹說：

「忠義山（海拔232公尺）因有忠義廟而得名，之前稱為夏嘮別山。『夏嘮別』其名稱原為凱達格蘭平埔族社名；其範圍約是現在稻香，桃源，一德，關渡里等一帶；亦即桃源國小以南至捷運線沿途之範圍，以牛蘑坑溪和北投為界，以東為漢人，以西為平埔族人。桃源里社區發展協會也是以『夏嘮別』命名。」（註8）

需要指出的是，臺灣原住民中，至今信奉尊崇關帝的習俗仍然很盛。如桃園縣大溪地大溪昔稱「大姑陷」，源自於凱達格蘭族霄裡社人，以其稱大漢溪為「TAKOHAM」，也就是泰雅族語的「大水」之音譯而來。據《淡水廳志》記載：乾隆年間漳州漢人移民大溪開墾，居住於月眉一帶，因嫌「大姑陷」字不吉利，遂依月眉位於「河崁」之地的天然地勢，改稱「大姑崁」，同治五年（1866年）由於月眉地方李金興出仕、李騰芳獲中科舉，莊民為彰顯地方之「科」舉功名，遂改名「大科崁」。光緒年間巡撫劉銘傳在此設立撫墾總局，策劃山地開發，並推廣樟腦產業，又將「大科崁」改為「大嵙崁」。中日甲午之戰後，臺灣割讓給日本，民國九年（1920年）日本人又將改稱「大溪」，沿用至今。

1863年因為中英天津條約的修訂，增開打狗港（高雄港）與淡水港為通商口岸，而舊名大嵙崁的大溪是淡水河系最上游的河港，也是當時臺灣最內陸的港口，可說是國際貿易通商的重要轉運港口之一。當時桃竹苗農產品、日用品、茶葉、樟腦油等也都藉由大溪轉運。清光緒十八年至二十三年（1892～1897年）河運全盛時期，帆影終日不息，萬商雲集。後隨經濟重心轉移，逐漸消歇，現已成為一方懷舊古鎮，旅遊勝地。

關帝信仰很早就隨東山過海的漳州移民帶到這裡，並與原住民結合，形成特別的民間崇祀儀典風情。據介紹：

「大溪鎮普濟堂（關帝廟）創立於民國前十年，歲次壬寅（1902年）。本堂前臨大漢溪、背倚靈峰、山如鳥嘴、南面石門近如咫尺，北眺鳶山、遙瞻鶯石、乃是馬武督直系龍脈的結穴，亦為蓮座山首尾相對的靈山，於是延師相地，乃譔山兼分金、集眾鳩資、重新改建。共築成正身五間，配合兩邊護廊，雖非雕樑畫棟，頗稱堂構維新，其後再於民國六年添建拜亭完成正式廟宇。並於民國九年慶成建醮。四方善信慕神靈而朝拜者、絡繹於途、日以繼夜。尤以弟子社團，相繼而起，遂憑公決，每年農曆六月二十四日關聖帝君聖誕之辰，恭迎聖駕

註8：臺北市立桃源國小全球資訊網（www.tyues.tp.edu.tw/rules）

排鑾下鄉巡狩，祈求國泰民安，至此已達一百週年之久，其盛況迄今猶然……本堂主祀關聖帝君，威靈顯赫，垂庥合境，香火鼎盛，善及遐邇，各地香客慕名遠道紛遝前來，每年農曆六月二十四日，為關聖帝君誕辰日，由各地組團朝拜進香之善信大德，日達數萬，並由本鎮各社團成立二十三組隊（現已增至二十八組），舉行繞境慶典活動，一時鞭炮、鑼鼓聲徹雲霄，場面盛大而熱鬧！目前本堂爐下分靈頗多，遍及全國各地，信眾無數，農曆一月十三日，為關聖帝君得道紀念日，農曆正月二十、二十一日起斗，農曆十二月初三、四日完斗敬備平安粥，供善信大德膳食，祈求平安，並依古禮虔備牲禮舉行盛大莊重之祭典，個地善信，朝拜上香，絡繹不絕。另農曆四月間，召開信徒大會，藉以弘揚三聖恩主之教義，並促進信眾間情感之交流。」（註9）

又言：

「桃園縣大溪關聖帝君誕辰繞境活動是，普濟堂一年一度的宗教慶典，自日治大正三年（1914年）首次舉行以來，已有近九十年歷史。每逢農曆六月二十四的關帝聖誕，廟方便會恭請主神巡繞全境，過程中並有各式各樣的陣頭表演，大溪鎮的各子弟社團無不踴躍參與，爭奇

鬥豔，彼此較勁一番。而熱鬧的氣氛也吸引大批人潮與商機，堪稱地方一大盛事。」（註10）

這時正值「日據」時代。從將「大溪」稱為「大漢溪」，以及偏偏此時興起「關帝繞境遊」的盛大活動揣測，大溪普濟堂關帝廟的興建，應當暗寓心存中華，不忘祖根的涵義。同時具有凝聚地方意志，保境安民，盡量減少日人侵害的作用。

據臺灣地方誌和現存碑刻統計，在乾隆前中期臺灣各地官方及民間修建的關帝廟宇已達近二十座之多，而且已經融入本土，可知根植深厚了。

福康安「平臺」與關帝信仰的深化

乾隆五十一年（1786年）十一月二十七日，天地會領袖林爽文於大里杙豎旗，攻下彰化縣，自稱盟主，年號「順天」。其控制範圍北至集集埔、水沙連，南至斗六門、庵古坑。同時同鄉人莊大田也在阿里港豎旗起兵，二股勢力結合，夾攻府城，官員死傷慘重。又相繼攻下新竹，佔有臺灣中北部。西部除府城外，其他各廳縣均被林攻佔過。清廷遂於五十二年正

註9：普濟堂簡介（http：//www.oldstreet.com.tw/pg/pg.htm）
註10：大溪風情網站（http：//www.faes.tyc.edu.tw/dasi/）

月先後調派人員指揮平亂，十一月初福康安抵臺，控制民變勢力，並於五十三年二月平定亂事。此為清代臺灣史上的一件特大事件，載於史籍，茲不復述。

關於「天地會」起源問題的討論爭議持續多年，幾為專學。近年中國社科院宗教研究所羅炤先生在詔安縣北部官陂鎮深山中（詔安、雲霄、平和三縣鄰接處）找到了長林寺遺址，發現順治（南明永曆）時期題署「長林寺開山僧道宗」的石刻多通，證實達宗即《臺灣外記》所述的「萬五道宗」。又發現東山縣銅陵鎮漁民周炳輝家世代珍藏的、抄寫於嘉慶戊寅年（1818年）「香花僧秘典」，並據此闡明「香花僧」乃是天地會初期的中堅力量。第三是勾稽出天地會「洪船」與鄭成功、洪旭的特殊關係。我認為這也是天地會信仰中關帝崇拜居於特殊地位的緣由之一。（註11）林爽文和莊大田都是漳州平和人，其先世由海過台，當也經由東山，拜謁過關帝廟。

有趣的是，福康安奉旨平定此亂，也曾在東山拜謁銅陵關帝廟。其自述言：

「大清乾隆五十二年，余奉聖命提兵平臺，屯師銅山。其時軍威熾盛，兵驕將勇，自詡旗開之日，必蕩寇平魔。嘗聞銅山關聖帝君威靈丕振，上安社稷，下庇黎民，靈籤神妙，有求必應，未深信也。餘擬於九月發兵，叩關帝，求靈籤，數蔔不得杯【筊】。遂按己意出兵，果出師不利，風浪阻遏於中途，無功而返。始警而惕，關帝聖明，罔欺也。復誠敬再謁聖廟，得籤六十二首：『百人千面虎狼心，賴爾干戈用力深；得勝回時秋漸老，虎頭城裏喜相尋。』籤語奧妙，中藏玄機，難明其意。依關帝示，十月再次舉師，果順水順風。登鹿港，決敵斗六門，解諸羅之圍。大里杙告捷，小半天殲敵。佔鳳山，驅瑯璚，斬敵克地。勝雖勝矣，爭戰酷烈，始料之未及也。乾隆五十三年十月，余奉召回京，夜航迷霧瀰空，船觸虎頭山，頓悟關帝簽語，一絲不爽。即回舟銅山，趨聖廟，再叩再謝。關帝聖明，余深銘感。特頌文鐫匾，志其事，傳示後人。時大清乾隆五十三年陽月穀旦協辦大學士陝甘總督嘉勇侯福康安盥洗敬獻。」（註12）

註11：詳參羅炤《鄭成功與天地會》（《中國史研究》（北京）1997年第四期），又有《天地會的兩個源頭》（《清史論叢》10輯，中華書局（北京）1993年出版）、《天地會探源》，（《中華工商時報》（北京）自1994年10月19日起分139期連載）等專論陸續闡發。很有創見，有興趣的讀者自可翻檢。筆者另有文章專門探討《天地會與東山關公崇拜》，限於篇幅，此不贅言。

註12：福康安《奉銅山關聖帝君頌文匾》。原匾懸於福建東山縣銅陵關帝廟內，『文革』間遺失。經尋訪考證，2000年漳州市薌城區呂金亮、陸建順、湯錦銘、湯錦濤、湯錦煌、湯錦霖、湯錦華、湯錦成、湯錦水、湯必成等捐募複製，重新懸於原處。錄自《漳州文史資料》總第32輯《廟宇宮觀專輯》，漳新出（2002）內書（刊）第119號，352～353頁。標點有所釐正。按福康安（?～1796）字瑤林，號敬齋，滿洲富察氏，鑲黃旗人。乾隆孝賢皇后姪，大學士傅恒子。以勳戚由侍衛授戶部尚書、軍機大臣，襲父封三等公。始從阿桂用兵金川，後歷任雲貴、四川、閩浙、兩廣總督，武英殿大學士兼軍機大臣，封貝子。再從阿桂鎮壓甘肅回亂，破石峰堡。五十二年任大將軍，帥軍平定臺灣林爽文起義，封一等嘉勇公。又率軍入藏，驅逐廓爾喀侵略軍。後督師平定湘黔苗民起事，嘉慶元年病卒於軍中。封忠銳嘉勇貝子。贈郡王，諡文襄，入祀賢良昭忠祠，配饗太廟。

嘉慶《清一統志．臺灣府》也記載說：

「城池：臺灣府城：城東門樓上舊祀關帝。乾隆五十三年台匪林爽文等滋事，官軍渡海，鹹睹神像，尋即蕆功。七月奉旨重修，御書扁額曰『神威翊應』。」

福康安如此恭敬關帝，其實並不突兀，而是由來有自。自從其父傅恒領軍以來，他的家族就世代供奉關帝。今中國國家圖書館仍然存有乾隆二十一年（1756年）其父傅恒撰文、乾隆四十三年（1778年）其兄福隆安撰寫的京師東城景山東胡同《重修關帝廟碑記》碑拓，（註13）拉薩至今猶存他乾隆五十六年親自撰寫的《磨盤山關帝廟碑文》等。（註14）

事實上乾隆三十四年十一月所以要親撰《御製重修關帝廟碑記》，為關帝隆其崇封，並將地安門外國家祀典關帝廟改覆黃琉璃瓦，以示特別的原因，就是因為關帝護佑傅恒征緬之戰：

「至我朝而愈顯，且神跡不可殫記，而於行師命討為益彰。我國家久仰靈威，近於西師之役，復昭蒙佑順，因特敕封曰『忠義神武靈佑』，並太常議於地安門外神廟，恭書新號神牌，門殿易蓋黃瓦。」（註15）

此處所說「西師之役」，是指傅恒征伐緬甸入侵時，因氣候、地形原因，久攻不克，戰事膠著，主帥染病。乾隆已經下令退師，不料次日卻接到急報，緬王已上表告降。因此他衷心感慨「聖而不可知之之謂神」。

雖然林爽文和福康安雙方都虔誠尊奉關聖帝君，但在這次戰亂中，也難免殃及關帝廟。據說雍正十三年興建的彰化關帝廟，就曾在這次戰亂中毀於戰火。

西諺說：「歷史總是勝利者書寫的。」林爽文等人的真實陳述，今已不可詳知，但清廷的表彰卻留存下來，其中遍佈臺灣的「義民廟」即其遺存之一。新竹新埔鎮下寮里「義民廟」就介紹說：

註13：碑原在北京市東城區景山東胡同，漢滿兩種文字書寫。拓片195×95＋32×26（額）cm，中國國家圖書館中文拓片資料庫索取號北京648。又拓片195×95＋32×26（額）cm，索取號北京648。按福隆安（1746～1778）字珊林，父傅恒官至大學士，封一等忠勇公。乾隆二十三年（1758年）授和碩額駙，二十五年（1760年）三月尚乾隆帝第四女和碩和嘉公主，同年七月襲父爵，封一等忠勇公，官至兵部尚書兼軍機大臣。乾隆三十八年（1773年）四月加太子太保。卒年三十九。謚勤恪。

註14：《西藏學漢文文獻彙編》第一輯《清代喇嘛教碑文》，全國圖書館微縮複製中心1991年出版，240葉。《衛藏通志》卷六：『關帝廟新建於磨盤山頂，乾隆五十七年十月大學士、忠銳嘉勇公。福康安撰碑文。』又《衛藏通志》卷十《一統志唐碑》結末又言：『福康安《關帝廟碑》于惠齡、和琳、孫士毅皆書號，於體未協。皆令易之。後營官寨《關帝廟碑》亦同，均更正。』（《西藏學漢文文獻彙編》第二輯，288頁）

註15：原碑在北京市西城區西黃城根北街白馬關帝廟，漢滿兩種文字書寫，可能曾經遭到人為破壞，字多漫漶。中國國家圖書館中文拓片資料庫索取號北京474。《光緒順天府志》卷六《祠宇》錄有全文，據以補齊。（149～159頁）

「建於清乾隆五十三年（1788年）冬的枋寮褒忠亭義民廟，可說是全臺義民廟的總壇。廟內合祀三山國王、神農黃帝與觀世音菩薩，每年農曆七月二十日的義民節活動，當地十五大莊輪值爐主祭祀，百年以來成為新竹客家人重大祭典與信仰中心。乾隆五十三年林爽文作亂，護衛鄉里義民（包括原住民、客家及泉州人）的遺骸，全部安葬於廟宇後方。後於同治元年又有戴潮春事件，義民之忠骸則葬於廟宇右後方。乾隆皇帝感念義民平亂有功，初封義勇，繼封懷忠。三賜御筆褒心匾額，遂更名為褒忠亭。」（註16）

綜合了原住民和閩廣墾殖移民的不同信仰，合祀一堂。此後「諸羅」還特地改稱「嘉義」，以示對於諸羅人忠義之嘉許也。推想林爽文起事所以未獲成功的原因之一，應是百年以後臺灣局勢穩定，經濟發展，民心思安而不願意變亂。只是當時「義神「關帝實已成為國家最崇神祇，專祠供奉，故未列入其中。

當時臺灣知府楊廷理曾撰臺南《重修郡西關帝廟記》，敘述這一情況：

「乾隆五十一年逆匪不靖，蔓延經歲，南北騷然。焚郭戕吏，所在不免。而府城得堅守無恙者，每賊眾犯域時，輒叫廟中金鼓聲隱隱，似有數萬甲兵出面撼賊，為我民呵護者。而城獲全，則神有功於茲城也，大矣！迨大學士嘉勇公福公康安抵臺掃逆，蕩滌海氛，距今年夏廷理始得請於臺灣鎮奎公林、臺灣道萬公鐘傑捐修神宇，易其蠹窳，完其頹缺。橫斷焉，丹雘焉，明禋告虔，象設維新，其所以報神功者，當如是也。方理之出入戎行也，躍馬提兵，數與賊遇，不殺賊則死耳，寧復作生計。然而不死者向非神之威，有以作其力，助其氣，挫賊鋒而頓踣之，其能卒自保耶？車以勞形苦心，數月不安席，累夜不交睫，而身不病，卒以捍其人民，得與偕存，活者豈非神佑之彰彰者哉！此神之宇，所為不得不汲汲於葺而新之也。若夫臺灣平賊之後，聖天子簡畀軍臣，臨蒞海疆，文修武備，飭史蘇氓，於以蒙庥集福，歲且再登矣。雖其致有由抑所得，邀於神貺者豈淺少。嘆此神之宇更，不得不汲汲於葺而新之也。嗚呼！神有功於國，有德於民，非一世矣。而往往於急難危迫之時，呼號莫之救，神若儼然立乎其上而指麾之者，或假形聲以顯於眾，而示之威焉。於以直具義者而拯之，怒其亂者而殛之，有斷斷乎其不爽者，固知神之能為神，即天地間至正至直之氣，發揚庥布，昭昭在上，如疾風霹雷之所摧擊，必其物之枉且暴有戾乎？其常者斯觸之也，則神之靈亦赫矣哉！」

「顧若臺灣各邑，遞為賊所陷，而府城獨以神故得全，且不旋踵而所陷盡復，於以見國

註16：CTIN 臺灣旅遊聯盟．枋寮義民廟（http：//travel.network.com.tw/tourguide/point/showpage/603.html#）

家洪澤之遠，敬神之至。俾府城固守，有以扼臺之吭而附其背，而臂指之患，易治也。此神所以獨靈於府城也歟？押（抑？）豈獨靈於府城也哉！時乾隆五十四年夏五月吉旦，知臺灣府事柳州楊廷理敬書。」（註17）

據說臺南、嘉義至今猶豎有乾隆親撰的贔屭巨碑，載記此事。也被乾隆欣然收錄入他的希圖誇耀後世的「十全武功」之中。

「唐山過臺灣」與關帝信仰的普及

「唐山過臺灣」是指清代乾隆以後福建、廣東主要是漳、泉、潮三州移民遷徙臺灣大過程的習俗稱呼。隨著人流物轉，很多內地的器物、習俗、信仰也是在開發臺灣的過程中，整體遷徙到臺灣的。關帝信仰的普及也是在這個過程中完成的。祖輩流傳的《渡臺悲歌》首段就唱的是：

「勸君切莫過臺灣，臺灣恰似鬼門關，千個人去無人轉，知生知死都是難。」

這首長達三百多句、由客家先民流傳至今的《渡臺悲歌》，娓娓唱盡了數百年來「唐山過臺灣」的辛酸血淚。

造成「唐山過臺灣」更為深廣的背景，是乾隆朝中國人口已經突破三億，中國基於傳統耕種技術的農業，已與人口爆炸性增長形成緊張衝突，經濟性「趨利避害「的集體移民，已成不可避免的趨勢。這個移民浪潮被後世簡略地概括為「（山陝）走西口，（閩廣）下南洋，（魯冀）闖關東」。或者為了旅途平安，或者為了地域融合，或者為了調和衝突，關帝信仰再次被新移民帶致中國周邊，以至外洋華人聚居的任何地方，以新的形式供奉敬仰。臺灣學者黃華節認為：

「清代時自然經濟和血緣團體逐漸解體，多姓村莊開始增加，並且出現了大批客商及遊民。因為新生集團無法依靠血緣關係來增強團結並保護共同利益，他們求助於關羽的忠義象徵，來維持這個由來自五湖四海的團體，關羽的形象便被做為交友之道的原則，從而使關帝廟更為普遍。」（註18）

註17：碑存臺灣臺南市中區祀典武廟內。原大162×87公分。《石刻史料新編》第三輯（17）《明清臺灣碑碣選集》328～329頁。

註18：黃華節《關帝的人格與神格》，商務印書館（臺北）1968年，227頁。

所論有理。只是我的角度、看法稍有不同，曾應在海外華人中頗有代表性的世界龍崗親義總會邀約，寫過一篇《關聖帝君在海內外華人地區設置及其影響》討論，有興趣者可以參看。（註19）

消除政治紛爭，也沒有軍事目的「經濟移民潮」，給臺灣源源不絕地輸入了本土關羽信仰，也是臺灣關帝廟修廟最多、最勤的。臺灣通常把五位神祇尊為「恩主公」，如臺中聖壽宮供奉的恩主公就包括關聖帝君（關羽）、孚佑帝君（呂洞賓）、司命真君（灶神）、北極玄天上帝（玄武）和岳武穆王（岳飛），而以關羽為主祀神，也是在這一時期最為顯著，影響則直達今天。

宜蘭縣礁溪鄉協天廟創建於嘉慶九年，是臺灣歷史悠久的關廟之一。廟雖不大，但由於日據時期關帝像未受損害，光復以後其他重建關廟紛紛於此分香續靈，成為臺灣最有影響的關廟之一。其由來傳說是：

「有先賢林楓一人，係福建漳州府平和縣人，為訟事進京，途經銅山縣東城（今東山縣銅陵鎮），聞關帝廟關聖帝君威靈顯赫，乃進廟懇求神佑，迨抵京城，果然奇應勝訴，其冤得雪。林楓為感神恩，於歸途再度進廟叩謝，同時在神前卜筮，蒙准奉爐丹分靈返鄉，春秋致祭。其後林楓後裔渡臺，行前至東山祖廟求得聖帝金身護佑，即經廈門過海入噶瑪蘭（即今宜蘭），安然進抵礁溪，並發現一黃蜂巢靈穴，遂卜居礁溪，建廟奉祀關聖帝君，供一般民眾膜拜，時為民國前一百零八年（1796年，即乾隆六十年）。建廟之初，僅有茅屋三間。清同治六年，鎮臺使劉明燈提督巡察噶瑪蘭，駐宿本廟。傳說其部屬無知，亂砍廟後楓樹枝為薪，觸犯樹神，以致全體部屬染病。徬徨躊躇中，劉鎮臺步上正殿神前，舉足將靴尖踢戶限時，偶然心動仰望，關聖帝君顯聖怒目而視。劉鎮臺大驚，曰真神也，遂跪拜求赦，病者即見痊癒。乃表請建『協天廟』。」（註20）

這在臺灣關帝廟中就頗具代表性。這種變化表現在兩個方面，一是遷徙途中的默佑，使關帝的護佑功能褪去戰爭硝煙，轉向日常化、平民化，二是懲罰指向欺侮平民，不信神靈者。重現了關帝信仰在大陸「鄉里神」的功能，已與臺灣民眾的生活融為一體了。

另一方面則是求取科第功名的舉子們，也像在大陸一樣爭奉關帝，如嘉慶年間胡應魁撰寫的彰化《重修關帝廟碑記》就說：

「大矣哉！聖帝之威靈於昭在上，乃垂鑒予小子而示以先幾也。魁釋褐後，曾任廬州教授；慨文廟傾圮，倡議興修，頗殫心力。經始時，夢遊行宅中，啟後戶而出，則奇峰秀嶺，

註19：關公網（http：//www.guangong.cn/b-gb/wenhua/doc/1hxw1-.doc）

註20：協天廟網站（www.newspace.com.tw/scecn/ 礁溪 / 協天廟 /index.asp）。

環列若屏障。其平坦處，清泉漫流，心極愛之。因擇無水處散步以遨，神氣爽暢。迤逌而南，俄至一廟，堂三楹。楹之右有七、八人，冕而並立；其中之赤面綠袍者，則聖帝也。魁列階而上，帝已移立堂中。魁長跪陳列姓名，求問功名所至。語畢，頗悔自列不盡，恐疑為蔭科名者。意甫動，帝乃大聲言曰：『爾非學官胡應魁乎？爾將來功名所至，問朱大人便知，予日在其前保薦爾。』魁三頓首而謝。見有一人髯而黑，旁跪答拜，心知為周將軍，置纓笠於地，諦視之，金色燦然。時乾隆五十七年十月初八夜五更初也。醒而異之，述於所親，未知作何驗。乾隆六十年謁部選，得閩之德化縣；嘉慶元年，調授彰邑。彰自林、陳亂後，廟宇多被焚毀，魁以次與修。聖帝廟在南門內，傾頹尤甚；乃與貢生鄭士模、吳升東等移建於理番署之舊基。己未春興工，至庚申秋而竣。廟制不尚華飾，而氣象之雄壯則大異從前；其方位適當邑署之南，至署後之秀嶺清泉，皆予到任時所開鑿。接其途徑而遙憶之，宛然如在夢中雲。是予幸邀列憲卓薦，薦書六月上旬始出，到部在八月，正朱大人珪署吏部尚書時也。由此日而追溯錫夢時，已閱八年矣。于【餘】以知數皆前定，不可豫知。唯此區區之誠，可上邀神明之昭鑒雲。爰敬述顛末，志之於碑。」（註21）

臺灣一直視關帝為「文衡帝君」，學子考前焚香默禱，考後上供還願之風習，保存至今：

「苗栗縣銅鑼鄉九湖村武聖廟：此廟立祀文衡聖帝（關聖帝君）。正殿中央即是關帝神像，神像前置一牌位，上書：南宮佑帝君、南天文衡聖帝關之尊、九天司命真君張之神位。左邊祀萬世師表，上書：大成至聖先師孔夫子、頻曾先賢先儒、恩孟楊公先師、優波將軍神位，楹聯寫著『金聲玉振』，兩旁的對聯是『道德參天地、文章冠古今』……此外，尚有清末聞人丘逢甲所書的橫匾。雖然位於偏僻的村落裡，但它卻無古舊的痕，也不似一般廟宇的金壁輝煌，由廟裡的擺設可知它的管理極為良善。」（註22）

居然將「萬世師表」的孔夫子擠在側位了。而光緒十九年《苗栗縣誌》記載：

註21：《臺灣文獻叢刊》網路版（http：//web.chsh.ntct.edu.tw/taiwan/Content/content.asp?bookno=151&Chptno=10）原按：原碑已失，文載《彰化縣誌．藝文志》。撰者為胡應魁，玆據錄之。成立年代，依據本文『嘉慶元年調授彰邑……己未春興工，至庚申秋而竣』等語而考定，正符〈彰化縣誌．祀典志．祠廟〉所云『關帝廟，一在縣治南門內……嘉慶五年，邑令胡應魁移建南街同知署故址』之語。文中己未系嘉慶四年、庚申五年。連橫《臺灣通史》卷三十四《列傳六》言：『應魁字鶴清，江蘇曲阿（今丹陽）人。以會魁為廬州教授，嘉慶元年調彰化知縣。時陳周全亂後，餘黨未平，應魁盡力搜捕，安輯流民，慨然以振興文教為任，月試書院，親為評點。初，城中乏泉，汲者須赴東郊紅毛井，路遠弗便，而東門外李氏園，忽得泉甚甘，眾爭汲，禁之不聽，訟於官。應魁捐俸買之，號古月井。嗣建太極亭於署後，以收八卦山峰之秀。任滿，升淡水同知。蔡牽之亂，防堵有功，卒於官。』稱其為『良吏』。

註22：苗栗縣九湖國小山城采風網站（http：//163.19.213.120/ml/ml82h.htm）

「苗栗縣關帝廟：有四。銅鑼灣街：光緒十六年（1890年）生員邱國霖．吳湯興等倡建。」

明明是清末儒學生員捐建的廟宇，卻寧可更信關帝。說來考生舉子虔敬關帝，溯根追源，還是來自晚明吏部考選方式的變遷，而在大陸盛行起來的。但臺灣能夠一直流行不衰，也算是科舉時代的孑遺了。筆者另有《關公：明清科舉神》一文探索此事由來演變，此不贅言。（註23）

第三就是商賈財神之供，財東商鋪開始替代官府，成為復新重建關帝廟的骨幹力量。如嘉慶臺南《重興開基武廟碑記》載：

「重興開基武廟，台郡郊、鋪、紳士捐金碑記列左：三郊蘇萬利、金永順、李勝興，各捐銀一百元。餉典等、綢緞鋪金永和，各捐銀三十員。職員朱甘霖捐銀二十四員。公源號、本街碗鋪聖母、許鍾雲，各捐銀二十員。煙敢郊金合順捐銀十六員。口鋪等、藥材郊、絲線港聖母、元德居、典吏董其山，各捐銀十二員。監生王克榮、許鳴春、油車等、楊梯觀、聯捷豊、林元美、龔汶觀、黃鍾嶽，各捐銀十員。道轅各房、郭寶興，各捐銀八員。吳德昌、韋啟億，各捐銀六員。李昆瑞、林道隆、金盛號、工章賢、蘇東盛、林輯伍，各捐銀四員。韓錦堂捐銀三員。林道記、湧源號、順發號、如來號、瑞記號、葉振美、源泰號、東慶號、淵源號、聯興號、協成號、蔡拔萃母范氏、李德耀，敬樓米妝聖帝寶像鎮殿全座。本境店主：張慎堂捐銀二十二員。薛光耀捐銀八員半。朱甘霖捐銀八員半。黃本輝捐銀六員。許慈觀捐銀五員半。石魯千捐銀五員半。韓錦堂、合利號，各捐銀五員。吳德昌、程才觀、楊磐石、長興號、恒記號，各捐銀四員。茶郊聖母、韓世科，各捐銀三員半。三夫人、吳天恩、張尚觀、洪天儀，各捐銀三員。陳助觀捐銀二兩二錢。大使公、俊德觀、林海觀，各捐銀二員半。劉公爺、黃豺觀、黃相公、蔡九觀、豐臨號、陳齊觀、新益裕、戴光來、黃錢老，各捐銀二員。王蒲觀捐銀一兩三錢。盧雍觀、林九觀、郭尋觀、王六觀，各捐銀一員半。白番觀捐銀一兩。楊益觀捐銀一員。順泰號、盈隆號、吳吉川、葉進扶、長豐號、楊聯統，各捐銀二員。朝宗號、源泉號、協興號、杜升觀，各捐銀一員。嘉慶二十三年二月(缺)日勒石。」(註24)

隨著政局平穩，生活安定，商人店舖捐贈的手筆也逐漸大方了。姑以臺南道光另一座《重修武廟碑記》為例：

「月港名區文衡聖殿，增其華者，提憲梁公之懋績；踵其美者，職員林父之宏猷。然而

註23：中國明代文學研究會2008年武漢大學《明代文學與科舉文化》研討會發言論文。

註24：碑龕在臺南市中區民權路四巷開基武廟（俗稱小關帝廟）廟壁，高127.4公分，寬62.4公分，花崗岩。原碑缺題。《臺灣文獻叢刊》網路版（http：//203.68.192.9/Taiwan/Content/content.asp ?-bookno=218&chptno=342）

世遠年湮，風飄雨濕，朽鏝損壞，雕刻傾頹。不有修葺，何成大觀？眾等於是捐題鏹鎰，鳩集僝功：重懋規模，庶乎竹苞而松茂；聿新棟宇，允矣鳥革而翬飛。人力由成，神光默佑，此尤俎豆馨香之所弗替者也！大學生李應信捐銀二百大員。蘇源裕捐銀一百二十大員。怡成號、長源號、源和號，以上各捐銀六十大員。盈茂號、協泰號，以上各捐銀五十大員。課館、鍾昆源、恒盛號、東成號，以上各捐銀四十大員。泉利號、振合號、豐盈號、新聯源、合盛號、義古號，以上各捐銀三十大員。惠美號捐銀二十五大員。大春號捐銀二十四大員。萬發號捐銀二十四大員。福泉號、合升號、泰隆號、勝記號、欣榮號、慕陶號，以上各捐銀二十大員。楊光庇、協源號、惠苑號、林源順、李升觀、泰源號、勝興號、義源號、李賞觀，以上各捐銀十六大員。長順號、新恒順、吳珍號、長春號、泰昌號、德昌號、壽春號、振盈號、德成號、永和號、林記號，以上各捐銀十四大員。翼利號、振隆號、張友芸，以上各捐銀十二大員。道光八年戊子荔月（缺）日谷旦，董事陳學古、曾長源、蘇春山、李怡成、林協泰、黃長順、謝源美，首事李源興、曾肇期同立。」

（副碑）

「竊維廟社之興，有其舉之，莫或廢焉；況關聖夫子義昭天地，靈震古今，尤宜馨香勿替者也。月港建廟以來，前蒙提憲梁公之踵美，繼得職員林老之增華，厥功懋矣！迄今月遠年湮，兩觀之榱題已壞；風飄雨濕，四壁之垣址幾傾。非重修而復葺之，曷克壯其觀瞻哉？爰鳩僝功，共成眾志，恢其舊制，肇厥新規。經始於去歲初秋，落成於今年孟夏。既黝堊以流丹，復鉤心而鬥角：殿堂峻麗，庶乎鳥革而翬飛；宮闕回環，允矣竹苞而松茂。是事也，雖人力所由成，實神光之默致雲！鹿港原任甌寧縣儒學林文猷捐銀一百大員。舉人李建邦敬奉旗竿一對。佳里與分司方振聲捐銀二十大員。衛守府陳大中捐銀二十大員。大學生郭洪輝捐銀十六大員。候補分府陳朝瓊捐銀十大員。頭家丁上林助西畔車路一道。吳尚觀、怡隆號、陳論篤、惠圃號、春記號、成玉號、信義號、源盈號、集興號、協興號、承源號、珍成號、仁興號、三合號、鹹萬號、蘇文齊、萬珍號、寶成號、蘇光前、怡發號、李旺觀、榮興號、義方號、隆興號、彩雲號、曾夙駕、蘭苑號、振安號、新盈盛、謝意觀、泉春號、源美號、康源號、鼎源號、紀布觀、聯吉號、芳裕號、李昆源、集香號、振德號、順發號、綿興號、杏春號、謝管觀、源盈號、昆益號、謝光傳、吉成號、寧順號、生財號、彩霞號、大振號、隆源號、振發號，以上各捐銀十大員。道光八年戊子荔月（缺）日谷旦，董事陳學古、曾長源、蘇春山、林協泰、李怡成、黃長順、謝源美，首事李源興、曾肇期同立。」（註25）

註25：道光八年立。碑存臺南縣鹽水鎮武廟里武廟，高56公分，寬 125 公分，花崗岩。額鐫如題。副碑高57公分，寬 126 公分，花崗岩。載《臺灣文獻叢刊》網路版。（http：//140.114.72.27：2010/tr/Query.asp）

兩相比較，從1818年到1829年不過十一年，就見出捐資明顯呈現出手闊綽，人數眾多的特點。七年以後臺南「大關帝廟」並非像以前那樣都是修舊整頹，而是錦上添花，新增《武廟禳熒祈安建醮牌記》時，參與人數更為眾多，一次募集「佛銀兩千六百九十九元七角四周，總對除用外，尚存佛銀一千一百八十一元八角八。」（註26）捐贈的這些差別固然與廟宇歷史、影響和規模攸關，但也可以看到信眾成員的擴大變化，和關廟影響力的大幅提升。

又有言：

「關聖帝君除被當做武神供奉外，一般以義相結的商人，因慕關羽的忠義，每於關帝廟裏設同業會館，奉為保護之神。清時府城的『三郊』、『六合』為城裡商人的兩大同業公會，『三郊』的會館設在供奉天上聖母的海安宮，『六合』的會館則設在祀典武廟。」（註27）

隨著貿易頻繁，人流物轉，臺灣與大陸關帝信仰的情況也幾近同步發展，差別縮小。從臺灣碑刻看來，嘉慶直到光緒中葉的約百年間，是近代臺灣和平發展時間最長的一段時期。臺灣與大陸的聯繫愈加緊密，經濟也呈現快速增長的態勢，故「唐山過臺灣」的移民勢頭也在逐步增長。殊不料正是臺灣開發初顯格局，略有小成，引起鄰國覬覦，並很快引發了一場戰爭。這就是「甲午海戰」之後割讓臺灣，引發了文一場「文化震盪」。此為常識，不說也罷。

臺灣光復與關帝信仰的興盛

近代中國飽受欺淩，臺灣首當其衝。甲午戰敗，憑藉《馬關條約》一紙「協議」，臺灣成為覬覦已久的日本帝國主義囊中之物。但是臺灣軍民不甘屈辱，奮起反抗。唐景崧、劉永福、丘逢甲的抗日鬥爭艱苦卓絕，值得永久懷念。

現在的人很少知道，臺灣失陷之後，一水之隔的泉州官民曾經舉辦過一次盛大的召喚遊魂超渡儀式。北京大學王銘銘依據「偶然」得到的一件抄本《泉州承天寺萬緣普渡》，寫有《危亡與超生：1896 年中國東南沿海的超渡儀式》，描述並從社會人類學角度評價了光緒二十二年泉州舉行的四十九天全城大法會，以悼念超渡甲午戰爭失敗後，日軍侵佔臺灣期間因反抗而戰死或遭受殺戮的清軍將吏及臺灣同胞。最使筆者感興趣的是，這次集佛道儒、官

註26：本件為木牌，懸臺南市中區永福路祀典武廟（大關帝廟）大殿右壁，高 106 公分，寬 191 公分。《臺灣文獻叢刊》網路版（http：//library.meiho.edu.tw/taiwan/content/contentasp?bookno=218&chptno=359）。這項資料瑣細之處，恰好對於瞭解清代中後期臺灣關公信仰的參與人群與祭祀細節，頗有參考價值。

註27：臺灣正修科技大學《臺灣歷史與文化通識講座》第九、十場，張順良主講《臺灣的宗教信仰》。

紳民為一體的大法會，雖然舉辦地點在佛教承天寺，但卻是由通淮關帝廟領銜，且以關聖帝君的名義發起並組織實施的。（註28）體現了兩岸同胞血肉相連，休戚與共的血肉聯繫，也突出了關帝信仰連接兩岸的文化血脈。另一方面臺灣人民的抗日活動並未消歇，其中重要的一次武裝抗爭被稱為「關帝廟事件」（亦稱「李阿齊事件」），講述關帝廟暴動的領導人是李阿齊的英勇事蹟。

此後日本人開始有計畫地搜繳關帝神像，撤毀關帝廟，以實現其「去中國化」。而在民間則將童乩，扶鸞改在關帝廟裡舉行，信徒遇到病患災害，多往關帝廟祈求神恩，如有靈驗，為了感報恩德，便將關聖帝君改稱為恩主公，於是部分關帝廟漸漸轉變成為乩童，扶鸞的殿堂，從而使其信仰的形式、內容與從前的關帝廟也有所不同。

臺灣光復以後，關帝廟開始有所恢復。但真正興盛還是在上世紀八〇年代後期國民政府宣佈「解嚴」以後。據臺灣學者介紹，在戒嚴時期臺灣宗教活動受到法令限制，不易滋長，1989 年臺灣省政府曾對所轄縣市從事調查（臺北、高雄兩市除外），當時臺灣地區關帝廟、宮、堂總共 431 廟。1989 年解嚴後宗教活動開放，關廟也迅速蔓延，據 1997 年一月宜蘭縣礁溪協天廟舉辦臺灣「關聖帝君兩岸文化交流座談會」時統計，臺灣地區與會之宮、廟、堂、壇、會共有 950 個單位。較十年前增加一倍。（註29）謹按增長幅度列表如下：

地名	解嚴前	解嚴後	地名	解嚴前	解嚴後	地名	解嚴前	解嚴後
臺北市	5	116	臺北縣	26	156	基隆市	7	47
高雄市	13	53	花蓮縣	5	21	桃園縣	10	35
新竹市	3	9	宜蘭縣	23	58	臺中縣	13	33
臺中市	13	28	嘉義市	3	6	新竹縣	6	11
苗栗縣	28	50	高雄縣	39	53	彰化縣	34	59
南投縣	30	41	臺南市	11	18	臺東縣	9	15
嘉義縣	14	17	雲林縣	58	64	臺南縣	42	49
屏東縣	22	24	澎湖縣	17	16			

其中增長最快的是臺北市、臺北縣，即「大臺北地區」；其次是基隆、高雄兩市，都是臺灣經濟發達的地帶。其他縣市則呈現穩步增長的趨勢，大體而言，北部地方大幅增長顯著，

註28：參王銘銘《危亡與超生：1896年中國東南沿海的超渡儀式（Crisis and the Regeneration of Order：The Universal Salvation Ceremony on the Southeast Coast of China，1896）》，原載臺灣中央研究院《民族學集刊》第87期（1999年春季）。王文自稱抄本存于廈門大學圖書館，但筆者托廈大歷史系專治福建歷史文獻學的侯真平教授親自查詢，回覆則說：『我手上就有廈大圖書館兩種目錄，昨晚即查，並無此本；今天又到廈大圖書館古籍室詢問，並無收藏。上網查出處，似出王銘銘語，但其文，前曰從友人處得之，而文後注釋又說藏廈大圖書館，失嚴謹也。』姑置存疑。

註29：參見敕建礁溪協天廟編印《關聖帝君兩岸文化交流座談會會議手冊》，民國八十六年（1997年）一月。

中南部地區原有廟宇較多的市縣，增長則相對緩慢，而以經濟相對滯後的澎湖列為最後，反而減少了一座關廟。據臺灣友人介紹，隨著臺灣的開放和經濟起飛，關羽信眾也由光復時第六位提升到第二位，約八百萬許。尤其是商家篤信其致富之正道，而政要為了拜票，也頻頻現身主要關廟，拈香謁拜，虔敬致禱。

上一世紀後期海外華人打破地域、宗族及聚居地的畛域，開始跨地區、跨行業合作時，關羽信仰也起到了垂範作用。如 1963 年 9 月成立的「世界龍崗親義總會」就既是地緣性，又是親緣性的世界性組織：

「龍崗此一名稱，起於遜清康熙初年，廣東開平縣單水口地方，有龍崗古廟一座，廟內供劉、關、張、趙四先祖神像。《廣肇通志》記載《龍崗古廟記》之原文：『昔人言，山不在高，有仙則名；水不在深，有龍則靈。是知深山大澤之內，亦有英靈神物之憑居。唯斯地也，脈出雲山，氣連珠海，盤旋起伏，勢若蟠龍，中有一小崗，若龍首之昂空，故老傳言，每當風雨晦明之夕，恒見岡山雲霧迷蒙，直升霄漢，若有神物噓氣於其間，因名之曰（龍崗）焉：業權本屬山草步鄉劉姓所有，附近各姓以其地有靈氣，知為龍脈所鍾，均欲據奪，劉姓族小，以強鄰虎視，恐釀爭端，乃集劉、關、張、趙姓四人士商決與建祠廟於崗上，塑奉漢昭烈帝，關壯繆侯、張桓侯、趙順平侯及諸葛武侯諸神像，並名之曰（龍崗古廟）以社覬覦者謀。斯乃龍崗古廟得名之由來也：爰氿筆而為之記。康熙元年里人翰林院編修劉文舉撰。』緣龍崗之組織乃從此而發祥，該地為臺山、新會、開平三縣交界處、當地同胞列海外謀生者最早、我僑居美國之四姓宗親、於遜清光緒初年即於三藩市布碌港首先建造龍崗古廟、宣統二年舊全山龍崗公所落成，為四姓僑胞聯絡中心。繼則由美國各埠擴展至其他國家如加拿大、墨西哥、古巴、秘魯以致澳洲各地區，均先後成立龍崗親　義公斫，民國四十九年秋臺灣和香港龍崗組織成立，同時世界龍崗親義總會在港亦開始籌備，五十九年泰國、日本、韓國親義總會次第組成，五十二年九月，世界龍崗親義總會在香港正式成立，五十六年馬來西亞十四個龍崗單位及四姓宗親組織成為馬來西亞龍崗親義總會，新加坡劉、關、張、趙（古城會館）成立迄今已逾一百年。歐洲龍崗親義總會亦於六十七年成立。目前世界各地有關龍崗組織者共為一百四十六個單位，擁有宗親約三百餘萬人，佔海外華僑總人數七分之一。龍崗宗親遍佈全球，一個宗親團體有如此悠久歷史，龐大力量和世界性的組織，實開氏族團體之先河。何謂龍崗精神？曰忠曰義、曰仁曰勇，簡言之（盡己之謂忠），（行而宜之謂義），（博愛之謂仁），（見危受命之謂勇）。此四者亦為我國固有倫理、道德之精髓，龍崗宗親視為立身處世之準則，造次如是，顛沛不違，其宗旨乃秉承劉、關、張、趙四先祖桃園結義，古城

聚會之精神，遵奉先主遺訓，親愛精誠，團結互助，共謀福利為鵠的。」（註30）

說明關羽信仰仍然在海外華人中具有垂範榜樣及凝聚意義，並在新一代華人華僑中繼續延展。其中包含對關羽信仰的現代性銓釋可供思考。

此外，臺灣關帝信仰還出現了世界「儒、道、釋、耶、回」五教教主，已在清中葉推舉關羽為第十八代玉皇大帝的說法。（註31）**有介紹說：**

「關於關聖帝君登基成為玉皇大帝的傳說，根據相關資料的記載，清末民初曾流傳於大陸西南地區；而在臺灣民間的鸞堂，最早的記載則是民國三十五年見於南投縣魚池鄉的啟化堂。到了民國六十年代，臺中聖賢堂出版扶鸞善書，將此傳說經典化，書中記述說：『由儒、釋、道、耶、回五教教主，共議選舉關聖，於甲子年元旦，受禪為第十八代玉皇大帝位，其尊號曰：玉皇大天尊玄靈高上帝，統御諸天。』從此以後，『關帝當玉皇』的說法，便被臺灣的鸞堂所普遍接受並加以傳播。近年來，臺北市行天宮在舉行關聖帝君誕辰祭典時，會在內庭柱子上寫上：『玄靈玉皇上帝關恩主聖誕六月二十四日』。由此可以看出，行天宮也已經接受了關帝登基為玉帝的事情，

但是為了和真正的玉皇大帝有所區別，所以稱關帝為『玄靈玉皇上帝』。」（註32）

原其本心，也是要大幅提升關帝在民間信仰中的崇高地位。實際上清宮乾隆年間編纂以三國為素材的240回連臺本戲《鼎峙春秋》結末，羣雄俱歿。曹操、董卓等一干篡漢奸賊，被牽引到十殿閻羅處受盡體罰；而伏完、董承等一干漢室忠臣超升天界，同去遊歷天宮，參拜伏魔大帝關羽。伏魔大帝監管群魔，喝令眾魔「如今聖主當陽，邪魔斂跡，爾等各宜安分，不得擅離本宮，如敢故違，按律懲治。」此時關公神位已遠超羣雄，直達三界至尊了。

隨著近年臺灣內訌加劇，道德隱憂浮現出來，又陸續出現了一些以關帝做為主要神祇或者道德榜樣的新興宗教、文化團體，如中華玉線玄門真宗教會、臺灣關公文化協會等等。中華桃園明聖經推廣學會王超英《關公聖義人格思想研究——從儒家思想，弘揚『關公的聖義人格』，建立優質的社會人文》認為：

註30：《認識龍崗》2000年版。筆者參加2001年涿州中國歷史文化中的關羽學術研討會時，曾結識該會諸位領導並獲贈此印刷品，謹志謝意。
註31：參覃雲生《替關聖帝君封號——專家談玉皇大帝改選》，臺灣《時報週刊》170期，1981年。
註32：民間青年文化論壇——臺灣視窗（http：//www.pkucn.com/chenyc/thread.php?fid=31&tid=4682&goto=nextoldset）

「二十世紀，爆發過兩次世界大戰，死傷慘重；因少數人觀念偏差，致使天下生靈飽受災難。自美國九一一恐怖事件發生，世界萬民，都陷入惶恐不安。天災、人禍不斷，現今首要工作，就是虔心研讀《桃園明聖經》與虛心效法關公等聖人，安心立命……《桃園明聖經》這部『經』書，可視之為很親切、有滋味的書。和許多古書一樣，那裡頭有很多嘉言懿行，對我們現代人還充滿了智慧上的啟發，給我們許多生命與生活上懇切的指點，好學者可以逗引深思，沉潛者足以增長靈智。關公足為英雄風範，忠義雙全，武勇而善謀，在三國志中，區區六、七百字道盡其輝煌一生。所謂：『將軍不死，活在每個人的心中。』……作《春秋》、讀《春秋》，前後輝映的兩位聖哲；聖人繼天立極，神道設教，克竟全功；這『忠義無雙，亙古一人』，『隱微處，不愧青天』的人格磁場，史冊彪炳，三教共尊。」（註33）

就表達、體現著對於精神危機感和道德焦慮感的當下關切。近兩年來在大陸和臺灣，我都與這些團體的負責人士有過交流，希望這種互動交流繼續深入，能夠讓關帝文化體現的精髓「春秋大一統」與「傳統道德倫理體系」的價值意義得到更好地發掘、弘揚和光大。

註33：作者持贈，未見刊發。

桃園結義：南洋天地會對關帝信仰的繼承、傳播與影響

王琛發（註1）
歐亞大學宗教研究所所長

華人到南洋開拓，必須確保祖輩傳承、集體信仰的價值系統落實在當地重建的社會，才能轉化陌生土地成為自己熟悉的家園，並且維持互相的信任與秩序。天地會能在當地興盛成為墾荒先民互相依託的武裝自治開荒組織，在於它透過關帝信仰的神道設教將集體的社會成

註1：現任馬來西亞孝恩文化基金會執行總裁、美國歐亞大學（東南亞聯合學術計畫）兼宗教所所長、馬來西亞道教學院董事會主席、馬來西亞大同韓新傳播學院學術與課程委員會主席。國立華僑大學、廣西師範大學、嘉應學院、湖北孝感學院、武當山道教學院、鄖陽師範專科學校等院校客座教授，暨南大學東南亞研究所客座研究員。先後受委馬來西亞百科全書「宗教卷」與「人文傳統」卷編審顧問兼主筆、首府行政區域古蹟公園（Putrajaya Heritage Park）建設期間的華人文化顧問、檳城社會研究機構董事，並借調任執政黨馬華公會中央黨校常務副校長，長期負責馬來西亞「和平紀念公園」等多個宗教/歷史/社會項目之文化建設/學術顧問工作，也是廣西師範大學出版社《東盟教育叢書》、《魅力漢語》編委。主要社會活動：現任中國玄天上帝信仰世界聯誼會秘書、馬來西亞馬中文化藝術協會顧問、馬來西亞三清道教總會顧問，出任馬來西亞儒學會會長、孫文思想學會會長、殯葬文化學會會長。

員轉變為互相歃血為盟的異姓兄弟，建立擬血緣的親人關係，在對著天地諸神與洪門先烈的誓約中落實傳統的文化意識與道德倫理，並透過大量暗語性質的詩詞反覆強調「反清復明」使命與「桃園結義」的道德規範；這除了是賦予眾人異地墾荒的地生活神聖的民族意義，也使得「忠」與「義」成為新土地社會成員彼此互相主動的義務。

然而，當天地會繼承著華人傳統信仰，關帝信仰集中在「忠」與「義」的教導內涵雖然最符合天地會以神道設教凝聚成員的需要，關帝也一再出現在其入會儀式和各種日常應用的暗語／暗號手勢，但關帝畢竟不屬於天地會獨家擁有。因此，天地會一方面是透過大眾對關帝本來的熟悉，以關帝接引準成員入門以及確保成員入會後遵守誓約的楷模；另一方面，天地會則是以本身的洪門五祖做為分別於外部社會的核心信仰。這也反映在晚清時代南洋天地會各分支應對西方殖民主義的民族大義，它們在內部不改「反清復明」的說法，卻可以接受清帝封賜他們在天地會外部以公開名義共同崇祀的關帝香火。

無論如何，天地會確實是促進關帝信仰在南洋的主力因素。當先民社會以天地會做為保護墾荒成果的組織形式，各開發地區的主導組織與成員也大都隸屬不同的天地會分支，組織和個人一再對內對外應付各種人事都強調「桃園結義」的精神與範例，無疑是進一步透過組織與傳播鞏固了關帝信仰在當地社會廣泛深入人心。即使後來英荷殖民政府壓制天地會，但是從原來會黨時代演變或分出的會館、廟宇以及潛入地下的天地會的系統，還是繼承與傳播著天地會語境中強調「忠」與「義」的關帝信仰。

關鍵詞：神道設教、價值系統中的「忠」與「義」、開拓新社會的生存需要、暗語的傳播

會黨：南洋華人歷史裡頭的關公記憶

在19世紀，南洋各地的天地會分支曾經組織過各種名稱的「公司」，憑著武裝自治的組織生活，深入南洋各地墾荒開拓。英荷殖民政府和地方的土著統治者也把各天地會分支目為不同華人群體的實質性權力單位，採取過利用、籠絡、壓制、協商、對話等等不同的應對手段。在華人人口最集中的英殖地區，英政府是一直到1890年方才在新加坡和馬來亞兩地實行《社團法令》，宣佈許多天地會組織為非法組織。以後布萊士（Wilfred Blythe）在二戰後擔任過英殖駐馬來亞華民衛護司，根據所接觸的檔案，寫成了《馬來亞秘密社會的影響：從歷史研究》（The Impact of Chinese Secret Societies in Malaysia: a historical study）一書。在布萊士眼中，南洋各地的天地會分支雖然有很長期間是公開活動，但會黨的活動、首領以致會眾的身分，都是經過外人不得參與的秘密儀式和誓詞確定下來；會黨複雜而保密的儀式、誓詞、

暗語，顯然也是為了保護成員身份以及群體事務，不使洩漏。他因此結論它們本質上是「秘密結社」（Secret Society）。（註 2）

概括布萊士的觀點，會黨之「秘密」，就在它貫徹宗旨與維護實力的動態活動。外人透過各種途徑理解會黨的口述歷史以及取得其結社文獻，只能說是知曉它靜態的一面，卻難以掌握會黨在任何「此時此際」秘而不宣的動態面。然而，在當年開拓群體眼中，組織之所以稱「公司」，正在於它屬於「公」而為眾人之「司」。這種「秘密結社」既是社會組織又是經濟實體，做為民間的潛在實力組織，無疑增加了當權者對它的疑慮，可是其成員誠於互相保密，亦能部分的說明會黨為何至今還能繼續活動。

涉及南洋會黨歷史的課題，吾人尚應注意，南洋各個天地會組織在 1890 年可能經歷過重大的政治抉擇。李鴻章在光緒二十年（1894）五月初五的奏摺附片上說，馬來亞檳榔嶼紳商鄭嗣文等人賑濟山西邊外旱災有功，不敢邀功請獎，僅是提及「該埠平章公所供祀關帝夙昔靈應」，要求「可否奏請御書匾額一方」，當時皇家的硃批回覆是「著南書房翰林院書匾額一方交李鴻章祗領，轉發鄭嗣文等，並嘉獎，欽此」。（註 3）此事之不尋常，在於檳榔嶼「平章公所」本是當時檳榔嶼與鄰近地區華人的公眾組織，它是從會黨／方言群分裂時代演變成為協商體制的組織，其初期領導人多涉及洪門天地會分支的各會黨，勢力影響包括馬來亞吉打和霹靂州等地、荷殖蘇門答臘以及暹羅南部，崇尚關帝忠義而以「反清復明」為宗旨。上述鄭嗣文，原是馬來亞北部和其他鄰近英荷屬地海山公司的領袖，其他平章會館創辦人或後繼者，潮幫的許武安是義興公司的「先生」，福幫的邱天德是建德堂的大哥，其餘許多人也有著各天地會分支的淵源，勢力範圍遠至鄰近地區。來到光緒二十年（1894），大家同意共同信仰的關聖帝君接受光緒賜匾，無疑是集體重新詮釋了「忠心義氣」的國族立場，為西方壓力下的民族認同做出表態。

「平章公所」或稱「平章會館」，其名稱源自《書經・堯典》「九族既睦，平章百姓」，它主張華人內部以「平章政事」的態度調解糾紛，對內緩和與轉變昔日屢屢械鬥傷亡的憂患，對外形成向英殖對話的共同機構。英國海峽殖民地總督於1880年代撥地支持其成立，也是從維護殖民地政經穩定的立場出發。自英殖開發檳榔嶼為緊鎖麻六甲海峽北方的自由港，鄰近閩廣華人即在港口邊沿集體捐建「廣福宮」神廟，道光四年（1824）的《重建廣福宮碑記》有「明禋永奠」之說（註4），足以反映鄰近所有華人冀將傳統信仰落地生根。以後廣福宮旁

註2：Blythe，W.L.（1969）.The Impact of Chinese Secret Societies in Malaysia: a historical study，London: Oxford University Press.pp.3-4.

註3：臺北國立故宮博物院圖書文獻館藏《宮中檔及軍機處檔摺件》，列號132288檔，具奏人：李鴻章，事由：「檳榔嶼平章公所鄭嗣文等請求御賜關帝匾額」。（本件蒙甘德政君親往故宮博物館查閱、發現與影印）

註4：本文轉述之東南亞諸地碑文，源自本人田野考察所抄錄或拍攝；以下同，不另注解。

出現平章公所，而平章公所聚集諸會黨／鄉群領導於一堂，共祀關帝，即說明各幫群共同服膺關公信仰蘊涵的價值教導，延續會黨內外共尊的神明，以「忠心義氣」的傳統做為凝聚華民力量的基礎。

可是，到1888年之後，英殖政府設立了華民護衛司直接管理華人事務，就不必太多間接透過平章會館處理華民事務。到1890年，英殖實施《社團法令》的同一年間，英殖也另外成立由華民護衛司主持的「華人參事局」，進一步代替「平章公所」的對話功能，無疑也削弱了平章公所對話、建議與參與決策功能，使得其主要功能只能專注華人內部公益事務。（註5）之前，英國人已歷時多年把會黨上層人物轉化成為殖民地士紳；從這年開始，他們也加劇對付會黨整體，衝擊著會黨成員在各地區的經濟利益掛鈎。

同一個年代，又是清代官員開始重視整頓護僑的年代，張之洞有鑑於南洋華人在荷蘭、英國以及西班牙殖民地飽受苛待，於光緒十三年（1887）十月二十四日上奏朝廷，建議清廷向南洋華人「獎以虛銜封典翎枝，專充領事經費」，以維持新加坡和呂宋領事館，同時購造軍艦，南下護僑。（註6）

可見，鄭嗣文等人在1894年會替關公向清廷請賜，表象上是天地會領導帶著大集體把「忠心義氣」極為劇烈的轉了方向，其實涉及當地會黨如何定位他們和清代與西方殖民者三方的新形勢。

回顧南洋天地會的歷史，觀察它的活動，還會發現「關雲長」名號頻頻出現在會黨秘密一面，尤其是一再出現在天地會秘密的入會儀式以及日常使用的暗語，關帝信仰文化顯然深深影響會黨的價值系統。另外，天地會也善於使用祭祀關帝的公開信仰場所掩護其日常活動，或者以關帝廟做為考察與接引新會眾的「外圍」基礎。可是，考察南洋天地會歷史以來的實踐，天地會普遍秘密供奉的核心信仰對象畢竟是「五祖」。而且，天地會入會儀式，是虛擬著一路跋涉走過不同神明的廟宇；入會請神見證，也是從觀音到福德土地一路請到諸先烈，並不見得刻意強調關聖帝君。「平章公所」公開供奉關帝固然是延續會黨崇拜關帝的傳統，非會黨成員亦普遍崇拜的關雲長，一路以來不是天地會主祀的神靈，也是事實。

因此也可以思考「平章公所」毫不顧忌會黨傳統向清廷請賜關帝御匾的理由。原來的天地會領袖以公開的「平章公所」向清廷請賜關帝御匾，卻不曾以屬於會黨核心信仰的「五祖」請封，而南洋會黨至今還是自豪過去「反清復明」的傳統，可見當年的做法是可以向成員交

註5：參考注1，以及參考 Wong，C.S.（1963）．A Gallery of Chinese Kapitans，Singapore：Dewan Bahasa dan Kebudayaan Kebangsaan，Ministry of Culture. 亦參考陳劍虹：〈平章會館的歷史發展輪廓〉，載檳城華人大會堂特刊編委會編：《檳州華人大會堂慶祝成立一百週年新廈落成開幕紀念特刊》，1983年，第135～139頁。

註6：張之洞：〈派員周曆南洋各埠籌議保護摺〉，載苑書義、孫華峰、李秉新主編：《張之洞全集》第一冊，石家莊：河北人民出版社，第607到612頁。

代的。從這點來看，天地會固然尊崇關帝，但關帝既然也是受到清代官方和一般民間普遍崇祀，關帝就不可能成為專屬天地會黨的信仰特徵；這樣一來，即使平章會館以關帝向清廷友好可以到達扶清抗洋的程度，也不等於放棄原來以「反清復明」強調夷夏之辨的根本初衷。

直到1896年，英殖馬來亞霹靂州的華民護衛司還報告說，州內的近打谷做為世界最大的錫礦產區，有70%華人是「秘密結社」的成員。（註7）我們從另一角度理解這一說法，可知英荷殖民政府嚴禁天地會實涉及政權穩定的需要，更可理解天地會對當地大多數華人根本不是「秘密」，而是主流的社會生活現象。由此延伸到對歷史上南洋華人關帝信仰的認識，天地會內部的關帝崇拜以及其大量涉及關帝的日常暗語，無疑在起著鞏固、擴散、流傳關帝信仰的作用。何況，在1894年以後，這個關帝又是光緒皇帝御匾認可的。

追索南洋天地會諸分支對關羽信仰的態度，是饒有趣味的。

結義：天地會定位關聖信仰的重心

關公信仰之所以流行由於它以民間熟悉的關公形象做為載體，由此凝聚了華人價值系統對「忠」與「義」的期許。清代天地會崇拜關公，藉助關公信仰接迎新人入會，其實關係到會黨如何定位關公。自古至今，會黨之崇祀關公，重點不在聖帝身為神明的靈驗，也不重在其戰蹟武功；會黨流傳的關帝廟對聯，其中有贊說：「萬古神州有德」、「千秋聖德無雙」，又有贊說「赤面秉赤心」、「青燈觀青史」（註8），這些聯句，都著重說明關羽的道德情操。而天地會內部流傳的詩句，大凡提及關羽，總是以關公做為「桃園結義」楷模，鼓吹異姓結義應有的價值取向。天地會的基礎建立在成員之間的擬血緣結義，結義兄弟能認真如親人般互相承諾照料，則有利於會黨內部的穩定以及對外交涉；關羽生前忠誠對待異姓兄弟，死而後已，符合會黨對傳統價值系統的要求，尤其是符合會黨賴以維繫組織生命的「忠」與「義」兩種價值態度，正是神明被推崇的原因。

歷史上，南洋華人曾經依靠會黨結合而形成開拓地方的自治力量，終19世紀，英國殖民者猶發現馬來亞華人大部分人口是天地會的成員，某些地區的統計可達超過百分之百。（註9）我們至今看到當地大部分人家供奉的關聖幾乎都是夜讀《春秋》的形象，有理由懷疑

註7：Blythe，W.L.，op.cit.，p.258～259.

註8：李子峰：《海底》，河北：河北人民出版社，1990影印版，第120頁。（原版出版於1940年，書前〈編輯本書之十大要旨〉第3頁有說：「對於洪門最重要之三昧，仍保守其秘密」、「本書以供洪門弟兄參考為限」）

註9：參麥留芳著、張清江譯：《星馬華人私會黨的研究》，臺北：正中書局，1985年，第147頁、第161～162頁（注釋）。麥留芳根據會黨在合法註冊時代呈給英殖民地華民衛護司的名冊，說明1880年新加坡十四個會黨的成員等於當時華族人口的百分之八十，而1889年檳榔嶼五個會黨所報的數目，成員是華族人口的百分之一百以上，因此認為「儘管這些數字極不可靠，有關文獻仍然足以說明十九世紀時期的華人私會黨，不但蓬勃發展，而且很活躍」（第147頁）。其實，會黨成員的總數字會超過人口統計，可能和人口的流動有關，尤其是檳城的會黨成員，很多都是參與當地的會黨，卻在內陸各州生活。

這是會黨傳統崇拜關帝「赤面秉赤心」、「青燈觀青史」的影響。《春秋》強調倫理秩序以及夷夏之辨，由《春秋》大義而言的忠心義氣，反過來又鞏固會黨賴以凝聚力量的「兄弟救急」與「反清復明」，合理化天地會的存在意義。南洋一些人家，先輩有參與會黨的淵源，他們家裡供奉的關帝像是老一輩留下的，帝君的服飾上總會巧妙的添加了三枚銅錢的設計，又或者以紅花為記號。而這一類關聖夜讀《春秋》的畫像，其標準造型又往往是以白面關平捧印、黑面周倉拿著青龍偃月刀，雙雙侍立在赤面關聖兩邊，顯是深受《三國演義》影響而廣為流傳的關聖造型。

蕭一山《近代秘密社會史料》卷首附圖之七刊出了洪門〈會場陳設圖〉，亦是以這樣一種形式的關帝像為主體，關帝坐在「忠義堂」橫額下，旁陪著關平和周倉。此圖是清代流傳南洋的早期抄本，本來是殖民地官員為了認識與應付天地會而辛苦尋找的證物，原存倫敦大不列顛博物院，列號 oriental 8207（3），自出版以來一直廣受其他後來的著作引用或轉載。單看此圖，很容易造成錯覺，以為關雲長真的是會黨結盟的主祀神明。再加上洪門的許多詩句也都是談到關平和周倉，荷蘭人 Schlegel 在 1866 年出版的《天地會》又記載了好些荷殖印尼政府搜查到的詩句，一再提到「木楊城內有關公」（註 10），此圖的真相長期難受懷疑。然而，在學界以外，南洋民間其實流傳著一個有趣的說法：這張所謂「陳設圖」可能源自當年一些天地會先輩的好意，為了要讓洋朋友交差，也可以刻意混淆視聽去保護洪門的秘密。（註11）此一說法，在內行人看來，理由很牽強，當地洪門開香堂接引新會眾入會，從來是有規有矩，進入「木楊城」以後，最主要會場正中不可能供奉關帝，更不可以讓洪門諸「祖」成為偏坐一旁的附祀。

更直接說，洪門的自我認同，本來就建立在以「五祖」為主角的抗清傳奇之上，以繼承先烈「反清復明」做為延續天地會的合理論述。會黨確定內外有別的定義，就在是否曾在「五祖」靈前歃血盟誓。按南洋的天地會傳統，任何長期的香堂或臨時的會場佈局，都必須符合「五祖是主，關帝是客」的說法。此一說法，或可以荷蘭殖民當局在印尼搜集到的19世紀中葉天地會文獻佐證：「木楊城內有關公，四大忠良守四門，若問城中何物大，洪燈至大在中間」。（註12）

以洪門入會儀式來說，其入會儀式本是模擬會中自敘的歷史傳奇而舉行招軍儀式，因此，新丁走入「洪門」要先到忠義堂。忠義堂的對聯又作「有親有義須當敬，是友無情切勿交」（註

註10：Schlegel，Gustave（1886），Hung-league，Batavia：Lang & Co.，reprinted by New York：AMS（1973），p.97～98.

註11：這是筆者在1980年代代聽到晚清檳城義興公司領導伍鑲學後人伍煜鈞的轉述，已故伍煜鈞生前是「名英詞」祠堂信託人，祠堂至今還供奉著義興會黨的先輩英烈。

註12：Schlegel，op.cit.，p.14.

13），也有作「敬請祈仁需高粱山義，求心異姓要學桃園忠」（註14）；其中流傳的一套洪英入會儀式，〈請入忠義堂詩〉有說「劉皇請我到華堂，關張義弟保君王，孫曹多少英雄將？桃園結義保明皇」（註15），在另一套流傳的入會儀式詩證，其忠義堂詩證則是「效古桃園來結義，四海九州盡歸明」。（註16）這些對聯和詩句足可確定關帝信仰文化的影響。不過，忠義堂的牌位中榜上題的是「仁義禮智信」，所供奉者「大哥萬雲龍、大始祖考朱洪英、妣金花娘娘」等「洪門堂上歷代宗親」。（註17）這反映了，關帝信仰不是洪門組織自身與他人不共有的內部信仰，在洪門其實是屬於「周邊」的、與其他人共同擁有的。而洪門集體的關公崇拜又是側重從本位出發，強調異姓結義的集體行動和「保明皇」的終極理想，要求成員「效古」關聖的「桃園忠」。

由此可見，大凡入會儀式，主要的祭祀對象是洪門諸位開山祖師，如此才不至於把洪門傳統和其他神前結義的組織混為一談。「關公」名號雖然一再出現在入會儀式，也常出現日常盤根問底的對答詩句，但他實際上是印證洪門五祖以致洪門信仰合理性的楷模。以神明證實組織與理念的合理，本是顯彰著組織的神聖與正統。即使如此，關聖也許從來是大眾之間普遍流行的信仰，因此更受到需要他做為「忠義」模範的會黨尊崇，但關帝卻不一定真的是

會黨正式結盟的主祀對象。（註18）

正由於關帝做為洪門精神象徵的重要，而洪門的存在意義卻更需要建立在「五祖」的敘事，一些由會眾設立的祭祀場所，往往是把關帝供奉在前堂，而在後頭另闢密室立斗以及供奉五祖，一概不准閒雜外人知悉其中詳情。包括馬來西亞檳城現存的「名英祠」，它做為洪門義興支系紀念其「洪英」先烈的祠堂，也是效此規制，前殿是關公廟堂而後殿屬較「私密」的祠堂。只不過，義興在英殖民地壓力其解散以前，殖民地政府同意一處供奉「亡兄故弟」的合法宗教場所，大家也因此知機，沒有公然使用「洪字」相關的牌位。（註19）

說上述《近代秘密社會史料》書中轉載的「陳設圖」有問題，這張圖也的確有些破綻。以做為洪門香火象徵的白定爐來說，此圖的白定爐上邊寫著「反清復明」而插了三炷香，顯然就不似同書卷一所揭示的白定爐傳統，上邊插五炷香，底部刻了「清」字去了「主」頭之

註13：蕭一山：《近代秘密社會史料》，北京：國立北平研究院是學研究會，1935年，卷四第20頁。
註14：同注8，第114頁。
註15：同上注，第69頁。
註16：同上注，第153頁。
註17：同上注，第92頁。原見於蕭一山《近代秘密社會史料》卷一第2頁。
註18：同注11。
註19：同上注。

後的「反清復明」四字。（註20）同書卷四雖提到會場設置雖寫說「以上會場陳設見列號 oriental 8207（3）」，可是它的文字並沒有提到關帝坐鎮會場中間，而是說「一進洪門，二進洪門忠義堂，三進乾坤圈，四飲三河水，五到木楊城……」的各種細節，其中提到「中有白定香爐一個，邊有四字『順天行道』，底有四字『反清復明』。」（註21）從白定爐信仰傳統的角度看這一「陳設圖」，它無疑更像是有人刻意把會場應有的一切事物全部另做擺設。

參考蕭一山《近代秘密社會史料》卷首附圖〈洪門總圖之三〉（註22），以及歷史上天地會主辦新成員入會的請神儀式，還可以發現洪門入會儀式的敬祀對象種類紛紜，既有如太上老君、阿彌陀佛、雷公電母等大眾熟悉的滿天神佛，也有會中視為神明的先烈，而關帝的位子尚在北極玄天上帝、雲夢山鬼谷先師的後頭。（註23）但是，關帝信仰在天地會的地位崇高也還是事實。若論洪門的詩句和對話「口白」，會詩裡最常引用的歷史人物，除了「五祖」，就是「關聖」。（註24）

天地會既是崇拜民間崇拜的關公，又是以關公掩護整體洪門信仰，以及藉助關公崇拜逐步接引人們加入洪門。這在「天地會」的最早期文件之中，也是有跡可尋。廣西東蘭州天地會成員姚大羔所藏的《會簿》中，記錄為嘉慶十七年五月初七日，其中敘述其信仰由來的「真主聯」已出現「項羽擁衾，千載說仁義之風；關公秉燭，萬古表精忠之名」，而其「關聖對」則言及「英雄豪傑定乾坤，萬里江山共一輪。爭天奪國一點紅，路（露）出根機劍下亡。」前者表明，神明確實是大家崇拜的楷模，而後者顯然也可圈可點，暗示向關聖上香隱藏著「爭天奪國」的秘密，其中尚有不應露出的「根機」。（註25）直到今天，「爭天奪國」已經是遠去的說法，可是，在某些洪門還是秘密結社的國家，當地募集成員，依然首先會在關帝廟舉行盟誓，經過考察品行後，方才安排參加進一步參加正式入會的秘密盟誓。

從蕭一山《近代秘密社會史》卷四所錄的洪門「口白」中可知，洪門的入會儀式是以虛擬的問答重演其會史傳奇，其中提及「大洪船」最初載著新入會者一路走過傳聞中的洪門勝地，即提到「船頭供奉的是華光大帝，左有千里眼、右有順風耳；船後供奉天后元君，左有朝江神將，右有望海神將；而船艙中安奉關聖帝君，左有關平，右有周倉大將。」（註26）李

註20：同注13，卷一第14頁。
註21：同上注，卷四第12頁。
註22：同上注，卷首。
註23：Schlegel，op.cit.，pp.129～134.
註24：參上述各注解書目全書。
註25：中國人民大學清史研究所、中國第一歷史檔案館合編：《天地會》第一冊，北京：中國人民大學出版社，1980年，第38頁。
註26：同注13，卷四第六頁。

子峰《海底》引用的上述詩句則有兩個版本，前一版本與上述版本相同，另一版本卻是唸說船首有華光以外「又有關聖帝君」，船中央安的是「觀音菩薩」（註27），這兩個版本都可以證實關聖是加入者正式上山入盟之前的保護神。

更重要是天地會〈先鋒對答〉裡頭表達了天地會對外「招兵」的歷史立場。在虛擬重演會史傳奇的問答中，問及新來報道者所見得三間廟，回答是「觀音廟、關帝廟、高溪廟」。（註28）三廟的詩對中，觀音廟的詩對內容有說「西方極樂一慈悲，明清興亡滅蠻夷，殺盡滿清西韃子，洪家重整舊珠璣」、關帝廟的詩對有說「歷朝義勇是關王，洪家兄弟效忠良，丹心等候明天子，特來結義共拈香」，高溪廟的詩對內容則說「五人結拜在高溪……少林有日把冤伸」。（註29）在這裡，洪英走過的三間廟，前面的兩間是大城小鎮常見的，但是在天地會的時勢認識，大眾普遍信仰的觀音廟是個極樂世界的符號象徵，當人們在日常看到蠻夷入主的苛政是觀音慈悲的相對面，武裝的反清復明反而成為慈悲救世了；而關帝廟則象徵人世間需要「義勇」和「忠良」，洪門效法的標準也要以神明做為最高楷模；由此揭示真正回應苛政的行動，就是帶著對慈悲的盼望走向關帝廟所代表的心理層次，再轉入崇拜高溪結義「五祖」的實踐。到此時，大家同仇敵愾，又因結義而成為親人，之前五祖的同門因清廷「火燒少林寺」蒙難的冤情，就不僅是國恨，也是大家的「家仇」。洪門依賴「異姓結義」的社會實在利益和「反清復明」的民族崇高理想凝聚人心，聯繫上關公桃園結義和忠心輔佐漢室這兩個主題，使得結社拉幫變得神聖。

朱琳 1940 年出版的《洪門志》說洪門當時已經「今非昔比，較易活動」，因此建議洪門規定一年要兩次大聚會，建議「每年五月十三日，為關帝聖誕；每年七月二十五日，為五祖紀念，即紅花亭紀念」。（註30）這本書的說法雖說是以民國初年可以公開的資料為據，可是也實實在在的反映出關公在洪門的地位，其身分確實有別於其他神明。

暗語：天地會推崇關帝的日常表現

來到今天，馬、新兩國一些秘密結社傳述其組織歷史，往往也號稱是洪門五祖分成五房到各地起義留下的分支。雖然各房分支傳播到南洋之後各有演變，在秘密結社的情況下難以留下太多文字紀錄，各自在各類儀式和暗語也有了各自演變和互相的區別，但是大家依然是崇尚關帝緊守忠心義氣的楷模。以「洪門」二房系統在印尼、新加坡和馬來西亞的流傳為例，

註27：同注8，第147頁。
註28：同上注，第181頁。
註29：同上注，第188頁。
註30：朱琳：《洪門志》，河北：河北人民出版社，1990年影印版，第105頁。

其後期流行的會香詩句有「今晚新香會舊香，桃園結義劉關張」，祭高溪廟的說詞則是「忠義堂前0關公……白定爐0我太公」，儀式中「放落花」的收劍令也提到「義氣忠堂排戰陣，三聖桃園劉關張」、「三月桃園三結義、四九合同○○詩」。這批內部傳述的詩句，在「開四九連環鎖」的環節還有提到「此刀不是非凡刀，正是關公義氣刀，○○五關斬六將，不斷洪家000」。重要的是，不管在任何時期，「三月桃園三結義」的精神一再被重複。即使是到了工業化的時代，天地會還是很重視桃園結義的精神，在入會開連環鎖的環節會唸到「三月桃園三結義」，在陰陽手「八拜大哥」的第三拜亦是「三拜桃園三結義」，可見會黨重視關帝桃園結義的價值觀。（註31）

從上述的詩句，可知天地會以關公「桃園結義」的精神做為楷模，擁有一脈相承的傳統。其中如會香詩的「今晚新香會舊香，桃園結義劉關張」兩句，最早已經出現在 Schlegel 於 1866 年面世的《天地會》。（註32）當然，後來的《會簿》同樣是必須在保密的情境使用這些詩句，考慮到之前的詩句早在 Schlegel 手上向外洩露，為了保護自家人能正確相認而不被外邊人事混淆，也會更動其中一些文字。在 Schlegel 的原文，會香詩下兩句作「兄弟忠心和義氣，萬古傳名天下香」（註33），而後來的演變則有作「不問○○心還圓，○○○○團圓」。（註34）Schlegel 引用 19 世紀中葉的《會簿》，「八拜大哥」第三拜本作「三月桃園和結義」，後期通行的說法則是「三月桃園三結義」。（註35）即使時過境遷，詩句內容也經歷百年變化，天地會後期採用的詩句仍然不失舊時痕跡，其文意依舊藉助著尊崇關帝的語氣肯定異姓結義要以「忠義」為憑，透露出期盼天下光復、兄弟團圓的憧憬。

考察天地會對關聖帝君這位「非主祀」神明的尊重，也可以根據它祭祀關帝的禮制去衡量。比對不同的《會簿》可知，洪門祭拜關公，必須是以「三牲一副，果子三色，茶酒各三杯」，而祭拜關公時所念的詩句是：「點起〇〇拜關公，關平周倉伴兩旁，〇〇〇〇同尊敬，千秋義氣為忠良」，又：「忠義堂前拜關公，朝拜關平拜周倉；桃園結義三英將，盡忠扶漢第一功……一拜關帝聖帝君……三拜周倉忠義勇，合拜桃園忠義堂」。（註36）《禮記．祭統》稱：「三牲之俎，八簋之實，美物備矣。」，洪門會黨以「三牲」祭關，本來就是大禮，若按鄭玄注《周禮．宰夫》，所謂「牢禮之法，即是三牲，牛、羊、豕具為一牢」，天地會是以大禮敬祀關帝。

註31：為尊重各方，凡屬新加坡和馬來西亞獨立以後繼續流傳的《會簿》詩句，引用來源保密，其中部分文字以「O」符號代替。以下照舊。
註32：Schlegel，op.cit.，p.123.
註33：Schlegel，loc.cit.
註34：同注31。
註35：Schlegel，op.cit.，p.134.
註36：同上注。

此一祭祀傳統，據說20世初期的檳城「名英祠」曾經在二戰以前一度繼承，只是，由於此地的會眾多有「拜觀音不吃牛肉」之俗，或甚至在設立名英祠以前，此地的「三牲」內容早就變成燒豬、雞、燒鴨。（註37）

天地會極講究以「講義氣」做為判斷價值，和它的起源與本質有關。天地會本來就標榜本身源起於反對統治制度，歷史以來實屬亞社會，會眾秉持的價值觀念和所作所為不一定符合皇朝意識影響下的主流社會，因此，眾人所行的事不一定受到主流認同，也不一定是主流社會的制度與法律所允許，更不一定會受到主流社會的法律保障。如此一來，大家相濡於江湖，遇到無法可依的境況，「義氣」更不能不是互相之間共同遵守的規則。

只要這個亞社會繼續重疊的生存在主流社會之內，其關公崇拜的程度顯然也支持著整體社會的關公崇拜能夠繼續活躍。歷史以來，天地會是以整個組織去詮釋和尊崇關帝，以支撐共同價值觀之神聖、合理與合法，亦使到關公的神聖、義氣的顯得重要，不再是表現為「入廟拜神」，而是貫徹在日常生活之中——當會黨眾人日常生活和特殊事故都透過使用「暗語」解決問題，互相提醒雙方基於「義氣」解決衝突，關公既是大家「暗語」常用的隱喻，久之「關二哥」也成為深入人心的親切形象。而「講義氣」，也成為大家共同服膺的價值觀。

上述「此刀不是非凡刀，正是關公義氣刀」，也有版本作「此刀不是飛鳳刀」（註38），接在此二句以後的詩句也因著不同演變分支出諸種版本變化。當此詩的不同版本是使用在回應自己人或者「對方」佈置的刀陣或刁難，它無疑是告誡大家必須學習「關二哥」的性格，無論有什麼事都應該忠忠直直地坐下來講義氣，解決問題。

江湖上本來就有許多恩恩怨怨，人們出外也可能遇到不少磨難，或在陌生地點希望找人求助，又或遇到有人刁難和懷疑盤問，甚至可能在各種場合招惹陌生人。於是，我們可以發現，洪門內部有許多做為相認或者相勸暗號的「對詩」，都是適用在旅途舟次停留的餐宿地點，又或者是上門拜訪時的吃飯、喝茶，這著實使得關聖帝君的名堂廣泛傳播於吃飯、喝茶之間。其中，二戰前的洪門流傳著開鍋蓋與開菸罐子的詩句：「關公義氣帶二妃，來到古城門不開……斬了蔡陽城門開」，到了戰後，同一首詩的開頭與結尾用句相同，中間就大不相同。演變到工業發展年代，洪門還是流傳著開飯蓋的詩句：「關公出戰帶神威……斬了蔡陽城門開」，可見弟兄最重視能吃好一口飯。另外，又有「接飲茶」詩如：「〇〇〇通京城，孔明招兵〇〇〇，桃園結義三兄弟，〇〇〇〇到古城」，或者「五虎之中有關公，百萬軍兵趙子龍……」等等。（註39）

還有些詩句是將嚴重警告包裝在飯局之間，如當年李子峰即在《海底》披露〈他奉肉過

註37：同注11。
註38：同注31。
註39：同上注。

來你奉骨過去詩〉：「桃園結義天下聞，莫作奸心反骨人；你敬肉來我敬骨，勝過同胞骨肉親」。（註40）書中還提到諸種藉著茶飯應酬與菸床敬菸進互相盤詰的暗語。例如，對方奉上生菸讓我自己點火，本人點火時即應唸出〈五指遮火詩〉：「五人蓋火不見洪，請起五祖見關公」。（註41）這是告訴對方，本人是洪家兄弟，冀望對方的底細也是可以講義氣的自家弟兄。從 Schlegel 在 1866 年出版的《天地會》，還可以發現到，在華南與南洋華人盛行吃檳榔習俗的年代，關帝也在人們互敬檳榔的對話之中「顯現」神聖，例如：請吃檳榔的一方刻意以檳榔葉掩蓋檳榔籽，而葉子梗莖向上外露，被請的一方要表明自己是同道中人，懂得規矩，就必須邊拿開梗莖邊唸：「一條軍器丈八長，三戰呂布劉關張；明代就有真口教，東門內外擇戰場」。（註42）

即使遇到盜匪，透過暗語強調同屬洪家兄弟，也有助逃過一劫。例如，遇到海盜可借重關二哥名稱把詩句寫在白扇子，丟向盜艇：「桃花初開萬里香，久聞知訪洪忠良，天下英雄居第一，桃園結義劉關張」。（註43）可見在古代人們參加天地會，會中強調不分南北的結義精神，也有力保障水陸跋涉的安全。

最有趣的是南方人有泡茶喝茶的習慣，人們且希望能在邊喝茶邊說話的氣氛下解決問題，求助、談判、蓄意盤問可疑來人，往往是都以茶館的公共空間做為適當場所，於是便發展出擺「茶陣」結合「對詩」的傳統，互相落實傳統演義小說的所謂「有詩為證」。Schlegel 提到的其中一個考問方式是以茶壺嘴對正客人，被對正的一方必須明白這名堂叫「大戰長板坡」，他在喝茶前要先唸首詩提醒對方自己是對方的「兄弟」：「桃園結義劉關張，忠心義氣遠傳揚；不順曹公心內向，萬古傳名天下香。」（註44）另外，他也提到，當對方將三杯茶排作一排，我方的回答必須是「三條大路亙京城，孔明調動五營兵；桃園結義三兄弟，馬不離鞍在古城。」然後選喝中間的一杯。（註45）李子峰在 1940 年出版《海底》公開過這首詩，只是第一句更動一字，茶杯陣已經改為用一個有茶的杯疊在兩個空杯上，名為「徐州失散茶」，而應付的手法也改為「斟過便飲」。（註46）「斟茶」在粵語的意思即「注茶」，「斟過便飲」

註40：同注8，第 277 頁。
註41：同上注，第 279 頁。
註42：Schlegel，op.cit.，p.217.
註43：Ibid.，p.178.
註44：Ibid.，p.189.
註45：Ibid.，p.188.
註46：同注8，第 283 頁。

意即當著對方面前自己注茶一杯喝下，不向對方敬茶。

可見，洪門擁有各種暗語以及配合的暗號，並非百餘年間一成不變，而是可以改變內容或移用在配合其他情景，或改配其他暗語。只是，其暗語又總離不開關帝，「桃園結義」的價值觀一再成為暗語的內容，顯彰著結社的精神與宗旨是堅決不變的。

會館：忠義精神的轉向與繼續實現

如上所述，天地會本質上是秘密組織，即使在它可以公開活動的19世紀，其宗旨、禮儀、結構也是秘而不宣。關聖帝君是整個社會熟悉的歷史人物兼神明，曾有劉、關、張「桃園結義」的忠義佳話，天地會的會眾透過秘密的歃血結義儀式確立的擬血緣「兄弟」關係則是一種隱秘的身分；直到今天，會黨成員還是普遍暱稱神聖為「關二哥」，神明無疑是由大眾熟悉的社會認知深入內化為會黨的集體理念，成為強調兄弟忠心義氣的重要楷模。即使神明是社會大眾熟悉的，當神明成為會中各種秘密儀式以及內部通行暗語的主題，其內容也一樣會對外界保密，這一點也不足怪。

在天地會的立場，提倡關帝崇拜是為了加強「忠」與「義」的價值取向。「桃園結義」和「反清復明」互相發生關聯，前者側重組織內部對異姓結義的道德期許而凝聚力量，後者側重在標榜組織擁有正統而神聖的合理存在意義。藉助了公眾對關公熟悉的主流看法，以神聖做為成員入會前後的保護神兼日常楷模，也是賦予組織更神聖的「神威庇佑」定位。這較之採用其他說法，或僅僅強調本身與外界不共有的核心的「五祖」信仰，會更有說服力。

問題在會黨的關帝信仰所側重的是關帝對兄弟的忠與義，而「忠義」往往又可以是態度的取向，並非完整的價值內容。如此一來，就引申出兩種可能性假設。第一種假設：會黨眾人長期借用關帝名號使用各種暗語，即等於長期自行把關聖「工具化」，並且演變為側重自己人之間的「忠」與「義」，模糊了凌駕在這兩種態度之上的大是大非。另一假設是，會中對關帝的印象塑造雖是從本位出發而有所側重，可是會眾除了具有秘密的身份，更多是做為接收社會訊息和文化薰陶的社會人，因此其群體內部一再樹立與傳播的關公印象也就是「有所側重」而非「獨樹一幟」，所側重者只不過是要更嚴格的實踐大眾所接受的價值觀。

洪門原來傳播的關聖印象，所供奉的神像多是「夜讀春秋」為重，而洪門的入會盟誓其口述歷史也是以傳奇的形式強調民族意識，重視華夏與夷狄區分的春秋大義。因此，若天地會內部的歷史教育能做得好，又能普遍學習民間關於關帝生前正派形象與神聖靈驗的說法，加上個人信仰關帝為神靈驗以及賞善罰惡，後一設想能佔上風的機會就很大。

以上述積極觀點為視角，上文提及鄭嗣文等人的做法，表面上確實是轉變「反清復明」

立場，卻並非可以完全形容為背叛。相反的，它反映19世紀南洋華人對處理滿漢衝突的迫切感較為和緩，不如他們親歷華洋衝突的苦難感覺。這期間，南洋華人目睹中國連連遭受天災人禍和外人欺壓，他們身受外人殖民地統治也經常遭受苛虐，就可能更「現實」的亟想透過清廷維護中華主權。當時不只是海山領袖鄭嗣文有這樣的立場，原本敵對的義興也是如此。各地華人會出現諸如檳城平章公所之類的組織，本來就是由於大家對華人內鬥痛定思痛，從長期體驗民族積弱走向集體反思。

許武安是鄭嗣文過去的對手，後來在平章公所成為同仁，他生前的根據地，也即是馬來亞半島潮州人參與義興公司的最早地區，當地「萬世安」老廟大門口至今留下對聯，寄望主祀神明玄天上帝能「鎮夷歸清」：「玄天顯交環驅邪，普救世間漢子；上帝鎮夷邦歸清，照耀天下唐民」，而附祀關帝神龕對聯則大書：「忠烈扶炎漢、神威鎮大清」。許武安在檳城出生，自小受英文教育，後來雖然當著英殖民地的議員、甲必丹，卻年年回國，死後也要葬在父親的故里。（註47）從「萬世安」老廟的對聯可以看到，許武安領導的群體希望看到「鎮夷邦歸清」其實是為了「照耀天下唐民」，而他們對關帝靈應，則是期望「忠烈扶炎漢」兼且能做到「神

從天地會淵源演變的關帝廟可以成為支持社會建設的主力

威鎮大清」。

尤其是在光緒十三年，張之洞在十月二十四日上摺建議朝廷以「獎以虛銜封典翎枝，專充領事經費，永不提用」，鼓勵華僑捐官維持新加坡和呂宋領事館，並購買軍艦護僑。（註48）1889年，清廷為了各處救災，更宣佈「京外各衙門均可任人指捐，並能奏請覃恩加封三代」。（註49）這一系列的說法，更進一步觸動許多在南洋事業有成的會黨領袖，他們想到既能為族人做好事積德，又可以「洗底」——從叛黨轉變為大員，如此就不必擔心回到魂縈夢繞的故里會危及自身。此時，南洋華人會黨領袖捐官，不僅可解釋為個人回家「光宗耀祖」的需要，還提升到民族意識的層次，大家同仇敵愾，希望透過清廷為中國強兵

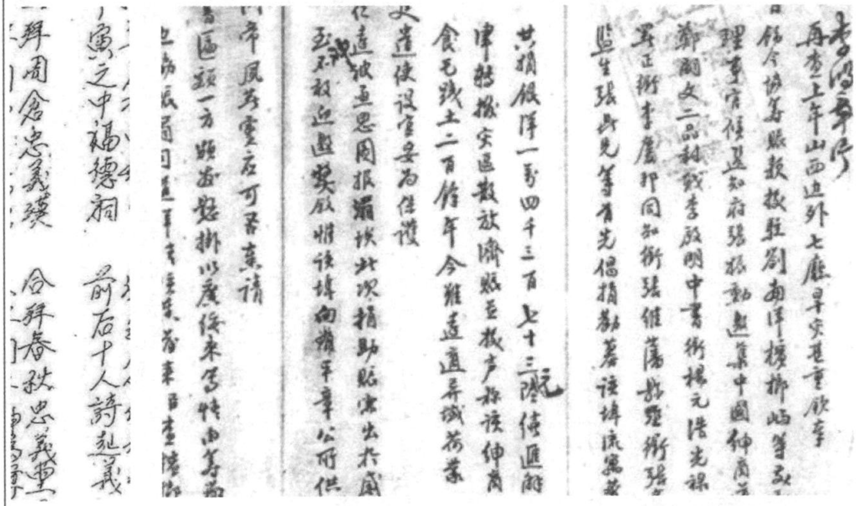

左圖為當地流傳會簿詩句一瞥。右圖則為李鴻章請封南洋檳榔嶼關帝奏摺附片。

註47：許崇知：〈許武安先生〉，載於潘醒農主編：《馬來亞潮僑通鑑》，新嘉坡：南島出版社，1950年，第165頁。
註48：同注6。
註49：新加坡《叻報》，1889年10月4日。

悍侮。

李鴻章站在清代的立場，主張御賜匾額給南洋關帝，位處諸地華人來往港口檳榔嶼，顯然也是借勢使力，藉神明信仰彰朝廷正朔，以期海外華人把崇拜關帝的心境轉升到對國朝忠義。南洋天地會雖然標榜對明代與天地會之「忠」以及對兄弟之「義」，可是，南洋天地會長期處在海外，越來越遙遠的「明代」只能是大家執著中華認同以及申明會黨存在意義的重要符號，弟兄們的所謂「忠義」畢竟是對待具體的組織而言。李鴻章上述奏摺附片還提到了海外華人「食毛踐土」（註50），又說「海外赤子同隸帡幪」（註51），已經表明清代承認眾人為天朝子民，承諾納入國朝「帡幪」庇護。但是，天地會至今並未放棄其關公以外真正核心的「五祖」信仰，可知晚清南洋天地會中人在會外敢以關帝香火請封，而會內不以五祖降清，是有考慮也有底線的。這是站在民族大義的立場對待他們心目中的華洋衝突，對清關係的和緩友好，不能影響對前明的忠義兩全。

無論如何，在英、荷殖民政府眼中，天地會的存在很明顯地反映當地華人是在他們的領土上有組織的效忠其他國家。但天地會過去口說「反清復明」畢竟是力量虛薄，而且對付清代不關當地政治，洋人重視天地會也只是把它看待成地方上的「危險社團」。一旦清廷對當地華人影響的比例增加，英、荷殖民政府顧忌到清廷和它們的衝突，對華人的顧忌也隨之增加，以後對秘密結

社的壓制以及對公開的華人社團的控制，都是變本加厲。（註52）

此前，南洋天地會各分支成員又多是來自不同地緣的開拓群體結盟。馬來半島北部從1860年到1874年打了二十年的拉律內戰，義興會黨在公開文件上是以「惠州」、「潮州」、「四邑」公司的名義，敵對的海山會黨也是在文件上自稱「五邑」及「增城」公司。（註53）在森美蘭和雪蘭莪的礦區之爭，海山人馬多自稱惠州公司，而對手多自稱嘉應州人。（註54）當英、荷政府在1870年代加強殖民地地政治，過去天地會武裝自治的「公司」在殖民者的話語權下變成貶義，被稱為「危險社團」或「黑公司」，轉而根據殖民地的新設社團法以「會館」名義註冊。「公司」轉化為會館的最大特徵是去武裝化，但共同體保障成員和保護福利的功能也還是可以繼續，從會黨領袖轉化的新興資本家更需要透過會館去持續他們在會黨時

註50：同注3。「食毛踐土」典故出自《左傳．昭公七年》：「封略之內，何非君土；食土之毛，誰非君臣？」，其下句是「故詩曰：普天之下莫非皇土，率土之濱莫非皇臣。」見『晉』杜預注、『唐』孔穎達正義：《春秋左傳正義》第五冊，《十三經注疏（七）》，北京：中華書局（1957年影印本），（總）1768頁。

註51：同注3。

註52：此種顧忌心態與壓制政策，又反過來激起華人的民族情緒以及從支持晚清到支持民國，最後更出現支持中共建立政權的激進趨向，如此又加劇了殖民政府必須藉助當地其他民族以及抑制華人的決策。這是東南亞長期埋下排華伏線的原因之一。

註53：王琛發：〈惠州人在大山腳開發史上的地位與組織的變遷〉，載《馬來西亞華人研究》（2000年第3期），吉隆玻：華社研究中心，2000年，第166～167頁。

註54：Blythe，W.L.，op.cit.，p.118～19，173～174，189，192～193.

代的社會領袖地位。（註55）從此，後人可以發現，南洋的關帝信仰，除了有地區立廟祭祀的形式，很多時候也是從地緣組織「公司」演變的會館主祀的神明。尤其是成員主要來自鄰近礦區的同鄉會館，很多既是會館又是關帝廟。在檳城，其例子包括宣稱1800年成立的增龍會館、嘉應會館以及在1822年成立的惠州館，還有1827年正式選址建館的檳城的臺山寧陽會館、1837年的順德會館。在馬來亞中部，如雪隆以及麻六甲的嘉應會館組織，還有麻六甲的惠州會館，都同時也是關帝廟，其中香火旺盛的具體例子還有1889年建立的廣肇會館。

更深入地看，海外華人到異域開荒，以致具體表現為地區上的天地會組織，必須依靠神道設教，其實也是鼓勵群體成員心靈的信仰與敬畏，如此自能保障互相之間公道，並維護海外重建的新興社會延續原鄉文化與價值體系。以同鄉會館的性質而言，關帝是各籍貫人士共同的信仰，當然難以發揮對外區隔與自我認同的作用。不過，一旦關帝代表了異姓結義，每個會館的先人神主牌是其他會館所不共有的，各會館擁有的各種關帝顯聖救助先人的傳奇也是各自獨有的。從天地會到會館都是異姓結盟的組織，會館拜關帝一旦植入「桃園結義」的精神，就不僅是需要華人共同的神明具體保護其成員，可謂延續了早期會館和會黨一體兩面時代的信仰傳統，尤其是同鄉而非宗親會館，亦需要複製會黨崇拜關帝以強調異姓結義的擬

血緣文化。（註56）

忠心義氣的關帝神像與神主龕的列位先人神主牌前後輝映，是各地個別同鄉會館的記憶；隨著派系觀念的和解與消融，各自的關帝信仰又變成可以互相分享的共同信仰經驗。歷史的結果顯然不是各會館分化了關帝信仰，反而顯現了關帝信仰在南洋的本土化過程是極具體的遍佈在每一方言群/會館的歷史積累。

另一方面，天地會轉入地下的分支，不一定要轉向純粹鄉會活動，也有以公開的關帝廟掩護活動的。如此一來，在20世紀以前，南洋關帝信仰的傳播，有傳自中國原鄉香火的，也有由天地會傳播「桃園」精神進一步凝聚的關雲長「忠義」形象。原鄉的、本土的、共同的、各自的信仰經驗互相交融，至今繼續在後期會黨/會館流傳，最終是確保了關帝信仰文化在南洋的落地生根，而「忠」與「義」的價值系統也至今受到當地華人崇尚。

作者簡介：

現任馬來西亞孝恩文化基金會執行總裁、美國歐亞大學（東南亞聯合學術計畫）兼宗

註55：王琛發：〈異姓連枝——馬來西亞華人同鄉會館擬血緣的集體先人崇拜〉，載王琛發：《馬來西亞客家人本土信仰》，吉隆玻：馬來西亞客家公會聯合會，2007年，第92頁。
註56：同上注，第85-86頁。

教所所長、馬來西亞道教學院董事會主席、馬來西亞大同韓新傳播學院學術與課程委員會主席。國立華僑大學、廣西師範大學、嘉應學院、湖北孝感學院、武當山道教學院、邵陽師範專科學校等院校客座教授，暨南大學東南亞研究所客座研究員。先後受委馬來西亞百科全書「宗教卷」與「人文傳統」卷編審顧問兼主筆、首府行政區域古蹟公園（Putrajaya Heritage Park）建設期間的華人文化顧問、檳城社會研究機構董事，並借調任執政黨馬華公會中央黨校常務副校長，長期負責馬來西亞「和平紀念公園」等多個宗教/歷史/社會項目之文化建設/學術顧問工作，也是廣西師範大學出版社《東盟教育叢書》、《魅力漢語》編委。主要社會活動：現任中國玄天上帝信仰世界聯誼會秘書、馬來西亞馬中文化藝術協會顧問、馬來西亞三清道教總會顧問，出任馬來西亞儒學會會長、孫文思想學會會長、殯葬文化學會會長。

福建詔安客家地區的關帝信仰

林振源
法國遠東學院宗教研究博士候選人

詔安位於福建的最南端，閩、粵二省的交界處，境內包含客家與福佬二大語群。（註1）詔安於明嘉靖九年（1530）建縣，縣城主祀關帝的「武廟」始建於明嘉靖四十一年（1562），萬曆三十三年（1605）和清代多次重修。（註2）廟中仍完整保存十方明清時期的碑刻，其中最早的是題署「萬曆三十三年九月九日邑人胡士鼇謹撰」的《重建武安王廟記》碑：

> 城西祀關武安王，非今日矣。三嬗而定於茲地。始闕宇未豊，嘉靖壬戌（1562），倭內訌，城將壞，邑侯龔公睹王夜巡城，故城完。締屆立坊以表之。……神關協帝之所默相陰翼也。

註1：有關詔安的地方概況與民間佛教、道教等儀式傳統的整體情況，請參見拙著，〈福建詔安的香花僧〉，載譚偉倫主編《民間佛教研究》（北京：中華書局，2007），頁129～165。〈閩南客家地區的道教儀式：三朝醮個案〉，《民俗曲藝》158（2007），頁197～253。〈福建詔安的道教傳統與儀式分類〉，載譚偉倫主編《中國地方宗教儀式論集》（香港：中文大學出版社，2011），頁301～323。Lin，Chen-yuan，"Le taoïsme du sud-est du Fujian"（unpublished M.A. thesis，Paris，Ecole Pratique des Hautes Etudes，2002.

註2：參見詔安縣地方志編纂委員會編，《詔安縣志》（北京：方志出版社，1999）。

廟成，徵予為志，乃言曰：人知所以祀王矣。……當王事漢帝也。……是王不朽之雄威。……知王所由事乎。……是王之神所以久且大而世世不朽者也……

從標題與碑文內容可以發現當時主要稱關帝為「王」、「武安王」。相隔七年後，另一方題署「萬曆四十年（1612）壬子仲冬朔日，知詔安縣事羅浮車登雲立」的《武安王廟首創香燈租碑記》中，標題仍稱武安王廟。武安王是宋徽宗大觀二年（1108）的封號，一直到萬曆四十二年（1614）的「三界伏魔大帝神威遠鎮天尊關聖帝君」封號之前，相關文獻記載多數如同詔安武廟的碑文稱關帝為「王」（武安王、義勇武安王、關王）。（註3）「關協帝」一詞則與萬曆年間出現的「協天大帝」封號有關。（註4）而萬曆四十二年的封號因為不合當時體制，所以在天啟四年（1624）才又經由「禮部題覆得旨」，正式頒行全國。（註5）目前在詔安武廟前還保存一座題署「天啟五年（1625）孟冬吉日立」的「關帝坊」，此處不再沿用舊有的武安王稱號而改稱「關帝」，很可能也是為了呼應當時新的國家封號。而關帝的稱號到了康熙十八年（1679）的《重修關聖廟功德碑》又有新變化：

尚論孔聖生於周末，病天下之諸侯大夫僭天子諸侯之事而作春秋，以撥亂逆反之正，使天下後世共知尊周之微意焉。關帝生於漢末，權臣竊柄，幾移漢祚。聖起布衣，深明春秋大義。……其與孔聖道義之宗，萬世不朽盛事，若合一轍。詔內城西，關聖廟久閱星紀，廟貌徒存……

可以發現當時已不稱武安王廟，但也不稱關帝廟，而是改稱「關聖廟」。碑文開宗明義的將關帝與孔聖對比，並用「聖起布衣」、「與孔聖……若合一轍」等鋪陳來表述改稱「關聖」的合理性。這種情況同時也出現在詔安縣城另一座主祀關帝的「西覺寺」，在「康熙甲

註3：上述二方萬曆碑文的內容，都提到關帝在嘉靖年間顯靈擊退倭寇的傳說，可以反映當時的關帝崇拜，很大部分仍著重其保家護國的勇武形象。除了《重建武安王廟記》所載的「嘉靖壬戌，倭內訌，城將壞，邑侯龔公睹王夜巡城，故城完。」在《武安王廟首創香燈租碑記》的描述更為詳細：「即如我朝閩廣倭變，其殺戳幾不遺種。……倭偷入城，有蕭牆為導引，蓋其變也。而雲長之神陰佑之。此等靈異，與吾惠州之變，大略相似。倭之猖獗也，土兵淅兵不敵也，而反戈相向，城中人民，白日見紅面將軍作風雨退敵。其靈顯，與詔安無異，餘故特重表之。」

註4：《宣祖實錄》載：「（宣祖）曰：關王某時有神助之功？某時封協天大帝乎？國威曰：太祖朝有陰助之力，故封武安王，萬曆十三年封協天大帝也。」轉引自王見川、皮慶生著，《中國近世民間信仰：宋元明清》（上海：上海人民出版社，2010），頁281。前引文中也有關於「協天大帝」封號可能並非官方的正式封賜，而是出自民間「私封」的討論。相關討論另參王見川，〈軍神、協天大帝、關聖帝君：明中期關公信仰探索〉，《臺灣宗教研究通訊》第四期（2002），頁263～279。

註5：有關萬曆年間關帝封號的討論，請參見王見川、皮慶生著，《中國近世民間信仰：宋元明清》（上海：上海人民出版社，2010），頁280-288。

辰（1664）歲仲秋桂月穀旦」的《創建關聖廟眾姓助緣記序》中，碑文有一段內容提到：「關聖祠宇滿寰區，然人不厭多。明人有言：孔聖日也，關聖月也，日月無處不照臨。」兩間廟在康熙年間的碑文都不約而同的稱「關聖廟」，並將關聖與孔聖對比並列。此外，西覺寺在嘉慶十二年（1807）一方沒有標題的碑刻也提到：「西覺寺，關夫子廟宗。……永為供養關夫子香燈之資。」上述稱關聖與關夫子的情況，基本上可以反映當時關帝儒家化的潮流，並吻合歷史上康熙將關聖正式列入儒家之林的國家政策。直到光緒二十七年（1901），西覺寺的《本關樂捐芳名重修武廟》與《重修武廟各關樂捐芳名》，首次出現使用「武廟」一詞。將關帝廟稱為武廟的說法，基本上並未見載於官方史冊，所以很有可能也是如同上述民間對於國家將關聖（武）與孔聖（文）並列所做的反應。（註6）

藉由上述實地調查所蒐集的碑刻資料可以發現，詔安縣城的關帝信仰完全吻合各時期的國家政策。在萬曆四十二年的新封號出現前都稱「武安王廟」。天啟年間的「關帝坊」，也可視為對國家新封號的即時反應。康熙的「關聖廟」與之後的「武廟」同樣回應國家將關帝儒家化的立場。多元的關帝信仰在不同的時空背景或宗教（教派）傳統中，經常可以發現不同的詮釋。我們不需要離開詔安就可以發現這種區別。有別於詔安縣城的關帝信仰與國家立場的一致性，詔安客家地區的關帝信仰所表現的是另一種不同的面向。考察關帝信仰的地方特色是本文的出發點，基本目的是想藉由實地調查的個案描述，透過地方（客家地區）與國家立場（縣城）等不同視角的對照，來反映關帝信仰的多元面向。

本文主要參考王見川有關明清時期關帝信仰的引述資料與相關論述，對於前引碑文的討論頗具參考價值。（註7）黃華節、胡小偉、李福清、洪淑玲、劉海燕等人的論著，分別從各種視角探討關帝信仰的形成脈絡、演變軌跡與多元型態，對於理解關帝信仰的整體面貌頗有助益。（註8）羅炤關於「天地會」的研究，透過實地調查蒐集許多與詔安客家地區有關的資料，頗有助於討論該區的關帝信仰背景。胡小偉關於天地會與福建東山（東山原為詔安五都）的關帝研究也值得參照。（註9）

註6：關於關帝儒家化的情況：如康熙三十一年（1692），盧湛仿《孔子聖跡圖》編《關聖帝君聖跡圖志》，作序的官員也使用關夫子的尊稱。甚至之後的雍正皇帝也稱關帝為關夫子。詔安當地的兩間關帝廟，至今仍在爭論誰才是「正統」武廟。關於武廟與關帝儒家化的討論，請參見王見川、皮慶生著，《中國近世民間信仰：宋元明清》，頁288～297。

註7：王見川、皮慶生，《中國近世民間信仰：宋元明清》，頁261～304。王見川，〈軍神、協天大帝、關聖帝君：明中期關公信仰探索〉，《臺灣宗教研究通訊》第四期（2002），頁263～279。

註8：黃華節，《關公的神格與人格》（臺北：臺灣商務印書館，1967）。胡小偉，〈關帝崇拜的起源：一個文學現象的歷史文化考察〉，《小說戲曲研究》第五集（臺北：聯經，1995）；〈三教圓融與關羽崇拜〉，載盧曉衡主編《中國歷史文化中的關羽學術研討會論文集》（北京：社會科學文獻出版社，2002），頁384～406。李福清，《關公傳說與三國演義》（臺北：漢忠文化，1997）。洪淑玲，《關公民間造型研究：以關公傳說為重心》（臺北：臺灣大學文史叢刊，1995）。劉海燕，《從民間到經典：關羽形象與關羽崇拜的生成演變史論》（上海：上海三聯書店，2004）。感謝劉海燕教授致贈大作，筆者謹此致謝。

註9：羅炤，《天地會探源》，載《中華工商時報》（北京：1994年10月開始連載，共139篇）。胡小偉，〈天地會與福建東山的關帝崇拜〉，《清遠職業技術學院學報》第一卷第一期（2008.10），頁25～31。

一、詔安客家地區概況

詔安在嘉靖九年（1530）析樟浦二、三、四、五都單獨建縣。歷史上二、三、四「都」的概念與詔安整體的自然地理及語言文化空間的分佈基本吻合。為了便於理解地區概況，可以先參考下列簡表：（註10）

舊建置	二都	三都	四都
自然地理	山區	平原	沿海
主要語群	客	閩	閩
行政區劃	秀篆、官陂、霞葛、太平、紅星	南詔、深橋、橋東、建設、西潭、白洋	四都、梅州、金星梅嶺
姓氏諺語	張廖半山	沈半縣（許半城）	林半灘

縣城南詔位於三都。而本文詔安客家地區的範圍，主要界定在二都（註11）的官陂、霞葛、秀篆三個純客家鄉鎮。（註12）在神明信仰部分，三個客家鄉鎮除了基本的觀音信仰外，秀篆與霞葛主要以五顯帝（華光）做為地方保護神，官陂則獨尊關帝。

秀篆有三間主祀觀音的廟：隘門宮、太平宮與金馬台（俗稱河口塔），分別建於秀篆溪（當地兩條主要水系之一）的源頭、人口聚集區與出水口（與另一條主要水系青山溪的匯流處）。當地人暱稱觀音為「阿娘」，三間觀音廟若有建醮、演戲等活動，可向全鄉民眾收丁口錢，因此屬於全秀篆都「有份」的公廟性質。五顯帝則是各個地方的保護神。當地七座五顯帝廟，基本符合早期秀篆七大姓氏的分佈：黃祠庵、青龍庵、清涼庵、龍峰庵、開元院、文興堂、東坑庵。如同當地俗諺：「秀篆七大庵各有所管」，具體反映出當地以五顯帝做為地方保護神的表述。

霞葛主祀五顯帝的五通宮與鎮龍庵分別建於明永樂元年（1403）與萬曆十二年（1584），主祀觀音的龍山巖建於天啟六年（1626）。五通宮是當地第一大姓黃姓的保護神。位於墟市中心的鎮龍庵則全鎮都有份，該廟還有「精忠洪門」等牌匾，與反清復明的天地會頗有關聯。（註13）龍山巖的觀音因為在同治年間（1862～1875）顯靈，驅逐當地流行的瘟疫之後，各地爭相迎請，至今還保有每年固定的大型巡遊活動。

註10：本表節錄自拙著，〈福建詔安的香花僧〉，頁133。

註11：結合地理區塊與當地大姓所形成的諺語。以二都的「張廖半山」為例，表示早期位於客家山區的張廖氏之人口數，幾乎為該區近半之多。「沈半縣」的「縣」實際上是指舊三都地區、而非全縣，半「城」指城關，半「灘」指沿海地區。此外當地還有「吳大鄉」（吳姓為梅州、西潭二鄉之大姓）與「李兩頭」（李姓分別為四都及秀篆之大姓）等說法。

註12：太平與紅星為閩、客混居之交界鄉鎮。

註13：參見羅炤，《天地會探源》，101～112期。

藉由以上概括可以發現，秀篆與霞葛沒有主祀關帝的廟宇。（註14）同樣位於詔安客家地區的官陂則恰好相反，幾乎每間主要廟宇都有供奉關帝，甚至連當地民居的土樓都以關帝做為守護神，並且至今都還保有各自的遊神活動。因此詔安客家地區的關帝信仰，基本上就是圍繞在官陂一地的地方信仰。

二、官陂的關帝信仰

官陂主祀關帝的廟宇，主要有上官陂的霞山堂與下官陂的萬古廟，兩間廟都與當地的張廖氏宗族關係密切，而且同樣至今都有固定的年例巡遊活動。其中萬古廟更與當地明末清初的一段重要歷史：「以萬為姓」的萬姓集團與天地會之間有深厚的淵源，同樣與這段歷史密不可分的長林寺中據說也有供奉關帝。（註15）此外分別佔有上、下官陂龍脈，地理位置（風水）最佳的龍光庵與上龍庵，除了主祀三寶佛、觀音外，也有供奉關帝。關帝還是當地土樓最常見的守護神，包含新坎的新屋城、光亮的下井城，以及據傳與天地會關係密切的浮山城等也都以關帝做為土樓守護神。

官陂原先據傳有十八姓，但後來演變成以張廖氏單一宗族為主的地區。張廖氏的由來，相傳是一位來自雲霄的張氏，入贅於官陂當地的廖氏所形成的複姓。（註16）目前張廖氏佔官陂全鎮總人口的九成五以上，當地張廖氏最遲在 1949 年之後已經全部統一使用張姓，所以官陂目前幾乎可以視為張姓的「單姓鎮」。然而在明末清初有大量的張廖氏移民遷臺，主要聚居在雲林的二崙、崙背、西螺一帶，至今很多人仍使用複姓張廖。但遷臺之後的地方信仰則產生了變化，目前雲林詔安客的媽祖信仰似乎已較原鄉傳來的關帝信仰更為普及，但原鄉官陂（甚至整個詔安客家地區）基本上則見不到關於媽祖信仰的蹤跡。（註17）

註14：除了多元信仰的金馬臺在第三層有供奉關帝外（底層為觀音、玄天上帝、伯公，第二層五穀帝君，第四層文昌帝君）。

註15：羅炤，前引文，48期。

註16：根據同治九年（1870）玉田樓的《官陂張廖氏族譜》抄本，引述乾隆四十一年（1776）由朝玉編的〈正祖張元仔公傳〉的說法，張元仔臨終前囑咐其子張友來：「生當姓廖，代父報德，死當姓張，以存子姓，生歿不忘張廖兩姓」。〈二世友來公傳〉：「凡我子孫作祖官陂，生則姓廖，歿則書張，不可違背，尊父臨命，以報廖公之德也。若移居外省，姓張姓廖，聽其自便。」然而根據當地早期的碑刻資料，可見張、廖姓並存的現象，發現「生廖死張」的觀念在當時很可能並不存在。此外，當地也有「男張女廖」的說法：目前香花僧為在生時姓張的當地女性做白事功德時，儀式文書通常不稱張氏，而需稱廖氏。對於世祖張友來的出生年也有兩種看法：一為洪武乙卯（1375），宣德乙卯（1435）。所以有關張廖氏的來源與早期發展，由於相關族譜與口傳資料不足且說法不一，本文暫且不論。

註17：著名的「西螺七崁」也是來自尚武風氣盛行的官陂。關於臺灣「福佬客」、「漳州客」，雲林「詔安客」、西螺七崁的相關研究成果，請參見吳中杰：〈臺灣漳州客家分布與文化特色〉，《客家文化研究通訊》第2期（1999），頁75～93。許瑛玳，《雲林詔安客家文化圈的形成：以崙背、二崙二鄉鎮為例》（國立中央大學客家社會研究所碩士論文，2008）。

（一）地方信仰背景

官陂位於可耕地稀少的山區，生存環境不佳，糧食物資都很匱乏，必須透過與外界進行交易來滿足生活所需。由於早期交通不便，以肩挑擔是流通物資的主要方式。但由於地處山區，聯外道路多為崎嶇險惡的山路，經常有遭遇野獸襲擊或盜匪搶劫的風險。為了保障安全與相互支援，通常需要組織多人結伴同行（形成當地所謂的「扁擔陣」），可能也因此養成當地習武尚武的風氣。此外在當時的科舉考試中，張廖氏武科中舉者幾佔宗族中舉人數的八成以上，同樣反映出當地尚武的風氣，相信這種風氣也有助於促使當地傳統更加崇奉關帝。關於挑擔的貨物中，販賣私鹽是當時利潤最高但風險也最大的交易，除了野獸與盜匪的問題，違法的販賣私鹽還會遇到官方的查緝扣押。當地廣泛的流傳張廖族人曾經打死清代鹽官的傳說，也反映出當地人經常處於與官方利益衝突的對立立場。上述背景很可能也是導致當地在明末清初動盪的社會氛圍中，出現萬姓集團的重要因素。

詔安建縣後，官陂包含二都六社中的官陂社與九甲社。當時在閩、粵邊界廣泛流傳的「九甲賊」、「老萬賊」，所指的就是源於官陂九甲社，由當時張廖氏首富張子可的養子張耍（萬禮）所組織的萬姓集團。（註18）根據清初《臺灣外記》的記載：「禮即張耍，漳之平和小溪人。

崇禎（1628～1644）間，鄉紳肆虐，百姓苦之。重謀結同心，以萬為姓，推要為首。時率眾統據二都。」（註19）官陂當地也流傳許多不同版本的張耍（萬禮）傳說。主要內容大體不脫張耍來到子可家後，因受當地張廖族人的歧視，所以他自小便熱衷習武，本領高強。後來成為子可販鹽的重要幫手。在販鹽過程中結識了後來萬姓集團的主要成員郭義、蔡祿、李萬、道宗等人，他們仿效劉、關、張義結金蘭，形成以萬為姓的異姓兄弟。另一則關於張耍的傳說則提到：他有一次打敗仗，逃進一間關帝廟，蜘蛛立刻在廟門結網。追趕的官兵看到廟門的蜘蛛網，就沒有進門搜查而讓他逃過一劫。他為了答謝關帝顯靈救命之恩，因此建了下官的萬古廟奉祀關帝。上述二則傳說，可以讓我們初步觀察到形成於官陂的萬姓集團以及領導人萬禮與關帝之間的淵源。

藉由以上社會環境、尚武風氣、異姓兄弟結義與靈驗事蹟等多重背景的交織影響，我們可以大致理解為何官陂在詔安客家地區獨樹一幟，特別重視關帝信仰。

註18：羅炤，前引文，40～43期。
註19：同屬漳州的平和與詔安相鄰。張要應為筆誤，其它文獻均記為張耍。轉引自羅炤，前引文，40～41期。

（二）萬古廟

萬古廟的正門懸掛著「義高萬古」的牌匾，正殿供奉關帝，後殿主要安置萬禮等萬姓神主牌。根據題署道光十年（1830）的碑刻（無標題）記載：（註20）

萬祖師豪傑人也。棄俗歸禪，保真養性。自築靜室，在其兄本爵萬公祖祠之後，曰「後樓」。談經說法，派衍四房。自明迄今，年逾弍百，牆垣傾圮，理宜葺修。時有八代孫舜彬、舜應同□勸合各房，給銀修整，棟宇煥然。此我祖師豪傑之錄所默為鼓舞乎？抑性真之自然得以長存乎？爰立石以志之，各房給銀之裔孫亦與有榮焉。大房廈營廟祖師裔派給銀十元。二房八代孫節志給銀五元正。三房高隱寺賢照晟祖師裔派給銀七十七元正。四房雲來寺自性德祖師裔派給銀三十元正。本祠坐乾向巽兼戊辰，用丙戌丙辰分金。道光十年歲次庚寅季秋重修。

「本爵萬公」就是萬禮，該廟原為其祖祠。《臺灣外記》有記載永曆皇帝曾經封他建安伯的爵號。「萬祖師」則是天地會與香花僧的關鍵人物，萬禮的結拜兄弟「萬五道宗」。前文關於張要（萬禮）的傳說已經提到建廟的背景，結合碑文內容可以推論：萬古廟可能建於明末，其中後殿除了萬禮的祠堂外，還包含道宗所建的後樓（靜室），道宗退隱後在此傳衍其香花僧宗派。（註21）廟內另保存一方同治壬申年（1872）的碑刻，載：「帝君之廟由來舊矣，但歷年久遠……」以及一座香爐，上刻：「萬古廟。答謝神恩。光緒丁丑年（1877）蒲月沐恩弟子張口敬獻。」可以說明該廟最遲在同治時已使用「帝君」的稱號，光緒時則以萬古廟為名。

萬古廟過去在每年農曆十一月，都會由下官墟的人組織做一場三天的醮，1949年以後這個傳統已經消失。但每年農曆正月初一至正月十一，例行性的抬關帝巡遊活動，至今仍然延續下來。（註22）遊神的路線基本固定：初一庵背、尚墩，初二下井，初三湖里，初四寨里、楊屋、坎下、四角樓，初五新安樓、下坑、陳畲、石凹頭，初六官坪，初七官墟、初八坪寨、蓮塘里，初九陂頭，初十坑里，十一七寨。有幾個關於排序的特別規定：初一由庵背、尚墩開始的傳統，永遠不能改變。「單年雙日、雙年單日」，主要是指初二下井與初三湖里在單、雙不同年份時，順序需要對調，初四、初五亦同。初六以後的順序則不需改變。遊神的範圍

註20：轉引自羅炤，前引文，37期。

註21：羅炤認為：萬五道宗為天地會與香花僧的創始人。關於天地會的考證，請參見羅炤前引文。其中論證道宗為香花僧創始人的說法，存有明顯的疏漏。有關詔安香花僧的討論，請參見拙著，〈福建詔安的香花僧〉，頁129～165。關於碑文中四個房派的考察，請參見羅炤，前引文，40期。

註22：劉勁峰也曾以官陂萬古廟的遊神活動做比較個案，請參見劉勁峰、楊奕，〈宗教民俗與地域社會：閩贛兩個鄉村聚落遊神活動的比較研究〉，載譚偉倫主編《中國地方宗教儀式論集》，頁515～533。

主要在下官陂，是以第四世日享公的後裔：包含大佐、大任、大位、大參、龍山等房所居住的區域為主。張耍（萬禮）的養父張子可也屬於日享—大佐一脈。筆者懷疑前引碑文所提到的「本爵公祖祠」，也有可能是表述萬古廟所在地原本就是萬禮的祖祠，即日享公派下各房頭的祠堂。而遊神範圍與順序的規定則是在這個背景下所形成。初八的坪寨、蓮塘里二村是後來新增的，原本初八是休息日。遊神組織原先是以房頭為單位，費用由各房子孫分攤。目前已改成自願方式，只要報名「做會」，繳納一定「份額」錢即可參與遊神活動。活動之後，每個份額可以分到二顆「柑桔」，象徵「大吉」。

遊神活動是由各村自行到萬古廟迎請關帝，抬回村子後進行獻供、繞境「換香」，之後再將關帝奉送回萬古廟安座。輪到遊神日期的村落，當天早上須由村中耆老、陣頭、負責抬神轎的村民（最好是新婚男子）以及香花僧一同前往萬古廟迎請關帝。首先由香花僧負責請神、宣讀疏文。這項工作在當地其他廟宇多由道士主持，因為當地的儀式分類是：道士主管紅事、香花僧管白事。（註23）萬古廟歷來由香花僧請神的這項傳統，無疑與前述道宗在此傳衍香花僧宗派的淵源有一定的關聯。請神完畢後將關帝抬進神轎，迎回村落並安置於臨時搭建的棚子中供民眾祭拜。午時過後開始繞境，巡行村落境內的每個角落。家家戶戶都準備三炷香插進遶境隊伍的香爐中，再從香爐中換回三炷香插到自家門口、廳堂與灶臺上，稱為「換香」。繞境完成後再將關帝奉送回萬古廟，由香花僧進行回鑾安座。當日的遊神活動便告一段落，隔日再由下一個村落進行相同的儀式。據說從前的遊神是採村與村交接的方式進行，如同後文將描述的霞山堂遊關帝，至今仍採用這種方式：每晚將關帝安奉於各村落、不回萬古廟，隔天再依序交接。但由於各村落的時間掌控不一致，容易造成矛盾與衝突，因此才改成目前的形式。

（三）霞山堂

霞山堂位於上官陂，具有張廖氏益垣公派下七大房總祠的地位。（註24）益垣的祖父與張子可為親兄弟，同屬日享─大佐一脈，他也是當時繼子可之後，張廖氏中人、財最旺的一房。官陂最著名的土樓，俗稱「大樓」的「在田樓」就是他創建的，之後還陸續蓋了新榮城、玉田樓等有代表性的土樓。霞山堂也是由他所建，據說原先是做為私塾的用途，但也有說是武館或二者皆曾存在的說法。

霞山堂供奉關帝主要也與益垣的一個傳說有關：據說他當時在溪邊撿到一座漂來的關帝像，一開始只在霞山堂的旁邊簡單搭棚安置。後來當地溪邊出現一個石頭精作祟，經常將在

註23：參見拙著，〈福建詔安的道教傳統與儀式分類〉，頁301～323。〈福建詔安的香花僧〉，頁129～165。〈閩南客家地區的道教儀式：三朝醮個案〉，頁197～253。

註24：益桓的七個兒子都出生於康熙（1662～1723）年間。

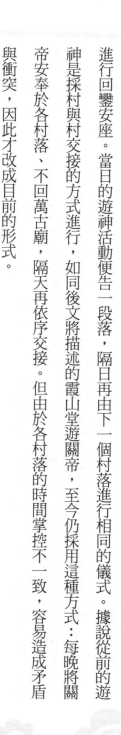

溪邊洗衣服的婦女拖下水裡，造成當地民眾不安。益垣有天夢到棚裡的關帝向他說：石頭精已為我所除。隔天果然發現溪邊有塊大石頭被切成兩半，而關帝像的大刀上還沾有血跡，益垣也因此將顯靈的關帝迎進霞山堂的正殿供奉。關帝就此成為上官陂益垣公派下傳衍七大房的保護神，並更加影響當地的尚武風氣。這個傳說除了關帝顯靈的元素外，又再次突顯了當地尚武的傳統。

霞山堂同樣保存關帝出遊的傳統習俗，時間是每年的農曆正月初二至初七，初八才回鑾。遊神區域自然就以益垣公派下七大房所居住的土樓為主。遊神順序：初二玉田（玉田樓），初三新城（新榮城），初四大樓（在田樓），初五庵邊樓，初六水美樓，初七田下樓。組織同樣以房頭為單位，由房派中參與做會的房親逐年輪值。活動費用過去是由各房頭攤派，現在則同樣改成做份的方式。有繳交份額的人除了可以領到兩顆柑桔外，還有到霞山堂參與餐會的權利。

遊神活動是採村與村交接的方式進行，每晚會將關帝安奉於各村落中，不需要回霞山堂，隔天再依序交接。所以初七在田下樓過夜後，初八才會回到霞山堂。整個活動程序除了交接的方式與不需要由香花僧請神兩個顯著差異外，其他部分與萬古廟基本相同。初二關帝迎回玉田供奉，祭拜、繞境、換香後，暫將關帝安奉於村落中。翌日清晨再將關帝送到約定地點，輪由下一個村落迎請。兩個村落共同參與交接儀式的傳統，顯然有助於彼此關係的維繫。交接儀式同樣以村內耆老為首，最好由房派中有福氣（六十歲以上、夫妻健在、三代同堂）的老人擔任。抬神轎同樣以新婚男子優先，繞境、換香等活動概如前述。霞山堂曾經在2004年底重新修建，完成後請當地顯赫壇的道士張文畢做了一場三天的安龍慶成醮。（註25）

（四）土樓守護神

官陂的關帝聖誕為農曆五月十三日，當地人大多會準備香燭、供品到有供奉關帝的廟宇祭拜。如前述兩間最主要的關帝廟，或上官的龍光庵、下官的上龍庵等。如果當天不方便到廟裡朝拜，也多會在家中設香案祭拜。此外，同樣普遍的是在以關帝為守護神的土樓中慶祝關帝壽誕。

土樓通常為房派的聚居地，官陂當地有許多有特色的土樓，每個土樓都有自己的守護神。最常見的土樓守護神依然是關帝，其中也有許多關於關帝的傳說與活動。如光亮的下井城有三個門，過去三個門的門樓上都有一位守護神：東門是關帝、南門是張飛、西門是趙子龍，統稱「三元帥」。但後來城裡有位老人在清晨上去南門城樓時，不知為何竟然被張飛的威猛形象給嚇死。從此下井城就不再供奉張飛，三元帥也因此成為目前可見的「二元帥」。此外

註25：參見拙著，〈福建詔安的道教傳統與儀式分類〉，頁301～323。

更普遍的傳說類型是類似萬禮與霞山堂的關帝傳說：關帝曾經顯靈救命或為民除害。

新屋城是張子可父親的胞弟龍山公派下的後代所建，也有自己的關帝巡遊活動。活動日期自農曆初三開始至十二日為止，遊神順序為：初三、初四坎巷，初五回新屋城；初六、初七溪背嶺，初八再回新屋城，初九休息一天；初十至十二輪回新屋城自己祭拜，最後兩個晚上要演戲。遊神儀式由村落耆老主持，同樣不需要香花僧，抬神轎則由已經結婚的男子輪流。比較特別的是遊神順序，由於參與的另外兩個村落是由新屋城分房出去的，所以整體安排傾向於外移房親與祖居地之間的聯繫。五月十三關帝聖誕時，新屋城則會聘請道士做一場隆重的儀式。

三、結語

藉由官陂的個案考察，我們可以觀察到一個地方關帝信仰可能的形成背景、基本情況與在地特色。我們發現官陂的關帝信仰與地方宗族緊密結合：無論是萬古廟或霞山堂都是祠、廟結合，本身都具有祖祠的背景。最主要的遊神活動，無論從組織、範圍界定與路線順序，都清楚的反映出聯繫宗族房派的重要背景。新屋城的情況，同樣明確的表達外移房親與祖居地的一種聯繫。這種結合神明與祖先的信仰型態，在地方社會上也經常可見以不同的方式呈現。（註26）

前文已論及官陂關帝信仰的形成，可能與當地的社會環境、尚武風氣、異姓結義與靈驗事蹟等多重背景的交織影響有關。靈驗事蹟應該是所有神明信仰形成的基本條件。若藉由相鄰的秀篆、霞葛進行對照，我們發現即使擁有近似的自然環境與社會文化背景，也可能形成不同的神明信仰。因此尚武風氣與異姓結義的背景，看來對當地關帝信仰的形成與興盛更為密切。但還有一點也值得注意，官陂的張氏始祖是來自閩南文化的背景，相較於秀篆、霞葛的宗族主要來自閩西客家文化的背景，很可能也是導致出現不同神明信仰的單純因素：來自原鄉信仰文化的傳衍。然而原鄉的信仰在移民之後經歷時空背景的轉換，也可能產生新的變化。如同移民臺灣的官陂張廖氏後裔，在經過渡海的挑戰與在地化（福佬化）的影響下，就衍生出不同於原鄉的信仰型態。但即使同樣信奉關帝，藉由不同政治社會背景的詔安縣城與官陂的例證，我們也可以發現來自國家權力影響與地方信仰的顯著差異。然而無論反清團體或清政府，雖然立場相對但都同樣信奉關帝。藉由以上概括將促使我們更進一步探究：關帝信仰在不同時空背景與社會文化傳統的互動中所呈現的多元面向。

註26：關於神明與祖先的系統論述，請參見 John Lagerwey，“Gods and Ancestors：Cases of Crossover”，載譚偉倫主編《中國地方宗教儀式論集》（香港：中文大學出版社，2011），頁 371～409。

《關帝明聖經》的流傳與著作年代初探

王見川
南臺科技大學通識教育中心助理教授

眾所周知，十八世紀起《太上感應篇》、《文昌陰隲文》、《關帝覺世經》被稱作《三聖經》。從此，這三部經典逐漸成為民眾熟知的善書（註1）。到了清末年間，有人把《玄天上帝金科玉律》加入，叫做《四聖經》，廣泛流傳（註2）。不管是《三聖經》或是《四聖經》都反映出明清大的神明有了自己的經典，也成為該神明最著名的經卷。

不過，在嘉慶、道光年間，民間出現一本新經卷《關帝明聖經》，短短幾十年，即有十餘種版本刊行，其聲望直逼《關帝覺世經》，頗有取其代之成為關帝最著名的經典之勢。在臺灣不少民間宗教、關帝廟，以及宣揚關帝的團體如玄門真宗，都廣泛持誦此經，更有人成立「桃園明聖經推廣學會」出錢出力辦研討會，徵文大賽，大力弘揚《關帝明聖經》。然而，相關的研究成果並不多（註3），一些關鍵問題如其成書年代都未解決。本文，使用早期《關帝明聖經》版本及其他外部資料，嘗試對《關帝明聖經》著作年代及流傳經過，略表意見。

一、目前所見的《關帝明聖經》版本

根據酒井忠夫、游子安、方廣錩等人的研究以及筆者所藏、所編的套書收錄（詳見本文末『參考書目』），目前得知《關帝明聖經》的版本，至少有以下十數種：

號次	經名	時間	備註
1	《關帝桃園明聖經》	嘉慶十年	酒井忠夫著作收錄書影
2	《關帝明聖經註解》	道光二十年（庚子）	龍女寺飛鸞著造，高雄永興堂翻刻新版
3	《武帝明聖經》	咸豐年間	抄本
4	《明聖經註解》	同治癸酉年（十二年，1873）	內題《關帝明聖經註解》，上洋大東門外鹹冬街中市文正堂出版
5	《關聖帝君明聖經》	光緒辛卯年	有嘉慶25年降序
6	《關帝明聖經註釋》	同治元年	

註1：游子安《善與人同：明清以來的慈善與教化》頁18，北京中華書局，2005年4月。

註2：王見川、皮慶生《中國近世民間信仰：宋元明清》頁226，上海人民出版社，2010年。

註3：最近的研究有方廣錩、周齊〈介紹清咸豐刻本《武帝明聖經》〉，盧曉衡主編《關羽、關公和關聖》頁122～145，北京社會科學文獻出版社，2002年1月。胡小偉《關公崇拜溯源》（下冊）頁514～520〈《桃園明聖經》與道德救亡〉，山西北岳文藝出版社，2009年8月。

7	《明聖經》	咸豐四年	襄陽仁義堂
8	《明聖經》	同治八年	漢陽蕭氏刻本
9	《明聖經》	光緒七年	上海文墨齋刻本
10	《桃園明聖經》	光緒十四年	黄啟曙彙輯本
11	《桃園明聖經》	民國時期	上海錦章書局版
12	《關聖帝君應驗桃園明聖經》	光緒年間	臺南經文社
13	《關聖帝君桃園明聖經》	昭和十八年（1943）	竹崎普安佛教修養所
14	《朱子刪定玉泉真本桃園明聖經》	民國十八年（1929）	蔡飛版

這些版本中，有的版本的內容是「序、明聖經文、道光庚子龍女寺註解、籤」，有的是「序、誦經款式、關聖帝君降筆真君、明聖經文註解、道光庚子註釋顯應記」，光緒九年爪渚餘生王槐慶堂曾比較當時流傳的三版本《明聖經》說：

……一明聖經威靈顯應天下，敬誦者久矣。始無註釋，近見於咸豐四年襄陽仁義堂刻本。讀原序，乃知道光二十年合陽趙氏手訂。今取此本，並同治八年漢陽蕭氏刻本，光緒七年上海文墨齋刻本，以三刻同校。有訛者則更正。就漢陽大字經板為主本，得其清白觀誦免悞，遂彙修增補以成全壁，俾誦經者敬信無疑。但正經皆同，唯添持誦之儀注，內有瑣屑繁文，覺不甚簡略……況閱襄陽、上海刻本內所載各處誦經靈驗，或在客中行路，或乘舟車有能焚香而誦者，有不能焚香而誦者，皆因地因事所行……

一襄陽刻本開經並無偈誥，但由漢漢壽亭侯略節明聖經念起，亦無爾時二字冠於起句之首。只分上中下三卷念，至無極聖眾不可思議功德為止，通共四百四十九句，計兩千四百六十六字。後起所有王靈官奉敕命曰：吾曾言日在天上，心在人中，至欽哉勿忽，止係詮解經中語亦隨人出心念亦可，參看亦可，並未有誦經儀注敘出，料想正經皆從趙氏原本翻刻故無瑣屑繁文。

一漢陽刻本經前增出一偈一誥，列品分章。明照原經文又各加冠首數句文儀，惜未刻各處誦經靈驗，此闕典也……

一上海刻本經前無偈，加經，加誥與漢陽刻本有異。雖有靈驗紀述，惜乎又未刻註釋。未免誦此經者難於透解，至於誦經儀注又與漢陽刻本亦有不同……

一乩判序跋，靈驗紀述諸篇，凡漢陽刻本未登者今逐一謄錄彙刻是由某本錄出者，皆有註腳，以便閱者，知其出處……（註4）

註4：民國元年重刻五次《關帝明聖經註釋》（封面題《中皇天尊明聖經》）〈三刻彙修總略〉，頁164，王見川、車錫倫等編《明清民間宗教經卷文獻》續編第七冊，臺北新文豐出版公司，2006年。

此文相當重要，反映幾項事實：一、早期《明聖經》流傳並無註解本。二、咸豐七年複刻道光二十年合陽趙氏手訂本，正文共 449 句，2466 字，，後有王靈官敕言。文中有靈驗記。三、不同時期的複刻《明聖經》內容有所添加。這些不同版本的《明聖經》，以《關帝明聖經註解》最為流行，不僅有咸豐八年、同治十二年翻刻本、光緒年間更曾多次刊刻。根據同治十二年版《明聖經》，該經又叫《古佛應驗明聖經》，前有一序，116 句，585 字說明該經「書於玉泉寺」以及其功能。後是正文，共 449 句，2462 字，福建所刻同治壬戌版《明聖經》〈凡例〉說「此經原文舊列在《乾坤正氣錄》並口《敬信錄》中，乃係楚監利炳濬、周鳴霞所刊者也。正解雖有年號可據，而經文未知降於何時？姑勿深考。其大旨以心為主，以仁義為綱，以忠孝廉節、愛人愛物為目。教人以持誦為始基，以知行並重為功夫，以天人同歸為究竟，此全部之總旨也」。該經有幾個值得注意之處：

1、關帝是文運之神：「吾乃紫微宮裏朱衣神，協管文昌武曲星」。

2、張仙是其從神。

3、承玉皇旨意多次臨凡轉世：伍子胥、關羽。

4、指關為姓，幼而離鄉。

5、孔明是廣慧星，漢嚴子陵轉世，後化身朱熹。

6、張飛在唐為張巡，宋為岳飛，三世忠烈封為護國神。

7、關帝不喫長齋，不信佛說。

8、強調忠孝廉節。

9、後列二十四劫及綜述其功能。

這是《桃園明聖經》的基本內容。從前引版本來看，這部經典的流傳大致有三個管道：

一、道光二十年註解本不斷複刻。

二、只有《關帝明聖經》正文複刻。

三、以改編本《朱子刪定玉泉真本關帝明聖》方式流通。

游子安曾對道光二十年《關帝明聖經註解》的流傳有所描述。根據他的研究，此版《明聖經》，1930年代廣東曾重印，臺灣的廣文書局1980年也曾重印。這次的重印，並非單純複刻，而是有所改動（註5）：

《關聖帝君明聖經》前得胡氏註解原本，為之重刻，以正近來傳本之誤。繼思誦持經典發心之人有不待玩味註解者矣，用註解隔斷其間，反不便誦讀，是以更就經文及應持誦之各篇刻

註5：游子安〈明中葉以來的關帝信仰：以善書為探討中心〉頁27～28。王見川、蘇慶華、劉文星編《近代的關帝信仰與經典：兼談其在新、馬的發展》，臺北博揚文化公司，2010年10月。

為一冊，大字精刊，悅人心目，益可動人誠敬之意，名曰誦本，凡我信徒共頂禮之。（註6）

其實，不只廣東、香港等地流傳，臺灣 1960 年高雄永興堂亦有翻印此版，並在臺灣先天道中流傳。

至於《關帝明聖經》正文版，有的單獨流行，有的則是與註釋（解）並刊行世。最常見的版本是經文前加一〈誦經款式〉或〈告文式〉，清末日據流行於臺灣的《關帝明聖經》即是此版本。大約同一時期，廣州的善堂則以此經做為宣講之用：

一、本堂宣講，專為《明聖經》起見，所聘講師，必須品端學博，聲音響亮，於聖經中議論真切者方可延請。或聘一月一季，酌妥乃可送關，其脩金按月致送。一、講師每日自十二點鐘開講，至四點完講，每月限停三天……（註7）

除了宣講外，《明聖經》亦做為誦經之用，也被用來超渡先人。當然，之中不乏個人諷讀、佩服之用。民國時期大力印送《朱子刪定玉泉真本關帝明聖經》的蔡飛即是一例。他生於光緒十八年（1892）廣東梅州，自幼「喜誦《明聖經》」（註8），在《朱子刪定玉泉真本桃園明聖經序》中他說：

余嶺東一孤兒也，幼時稍識之無，即喜虔誦明聖經，弱冠前後，奔走風塵中，尤喜搜羅明聖經，見經中錯簡衍文，顛倒凌亂，嘗思有以刪正之註解之，奈道務匆忙，此願未能即償，己巳季春，余出川返粵，道經宜昌時，在道友處，閱及朱夫子於清末奉上帝敕旨，依宋天聖之玉泉真本，並考定三天著經籙載所刪定之明聖經，分為經序、原始、力學、道貌、節訓、經驗六章。與坊間俗本大異，乃喜而鈔其原文。至朱夫子所註解之意義，則以文字繁冗，暫不鈔錄焉。當清末貴州大醮時，朱夫子即以刪定之經文，從沙盤木筆中，宣揚於世。余之夙願，可因之而了矣，乙丑丙寅兩年。關帝顯像於雲端，皆攝有影片，今將此片，製成銅版附印於經首，以供善男信女之膜拜也，夫勸人以口，不如勸人以書，盈天地間，善書多矣。然最流行者，則為明聖經，今特廣勸印送，以助三期道場之收圓也，是為序。

午會十二運七世第六年己巳中秋節前

好了道人蔡飛序於五羊城畔（註9）

從此序可知，《朱子刪定玉泉真本桃園明聖經》原本是乩文，也就是說某地扶乩團體藉

註6：轉引自游子安前引文，頁28。

註7：轉引自游子安前引文，頁29。

註8：蔡飛《三龍指路碑》頁17，1964年3月5版。感謝蘇慶華教授惠贈此書影本。

註9：《朱子刪定玉泉真本桃園明聖經》中好了道人蔡飛序。此經收入王見川、侯沖、楊淨麟、李世偉、范純武編《民間私藏中國民間信仰、民間文化資料彙編》，臺北博揚文化公司，2011年7月。關於蔡飛、蘇慶華有初步的研究。

扶乩對《明聖經》做的改正與調整。將蔡飛刊行本的《朱子刪定明聖經》與《明聖經》對照，可知明聖經文大體保存原貌，只有經前的誦經靈驗功效被改為第六章「經驗」。而蔡飛刊刻時增加兩幅民國十七、十八年關帝顯像圖，並將玉皇大帝「玄穹高上帝」的稱號改為同善社信仰的新玉皇稱號「玄靈高上帝」（註10）。此經流傳甚廣，蔡飛自己就印了六版，約五萬本，四處發送（註11）。值得注意的是該經亦傳入臺灣。民國四十一年三月的複刻本上說：

桃園明聖經序

今值三期末運，時衰道危，人心不古，世道反常，男不忠貞，女不柔順，倫常掃地，四維不張，世風日下，邪說流行，以致釀成世界紛亂，黎庶遭災，自古及今未有若是之甚者也，聖人云：天下溺援之以道，現今欲挽世道於當時，正人心於晚代，必須提倡孔孟之道德。關聖之忠義，方可拯救人民，脫出水深火熱之中，挽回世界由厄運而轉太平，桃園明聖經，言言是道，字字珠璣，所言忠孝節義四字，洵乃安身立命之要道，齊家治國之準繩，人人若能依此而行，何患不能成聖賢乎，余今刊送，敬仰有志之士，閱此經後，身體力行，多多宣化，方不負關聖帝君諄諄誥誡者也，是為序。

中華民國四十一年壬辰春三月後學潔清謹識於臺灣感恩堂（註12）

這個「潔清」是誰呢？民國六十年的《朱子刪定明聖經》複刻本的《桃園明聖經序》提

供線索：

余於民國三十七年來臺，至三十八年秋，因操辦商店，身體勞碌，得肋膜炎重症，非常危險，醫藥枉效。延至四十年春，仍未恢復原狀。因翻閱由天津携來之書時，發現明聖經，遂既翻印千部送人，由此時，余每日虔誦，經過旬日，條然而癒，實乃出人意料之外，至今余年已七十有一矣，身體仍健，此乃誦明聖經之感應也。今值再印之際，謹附記數語，以報聖帝之恩，並望社會人士，人手一冊，共相諷誦，改過遷善，信受奉行，於世道人心，裨益豈淺鮮哉。

民國六十年春月潔清韓雨霖再識（註13）

由此可知，這「潔清」就是韓雨霖，他是戰後來臺灣傳教一貫道發一組的領導者。從前

註10：關於同善社採用新玉皇「玄靈高上帝」稱號的由來，見王見川〈從「關帝」到「玉皇」探索〉頁119～121，此文收入王見川、蘇慶華、劉文星編《近代的關帝信仰與經典：兼談其在新、馬的發展》中。
註11：游子安前引文，頁28。
註12：同註9。《朱子刪定玉泉真本桃園明聖經》民國四十一年潔清序。
註13：同註9。《朱子刪定玉泉真本桃園明聖經》民國六十年潔清韓雨霖序。

引民國四十一年的序可知韓雨霖落腳臺灣傳道的據點叫「感恩堂」。此書在民國七十七年又重印一次（註14），可以說，《朱子刪定玉泉真本桃園明聖經》在臺灣的流傳，韓雨霖出力甚多，功不可沒。

二、《明聖經》的著作年代

既然《明聖經》是近代重要的善書，也是最流行的關帝經卷，那究竟《明聖經》是何時成書？其著作的目的為何？學者一般認為是清中期以後撰作。而「清中期」意指何時。就無人回答了。在酒井忠夫《增補中國善書の研究》收錄《明聖經》書影上寫著：

> 關帝桃園明聖經序
>
> 明聖經何為而作也，曰：欲以正人心，救劫運而作也……祖從南方帶來，垂今距三百年矣。嘉慶十年古虞陸喬木敬刊。在口聖經彙纂中，茲照古貌敬纂上。（註15）

很明顯，《關聖帝君明聖經》著作的目的是為了「正人心，挽劫運」。釐清這一點，就能瞭解，《明聖經》出現「二十四劫」表述的原因。

另一方面，這個序文，也告訴我們《明聖經》至遲在嘉慶十年即已刊刻行世。這是《明聖經》著作成書的下限。這一點也可以從嘉慶十二年版《乾坤正氣錄》已刊載此經可以窺知。在該書卷八收錄的《桃園明聖經》叫《關聖帝君應驗經》（註16），內容十分類似，可見當時，經名尚未統一，而內容也未標準化。既然《明聖經》在嘉慶十、十一年左右已流行，那麼，其成書年代上限呢？由於未見相關記載，只好從內容判定。

在《明聖經》中有兩點，值得注意。一是講關帝是文運之神。我在《近世中國民間信仰：宋元明清》中提到關帝在明末萬曆以來，已具儒家性格，到了清初更是文運之神，至晚在康熙五十九年已與朱衣、魁星、呂洞賓、文昌並稱「五文昌」神（註17）。《明聖經》記載：「吾乃紫微宮裏朱衣神，協管文昌武曲星」，顯然是在此氛圍下的產物。也就是說，《明聖經》不可能作於康熙五十九年之前。這一點亦可從經文中稱張飛「在宋為岳飛，在唐改諱張巡」窺知。目前所知，張飛轉世為岳飛的說法，明萬曆王世貞《列仙傳》已出現。在該書「呂巖」

註14：《朱子刪定玉泉真本桃園明聖經》韓雨霖1988年重印本（藍皮有注音）序。
註15：酒井忠夫《增補中國善書の研究》（下）頁342，東京國書刊行會，2000年2月。
註16：光緒六年重刻《乾坤正氣錄》卷八，王卡編《三洞拾遺》第四冊，頁778～781，合肥黃山書社，2005年。
註17：王見川〈清代中晚期關帝信仰的探索：從「武廟」談起〉頁90～94，收入王見川、蘇慶華、劉文星編《近代的關帝信仰與經典：兼談其在新、馬的發展》中。

〈呂洞賓〉中云：

……洞賓既得雲房之道兼火龍真人天道遁劍法……常遊湘潭奉上帝命來治此祟，即召一金甲丈夫提祟劈而啖之。上問：丈夫何人，道士曰：此乃陛下所封崇寧真君關羽也。上勉勞再世。因問：張飛何在？羽曰：張飛為臣累劫，世世作男子身，今已為陛下生於相州岳家矣……後岳武穆父果夢張飛託世，故以飛命名云……（註18）

這一說法被道中人接受，康熙年間汪象旭編的《呂祖全傳》全文引錄（道光元年火西月的《海山奇遇》也大體接受）（註19）。大約同一時期徐道的《歷代神仙通鑑》則云：

……帝問張飛何在。羽曰：飛與臣累劫兄弟，世世為男子身。在唐為張巡，今已為陛下生於相州岳家，他日輔佐中興，飛將有功焉……（註20）

由此可知，在康熙年間已出現張飛曾轉世為張巡的新傳說。到了乾隆中劉體恕編《呂洞賓全集》則兼採二說並存（註21）。值得注意的是當時成書的李綠園《歧路燈》亦有這樣的傳說：

……三人……到了涿州，謁桓侯廟。只見廟上懸六個字的匾：「唐留姓，宋留名。」盛

希瑗道：這是怎的講哩？婁樸道：「乃唐之張睢陽，宋之岳武穆。」譚紹聞道：此齊東也，豈不怕後人捧腹？……（註22）

顯然，在乾隆年間大多數人已知張飛在唐為張巡，宋是岳飛的傳說。《明聖經》即是在此氛成書的。循此可以說，《明聖經》著作年代的上限是乾隆中期。

綜合上述，《明聖經》著作於乾隆中期至嘉慶十年間。從其中描述關帝拉「張仙」為轄下的敘述，似乎透露著作者倣效《文昌帝君化書》，大力將關帝文昌化。

附記：筆者完稿後，在雲南大理、喜洲、鄧川、洱源、玉溪一帶考察，發現三種《明聖經》：

光緒甲午重刊《明聖真經旁訓》省務本堂藏版，每本銀四分。

註18：王世貞《有象列仙全傳》第六卷〈呂巖〉，頁430，王秋桂、李豐楙主編《中國民國信仰資料彙編》第六冊。
註19：汪象旭《呂祖全傳》〈證道碎事〉，頁81，上海古籍出版社，古小說集成本。
註20：《歷代神仙通鑑》（七）卷十九〈謝潤夫仙傳測字，張珍奴秘授道情〉頁3181。
註21：劉體恕匯輯《呂洞賓全集》卷一〈呂祖本傳〉頁11，北京華夏出版社，2010年1月。
註22：李綠園《歧路燈》第101回〈盛希媛觸忿邯鄲縣，婁厚存探古趙州橋〉頁1036，臺北新文豐出版公司，1989年臺一版二刷。

光緒庚寅《敕封忠義伏魔神武關聖帝君應驗明聖真經》楊立業重刻，版存大理太和忠鄉龍鳳村。

光緒甲午冬重刊《明聖真經》，板存蒙城。

參考書目

《中皇天尊明聖經》，民國壬子年（1912）重修，王見川、車錫倫等編《明清民間宗教經卷文獻》續編，第七冊，頁157～213，臺北新文豐出版公司，2006年7月。此經內題《關帝明聖經註釋》。

《桃園明聖經》，天壇經文社原刻，1914年臺南松雲軒複刻，收入王見川、李世偉等編《民間私藏臺灣宗教資料彙編：民間信仰、民間文化》第一輯第二冊，頁365～426，臺北博揚文化公司，2009年3月。

《桃園明聖經》，1921年臺南昌仁堂複刻松雲軒版，收入王見川、李世偉等編《民間私藏臺灣宗教資料彙編：民間信仰、民間文化》第一輯第二冊，頁427～486。

《桃園明聖經註釋》，收於光緒14年刊，黃啟曙纂《關帝全書》卷5～7，魯愚主編《關帝文獻匯編》第三冊，頁415～587，北京國際文化公司，1995年。（含括道光26年序、道光20年高天君序、嘉慶15年斗口王靈官經解、桃園明聖經序解註釋）。

《關聖帝君明聖經》，光緒辛卯年刊，收入王見川、林萬傳編《明清民間宗教經卷文獻》第十冊，頁85～105，臺北新文豐出版公司，1999年。

《關聖帝明聖經註解》，高雄永興堂重刻道光庚子年版，收入王見川、林萬傳主編《明清民間宗教經卷文獻》第10冊，頁107～165。

《關帝明聖真經》，上海廣益書局，不詳年代，中壢圓光佛學研究所特藏室藏。

《關聖帝君桃園明聖經》，1943年嘉義普安佛教修養所，中壢圓光佛學研究所藏有複印本。

《朱子刪定玉泉真本桃園明聖經》，民國18年蔡飛刊，1994年8月高雄竹林印經處再版。

清乾隆，李綠園《歧路燈》，臺北新文豐出版公司，1989年臺一版二刷。

清康熙《歷代神仙通鑑》（7），收入王秋桂、李豐楙主編《中國民間信仰資料匯編》第十六冊，臺北學生書局，1989年。

乾隆劉體恕彙輯，《呂洞賓全集》，北京華夏出版社，2010年1月。此書原名《呂祖全書》。

道光火西月編《海山奇遇呂祖年譜》，臺北自由出版社，1991年3月再版。此書出版被改稱《呂祖全書》。

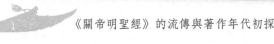

游子安，《善與人同：明清以來的慈善與教化》，北京中華書局，2005年4月。

游子安，〈明中葉以來的關帝信仰：以善書為探討中心〉，王見川、蘇慶華、劉文星編《近代的關帝信仰與經典：兼談其在新馬的發展》，臺北博揚文化公司。2010年10月。

酒井忠夫，《增補中國善書の研究》（下），東京國書刊行會，2000年2月。

論關帝信仰的成因及其文化意涵

丁孝明
正修科技大學通識教育中心講師

本文認為關帝的「忠義仁勇」是形成關帝信仰的內在因素；傳統文化及神道設教的尊崇教化則是形成關帝信仰的外在因素；而「儒、釋、道三教合一的思想」，則替關帝信仰起了推波助瀾的作用。至於部分時代因素、地方因素，如財神崇拜、閩臺關帝信仰、民俗文化、地方廟會，乃至建築、雕塑、彩繪、動畫等藝術美學，話本、小說、戲劇、影視等藝文文學，則是如今關帝信仰炙手可熱的推手。

關鍵詞：關帝信仰、關公文化、忠義仁勇、神道設教、護法伽藍

一、前言

「關帝信仰」是指對蜀漢名將關羽的崇奉與膜拜。歷史上關羽由於其忠誠和勇武的形象，由一名武將偏將軍、前將軍的身分而在歷史的軌跡中，又被尊稱為漢壽亭侯、關公、關王、關帝、關聖帝君、文衡聖帝、武聖、關夫子、全財神、伽藍菩薩、協天大帝、翊漢天尊等，民間則喜稱其為關老爺、關二哥、恩主公。名目雖繁，卻無一不是對他的崇信與讚譽！

在華人世界，「關帝信仰」已是一種歷史悠久，至今依然令人矚目的民間大事。關帝信仰不但是傳統文化中的一個重要軌範，更是當代華人生活圈中值得關注的信仰現象。這一現象是傳統文化意識與當代民眾信仰需求相對應的結果，也是社會歷史發展的必然里程，它肇始於隋、唐，發展於宋、元、明，至清代達到一個顛峰，如今更拓展寰宇，成為海內外尊奉的一代聖教，其自身的魅力和形成的價值與意涵，值得探討。它的形成原因與其所突顯的文化意涵更是值得我們深入瞭解與用心探討。因為它的產生不但有著歷史意涵的啟示，更有著宗教和文化發展的特殊性。它所突顯的文化意涵極具普世價值。

二、長盛不衰的「關帝信仰」

關羽最為特殊之處是其備受中華文化歷代推崇，由於他對忠義仁勇的體現，被視為忠義楷模，仁勇化身。歷代帝王褒封，封謚不斷升溫，直至稱聖稱帝，神職地位扶搖直上。儒教奉為五文昌之一，又尊為「文衡帝君」，道教奉為「協天大帝」、「翊漢天尊」。中國佛教界則奉其為護法神，尊稱為「伽藍菩薩」。使關羽稱號由侯而公，由公而王，由王而帝，由帝而聖，由聖而神。民間由於其忠義誠信的品格使其備受各行各業的尊崇：文人以其愛讀春秋，秉持大義，尊為「關夫子」；商人以其誠信不二，重義疏財，奉為「行業神」、「全財神」；軍人以其勇冠三軍，義不負心，奉為「武聖人」；幫會以其義結金蘭，行俠仗義，崇為俠義典範，奉為「關二哥」、「關老爺」。誠如清代關廟中，一副對聯的讚詞，頗能概括他在中國歷史文化中的地位和巨大影響：「儒稱聖，釋稱佛，道稱天尊，三教盡皈依。式儋廟貌長新，無人不肅然起敬。漢封侯，宋封王，明封大帝，歷朝加尊號。矧是神功卓著，真所謂蕩乎難名。」（註1）

在人間，關公被尊名為「武聖人」，與「文聖人」孔子並列。同為華夏民族的垂世典範；

註1：參見鄭土有《關公信仰》，臺北：學苑出版社，1994，第78頁。

在天界，關公被尊為「昊皇高上帝」、「玄靈高上帝」，神通三界，靈遍九州，有時又稱「協天大帝」與玉皇大帝比肩並坐，協助玉皇，掌管天界之臧否、獎懲人間之善惡。人們對於關帝的信奉，早已遍及七大洋，風行五大洲，凡華人所在之處，「關聖帝君」永遠是血液裡流動的忠義精神，令人浩氣長存！永遠是骨架裡挺立的誠信化身，教人頂天立地，如今關帝信仰已成為歷史滾輪中，最能撼動人心的力量。

關帝的「忠義仁勇」是形成「關帝信仰」的內在因素；傳統文化及神道設教的尊崇教化則是形成「關帝信仰」的外在因素；而「儒、釋、道三教合一的思想」，則替「關帝信仰」起了推波助瀾的作用。至於部分時代因素、地方因素，如財神崇拜、閩臺關帝信仰、民俗文化、地方廟會，乃至建築、雕塑、彩繪、動畫等藝術美學，話本、小說、戲劇、影視等藝文文學，則是如今「關帝信仰」炙手可熱的推手。

三、歷史尋因溯源、文化展布弘揚

歷史本是人類集體創作的軌跡，透過以歷史人物或事件為線索的探究，更能詮釋人們心中的企盼，在背反的歷史發展中，反而更能突顯出生命歷程的真實軌則，更何況「關帝信仰」，早已掙脫出歷史的框架。關羽本身集合了「歷史人物」的真實，「英雄人物」的傳奇，與「宗教人物」的神奇，這正是後代百姓，隨時隨地感應道教的神蹟來源。

關羽曾斬袁紹勇將顏良，以解曹操之危。曹操為報答之，漢獻帝建安五年（200）表封關羽為「漢壽亭侯」，賞賜甚厚。漢中王劉備於漢獻帝建安二十四年（219）拜關羽為前將軍。章武元年（221），劉備為報關羽之仇，出征東吳，曾先到冢前祭拜關羽，並令人在玉泉山建關羽祠。蜀漢景耀三年（260），後主劉禪追謚關羽為「壯繆侯」，但一般認為，對關羽的大規模崇奉則始於隋唐。

從南朝陳光大年間（567～568）於當陽縣玉泉山顯聖，首建顯烈祠（關廟），至隋文帝開皇十二年（592）時，佛教天臺宗的創始人智者大師將關羽引入佛門，尊其為佛教的「護法伽藍」（註2），此後封公封王，歷代迭升，至明代被尊奉為帝。宋徽宗崇寧元年傳出「關公平蚩尤」的說法，由於關公平定解州鹽池蚩尤之患，受封為「忠惠公」、「崇寧真君」、「義勇武安王」（註3）；即使偏安南方的南宋皇帝也不忘對關公的封謚（註4）。到了元文宗天曆

註2：羅貫中編入《三國演義》第七十七回「關公玉泉山顯聖，洛陽城曹操感神」。

註3：宋徽宗崇寧元年（1102年）封為忠惠公，崇寧三年（1104年），徽宗又封關羽為崇寧真君，大觀二年（1108年），加封武安王。宣和五年（1123年）又封為義勇武安王。

註4：高宗建炎二年（1128年），加封壯繆義勇武安王。孝宗淳熙十四年（1187年），加封壯繆義勇武安英濟王。

元年（1328）封為顯靈義勇武安英濟王。元至治年間的《三國志平話》更扭轉《三國志》〈魯肅傳〉的寫法，首先即說明「關公衣甲全無，腰懸單刀一口」攜將不過五十，赴會吳軍三千（註5）。其後關漢卿的《單刀會》（註6），遂成為膾炙人口的戲劇，而後《三國志平話》更成為《三國演義》的藍本，《演義》融會了前人作品與民間傳說，在羅貫中筆下的關公，所呈現出的神奇，不再只是描述殉亡之後顯聖而已，在〈單刀會〉、〈溫酒斬華雄〉、〈刮骨療毒〉等情節上，更是具有超乎常人的表現。於是在斬顏良之後，曹操竟發出「將軍神人也」的驚嘆！（註7）

明初祀為「關壯繆公」，與岳飛同祀，各地武廟稱為「關岳廟」。此時「關公信仰」已是家喻戶曉。明神宗萬曆十年（1582），加封「協天大帝」，至萬曆四十二年（1614），再加封「三界伏魔大帝神威遠震天尊關聖帝君」，至明思宗崇禎三年加封「真元顯應昭明翊漢天尊」（註8）。到了清代，高峰迭起。（註8）清代文人筆記小說中，屢見收錄關公顯聖的傳說，如袁枚的《子不語》、《續子不語》，蒲松齡的《聊齋誌異》，褚人獲的《堅瓠集》，俞樾的《茶香室叢鈔》等（註9）。關公不但以神的形象，而且是代表著主宰賞善罰惡的權威上帝，其神威遠震的聖帝形象，深植人心。仁宗嘉慶十九年（1814），加封「忠義神武靈佑仁勇關聖大帝」。宣宗道光八年（1828），加封「威顯」。文宗咸豐二年（1852）加「護國」，四年（1854）增「保民」，六年（1856）添「精誠」，七年（1857）再增「綏靖」。穆宗同治九年（1870），加「翊贊」。終至德宗光緒五年（1879），加封關公為「忠義神武靈佑仁勇顯威護國保民精誠綏靖翊贊宣德關聖大帝」。這一封號長達26字，盡用讚美文詞，可謂登峰造極矣。就歷史人物的封謚而論，關羽可以說是創身後榮封之最，歷代名將賢臣，無出其右者，真所謂推崇備至。

此外關羽更被後世尊奉為「武聖」而與孔子「文聖」共祀，原本「武廟」奉祀的姜尚（姜太公），也只能讓位於關公，如今「關廟」遍神州，就連「孔廟」也只能望其項背。（註10）以致關廟早已享有「關公廟貌遍天下，五洲無處不焚香」的美名。上至帝王將相，下至販夫

註5：題為《元至治新刊全相三國志》的這本話本，是建安虞氏所刊刻，是目前所見最早，而比較完整的三國故事小說。

註6：原名關大王獨赴單刀會，關漢卿作，見孤本元明雜劇，冊二，全元雜劇初編一。

註7：羅貫中《三國演義》第二十六回，桂冠本，頁228。

註8：參見光緒《清會典事例》卷438《禮部》、《中祀》。

註9：參見朱一玄、陳毓忱三國演義資料彙編，五、影響篇、天津：百花文藝，1983年版，頁655～691。

註10：明．徐渭在其〈蜀漢關侯祠記〉中慨嘆道：「蜀漢前將軍關侯之神，與吾孔子之道並行於天下。然祠孔子者止郡縣而已，而侯則居九州之廣，上至郡城，下至墟落，雖煙火數家，亦靡不醵金構祠，肖像以臨，球馬弓刀，窮其力之所辦。而其醵也，雖婦女兒童，猶歡忻踴躍，惟恐或後。以比於事孔子者，殆若過之。」參見明．徐渭〈蜀漢關侯祠記〉，收錄於《徐渭集》，北京：中華書局，1983，頁727。

走卒無不崇奉景仰，視關帝為忠義楷模，讚曰：「忠義由來勁節存，為人謹守眾民尊；能知涵養勤修悟，天地合心至善門。」民信攸歸，神曹景仰，深刻地影響著天地大眾生活的各個層面。即便是民眾的娛樂，也是寓教於樂，如清代「關公戲」就有雜劇、選本散齣以及宮廷大戲三大類，可謂齣齣精彩，戲裡戲外凡是飾演關公的演員，都受到無比的敬重，演出者的禁忌也特別多，唯恐觸犯神威，這也可說是在文學、藝術之外，民間大眾所特別突顯出的文化意涵。歷代王朝對關公的封謚，對關公崇拜的支持與倡導，極大地強化了全社會的「關帝信仰」崇拜現象，極有力地促進了「關公文化」的形成與發展。

在對關帝加封晉爵的同時，歷代王朝還精塑關帝神武像，修築關帝廟，關廟林立（註11），象徵忠義銘世、誠信傳國。明清至民國期間，各地都建有專門奉祀關帝的關帝廟，一些有規模的道觀乃至於佛教寺廟也都塑有關帝神像或供奉關帝神位，全國上下對關公的崇拜臻於極致，關帝廟宇凡通衢大道乃至窮鄉僻壤，無地無之（註12）。其香火之盛，幾「與天地同不朽」（註13）。是以清儒毛宗崗稱其「古今名將第一奇人也」，真乃名實相符。公從一員武將到尊聖稱帝，民間普祀的神祇，其影響之大，遍佈之廣，神格之高，民信之誠，在華人信仰的世界實屬罕見。

在歷史的傳承下，關帝已被視為忠義的符號，不僅被歷代統治者所推崇，被儒、釋、道三家所尊奉，並且被普羅大眾尊奉為英勇善戰的戰神，鎮妖降魔的驅邪神，呼風喚雨、治病救災的保護神，招財進寶的全財神等等。明清間，更有乩壇飛鸞、請關帝降筆著述傳世。《覺世真經》、《桃園明聖經》、《降筆真經》和《戒士子文》、《大解冤經》等在民間廣泛流傳。民眾崇拜關帝，遠超出道教以關帝做為護法神的範圍，而是將關帝視作武神、財神和正義之神，凡是命祿科舉、祛災除疾、驅邪避惡，誅罰叛逆、巡察冥司、庇護商賈、通暢財源、決斷疑難等等，無不祈求關帝。特別是明清的民間秘密會黨、組織，更是以關帝之忠義做為結黨的精神象徵，入幫會、結弟兄、起盟誓，均在關帝神像前，焚香頂禮，歃血為證。海內外信奉關帝者無數，形成了傳統文化上特有的「關帝信仰」，也有人把此一現象稱之為「關公文化」。這一現象形成的原因複雜而多樣，但主要的原因，筆者認為至少有四，探討如下：

註11：明末人劉侗說：「其（關羽）祀於京畿也，鼓鐘相聞，又歲有增焉，又月有增焉。」見劉侗撰《帝京景物　》卷3《關帝廟》。

註12：清雍正帝曾敕命天下直、省、郡、邑皆得設立武廟，雕像崇祀，春秋二祭之外，逢關公聖誕，再行特祭。祭品要用太牢。為按規定舉行祭祀，各府州縣都大建關廟。

註13：如福建海澄縣的石碼鎮，就建有8座關帝廟，長年香火不絕。

（一）關公的崇尚忠義仁勇是形成關帝信仰的內在因素

關帝信仰的興盛，與傳統文化重視忠義仁勇倫理並講究誠信之道攸關。關帝的「忠、義、仁、勇」符合華夏的傳統美德。

歷史上關羽被視為忠的典範，然而古來今往，歷史上出現過的忠臣何其多，為何關公的忠誠會特別受到歷代君王褒獎冊封，以及廣大民眾欽佩認同，進而變成中華民族的忠君典範？主要原因在於關公的忠誠並非世俗所謂食古不化的愚忠，更非不知變通的盲忠，例如：建安五年，劉備被曹操擊敗，關羽被曹操俘虜後，卻「身在曹營心在漢」，不忘舊主，對曹操的金錢、美女和加官晉爵的攻勢毫不動心，他曾對張遼說：「吾極知曹公對我厚，然吾受劉將軍厚恩，誓以共死，不可背之」（註14）。當他得知劉備的下落後，立即「封金掛印」而去。其所展現的就是「忠義」，這比起戰敗自盡的愚忠更加可貴，體現的是富貴不淫的忠貞，威武不屈的風骨，受到歷代君王及廣大民眾讚揚。如此的忠義與儒家倫理的倡導是相得益彰、相互為用的。關羽與劉備的關係既是君臣，又是朋友、兄弟，因此他對劉備的忠貞不二，不僅僅是忠君也有信、悌的意涵。這正是社會各個層次的人際關係所希求和讚揚的。故「忠」是關公文化的首要內容。

其次，重「義」。是關羽被奉為神明的主要原因。在歷史上對朝廷忠貞不二，英勇善戰的武將不計其數，為何只有關羽獲此殊榮？究其原因在於他的「重義」。他對朋友義氣，桃園結義，千古佳話，「一生隨先主周旋，不避艱險」（註15），「全力輔佐劉皇叔，從此漢賊不兩立」。他為了尋兄護嫂，「千里單騎明月心，單刀秉燭耀古今」。「哪管大宴與小宴，曹瞞計誘無從施」，「國難當頭辨忠奸，刀扶炎漢義春秋」。大意失荊州後，敗走麥城，夜走臨沮，為東吳所俘虜，「拒絕誘降，義不屈節」。他對曹操的知遇，展現知恩必報的義氣，斬顏良，解白馬之圍，甚而「華容道上捉放曹」，被後人稱為「只為當初恩義重，放開金鎖走蛟龍」。實為「受人點滴，泉湧以報」的典範。

提到關公的義，其含意最豐富，涵蓋面也最廣：單一個「義」字，可擴充稱忠義、正義、俠義、信義、仁義、禮義、義氣、義勇，所能表達的人格內涵相當深遠。關帝所展現的「重義」精神，早已成為社會各階層的一種道德，一種勇氣，一種凝聚、一種向心。古德云：「世上不齊多少事，全憑真誠一點心」。清人張鵬翮一語道出了箇中奧妙：「充是心也，以之事親則孝、事君則忠、交友則信。如萬斛湧泉，取之不盡而用之無窮，則是侯之大有功於名教也，稱之曰夫子，誰曰不宜？於戲！夫子者，孔子之盛德而甚美之稱也。侯雖未登洙泗之堂，

註14：參見陳壽《三國志》卷三十六〈關張馬黃趙傳．第十六〉。
註15：參見陳壽《三國志》卷三十六〈關張馬黃趙傳．第十六〉。

而剛大之氣、忠義之慨，暗與道合。」（註16）誠然，廣大民眾需要義氣，平日營生需要「重然諾、講義氣」的朋友，遇到災難，希友拔刀相助、相互照應；尤其是兵荒馬亂或災荒之年，「重義解困、仗義疏財」的義氣更顯得彌足珍貴，「義氣」逐漸成為大眾互信、互利的道德標準。廟堂之上，需要重義的臣子，忠心不渝、廉節不二，江湖之上更需要講究義氣、能為朋友兩肋插刀的俠義型人物。各行各業，各種人際，自然尊奉「忠義」為圭臬。因此憑藉「義」的理念，可以連貫關公的思想、道德和精神，故「義」是關公文化最重要的內容。

再次，依「仁」。仁，是關公文化的精彩內容。所謂「仁」，即「愛人」（註17）。博愛之謂仁，其基本含意是指人皆「有不忍人之心」，人之所以為人，就是因為人有不忍人之心，有愛，有仁。在儒家文化看來，「仁」是人之所以為人的根本，故孟子曰：「無惻隱之心，非人也」。關公不僅勇武絕倫，而且博愛施仁。桃園結義是以「同心協力，救困扶危；上報國家，下安黎庶」為誓詞。關公屯土山約三事：「降漢不降曹、禮待二嫂、一旦得知劉備下落，便當辭去。」也是其行仁的明證。其一、「降漢不降曹」：一切是為國家公義，而非個人私利，一切以「扶國家於危亡，救黎民於水火」為目的，正如曾子所言：『士不可以不弘毅，任重而道遠；仁以為已任，不亦重乎！死而後已，不亦遠乎！」（《論語．泰伯》）；其二、「禮待二嫂」：子曰：

「克己復禮為仁。」身在曹營保護兄嫂，秉燭達旦讀《春秋》。臨危授命，忠義不敗，臨事遇誘，廉潔不亂。故子曰：「一日克己復禮，天下歸仁焉。」其三、「一旦得知劉備下落，便當辭去」：即使曹操厚待關羽，小宴三日，大宴五日；曹操贈袍，關羽穿於衣底，上用劉備所賜舊袍罩之，不敢以新忘舊；曹操贈赤兔馬，關羽拜謝，以為乘此馬，可一日而得見劉備；為尋劉備，「封金掛印辭不受；千里單騎走天涯」，甚至過五關斬六將。子曰：「君子無終食之間違仁，造次必於是，顛沛必於是。」（《論語．里仁》）處在顛沛流離之時，關羽的所作所為，仍然是行事守信，立身以禮，待人以義，處世以仁。正如曹操的謀臣程昱所言：「雲長傲上而不忍下，欺強而不淩弱；人有患難，必予救之，仁義播於天下。」。

最終，尚「勇」。勇，不是指孔武有力，不是暴虎馮河的血氣之勇，而是指見義勇為的勇氣。關羽殺豪霸呂熊，為民除害，是行俠仗義之勇。子曰：「見義不為，無勇也。」關羽勇冠三軍，戰場上有萬夫不敵之勇，《三國志》評曰：「羽、飛皆稱萬人之敵，為世虎臣。」（註18）。「溫酒斬華雄」，「斬顏良、誅文醜，解白馬之圍」，曹操贊曰：「將軍真神人也！」

註16：參見清．張鵬翮《關夫子志序》，收錄於清．張鎮《關帝志》卷3《藝文上》，乾隆二十一年刻本。

註17：《論語．顏淵》中寫道：「樊遲問仁」，子曰：「愛人」。故說：博愛之謂仁，仁有仁愛、仁慈、仁厚、仁道、仁義等含意。

註18：參見陳壽《三國志》卷三十六〈關張馬黃趙傳．第十六〉。

（註19）非神人何能如此神威勇武。就連諸葛孔明也讚譽為「絕倫逸群」。不論是「過五關斬六將，單刀赴會，刮骨療毒」等，關公的神威勇武事蹟，總是被刻畫地淋漓盡致。凡此總總都說明關公確實是一位勇武超群的名將。但關公的勇氣不單純只是戰場之上的神武威勇。子曰：「好勇疾貧，亂也，人而不仁，疾之已甚，亂也。」（《論語．泰伯》）子路曰：「君子尚勇乎？」子曰：「君子義以為上。君子有勇而無義為亂，小人有勇而無義為盜。」（《論語．陽貨》）那麼何者是義以為上的「君子之勇」？曾子曰：「可以託六尺之孤，可以寄百里之命，臨大節而不可奪也，君子人歟？君子人也。」（《論語．泰伯》）這是曾參對老師「君子之勇」思想的重要發揮。說明勇是一種為國家利益而捨生取義的勇，如果一個人有勇無義，那麼他必然會為害社會，是以孟子要人「自反而縮，雖千萬人吾往矣！」

而關公的勇則是包含了堅定道德信念的最高層次的「大勇」。何謂「關公之勇」？試看：「戰國侵陵亂，臨凡救萬民」忠勇也；「佐先主滅黃巾，定西屬破曹軍」智勇也；「結義金蘭定邦國，救困扶危安黎庶」仁勇也；「秉燭達旦護二嫂，封金挂印不足惜」禮勇也；「身在曹營心在漢，志扶漢祚不降曹」廉勇也；「為酬知遇斬顏良，策馬橫刀不懼險」信勇也；「華容道上捉放曹，義薄雲天不畏死」，義勇也；乃至於「刮骨療傷去箭毒，談笑自若飲春風」

忍勇也。所以宋代鄭咸《元祐重修廟記》說：「侯之名聞於天下後世，雖老農稚子皆能道之。然皆謂侯英武善戰，為萬人敵耳，此不足以知侯也。」他認為關帝最值得後人崇敬的是「忠義凜然，雖富貴在前、死亡居後，不可奪也」。南濤《紹興重修廟記》說：「後世雖牧豎田夫，無不知其善戰，此一端耳。」然而他認為關帝的「忠義大節」，又非戰勇可比。金代田德秀《嘉泰重修廟記》說：「世說多稱策馬刺顏良於萬眾中，遂解白馬圍，為公之美，是豈真知公者哉？」他認為：關帝「事君不忘其本，見利不失其義」，「忠而遠識，勇而篤義，事明君，抗大節，收俊功，蜚英名，磊磊落落，挺然獨立千古者，唯公之偉歟」。從以上觀點深入分析，關公完美呈現儒家的君子之勇人格意涵，屬於人性高層次高境界的勇氣，故「勇」在關公文化中別具特色。

「盡己之謂忠，行而宜之謂義，博愛之謂仁，見危受命之謂勇」，此四者為中華文化固有倫理道德之精髓。綜觀關羽在故鄉初立其名，及南征北戰，直到當陽就義，總以「忠、義、仁、勇」，名冠天下。關帝戎馬一生，躬忠體國，以身殉國，「對國以忠」；誠信守身，「待人以義」；凡事身先士卒，戰無不前，「處世以仁」；「以身作則，以勇立功」，「任事以

註19：參見陳壽《三國志》卷三十六〈關張馬黃趙傳・第十六〉。

勇」，其「忠、義、仁、勇」早已成為「忠義」的標竿，「仁勇」的圭臬，有血有肉，真實展現，早已是社會的良知，民族的典範，迥異於一般不食人間煙火的神祇。從歷史英雄到天上封神、人間稱帝，處處展現他非凡的氣度。「扶正統以彰信義，威震九州；完大節而篤忠貞，靈照千古」，他為歷史寫下的不只是精彩而且是永恆。一生行誼，「忠義誠信，仁勇廉節」，三教共尊，古今敬崇，大儒朱熹讚曰：「民命信有攸歸，神曹無不景仰」（註20），其聖義人格，不唯使頑廉懦立，其忠義仁勇之精神，更是風華絕代，史冊彪炳！其恪遵五倫八德、四維綱常，不獨淨化人心，祥和社會，更具普世價值，既有益於世道人心，更對國際社會公理正義，能發揮積極的作用，產生正面的效果！

歷代學者認為，人們之所以特別推崇關公，顯然主要不是因為他的武藝和神威，而是因為他的道德人格。（註21）人們把關帝的思想、道德和精神，總括為：「忠、義、仁、勇」，做為規範人們生活和交往的道德模式，「對國以忠；待人以義；處世以仁；任事以勇」，鮮明地體現出關帝信仰中「忠義仁勇」的文化意涵。相應地，也因為關帝集「忠義仁勇」美德於一身，自然也就形成中國社會，不僅上至帝王將相，同時下至士農工商，廣泛頂禮膜拜的神尊信仰。兩相烘托，交互為用，成為關帝信仰長盛不衰的內在因素。

（二）傳統文化的神道設教是形成關帝信仰的外在因素

任何一種信仰的產生與流行，都需要適宜的社會文化氛圍，否則這種信仰就得不到發展與盛行。對於關帝信仰的歷史和社會文化分析，可從傳統信仰的民族文化背景著手。

關帝信仰之所以長盛不衰，是因為它的孕育、產生和發展是深深植根於中華民族傳統文化的土壤，正所謂根深而後能葉茂。對於人神的崇拜，不獨中華民族有之，世界各民族亦不遑多讓，但中華民族的傳統文化卻格外突出，祭祀神靈之多、影響之廣，令人嘆為觀止。而這與先民先賢「神道設教」的思想攸關。

中華民族的「神道設教」至遲應當於夏商時期，而多神崇拜的最初形式就是祖先崇拜。人類學家李亦園認為：「中國早在殷商時代以前就有很完整而系統化的祖宗崇拜儀式存在」（註22）。他根據《禮記・祭法》中的記載，推測祖宗崇拜「在我國是很久遠的儀式，不但在殷周時代既有之甚且在更早的堯舜夏后時代既已有相當制度化的祭法」（註23）。察考「神道

註20：〈朱子刪正桃園明聖經奏議〉，參見《朱子刪定玉泉真本桃園明聖真經》，頁4。正一善書出版社，2004年3月再版。
註21：參見黃華節，《關公的人格與神格》，臺灣商務印書館，1995年。
註22：參見李亦園《人類的視野》，上海：上海文藝出版社1996年版，第275～276頁。
註23：參見李亦園《人類的視野》，第275～276頁。

設教」一詞，最早出自《易・觀卦》：「規天之神道，而四時不忒；聖人以神道設教，而天下服矣。」孔穎達疏：「聖人法則天之神道，本身自行善，垂化於人。不假言語教戒，不須威刑恐逼，在下自然觀化服從。」後來，神道設教發展成為古代特有的一種思想統治方式，特指依託鬼神之道以推行教化。

「神道設教」的主旨，不拘泥於論證宇宙中是否有鬼神存在，而側重於利用鬼神之道對人們進行教化，以維護現行社會秩序與傳統倫理道德。正因如此，中國古代的思想家，無論是有神論者，還是無神論者，都幾乎認同和維繫此一信條。先聖孔子認同祭祀祖神是古代禮樂制度的重要組成部分，具有教化功能，故主張：「祭神如神在」，（註24）並且說：「鬼神之為德，其盛矣乎！視之而弗見，聽之而弗聞，體物而不可遺。使天下之人齋明盛服，以承祭祀，洋洋乎如在其上，如在其左右。」（註25）；又如曾子所說：「慎終追遠，民德歸厚矣」。（註26）後世延伸這種對親人靈魂加以敬奉的祖先崇拜，也就逐漸演變成為對民族、社會有貢獻人物的祭祀與崇拜，而這些有德於民、品行卓著者就往往成為人民崇奉膜拜的神祇。《禮記・祭法》說：「夫聖王之制祀也，法施於民則祀之，以死勤事則祀之，以勞定國則祀之，能禦大災則祀之，能捍大患則祀之。」（註27）凡有功於民的英雄人物都可以為鬼、為神，厚受後人的祭祀。

正是由於此一濃厚的「神道設教」的民族文化傳統，有著忠義、誠信、仁勇等神格特徵為主的關帝，不但具有倫理教化的功能，更是史實可考的英雄人物，自然得到了歷代統領政教者與文人士子從事文教者的極力倡導，以致風行至今歷千餘年而不衰。由此可證，「神道設教」的思想主旨是關帝信仰盛行的根本原因之一。如今關帝信仰，已是一種群體文化現象。明・徐渭在其《蜀漢關侯祠記》中慨嘆道：

蜀漢前將軍關侯之神，與吾孔子之道並行於天下。然祠孔子者止郡縣而已，而侯則居九州之廣，上至郡城，下至墟落，雖煙火數家，亦靡不醵金構祠，肖像以臨，球馬弓刀，窮其力之所辦。而其醵也，雖婦女兒童，猶歡忻踴躍，唯恐或後。以比於事孔子者，殆若過之。(註28)

關廟的數量大大超過孔廟，民眾對關公的崇拜熱情也大大超過了對孔子的信仰。做為儒家弟子，徐渭只得自嘆弗如！做為一種流行了千餘年的群體文化現象，關公崇拜產生、發展

註24：參見楊伯峻《論語譯注・八佾》，臺北：源流，1982，第227頁。
註25：參見南宋・朱熹集註，蔣伯濳廣解《廣解四書・中庸》，臺北：東華，1986，第427頁。
註26：參見楊伯峻《倫語譯注・學而》，第22頁。
註27：參見李亦園《人類的視野》，第280頁。
註28：參見明・徐渭《蜀漢關侯祠記》，收錄於《徐渭集》，北京：中華書局，1983，第727頁。

和興盛的原因可說是複雜萬端，甚至說它和古代的經濟基礎、政治制度、文化背景、社會心理、民族性格以及關羽本人的人格魅力，都有著千絲萬縷的關係。但在林林總總的眾多原因中，古代特有的「神道設教」的主旨思想，無疑是最根本的原因之一。

從「神道設教」的思想出發，人們十分注重發掘關帝信仰的倫理教化內涵。綜觀聖帝一生為人行事，只見義理，不顧得失。千里尋兄為「仁」、華陽放曹為「義」、秉燭達旦為「禮」、水淹七軍為「智」、單刀赴會為「信」，光宗耀祖，顯揚父母以「孝」；友愛兄弟，義結金蘭以「悌」；扶漢興劉，為國為民以「忠」；單刀赴會，執法斬子以「信」；秉燭達旦，護嫂尋兄以「禮」；為知己死，華陽放曹以「義」；封金掛印，爵祿不受以「廉」；身先士卒，將士用命以「恥」；此外濟貧扶弱，待人以「誠」，素覽春秋，辨志以「智」；吞曹滅魏，作戰以「勇」；刮骨去毒，療傷以「忍」。正所謂：「當為則為，當行則行」，故能為千秋範式。以上與諸多德目攸關的故實，無一不是「設教興德」的最佳範式，因此聖帝的風範能長遠地影響著華人社會的價值觀與使命感。「神道設教」的影響，無疑是非常主要的原因。

（三）儒、釋、道三教合一是形成關帝信仰的重大助因

歷史表明，同一區域不同宗教文化間的融合是一個必然的趨勢，宗教信仰自由的地區尤然。而中華民族儒、釋、道三教文化交流和融合的歷史久遠，因此具有以中華民族傳統文化為背景，以「忠、義、仁、勇」為核心內容的關公文化，自然對關帝信仰的發展發生過積極的推動作用。關公信仰文化是中國傳統文化的重要一脈，關公的神化發端於人們對其德行的景仰，逐漸形成了道德意義上的心理認同。進而使這種民族文化的認同心理，發展成為社會集體意識，隨著信奉人群的擴大及與道德實踐的交互作用，關公成為理想與現實結合的精神寄託，最終形成了道德與神祇的合璧。神化關公有助於勸化人心、發展公義，於是在宗教主導下，在宗教的道德實踐中，在宗教交流融合的發展中，關公信仰逐漸發育發展，乃至成長、茁壯、充實、圓滿、完成。

儒、釋、道以及民間宗教各自擁有自己的信徒，各種宗教又都自覺或不自覺地吸收他宗的優點，久而久之形成了三教合一的情況。在關帝信仰這一現象上，明顯可以看出儒、釋、道教都尊奉關帝，已如前述：儒家稱其為「關夫子」、「武聖人」、「文衡帝君」、「關聖帝君」；佛家稱其為「護法伽藍」、「護國明王」；道教則稱其為「三界伏魔大帝」、「崇

寧真君」、「協天大帝」、「翊漢天尊」。三教共尊的「忠義誠信仁勇廉直」，應乎一人，關帝當之無愧！因此，關公文化可說是以中華民族文化為本質，同時又包容了儒家、佛家、道家文化。三教合一，兼容並蓄的複合性文化。正所謂：「儒稱聖，釋稱佛，道稱天尊，三教盡皈依，式瞻廟貌長新，無人不肅然起敬！（註29）」。

1. 儒家尊為聖人

關帝一向被儒家視為是「忠義」的化身，因為關帝的性格、行為完全服膺儒家忠義仁勇的倫理道德（已如前述），因此受到儒家的極力推崇。清雍正四年（1726）尊關羽為夫子與孔夫子並稱，雍正八年（1730），追封關羽為武聖，關公與孔子成為文武兩聖人。（註30）

文聖孔子與武聖關公並稱，其內涵是，以文武二聖之神道以設教化於萬民。文聖是理論的化身，武聖是行動的榜樣；文聖是倫理道德的倡言者，武聖是倫理道德的實踐者。一文一武，一靜一動，恰好相互參證。這種言行合一、言傳身教的做法，正是取決於華夏民族重實踐的傳統文化。誠如一副武廟楹聯所說：「聖學得堅強，仲尼未見之剛者；正氣塞天地，孟子難言此浩然」。關帝以其一生踐履忠義的行為，成為天下萬民倫理的表率，又因其大義參天、神威遠震的力量，彌補了儒學說教的不足。後世儒家之所以尊關帝為「山西夫子」，與「山東夫子」孔聖人對舉，正是儒家借關羽之軀殼存自家之靈魂的寫照。

孔廟既稱為文廟；關廟也就稱為武廟，孔子的墓地為孔林（山東曲阜），關帝的墓地也就稱為關林（河南洛陽），關廟在數量、規制上都不讓孔廟，故有武廟楹聯曰：「綱紀重春秋，周有夫子，漢有夫子；廟堂齊學府，文一聖人，武一聖人」（註31）。另有一副關廟楹聯曰：「孔夫子，關夫子，萬世兩夫子；修春秋，讀春秋，千古一春秋。」（註32）孔子是儒家學說的創始人，人們把關羽與孔子並舉，可見儒家對關羽的尊崇，這使得「關帝信仰」有了渾厚的思想基礎，對「關帝信仰」的興盛，的確起了重要的作用。

關帝人格特質中的「忠義仁勇」精神，正是儒家思想在君臣關係與人倫道德上的直接體現。奉儒學為正統的歷代統治階級以及儒家學派，莫不是看中了這一忠義仁勇精神，乃廣大

註29：參見鄭土有《關公信仰》，臺北：學苑出版社，1994，第78頁。
註30：世宗雍正三年（1725年），第一次封關公祖輩三代，曾祖為光昭公，祖為裕昌公，父為成忠公。授關公在河南洛陽的後裔為世襲五經博士。雍正四年（1726年）又加封關公為山西關夫子。
註31：參見〈江蘇吳縣東山關廟楹聯〉，收錄於黃華節《關公的人格與神格》，臺北：臺灣商務印書館，1967，第128頁。
註32：參見〈四川成都關羽衣冠冢楹聯〉，收錄於黃華節《關公的人格與神格》，第129頁。

群眾之所需，對儒家倫理的推動具有強化和典範作用，故對關羽屢加封謚，廣加推崇。「忠義者聖賢之家法」，關帝一生至性至情，至誠至真，面赤心尤赤，鬚長義更長。聖帝的忠義不但符合華夏的傳統美德，在歷史上更被視為忠義的典範，讚其名曰「天下義士之至」、「萬世人臣之極」，關帝之所以受到萬民的景仰尊奉，也正是基於他儒教忠義人格的完成。

2. 佛教視為護法神

「關羽顯聖」的說法最早或出於陳、隋年間（557～580）一個與佛教傳佈有關的傳說。據《荊門志》記載：湖北當陽縣玉泉山關廟「興於（南朝）梁、陳間，蓋始於智者大師開山之時也。歷隋至唐，咸祀事之」。唐代貞元十八年（802），「荊南節度使江陵尹斐均，廣其祠宇，增於舊制」（註34）。這是最早的關羽廟祭祀。

當陽顯烈廟即玉泉山關廟，而玉泉景德禪寺則是玉泉寺。唐代貞元十八年（802），裴度節度荊南，見玉泉寺西北三百步關公遺廟殘毀，便發願輸資建寺，其僚屬董侹撰《貞元重建廟記》加以記載：「南朝陳光大年間，智顗（539～597）禪師宴坐，夜半聞關公『願捨此地為僧坊』語，並約時日。至『指期之夕，萬壑震動，風號雷鳴，前劈巨嶺，下堙澄潭』。由是『鬼助土木而成』，現香界於玉泉，肇關公信仰於始元。（註34）」

智顗禪師即天臺智者大師於隋文帝開皇十二年（592）至荊州當陽，建造玉泉寺。而有關資料中，並未見智顗建寺的神蹟。由此可知，董侹記載智顗在陳光大中至玉泉山，關羽顯靈捨地建寺，應是個傳說，而非事實。真相應該是隋唐之際的佛道紛爭及「安史之亂」前後，三教爭鬥激烈，在客觀上極大地促使了佛教本土化的進程。借跡關羽，才是佛門尊關公為護法伽藍神的緣起，也是佛教本土化的一個努力面向。藉由廣傳關羽在玉泉山顯聖，驅走了妖魔鬼怪，以大刀砍平山地，並建成一座寺廟，於是智者大師為關羽授戒皈依佛門，使之成為「護法伽藍」。因此關公「捨地建僧坊」的故事，實緣出於佛門弟子從民間相傳的關公靈異之事的啟發中演繹而來。到唐代中後期，關公在荊州地區成為興廢豐荒的保護神，正如碑記所言「生為英賢，歿為神靈，所寄此山之下，邦之興廢，歲之豐荒，於是乎系。（註35）」

隋朝以後，佛教把關公拉入了護法神的行列，一如《解梁關帝志》所記載：「天臺智者，以隋開皇十二年（592）至當陽，上金龍池，月夜有具五者，威儀二人，一長而美髯豐衣，一少而秀髮」，此兩人即指關羽、關平父子，他們幫助天臺智者大師建造玉泉寺，當寺建成後，

註33：元・胡琦《關王事蹟》卷3《顯烈廟記》。此書成於元至大元年（1309年）正月。
註34：明・董侹《荊南節度使江陵尹裴公重修玉泉關廟記》，見《全唐文》卷六六四。
註35：明・董侹《荊南節度使江陵尹裴公重修玉泉關廟記》，見《全唐文》卷六六四。

智者大師為關羽授五戒。……神既受五戒。智者言於晉王，賡上其事，賜以佳名。而公遂為此寺伽藍神矣！」（註36）

我們若從關公信仰形成的文化背景考察，大致可得到以下四個方面的認定：

原本，在唐中、末葉，民間只流傳關羽捨地建寺並守護玉泉寺的傳說，至終關羽父子被佛教化，成為佛教的信徒和護法。這一傳說，在當時佛教界非常盛行。

雖然傳說紛紜，各有緣起，各有動機，難辨其詳，但我們可以從此傳說中窺知，玉泉山關廟在玉泉寺建立之前即已存在的事實。從當陽之章鄉是關羽被斬首之處，因此荊州民間最初的祖關活動屬於「祖厲」。加上唐宋文獻資料證明，祭祀關羽在很長時間內只是一種區域性的文化現象。因此玉泉山的關廟可能是由關羽橫死後為「厲」的神祖祭祀發展而來的。也就是說關公信仰起源於荊州民間的祖關活動，但隨著時間久遠，關公忠義勇武的高大形象逐漸根植於荊州民間信仰中，成為斬妖除魔、護國佑民的善神。

其次，佛教宗師，聰明地駕馭了當地民眾拜祖關的習俗，藉民俗信仰在當陽玉泉山開寺說法，以關羽為護法伽藍神保護佛教，不僅提高了佛教的知名度，又極大地吸引了那些祭拜祖關的關羽信徒來認識、參悟佛理，不但得到了收受信徒之效，同時也做為佛學本土化做出努力。

再則，雖說關公信仰起源於荊州民間的祖關活動，但關公信仰仍可上溯到南朝末期，因為史載南朝蕭梁朝廷內部因武帝蕭衍之死而幾代互相殘殺，梁宣帝為此而諮事於關羽；梁末，權臣王琳也曾就家國之事訴願於關羽。這就說明南朝時期，關羽已演化為護國平亂、祈福禳災的神靈。因此才會有「生為英賢，歿為神靈，所寄此山之下，邦之興廢，歲之豐荒，於是乎系。（註37）」的記載。

最後，我們可以斷定，隋朝初，山西解州已創立具有紀念性質的關羽祠堂。這對廣大民眾來說，寄託有所依，祈願有所訴。而關羽信仰真正取得官方認證，是在北宋中期。《宋會要輯稿》「漢壽亭侯祠」及「關平祠」條言：「一在當陽縣。哲宗紹聖二年（1095）五月賜額『顯烈』；徽宗崇寧元年二月封忠惠公；大觀二年進封武安王。一在東隅仇香寺。羽字雲長，世傳有此寺即有此祠，邑民疫癘必禱，寺僧以給食。」「在荊門州當陽縣景德玉泉院。

註36：參見王鋼《解梁關帝志》卷一，山西：山西人民出版社，1992，第19頁。

註37：明．董侹《荊南節度使江陵尹裴公重修玉泉關廟記》，見《全唐文》卷六六四。

蜀將關羽子平祠，崇寧元年賜額『昭貺』，仍封羽忠惠公。政和二年九月封平『武靈』。」可以確定，在宋代社會生活中關公已是廣大民眾頂禮膜拜的神靈。（註38）宋代以後，關公已由一宗一寺的護法神一躍而為整個中國佛教護法神，各家寺院自然也就把關公請進自己的門檻，

成為佛教的護法神祇。

綜上所述，佛教從印度傳入中國後，為了擴大影響，也吸收了一些中國本土的民間信仰。由於關公生前的影響，民間對關公的思念，以及由此而衍生的神異傳說，使關公步入神壇，關公的盛名日高，從原本只是古代荊州地區獨有的祖關崇拜現象，逐漸普遍化。這與關公神蹟靈驗和得到朝廷封賜攸關，根據上述，在宋代，神明要靈驗才可以合法及受到封賜（註39）。因此藉由寺僧創造靈驗吸引人潮，加上朝廷的封賜。二者相輔相成，互為因果，吸引更多的人潮與封賜，如此循環影響，關羽信仰逐漸跨出地域走向全國乃至世界，以致出現了大量的有關關公的神話故事，故事的傳播，又與民間敬仰關公忠義仁勇的傳統民族文化相合流，如此交互作用，透過廣大民眾的口耳相傳，更對關公的神化起著不可忽視的催化作用。如今，在中國佛寺中，將關羽做為護法伽藍神的寺廟幾乎是十之八九，入門即見忠義，入殿望之儼然，令人肅然起敬，自然一心向道！

3. 道教奉為帝君

道書稱，關羽自玉泉山顯聖之後，遇鐵缽真人，立法為地祇上將。唐時道教大興，神祇輩出，由於多神信仰，彌天蓋地，關帝信仰一時並未突顯。五代時期，雖然民間除塑關羽神像外，還懸掛畫像以祀之。但由於未得帝王崇祀，並未取得正統地位。

自北宋以後，道教即尊奉關帝為護法天神之一，尊稱「蕩魔真君」或「伏魔大帝」。民間則俗稱關聖帝君或關帝。至宋真宗趙恒之時，由於篤信道教，祥符七年（1014）時有解州刺史表奏朝廷，解州鹽池發生災變，水不生鹽。真宗遣使至解州城隆廟祈禱，夢中得知是蚩尤作怪。遂派人從信州龍虎山詔來張天師（三十代天師虛靖真人）收妖，張天師薦舉最英勇的蜀漢關將軍，於是關羽現形御前。於解池降妖斬怪與蚩尤大戰七日，斬殺蚩尤，使鹽池水復生鹽。真宗賜封羽為「崇寧真君」，關羽成為護佑皇室朝廷的神，又稱「護國真君」，奠

註38：《宋會要輯稿》：嘉靖元年《湖廣圖經志書》載「荊門縣關王廟……一在州南二十里，宋天聖間建，元修。」萬曆《承天府志》載「承天府關雲長廟：蘭臺東偏祠關雲長……皆宋淳熙中建。」荊門州關廟載「宋邊居誼築城時所建關將軍廟，一在中街，一在卓刀鋪。」可知宋代單單湖北境域關廟已不少。

註39：《宋史》記載，祠廟一經合法，廟中主神即名列地方祀典，除官員按時致祭維修外，神明亦可因靈驗，獲得加封。北宋元豐三年，朝廷定下封賜神明的制度是「已賜額者加封爵。初封侯，再封公，次封王。生有爵位者從其本。婦人之神封夫人，再封妃。其封號者初二字，再加四字，如此則賜命馭神恩禮有序」。

定了關公至高無上的地位。這種由民間而宗教，再由宗教而王室的廣泛崇拜，使關廟遍及窮鄉僻壤，無處無之。道書記載誤將徽宗、真宗張冠李戴，年代稍嫌錯置，但敘述更為傳神，無非表明「關公因道教天師之薦請，平定蚩尤」，以其護國佑民，入祀道觀；實則北宋徽宗、真宗之世，常有異族入侵，民情擾攘，苦無救兵，若能得神威武勇、忠義仁勇的關公助陣，自然民心歸向。因此蚩尤表異族，黃帝即表皇帝，天師、關公自然也就是助陣的諸神諸將了。

明神宗萬曆十年（1582），加封「協天大帝」，至萬曆四十二年（1614），再加封「三界伏魔大帝神威遠震天尊關聖帝君」，至崇禎三年加封「真元顯應昭明翊漢天尊」（註40），成為道教天尊。道教以關公為伏魔大帝，蕩魔真君，協天大帝，四大元帥之一，位列道教神系的高層。關公「超凡入聖」，如福建中元節由道士主持的盂蘭盆會中，主壇供奉三清、玉皇大帝、關聖帝君、三官大帝、華光大帝等九位，在道士做道場祈禳時，必不可少的一項法術是「請神」，請神下壇降妖伏魔，其中就有馬、趙、溫、關四大元帥，其中尤以關帝的替天行道、鎮妖除魔最為民眾爭相奉祀。

儒、釋、道三家爭相把關公納入自家的行列，這三家的相互碰撞、融合，不斷提高關公在神界的地位，擴大關公的影響，對關帝信仰的盛行，興起了十分重要的作用，終至成為海內共讚、三教共尊（註41）的一代聖教。推其理無他，只因「忠義仁勇」，正是關帝一生的寫照，關帝其聖義人格，不唯使頑廉懦立，其忠義精神，更昭垂百世，最終關公被統治者與廣大民眾，一致擁戴，推上了神的寶座。

（四）部分時代因素，如財神崇拜；地方因素如閩臺信仰等時空因素

1. 財神崇拜

關帝的「忠義」精神在現代企業經營中愈來愈受重視，忠則盡責而誠信（註42），義則廉節不竊取（註43）。關帝之所以受到商人的特別信仰，是由於他那義氣千秋的凜然精神，感召所有商人都能以信義為本，講誠信重義氣。做買賣需講誠信，日常交往需重義氣。輕財利才能仗義，重義氣才能在危難中互相扶助，俗謂「買賣不成仁義在」，這是中國商人或社會

註40：參見光緒《清會典事例》卷438《禮部》、《中祀》。

註41：儒家稱其為「關夫子」和「文衡聖帝」；佛家稱其為「護法伽藍神」和「護國明王」；道教稱其為「三界伏魔大帝」、「協天大帝」。正如一副武廟楹聯所云：「儒稱聖，釋稱佛，道稱天尊，三教盡皈依，式瞻廟貌長新，無人不肅然起敬；漢稱侯，宋封王，明封帝，歷朝加尊號，矧是神功卓著，真所謂蕩乎難名。」參見鄭土有《關公信仰》，臺北：學苑出版社，1994，頁78。

註42：朱子說：「忠只是盡己，因見於事而為信。」參見陳滿銘，〈孔子的「信」之教〉，《孔孟月刊》，43卷3期，頁10～11。

註43：孟子說：「可以取，可以無取，取傷廉。」（〈離婁下〉）又說：「非其有而取之，非義也。」（〈告子下〉）

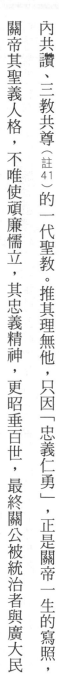

成員間穩固的社交文化心理。誠信是維護市場秩序的基本道德規範。誠信經營，互為制約的信用、公道，維繫著市場關係和市場秩序。誠信又是和諧社會的道德準繩，具有誠信內涵的「義」，在商場上，主張相互平等、彼此承擔，這是從事商品交易、商業活動的基礎。具有誠信內涵的「忠」，則調節人們日常生活中的經濟利益、彼此責任、相互信用等倫理關係。關帝的「忠義」精神，不僅是一種品行，更是一種責任；不僅是一種道義，更是一種準則；不僅是一種聲譽，更是一種資源。因此若由商業面觀之，只要是從商的，大多會供奉關公。但絕大多數的人都只希望關公能庇佑事業鴻圖大展、賺大錢，卻忘了學習關公精神的「忠義本質」。

從明清至今的海外華人，特別是東南亞的生意人都奉關公為財神，因為過去的商業法律，沒有今天法律體系的健全，一般律法對經營活動都沒有嚴格法規約束。人們在貿易中，祈求公平、公正、公道、信用、信義，自然以關公為「監護神」。行商始，求關公保護；行商中，請關公護利；發生爭執，請關公判訟。關公成為主持著公道正義的行業之神、商業之神。民間商界，則早已視關公為全財神了。商人所到之處，到處建關帝廟，關公成為商界心目中誠信忠義的化身。因而關公就順理成章地成為商賈市井、三教九流們共同崇拜的神尊。如清代山西商人因為地緣關係，最尊奉關公。由於晉商數量多且分佈廣。常將聚於一地的同籍客商，拉攏成立「商會」和建立「會館」相互聯絡，在晉商的商會、會館裡必定要供奉關公，會館建築的格局則完全仿照關帝廟的式樣，將關公文化運用在商場交易及組織經營管理之中。因此各商號在號規中均規定了「重信義，除虛偽」，「貴忠誠，鄙利己，奉博愛，薄嫉恨」，反對以卑劣手段騙取錢財。要求商人恪守「誠信仁義，利從義出、先予後取」的正道。晉商完全將關公文化融入其企業文化當中，更將關公文化的「忠義仁勇」，轉化成晉商文化的「誠信忠義」，自然在商界形成良好形象，尤其對於從事金融市場中的票號業更加顯得重要。晉商不以利益掛帥，採取「義中取利」的核心管理思想，將誠信和品質當作企業成功的利箭，成為當時最為高明的管理策略。除了大幅提升晉商在商場上的交易信用，拉大與其他地區商人的競爭能力，更使得晉商在中國商場上享有崇高的地位。（註44）

「關公文化」最明顯的表現是塑造了華人特有的「重義」性格，這個性格相當程度的與西方「重利」性格形成強烈對比，而一個人是否「重義」也成為華人道德與行為的重要標準。一個人若被批評為「不講義氣」，對華人而言，是完全負面甚至敵對的評價，表示這個人不

註44：李雪楓：〈論晉商的文化精神〉，《光明日報》。

但已經不值得交往，甚至還必須提防他的變節與出賣，因此華人的正直與剛強性格，也深受關帝信仰的薰陶（當然華人在另一面也表現出仁愛與忠恕的儒家性格，兩者剛好成為完美互補）「公義」與「私利」、「江湖道義」與「兄弟義氣」不同。關帝的「義」乃是建立在道德、修養、救度上的義，是對錯誤與偏執勇於提出糾正與改革的大義，而不是盲附勢力、匹夫之勇的愚義。「重利輕義」時代，群己的關係愈趨病態，社會的道德愈趨瓦解，乃至不公不義之人罔顧道義，恣意破壞生態、耗盡資源，甚至禍延子孫，而社會大眾也在物質享樂主義下迷惘唱和，並以「追求經濟」、「邁向現代化」將此等不義行為合理化，造成人類社會與環境生態的危機，此時提倡「重義輕利」精神，才是醫治病態社會的良方。關帝的忠義精神恆貫古今，並形成一種文化特質與高尚性格，若能由關帝的聖義人格出發，針砭當今全球重利輕義行為的不當，促使世界重新重視「誠信正義」的價值，當是全球人之幸！

2. 閩臺關帝信仰

明清時期，在中國大陸關帝信仰達到巔峰。而臺灣的關帝信仰則是伴隨鄭成功反清復明而傳入臺灣，據方志記載，南明永曆十九年（1664），鄭經從銅山（今東山）撤離到臺灣。明寧靖王朱術桂隨同前往，他從銅陵關帝廟分靈，到臺灣後在王府內仿效銅陵關帝廟形式建造了關帝廟。因此這座關廟是由明寧靖王首倡，而由鄭經為首的明鄭政權所建造的。即今臺南關帝廟，坐落於今臺南市中區永福路二段229號，俗稱「大關帝廟」(註45)，建成於明鄭時期的永曆二十二年（1667）(註46)寧靖王手書「古今一人」牌匾，以示彰揚。(註47)由於鄭成功的忠義仁勇與文治武功和關帝神格相似，故把鄭氏比喻為忠義仁勇的關帝，強調關帝的正統性，以號召反清復明。至雍正五年（1727）「大關帝廟」奉旨晉升為官祀的武廟，故改名為「祀典武廟」，此後成為臺灣府重要的官祀場所，清代歷任知府都刻意維護修繕，是臺灣地區保存最完整、最壯麗的古廟之一。(註48)

清代統一臺灣後，有鑑於明鄭遺民對鄭成功的追思，一邊大力復興朱子學，一邊在關帝信仰上著重強調關帝的忠信，與理學的綱常倫理相接。雍正十三年（1735），彰化知縣秦士望撰《關帝廟碑記》時說：「夫自古忠臣義士，生為正人，歿為神明，皆足以奠俎豆、享血食；然或祀隆於一代，或廟建於一方，……自漢迄今，日新月盛，唯帝一人。論者謂：其德配尼

註45：又於永曆二十三年（1669），傍依所奉明室寧靖王府的鐘樓修建一廟，稱作「開基武廟」，俗稱「小關帝廟」，即關帝廟有大小兩座，今分別稱「祀典武廟」和「開基武廟」，並在入清之後繼續保留，不時重修。

註46：連橫：《臺灣通史》卷十《典禮志・祀典》，第249頁。

註47：根據《臺灣府志》所載：「關公廟在鎮北坊，鄭氏時建，明寧靖王題額曰『古今一人』，繼而各地皆有關公之廟祀。」另見劉海燕〈閩臺關帝信仰源流〉，「海峽兩岸（福建東山）關帝文化論壇」發表於2007年6月27日。

註48：連橫：《臺灣通史》卷十《典禮志・祀典》，第249頁。

山，聖分文武，忠同日月，氣塞天地」（註49）。乾隆二十八年（1763）鳳山知縣王瑛曾在《重建武廟碑記》中說：「神之志在春秋，功在名教，凡忠義志節之鄉，尤心嚮往之。臺雖荒服，考自寧靖王竄跡以來，剩水殘山，崎嶇死所，幾視田橫義島而上之，亦名教地也！春秋傳曰：神所憑依，將在德矣。毋亦是饗而是宜乎？」（註50）王瑛曾明確指出，關帝信仰是遺民忠義精神的體現，而這種忠義思想也是綱常名教的組成部分。乾隆三十一年（1766），知府蔣允焄在《增建武廟官廳碑記》中，提到他擴建官廳的理由是：「臺雖荒服，沐浴王化幾百年，於文廟以習其禮樂冠裳之盛，於武廟以作其忠誠義勇之氣；二者交資，不可偏廢」。希望能在廟貌一新之際，能讓當地民眾感物教化，崇信忠義精神：「都人士觀乎此，感動名教之心，與優遊典物之情，交相培養；忠信節義，當有油然而興者矣。」（註51）可知清代官員崇奉關帝的真正目的，是推行儒家思想，對民眾進行教化。由於關帝的忠義精神可以用來教化百姓，效法關帝的忠義為清代效忠，使臺灣百姓改變對滿族政權的敵視，將百姓對鄭氏忠義的思想轉與朱子學接軌而化於無形，實際則是透過關帝信仰在社會上宣傳忠義節烈的儒家綱常禮教，發揮儒學忠義節烈的教化功能。

因此從史志資料來看，臺灣關帝信仰的興起與傳播，與清政府的推行和官祀武廟有很大的關係。武廟本為武將所崇祀，自鄭成功收復臺灣，到清政府統治臺灣時期，有不少閩籍軍官在臺灣任職，他們將自己對關帝的信仰傳播至駐地。因此，臺灣關帝多半來自福建漳州的南靖縣及平和縣的分靈。（註52）他們多半按家鄉關廟模式建廟奉祀，甚或將神像從福建家鄉帶到臺灣。

其次，臺灣民間祠祀的關帝廟中，儒、釋、道三教仙佛雜祀，體現出臺灣民間信仰的自由風氣。臺灣寺廟供奉神佛，多有儒、釋、道三教重疊的情行，如道教廟內常常可見「大雄寶殿」供奉釋迦牟尼佛，神佛共祀者亦有之，如關聖帝君、媽祖、王爺、孔子、觀世音菩薩、濟公活佛等等，往往同祀一觀。因此，臺灣民間信仰很難區分屬於哪個教門，一般多是儒、釋、道三教合一敬奉，在臺灣民間信仰方面，多信奉三界之神佛為人類的主宰，敬拜神佛是為消災解厄、增福添壽，亦是人類精神安定力量之所在。再則，民間祠祀的關帝廟，與早期開墾臺灣的閩粵移民密切相關。學者黃華節認為：

註49：碑存臺灣彰化市關帝廟，原大130×58cm。《石刻史料新編》第三輯（17）《明清臺灣碑碣選集》，138～139頁。新文豐圖書公司（臺北）1986年出版。

註50：《臺灣中部碑文集成》，臺灣文獻史料叢刊，第九輯，175號。第1～2頁。

註51：蔣允焄：《增建武廟官廳碑記》見《續修臺灣縣誌》卷七《藝文（二）》，第501頁。

註52：《臺灣省通志稿・人民志・宗教篇》，第5275～5277頁。

清代時自然經濟和血緣團體逐漸解體，多姓村莊開始增加，並且出現了大批客商及遊民。因為新生集團無法依靠血緣關係來增強團結並保護共同利益，他們求助於關羽的忠義象徵，來維持這個由來自五湖四海的團體，關羽的形象便被做為交友之道的原則，從而使關帝廟更為普遍。（註53）

經濟移民潮，給臺灣源源不絕地輸入了關帝信仰，或者為了旅途平安，或者為了地域融合，或者為了調和矛盾，關帝信仰再次被新移民帶至中國周邊，以致海外華人聚居的任何地方，以新的形式供奉敬仰。移住民多把關公看作保佑平安、懲兇除惡、斬妖除魔、消災解難的守護神，移民於遷徙途中需要關帝的護佑，使關帝的護國佑民的功能褪去殺敵懲奸的戰爭硝煙，轉向日常化、平民化的消災解難、保佑平安，其次懲兇除惡指向欺侮良民的官吏惡霸、土豪劣紳；斬妖除魔則是指向地方區域性的凶神惡煞、妖魔鬼怪，不信神靈者。而臺灣地區經過日據時期對偶像崇拜的打壓後，其民間信仰仍如火如荼地發展，使得關帝崇拜愈演愈烈，在把持文衡和扶助商業等方面，其神性內涵甚至有超越大陸的地方。這也是臺灣關帝廟修廟最多、最勤的原因之一。因此臺灣信眾特稱關帝為「恩主公」（註54）。

從以上分析可以看出，臺灣關帝信仰的發展大致經歷三個階段：第一階段從明鄭時期到清治前期，這一時期的關帝廟主要由官府和官兵創辦和修建，信仰的內涵主要在政治、軍事、航運方面。不論渡海來臺，抑或海上捕魚，都需要關帝護佑。第二階段從清代後期到日據時期，這一時期的關帝廟從官府與士紳合建逐步轉為由士紳和民眾合建，在儒宗神教的鸞堂中佔有重要地位。信仰中的宗教迷信成分不斷增加，由於備受倭寇侵擾，需要勇武正義之氣來抵禦外敵，關帝的功能越來越廣泛，突出的特點是士紳利用關帝降乩安定民心，穩定社會，宣傳中華傳統文化。第三階段是臺灣光復以後，這一時期的關帝信仰完全進入民間，成為民間宗教信仰的重要組成部分。信眾普及，但更集中於工商業者。凡塵俗世之中，難免有許多不平、不順、煩擾之事，於是民眾抽籤問卦，祈求啟示和保佑平安，關帝成為日常生活中的保護神，而商人則祈求生意興隆、財源廣進，奉為全財神。時至今日，關帝信仰中有利於社會和諧、民眾心理平衡的功能不斷增強，成為構建和諧社會的一個組成部分。

註53：黃華節《關帝的人格與神格》，商務印書館（臺北）1968年，227頁。

註54：臺灣信眾通常把五位神祇尊為「恩主公」，包括關聖帝君（關羽）、孚佑帝君（呂洞賓）、司命真君（灶神）、北極玄天上帝（玄武）和岳武穆王（岳飛），而多半以關羽為主祀神。

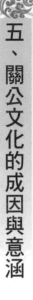

五、關公文化的成因與意涵

此外關帝信仰的「文化意涵」，還隨時代的變化而遞演，這種演變也是基於人們的現實需求。如：統治者尊其為忠義之神、戰神和統一之神，以網絡天下豪傑效力朝廷，或賴其整合地方、收復失土、抵抗外侮；江湖幫派則奉其為結義之神、勇武之神，以斂內禦外，標舉生死與共、禍福同當的江湖道義和勇往直前、視死如歸的英雄氣概。文人士子奉其為文教神，藉其弘揚教義，並祈請功名利祿；商人、手工業者尊其為財神、保護神，祈求財源廣進、生意興隆；農民尊其為人間善神、正義之神，祈求降雨消災、斬妖伏魔、主持公道；凡此種種，不一而足。於是海內外信奉關帝者無數，形成了傳統文化上特有的「關公文化」。

人類學學者李亦園認為：關帝信仰代表商業城市的信仰特色，一方面是個人功利的，另一方面也欲藉儀式以淨化、提升社會道德。（註55）「關帝信仰」已是民眾生活中的普遍現象。尤其是華人社會的商業行為與傳統文化的意識結合，突顯了它的文化意涵與思想價值。傳統社會的商業行為建立在「廉直誠信」，所謂「買賣公道」、「童叟無欺」、「一諾千金」、「一言九鼎」，商場往來全賴雙方廉直互信，這是當時社會歷史發展的必然里程，也是「關帝信仰」形成的內在因素，商人的特別信奉關帝，自是由於關帝義氣千秋的凜然精神，感召了商人的守信用、重義氣、敬然諾。它的產生有著歷史意涵的啟示和文化發展的價值。

從上可知：關帝的「忠義仁勇」是形成「關帝信仰」在商業行為中的內在因素；傳統文化及財神崇拜則是形成「關帝信仰」炙手可熱的推手以及外在原因。而神話傳說，則為關帝信仰起了推波助瀾的效果。如財神崇拜的部分因素，則是起於「相傳」關帝博學多能，生平喜讀《春秋》、《易傳》，尤其精通珠算、長於算術，更傳說他年輕時，是個布販（服飾業因此拜他為祖師），曾發明「日清簿」，也就是舊時本省商人所習用的「流水帳」。這種簿記法，設有「原、收、出、存」四項，是一種一目瞭然的記帳法，於是後人便認為他精於理財之道，擅長會計業務，加上他手持的青龍偃月刀，十分鋒利，生意人將本求利，故他被尊為商業之神，受商人膜拜景仰。另外也有人認為，商場上，朋友即是財富，而劉、關、張桃園三結義的故事，深植人心，「能為朋友兩肋插刀」、「重義解困、仗義疏財」、「受人點滴，泉湧以報」，後世每以此故事來表明朋友之間深厚的友誼、義氣與信賴。

更值得注意的是，如今隨著時代的變化，人們的現實需求與日遽增，「關公文化」的興業意涵愈形重要，單單基於關帝信仰的大大小小的法會、廟會、活動，不但遍及全國各地，

註55：李亦園《文化的圖像》，頁31，1992年版。

甚至揚名域外，它所帶動的商機、寓教於樂的效用及社會整合的功能，不但是顯而易見的，更早已超出估算，幾達令人無法想像的地步，誠所謂不可思議的境界。值得注意的是，這種文化演變的功能，已然將神權的崇奉，導入於日常人倫的教化之中，使宗教不重「宗教相」，而重「宗教性」，不但轉化了宗教的外在形式，更保存了宗教本具的功能。

六、結語

關帝信仰不僅是一種歷史現象，而且還是一種現實存在。伴隨著傳統文化的復興，關帝信仰已成為不少地方引人注目的一種文化現象。考察關帝信仰的文化淵源，正是為了認清其文化意涵，瞭解其來龍去脈，從而正確對待這一傳統文化的遺產，避免不明就裡的片面批評或全盤否定。推而廣之，自當有益於世道人心和傳統文化發揚。

關公雖是歷史人物，但關帝對整個社會文化的影響層面，卻遠已超過歷史的範疇。無論是宗教、經濟、商業、文化等層面，乃至文學、戲曲、神話、藝術、故事、傳說等，只要我們用心，都可發現「關帝信仰」都是不可多得的「文化現象」，在文化史上，是值得大書特書的，而它的形成原因與其所突顯的文化意涵更是值得我們深入瞭解、用心探討，值得我們再接再厲、永續探究的。而關帝本身的精神及人格的感召，更是值得我們終身學習效法且戮力傳承發揚。其聖義人格，果沁人心，於教化世道，純淨社會自能締造一股安定的力量。

關公的傳奇，之所以流傳廣遠，無處無之，不獨是「文人的賦詠議論」和「庶民的說唱誇飾」，更是人們日常生活中、商業買賣間、戲曲舞臺上、藝術刻劃下及馨香膜拜中、病榻災難時、廟宇奉祀間，教育講臺上，永遠鮮活耀眼的一顆明星、一盞明燈。透過對歷史人物在民間的流傳事蹟、形象藝術與信仰文化，可以藉此窺知民間的價值判斷與歷史軌跡的異同及磨合，更可以考察民間建構歷史的方式與人類文化的殷實需求。因此許多經文中的神話傳說，與其說是關帝的顯聖，還不如說是他早已鮮明的活在人們的心中。其所顯發的信仰力量，已超越了人類歷史與知識的範疇，對於關公的種種傳說和神話事蹟的流傳演變，更彰顯了文化生命的真實意涵！其影響與價值，也就不待歷史評價而自明了。

關公做為一種品格崇拜的載體，在一個時期內成為具體的象徵。對關公的神化，不是個人崇拜的神化，而是品格崇拜的神化。這種神化有著積極的現實意義。同時，這種神化來自於現實社會人們的品格嚮往和價值認同。所以，對關公崇拜的積極社會意義的認同，以及如何利用誠信關公這種獨特資源，使其在創立適應現代社會的價值體系中發揮作用，進而建構社會主義和諧社會，是值得我們認真重視和研究，並重新做出現代性的詮釋。

關帝信仰文化之忠烈餘韻——

明花關索詞話與福建等地關索戲述略

葉明生（註1）
福建省藝術研究院研究員

自西晉陳壽《三國志》和明人羅貫中《三國演義》等文學著作流行以來，加上歷代帝王的封誥，關羽這一歷史人物就以「忠義神」的關聖形象深深的刻在民眾的心目中。然而，自宋代起，人們已不滿足於關羽文化僅限於「忠義」之簡單意蘊，而透過豐富的想像力，在關羽及子關平、關興之外，塑造了一個經過神仙道化的形象——花關索，透過這一人物一系列的動作，演繹其非凡出身、婚姻際遇、西川救父等壯烈復仇的故事。而這些故事經流傳與發展，於明初出現了《新編全相說唱足本花關索出身傳》、《新刊全相足本花關索認父傳》等說唱詞話本，以及明清儺戲關索戲和地方戲《九龍記》等戲曲作品。其中不僅將關羽家族成員進行擴充，為後來的關羽被害得到復仇做了鋪墊，並且於忠孝思想意義和宗教祭祀的社會功能等方面極大地豐富了關聖文化的內涵和外延。

關鍵詞：關聖、關索、詞話、關索戲、忠孝全

關帝，名關羽，俗稱關公，世稱關聖帝君，漢關狀繆侯、漢壽亭侯等，是中國民間信仰中最有影響的人物之一。自西晉人陳壽《三國志》和明人羅貫中《三國演義》的刊行，使三國史事在海內外廣為流傳，做為歷史人物與傳說人物而最受民眾崇敬的關羽，即是民間家喻戶曉、婦孺皆知的信仰人物。民間各地林立的關帝廟，即是這種信仰文化流傳的標誌。

關聖信仰在不同的歷史和社會條件下，也有著不同的文化內涵，在文學藝術形態中更是豐富多樣。歷史上有許多的小說、詩歌、曲藝、戲劇、美術等形式，都以關聖文化為題材，創作出許多生動多樣的作品，成為中華文化藝術百花園中的瑰寶。這些文學藝術都從不同的社會層面及行業角度，以樸素真摯的情感塑造他們心中的英雄和神聖。1967年在上海嘉定宣家生產隊宣家墳中出土的明代成化戊戌年（1478）北京永順堂刊印的《新編全相說唱足本花關索出身傳》等四種詞話本，以及西南各地流行的儺戲和福建民間戲劇高腔與傀儡戲中保留的《九龍記》（即《花關索》），即是從一個獨特的角度，塑造一個罕為人知的關帝家族的成員——關索，對關帝文化從不同側面及文化概念對其進行詮釋和補充。從而豐富了關聖文化的內容。

註1：葉明生，福建省壽寧縣人，福建省藝術研究院研究員，中山大學中國非物質文化遺產研究中心兼職研究員，廈門大學人文學院兼職教授，福建師範大學碩士生導師，香港中文大學東亞研究中心兼職博士生導師。

一、民間關聖信仰背景簡述

關帝是我國各地全國性的信仰神，其在歷史社會各階層中，有官祀、民祀兩種形式，其祀典與儀式形式亦有較大差別，現以福建部分地區的兩種信仰形態為例：

（一）關帝之官祀

官祀之關帝廟，多在省府縣三級之治所所設，其有關帝廟、武聖祠等名稱。如舊時福州城內之閩縣、侯官二邑，志書所載都有關帝廟。其中以侯官縣最為詳細。據《福建通志》載：

關帝廟會典為群祀。在古仙宮裡，清雍正十一年，總督郝玉麟、巡撫趙國麟建。先於順治九年敕封忠義神武關聖大帝，雍正五年追封曾祖光昭公、祖裕昌公、父成忠公，增設神牌於後殿。嘉慶十八年，平林清之亂，克復滑縣，十九年加封仁勇二字。道光八年，平定西口，加封威顯二字。（謹案：神以六月二十二日生，子平以為五月十三日生。大江以南，皆以五月十三日為神誕辰，知其沿訛所起。今據《解州志》正之。神解州常平人也。）一在譙樓西，一在西城門左，一在北門營房，一在北門右營房，一在山兜尾。三代堂在白水井關帝廟之路東，祀帝之先代。（註2）

在許多中小城市中，都有不少的關帝廟，但享受官祀的廟宇一般僅有一個，此為官祀的重要標誌。其參與祭祀的多為地方行政長官與達官貴人，郡邑諸生，以體現關聖地位的顯赫與高貴。並透過祀典來推崇關帝的忠義思想。

在一些縣城，因嫌祀典太繁，而將關帝與岳飛合祀於一廟，如《上杭縣誌》載，該縣原有武廟祀關帝，岳王廟祀岳飛。於民國三年（1914）「復以關羽、岳飛後祀於武廟，配以歷代名將」，並以「每年春秋二仲之戊為祀關岳日。」取其合祀的意義在於「合祀關岳，以其忠於國也。」（註3）其目的在於透過「關岳合祀」，使之成為集中灌輸儒家文化教忠教義的場所，更加有力地發揮其教化的職能作用。

（二）關帝之民祀

民間社會亦多認同關帝為忠義神，鄉鎮間多建存關公廟、關爺廟，但不似郡縣關帝廟特別注重祂的忠義教化作用，因其還被賦予有如財神、武館神或糾察神的功能。由於族群的信仰傳統，出於關帝特殊的神聖地位考慮，以及鄉間文士的推崇，關帝在鄉村中也被供為保境

註2：《福建通志》第拾冊，《福建壇廟志》卷一，頁13。

註3：邱複纂《上杭縣誌》卷十九〈祠祀志〉，民國 年版，第六冊，3～4頁。

安民的鄉土神。如閩西之龍岩，我們發現東肖鎮陳姓廣濟壇有一卷道壇工具性科儀本《龍岩州鄉神冊》，其中記載了原龍岩縣（今稱新羅區）各鄉鎮數以千計的民間信仰的寺觀廟宇，而關帝也做為鄉神名列其中，現引其部分鄉村之宮廟及祀神名稱如下：

1、白土社鄉神

腳骨下清德樓：關聖帝君、土主之神。

樓坑老樓內：關聖帝君、觀音大士、土主之神。

樓坑溪邊：關聖帝君、民主公王。

黃邦樓邊：關聖帝君、長生土主之神。

舊數樓內：關聖帝君、土主之神。

2、江山社鄉神

庵後：山西夫子。

倉巷：山西夫子之神位。

珠婆侖關帝廟：關夫子帝佛。

3、紅坊社鄉神

卓洋甲下水口振興壇：關大元帥。

良貴甲祭屋穀貽堂：普庵祖師、關夫子、趙大元帥。（註4）

從以上所引龍岩鄉社之祀奉關帝情況看，人們將祂做為社境保護神供奉，並多與里社土主（民主公土）一起，為鄉禳為納吉，保境安民；其次，鄉民對於關帝的敬重，與官府仕宦之崇祀別有一番情趣，不稱其帝，而稱其為「夫子」、「關夫子」、「山西夫子」、「關夫子帝佛」。這稱俗稱反映了平民百姓對關帝的樸素情感，帶有很深厚的人情味和親切感；三是關帝很少是獨祀，而是以群祀形式，甚至將其與佛教的觀音、普庵，道教的趙公明共祀一堂。俗信認為，這種以關帝為核心的諸神共祀，將會給人們帶來更大的保護力。從民祀現象看，似乎這樣的信仰與官祀關帝的偉神、聖神的地位相去甚遠，但從歷史社會分析，這種信仰最為真實樸素，最合符民眾情感，反映了社會各階層的造神、祀神的標準和需求的不同。並且，這種現象不是近世產生的，它在中古時期業已產生。本文所要討論的明清間花關索說唱詞話及民間戲劇中的關索戲，也就是從這樣的思想土壤中產生的文化果實。

註4：龍岩廣濟壇陳春來抄本《龍岩州鄉神冊》，載葉明生編著《福建省龍岩市東肖鎮閭山教廣濟壇科儀本彙編》，臺北：新文豐出版公司，1997 年 月版，第 557～575 頁。

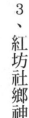

二、關索——關帝信仰的延伸

唐宋以來，隨著人文的興盛，關帝信仰也成為社會各階層關注的話題，不僅有許多文人墨客詠述其人其事，而民間傳說紛紛流行，不斷將其神化和美化。在這股造神運動的潮流中，於宋代出現的關帝之子關索，即是當時民間這股造神運動的產物。應該說他的產生及其傳說是對關帝文化內涵的豐富和延伸。有關關索的產生與傳說及民間文學作品，很值得我們去研討之。

（一）歷史上對關索的探討

關索，民間傳說中之關羽之子，但在宋以前不見史志記載，而有關以「關索」命名者，則盛行於宋。其名稱最早見於宋金人之著述。據余嘉錫先生《宋江三十六人考實》，宋時政府軍官與草莽英雄「以關索為號者，凡十餘人，不唯有男而且有女矣。」其中有龔開《宋江等三十六人贊》的楊雄，《過庭錄》的小關索，《北盟會編》的賽關索李寶，《林泉野記》的袁關索，《金陀粹編》的賈關索，《全史》：「突合速傳」的陝西軍師張關索，《浪語集》的朱關索，《夢梁錄》角抵人賽關索及女藝人賽關索，《武林舊事》的角抵藝人張關索、賽關索、嚴關索、小關索等。（註5）

可以看出，在許多以「關索」命名的現象背後，有一個廣泛流傳「關索」傳說故事的背景，那就是「關索」一是做為關羽之子而受人欽敬，二是以其忠孝勇猛而被軍伍或江湖中人所崇拜，故托其名者，多有效仿之意，關索崇拜成為有宋一代之風氣。

至於歷史上是否確有關索其人，關索是否關帝之子，明清以來多有文士考之，並基本認可之。限於篇幅，此不贅述。而在雲南還有許多以關索為命名的地理名稱，如李賢《大明一統志》卷八八「永寧州・山川」條載：

關索嶺，東柄司長官治東，勢極高峻，周回百餘里，上有關索廟，因名。（註6）

據薛若琳先生研究，其他尚有明（天順）楊慎《滇程記》講到「小關索嶺」，清陳德華《大清一統志》（乾隆）均載「關索嶺關」。他如明王士慎《黔志》、明徐霞客《黔遊日記》、清彭而述《關嶺漢將軍碑記》，清陳鼎《滇黔遊記》、清謝聖綸《滇黔志略》等著述都記述明清時期雲貴一帶以關索命名的山嶺、城鎮、村寨、廟宇、關隘、橋樑等。（註7）

註5：薛若琳《關索戲與關索》，載《儺戲・中國戲曲之活化石》全國首屆儺戲研討會論文集，黃山書社，1992年2月版，213頁。

註6：明・李賢《大明一統志》第十冊，卷八八「永寧州・山川」天順五年（1461）刊本，《文淵閣四庫全書》第5441頁。

註7：薛若琳《關索戲與關索》，載《儺戲・中國戲曲之活化石》全國首屆儺戲研討會論文集，黃山書社，1992年2月版，214頁。

（二）明代小說中的關索

關索的名字出現於小說，最早見於元末明初文學家羅貫中的《三國演義》。羅貫中，別號湖海散人，山西太原人，生活在元末明初，其所寫小說有多種，推崇「忠」、「義」，主張用「王道」、「仁義」治理天下，《三國演義》是他的傑作，也是中國文學史上的不朽之作。其中八十七、八十九回都提到關索，但其篇幅並不突出。如：

> 忽有關公第三子關索，入軍來見孔明曰：「自荊州失陷，逃難在鮑家莊養病。每要赴川見先帝報仇，瘡痕未合，不能起行。近已安痊，打探得東吳仇人皆誅戮，徑來西川見帝，恰恰在途中遇見征南之兵，特來投見。」孔明聞之，嗟訝不已；一面遣人申報朝廷，就令關索為前部先鋒，一同南征。（註8）

在其後之第八十八回均有多次提到關索征戰之事，但着筆不多，影響不大。可見在羅貫中的心目中關索僅是做為關帝之傳人而略作鋪排，故未濃墨重彩地寫出他的英勇與戰功。

（三）明成化說唱話本《花關索傳》（註8）

真正以演繹關索故事的文學作品，為明成化七至十四年（1471～1478）北京永順堂重刊的說唱詞話《花關索傳》，既是「重刊」，其初刊時間顯然為明初。該傳為上圖下文之形式，分別以《新編全相說唱足本花關索出身傳》（前集）、《新編全相說唱足本花關索認父傳》（後集）、《新編足本花關索下西川傳》（續集）、《新編全相說唱足本花關索貶雲南傳》（別集）。成化說唱詞話共有十六種，係1967年在上海嘉定宣家生產隊宣家墳中發現，後由上海博物館收藏並複印出版。「花關索傳」四種，為其中之第一冊。

與羅貫中《三國演義》相比較，《花關索傳》中的情節則以關索為主線，除部分人物及個別情節相關外，其故事內容應是獨立發展出來的，其題材有可能完全來自宋元之民間傳說。《花關索傳》之四傳中，每傳雖分回目，但其上圖均有圖目說明，實際上體現各段落的內容。現將各傳之圖錄及說明文標列於下：

1、《花關索出身傳》

「劉、關、張同結義」、「胡氏生關兒」、「先生引關索學道」、「索童得水打強人」、

註8：明羅貫中《三國演義》第八十七回「征南寇丞相大興師，坑天兵蠻王初受執」，人民文學出版社，1979年2月版，744頁。

「索童拜別師父下山」、「員外引索童見外公」、「關索殺退二強人」、「十二強人投關索」、「關索別外公去尋父」、「收太行山二強人」、「關索射包（鮑）王」、「關索問鮑禮鮑義」、「三娘問父要捉關索」、「關索大戰鮑三娘」、「關索娶鮑三娘」。

2、《花關索認父傳》

該集為「後集」，其圖畫十三幅，其圖注文之主要情節有：「廉康太子要娶妻」、「關索殺廉康」、「關索收蘆塘寨主」、「軍師與關公圓夢」、「姚賓盜馬夜走」、「張飛殺姚賓」、「關索認父」、「關公引關索見先主」、「關索戰廉旬」、「薑維用計借馬」、「魏國請先主赴宴」、「先主二人走赴宴」、「關索舞劍殺呂高」。

3、《花關索下西川傳》

此為「別集」，其圖中說明文亦十三幅，其目錄為：「關索與張琳舞劍」、「關索扭斷張琳頭」、「先主入荊州作筵席」、「關公父子守荊州」、「先主閬州被圍」、「姜維請關家救閬州」、「關索入閬州捉王志」、「關索巴州捉呂凱」、「眾官高議戰周霸」、「關索離閬州」、「關索先主入西川」、「關索入西川捉周倉」、「關索下西川」。

4、《花關索雲南傳》

此集為「別集」，為「關索傳」終集，其圖十四幅說明文字為：「漢王收得成都府」、「（貶）關索共劉豐（封）出外」、「關公戰陸遜」、「關公陷荊州」、「劉王得夢見關張」、「劉王詔關索回朝」、「先主救關索病」、「關索張兵征吳」、「關索戰顏昭」、「曾霄敗關索」、「關志入水取刀」、「關索殺鐵旗曾霄」、「關索殺將祭父」、「先主歸天關索死」。

《花關索傳》（四集），無論從人物、時間、情節等各方面說，都與《三國演義》不同，應該說這完全屬於民間純傳說版的「花關索傳」。此為民間文人收集各地口頭傳說而寫的說唱詞本，與羅貫中據《三國志》演繹的《三國演義》路數不同。而這些以關索傳說故事為線索而創作的故事，早在宋元明期已流行於世，至明初即成熟為文學本或說話本流傳世間，而明成化七年（1471）的刊印，則是「關索傳」盛行的標誌。

但是，從「花關索傳」的一些情節分析，其中一些情節的內容與《三國演義》應有關聯，除了關索見父前的一番占強人、收太行山義眾，戰鮑三娘與之完婚、殺廉康等事蹟外，其在認父後，殺廉旬、舞劍殺呂高、扭斷張琳頭、閬州捉王志、巴州捉呂凱、西川捉周倉等，可見其為蜀漢王朝建立驚天偉業，立下汗馬功勞。而更重要的是關帝陷荊州走麥城遇害後，關索繼父志引兵征吳，戰顏昭，殺鐵旗曾霄，殺吳將祭父，為關帝報仇雪恥，可謂壯懷激烈，其情節遠非《三國演義》可比，如《三國演義》七十七回寫道，關羽被呂蒙、陸遜設計戰敗，敗走麥城時被擒遭殺害。而漢兵無人為之復仇，僅靠關羽顯聖，隨魂於呂蒙之身，使之「倒於地上，七竅流血而死」。（註9）至於陸遜，則是無疾善終，於一0八回中交代「此時陸遜，諸葛瑾皆亡」。（註10）書中之關羽之敗、之死給人留下許多的遺憾和憋悶。而《花關索傳》則不同，在第四集中〈關索殺吳將祭父〉中則有許多給人淋漓痛快的描述，如其中寫道：

> 關索一下羅「鑼聲」響，聚起兒郎五萬軍，捉住軍師名呂蒙，糜竺糜芳兩個人。座了荊州成「城」一座，殺盡吳王斷了人。直到玉泉山一座，祭賽親父關壽亭。糜竺糜芳親捉過，好香燒在寨營中，先把糜竺千萬剮，後剮糜芳一個人……振天一打同鑼響，領起兒郎馬共軍。陸遜呂蒙車囚去，帶上西川見主人。得勝箕（旗）號高打起，三軍齊和凱歌聲……拜了伯伯劉先主，眾官啼哭滿朝廷。便把二人來押過，今朝做了報仇人。萬剮軍師名呂蒙，便剮陸遜大將軍。多少金錢和人馬，祭賽關張兩個人。屍手（首）將去教場上，車碾馬路作灰塵。（註11）

可以看出《花關索傳》（別集）中對於殺糜竺、糜芳、呂蒙、陸遜之祭父復仇行為，為關帝之平冤雪恥，做了生動的描述，可謂氣壯山河，驚天地泣鬼神。它符合關帝信眾的復仇情結，是關帝信仰的延伸行為，使關聖之神格得以提升和完善，因此關索的信仰也受到信眾的推崇從而得以流傳。

三、關索戲劇形態考述

明代以來，以「關索出身傳」和「下西川救父傳」的流行，在南方各地產生了與關索題材相關的戲劇，其中有滇黔各地的儺戲「關索戲」，也有閩浙民間的高腔戲劇和木偶戲的「關索戲」，其「關索戲」的演出與傳統娛人戲劇相比較，其內涵深厚，意蘊複雜，值得探究。

（一）西南等地的儺戲關索戲

以花關索為題材的《關索戲》，是以宗教儀式戲劇儺戲的形式出現於雲南、貴州、廣西、湖北及安徽各地的迎神賽會中。

註9：明 羅貫中《三國演義》七十七回〈玉泉山關公顯靈，洛陽城曹操惑神〉，664頁。
註10：明 羅貫中《三國演義》108回，938頁。
註11：明．無名氏《新編全相說明足本花關索出身傳》等四種，上海市文物保管委員會、上海博物館編《明成化說唱詞話叢刊》（一），上海古籍出版書店，1972年12月影印本。

1、雲南澄江關索戲

雲南省澄江縣陽宗鄉小屯村，是關索戲盛行的地方之一。儺戲是以藝人戴儺面具演出的戲劇，這裡的儺儀式幾經滄桑，僅在小屯村得以保存。其舉行儺儀的傳統一般是演三年、停三年。每次演出十六天，即正月初一至十六日為止。

儺戲關索戲的劇情與明成化本「花關索出身傳」基本相同。「藝人都是勞動者，所扮人物皆不化裝，全部戴面具（臉殼），武將居多，因亦武戲亦多旦角有關索夫人鮑三娘、劉備夫人甘、糜等。行當只有生、旦、淨，無丑，因為關索戲很莊重，沒有插科打諢的情節。」（註12）

關索戲的演出是在村落祭祀活動中，當地世代相傳「要演關索戲，家畜保平安」。因此，「關索戲帶有濃厚的宗教儀式色彩，其主旨是向關索祈禱，驅疫逐鬼，以保人畜平安。」（註13）此為其鮮明的儺戲性質。

2、安徽池州儺戲《花關索》

安徽池州於上世紀八〇年代也發現儺戲劇碼《花關索》，據專家介紹，其產生與遍及鄉村的古代驅祟活動對關索的神化有關。池州儺戲《花關索》的劇目情況，據已故儺戲專家王兆乾先生述云：

儺戲花關索與為貴池清溪葉姓抄本，抄寫年代不詳，約在民國初期。為僅存孤本。劇本為代言體與敘述體參半，七言句式與長短句式混雜，以七言居多。其齊言體唱詞大都與成化本《花關索出身傳》相同，故事情節也是自劉關互殺老小，張飛放走關羽妻起，至關索尋父殺掉姚兵（成化本作姚賓），父子相認止。（註14）

此外，湖北恩施儺戲也有《鮑家莊》湖南湘西沅陵有本《花關索》等劇，其內容與上述關索戲大抵相同。近年已有許多專家學者論及關索戲的儺戲形態與宗教文化特徵及文化意義，限於篇幅，恕不贅述。

註12：薛若琳《關索與關索戲》，載全國首屆儺戲研討會論文集《儺戲．中國戲曲之活化石》，黃山書社，1992年2月版，212頁。

註13：顧峰《一支獨特而稀有的儺戲—關索戲》，載全國首屆儺戲研討會論文集《儺戲．中國戲曲之活化石》，引書同上，240頁。

註14：王兆乾《池州儺戲與明成化本〈說唱詞話〉—兼論肉傀儡》，載全國首屆儺戲研討會論文集《儺戲．中國戲曲之活化石》，引書同上，41頁。

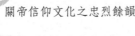

（二）明清江浙花關索戲劇

明清間，除了西南等地的儺戲中有《花關索》外，在一些地方戲中也有此方面劇目出現。較早談到關索戲的是清乾嘉朝焦循的《劇說》，其書引《楮談》云：

世俗戲文、小說，有《斬貂嬋》、《關索鮑三娘》等記，流傳傅會，真偽混淆。然蜀有關索嶺，又有鮑家莊，不知何也。（註15）

焦循（1763～1820），江蘇甘泉人，壯年從阮元在山東、浙江各處做幕賓。故其所談關索戲劇等為江蘇、浙江等地地方戲曲劇碼。當然，關索戲之流傳遠在乾隆嘉慶朝之前，應於清初已盛傳此劇了。

《花關索》之戲文至清末，還保留於民間，至清同治之後，浙江山陰人平步青在《小棲霞說稗》一文中有「花關索王桃王悅鮑三娘」條述及其事云：

近出《茶香室三鈔》卷三引《前溪逸志》云：「武康縣有武康屯兵處。康，邑人也，奇醜而力，爪牙為刀，革膚為鐵，唯喉三寸肉耳。妻鮑三娘，美而勇。時有花關索者，年少，

美容儀，鮑悅而私之，矢貫康喉而斃。至今郵莊雜劇，演其遺事。」（註16）

平步青氏還閱諸書，反覆查證，他說：

《古今圖書集成》引《蘄水縣誌》：「王氏女名桃，弟悅，漢末時人。俱笄年未字，有膂力，精諸家武藝。每相謂曰：「天下有英雄男子而材技勝我，則相託終身。」時絕少匹敵者。適河東關公長子索英偉健捷，桃姐妹俱較不勝，遂俱歸之。先是邑中有鮑氏女，材行與桃、悅似，而悍鷙差勝，亦歸索。三人皆棄家從關，百戰以終。」（原注云：正史未見。）曲園謂：「嚴康即《陝西通志》之廉康太子，關索即關鎖。關索為關公子，有無已無可考，及更有此妻三人，尤屬異聞。庸（平氏）謂：羅貫中編《三國演義》，大半采之小說，而絕不言關索，況三人乎？《蘄水志》之鮑氏女，豈即《前溪逸志》之鮑三娘乎？取二書而合之，稍加點綴砌末，則嚴康視《紅泥關》（應為《虹霓關》葉按）之辛文禮，鮑三娘視《平西傳》之樊梨花，有過之無不及，惜不得武康人，不知其扮演如何也」（註17）

註15：清·焦循《劇說》卷二，引《椿談》，中國戲曲研究院編《中國古典戲曲論著集成》（八），1982年12月版，103頁。
註16：清平步青《小棲霞說稗》，《中國古典戲曲論著集成》（九），1982年12月版，192頁。
註17：清平步青《小棲霞說稗》，引書同上，192頁。

平步青為浙江山陰縣人，同治元年（1862）進士，其所說的「關索戲」可能與浙江武康縣的傳說有關，其所記之「花關索王桃王悅鮑三娘」戲劇，亦出於武康一帶，可見當地「關索戲」盛行，從其中未涉及儺戲情況看，此戲應屬當地高腔班的劇碼。

（三）明清代福建關索戲

福建歷來都是戲劇繁盛的地方，有關關帝的劇碼在元明南戲、明清高腔戲、清代花部亂彈中較為常見，而關索戲劇則僅存於閩北大腔戲、閩東北四平戲和閩西高腔傀儡戲中。政和縣楊源、禾洋兩村的四平戲只保存了折子戲《花關索打牌》，而尤溪縣黃龍村的大腔戲稱《九龍記》、閩西上杭高腔傀儡戲稱《吞九龍》。儘管各劇種的名稱不一，但其內容都與成化本說唱詞《花關索出身傳》相同。

1、政和楊源四平戲《關索打牌》

政和四平戲為明代四平腔的遺韻，存在於楊源鄉的楊源村和禾洋村，是古代宗族戲劇的遺存，平時一般不做商業性的演出，僅在楊源張姓族人每年春秋二祭祖神張謹時才演出。而禾洋村四平戲則是七月二十五前後，李姓族人為祭祀族中恩神唐代忠烈神張巡之迎神賽會而演出的，兩村之祭祀戲劇已相沿數百年。《花關索打牌》是《九龍記》中的一折，全劇已散佚，現僅存《關索下山》和《關索打牌》二折。《打牌》一折有鮑龍、鮑虎等角色。其中鮑二娘「自報家門」的唱詞為：

大轅（言）牌上寫分明，父乃令奴把三關。
哥哥鮑龍和鮑虎，鮑虎哥哥世無雙。
說起我父名頭大，父乃當今守鎮侯。
自少生來本性強，奴奴名喚鮑三娘。……
何人吃得三斤醋，許你過了鮑家路。
何人吃得三斤鹽，許你過了鮑家門。
何人吃得三門糠，許你過了鮑家莊。
何人挑得千斤鐵，鮑家莊上結姻緣。
英雄本是英雄時，不是英雄莫對頭。
不論文官並武將，有能過者交鸞鳳。（註18）

註18：政和縣禾洋村四平傀儡藝人李宣林口述，葉明生於1983年5月據口述記錄。

從唱詞風格到內容，鮑三娘的唱詞與評話本《花關索出身傳》之內容十分相近，可見四平戲劇目的悠久性。該戲宣揚的是花關索的英雄氣概和下西川救父的忠肝烈膽，此與楊源村康熙間重建的古戲臺聯之演戲宗旨相合。其聯曰：

天地有烘爐煉忠孝鑄節義熬就乾坤真漢子；
風月懸金鑒辯賢良識奸佞勘明史冊大文章。

2、尤溪大腔戲《九龍記》

大腔戲為明代弋陽腔在福建的遺存劇種，其唱腔為高腔，以大嗓門唱戲，故稱大腔戲。《九龍記》為大腔戲傳統劇碼，其所演內容與平話《花關索出身傳》同。據尤溪縣黃龍村老藝人蕭育生前回憶，《九龍記》的劇情為：

東漢末年，浦州關羽、張飛二人欲與劉備一起投軍起義，恐眷屬連累，相議互殺妻室。關羽如議殺張飛妻室，張飛欲殺關羽妻吳金蓮時，見吳有孕在身，不忍一刀兩命，遂放其回娘家。後吳氏產一子，數年後在一次觀燈時失散。吳氏被索仁厚收為義女，其子關索被華岳仙師收去為徒，取名花關索。待關索長大成人，其師命他往九龍山下取水，水中多次出現有蛇蟲，仙師命關喝下，其身上頓長九條龍之力。華岳仙師認為關索下山時機已到，告知身世情由，命他下山輔佐其父。關索路過鮑家莊，遇鮑三娘掛大言牌比武勒財，關怒打其牌，鮑見其武藝超群，與之相戰不敵被擒，願與之結為夫婦。二人同往西川救父，輔佐關羽建功立業。（註19）

《九龍記》行當角色：

正生——關　羽　正旦——吳金蓮

老外——吳慶春　大花——張飛

小生——華關索　小旦——鮑三娘

副淨——鮑風、鮑雨　二花——薑良

三花——猛德老外——索仁厚

副生——王國昌　副末——華岳仙師

副末——曲勞、目黑、耳聾（均為觀燈者）

註19：葉明生《高腔劇碼〈九龍記〉考》，中國戲曲志福建卷編輯部編《求實》第16期，1985年5日內部版，第32頁。

《九龍記》場次：全劇原有二十五臺，「文化大革命」中大腔班受衝擊，現黃龍村全劇失傳，僅遺部分過錄資料。

3、上杭高腔傀儡戲《吞九龍》

上杭高腔傀儡戲的歷史也有悠久，最遲不晚於明中葉，其劇種來源有許多傳說，其中有一說說其高腔傀儡係四個木偶藝人從杭州學戲而帶回上杭。上杭傀儡戲以往主要演出於民間祭祀活動的賽社中，其宗教性劇碼十分豐富，如《夫人傳》、《華光傳》、《觀音傳》、《三官傳》、《五星傳》等，《吞九龍》即是《九龍記》的別名，也是迎神賽社中禳災祈福最重要的劇碼，其劇情與平話與《花關索出身傳》完全相同，而其劇情還延伸到《花關索認父傳》（後集）的一些內容中。全劇共九折，其場次為：

第一齣：度法（花品仙命花關索取水，化九龍命其吞之）

第二齣：母子會（花關索下山認母）

第三齣：招鄉兵（花關索招鄉兵訓練，從店家處探清鮑家莊情況）

第四齣：打鮑家（鮑家莊主鮑龍王聞花關索要他進貢，命子鮑風、鮑雨抵抗，不敵被捉）

第五齣：花關索招親（鮑三娘出陣戰花關索，不敵被俘，花母主婚，二人成親）

第六齣：連康接書（鮑三娘原議配萬陽山連康為妻，聞三娘被捉，發兵戰花關索）

第七齣：連康拔箭（連康銅皮鐵骨，花關索出戰敗歸，鮑三娘以計騙連康箭中其咽喉）

第八齣：饒彬騙馬（曹營饒彬奉命以鄉親名義往關羽處盜去胭脂馬）

第九齣：父子團圓（花關索母子途中遇饒彬，識其假，殺饒奪回胭脂馬，夫妻父子團圓）

（註20）

從該劇人物、情節分析，第一齣到第七齣與四平、大腔傀儡戲基本相同，而第八出、九出為本省其他劇種所無，但它與明代成化刊本《花關索出身傳》和安徽貴池儺戲《花關索》卻完全相同。特別是劇中人物「連康」之名，與平話本相同，可見其一脈相承之處。閩西高腔傀儡戲《吞九龍》，後被亂彈傀儡戲移植演出，但其劇情基本保留高腔情節，並且比政和四平傀儡戲《九龍記》更為豐富。

註20：上杭傀儡戲《吞九龍》，由梁祥禮口述，何星祥記錄，劉子仁校對。有1958年2月10日羅曉帕謄寫本，現藏上杭文化局和福建省藝術研究所。

四、花關索詞話與戲劇的文化意義

從民間流傳的傳說、詞話、戲劇中，我們都可以感覺到，花關索的這些民間文學藝術形式，都是在一個特定的文化背景下產生的文化，那就在關聖文化的影響下衍化的文化，是關聖文化的沿續、延伸與發展的文化現象。這種文化現象與關聖信仰有關密切的聯係，亦具有多種社會、宗教及藝術文化價值和意義。

（一）關聖文化的延拓

眾所周知，透過史書和文學作品的渲染，關公不僅受到廣大百姓的崇敬，而且也為統治階級所需要，宋元明以來屢被封贈，成為地位僅次於「文聖公」的孔子，被尊稱為「武聖」，而廣受朝廷祭祀和天下百姓崇奉。明清兩代關聖尤其受朝廷極力推崇，至清代關聖的封號為「忠義神武靈佑仁勇威顯護國保民精誠綏靖翊贊宣德關聖大帝」，幾乎達到無以復加的地步。為確保聖賢的尊嚴，歷代朝廷不僅制訂了嚴格的祭典章程，並且對於民間戲劇演出給以嚴令禁止，而清代則以法令形式嚴令禁止民間「關羽戲」的演出。明代「禁止搬做雜劇律令」中即有禁演聖賢的內容為：

搬做雜劇：

凡樂人搬做雜劇戲文，不許妝扮帝王后妃、忠臣烈士、先聖先賢佛像，違者杖一百；官民之間容令妝扮者與同罪。（註21）

這一禁令從明洪武至清雍正朝，多次以律令頒行天下。至康熙雍正朝，其禁令甚至明確指出「禁演關羽」，徐珂《清稗類抄》中載：

優人演劇，每多褻瀆聖賢。康熙初，聖祖頒詔，禁止裝孔子及諸賢。至雍正丁未，世宗則並禁演關羽，從宣化總兵李如柏請也。（註22）

這種朝廷法律禁止的結果，雖抬高了關羽之聖賢的絕對權威地位，但也扼止了關聖信仰文化的傳揚，此為花關索傳說的傳揚創造了有利的社會基礎條件。民眾出於對關聖文化的崇敬，於是將對關聖的崇拜轉移於民間傳說人物的花關索身上，明初《花關索出身傳》第四集話本，即是這種禁令之後，百姓將崇拜移情於關索的產物。同樣，清廷的「禁演關羽」，反

註21：王利器《元明清三代禁毀小說戲曲史料》第一編〈中央法令　明代法令〉，上海古籍出版社，1981年2月版，11頁。
註22：清徐珂《清稗類抄》第三十九冊，戲劇類，引書同上，35頁。

而導致民間許多地方戲和儺戲關索戲劇目的流傳，填補了關聖戲劇的空缺，使關聖文化空間有了很大的拓展。

（二）關索——孝文化的補充

經《三國演義》的傳播，關羽之忠已昭顯天下。然而，標榜「以孝治天下」的大明王朝來說，「忠」固然重要，而關聖信仰中缺的是一個「孝」字，於是民間文人們便在宣揚關羽「忠義」的同時，根據關索西川救父的傳說，塑造出一個「有忠有孝」的關索來，此種「孝」義的補充，使關聖文化有「忠孝兩全」的文化內涵。

關索之忠，比其父之忠於劉備有過無不及，如話本《花關索認父傳》中，曹操於落鳳坡設「鴻門宴」，企圖將劉備君臣一網打盡，而劉備應邀赴宴，幾次都在宴席上遭曹方刺客舞刀弄槍欲害劉備之際，都是關索挺身而出，舞劍殺呂高、扭斷張琳頭，憑他一人「打退一十四員猛將、八路諸侯人馬」，終於護劉備衝出重圍，重創曹軍，其忠肝義膽可見一斑。

關索之「孝」不僅表現於他在張飛的幫助下親手抓住並殺死偷了關羽的胭脂馬、還冒稱關羽的姚賓。其大孝還表現於關索聞其父被害身死後，大舉滅吳，奮不顧身追殺仇人，以生擒麋竺、麋芳、呂蒙、陸遜祭其父英魂，終於為其父復仇雪恨，可謂大快人心。此為《三國演義》所無，此舉頗為關聖信仰者所解恨。故話本最後言道：「唱得古今名列傳，召得少年英雄將，重編全集新詞傳，有忠有孝後流傳。」（註1）明嘉靖三十二年（1553）雲南江川縣關索廟有一副對聯亦頌其忠孝。其聯曰：「謁冠裳仰見聖人有後；全忠孝何妨青史無名。」（註2）應該說，「有忠有孝」或「全忠孝」的關索故事的流傳，對於充實和完善關聖文化有很重要的意義。

（三）關索戲——關聖文化人性化的補充

在《三國志》、《三國演義》以及其他關聖文化的史料或文學藝術作品中，關羽信仰的核心意義是忠義的化身。其故事如「夜讀春秋」、「掛印封金」、「華容道送曹」、「刮骨療瘡」、「單刀赴會」等等，關羽都被描繪成一個義薄雲天、勇武超凡的聖人。除了做為忠義神聖的一面外，關羽的人性化形象遠不如劉備、張飛、諸葛亮飽滿，無形中給人一點形象刻板單調之遺憾。

而《花關索傳》及花關索戲劇之情節，則比較豐富，其中最重要的是關索有平民階層的

註1：無名氏《新刊全相足本共繕索貶雲南》終，明成化刊本。

註2：清・嘉慶《江川縣誌》卷十口〈祠祀〉，引自薛若琳《關索戲與關索》，載《儺戲・中國戲曲之活化石》全國首屆儺戲研討會論文集，黃山書社，1992年2月版，211頁。

情感世界，他在與鮑三娘的對陣中，兩人發生愛慕之情，於是成就了一段姻緣，由於鮑三娘的婚變，引來了一場又一場的廝殺，無論是話本或地方戲劇的演出，都給讀者和觀眾帶來英雄情感生活豐富多樣情趣的一面，在神聖與凡俗之間搭起一座感情過渡的橋樑。使關聖在家庭、父子生活和感情的一面顯示出來，將關聖與民眾的感情拉近，給人多了一份人情味和親切感。此無疑為關聖人物形象增加了親和力，對於關索人物傳說乃至關聖文化內涵，都有補充和豐富的作用。

（四）關索戲——祭祀與宗教性的拓展

從民間信仰的角度來分析，人們對關聖的信仰多受儒家文化的影響，其社會功能取向多在對忠義思想的教化層面上。至於民間信仰中的關聖和關索戲劇，其多體現於宗教祭祀的民俗草根性方面。故具有很豐富的文化內涵。

且不論雲貴黔徽等地的儺戲《花關索》，在那些地區，關索信仰已直接轉化為消災解難、禳禍祈福的迎神賽社中的宗教戲劇形式——儺戲。做為民間祭祀文化的形態，它極大豐富了關索及關聖文化的宗教性，也直接體現了它在社會作用中的宗教功能。

在閩浙各地，關公戲和關索戲劇或各劇種的《九龍記》、《關索打牌》、《吞九龍》，它們雖是與其他劇碼同時出現於演出中，但它的宗教文化內涵及社會功用卻與其他劇碼有很大的區別。如地方戲中的開臺戲《大八仙》中出關羽、《古城會》、《華容道》中出關羽，其演員在化妝及穿衣定型後，在戲房都是不能開口說話的，戲房中所有卸妝都由他人來完成，體現了「關公」角色的威嚴神聖。至於關公的臉譜卸妝，更是不能隨便亂擦和棄之地上，而是用竹紙一張張地將臉譜印下來，觀眾希望能拿到這些臉譜貼於家堂，據說可以消災驅煞。而每場戲後只有幾個幸運的交了利市（小紅包）的觀眾才能得到這張「關公臉」，由此亦可見關聖文化所含有的宗教與民俗文化內涵的一面。此亦顯示了他於明萬曆四十二年（1614）被封為「三界伏魔大帝神威遠震至尊關聖帝君」稱號所具有的神格功能。

至於四平戲、大腔戲和傀儡戲的《九龍記》，都具有直接或間接的宗教功能。這些戲演出前，戲班都要「請神」上香，演出後要「安神」。而傀儡戲演完後要「封臺」或「掃臺」。「封臺」即用一個飾「皇帝」服飾的偶身（人物多用唐明皇、宋仁宗等），來封戲中一切戰死的人物為神，同時也要對所有戲中功臣、武將封官加爵，並封里社平安、六畜興旺、五穀豐登、人壽年豐。藝人們認為，只有這樣地方才會平安無事。由此可見關聖或關索文化之潛隱的宗教性。

但是《花關索》人物傳說所具有的真正的宗教性和功能，則可能來自其人物形象深處的巫術性文化內質。花關索的「索」，其所具有的宗教性常見於民俗活動中，索之字義中有「索命追魂」的劇烈性，含有巫術因素，民間兒童過關所用的「長命縷」、端午節所用的「紅繫索」，都有索鬼驅逐，鎖定真魂的隱蔽作用。而《花關索出身傳》中，其名多次被稱為「索童」，是與古代的兒童烈鬼的崇拜與禁忌不無關係。清俞樾《茶香室三鈔》卷三「關鎖」條，即說到「關鎖」與「關索」音近。明人錢希言《獪園》卷十二「花關索」條說道：

雲貴間有關索祠幾處，相傳一鉅綆，嘗夜作聲，時人以為鬼響，於此建屋立祠，名曰花關索。（註3）

但是花關索戲劇人物所具有的宗教性，更主要的是他的烈神的個性，以及其剛烈無比、為父報仇、除惡務盡的乃父遺風，以及他最後氣血交加慘死的原因，藝人或民眾也尊之為忠烈之神，俗信普遍認為只有忠烈之神才能除惡煞、斬邪鬼，驅惡鬼、禳災厄，才能為民眾保平安，這大概也是花關索被奉之為神的又一個重要緣故。《花關索》被做為儺戲或被視之為神戲，並具有宗教禳災祈福的社會功能，也是出於同樣的原因。因為關索這一人物和他的傳說的文學藝術作品秉承了關聖忠烈之餘韻，成為關聖文化的重要組成部分，這也是數百年來，其話本和戲劇被民眾喜愛的重要原因。

2011年11月11日

註3：明．錢希言《獪言》卷十二「花關索」，引自康保成《儺戲藝術源流》第五章〈儺神與戲神〉，廣州，廣東高等教育出版社，1996年9月版，第352頁。

臺灣關帝信仰及其文化產業

廖芮茵
國立臺中科技大學應用中文系教授

「關帝」，是「關聖帝君」的簡稱，指的是三國時代蜀漢的大將「關羽」。他在混亂的世局，策馬橫刀、馳騁戰場，輔佐劉備，完成與曹、吳鼎立三分的大業，譜寫出令人感慨萬端，為後人稱頌不已的人生壯歌，他忠信義勇的道德典範，成了上自帝王將相，下至士農工商所廣泛頂禮膜拜的聖人。

本文分成四節。第一節〈關帝事蹟的衍化與歷代帝王崇敬封諡〉，介紹正史記載和演義小說中關羽形象事蹟的衍化，以及歷代帝王崇封情形。第二節〈臺灣關帝廟宇及其信仰〉，介紹臺灣地區關帝廟宇興建，及其信仰發展的情形。第三節〈臺灣關帝信仰的文化產業〉，介紹臺灣地區所發展的關帝文化產業。第四節〈檢討與結論〉，綜合上述各節內容，對關帝在臺灣社會所產生各方面的影響，給予評價。

關鍵詞字：關帝、關聖帝君、關羽、文化產業

一、關帝事蹟的衍化與歷代帝王崇敬封謚

「關帝」本名「關羽」，字「雲長」，他是三國時代河東解人。陳壽《三國志・蜀志》對這位蜀漢開國元勳，有大約千餘字的傳文。記述他在漢末亡命奔涿郡，與劉備、張飛「寢則同床，恩同兄弟」，尤其始終以忠義護侍輔弼勢弱力薄的劉備，雖然曹操曾拜羽為偏將軍，對他重加賞賜、禮之甚厚，甚至向漢獻帝表封為「漢壽亭侯」，極盡攏絡之能事，但關羽仍盡封賞賜，拜書告辭走奔劉備；而對於孫權欲與之締結秦晉之好，則斷然拒絕豪門聯姻，這些都顯現他富貴不淫、貧賤不移、威武不屈，難能可貴的道德勇氣。而刮骨療傷，猶言笑自若的鎮定，以及在萬眾之中斬袁紹大將顏良，追隨劉備收江南諸郡、董督荊州事；攻打曹仁、殺將軍龐直等等，其馳騁疆場，威震華夏的英勇精神與仁義禮智信的人格特質，在漢末群盜並起，兵馬倥傯、仁義蕩然的亂世裡，更熠熠生輝而令人動容感佩！可惜後來孫權用計奪據江陵，並遣將逆擊關羽而斬之，一代英雄竟隕歿於臨沮，這是敬仰關羽者最痛惜不捨的事。

但關羽的事蹟卻仍一直流傳於民間（註4），到元代時，羅貫中寫歷史小說《三國演義》，對關羽的事蹟更在正史文獻的基礎上多所鋪張發揮，於是「桃園義結金蘭」、「挂印封金」、「千里護嫂尋兄」、「五關斬六將」、「義釋釋曹」、「單刀赴會」、「放水淹七軍」、華佗「刮骨療毒」等等，這些膾炙人口的情節，栩栩如生的描述，隨著故事的廣泛流傳，深入人心。

雖然有些已偏離史實（註5），但透過小說的誇大渲染，卻成功地塑造關羽忠義英勇的形象，成為一般人奉為立身處世的規臬，且不論帝王或市井百姓都崇信敬仰的聖人。

封建帝王之所以崇敬關羽，當是基於關羽忠義英勇的行誼，有利於朝廷政治教化的目的。所以自宋代開始，帝王們對關羽加爵封誥就累加無數。北宋哲宗紹聖三年，賜關羽廟額「顯烈」；徽宗崇寧元年追封他為「忠惠公」，大觀二年晉級加封為「武安王」，宣和五年加封為「義勇武安王」，並從祀於武成王（姜太公）廟。宋室偏安南渡後，高宗以關羽能「肆摧奸宄之鋒，大救黎元之溺」，於建炎二年改封為「壯繆義勇王」，孝宗更稱關羽「生立大節與天地以並傳，投為神明亙古今而不朽」，淳熙十四年封為「英濟王」，並命禮官祭於湖北當陽縣之廟宇。

元代雖是異族統治中原，但並不減對關羽的尊崇。相傳元世祖忽必烈封關羽為武聖，列入祭典；文宗天曆元年加封關羽為「顯靈威勇武安英濟王」，並遣使致祭關廟。

註4：三國故事在唐代已流行於民間。李商隱〈驕兒詩〉云：「或謔張飛胡，或笑鄧艾癡」。宋時說話興盛，孟元老《東京夢華錄》有霍四究專「說三分」的記載；蘇軾《志林》亦云：「巷中小兒薄劣，為其家所厭苦，輒與錢，令聚坐聽說古話。至說三國事，聞說劉玄德敗，輒蹙眉，有出涕者；聞曹操敗，即喜，唱快。以是知君子小人之澤，百世不斬」。還有以影戲呈現的三國故事，宋人高承《事物紀原》：「宋仁宗時，市人有能談三國事者，或採其說加緣飾，做影人，始為魏吳蜀三分戰爭之象」。

註5：清章學誠云羅貫中此書是：「七實三虛」。關平實為其嫡長子而非義子。

明代帝王對關羽更是崇信有加。如太祖於洪武二十八年建關羽廟於雞鳴山，是南京十座祀典的廟宇之一；世宗嘉靖時尤重關羽的祭典禮儀，京師和應天府南在每年四季之初、歲暮除夕和五月十三關帝生辰日，皇帝都遣專司禮儀的太常官員前往關廟祭祀，後遂成例，而關羽也由從祀而成主祀的神祇（註6）。神宗萬曆六年，又應道士張通元之的請，將關羽進爵為「協天護國忠義大帝」，廟名英烈，四十二年更敕封關羽為「三界伏魔大帝神威遠震天尊關聖帝君」，而「關聖帝君」從此就成為民間對關羽的尊稱。

明代朝廷除了崇封關帝外，更造出許多關帝的神話傳說。例如在明神宗時代曾經擔任南京吏部主事的蔡獻臣，於《清白堂稿》卷十三〈關聖帝君紀〉，詳細記述明代皇室崇信夢見帝君顯靈的神話傳說：

（關帝）廟貌遍天下，英靈代顯，入我明尤聖。太祖逐胡元，掃群兇，嘗夢君提大刀、騎赤兔馬居前矛則獲全勝。嘉靖庚戌虜薄都城，夢君將天兵大戰，盡殲之。次日，虜遯，護國功多，故立廟正陽門之右。萬曆七年河口水溢，維河潘季夢君語之曰：『視吾刀所指』明日地裂，口里得二毒龍首，進京師。某年間解州鹽池忽如玄酒，州人乞靈於君。是夜夢君奮擊蚩尤，逐出海外，而池鹼如故。其赫濯多此類。今皇帝尤敬信君，大疑必質，四十年敕封三界伏魔大帝神威遠震天尊關聖帝君。聞比年科闈之事，亦君司命。嗚呼，所謂天地之正氣，古今之明神，非耶？」」。

關帝不僅多次幫忙戰事、指點迷津，亦曾主科考功名，此所以後人視為五文昌之一。

滿人建國於明初，當時還是明代的藩屬。傳說滿人曾請求明代頒賜經典以幫助他們教化貴冑。《三國演義》是其中一書，滿人將之譯成滿文，給貴冑子弟研讀，並且用為科考的科目，因此滿人對三國故事及行軍佈陣等軍事謀略技巧都十分精熟，相傳清兵入關時大將海蘭察即曾自言得力於譯本的《三國演義》，因此認為滿清之所以能成功入主中原，是依賴關羽的神靈保佑，對關羽也自然就特別尊崇，屢次加以封誥。順治九年首封關羽為「忠義神武關聖大帝」，聖祖康熙西巡途經解州時拜謁關帝廟，親書「義炳乾坤」匾額，雍正三年敕封關帝祖先三代公爵，乾隆三十三年又加封為「忠義神武靈佑關聖大帝」，尊為守護神，每縣所設的武廟都以關帝為主神。後歷嘉慶、道光二朝，關羽的封號陸續加至「仁勇威顯護國保民精誠綏靖羽贊宣德忠義神武關聖大帝」，從這多達二十四字的封號裡，可見滿清對關帝的尊崇重

註6：據《關帝志．祀典云》：「明嘉靖年間定京師祀典，每歲五月十三日遇關帝生辰，用牛一、羊一、果品脯、帛一，遣太常官行禮。四孟及歲暮遣官祭，國有大事則告。凡祭，先期題請遣官行禮」。而《明志．志二十六．禮四》也載：「以四孟歲暮，應天府官祭，五月十三日環路南京太常寺祭」。

視，甚至帝王宮殿裡也建造關帝廟，以供皇室祭祀，而深究這極致尊崇的各中肯綮，還是考量將關帝忠義堅貞的精神做為政治教化之用。

至於民間百姓崇信關帝並建廟膜拜，則較之封建帝王的封誥更早。早在關羽死後，解縣和荊州就漸漸有他顯靈的傳說產生，在荊州玉泉山也已有人建祠奉祀。就現今文獻顯示，唐肅宗上元元年封姜太公為武成王建廟祭祀時，關羽就被選為配享的六十四位名將之一而在從祀之列。至於獨立建廟則從唐德宗貞元十八年，董侹所撰的〈重修玉泉山關廟記〉看來，可見當時已建有關帝廟。到宋哲宗元祐七年，鄭咸〈解州城西門外關廟作碑記〉有解州地方百姓共同修繕關廟的載錄，再根據郝經《陵川集》的載記，則至遲到宋末，奉祀關羽的廟宇已是「郡國州縣，鄉邑閭井皆有」的盛況。滿清時期全國關廟普遍林立，朝野城鄉官民百姓祭祀之虔誠與熱鬧情況，由清嘉慶版之〈關帝聖蹟圖志全集〉可見一斑：

每歲四月八日傳帝於是日受封，遠近男女皆挂擊羊豕，伐鼓嘯旗，徘優巫覡，舞燕娛悅。秦、晉、齊、汴、衛之人肩轂擊、校拳勇，傾動半天下。

二、臺灣關帝廟宇及其信仰

臺灣關帝信仰始於明鄭。這是因為關帝本為明代崇祀的神祇，鄭成功來臺設郡縣開發治理，仍依循明代的規章制度，因此也將關帝信仰帶至臺灣。當時隨鄭氏自大陸來臺的移民，緣於臺灣天然障礙與人為險阻眾多，因此為求能順利渡過湍急的黑水溝，到草萊初闢的臺灣後，醫療簡陋，水土多瘴，瘟疫肆虐，還有拓墾原荒時番害或械鬥戰亂的威脅等等，這些都有賴於強而有力的關帝宗教信仰，給予心靈的平靜和生存的保障，於是大部分移民就從東山島「銅陵關帝廟」或其故里，奉請關帝神尊或香火來臺奉祀，充分顯現臺灣移民社會的特色。由於鄭成功入臺時，以臺南為開發基礎，所以當時全臺九座的關帝廟宇，都主要分佈在臺灣南部（今臺南市）（註8）。其中位於承天府的大關帝廟建於永曆二十二年，還有寧靖王親書「古今一人」的匾額懸在廟內。

清代對關帝本就十分尊崇。既滅明鄭政權，臺灣正式納入清廷版圖後，對地處海外孤島

註7：傳說天臺智顗大師在隋文帝開皇十三年，至荊州當陽。關羽顯靈後受大師感化，捨地建玉泉寺，並守護該寺。此傳說使關羽成為佛教信徒及護法。

註8：明鄭時期全臺九座關帝廟分別是承天府大、小關帝廟兩座；安平鎮關帝廟一座；天興縣關帝廟一座；萬年縣五座。上述資料可見高拱乾纂《臺灣府志》卷九外志，寺觀附宮廟；周鍾瑄纂《諸羅縣志》卷十二雜記志，寺廟；陳文達纂《臺灣縣志》，卷九雜記志，寺廟；謝金鑾纂《臺灣縣志》，卷二政志，壇廟。

的臺灣治理，就更加注重政治的教化作用。關帝的忠義精神適足以教化黎民，讓所有百姓都能效法關羽對蜀漢先主忠誠之心，將之轉化為效忠清廷，以達政治統御的目的。乾隆二十八年鳳山知縣王瑛曾於所修《鳳山縣志》卷十二藝文志就說奉祀關帝的原因是：「神（指關帝）之志在春秋，功在名教，凡忠義志節之士尤心嚮往之」，另外，乾隆四十二年臺灣知府蔣元樞在重修府城關帝廟碑記也詳述說：

我皇上眷懷前烈，加意褒崇，明詔寵頒定謚忠義。蓋匪僅補前古陳志，裴注之闕，實足樹萬世委身事主之範也。夫典既隆於熙朝，則靈益昭於率土。撫茲郡境，嶺海宴然，妖氛不作，民無夭札，歲且順成，蒙福者遍海表。將享者當何如虔潔歟！……。工既竣，益憬然於忠義之為神不可磨滅，而忠義之感人確有明驗也。……至誠如神。至誠者何？忠義而已矣，蓋心之所事謂之忠，而所結自能伸大義於千古，斯固凡為人者作之鵠，勿謂郡處僻遠，仰止神明，用鼓其忠誠義烈之氣而潛化其恣睢囂競之風，習俗轉移，不當在是耶？

清代帝王既尊崇關帝忠義精神，因此將之列為祀典，且令地方官員於每月初一、十五日，都必須前往行禮隆重致祭。（註9）

乾隆五十一年，臺灣暴發林爽文抗清事件，清軍為了對抗林爽文軍隊以乩童指揮神兵神將的方式作戰，於是也宣稱關帝顯靈助陣護衛的神蹟：

乾隆五十一年逆匪不靖，蔓延經歲，南北騷然，焚郭戕吏，所在不免。而府城得堅守無恙者，每賊眾犯城時，輒聞廟中金鼓聲隱隱似無數甲兵出而撼賊，為我民呵護者，而城獲全，則神有功於茲城也大矣。……向非神之威有以作其力、助其氣，挫賊鋒而頓踣之，其能卒自保耶？……豈非神佑之彰彰者哉？……嗚呼！神有功於國，有德於民，非一世矣，而往往於急難危迫之時，呼號莫之救，而神若儼然立乎其上而指麾之者，或假形聲以顯於眾而示之威焉，於以直其義者而拯之，怒其亂者而殛之，有斷斷乎其不爽者。……則神之靈，有赫矣哉！顧若臺灣各邑，遞為賊所陷，而府城獨以神故得全，且不旋踵而所陷處復，於以見國家洪澤之遠、敬神之至。……（註10）

清軍利用關帝顯靈助陣，固然是以心理戰術的方式鼓舞士氣，但這種運用手法其實也和明太祖、明神宗利用關帝神靈作戰如出一轍，但這都將原本對關帝的人格尊崇，轉向為宗教迷信之途。

滿清時代臺灣關帝崇信的主要族群幾乎都是軍人武將，而在這些文武官員的大力倡導下，

註9：王瑛曾〈重建關帝廟碑記〉：「邑城東廂壯繆侯，迄今稱武廟。凡長官行部、令宰，朔望俱修展謁禮，蓋祀典之鉅者」。

註10：文見乾隆五十四年知臺灣府事柳州楊廷理所書之碑文。此碑嵌於臺南市中區永福路祀典武廟櫺星門內右壁。

關帝信仰已深入臺灣社會，並和百姓的生活習俗互相結合。士人奉關帝為文衡帝君，祀於文昌祠；商人敬其誠信，江湖幫會以其講求義氣視為保護神，一般百姓則以其為立身行世的典範，所以臺灣關帝廟宇的數量也快速增加。當時三十三座關帝廟宇地理分佈遍及東西南北，有：臺灣縣（今臺南市）、嘉義縣（今嘉義縣地區）鳳山縣（今臺南及高屏地區）、彰化縣（今彰化臺中縣市地區）、苗栗縣（今苗栗縣市地區）、淡水廳新竹縣（今新竹縣市以北地區）、臺北府（今新北市地區）、噶瑪蘭廳（今宜蘭縣市地區），還有澎湖廳（今澎湖縣）等，這些關廟的建造者除多為文官武將外，還有生員貢生以及移民墾戶郊商等（註11）。

日本統治臺灣的初期，為了維持社會穩定，對臺灣的廟宇曾通令保護。但大正四年爆發「西來庵事件」後實施軍事統治武力鎮壓，盧溝橋事變發生又推行皇民化運動，日本毀廟宇、燒神像，企圖屏除臺灣原來的宗教信仰，此期是臺灣民間信仰飽受壓制的時期。根據李汝和《臺灣省通志》的記載：民國十九年即昭和五年，全臺關廟一五〇座被毀了五十七座（註12）。到民國三十四年臺灣光復後，臺灣廟宇進入修葺與新建時期，關帝廟宇迅速恢復至一九二座，而排名是臺灣各種神祇的第六位。

而後臺灣雖處於戒嚴時期，宗教活動必須受法令限制，不容易滋長，但當時臺灣的關帝宮廟總共有四三一座，可見百姓對關帝的堅定信仰；七十八年解嚴後，宗教活動隨著民主政治的開放而快步蔓延，民國八十六年根據宜蘭縣礁溪協天廟的統計，臺灣地區祭祀關帝的宮廟堂壇等共有九五〇單位（註13），可見關帝信仰在臺灣流傳既深且廣。在臺灣人的心中，關帝能護國佑民、去除瘟疫、接炸彈、佑財富、主持正義、遏止邪神凶煞，獲取功名財富……等，祂是萬能的神祇，護佑的項目可擴及個人的健康平安、學業前途、事業升遷、求財置產等等，而職務範圍則更涵蓋政治社會治安、經濟民生等多重面向。所以在臺灣所祭拜的眾多神祇中，關帝是被最多行業供奉的神祇，信徒並不侷限於特定族群：商家視之為武財神，讀書人奉為文昌帝君，軍人供為戰神武聖，警察敬為正義的象徵，道士尊為化劫鎮煞、斬妖除魔的三屆伏魔大帝，佛教敬為伽藍菩薩、蓋天古佛，甚至幫派結社也拜關公，效法劉、關、張桃園三結義。民間甚至還流傳在1924年甲子元旦，關帝已晉升為玉皇大天尊，尊號玄靈高上帝的傳說。（註14）

註11：上述資料整理自王必昌纂《臺灣縣志》卷六〈祠宇志・廟〉，關帝廟條；蔣鏞《澎湖續編・地理記・廟紀》、林豪《澎湖廳志》卷二〈規制志・祠廟附叢祠〉關帝廟條、胡格《澎湖志略》宮廟；王瑛曾《鳳山縣志》卷五〈典禮志・壇廟〉、盧德嘉《鳳山縣采訪冊》丁部〈規制志・祠廟〉；陳夢林纂《諸羅縣志》卷十二〈雜記志・寺廟〉關帝廟條；周璽《彰化縣志》卷五〈祀典志・祠廟〉關帝廟條；沈茂蔭纂《苗栗縣志》卷十〈典禮志・祠廟〉關帝廟條；陳培桂纂《淡水廳志》卷六〈典禮志・祠寺〉關帝廟條、鄭鵬雲等輯《新竹縣志初稿》〈典禮志・祠祀・竹塹堡廟宇〉關帝廟條；連橫《臺灣通史》卷十〈典禮志〉；陳淑均纂《噶瑪蘭廳志》卷三〈寺典・蘭中祠宇〉關帝廟條；林萬榮等修《礁溪鄉志》卷十三〈宗教篇・礁溪協天廟〉。

註12：見李汝和主修《臺灣省通志》卷二〈人民志〉宗教篇，第十章通俗信仰及同書〈臺灣省寺廟一覽表〉。

註13：見民國八十六年一月宜蘭礁溪協天廟編印之《關聖帝君兩岸文化交流座談會會議手冊》。

註14：民國十三年（1924）在成都通儒壇關帝降筆的鸞書《中外普渡皇經》後卷第十至十二章，有「玄穹上帝曰：中元首歲，選賢舉能，年日甲子，時月戊辰，令請無極，位禪關卿」的文句。但如以宣統元年（1909）扶鸞的《中皇明聖經》以及民國九年（1920）開始撰寫的《洞冥寶記》則都已出現關帝當玉帝的說法。

三、臺灣關帝信仰的文化產業

信仰是對神的信服和尊崇，反映了民眾尊敬、感恩、平安的內心祈願，以及對於現世生活的期望；而宗教是能滿足人們精神需求、心靈寄託的信仰，文化是一種歷史不斷累積而成的社會價值與社群認同。

關帝信仰是在人們生活與心靈需求下產生，再經過時間的長久累積，更逐漸增加其莊嚴性與神聖性，因為人們希冀受到神靈的超能力保護，而衍生出精神、心靈的虔敬宗教信仰。這種文化是一種歷史不斷累積而形成的社會價值與社群認同。而這種由堅定信仰所產生的文化，在二十一世紀的知識時代，是一種含蘊有形與無形的珍貴產業。以臺灣普遍在農曆六月二十四日舉辦關帝誕辰的宗教慶典或每年臺南武廟的鹽水蜂炮活動規模而言，從動員的人力、物力上看，已不單僅侷限在心靈和精神的宗教活動，也包含政治、社會、經濟、文化、藝術、學術等層面，值得發展成有特色的文化產業：

1.善用關帝信仰資源，教化人心，擴大社會服務層面

臺灣關帝信仰深入民間，其忠義誠信的精神，被人們奉為立身處世的規臬，尤其是在人心浮動、擾嚷不安的亂世，關帝信仰在道德教化上具有相當重要的地位。

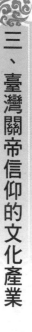

臺灣民間早在明清時代就已流傳數部藉關帝降乩所編成的經書。所謂「降乩」又稱扶鸞、揮鸞、降筆、請仙，它是一種跨越各宗教社會階層，跨越時空的一種神人溝通的神聖儀式，又稱借竅、降壇、顯化。這個具有神秘色彩的宗教儀式，須有扶乩者為「天才」，抄字者的「地才」，報字者的「人才」。此三才相當於鸞堂的正堂生、唱鸞生、錄鸞生。扶鸞是直接轉播天意和神意，經執鸞人運靈，在寧靜肅穆中以一個Y型的木筆寫字並傳達神意，是結合神、人，誠意正心、「文以載道」的傳道工作和神聖儀式，藉此與信眾溝通或傳達教化訊息。扶鸞降乩的風氣自宋元即已盛行，明清時代的士大夫更經常藉此以向神靈請示。周廣業與崔應榴所輯的《關帝事蹟徵信編》卷三十〈覺世篇註證〉就有相傳康熙七年，關帝降乩於沃鄉椿園之事。另外，清代江南才子袁枚，在《子不語》一書中也不乏扶乩事的載記，如其中名篇「關神下乩」，記敘了關帝君藉由乩筆，以幽默的口吻，責備士人不夠盡忠的故事（註15）。

現存以關帝降乩著成經文教化世人的最早文獻，是成書於明代嘉靖年間的《關聖帝君濟世消災集福忠義經》，簡稱為《忠義經》，而康熙七年撰作的《關聖帝君覺世真經》（又名《關

註15：子不語「關神下乩」：明季，關神下乩壇，批某士人終身云：「官至都堂，壽止六十。」後士人登第，官果至中丞。國朝定鼎後，某人乞降，官不加遷，而壽已八十矣。偶至壇所，適關帝復降，某人自以為必有陰德，故能延壽。跪而請曰：「弟子官爵驗矣，今壽乃過之，豈修壽在人，雖神明亦有所不知耶？」關公大書曰：「某生平以忠孝待人，甲申之變，汝自不死，與我何與？」屈指計之，崇禎殉難時，正公之六十時也。

聖帝君覺世寶訓》）也是關帝降筆扶鸞之作，經文短小，以「人生在世，貴盡忠孝節義等事」開始，用「眾善奉行，毋怠厥志」結束，常和《太上感應篇》、《文昌帝君陰騭文》等善書合刊，稱為《三聖經》。至於當今關公扶鸞經典中流傳最廣的經典，則是成書於清仁宗嘉慶年間的《關聖帝君明聖經》；此外臺灣民間還流傳《關聖帝君大解冤經》、《關聖帝君忠義經》、《關聖帝君戒淫經》等善書。這些善書的性質內容，都是對人要敬天地、奉祖先、孝父母、守倫常、行善事、莫作惡的訓勉，臺灣各地關帝廟宇的住持就常在向信眾講道時，擷取書中美句佳言以勸導世人。而關帝忠義仁勇的精神，除了民間提倡外，亦深深受政府重視，咸認為可導正時弊、教化人心。因此臺灣近年來有由縣市政府、社團法人等單位舉辦多年的「臺灣關公文化節」，忠義文學獎徵文、以及關帝相關的學術研討會等活動，都是希望藉助深化關帝仁義禮智信的精神，以達淨化世道人心的目的，做為教化社會的核心價值，而這就是關帝信仰最可貴的文化資產。

臺灣關帝廟宇除了是信眾祭拜、祈求場所外，同時也是神祇服務世人的地方。祂慈悲救助的精神隨時撫慰、庇佑百姓，成為民眾心靈最佳的指引師。臺灣關帝廟宇的聖事服務，就是以關帝的超自然力，在各種祈禱、許願、祭祀、普渡、消災、解厄、補運、齋醮與法會等活動中，廟裡的乩童、道士、法師、效勞生等服務人員，會幫信眾問神、祭解、收驚、解籤詩；

或是年節時提供信眾膜拜、安太歲、點光明燈、給關帝做契子等儀式和心靈服務。這些都是關帝信仰展現指點迷津與靈力，化解信眾各種心靈或生存困境，讓他們求取現實生活的利益和心境的安寧和諧。

此外，臺灣有不少的關帝廟已由傳統的管理人方式，改為管理委員會或社團法人的組織型態，成立文教或社會福利基金會，並依能力陸續興建圖書館（讀書室）、醫院（如臺北行天宮於七十年創建的恩主公醫院），或提供空間給托兒所、幼稚園、老人活動中心等活動休憩服務；還有從事賑災（施米糧、棉被、衣物）、濟貧（貧民補助金、清寒獎學金）敬老以及協助鄉里造橋舖路等造福人群的工作，具有深厚的人文意義和社會服務功能，這種範圍廣闊的公共志業，也是以宗教出世精神，落實入世社會服務的具體表現。

2.藉創意商品之研發以開源，達到傳承、創新文化的時代意義

廟宇不是事業生產單位，神祇予以信眾心靈安慰，信眾捐助香油錢回饋感恩，這是廟宇平日維持運作的經費主要來源。所以如果廟宇香火鼎盛，不僅信眾捐助的香油較多，而且神祇越靈驗，吸引前來朝拜的外地信眾自然就更多，消費力帶動地方經濟熱絡發展。臺灣早年小吃店、攤販、市集等即有不少依廟宇維持。

時至今日，廟宇活動的慶典規模越來越大，信眾捐助的香油錢雖多，卻不足以支付廟宇項目繁多的巨大開銷。因此，開發廟宇的經濟來源除有助於廟宇永續運作外，隨之而來的商業投資更蘊藏了豐富的經濟內涵。尤其關帝信仰在臺灣影響力的深遠廣闊，已在政治、社會、文化、藝術、教育、醫療等方面，具有多元的發展，因此在現代世界潮流講究經濟的趨勢下，關帝宗教信仰可以轉化發展為文化產業，為國家、社會、廟宇創造可觀的財富與眾多的就業機會。近年來臺灣各地關帝廟所舉辦的關公文化節或鹽水蜂炮國際觀光旅遊節的活動，這就是充分運用關帝信仰文化有特定而穩固的信眾基礎，將宗教文化與創意產業緊密聯結，不僅可以挹注廟宇經費，讓它具有前瞻性、永續發展，關帝文化創意產業的熱潮，也可以同時將關帝文化更發揚光大，達到共造雙贏的高經濟效益。

所謂「文化創意產業」，就是：源自文化積累或創意，透過精緻的商業設計，運用新穎進步的科技技術，結合文化與藝術，以創造財富或就業機會，促進整體生活品質提升的行業。要發展文化創意產業，首先須有廣博深入的文化資源做為核心價值，換言之，有雄厚的文化資源為基礎，才能在文化創意產業中呈現「獨特性」。所以，一個成功的創意商品須有撼動心靈的美學素質，透過設計其細節、形象、意境和故事，以彰顯社會核心價值和情感，而心靈的感動與昇華，是產品創意的動力。

關帝文化奠基於心靈的宗教信仰，以此根基發展出來的宗教文化創意產業，主要在提供人們精神支柱及情感上的依據，這是一種精神的終極關懷，目的在達到內心的安寧和諧。當人們在親自參與宗教文化的生活體驗中，透過尋找自我心靈的活動，讓人們對生命經驗有不一樣的詮釋與意義，從虔誠的宗教信仰中，帶來心境的寧靜與安詳，精神上也有了可以安身立命的依靠。

宗教文化創意商品在臺灣相當受到人們的喜愛。它是透過新形象的包裝設計與新製程的開發，成為具有創意特色、象徵意義的宗教文化商品，如拜拜用的符咒、籤詩、筊杯、祈福語、神像公仔等。但卻也有人認為將神聖的宗教文物做為世俗的商品販賣，是消費、褻瀆神明不可取的行為。

這是一個宗教文化是否響應現代社會多元性時的認知差異。宗教是每個人在內心深處一種無可名狀的體驗與感知、是內在最深沉的自我對話；但是宗教還是必須回歸人世間，以世俗的眼光看待，甚至誠實地面對宗教的生存問題。在現實生活中，宗教可以被視為在結構市場中互相競逐追隨者的「宗教企業體」，它最主要的目的，是在創造、維持及供給「宗教」，滿足個人或是群體的心靈需求。因此宗教市場論就如同商業經濟學一樣，包含了通貨市場及潛在的消費者，而宗教企業體必須符合市場的需求，生產宗教商品，以提供給宗教消費者做選擇。換句話說，宗教團體做為一個「生產者」，在不斷追求發展優勢、致力於彙聚成員、網路資源、政府資助，以及其他與制度接軌的根本要件的同時，事實上正可被視為宗教團體理性回應宗教環境中的機會及限制。

當然，宗教企業體所競逐的宗教市場，並非單純以營利為目的，而是在預設超自然存在的前提下，仍以終極意義的信仰及實踐系統，做為它召喚群眾的價值。臺灣宗教信仰自由，神祇多元，在競爭日趨激烈的宗教市場下，已經不能依靠信眾的香油錢或捐助，而必須將宗教做為召喚人們終極救贖的超經驗思維，轉換成人們所熟悉的社會實踐，臺灣的關帝廟宇辦醫院、成立文教基金會等，就是將其維生多樣化，這是宗教嚮應現代多元化社會的一種方式。而且，若換個宏觀的角度來看待臺灣神明的公仔化，不過是宗教團體為因應現代社會的多元性「跨足」文化創意產業的一個現象，因此無須過度詮釋，或予以污名化。

更何況成功的神明公仔設計有它積極的象徵意涵。臺灣關帝公仔的造型是福泰圓臉、平易近人的形象，雖然卡通化的公仔體態微胖，但它讓擁有者感受對關帝的信任與依賴。而透過詼諧逗趣的造型設計，將莊嚴肅穆、距離遙遠的人神關係，拉近到一種平行的友善關係。所以說，神明公仔—做為傳統宗教的一種新的「文化創新」形式，與其批評它淺薄了宗教的神聖內涵，還不如說，它將位居社會邊陲的宗教文化活潑化，與廣泛盛行的消費文化有了新的聯繫，讓在世俗化的社會中，廣泛不理解或者不相信宗教民俗的社會大眾，有了一個親近傳統宗教文化的機會，讓宗教有個親和力的起始，這何嘗不是另一種宏揚關帝文化的方式。

臺灣關帝的文化創意產業商品種類繁多，除了上述的神明公仔外，還有拜拜用的符咒、籤詩、筊杯、祈福語、Q版神明圖像、T恤、人體刺青彩繪等等，都引起眾多消費者購買或收藏。仔細探究消費者的動機，可以發現其內心深處正是在瑣碎無趣或壓力龐大的日常生活中，試圖創造出某種美夢成真的自我實現預言，這些文化創意商品正好象徵著激勵生活鬥志的各種良方，也許是功成名就、金榜題名，或許是永保平安，或健康長壽、財富滿堂，既可以紓解現實生活壓力，更可救贖困頓的心靈，人生恍若有更多的加油打氣，這對人生而言是一種正向的鼓勵。更何況，這些卡通化造型的商品可以擴大流行層面。關帝文化是理性的宗教，信眾們發自內心對自己道德潛能的純真信仰，其目的在於達到對完善美好的追求。所以宗教世俗化是為了發揚擴大影響的層面與深度，宗教理性化是要回歸心靈的澄靜、和平，文化創意商品未必是褻瀆，更可能增強其神聖性、認同力。由臺灣所研發的關公文創產品來看，不論是可愛卡通造型或端莊肅穆的交趾陶、水晶、木雕神像等，都能展現創作者在傳統的關公型制中，自創藝術精品的特質風格，讓原本傳統物件，擁有嶄新生命，古典與現代美麗的契合，使現代人忙碌的都會生活多了安寧和喜悅。

3.主題式的宗教慶典活動，行銷文化景觀，帶動地方、熱絡經濟

在臺灣所舉行諸多關帝慶典活動中，最富盛名的是臺南鹽水武廟每年於元宵節前夕，恭請關帝出巡繞境、蜂炮施放。從農曆正月十四早上由供奉關帝的武廟開史舉行啟炮儀式，進行兩天的祭神慶典宗教繞境與蜂炮施放的民俗活動。這項流傳一百八十餘年的元宵蜂炮民俗宗教活動，為平日保守封閉的鹽水鎮帶來活潑熱情，短暫的蜂炮之夜更吸引各地，甚至外國慕名前來觀賞的人潮，使小鎮的大街小巷都沉醉在漫天飛舞、響徹雲霄熱鬧的嘉年華裡。

從 1981 年開始，臺南鹽水蜂炮活動在地方政府積極加入規劃、每年都推陳出新、精益求精，在多元的活動中呈現不同特色。如 1985 年起從春節至元宵期間，鹽水武廟在廣場前舉辦「炮城」造型設計比賽和示範觀摩展覽，除了提高蜂炮的文化層次外，也擴大群眾的參與感，獲得熱烈的迴響；1988 年這項盛會改在鹽水國小禮堂舉行，同時也做蜂炮的介紹和宣傳，參加單位由商家民間團體，轉而以學術、行政機關為主。進入二十一世紀後，鹽水蜂炮活動動員的單位除武廟外，加入了地方學術團體，2003 年年新增的鹽水「蜂炮體驗營」，即由南瀛文化資產解說隊的導覽解說員，帶領參與者組裝「復古式蜂炮台」，使參與者親身體驗組裝炮台的辛勞與樂趣，並實際感受抬神教犁蜂炮的刺激感。隨著活動舉辦的多元化、深度化，動員的單位除武廟外，政府相關部門（如警察、消防、衛生、文化局）、地方其他

組織（如月津文史發展協會）等團體的加入更是與日俱增。

2005年蜂炮的系列活動有全國水仙花展、關公文物展、五花十色收藏展、蜂炮文化館、燈謎晚會、古早味美食街、蜂炮個人紀念郵票發行、民俗技藝活動、扶轎繞境等民俗陣頭表演、金雞啼曉報豐年、機器人蜂炮城、蜂炮施放觀賞體驗區，一日遊、套裝旅遊行程等；2006年時，臺南縣政府將鹽水鎮的三福路設計成古炮街，串聯街上的商家用古法製作鞭炮，如竹捲炮、單管復古式煙火等，令人發思古之幽情。2007年舉行學校師生和社會人士花燈製作比賽，叄叄金豬造型，巧思獨具的花燈，把鹽水武廟妝點得濃郁的文藝氣息。而蜂炮則以關公「忠、義、仁、信」的精神為主題，雕像關公神像32台尺之主炮城，耗資四百多萬元打造而成的全亞洲最大雕像，由武廟委請敦煌藝術工程公司，延請設計師精心設計。雕像還裝設八萬支蜂炮，有新進的液晶燈光投射設計，在夜間呈顯優質的視覺效果，配合全國蘭花大展、關公文化展、道教文物展、燈謎晚會、農特產品展售、南瀛小吃、鼓燈老街、超時空話古樓、南瀛囝仔仙拼仙、狂舞蜂城音樂會、蜂炮文化館等系列活動，從春節起陸續展出，讓國內外旅客在觀賞蜂炮之際，也認識鹽水的風華。2007年年更以長達13公里的連珠炮「火龍傳奇」，挑戰新的金氏世界紀錄，成功吸引觀賞旅客有數十萬人之多。

2008年鹽水武廟自春節起，除廟裡可為善男信女祈求闔府平安、增福、迎祥、延壽、安太歲、點光明燈，以去除煞氣外，有輦轎遶境活動，民俗陣頭展演，蜂炮施放仍是兩天兩夜，但配合中國傳統十二生肖，燈會特別選用臺灣本土特有種「臺灣刺鼠」為主題的主炮城，名為「禮鼠獻瑞」—以超大型炮城施放及高空煙火，此外還同時開放遊客組隊參與抬轎「犁蜂炮」活動，使人們體會蜂炮如火樹銀花般的絢麗，活動緊張刺激，規模號稱歷屆之最。此外，主辦單位的武廟首次請來中國山西兩尊關聖帝君神像駐駕，並參加蜂炮輦轎遶境的活動，其中一尊高約一公尺二、寬近一公尺、深約零點八公尺，傳約宋末刻製，原為江西龍虎山關嶽廟之鎮廟主神，距今約八百年歷史的木質關公神像，由武廟執事人員連擲六個聖筊，請回武廟駐駕，供信徒參拜，庇佑善男信女。2009 雖遇景氣寒冬，但人們為求經濟熱絡、財源廣進，對「武財神」關帝的信仰祭祀卻也更虔誠，鹽水蜂炮的規模不減反增。武廟以「牛轉錢坤迎向未來」為主題，更有開車過平安橋的創意活動。2010 因是虎年，廟方以「福虎生風，招財進寶」為主題，特別把炮城設計成金元寶的造型，並表演時下最夯的電音三子，將傳統太子爺陣與現代搖滾舞步融合混搭。2011 年臺南縣市合併升格，主炮城以「全民祈福，百年安康」為主題，設計七星平安橋、兔寶寶與八面玲瓏等多種造型的炮城，除照例舉行多項藝文活動外，信眾還特別向關帝擲筊請示，獲得同意上臺北辦宣傳記者會，行銷名聞遐邇的鹽水蜂炮。

鹽水蜂炮之所以成功、聲名遠播，主要是因為所舉行的活動包含七大主軸—信仰、武藝、戲曲、產業、藝術、觀光旅遊、學術等，這些不同面向的活動內容都有所本，而且傳統時尚兼具，項目多元內涵豐富；而且活動的內容能注入創意式的主題，使每年的內容推陳出新，並給予多元性的詮釋，呈現精緻、進步、活潑、變化的特質，讓人體驗宗教人文風貌與地方民俗藝術活力。正因有此特色，所以鹽水蜂炮原本只是企圖藉神轎繞境，施放炮竹，達到驅逐瘟疫、保佑平安的宗教活動，但它確已逐漸脫離地方性民間宗教節慶的層次，而朝向全區域觀光休閒化的趨勢，活動雖由武廟管理委員會主導，而指導單位則有中央政府部會與地方政府，如行政院文建會、交通部、臺南縣政府相關的各局處、鹽水鎮公所等指導監督，而整個活動的協辦者，則更包括了地方團體與個人，如鹽水鎮婦女會、縣農會、各社區發展協會、鹽水港文物宗教工作室、臺南縣月津文史發展協會、中華民族技藝協會、鹽水國中小、南榮技術學院、南瀛文化資產解說服務隊、鹽水團委會、臺灣嘉德麗雅洋蘭協會、臺南縣旅行社商業公會、獅子會，以及民意代表、有地緣關係的縣議員、鹽水鎮內其他廟宇等等，涵蓋了文化、教育、政治、社會、商業、宗教等眾多層面，形成廣大的社會網絡。

鹽水居民製作蜂炮本為宗教信仰的因素，但在參與製作的過程中，潛伏於個人內心的競爭性，也同時被激發出來，為了爭奇鬥艷，競相設圖、突顯目標，追求個別特色，於是這個充滿競爭和誇耀性的社會意味，促使蜂炮製作不斷研發改良。近年來外地的信眾們多合資委託武廟代為製作規模宏偉的炮城，讓擁有此製作技術的鹽水居民多了一筆經濟收入。而鹽水蜂炮活動又經各新聞媒體強力報導，除了獲得一筆媒體轉播金外，更蘊含了其他龐大的經濟效益，如媒體吸引來自國內外大批觀光客，於是武廟特設商展組與區公所聯合舉辦農特產展覽，將傳統商品精緻化；另外策劃文化古蹟尋根之旅與自然生態保育之旅，行銷地方文化與地理景觀，使旅遊具有知性與感性的深度，既兼有環保特質，也可以達到永續經營；而觀光客因旅遊產生對飯店、旅館業、風景遊樂區的直接消費，購買地方名產、民俗藝品店的紀念品等等，以及其他衍生性的周邊消費，這些可觀的經濟收益，帶動地方商機，對鹽水鎮的繁榮建設助益甚大。

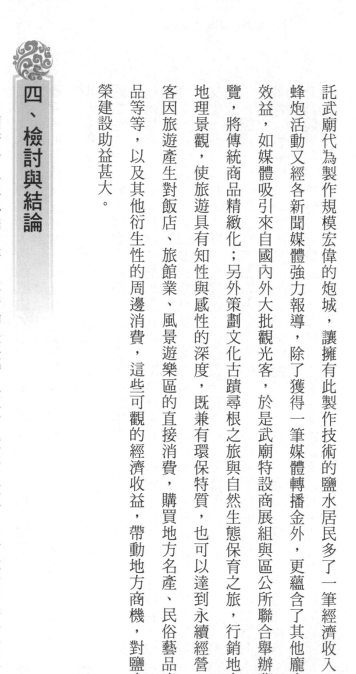

四、檢討與結論

關帝一生以忠義自持，其精神是臺灣人立身處世的典範，由虔誠的關帝信仰昇華為社會人心的教化，這是將高尚的宗教情操發揮極至的表現。現在臺灣供奉關帝的廟宇除了舉行宗教儀式外，都致力於人文關懷與社會救助的神聖工作。一些規模較小的神壇、善堂等也還有如早年般扶鸞降乩，他們開堂濟世幫民眾請神，解答迷津。其中雖也有對關帝忠義事蹟極力宣揚者，但鸞手已不是曾經訓練、有學問的讀書人，有時甚至假借神靈開示，但所為指導卻迷信荒誕，對社會反而造成危害，應以智慧明心加以分辨，去除糟粕，才是符合關帝信仰的正確之道。

關帝信仰在臺灣已有將近三百五十年的悠久歷史，擁有虔誠的廣大信眾，臺灣各地所興建的關帝廟宇也各有其豐富的歷史背景文化，當舉行熱鬧的宗教節慶活動時，可將陣頭歌舞、戲曲表演、地方農產、人文景觀、休閒旅遊等，轉化為文化經濟產業的元素，為廟宇、地方和民眾帶來豐厚的經濟利益，臺南鹽水的蜂炮活動就是一個藉由宗教節慶活動，帶動地方經濟的例子。

鹽水僅是臺灣南部一個城鄉農業小鎮，年輕人口多出外打拼，當地居民生產所得，遠比不上熱鬧繁榮的大都會，但由於每年元宵節武廟主辦蜂炮活動時，致力於自我特色的營造，加上新穎、超凡的巧思創意設計，在媒體對鹽水蜂炮的大力報導下，使鹽水蜂炮活動更多元、充實、熱鬧，政府部門和地方單位組織互動合作，一方面擴大社會參與網絡，一方面也強化社會資本的能量，從而結合地方資源，共同拓展觀光商機，藉由當地人文特色、古蹟文化、自然景觀的對外傳輸，創造利潤，再回饋給政府與地方，達到彼此互惠雙贏的經濟效益。

然而可惜的是：蜂炮活動僅只兩天光景，活動結束後，觀光客散去，年輕人依舊離開鹽水故鄉到大都會去打拼，鹽水小鎮又回覆往昔寧靜。所營造出來的消費時間短暫，獲致的經濟效益有限；且活動中大量燃放炮竹對空氣污染甚巨。

在二十一世紀各國普遍重視環保並以此評定一個國家是否進步的時代，臺南鹽水蘊藏豐富的人文歷史與地理景觀，實可更加強利用，如參觀寺廟群、古街老巷、傳統手工藝等等；另外奇特的生態景觀：如全球幾乎有三分之二的保育動物黑面琵鷺，只在七股溼地棲息；而潟湖環境所孕育的紅樹林、蚵、白鷺鷥等都是豐富的生態之旅，政府觀光旅遊單位在規劃整個節慶活動時，應提升其重要性而非僅是從屬於蜂炮的活動，透過觀光客環保的綠色消費，將當地的人文地理景觀商品化，透過觀光客環保的綠色消費，增加當地更多的經濟收益。

其實，關帝的文化資源包含的範圍十分廣泛：舉凡廟宇、文物、古蹟、民俗、禮儀、藝術、建築、文學等都是，善加運用關帝信仰文化可以發展的產業也很多，諸如觀光休閒產業（包含自然生態景觀旅遊、宗教歷史文化參觀）、廟會文化產業（包括各宮廟文化交流、觀摩考察、民俗活動、進香交流）、關公文化創意產業（包括相關表演、文化產品如書本、書誌、多媒體數位產品之製作出版、電腦遊戲軟體⋯）等等。要將關帝文化創意產業發展成功，除了廟宇本身須有強烈的企圖心之外，由於涉及多種產業鏈與法規，因此僅靠廟宇或地方政府無法竟其功，更重要的是需要中央政府強力主導與支援，從文化發揚、社會安定、國家發展的高度，重視關帝文化創意產業，引導關帝文化的傳承與創新，並制定具有前瞻性的文化創意產業策略，從資金、法規、土地、稅收等方面，營造關帝文化創意產業一個良好的發展環境，提供寬廣的發展領域和空間，並發揮政府職能，有效的使用現代先進的經營管理理念與積極服務、協助的手段，整合資源、引進專案、架設文化創意產業平臺、培育設計創意人才等等，結合產官學界的創意價值，讓關帝文化創意產業成為經濟發展騰躍的資本，行銷全世界。

這是一種對關帝文化的傳承，也是創新的永續工作。

宋元至清，關帝神格及相關道書、鸞書探論

蕭登福
國立臺中科技大學應用中文系教授

關帝的神格階位，由漢世的壽亭侯，至宋、元進封為「王」，明萬曆間，由「王」而稱「大帝」，進而封為道教最高階位的「天尊」。清世關帝並沒有更高的封號，但由於清帝的廣建關帝廟，遂使關帝信仰遍及全國。到了清末民初，更產生了關帝繼位為玉皇的扶鸞之說，使關帝由「帝」而稱「皇」。

今所見有關關帝的道典，約有二種，一為《道藏》所收宋、元、明三代以關帝為護法神的道典道法，另一種則為民間託言關帝降筆所寫成的鸞書經文。民間鸞書，關帝降筆約起於明，盛於清，自民國後愈演愈烈，道壇遍佈，扶鸞日增，關帝鸞書所在皆有，或問事，或訓誨，或救劫，或濟世。這些鸞書有的深具影響，有的則時光而流逝。本文旨在探述關帝相關的道書及鸞書的內容，但因道書、鸞書太多，所以本文以宋代至清末為界，來加以論述。

關鍵詞：關帝、扶鸞、道經

一、關帝歷代神格階位的演變

一、道書中所見的關帝神格

關聖帝君以道書所見，早期在宋元時代，是以雷部元帥或道教護法神的角色出現。南宋・蔣叔輿編撰《無上黃籙大齋立成儀・卷五十二・神位門・左二班》列述雷部諸將及元帥，計有：雷帝天君、鄧天君、辛天君、張天君、華荀天君、宋將軍、竇天君、馬天君、苟天君、畢天君、龐天君、劉天君、程元帥、雍元帥、劉天君、張天君、趙元帥、許元帥、昌陽大將軍、含陰大將軍、楊符使、楊符使、王元帥、程元帥、蔣大將、朱將軍、馬元帥、陳元帥、朱元帥、蕭元帥、鄭元帥、殷元帥、翁元帥、趙元帥、曲元帥、周元帥、嚴元帥、溫元帥、耿元帥、朱將軍、周元帥、趙元帥、馬元帥、黃元帥、顯使者、張使者、趙金剛、雷元帥、何元帥、楊元帥、孟元帥、關元帥、溫元帥、康元帥、鐵元帥、王元帥、張元帥等共五十七位神將（註1）；這些神祇大都屬雷部和瘟部，是道壇齋醮時所設的護法神神位。其中關元帥之全稱為「朗靈義勇關元帥」。

到了明代，由於明成祖的崇奉真武，所以明代道書中，逐漸將南宋蔣叔輿科儀書所列的

註1：見《正統道藏・洞玄部・威儀類・食字號》新文豐刊本第十六冊 278 頁下至 279 頁下。

神將，歸屬於真武。明．任自垣編《大嶽太和山志．誥副墨第一篇．卷之第二．大明詔誥》載有明憲宗成化九年（1473年）十一月敕諭差太監陳喜等送至大嶽太和宮金殿內供奉的神祇，其中除真武外，從神有「靈官、玉女、執旗、捧劍、水火（龜蛇）」及「鄧天君、辛天君、張天君、陶天君、苟天君、畢天君、馬元帥、趙元帥、溫元帥、關元帥」，神帥十尊。成化二十二年十月命太監陳喜送武當山的供器及道像中，其中包含畫軸「真武十二帥行神」，是已由真武十帥，擴至十二帥。所增二帥，以同書明孝宗弘治七年（1494年）八月初七詔敕送聖像至南巖宮正殿奉安的神像看來，除十天君外，另加入「龐天君、劉天君」。這十二天君中，馬元帥為華光帝君，溫元帥為溫瓊，趙元帥為趙公明，關元帥為關羽；四人為道教護法尊神，稱為道教護法四聖，俗稱四大元帥（註2）。十二天君除四帥外，其餘大都為雷神與瘟神。十二天君原亦是北帝的部屬，宋代由北帝伏魔事蹟轉變成玄帝後，十二天君也轉變成為玄帝的部屬了。明萬曆間，余象斗《北遊記》，則又說真武之部屬為三十六天將。《北遊記．第七回》說玄帝之三十六員天將，私自下凡為妖；在後面數章回，敘述了玄帝下凡降服三十六個妖怪，收為部下，回歸天界。而余象斗《北遊記．三十三回祖師收得雷電神》說：

「玉帝加封祖師為混元九天萬法教主、玉虛師相、天蕩魔天尊。上宣三十六員天將，每年十二月二十五日，與眾將同遊下界，巡察善惡。賜金波天曹御酒二盃，玉帝親送至殿，祖師謝恩而別，點齊部將上任。大設筵宴，賞勞三軍，守把天門，來受萬方香火，無量壽佛。御封玄帝各將姓名於左。計開：萬法教主神功妙濟許真君；海瓊白真君；果嚴教主濟微傳教祖元君；洞玄教主辛真君；清微教主魏元君；混元教主路真君；龜蛇封為水火二將；都掌金輪如意趙元帥；關羽封為顯靈關元帥；新興王、田華封為荀、畢二元帥；張健封盡忠張元帥；龐喬封混炁龐元帥；副應封為糾察副元帥；正一靈官馬元帥；朱彥夫封管打不信道朱元帥；催、盧二將軍；李伏龍封先鋒李元帥；兩田封降妖避邪兩元帥；鄧成、辛江、張安封為鄧、辛、張元帥；汪無別、寧世誇，封為二太保；劉俊封為玉府劉天君；雷瓊封為威靈瘟元帥；石成封為神雷石元帥；廣澤封為風輪周元帥；謝仕榮封火德謝元帥；離婁、師曠封聰明二賢；康席封為仁聖康元帥；高員封為降生高元帥；孟山為酆都孟元帥；王鐵、高銅封為虎丘王、高二元帥；王忠封九州豁洛王元帥；雷公封九天霹靂大將軍酆都章元帥；楊彪封地祇楊元帥；殷高封地司太歲殷元帥；鐵頭封為猛烈鐵元帥；朱佩娘封為雷部電母；朱孛娘封為月孛天君。」（註3）

上引所述的真武部將，這些將名，絕大多數，都是出自南宋．蔣叔輿編撰《無上黃籙大

註2：臺灣世界書局一九六九年四月出版《四遊記》214至215五頁。

註3：《大嶽太和山志．誥副墨第一篇卷之二．大明詔誥》載明憲宗成化十九年送武當興聖五龍宮正殿內安內神像，從神中的元帥只有「馬元帥一尊、趙元帥一尊、溫元帥一尊、關元帥一尊」，以四帥代替十帥或十二帥。

齋立成儀・卷五十二・神位門・左二班》所列的神名，明萬曆年間的余象斗把這五十七位神將，簡化成三十六天將，並把祂們歸屬於玄帝部屬。而明後的道壇，也習慣把馬（華光天王、馬天君）、趙（趙公明、趙玄壇）、溫（溫瓊）、關（關羽）稱為四大元帥。以道經來看，由宋至明，關帝的神格為道教伏魔護法的元帥，這和關帝生前為三國名將應有密切關係。

二、從歷代帝王封誥上看關帝神格的演變

文獻中關帝的立祠，似乎始於唐代以武將身分配享於武成王廟；《唐會要・卷二十三・武成王廟》載唐玄宗開元十九年令兩京及天下諸州，各置太公廟一所，以張良配享；唐肅宗上元元年（760 年）封姜尚為武成王，建武成王廟；至建中三年（782 年）顏真卿奏請簡選歷代名將，仿文宣王十哲七十二弟子形式配祀，在七十二弟子配享列中包括了「蜀前將軍漢壽亭侯關雲長」。至於何時獨立建廟，以文獻看，似乎也始於唐代。唐德宗貞元十八年（802 年）董侹撰《重修玉泉山關廟記》，說玉泉寺西北三百步有「蜀將軍都荊州事關公遺廟存焉」，是彼時已有關帝廟之建立。至宋哲宗元祐七年（1092 年），解州父老共同修繕關廟，鄭咸撰《解州城西門外關廟作碑記》。北宋哲宗紹聖二年（1095）五月賜當陽關羽祠「顯烈」廟額，此是朝廷封誥的開始，通常先賜廟額，再封神身。北宋徽宗崇寧元年（1102 年），封關羽為

「忠惠公」，大觀二年（1108年）加封為「武安王」。其後經南宋高宗、孝宗至元代均有加封，但仍稱為「王」，只是封號的字數加多，元代天曆元年（1328年），封號為「顯靈威勇武安英濟王」，共九字封號。至明太祖洪武三年（1370年），頒佈《初正山川並諸神祇封號詔》，恢復關羽原封「前將軍壽亭侯」，盡去宋元追封。

關羽的神格，在道教中由唐建廟，宋代始封，至明初，最高階位僅是封「王」，位階並不高，證之宋、元、明道經所見，關羽也僅是以雷部神或元帥的名號，成為護法神中四大元帥之一。明初太祖朱元璋，雖然盡去關羽宋元封號，但關羽在民間仍擁有廣大信眾，明神宗萬曆六年（1578年），加封關羽為「協天護國忠義大帝」，特頒袞冕，賜廟額為「顯佑」；關羽的神格由「王」，晉升為「帝」；萬曆四十二年（1614年）十月十一日，加封為「三界伏魔大帝神威遠震天尊關聖帝君」（註4），「天尊」的稱號，類似於佛教的「佛」，是道

註4：關羽受封為「三界伏魔大帝神威遠震天尊關聖帝君」，或說在萬曆四十二年，或說在萬曆三十三年，說法多種。明．沈德符《萬曆野獲編》卷十四〈加前代忠臣謚號〉，僅說今上（神宗）累加至大帝、天尊之號，未言年代。清．張爾岐《蒿庵閒話》說：「萬曆末年，內廷頒出金牌，上書敕封關羽三界伏魔大帝神威遠震天尊關聖帝君。」大抵可以確知此封號應在萬曆晚年。又，《古今圖書集成．卷三十七．神異典．關聖帝君部考》云：「萬曆四十二年（西元1614）十月十一日，司禮監太監李恩齎捧九旒冠、玉帶龍袍、金牌牌書，敕封『三界伏魔大帝神威遠震天尊關聖帝君』。」《有明封祀錄》亦云：「天啟四年（西元1624）六月十二日，太常盧大申題稱，追祀漢前將軍壽亭侯，原奉皇祖特封『三界伏魔大帝神威遠震天尊關聖帝君』，業已帝，而祀文猶侯，似不相蒙。仰祈敕下禮部查議云云，奉聖旨：神號著遵照皇祖加敕封祀，欽此。」據此似應以萬曆四十二年說為正。

教最高階位。關帝受封為天尊，並不是以祂為獨尊。其實在此之前天蓬、天猷、黑殺、真武等四聖，在明世之前及明世也都已有崇高的稱號，如南宋・王契真纂《上清靈寶大法・卷二十八・傳度儀範門》在奏三官之後附四聖，文云：「北極天蓬都元帥真君蒼天上帝，北極天猷副元帥真君丹天上帝，北極翊聖儲慶保德真君皓天上帝，北極佑聖真武靈應真君玄天上帝。」（註5）四聖在宋代已被稱為上帝。再如《大明御製玄教樂章・大明御製天尊詞曲・玄天上帝詞曲》〈弘利益之曲〉中，將真武稱之為金闕化身蕩魔大天尊；明宣宗宣德七年（1432年）趙弼之作序的《武當嘉慶圖》第七圖〈號〉，載真武〈百字聖號〉，有「玉虛師相、玄天元聖、仁威上帝、金闕化身、蕩魔天尊」（註6），真武的封號不僅為天尊，封號更達百字之多。關帝在明代的地位，依然在真武之下，也是真武的部將，並不殊特。但關帝信仰自明萬曆以後，進入了嶄新的境界，重新受到當代帝王的崇敬。

到了清代，順治九年（1644）敕封關羽為「忠義神武關聖大帝」，清乾隆三十三年（1768年）加封關帝為「忠義神武靈佑關聖大帝」，基本上清世關帝的封號，並沒有比明萬曆所敕封者更崇高，但自乾隆朝起，各地興建的關帝廟愈來愈多，信仰遍及全國，民間普遍以「關聖帝君」來稱呼關羽，更因為清代鸞堂不斷以關帝扶鸞降筆撰經，關帝的影響力大增。

清末民初迄今，關帝信仰又進入了另一個境界。關羽的神格，由漢代的壽亭侯，而為宋、元的武安英濟王，明萬曆時進而為「大帝」、「天尊」；清末民初，雲南、四川一帶的民間鸞堂，更興起了關帝當玉皇的說法。其中如宣統元年（1909年）扶鸞的《中皇明聖經》（註7），民國九年（1920年）開始撰寫的《洞冥寶記》十卷，共三十八回（註8），民國十三年（1924年）降鸞的《中外普渡皇經》（註9）、《玉皇普渡尊經》（註10），撰成於甲戌年（民國二十三年，1934年）以章回小說形式寫成的《蟠桃宴記》六卷三十六回。上述這些都是和關帝當玉皇有關較早期的扶鸞書，其中《洞冥寶記》、《蟠桃宴記》二書對臺灣的鸞堂影響甚深。

民國以來，臺灣鸞堂扶鸞的鸞書甚多，幾乎每一週，都有鸞堂在扶鸞，所撰成的鸞書已可用汗牛充棟來形容了。這些鸞書，至今只有少數能流傳於道堂，被信眾所諷讀，大多數則

註5：《中華道藏》第三十三冊417頁上。

註6：《藏外道書》第三十二冊1025頁上。

註7：是書前有普教帝君「宣統元年歲次己酉立秋後六日降於昭潭宣化文社」序，後有「宣統元年歲次己酉立秋後六日臨清弟子傅作祁薰沐敬跋」，知此書撰於宣統元年。

註8：此書民國九年庚子之歲（1920年）開始，在雲南洱源的鸞堂起鸞撰寫，由唯一子編輯，參與者甚多，有楊定一、楊抱一等人；1921年成集，其後迭經修訂，至1922付印，1925年成書刊行。

註9：王見川編《近代的關帝信仰與經典》書末p.241～343載錄該經全文，臺灣博揚文化公司2010年10月刊行。

註10：經前有保山楊覲東丁卯年識語，文中說《玉皇普渡尊經》是「甲子前攝位時所降者，黔有刊本」。甲子年為民國十三年；而云「黔有刊本」，據此，此經與《洞冥寶記》疑當同屬雲南一帶鸞堂所造。

隨著時間而流逝。由於民國以後的鸞書太多，難以俱述，所以本文僅以宋後至清末為斷代，來論述關帝相關的道書道法及降筆鸞書。

有關聖帝君相關的道書，如以宋代至清代來做界定，所見的道書約有兩種，一為道法方面的用書；一為扶鸞降筆的鸞書。

一、《道藏》及典籍中所見關聖帝君之相關道書

《道藏》中和關帝相關的道書，收錄於《正統道藏》的，有《道法會元》中的《地祇馘魔關元帥祕法》、《酆都朗靈關元帥祕法》，見於《法海遺珠》的有《太玄煞鬼關元帥大法》。此外，收於《藏外道書》的有《太玄煞鬼關元帥大法》。這些道書的撰作年代，大概在宋末元世至明初間。

1、《地祇馘魔關元帥祕法》

本篇收錄於《道法會元》卷二百五十九；《正統道藏．正乙部．殿字號》，新文豐刊本第五十一冊 523～532 頁。《道法會元》一書，任繼愈《道藏提要》1209 條以為編纂於元末

明初，所收篇章多為宋元間之科儀術法。關公在宋元道書中，僅是地祇諸帥之一，其神格和溫瓊、殷郊、馬勝、趙公明等位階相等；為道教護法神，主要在伏魔驅邪，降滅妖煞。《地祇馘魔關元帥祕法》以關雲長為主帥，屬北極紫微大帝駕前大將，稱之為「雷部斬邪使與風撥雲上將馘魔大將．護國都統軍平章政事．崇寧真君關元帥。」關羽之身分歸入雷部，封崇寧真君。本篇為召請關元帥攝鬼馘魔之法。篇末〈事實〉敘述召關帥法，出自北宋徽宗崇寧年門三十代天師虛靖天師所傳，關元帥因斬蛟有功，要求徽宗封為崇寧真君，而為虛靖天師貶降為酆都將五百年，所以為地祇元帥。

2、《酆都朗靈關元帥祕法》

本篇收錄於《道法會元》卷二百六十；《正統道藏．正乙部．殿字號》，新文豐刊本第五十一冊 532～537 頁。屬於宋、元間流行的召請關元帥的滅魔祕法，係三十代天師虛靖張真君所傳，將班為：「主將酆都朗靈馘魔大將關元帥，諱羽；副將清源真君趙昊。」以誦咒、畫符、存思來召遣關元帥滅魔。篇中既稱關羽為「酆都馘魔大將關羽」；而其〈遣呪〉云：「天心天心，莫負我心；雷霆迅速。關羽即今酆都大帝，令下排兵，急抵患家，搜捉邪精。」經文說關羽是酆都地獄中的「朗靈馘魔大將關元帥」，但以咒語看，似乎又以關羽為「酆都大帝」，兩者相矛盾。

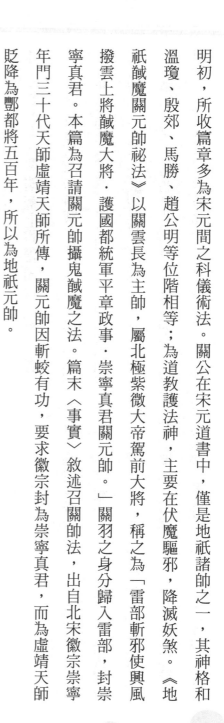

3、《太玄煞鬼關元帥大法》

本篇收錄於《法海遺珠》卷四十三；《正統道藏．太平部．節字號》，新文豐刊本第四十五冊 775～782 頁。

《法海遺珠》一書，任繼愈《道藏提要》1156 條以為編纂於元末明初。《法海遺珠》卷十六〈雷霆諸師祕要〉所列召役雷霆諸師之字，而所言雷霆諸師有：鄧帥、辛帥、張帥、馬帥、趙帥、溫瓊元帥、關羽元帥等。關羽為雷霆諸師之一。而《太玄煞鬼關元帥大法》稱關羽為「北帝酆都馘魔提刑上將太煞鬼關，諱羽，字雲長」，篇中以呪語、靈符、存思及手印（訣）來治瘟斬鬼，變身藏形。關羽在宋元時，其地位為雷部斬鬼諸帥之一。

4、《太上大聖朗靈上將護國妙經》一卷

本經收錄於《續道藏．隸字號》，新文豐刊本第五十八冊 294 頁上至 295 頁上。此經應是《道藏》所收和關公相關之較早期專屬經典，經文短小，約五百餘字，以稱述關公的封號為主，勉人孝順行善，抄傳經書。經中將關公稱為興國太平天尊，撰作年代，約在明世。

經中敘述三國名將關羽封號，兼及聖父、聖母、神子聖孫等封號，勉人行善，抄傳此經，所謂「凡我含生，總盟此心。吾司雷部霹靂，奏疏速上天庭。晝察陽元功過，夜判冥府鬼神。

若人傳寫千本，勝看一藏真經。吾遣天丁擁護，自然百福來臻。」此經所說關公的聖號甚長，其稱號為：「大聖馘魔糾察三界鬼神刑憲都提轄使、三界採探捕鬼使者、元始一炁七階降龍伏虎大將軍、崇寧真君、雷霆行符伐惡招討大使、三十六雷總管、酆都行臺御史、提典三界鬼神刑獄公事大典者、提督刑案神霄大力天丁、三界都總兵馬招兵大使、統天禦地誅神殺鬼大元帥」，計有一百零七字。經末有大明萬曆三十五年張國祥奉旨校梓之識語。

此經任繼愈《道藏提要》1433條，以為「此經蓋出於南宋」（註11）。蔡東洲、文廷海著《關羽崇拜研究》以經中有「行臺御史」之稱，而斷定為元人所撰（註12）。但將關公的稱號衍生成百餘字，這種情形和玄天上帝的百字聖號相近，明代《武當喜慶圖》第七圖〈號〉載真武〈百字聖號〉，似是明人特別喜愛賦予神祇較長稱號。此經不僅關公的聖號有百餘字，並說關公是「興國太平天尊、義勇武安王、漢壽亭侯關大元帥敕封崇寧真君」，以天尊來稱呼關公，應在明代，明．沈德符《萬曆野獲編》卷十四〈加前代忠臣謚號〉云：「蜀漢關壯繆侯，本朝所最崇奉，至今上（神宗），累加至大帝、天尊之號而極矣。或云上夢有異感，遂進此銜名，未知果否？」可見天尊之號在明神宗時而受封敕，因而疑此經撰成於明世。《續道藏》刊於萬曆三十五年，明神宗萬曆四十二年加封關羽為「三界伏魔大帝神威遠震天尊關聖帝君」，沈德

註11：任繼愈主編《道藏提要》，北京，中國社會科學出版社，2005年12月3版。

註12：《關羽崇拜研究》94頁，巴蜀書社2001年9月出版。

符說「或云上夢有異感，遂進此銜名」；或許當是受此經之影響而予以「天尊」封號。

5、《東嶽獨體關元帥大法》

收錄於《藏外道書》第二十九冊91～97頁。撰作年代難明，內容和《道法會元》及《法海遺珠》所載關元帥法相近。疑撰於宋末或元世。本書頁91有召關羽斬妖之法，其符形即以關羽之「關」字做成符形，文云：「酆都大將，斬鬼馘魔，拖刀仗劍，運戟揮戈，威聲烜赫，邪道消魔，大刀所拖，傾倒山河，隨吾符命，速出北羅。上帝有敕，普濟沈痾，急急如北帝律令。」「關羽關羽，吾奉事汝，汝若負吾，天亦不許；吾若負汝，仙職不舉；同結斯盟，相為終始。急急如新書律令。」又文中有〈信字召符〉云：「北帝上將，關羽真形」；顯然把關羽當成北帝上將，又說是「酆都大將，斬鬼馘魔」，關羽具此二身分，和《地祇馘魔關元帥祕法》文末所載北宋徽宗朝虛靖天師之說有關。因而此篇的撰作年代，應和《地祇馘魔關元帥祕法》、《酆都朗靈關元帥祕法》、《太玄煞鬼關元帥大法》等關元帥法相近。

6、《廣成儀制關帝正朝全集》

陳仲遠校輯，清宣統三年辛亥成都二仙菴藏板的《廣成儀制關帝正朝全集》，收於《藏外道書》第十五冊 297 ～ 301 頁。以祝禱科儀，藉由頌誦神祇名諱，祈求風雨及時，多稼永豐穰。文中所上啟的神祇，除關帝外，張飛、劉備、孔明、龐統、黃忠、馬超、趙雲等等蜀中將相君臣，皆在祈請之列。

7、《關聖帝君萬應靈籤》

此書，今所見較早之版本有三：一為收藏於日本天理圖書館之刊本，係北平蒙文書社所印，無出版年月，前有兩篇以蒙古文字所寫成之序，其次為蒙文《覺世真經》，其次為《祈籤例》及《萬應靈籤》百首，有籤詩及解詩語，皆以蒙文書寫，其下書漢字。

其二為《藏外道書》第四冊，所收民國十九年上海宏大善書局刊印之《關聖帝君明聖經全集．靈籤》。其三為臺灣臺中瑞成書局影印竹林書局發行之《正關聖帝君城隍尊神百首籤解》。

上述三刊本，北平蒙文書社所刊者較簡略，《藏外道書》及臺灣瑞成刊本較完備。今分《藏外道書》及臺灣瑞成版本論述。

A、《藏外道書刊本》之《關聖帝君明聖經全集．靈籤》

《藏外道書》刊本論述：此關公百首《靈籤》，當是關公廟中供信徒在廟中或家居占卜之用者。書前有《求籤祝記》云：

「求籤祝記：伏以陰陽不測謂之神，遜化無窮謂之聖。神聖之道，感而遂通。謹炷清香，虔誠拜啟，恭望神慈，俯垂鑒納。今有某處某人為某事，謹布愚衷，仰干高聽。事有吉凶，莫逃洞察。明賜靈籤，大彰報應。如不及廟卜，可將錢十文，塗紅一文，自甲乙順鋪二次，硃錢初甲，次又逢甲，是第一籤；餘倣此。又將十天干，書十籤，求二次亦可。但要誠以感之耳。不誠，則神聖不屑教誨之矣。若占名利妻子，一切謀望之事，非屬猝急危難災病之切，尤須預晚潔誠，以期靈應；不可隨動一念，更祈神示也。占期：夜靜、清晨、上午為吉，至過午不占，酒後不占，不潔不占，前人戒之矣。」

《求籤祝記》之後為「以錢代籤圖」及說明文字，其次為百首靈籤。第一籤「甲甲大吉」，接著為籤題「十八學士登□州」（註13）及籤詩「巍巍獨步向雲間，玉殿千官第一班。富貴榮華，天付汝，福如東海壽如山」；籤題係舉歷史人物故事為題，籤詩配合籤題來敘述。接著為「聖意」、「東坡解」、「解曰」、「釋義」、「占驗」等解說籤詩吉凶之文字及舉古人得此籤者為證。百首靈籤的最後一籤為：「第一百籤癸癸上上」籤題為「趙閔道焚香告天」，籤詩為「我本天仙雷雨師，吉凶禍福我先知；至誠禱告皆靈驗，抽得終籤百事宜」。

B、臺灣瑞成刊本之《正關聖帝君城隍尊神百首籤解》

《關聖帝君萬應靈籤》，在臺灣也有刊行本，筆者所收藏者為臺中瑞成書局影印竹林書局發行之《正關聖帝君城隍尊神百首籤解》，每頁邊側皆有「百首籤詩解．竹林書局發行」等字樣；此瑞成書局將該書和《關聖帝君應驗桃園明聖經》合刊，於民國七十二年（1983年）六月刊行。此刊本在文字上和《藏外道書》所收者相同而較詳盡，此刊本在上述說明文字「東坡解」之後，多一「碧仙註」，成為六種說明文字。又，兩種刊本每一籤的籤詩雖同，但籤題則各異，此刊本第一籤以「漢高祖入關」為籤題，第一百首籤題為「唐明宗禱告天」，籤題下並有說明文字。

《關聖帝君萬應靈籤》，在臺灣廟宇中，係以逐一籤詩單張形式出現，抽籤者，經擲筊問神後，憑竹籤上「甲甲」、「甲乙」、「甲丙」等號，依號取出籤詩單，再憑籤詩斷吉凶。

靈籤為道廟常見之物，宋人釋文瑩籤《玉壺清話》卷三、陸游《劍南詩稿．卷四十七》，都曾提到籤詩。《正統道藏．正乙部．納字號》所收者有：《四聖真君靈籤》、《玄真靈應寶籤》、《大慈好生九天衛房聖母元君靈應寶籤》、《洪恩靈濟真君靈籤》、《靈濟真君注生堂靈籤》、《扶天廣聖如意靈籤》、《護國嘉濟江東王靈籤》等多種。詳細論述，請見筆者所撰《道教與密宗》一書下篇第八章（註14）。

註13：作口者，原有字，唯字細小不明，似為「瀛」字；今以口表示。
註14：新文豐出版公司1993年四月出版。

靈籤在道廟早已風行，因而《關聖帝君萬應靈籤》的撰成年代，疑在清或清前已存在。

三、明、清二朝，關聖帝君降筆鸞書

世間流傳關公降筆所撰的鸞書甚多，而由現存的《忠義經》（《關聖帝君濟世消災集福忠義經》）看，關公降筆撰書，至遲應在明代已有了；清及民國以來，此類鸞書，大有愈來愈多之勢。

1、《三界伏魔關聖帝君忠孝忠義真經》

此經是由《三界伏魔關帝忠孝護國翊運真經》及《關聖帝君濟世消災集福忠義經》二經組成，前經簡稱「忠孝」，後經稱「忠義」，收錄於清．賀龍驤等所輯《道藏輯要》星集九，新文豐刊本第二十三冊 10200～10208 頁。《藏外道書》第四冊 272～280 頁。今分二經論述：

A、《關聖帝君濟世消災集福忠義經》

《關聖帝君濟世消災集福忠義經》前有楊博敘，經文共分為十九章，依次為「述志章第一」、「鴻濛章第二」、「氣數章第三」、「世道章第四」、「居處章第五」、「配育章第六」、「修建章第七」、「功名章第八」、「游行章第九」、「符訟章第十」、「疾病章第十一」、「命運章第十二」、「攝生章第十三」、「瘟瘵章第十四」、「太樸章第十五」、「慾界章第十六」、「雨暘章第十七」、「生人章第十八」、「業報章第十九」；經末有明．李東陽、徐階、吳道南所撰贊歌。

《關聖帝君濟世消災集福忠義經》簡稱為《忠義經》；在正文前，有明．楊博（1509～1574 年）《忠義經序》，頗可據以考證此經撰作、付梓及流傳情形，文云：

「關壽亭侯《忠義經》十九章，皆侯自製也。晉陳壽演俗通義，似近鄙褻。茲宋學士孫奭編述，南渡中丞張守訂梓，相傳五百餘年，漫無可稽，世人亦不知有是經也。維侯忠義昭寓宙，功烈垂史冊，祠祀遍天下。黃髮稚齒，極海窮邊，靡不崇重，而侯之隨在著靈，威英顯赫，千載一日。博幸生同侯鄉，藉侯庇久。嘉靖丙辰，巡撫荊楚。荊，故侯保障區，迄今家至，左聯頂禮如在。比還省辭楚王殿下，王詢侯故里事，復出《忠義經》示博，拜賜踴躍，若侯陟降也。歸舟檢閱，後先紊敘，簡篇遺逸，字畫錯亂差訛，遂為校定重錄。首揭侯像，並述侯辭曹之書、後人仰侯之贊，彙成一帙，攜之京師。繼役關中，未遑鋟梓，適都督劉顯移兵守川廣，因以貽之，俾刻荒鎮，以作士氣，以風忠義，且播之天下，瞻奉者有所持誦則傚云。兵部尚書蒲州楊博敘事。」

楊博於明世宗嘉靖八年（1529年）中進士，曾任兵部侍郎及太子太師，多次擊退蒙古入侵部隊。楊文說此書得於嘉靖丙辰（1556年），並說「關壽亭侯《忠義經》十九章，皆候自製也」，顯然是指關羽扶鸞降筆所作。而文中言及《忠義經》為宋人孫奭所編述，孫奭為北宋仁宗時人，生卒年代為宋太祖建隆三年至仁宗明道二年（西元962年至西元1033年），事蹟見《宋史・卷四百三十一儒林傳》。楊博得此書時，是在明世宗嘉靖丙辰年巡撫荊楚時，楚王所贈。丙辰為嘉靖三十五年，西元1556年。距離北宋孫奭編此書，正如序中所言已「相傳五百餘年」。楊博之說如屬實，則《忠義經》乃北宋初之扶鸞著作，是關公相關經典現存最早之作；但不管楊博之說是否可靠，此經在明嘉靖前已存在，則是不爭之事實；如以關帝信仰的發展來說，此書疑是明代扶鸞之作。縱使此經是在明世撰寫，此經亦當是現存文獻所見，關公扶鸞經典中之最早者。

又，今本經文（述志章第一）云：「關聖帝曰：吾本東漢解良居民……」此章所述關公事蹟，多與元・羅貫忠《三國演義》相近；今考關公受封為帝，始於明萬曆四十二年，受敕封號為「三界伏魔大帝神威遠鎮天尊關聖帝君」；此經既是宋・孫奭所編，且楊博得經在嘉靖年，嘉靖亦在萬曆之前，時關公未有帝號，皆不宜有「聖帝」之稱，且所說的關公傳說，已與元人羅貫忠所見者相近，撰者以傳說入經，可以明顯看出，此經應撰成於明世。至於嘉靖年間明代尚未封關羽為帝，而此經以「帝」為稱，疑是民間自己的稱號，這種情形猶如媽祖未被誥封為天上聖母，而民間皆以此為稱。

綜結來說，明嘉靖年間楊博序說此經撰成宋初看來，此說恐怕爭議多，以關聖帝君神格的演變來說，疑此經撰成於明世，或即成書於嘉靖年間。由於嘉靖年間民間已盛行關羽降筆鸞書，所以至萬曆間，神宗皇帝才會勅予「大帝」及「天尊」的封號。此經的撰作年代，可能比《太上大聖朗靈上將護國妙經》為早，但卻未能收入《道藏》中。

B、《三界伏魔關帝忠孝護國翊運真經》

《三界伏魔關帝忠孝護國翊運真經》經前有〈誦經要訣〉、淨口心身神咒、帝君誥等，經文以「爾時帝尊與諸大天尊及天龍鬼王暨諸大將軍同時集會，觀見眾生億劫漂淪」為始，以偈語「猶谷傳聲」作結。

《三界伏魔關帝忠孝護國翊運真經》撰作年代不明，此經和《關聖帝君濟世消災集福忠義經》，兩者合稱「忠孝忠義經」，是兩經應是年代相近之作品，刻意以「忠孝」、「忠義」為稱。今以「忠義」一經撰於明世看，疑此書之撰成年代亦與其相近，皆是明代扶鸞書。

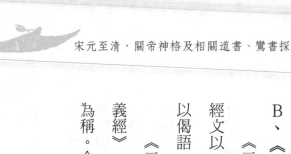

2、崇德弟子纂述《關聖帝君本傳》

收入清．彭文勤等編《道藏輯要》星集九，新文豐刊本第二十三冊10208～10212頁。敘述關聖帝君姓氏名諱，所言事蹟，據《三國志》及《三國演義》說以寫成，本傳後為關羽年譜。作者為「崇德弟子」，顯係泛稱，非實際之名諱，以稱帝君看來，應是明末或清世之作，撰於清世的可能性最大。

3、《關聖帝君覺世真經》（又名《關聖帝君覺世寶訓》）

《關聖帝君覺世真經》，亦名《關聖帝君覺世寶訓》，全文計六四九字，託名關聖帝君所撰。經文以「人生在世，貴盡忠孝節義等事」為始，以「眾善奉行，毋怠厥志」作結，經文短小。此經的撰作年代大概在清康熙七年，說詳下。

此經刊行版本甚多，清代已有為之註者，註者且不只一人，亦有為之繪圖並加註者。為之作註證者，如《藏外道書》第四冊121頁至164頁姑蘇彭氏原本《覺世經註證》即是，該書書末有「咸豐元年辛亥秋八月江右盱黎召庭潘恩誥自序」，自述刊經之由，其後云：「清光緒己亥年（光緒二十五年，西元1899年）冬十一月，儀徵有福讀書堂吳氏重刊。」

為此書繪圖並作註者，則有收藏於日本天理圖書館之清光緒壬午年（光緒八年，西元

1882年）孟秋所刊檀國顯聖殿藏版《忠義神武靈佑仁勇威顯協天大帝寶訓像註》四卷，經題為《關聖帝君覺世寶訓》，此書的註文與《覺世經註證》略異，而所舉例證則大抵相同，可見清代為《覺世經》作註者，不只一家。

《忠義神武靈佑仁勇威顯協天大帝寶訓像註》，則依經文而繪，有繪圖及註語，經前有佚名於清雍正九年陽月所撰序，及乾隆五十九年五月佚名所撰序，書末有道光間志魁所撰感應事蹟、《關聖帝君親降鸞筆警世文》及志魁識語。此經之撰作年代，在書前序中，約略透露出一些訊息。今節錄雍正九年佚名撰《忠義神武靈佑仁勇威顯協天大帝寶訓像註・序》及乾隆五十九年序，二序中言及此經撰成年代之相關字句於下：

「董子曰：正其誼不謀其利……關公訓言不知所自始，相傳以為術者降神而錄其語。茲復輯奉行者之事應，而繪之圖，以刊布焉，使覽者披其圖以傳其事，雖不曉文字者，可以口授目視耳聞而相感動也。夫房中之樂，女婦之常事也。而周公用之閨門鄉黨，邦國以化。天下吹豳詩擊土鼓，逆暑迎寒以勸農者，是編之作亦此義焉耳。學者果能盡性命之理，自無取於此；然亦何事排擯以阻中人向善之志與？是為序。雍正九年，歲在辛亥陽月吉旦。」

又，經前乾隆年佚名序云：

「是書之刻，成於雍正辛亥歲，距今六十有餘年，久而易闕，理勢然也。刻之者不傳其姓氏，然觀其句櫛字比，繪之為圖，證之以事，惖乎有勸善懲惡之意。……乾隆五十九年五月朔日識。」

辛亥歲為雍正九年（1731年）。在雍正九年序中，不具名之撰序者自說輯錄相應之事蹟，並繪圖加以闡釋，而撰成《像註》一書。據此知《忠義神武靈佑仁勇威顯協天大帝寶訓像註》四卷之撰成並刊刻，在雍正九年，撰序者即是《像註》四卷之作者。《像註》是依經而繪像並加註，既撰於雍正九年，那麼原經《關聖帝君覺世寶訓》（即《覺世真經》）之撰作必在此前，至於出自何時？則序中說「不知所自始，相傳以為術者降神而錄其語。」說明此經係扶鸞降真之作，只是無法推知撰作的年代。

在流行的刊本中，有的有年代可以追溯此書的撰成時間，臺中聖賢堂1996年10月刊印《關聖帝君覺世真經》（係多種經書合刊本，書名為《關聖帝君戒淫經、覺世真經、冥罰淫律》），經末附有靈驗記，其中有無錫鄒小山「朝夕虔誦《覺世經》，於雍正丁未中傳臚，歷官至禮部侍郎。」雍正丁未年，為雍正五年，西元 1727；年比前述九年早。是撰經年代，又可往前再推。另外，周廣業、崔應榴輯《關帝事蹟徵信編》卷三十〈覺世篇註證〉云：「相傳康熙七年夏，降乩於沃鄉之椿園，授之王貞吉等，帝親製序。」（註15）文中之「帝」，係指關帝，關帝除自撰經外，並親撰序文，游子安據此以為應成書於康熙初年（註16）。今如更據日本龍谷大學大宮圖書館藏道光二十四年渝北尊德堂藏板《三聖經》中《關聖帝君覺世真經》題注「康熙七年戊申夏月降」看來，此經不僅可以確定是康熙初年，更可確定是康熙七年扶鸞降筆所寫成。

《覺世真經》經文短小，所以常與多種短篇善書合刊。如與《太上感應篇》、《文昌帝君陰騭文》、《文昌帝君功過格》、《孚祐帝君功過格》等合刊，稱為《三聖經》，臺中瑞成書局 1965 年曾刊行此種合訂本。或與關公其他經典如《關聖帝君戒淫經》、《冥罰淫律》等合刊，臺中聖賢雜誌社 1996 年 6 月再版本即如此。

《覺世真經》性質和《感應篇》相同，都是勸人行善去惡，由於此經託名關帝所撰，關帝以忠義名世，所以此經特別倡導忠義，經文一開始即說「人生在世，貴盡忠孝節義之事，

註15：該書為道光四年（1824 年）公義堂重刊本，頁29。
註16：游子安〈明中葉以來的關帝信仰：以善書為探討中心〉，載王見川主編《近代的關帝信仰與經典》，博揚文化公司，2010 年10月出版。

方於人道無愧，可立於天地之間。」經中頗多佳句，如云：「凡人心即神，神即心；無愧心，無愧神；若是欺心，便是欺神。」將「心」比喻成「神」，以「心」來觀照己行善惡，預知吉凶。而經中「淫為萬惡首，孝為百行原。」一句，後蛻變為「萬惡淫為首，百行孝為先。」廣被後人拿來做為「至善」與「至惡」的兩極代表；孝為善，而淫為惡。更由於此經之勸孝惡淫，所以後來也衍生不少關帝戒淫的經典，如《關聖帝君戒淫經》、《冥罰淫律》等。

4、《關聖帝君明聖經》

此經以「漢漢壽亭侯略節桃園經，書於玉泉寺」做開端；經之異稱有《桃園明聖經》、《關聖大帝桃園明聖經》，簡稱為《明聖經》。此經是當今關公扶鸞經典中流傳最廣的一種。經中說是以託夢方式，告訴玉泉寺僧代為傳出者。玉泉寺為隋時智顗所創（見唐釋道宣撰《續高僧傳．卷二十一．釋智顗傳》）。此書約撰成於清嘉慶年間。

此經日本．酒井忠夫《增補中國善書の研究》下，以為是清中代以後所撰（註17）。

此經流行的版本甚多，今據筆者所見收藏於日本天理圖書館，光緒十貳年菊秋之刊行本來論。此書前有明天啟六年張瑞圖所識之《環鈕圖．關帝印圖》，次為道光二十六年（1846年）純陽子降筆於漢壽之南禪古寺，鏡吾氏捧筆所寫之序；再次為嘉慶二十五年（1820年）十一月二十八日關公降筆，長秋山人所書之序。其次為關公《世系圖》，其次為正文。在正文的每一字下，有韓國字，是以漢、韓兩國文字寫成，經文至「不可思議功德」止，末附《教諭文》、《靈運經》。此經如據純陽子及長秋山人序看來，應撰成嘉慶二十五年以前。由於長秋山人之序，為今所見與此經年代有關之最早者，在考證此經撰作年代上至為重要，今引錄於下：

「《關聖帝君明聖經降序》赤面赤心下九天，純陽何不把序刪？壇前燈燭光焰閃，降後你我即便還。莫將此經看得輕，消災延壽福更綿。天地無私，善惡昭彰。順天者存，逆天者亡。神道設教，藉此以傳。吾當言《明聖經》三字。經者，敬也；恭敬身心，時時不忘乎根本，刻刻常存於孝弟，謹敬這個心田，庶幾近於禮義；勿貪勿淫是也。聖者，昭然也；參天化育，千古忠肝義膽，萬載聖神，先聖後聖，其揆一也。明者，如同日月普照乾坤，無物不到，使我心性常懷不昧，靈臺潔淨，打掃如同寶鏡一般，明心鑑性，故曰《明聖經》。此經吾奉皇敕令，降於高珙等處，今蒲邑印刊無序，吾同孚佑降此，辯明三字為序。時嘉慶二十五年十一月二十八日降；長秋山人書於守一書屋。」

註17：見該書325頁，東京，國書刊行會，2000年刊行。

由序文，知此經最早出現者為關公降鸞於高珙處，係扶鸞寫成的；此高珙，應不是《明史・卷二百十三》所載之「高拱（1513～1578）」。序中說關帝降筆於高珙，因未撰序，所以後來又降，長秋山人筆之成序。從降筆於高珙至再降撰序，二者的年代不應相隔太遠，則此經疑撰成於清仁宗嘉慶年間。又，日本・酒井忠夫《增補中國善書の研究》下所附《明聖經》書影云：「《關帝桃園明聖經》序：《明聖經》為何而作也……嘉慶十年古虞陸喬木敬刊。在口聖經彙纂中，茲照古貌敬纂上。」（註18）據序所言，嘉慶十年已有《明聖經》刊行，那麼《明聖經》之撰作疑在嘉慶初年。

此經首句說：「漢漢壽亭侯略節桃園經，書於玉泉寺，夜夢與凡人（註19）。」此句話說明關帝和玉泉寺有密切關係，唐德宗貞元十八年（802年）董侹撰《重修玉泉山關廟記》，說明玉泉寺在唐時已建立了關廟。玉泉寺，據隋代智顗門人灌頂《天臺智者大師別傳》說智顗在當陽縣玉泉山建寺，初名「一音」，後改為「玉泉」（註20），文中並未言及智顗和關帝的關係，至宋・曇照《智者大師別傳註》下卷，沿襲唐代董侹之說，始杜撰關帝皈依智顗，並運神力於七日內建廟之神話（註21），至元代羅貫中《三國演義・卷七十七回・玉泉山關公顯聖》，說關公敗走麥城，被孫權所殺，死後一魂不散，蕩蕩悠悠，於三更夜直至玉泉山，大呼：「還我頭來。」法淨和尚為說法，告以關公向人索頭，被關公所殺者，亦將向關公索頭；於是關公大悟，稽首皈依而去，並說：「後往往於玉泉山顯聖護民，鄉人感其德，就於山頂上建廟，四時致祭。」元代羅貫中之說，基本上沿承宋代僧人杜撰關帝建玉泉寺有關。由於小說的渲染及僧侶的攀附，於是佛教把關帝當作護法伽藍。筆者曾撰文駁斥其非（註22），今不細論。由於宋代僧人已開始杜撰關帝護持建玉泉寺的傳說，所以此經也刻意說是由關帝託夢給僧人以為流傳。

《關聖帝君明聖經》，版本甚多，其中涉及關帝祀儀及增刪過的版本，較值得論述者，約有下數二者：

A、《關聖帝君明聖經全集》

收入於《藏外道書》第四冊165～271頁所收刊本，係民國第一庚午春（民國十九年，1930年），上海宏大善書局所刊印的《關帝明聖經全集》，該書雖以「關帝明聖經」為稱，

註18：該書342頁，東京國書刊行會，2000年2月。

註19：字，一本作「僧」。

註20：《卍續藏經》第一三四冊，644頁下。

註21：《卍續藏經》第一三四冊，644頁下至645頁下。

註22：筆者〈試論媽祖、關公神格屬性，及其與佛、道教的關係〉一文，曾發表於二〇〇七年十二月二十二日至二十三日，宗教哲學社及天帝教主辦第七屆紀念涵靜老人學術研討會，論文見該會論文集；後曾刊登於網路。

而所收則不僅一種，依次計有：《三官大帝真經》、《靈籤》百首、清人所撰《靈驗記》、李澤生選輯《戒淫言行彙選》、《關聖帝君應驗桃園明聖經》（前有環鈕圖關聖帝印；次有清．易紹章識文、馬壽喬序，及民國十八年余魯賢序、誦經款式；其次為《關聖帝君世系圖》、關公及周倉等人「寶誥」；其次為正文）。在《關聖帝君應驗桃園明聖經》後，接著為《古佛應驗明聖經序解》，此即《明聖經》經文正文之註解。其次為《續錄》，此部分所收計有：《關聖大帝正解》，係「斗口王欽奉漢室漢壽亭侯關聖大帝敕命」大帝所說之語及註解，文自「大帝曰：吾曾言日在天上，心在人中」始，至「欽哉勿忽」止。此段文字即上文所說，附於經文正文後之一段文字。其次為道光庚子年趙靜安《顯應記》；其次為《關聖帝君訓孝文》、《關聖帝君覺世真經並論》、《關聖帝君戒士文》、《關聖帝君寶誥》、《聖函》（關公書函五封）、《聖帝補訓》。

又，由於斗口王天君善曾欽奉關聖大帝敕令，轉述關帝之語，所以王靈官與關公的關係至為密切。而《關帝桃園明聖經》經文云：「吾乃紫微宮裡朱衣神，協管文昌武曲星，祇因張仙無主轄，敕令隨吾為從神。檢點少男與少女，或損陰陽絕子孫，送生催生及難產，魅妖傷殘斑痘疹，如有焚香諷誦者，轉禍為祥顯聖靈。今有塑畫吾像者，側立張仙持彈弓。鑑知戰國侵凌亂，命我臨凡救萬民。」據經文所言，民間流傳與婦女生子有關的張仙，便成為關公的從神。於是挾彈之張仙及驅鬼護法的王靈官，皆成為配祀於關公之神祇，其配祀法約有下述兩種，其一是關公在中央，關平、周倉侍兩旁，其外為張仙與王天君；神位排列法為：

張仙天君神位
威顯武靈侯關聖太子神位
伏魔大帝關聖帝君之神位
馬前威勇公周大將軍神位
靈官天君神位

以上配祀法，見於《藏外道書》第四冊所收《關聖帝君明聖經全集》第228頁。

其二為張仙與王天君夾輔關公，關平及周倉在外，其神位排法為：

威顯武靈侯關聖太子
九天輔元開化張仙大帝
伏魔大帝關聖帝君昭明翼漢天尊
大靈官太乙雷聲王天君
威靈忠勇公周大將軍

以上配祀法，見於《藏外道書》第四冊所收《關聖帝君明聖經全集》第232頁。

《藏外道書》第四冊《關聖帝君明聖經全集》中之《關帝桃園明聖經》，在正文「不可思議功德」之下，細字註云：「《應驗經》畢」；其後接著又有「斗口王天君善欽奉漢至漢壽亭侯關聖大帝敕令」，所述文字，自「大帝曰：吾曾言日在天上，心在人中」始，至「欽哉勿忽」止，約近於原文三分之一。今臺灣所見諸種《明聖經》刊本，亦皆有此段文字。

B、《朱子刪定玉泉真本桃園明聖經》

此刊本，據蔡飛民國十八年己巳歲所撰序，知是託言朱子在清末貴州大醮時，飛鸞所刪定，該書經文前並附有朱子奏議，敘述該經流傳情形。今將朱子奏議及蔡序引錄於下：

「朱子刪正《桃園明聖經》奏議肅疏奏議，謹副帝心……伏蒙上帝敕刪《桃園經》，臣俯查漢季少明文，是夢授之流傳者罕。晉初無盛典，本新聞之駁議者多。迄而至於後晉之天福九年，經固流佈，海內遵行，持誦人家著驗未幾，而周漢接踵兵戈，此經之若顯若隱者幾希耳。夫是時原文也，考之三天著經籙載，迺先之以原始，次之以力學，又次之以道貌，而終則忠孝廉節焉已。又迄宋之天聖七年，民間錄出玉泉真本，始有首之《經序》，末之《經驗》二章。然猶錯簡無次，迨元人亂揉後，眾口異辭，雖有一二信善，幼而持誦，長而忘焉；

長而奉行，老而懈焉。固不得其詳切真解，章句錯訛，以成今之梓行經本矣。臣熹不敏，謹依我宋天聖七年玉泉真本，以符三天著經籙文，其經如左。」

蔡飛民國十八年所撰序：

「朱子刪定〈玉泉真本桃園明聖經序〉余嶺東一孤兒也，幼時稍識之無，即喜虔誦《明聖經》，弱冠前後，奔走風塵中，尤喜搜羅《明聖經》，見經中錯簡衍文，顛倒凌亂，嘗思有以刪正之、註解之，奈道務匆忙，此願未能即償，己巳季春，余出川返粵，道經宜昌時，在道友處，閱及朱夫子於清末奉上帝敕旨，依宋天聖之玉泉真本，並考定三天著經籙載所刪定之《明聖經》，分為〈經序〉、〈原始〉、〈力學〉、〈道貌〉、〈節訓〉、〈經驗〉六章，與坊間俗本大異，乃喜而鈔其原文。至朱子所註解之意義，則以文字繁冗，暫不鈔錄焉。當清末貴州大醮時，朱夫子即以刪定之經文，從沙盤木筆中，宣揚於世，余之夙願可因之而了矣。乙丑（民國十四年，1925年）、寅丙（民國十五年，1926）兩年，關帝顯像於雲端，皆攝有影片。今將此片，製成銅版，附印於經首，以供善男信女之膜拜也。夫勸人以口，不如勸人以書。盈天地間，善書多矣。然最流行者，則為《明聖經》。今特廣勸印送，以助三期道場之收圓也。是為序。午會十二運七世第六己巳中秋節前，好了道人蔡飛序於五羊城畔。」

上文朱子之奏議，是清末貴州大醮時，託名朱熹飛鸞降筆所寫，並非真正朱子生前所寫之文，因而不能據為實錄，且文中所述《明聖經》的流傳情形，可議者多：玉泉寺創於隋，《續高僧傳．智顗傳》說智顗創寺情形云：「遂於當陽縣玉泉山立精舍，敕給寺額，名為一音；其地昔唯荒嶮，神獸蛇暴，創寺之後，快無憂患。」寺既創於隋，當時尚是荒險，多蛇獸，則託夢傳經說不能早於此；朱子飛鸞敘經文流行，卻由漢季說起，顯然據《三國演義．第七十七回至泉山關公顯聖》，關公託夢於玉泉山普靜僧之說而來。由於朱子奏議，係扶鸞所言，不可據為信史。因而在該經的撰著上，應以清．嘉慶年間長秋山人之述較為可信。至於此經之文字，一般刊本均不分章節，朱子刪本則分為六章，且刪除文字甚多。在版本上，朱刪本反而是最差的一種。蔡飛（1892～1960年），畢業於廣東陸軍速成學堂，入同善社辦道，號「好了道人」，後入馬來西亞等地傳道。蔡飛序中所提及乙丑、丙寅（民國十四、十五年西元 1925～1926）二年，空中所攝關公顯靈照片，此照片即今民間常見的顯靈照片，據此，知是攝於民國十四、五年。

5、《關聖帝君寶誥》

經文以「吾大漢良民，恭逢明主，桃園結義」為始，以「毋為自暴自棄之凶子，是吾之所厚期也。」作結，在經題下有細字註云：「嘉慶六年，京都大水災後降鸞訓世。」據此，則此經撰於清世嘉慶六年，西元 1801 年。

此經見於《藏外道書》第四冊所收民國十九年刊印《關聖帝君明聖經全集》書末所附。

6、《關聖帝君親降鸞筆警世文》

首句以「帝君曰：今見京師人心風俗日就頹靡，而吾憂民憫世之心，隱然勃發」為始，以「諸生其戒之勉之哉！」作結；收入於日本天理圖書館所藏，清光緒壬午年孟秋所刊檀國顯聖殿藏版《忠義神武靈佑仁勇威顯協天大帝寶訓像註》一書文末。文後有「信官志魁敬送」，志魁為道光年間人，說見下，則此是道光年間已存在，疑是清中葉扶鸞之作。

7、《關聖帝君訓孝文》

此經見於《藏外道書》第四冊，所收《關聖帝君明聖經全集》書末所附，文字短小，今錄其全文於下：

「《關聖帝君訓孝文》未有君臣之分，先有父子之情。思堂上恩勤，匪言可盡；問膝前愛敬，孰告無虧。勿曰嚴君，頓令情睽意隔；漫言慈母，遂至恃愛挾恩。當因時而承歡，宜隨分以自盡。篤性天之慕，無殊暮年；竭奉養之誠，不待異日。菽水不減於鼎烹，祇爭養志；微情可擬於大孝，唯在明心。墓下錫哀封，渺渺誰見；生前盡子道，確確可徵。道關天倫，宜盡人事。如違吾訓，請試吾刀。」

《關聖帝君訓孝文》，疑即清．道光年間志魁所說的《教孝篇》。日本天理圖書館所藏，光緒壬午年刊《忠義神武靈佑仁勇威顯協天大帝寶訓像註．卷四》，經末附繼峰志魁於道光庚戌年孟冬所撰《帝君靈應》云：

「帝君之功德，奚待某言，而其所以正人心者，則自《警世文》、《教孝篇》、《規忠略》、《戒慾編》、《改過論》、《醒世寶訓》、《渡世寶筏》之外，又有《覺世經》一編，懲勸諄諄，至為切近。……道光庚戌孟冬長白繼峰志魁不揣序於省心齋。」

據道光年間志魁所說，上述關帝降筆諸經，可以證明在道光年間已存在。其中《覺世經》撰於康熙七年，其餘的疑撰成於清中葉乾嘉之間。

8、《規忠略》

書未見，疑已佚，疑是清中葉扶鸞書。著錄於光緒壬午年刊《忠義神武靈佑仁勇威顯協天大帝寶訓像註．卷四》，經末附繼峰志魁於道光庚戌年孟冬所撰《帝君靈應》，疑撰成於清中葉乾嘉之間。

9、《戒慾編》

書未見，疑已佚，疑是清中葉扶鸞書。著錄於光緒壬午年刊《忠義神武靈佑仁勇威顯協天大帝寶訓像註．卷四》，經末附繼峰志魁於道光庚戌年孟冬所撰《帝君靈應》，疑撰成於清中葉乾嘉之間。

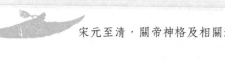

10、《改過論》

書未見，疑已佚，疑是清中葉扶鸞書。著錄於光緒壬午年刊《忠義神武靈佑仁勇威顯協天大帝寶訓像註・卷四》，經末附繼峰志魁於道光庚戌年孟冬所撰《帝君靈應》，疑撰成於清中葉乾嘉之間。

11、《醒世寶訓》

書未見，疑已佚，疑是清中葉扶鸞書。著載於光緒壬午年刊《忠義神武靈佑仁勇威顯協天大帝寶訓像註・卷四》，經末附繼峰志魁於道光庚戌年孟冬所撰《帝君靈應》，疑撰成於清中葉乾嘉之間。

12、《渡世寶筏》

書未見，著錄於光緒壬午年刊《忠義神武靈佑仁勇威顯協天大帝寶訓像註・卷四》，經末附繼峰志魁於道光庚戌年孟冬所撰《帝君靈應》。

13、《關聖帝君救劫寶訓》

此經以「賊去賊來何日休，人間尸骨擁如坵」為始，以「爾力行之，余日望之。」作結。撰於清咸豐五年（1855年）。

今據日本天理圖書館所藏，同治甲戌年（1874年）刻本來論述；書題為《帝君救劫寶訓・孚佑帝君勸善救劫文》；係二經合刊。《關聖帝君救劫寶訓》文末有：「南邑武鎮弟子雷蕃蕙等於咸豐五年五月初四日，夜蒙帝君降筆沙盤，作文曉世，均係飛乩親書，並無誑言。恐我同人疑議莫信，願誓以釋其惑。誓曰：『人雖可惑，天實難欺，捏造一詞，永墮地獄。』」據此，則知《關聖帝君救劫寶訓》撰於清咸豐五年（1855年）。又，此書文字短小，日本天理圖書館所藏者，係和《覺世真經》、《玄天上帝訓言》、《呂祖降論指迷勸善救劫文》、《佛說分珠經》、《保生延嗣錄》等合刊。其中《呂祖降諭指迷勸善救劫文》所言是內丹修練，和一般勸善書性質不同，較為奇特。

14、《關聖帝君降筆真經》

此經以「吾是漢關聖帝，敕諭大眾聽聞」做開頭，敘述五倫孝道，為人處世道理，而以「回頭諸惡莫作，勉力眾善奉行。」作結。撰作年代不明，《藏外道書》第四冊所收民國第一庚午（民國十九年，西元 1930 年）春重印《關帝明聖經全集》，《關聖帝君降筆真經》置於《明聖經》前。又，臺灣彰化縣芬園鄉文聖宮 1995 年 11 月再版印贈該經，係與《明聖經》合刊，書名全稱為「關聖帝君降筆真經、應驗桃園明聖經句釋合冊誦本」其中「降筆真經」「應驗桃園明聖經」二者，係細字並列在「關聖帝君」四字之下。此經常與《明聖經》相合一起，疑其撰寫年代或在清末。

15、《關聖帝君戒士文》

經文以「夫四民之中，唯士居首；百善之內，孝行為先」為始，以「凡為士者，各宜勉旃」作結。此經見於《藏外道書》第四冊，所收民國十九年刊印《關聖帝君明聖經全集》書末所附。疑撰成於清世。

16、《聖帝補訓》

經文以「帝君曰：吾大漢民，世居解梁」始，以「歿後心耿耿，眉頭不展，獨為劉憂」作結。此經見於《藏外道書》第四冊所收民國十九年刊印《關聖帝君明聖經全集》書末所附。疑撰成於清代。

17《玉皇上帝消劫真經》

《玉皇上帝消劫真經》又名《玉皇真經》、《玉皇經》。此經是以修辭學中頂真格的寫法，並以押韻方式來寫成。所謂頂真者，如首段「玉帝天尊，天尊放大光明，光明照諸世界」等等，首句末，即以為次句首，此種寫法稱為頂真。而首段如尊、明、層、云、寧、紛、經、瘟、頻、行等字，則為押韻字。全書大都以此種手法寫成。此種寫法和民間的歌謠體相近，經文淺白，適於誦唸、傳揚。

《玉皇上帝消劫真經》，臺中瑞成書局刊本稱之為《玉皇真經》，瑞成刊本在諸咒及啟經儀前，有以扶鸞降真方式，託名李鐵拐於清光緒丙申年三月望日，降於汕江慕道仙館所撰之序：

「玉皇經序降於汕江慕道仙館上人心不古，惡類多多。世風日偷，奸邪比比。諸真不能救止，列聖不能挽回。我玉皇大天尊，慈祥在抱，惻怛為心。降下經文，頒行塵世。無非欲寰宇返夫上古純樸之風，勿蹈末世澆漓之俗耳。無如積弊難轉，沈痾莫療。見者聞者，孰是受持誦習。得者獲者，孰是實力奉行。吁！誦習奉行，且難其侶，安得一敬信之士，纂修重刻而傳之不朽哉？今廣省彭子癸峰，敬奉是經，持之有日，又復付梓流傳，揣其意，蓋欲普天之下，共同實力奉行，咸遠千災，而迎百福也。立心固苦，用意亦週。我玉皇上帝在凌霄寶殿中，安得不點頭道善，而賜福祿於無疆哉？經刻成矣，諸子代乞序於予，予因弁言數語於其首。光緒丙申三月之望蓬萊李鐵拐恭撰。」

光緒丙申年，為清光緒二十二年，西元1896年。由上序，知臺灣瑞成刊本，即據清光緒．廣東省彭癸峰刊本而來。再由文中說彭氏平素敬奉是經，持之有日，如是，則此經在彭氏之前應已存在，疑經文亦是以扶鸞降真方式寫成，其寫成年代疑亦為清代。

經中以玉帝說經為主，而卷三在焚香請神降臨赦罪賜神時，所請的神中，又言及了昭明翊漢關帝君，以此看來，在此經中，關公與玉帝顯然是兩人。如此，則疑其撰作年代，當在傳言關公繼任玉帝之前。此經雖非以關公為主之經典，但經中戒淫重孝，已與民間鸞堂關公降壇所寫成的相關經典，內涵相近。

18、《關聖帝君親降濟世靈驗救劫經文》

經文首先敘述「四川重慶地方大疫」，二郎廟側大醮，工人陳慶來壇坐神前，神降附其身，大言「吾乃關聖帝君臨凡是也」。敘述眾人惡多，所以有災疫；教人敬天地、孝親、守法，要人抄經免災。經後為靈驗事蹟，以「敬惜字紙，功德無量」作結。

經書撰作年代不詳，以經中靈驗事蹟有「時有南臨監生古庭齊」一事，由「監生」一詞看來，應是清世降真之作。

19、《中皇明聖經》

是書前有普教帝君「宣統元年歲次己酉立秋後六日降于昭潭宣化文社」序，後有「宣統元年歲次己酉立秋後六日臨清弟子傅作祁薰沐敬跋」，知此書撰於宣統元年（1909年），由扶鸞降筆所撰成，載述關帝當玉皇事。

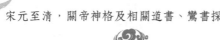

四、結語

關帝的神格，以早期南宋至明代的道經所見，屬於護法神或雷部神的位階，馬（馬天君）、趙（趙公明）、溫（溫瓊）、關（關羽），合稱四元帥，在宋、元、明三代玄天上帝信仰盛行的時代，也曾為玄帝駕前三十六將之一，或四帥之一。但從明末至清初起，由於關廟的陸續興建及降筆鸞書的刊行，關帝的神格逐漸產生了變化。大抵說來，歷代的關帝信仰，有幾個重要的轉捩點，其一是北宋徽宗詔封關羽為武安王，使其由人格的漢壽亭侯，進而為神格的武安王。其二是明神宗萬曆四十二年詔封為三界伏魔大帝神威遠震天尊關聖帝君，使關帝的神格達到了天尊的位階。其三是清末民初扶鸞書關帝轉玉皇說的興起，使關帝的神格再由「帝」轉而為「皇」。清末民初鸞書對關帝轉玉皇的原因，大都沒有詳細談論。民國十三年（1924年）在成都通儒壇降筆鸞書《中外普渡皇經》後卷第十至第十二章，說玄穹上帝（玉皇大帝）感嘆民國以後，「大悖天心，相誇物質，共棄精神，謂無神鬼，謂無魄魂，哲科由己，宗教欺人。」「公妻共產，壞紀滅淪，神權欲破，國土力爭，利權相尚，道德相淪，中外同轍。」所以「玄穹上帝曰：中元首歲，選賢舉能，年日甲子，時月戊辰，令請無極，位禪關卿。同稱金闕，獨號玄旻。主持午會，宰御子民。時推庚子，日選任申，西蜀臨筆，南面垂經。」文中的甲子年即民國十三年（1924年），玄穹上帝感到自己德薄，不能感化人類，才產生了民國以來，公妻共產，壞紀滅倫的亂相，於是決定讓位給關帝，號為玄旻上帝；形成了玄穹上帝讓位，玄旻上帝（關帝）接位，並開經闡教的情形。此說是玉皇禪位於民國十三年，但如以宣統元年（1909年）扶鸞的《中皇明聖經》，民國九年（1920年）開始撰寫的《洞冥寶記》都已出現關帝當玉皇的說法看來，禪位說並不始於民國十三年。但玉皇的禪位，關帝當玉皇，顯然和民國革命，人心漸壞有關。由辛亥革命，產生了震撼人心的改朝換代，使人們聯想到天界也應有所興革，於是才會有關帝轉玉皇說的興起。此說一直到今日，臺灣及星馬的華人社會，仍有不少鸞壇相信此事，尤其是以奉祀關帝為主的鸞堂，但關帝以外的鸞堂，則有不少人反對此說。

在關帝史事神蹟的研究及整理上，元人胡琦《關王事蹟》五卷，開始整理關帝的文獻史料，清代盧湛擴增為《關帝聖蹟圖誌全集》十卷，於康熙三十一年（1692）印行（註23），分史料、碑記、繪像、譜系、墳廟、封號、翰墨、靈顯、題詠等，收輯關帝歷代文獻史料，方便於世人的研究。該書是康熙三十一年出版，康熙後關帝信仰的影響及甚多鸞書等，仍有許多史料，等待世人去處理。

註23：收錄於魯愚等編，《關帝文獻匯編》第一冊，北京：國際文化出版公司，1995。

越南關帝信仰

陳益源
國立成功大學中文系教授

一、前言

關帝信仰由來已久，並且盛行海外，幾乎華人移民所到之處，都會把關帝信仰帶過去，越南自然也不例外。

越南關帝信仰盛行的範圍也不限於華人圈而已，實際上，從越南國王到越南百姓，關帝在越南民族中也有許多虔誠的信眾，關於這點，我們從許多越南現存的書籍文獻中可以得到印證。

至於越南民族是怎麼認識關公、如何看待關帝的？這說來話長，我們絕不可忽略《三國演義》小說的傳播與影響，《三國演義》小說在越南翻譯次數之多令人咋舌（註1），把三國故事搬上舞台的越南戲劇也曾盛極一時（註2），透過文學藝術的潛移默化，中國關公及其忠義精神不難得到越南人民的認同（註3）。此外，各地關帝廟的建立，以及關帝信仰的蓬勃發展，才更進一步讓關公得以深入人心，普遍受到越南民族的愛戴，這也是不容置疑的。

有鑑於關帝信仰研究者對於越南的情況普遍比較陌生，因此本人樂於藉由「關帝信仰與現代社會國際學術暨皈依科儀研討會」在國立臺中技術學院的隆重召開，特地為大家介紹一下越南關帝信仰的過去與現況，以增進與會學者對越南及其關帝信仰的瞭解。

註1：僅從1907到1952年就出版了七種《三國演義》的越譯本，而且在這幾十年之間多次重印。詳見顏保著、盧蔚秋譯：〈中國小說對越南文學的影響〉，收入「法」克勞婷·蘇·蘿編：《中國傳說小說在亞洲》（北京：國際文化出版公司，1989年2月），頁202～203、223～224。

註2：根據俄國李福清教授的統計，僅從1910年到1944年之間，越南就改編出版二十一種三國故事劇，詳見李福清：〈《三國演義》在國外補遺〉，收入王麗娜編：《中國古典小說戲曲名著在國外》（上海：學林出版社，1988年8月），頁47～48。

註3：顏保教授就提到：「越南和中國一樣，人們非常崇拜小說中的主角之一關羽。許多地方建有關帝廟，很多家庭供奉關羽的畫像。」見顏保：〈中國小說對越南文學的影響〉，頁202。

二、越南關帝信仰的書面文獻

在越南現存的書籍文獻裡，與關帝信仰有關者，有（一）方志中載及關帝廟者；（二）現存之關帝廟碑銘拓片；（三）與關帝信仰有關的漢喃書籍。茲就此三類文獻，簡述如下。

PROCESSION DU QUAN DÊ. STATUES DU GRAND SAINT ET DE CHAN NUONG.

【圖 1】越南高平省廟會遊行，前立持刀者為周倉，後坐者為關聖帝君，引自 E. Diguet，“Les Annamites：society，coutumes，religions”，（越南人之社會、民俗、宗教信仰），Paris：Librairie Maritime et Coloniale，1906.

（一）方志中載及關帝廟者

越南方志中載及關帝廟者，筆者所知約有：

1.《高平實錄》：

關公廟：其廟自戊午黎永治三年（1678）鎮所遷居牧馬城，始建廟焉，靈應不泯。（註4）

2.《昇龍古蹟考并繪圖》：

關公祠：在京城正東門外兩里，珥河水陽西龍津，壽昌縣古津村。世傳唐交州護所建，黎中興後鄭帥府重修，門樓額曰「千古偉人」。（註5）

按：越南漢喃研究院所藏碑文拓片資料中，有一幀來自清化東山廣照總銳村關聖寺之「千古偉人」（編號 16637）者，當可做為《昇龍古蹟考并繪圖》中所記河內關公祠門樓額題「千古偉人」之參照。

註4：越南漢喃研究院藏書編號 A.1129，頁 47b。

註5：越南漢喃研究院藏書編號 VHv.247，頁 27b。

【圖 2】清化東山廣照總銳村關聖寺之「千古偉人」，漢喃研究院拓片編號：16637

3.《興安一統志》

關聖祠：在金洞北和上庸，原前清商住此建，後頹弊。嗣德三十二年（1879），撫使陳文準集省員重修補，今交安早總與伊社奉事。（註6）

按：嗣德二十三年（1870），時任集賢院編修的陳文準曾擔任乙副使，與正使阮有立、甲副使范熙亮「奉使如燕，得陳氏《五類遺規》，歸梓版行」（註7）。他重刻清人陳宏謀編輯的五種遺規》，時間是在嗣德三十一年（1878），刊刻的單位正是興安省的這座關聖祠。

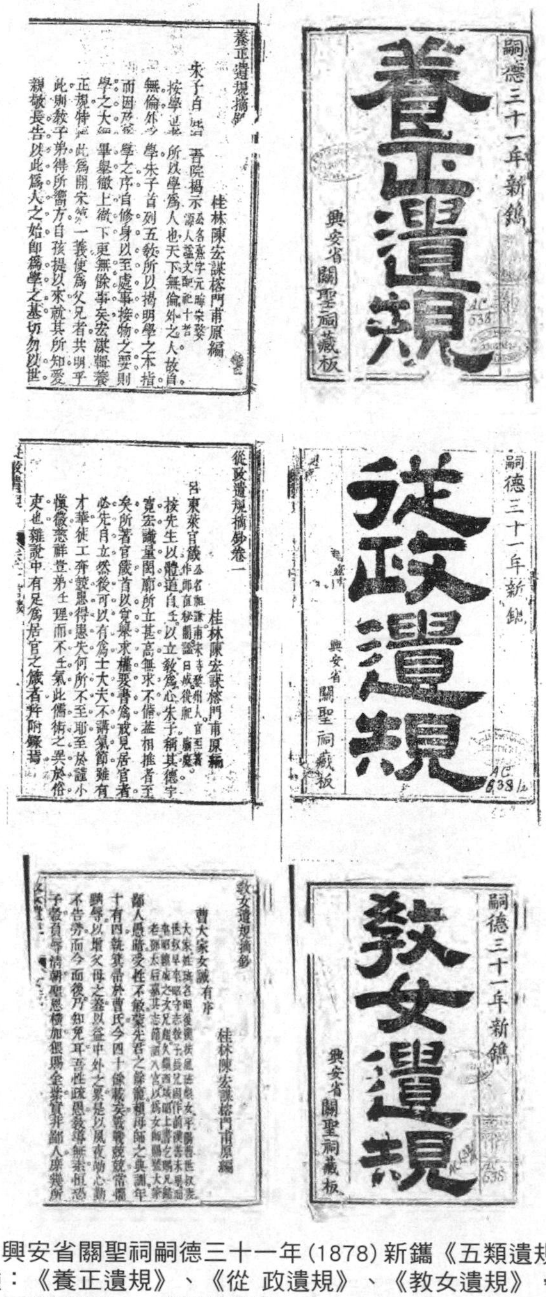

【圖3】興安省關聖祠嗣德三十一年(1878)新鐫《五類遺規》中的其中三種：《養正遺規》、《從 政遺規》、《教女遺規》，另外兩種為《訓俗遺規補》、《訓俗遺規》

4.《南定省地輿記》：

關帝廟：在省南門外龍靜社地分。紹治三年（1843），同省紳弁奉建，成泰三年（1891）始重修之。（註8）

5.《清化省志》：

關帝君祠：在靜嘉府玉山縣雲　社土山城內，以紹治二年（1842）造。（註9）

按：筆者另在越南漢喃研究院所藏《清化諸神錄》中，見到相關記載：「關聖帝君：玉山瑜度社奉祀。」（註10）

6.《大南一統志》卷之一：

關公祠：在京城外春祿邑。國初在天姥寺之左，紹治五年（1845）移今所。

註6：越南漢喃研究院藏書編號 A.963，頁 25a。

註7：語見《大南正編列傳二集》卷三十八，《大南實錄》第二十冊，日本慶應義塾大學言語文化研究所複印本，1981年9月，頁 8041。

註8：越南漢喃研究院藏書編號 A.609，頁 12b。

註9：越南漢喃研究院藏書編號 VHv.1715，頁 50b。

註10：越南漢喃研究院藏書編號 VHv..1290，頁 1a。

正脊、前脊各三間，春秋二仲巳日，命官致祭。（註11）

7.《大南一統志》卷之二：

關公祠：在縣地靈社。本朝明命十二年（1831）重修，賜銅匾額；嗣德三年（1850），賜木匾金湘。（註12）

8.《廣南省志略》：

關公祠：在延福縣會安鋪，明鄉人會造。明命六年（1825），駕幸廣南過其祠，賜銀三百兩。（註13）

按：關於會安的關公祠，《大南一統志》卷之五中另載：「關公祠：在會安鋪，明鄉人建，規制壯麗。明命五年（1824），南巡過其祠，賜銀三百兩」（註14），明命皇帝南巡駕臨會安關公祠時間，《大南一統志》與《廣南省志略》所記竟相差一年，對此不同說法，在後文談碑銘拓片時會再略加說明。

9.《嘉定通志・城池・邊和鎮》：

關帝廟：在大鋪洲南三街之東，面瞰福江，殿宇宏麗，塑像高丈餘。後觀音觀，外包磚墻，石麟蹲於四隅。與大街西頭福州之會館、東下廣東之會館為三大祠。經西山亂，人民離散，三祠毀廢，唯此是本舖公共之廟，竟得獨存。世祖己未二十二年（1799），鎮邊大水，像被浸壞，而棟梁檐瓦以經年，多所朽弊。丁丑嘉隆十六年（1817），鄉人會謀重修而力不逮，懇臣做主，以臣舊貫之所在也。初臣口勉許諾，姑以悅之，而心猶未果。及其撤下正梁，上有附釘一板，雖蟲蠹，並已侵蝕，而字刻宛然，止為香燈烟霉久所薰黑，令輕加洗刷，仔細觀之，其漆髮堅厚，字刻分明，前列主會八名，間有臣顯祖姓名，餘人甚多，俱不認識，後刻歲次：「甲子正和五年（1684）四月吉日」。左樑一板，刻主會十一人，間有臣顯考姓名，後刻歲次：「癸亥景興四年（1743）仲春穀日」。臣徬徨久之，而眾人爭觀其板，尋自壞爛。爰向廟前祝而焚之，厘念神與臣家三世既有宿緣，臣如何敢不成先世之善愿？故毅然募眾共襄事焉。新其廟，塑其像，修理祀事，今獲粗備，並此志之。（註15）

註11：越南漢喃研究院藏書編號 A.853/1，京師（順化），頁 21a。

註12：越南漢喃研究院藏書編號 A.853/1，承天府上（順化），頁 41a。

註13：越南漢喃研究院藏書編號 A.268，頁 106b。

註14：越南漢喃研究院藏書編號 A.853/3，廣南省，頁 32a。

註15：詳見鄭懷德《嘉定城通志》卷之六〈城池志〉，收入戴可來、楊保筠校注《嶺南摭怪等史料三種》（鄭州：中州古籍出版社，1991 年 1 月），頁 218。

按：《嘉定通志》（或稱《嘉定城通志》）係越南阮朝華僑鄭懷德（1765～1825）所撰寫一部越南南圻的地方志（註16），據戴可來、楊保筠校注本（註17）引文「關帝廟」下，有校注云：「在邊和市東南大鋪州，由華人移民所建。」（註18）。

由此可知，越南高平、河內、興安、南定、清化、承天順化、廣南、嘉定（今胡志明市）各省，都建有關帝廟。各關帝廟最初的起造者有中國官商，也有「明鄉人」（越南華僑）或越南本地紳弁。部分的關帝廟，甚至獲得越南明命、嗣德皇帝賜銀或賜匾。然而，在此筆者必須強調的是，由於我們尚未能夠查遍所有越南方志，因此有關越南關帝廟的興建數量，絕對不止於此。

（二）現存之關帝廟碑銘拓片

初步檢索目前越南漢喃研究院所藏現存關帝廟碑銘拓片，約有：

1.河內行帆庸關聖廟：

（1）〈重建關聖廟簽題錄〉	嘉隆十四年（1814）	編號：167
（2）〈重建關聖廟碑記〉（三）	嘉隆十四年（1814）	編號：172、173、174
（3）〈重建關聖廟簽題錄〉	嘉隆十四年（1814）	編號：175
（4）〈關聖廟硃漆碑記〉	明命七年（1826）	編號：176
（5）〈貞石垂名〉	嗣德乙亥（1875）	編號：177
（6）〈東壽總碑記〉（二）	嗣德二十九年（1876）	編號：178、179
（7）〈東壽總碑記〉（二）（註19）	嗣德二十九年（1876）	編號：180、181

註16：詳見戴可來〈《嘉定通志》、《鄭氏家譜》中所見17～19世紀初葉的南圻華僑史跡〉，收入戴可來、楊保筠校注《嶺南摭怪等史料三種》，頁286。

註17：此本據法國巴黎亞洲學會圖書館藏抄本，書號エ・M2191（1~3），〈山川志〉原缺「河仙鎮」，另據越南1972年文化叢書版《嘉定城通志》補足，詳見戴可來〈前言〉，收入戴可來、楊保筠校注《嶺南摭怪等史料三種》，頁3。

註18：詳見鄭懷德《嘉定城通志》卷之六〈城池志〉，收入戴可來、楊保筠校注《嶺南摭怪等史料三種》，頁227。

註19：按：編號178～181之「東壽總碑記」，原係「河內省懷德府壽昌縣東壽總」碑，後寄置於河內行帆庸關聖廟。

2. 清化東山廣照總銳村關聖寺：

（1）「神」（一字碑）	年代不詳	編號：16636
（2）「千古偉人」（四字碑）	年代不詳	編號：16637
（3）關聖寺內碑	明命二十年（1839）	編號：16650
（4）關聖寺內碑	年代不詳	編號：16651
（5）關聖寺內碑	年代不詳	編號：16652
（6）關聖寺內碑	成泰己丑（1889）	編號：16653
（7）〈鄉老碑記〉	啟定八年（1923）	編號：16654
（8）〈關公寺黎郡公鍾記〉	同慶二年（1887）	編號：16656
（9）關聖寺外碑	歲在己巳	編號：16661
（10）關聖寺外碑（註20）	明命十四年（1833） 同慶二年（1887）	編號：16662
（11）關聖寺碑	歲在己巳	編號：16670
（12）關聖寺外碑	成泰甲辰（1904）	編號：16671
（13）關聖寺聯（註21）	年代不詳	編號：16674、16675
（14）「儼然」（二字碑）	年代不詳	編號：16680
（15）關聖寺外碑	己巳	編號：16681

（16）東山安穫碑記	景興四十六年（1785）	編號：16690
（17）關聖寺外碑	嗣德庚申（1860）	編號：16693
（18）「山神位」（三字碑）	年代不詳	編號：16694
（19）進供碑記（二）	啟定八年（1923）	編號：16697、16698

3. 順化關公祠：

（1）〈關帝廟碑文〉	辛巳仲春	編號：19299
（2）關公祠碑	嗣德十四年（1861）	編號：19300

註20：按：此碑右刻清化布政使鄭棠於明命十四年（1833）七月題七言律詩，首聯「夫子威名冠九州，天然廟貌屹山頭」，左刻清化布政使兼都山防事務張登口於嗣德三十年（1877）八月題七 言律詩，首聯「天外三峯體勢雄，屹然坐鎮鶴城東」。

註21：上聯「前武穆而王大宋千古大漢千古」（16674），下聯「後文宣而聖山東一人山西一人」（16675）。與中國關帝廟中常見楹聯「先武穆而神大宋千古大漢千古；後文宣而聖山東一人山 西一人」略有所別。

4. 廣南省關聖廟：

（1）重修關聖帝廟碑	「龍飛」癸酉仲春	編號：19316
（2）重修關聖帝廟碑	成泰十六年（1904）	編號：19317
（3）重修關聖帝廟碑	「龍飛」癸卯季春	編號：19318
（4）關聖像碑	嗣德十七年（1864）	編號：19319
（5）重修關聖帝廟碑	明命八年（1827）	編號：19320

以上碑銘拓片，分別拓自河內行帆庯關聖廟、清化省東山縣關聖寺、順化關公祠、廣南省關聖廟（今會安澄漢宮）四座關帝廟。其中，現存於會安澄漢宮，刻於明命八年（1827）的碑文（編號：19320）記云：「皇朝明命陸年（1825）乙酉夏五月，聖駕南巡省方，駐□鎮城十六日□□，御舟抵廟前津次，聖天子幸臨廟宇□□□□□感慕，旨著賞銀參百兩，為帝廟香火□用，以示神人共慶，聖恩優渥，神祠愈得顯名，遠近聞風，莫不傾心仰慕」，與前引《廣南省志略》（A.853/3）中所記明命皇帝南巡會安關公祠年代不謀而合，如此看來，《大南一統志》卷之五所謂「明命五年（1824），南巡過其祠」之說，恐怕就值得商榷了。

對照翻檢越南方志所得與現存碑銘拓片中關帝廟的記載，會發現兩者很明顯地並不一致，但也正因為方志與碑銘兩種文獻對於關帝廟記載交集有限，反而代表了在越南關帝信仰方面，仍有許多值得我們詳加調查、深入考索之處。

（三）與關帝信仰有關的漢喃書籍

由於關帝信仰的普及，越南與關帝信仰有關的漢喃書籍也不少，單單一座供奉三聖（文昌帝君、關聖帝君、呂祖）的河內玉山祠，就曾經刊刻過好幾種關帝信仰書籍，包括「關聖經文」九種：1.《桃園明聖經》（三十八張）、2.《明聖經》（新刊六十七張）、3.《明聖經註解》（七十八張）、4.《明聖經大板》（一片）、5.《覺世真言》（七張）、6.《勸孝十八條》（二十二張）、7.《關帝救劫寶訓》（二十八張）、8.《寶訓像註》（三百二十七張）、9.《關聖靈籤》（一百籤）；另有「文武二帝經文合刻」兩種：1.《保生永命經》（四十四張）、2.《救劫真經》（十六張）；以及關帝「經文演音」四種：1.《二帝救劫真經》（四十三張）、2.《關帝警世文》（十二張）、3.《關帝勸孝十八條》（三十二張）、4.《桃園降筆經》（八張）（註22）。

註22：見《玉山祠經書藏板目錄》，此目錄附載於河內玉山祠啟定四年（1919）印行之《高王觀世音註解真經》，越南漢喃研究院藏書編號 AC.438。此外，《玉山善書簿》還著錄了《玉山祠經書藏板目錄》所沒有開列的《關聖垂訓寶文》、《關帝寶文》、《二帝訓士子文》等三種，詳參《各寺經板．玉山善書略抄目錄》，越南漢喃研究院藏書編號 A.1116。

河內玉山祠之外，各地刊印關帝信仰漢喃書籍的寺廟與個人還有很多，相關 出版物或存或佚。目前越南社會科學院之漢喃研究院圖書館，至少珍藏著以下幾 種關帝信仰漢喃書籍：

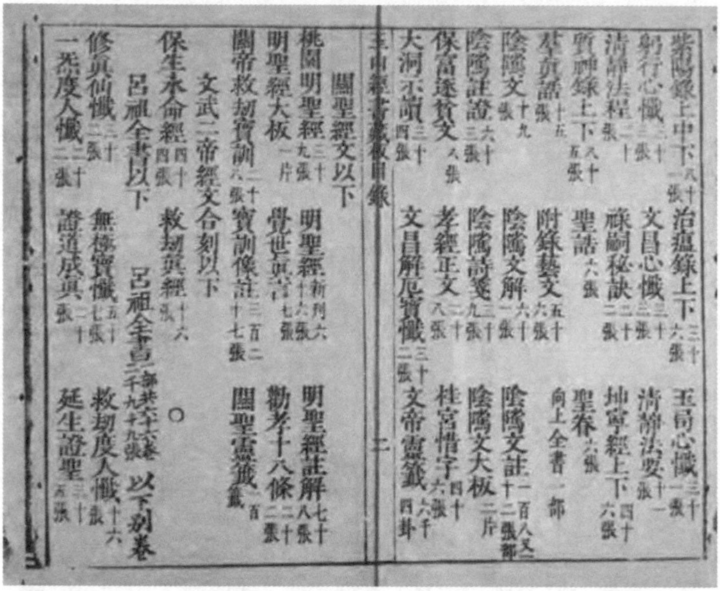
玉山祠經書藏板目錄 二

紫陽錄上中下 八十一張　治瘟錄上下 三十六張　玉局心懺 三十一張
躬行心懺 二十三張　文昌心懺 三十一張　清靜法要 十一
清靜法程 二十二張　繼嗣秘訣 二十二張　坤寧經上下 四十六張
寶訓錄上下 八十五張　聖諭 六張　聖春 六張
孝弟詩 十五張　附錄藝文 五十六張　向上全書一部
陰隲文 十九張　陰隲文解 六十一張　陰隲文註 二百八十一張又二部
陰隲註證 六十三張　陰隲詩箋 三十九張　陰隲文大板 二片
保富逢貧文 八張　孝經正文 八張　桂宮惜字 六十六張
大洞[illegible] 三十四張　文昌解厄寶懺 三十二張　文帝靈籤 四十四卦

關聖經文以下
桃園明聖經 三十九張　明聖經新刊 六十六張　明聖經註解 七十八張
明聖經大板 一片　覺世真言 七張　勸孝十八條 二張
關帝救劫寶訓 二十八張　寶訓像註 三百二十七張　關聖靈籤 一百籤
文武二帝經文合刻以下
保生永命經 四張　救劫真經 十六張　○
呂祖全書以下　呂祖全書 [illegible]　以下刻卷
修真仙懺 三十二張　無極寶懺 五十六張　救劫度人懺 十六張
一炁度人懺 二十二張　諸道成真 二十張　延生證聖 三十五張

【圖 4】《玉山祠經書藏板目錄》所列「關聖經文」九種、「文武二帝經文合刻」兩種

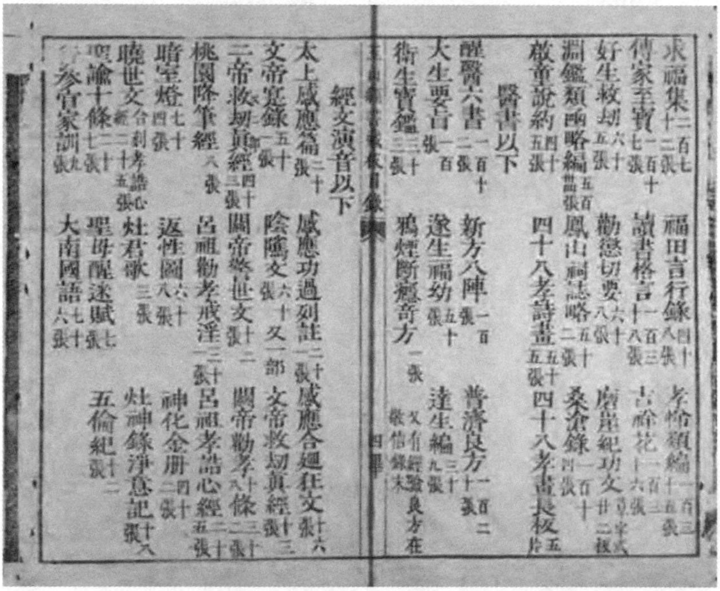
玉山祠經書藏板目錄 四

求福集 二百七十二張　福田言行錄 四十八張　孝悌類編 一百三十五張
傳家至寶 一百七十張　讀書格言 一百三十八張　古希花 一百三十六張
好生救劫 六十五張　勸懲切要 六十八張　磨崖紀功文 廿二板
淵鑑類函略編 五百四十張　鳳山祠誌略 二十二張　桑滄錄 一百四十張
敬竈說約 四十五張　四十八孝詩畫 五十五張　四十八孝畫長板 五片
醫書以下
醒醫六書 一百二十張　新方八陣 一百張　普濟良方 一百十二張
大生要旨 一百張　逐生福幼 五十張　達生編 九張
衛生寶鑑 三十三張　鴉煙斷癮奇方 一張　又有經驗良方在敬信錄末

經文演音以下
太上感應篇 二十張　感應功過列註 二十張　感應合編[illegible]文 十六張
文帝寶錄 五十一張　陰隲文 六十又一部　文帝救劫真經 十三張
三帝救劫真經 四十三張　關帝覺世文 二張　關帝勸孝八條 三十三張
桃園降筆經 八張　呂祖勸孝戒淫 三十三張　呂祖孝誥心經 二十五張
暗室燈 七十四張　返性圖 六十八張　神化金冊 四十二張
曉世文 合刻孝誥心經二十五張　灶君歌 三張　灶神錄淨意記 十八張
聖諭十條 二十七張　聖母醒迷賦 七張　五倫紀 十二張
[illegible]孝育家訓 九張　大南國語 六十七張

【圖 5】《玉山祠經書藏板目錄》所列「經文演音」，與關帝信仰有關者計四種

1.《關夫子經訓合刻》（藏書編號：AC.408、Paris SA.PD.2370）

今存印本兩種，河內壽昌河口祠於明命六年（1825）印，皆150頁。係關聖信仰典籍，含目錄一篇、有插圖。內容包括關聖勸人行善棄惡的降筆文、祭祀誦唸儀式條例以及關聖事蹟，附載《國語煉文》，為喃文七七六八體。

2.《關帝寶訓象註》（藏書編號：AC.109、A.3104）

今存印本兩種，一為嗣德二十六年（1873）重印本，據清道光二年（1822）四卷本重印，652頁；一為嗣德二十九年（1876）重印本，422頁。內容為關聖 帝君勸人行善棄惡的降筆文，書中並附有果報示意圖。

3.《關帝桃園明聖經註》（藏書編號：AC.641、VHv.1817）

今存印抄夾雜本一種，嗣德三十二年（1879）據清同治八年（1869）本重印，112頁；又存保大十六年（1941）河內玉山祠印本一種，112頁，有漢字的越南 文字母標音，也有越南文譯文。內容為關聖帝君降筆文，正文包括關聖帝君的小傳，其勸人忠信孝悌的降筆表詁，並附有禍福關係的論述。（註23）

註23：此書漢喃院另有一份微捲，編號：Paris.SA.PD.2318，原書藏於巴黎，乃玉山祠同慶二年（1887）重刊本，82頁。

4．《關帝明聖經》（藏書編號：AC.684、AC.596、AC.616、VHv.1058、AC.110）

今存印本五種，其一、其二為河內玉山祠印本，132 頁；其三為樂善祠重印 本，據河內玉山祠印本重印；其四為成泰十年（1898）春桸文關祠重印本；其五亦為玉山祠印本。內容為關聖帝勸人忠信孝悌的敕令，書前附載唸經前後的儀式、降筆文、報夢經等。

5．《明聖經旁訓》（藏書編號：AC.559）

今存印本一種，瑞英縣珧琅社集善堂印行於成泰十八年（1906）。內容為關聖帝君降筆文，勸人行孝悌、棄惡行，含序文一篇。

6．《關帝永命真經》（藏書編號：A.82）

今存抄本一種，162 頁，題真空武譯，觀音菩薩檢閱，彌勒菩薩檢校，阮山人刊刻，此係據南定省行文舖勸善堂印行於保大十七年（1942）的刊本抄錄。書中第 74~81 頁間，每一漢字旁皆註有越南語音讀，並有關聖的插圖。

7.《關聖帝君覺世真言》（藏書編號：AC.86）

今存印本一種，7頁，嗣德二十七年（1874）阮廷楷據清同治三年（1864）印本重刻於玉山祠。內容為關聖帝君降筆文，書中勸人尊敬父母，兄弟和睦，夫妻和順，任官忠正，行善棄惡，以得萬事如意。（註24）

8.《關聖帝君感應明聖經註解》（藏書編號：AC.106）

今存印本一種，玉山祠嗣德三十四年（1881）印行，152頁。內容為《關聖帝君感應明聖經》之註解，含序文二

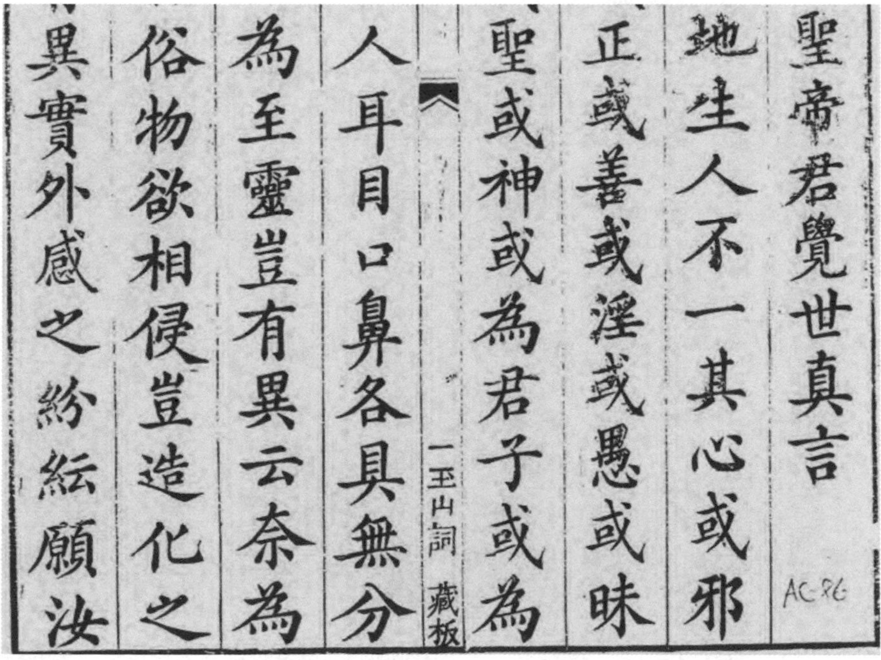
聖帝君覺世真言
地生人不一其心或邪
正或善或淫或愚或昧
聖或神或為君子或為
人耳目口鼻各具無分
玉山祠藏板
為至靈豈有異云奈為
俗物欲相侵豈造化之
異實外感之紛紜願汝
AC-86

【圖6】玉山祠藏板《關聖帝君覺世真言》書影，漢喃研究院藏書編號：AC.86

註24：另有一部名為《關聖帝君覺世真經》的六八體喃譯本，附載於《文昌帝君陰騭文演音歌》，今存印本一種，36頁，藏書編號：AB.286。

篇、凡例一篇，有插圖，書中稱持誦此經可以得福避禍云云，並附有關聖、孔明、張飛的小傳，以及有關岳飛、虞舜、李陵的忠孝廉潔的論述和解說。

9．《關聖帝勸孝文》（藏書編號：AC.441）

今存印本一種，玉山祠成泰十九年（1907）印行。內容為關聖帝君降筆經文十八條，勸人行孝，奉養父母。（註25）

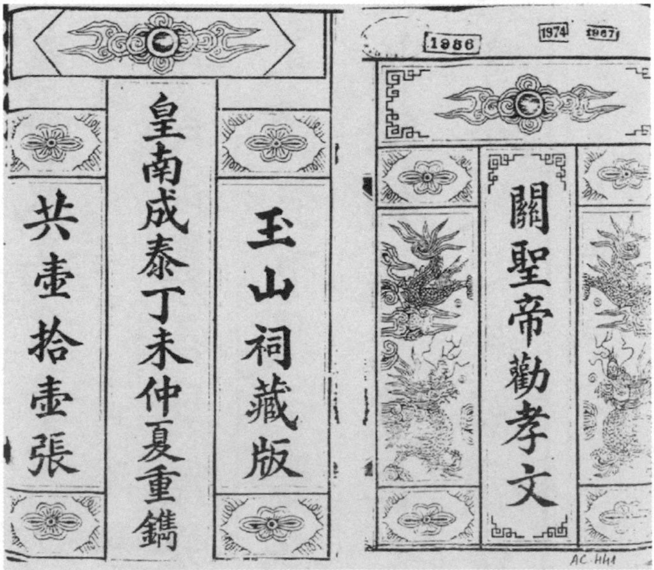

【圖 7】玉山祠藏板《關聖帝勸孝文》書影，漢喃研究院藏書編號：AC.441

10．《關聖帝君救劫永命經》（藏書編號：AC.100、AC.685）

今存印本兩種，一為成泰十五年（1903）扶魯縣威弩社保寧善堂重印本，據清光緒二十二年（1896）汕頭慕道仙館原本重印，78頁；一為維新五年（1911）玉山祠印本，64頁。內容為關聖帝君降筆文，包括若干讚、偈、咒和報應故事，並勸人持誦此經以得福避禍。

11.《關聖帝君妙藥靈文》（藏書編號：VHv.11、VHv.1085、VHv.1086、VHv.1087、VHv.1088、VHv.1089、AC.547a）

今存印本七種，玉山祠維新三年（1909）印行，24頁。內容為關聖帝君降筆文，書中勸人努力印行、傳播此經，以趨福避禍，並附有十個報應故事。

12.《關聖帝君訓世文》（藏書編號：AC.104）

今存印本一種，5頁。內容為關聖帝君降筆文，書中勸人行善棄惡，以得福、長壽、免墮地獄。

13.《關聖垂訓寶文》（藏書編號：AC.108）

今存印本一種，紹治六年（1846）印行於河內玉山祠，6頁，又名《關聖真經》。內容為關聖帝君降筆文，書中勸人忠孝節義，宣揚善惡果報。（註26）

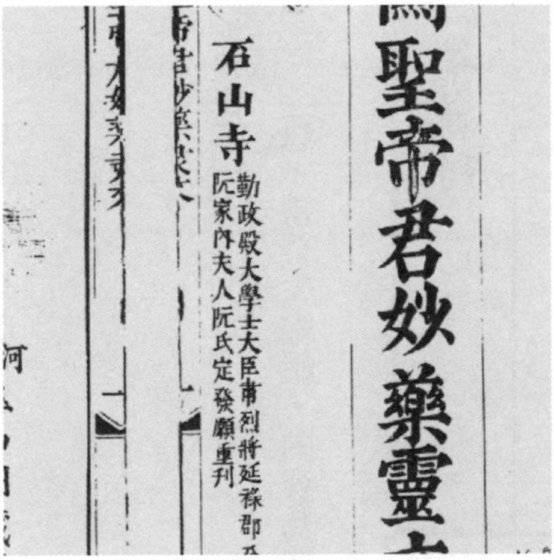

【圖8】玉山祠藏板《關聖帝君妙藥靈文》書影，漢喃研究院藏書編號：AC.547a

註25：《敬惜字紙真經》（AC.576）亦附載此書，版本相同。

註26：同一刊本，書名又曾冠作《文昌帝君救劫葆生經》，6頁，藏書編號：AC.107。

14・《關聖帝君警世文》（藏書編號：AN.119）

今存印本一種，河內玉山祠印行於成泰八年（1896），24頁。內容為關聖帝君降筆文的漢喃文對照本，謝履泰喃譯。

15・《關聖帝君救劫勸世寶訓演音》（藏書編號：AB.526）

今存印本一種，玉山祠印行於成泰十五年（1903），22頁，善普生編輯。內容為關聖帝君降筆諭文集的喃譯本，有漢文原文，此書勸人須知悔過、棄惡，勿貪財、勿姦婬、姦詐，以此免災得福。

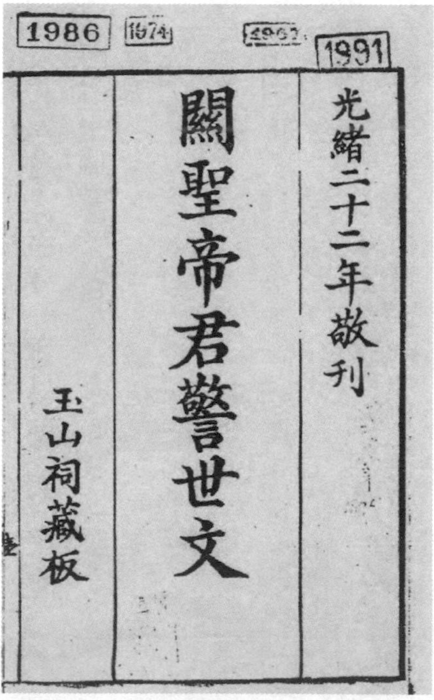

【圖 9】玉山祠藏板《關聖帝君警世文》書影，漢喃研究院藏書編號：AN.119

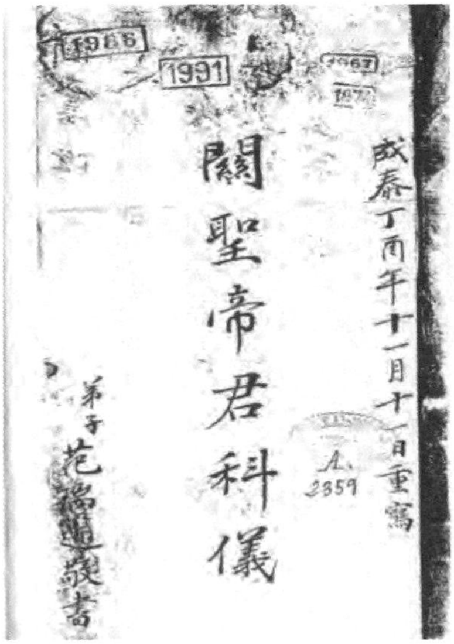
1986
1991
1967
1974
成泰丁酉年十一月十一日重寫
關聖帝君科儀
A.2359

【圖 11】《關聖帝君科儀》抄本書影，漢喃研究院藏書編號：A.2359

1986
1991
A.2253
關聖科
香奉献和供養顯聖朗靈君
主虔將香奉献恭祈家眷
平安賜福永千年
窃以法筵初啟淨供敷陳
辨之弗嚴恐往来之穢濁

【圖 12】《關聖科》抄本書影，漢喃研究院藏書編號：A.2253

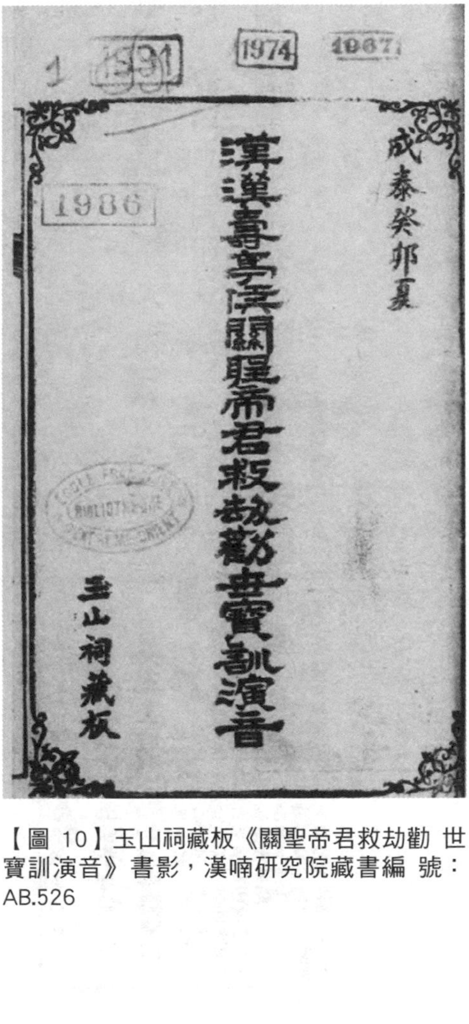
1991
1974
1967
1986
成泰癸卯夏
漢壽亭侯關聖帝君救劫勸世寶訓演音
玉山祠藏板

【圖 10】玉山祠藏板《關聖帝君救劫勸 世寶訓演音》書影，漢喃研究院藏書編 號：AB.526

16．《關聖帝君科儀》（藏書編號：A.2359）

今存成泰九年（1897）重抄本一種，76 頁。內容為祭祀關聖帝君的儀式，書中並附有若干疏、供文、嘲文、符咒、印訣等。

17．《關聖科》（藏書編號：A.2253）

今存抄本一種，173 頁。內容為關於祭供關聖帝君儀式之書，附有供文昌帝君、天后的儀式以及勸善的詩、歌等，漢文間有喃文。

18．《關聖靈籤》（藏書編號：AC.105）

今存印本一種，河內玉山祠印行，200 頁，占卜書。內容為解說關聖祠的一百支靈籤，按每籤帶有聖人垂訓及其釋義（註27）。

關聖靈籤第一 甲甲 大吉 玉山祠藏板
巍巍獨步向雲間 玉殿千官第一班
富貴榮華天付汝 福如東海壽南山

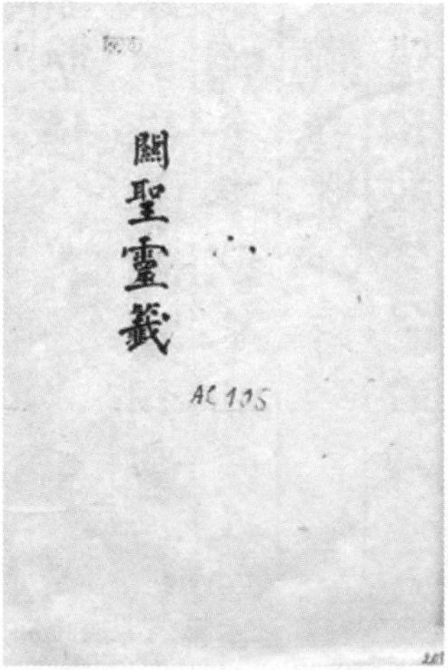

【圖 13】玉山祠藏板《關聖靈籤》書影，漢喃研究院藏書編號：AC.105

19．《文武二帝救劫真經》（又名《救劫真經》，藏書編號：AC.101、AC.491）

今存印本兩種，其一，30頁，由復初氏抄錄於咸豐四年（1854），河內西龍殿據此重印；其二，36頁，有譚其濂咸豐四年（1853）序，春城妙諦寺據粵東味經堂刻本重印於嗣德二十九年（1876）。內容為文昌帝君和關聖帝君的降筆文，勸人行善棄惡，為後代造福。書中稱行善棄惡可得幸福云云，並附有若干靈驗故事。

事實上，倘若我們繼續追索，還會發現漢喃研究院所藏越南漢喃書籍雖然有些非以關夫子、關帝、關聖為名，但其中仍不乏選錄關帝善書者，例如嗣德二十五年（1872）陳俊夫印行的《寶訓輯要》（A.1419、VHb.134）、嗣德二十九年（1876）印行於立石縣山東社的《寶訓合編》（AC.677）、嗣德年間（1848～1883）印行的《寶訓》（ParisMGFC 63708）、南定省同樂勸善壇印行於成泰十三年（1901）的《列聖寶訓》（AB.467），都同時載有《關聖帝君覺世真經》的漢喃文獻；又如河內玉山祠嗣德二十六年（1873）重印周鼎臣輯《增訂敬信錄》（AC.25）、福隆寺嗣德二十九年（1876）印本《增訂敬信錄》（AC.554），也都可以看到《關聖帝君寶訓》（註28）。

註27：另有名為《關聖杯籤》者，收入清周克復訂《淨土日誦》，今存明命六年（1825）同聲堂印本一種，24頁，藏書編號：AC.496。

註28：以上漢喃研究院所藏書目與內容提要，主要參考劉春銀、王小盾、陳義主編《越南漢喃文獻目錄提要》（臺北：中央研究院中國文哲研究所，2002年12月），同時得到漢喃研究院范文俊先生協助部分翻譯工作，特此致謝。

除了漢喃研究院之外，越南其他各地當然也還有關帝善書，例如越南國家圖書館便藏有《關聖垂訓寶文》（紹治六年，1846，河內玉山祠藏板）、《關聖帝君感應明聖經註解》（嗣德三十四年，1881，河內玉山祠藏板）、《明聖經示讀》（內含《明聖經演音》，成泰十三年，1901，河內省安寧庯河安望祠藏板）、《關聖帝君救劫永命經》（成泰十七年，1905，南定同樂勸善壇藏板，南定總督永安范文算奉鐫）、《關聖帝勸孝文》（成泰十九年，1907，河內玉山祠藏板）、《鑄魂爐國音真經》（維新五年，1911，花峰堂沐恩弟子奉鐫）、《五聖經文合編》（內有關聖帝君《覺世真經》，保大四年，1929，河內玉山祠藏板）、《關帝桃園明聖經》（保大十六年，1941，河內玉山祠藏板）、《關帝救劫真經》（保大十七年，1942，河內玉山祠藏板）、《關帝明聖經》（河內玉山祠藏板）、《文武二帝救劫真經》（河內省西龍殿藏板）等多種。

整體來看，關帝信仰書籍刊刻的來源與數量，以河內玉山祠藏板為多，被翻印重刊的次數也最為頻繁，影響深遠。至於刊刻的年代，從明命六年（1825）到保大十七年（1942）都有，其中又以 1870 年代、1900 年代、1940 年代為盛，這些降筆文在當時之所以流行，自然是與越南抗法（1870 年代）、反法（1900 年代）、抗日（1940 年代）等民族運動之間，存在著緊密關聯的。

三、會安與順化關帝信仰的田野調查

眾所周知，書籍文獻、金石資料或現存書籍，不足以完整記錄過去的真相，也不可能與現況完全一致，因此如果可以進行田野調查的話，多少還能讓我們更加瞭解關帝信仰在越南傳播與發展情形。

2011 年 9 月 2～7 日，本人應邀前往越南順化，出席由越南社會科學院哲學研究所主辦的「越南儒學傳統與創新」研討會，順道在會安與順化兩地進行越南關帝信仰的田野調查。

在會安，受限於時間，本人只參觀了著名的「澄漢宮」，亦稱「協天宮」（Miếu Quan Công 或 Chùa Ông），位於會安老城區陳富路 24 號。「澄漢宮」亦即上節方志與碑文資料裡所提到「廣南省會安關聖廟」。目前「澄漢宮」與「明鄉佛寺」相連，「明鄉佛寺」雖然成為「澄漢宮」的後殿，但仍有獨立的出入口。這座關帝廟之所以重要，不只是阮朝明命皇帝（Minh Mạng，1791～1841）賜銀三百兩而已，這更是華人在越南所建最早的關帝廟，目前廟仍保留著當時的勅文，說明了「澄漢宮」為會安一地的明鄉人（原為「明香」，是指十七世紀遷入越南中南部的明代遺民）所建，早在慶德癸巳（1653）年已有些許規模。正殿有關帝中坐，旁立關平、周倉，並置有關刀和赤兔馬。廟中保留豐富的碑匾文物，見證了明鄉移民與會幫行商在此落地生根與往來貿易的足跡，以及與他們與關帝信仰的互動情形，值得進一步深入探討。

在順化，由於時間比較充裕，加上得到越南社科會文化研究所阮翠鸞教授、成功大學中文系博士候選人羅景文等人的大力協助，我幾乎訪問了所有還能見到關帝信仰的地方，發現一個順化關帝廟的特殊現象，那就是獨立的關公祠（如《大南一統志》所載京師、承天府兩處）業已消失，阮朝的文武廟僅餘遺跡，現有者都和佛寺、會館結合在一起。現簡述如下：

（一）順化寺

順化寺位在原京城外春祿邑，現位於順化市富吉坊白騰路101號，正殿供奉佛祖，後殿主祀關帝，神桌上有關公中坐，關平、周倉旁立的三組大小神像，以及寫著「關聖帝君加贈護國庇民上等神」的神主牌位，供桌上有《關帝明聖真經演義（附音國語）》影印本，設有籤筒，寺中有一部現代越文版的靈籤詩文。

比較罕見的是它的對聯寫著：

忠義匡君正氣天之上之下，

慈悲救世靈聲海以北以南。

上聯尊稱關帝無疑，下聯則或指觀音，彷彿本殿一開始便是關帝、觀音合祀。不過，本殿有兩方匾額，一是「國主天縱道人」題於「甲午年孟夏月穀日」的「忠義之則」，一是「御製題關公祠」匾，下署「嗣德庚戌（1850）恭鐫」。

據順化寺比丘尼慧芳（Tue Phuong）師姑（1976～）表示，關公誕辰為農曆六月二十四日，當天迄今仍有慶祝活動。

【圖 14】澄漢宮保留之勅文

【圖 15】本人攝於會安澄漢宮前，門聯 題曰「一點丹心存北史，千秋義氣壯南疆」

（二）妙諦寺

順化寺位於順化市富吉坊白騰路 100 號，與順化寺為鄰。據《大南一統志》卷一記載：「妙諦寺：在京城外之春祿邑，福國公故宅，憲祖章皇帝發祥地也。寺西向前臨河岸……，前庭左鐘鼓，右碑亭，紹治二年（1842）建。」今據現場考察〈大洪鐘銘〉則署：「紹治六年，

【圖 16】澄漢宮正殿

【圖 17】順化寺後殿關帝殿

『妙諦寺』匾寫的是紹治四年（1844）奉敕建造，妙諦寺（1846）丙午六月吉日」。今見寺中左殿設有皇子、公主神主牌位，在觀音像後的神龕內有關聖帝君與諸佛同坐，關平、周倉兩側侍立。從前段所述漢喃研究院圖書館所藏與關帝信仰有關的漢喃書籍中，有春城妙諦寺曾於嗣德二十九年（1876）據粵東味經堂刻本重印《救劫真經》的線索來推測，這座皇家佛寺同時供奉關帝的年代，應該不會晚於刻經的這一年才對。

（三）國恩寺

位於順化市長安坊鄧輝著街 143 號，坐落在天嶼坡下的國恩寺，是 1680 年中

【圖 18】順化寺正殿，兩旁對聯「忠義匡君正氣天之上之下，慈悲救世靈聲海以北以南」

【圖 19】《關帝明聖真經演義（附音國語）》影印本

【圖 20】順化寺「忠義之則」與「御製 題關公祠」兩匾

【圖 21】手持越文版解籤詩文的慧芳法師

【圖 22】本人於順化寺求籤

國廣東潮州程鄉縣報資寺元韶禪師前來闢建（見寺中〈敕賜河中寺煥碧禪師塔記銘〉），乃順化臨濟禪宗之祖庭，為越南佛教名剎之一，歷經多次重修，現懸「國恩寺」匾係明命四年（1823）所敕賜。

今見國恩寺左殿，供奉有關聖帝君神像，旁立關平、周倉，並置關刀、赤兔馬，神龕兩旁有一對聯云：

漢室三分萬里山河俎豆，
丹心一點千秋節義文章。

【圖 23】妙諦寺大洪鐘

【圖 24】妙諦寺觀音像後的關帝、關平、周倉像

寺僧黎懷清（1978～），通曉中文，現仍在雲南師範大學進修。根據他的理解，關公的忠義精神合於佛教的教義，所以國恩寺內設有關帝殿供人朝拜，不過每年關公誕辰並沒有慶祝活動。

（四）廣肇會館

廣肇會館現位於順化市富吉坊芝稜路224號，隔壁為「廣肇同鄉會」會址（223號）。在這條芝稜路上尚有瓊州會館（昭應祠，207號），過去華人在此活動頻繁，因此這裡可說是順化的唐人街。而廣肇會館曾設有「順化華語班」，是當地華僑學習華語的重心，但這幾年來教授華語的功能逐漸讓位給順化當地大學。

廣肇會館以關帝為主祀神，正殿中有關帝坐像，前有「敕封忠義伏魔關聖帝君」牌位，

【圖 25】國恩寺左殿關帝、關平、周倉像

旁有關平、周倉像，並置有關刀、赤兔馬。結合「創建廣肇會館各簽題芳名」碑與「本館重修小引」碑，可知廣肇會館創建於清光緒甲午年（1894），落成於戊戌年（1898）。廣肇會館又於 1930、1962 年兩次重修，而根據廟中所保存的剪報可知，在美國的順化華僑又於 2000 年捐款重修，廣肇會館遂成今日的樣貌。

再從「創建廣肇會館各簽題芳名」碑來看，除了順化一地的廣肇行幫與華僑之外，越南中北部清化、義安、廣治、峴港、廣南、廣義、廣平等地華人與行商也熱情捐獻，甚至遠至香港利榮公司亦給予襄助，由此可覘知順化廣肇行幫的活動範圍與貿易對象。目前廟中保留了清光緒時期的「澤仰凌霄」、「乾坤正氣」匾和部分古物。廣肇會館於農曆六月二十四日慶賀關帝誕辰。

【圖 26】本人與國恩寺僧黎懷清一同讀碑文

【圖 27】廣肇會館（關帝廟）

前面曾經提到，順化寺中設有籤筒，寺中存有一部現代越文版的解籤錄，但順化寺中未有籤詩，抽籤者必須持籤號對照解籤錄。值得注意的是，廣肇會館裡保留了完整的現代越南文百首關帝籤詩，經翻譯比對，這一套現代越南文百首關帝籤詩，基本上與中國、臺灣所流行籤詩無論在內容、數量還是順序上，大體相同，雖包含籤文、籤義、解語、史跡、對句等幾個部分，但除了第一籤所載較詳以外，其餘諸籤常會省略史跡、對句等部分。以下僅以越南文百首關帝籤詩第一籤為代表，對照道光丙戌年（1826）重刊之《關聖帝君萬應靈籤》（註29），以及今日仍於臺南開基武廟、浯島（金門）武廟內實際使用之關帝靈籤。

【圖 28】廣肇同鄉會

為方便讀者瞭解本人這次在順化考察關帝廟與相關遺跡的地點和方位，也製作順化關帝廟（信仰）位置圖，供讀者參考比對。

註29：板存琉璃廠東門外桶子胡同龍文齋刻字鋪，前門內西皮市四眼井尚勤堂馬宅重刊。

【圖 30】廣肇會館正殿

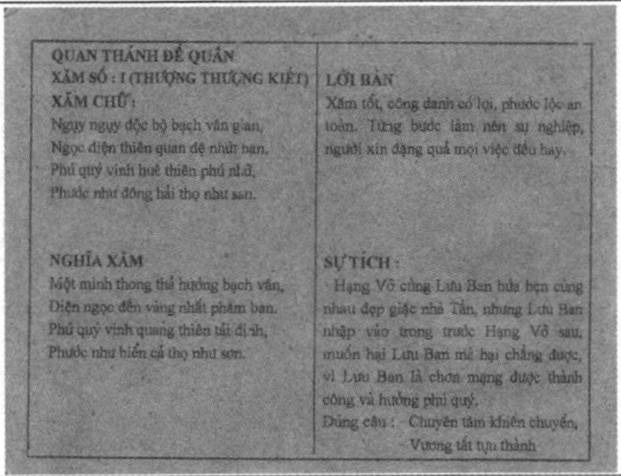

QUAN THÁNH ĐẾ QUÂN XĂM SỐ : I (THƯỢNG THƯỢNG KIẾT) XĂM CHỮ : Nguy nguy độc bộ bạch vân gian, Ngọc điện thiên quan đệ nhứt ban. Phú quý vinh huê thiên phú nhữ, Phước như đông hải thọ như san.	LỜI BÀN Xăm tốt, công danh có lợi, phước lộc an toàn. Từng bước làm nên sự nghiệp, người xin đặng quả mọi việc đều hay.
NGHĨA XĂM Một mình thong thả hướng bạch vân, Điện ngọc đền vàng nhất phẩm ban. Phú quý vinh quang thiên tải định, Phước như biển cả thọ như sơn.	SỰ TÍCH : Hạng Võ cùng Lưu Bang hứa hẹn cùng nhau dẹp giặc nhà Tần, nhưng Lưu Ban nhập vào trong trước Hạng Võ sau, muốn hại Lưu Ban mà hại chẳng được, vì Lưu Ban là chơn mạng được thành công và hưởng phú quý. Đúng câu : Chuyên tâm khiên chuyển, Vương tất tựu thành

關聖帝君 籤號：第一（上上吉） 籤文： 巍巍獨步向雲間， 玉殿千官第一班。 富貴榮華天付汝， 福如東海壽如山。	解語： 上籤，功名有利，福祿安全。事業飛黃騰達，從事任何活動工作皆宜。
籤義： 獨自從容地走向白雲， 晉身玉殿金殿第一班。 富貴榮光天裁定， 福如大海壽如山。	史跡： 項武（羽）與劉邦約定入關滅秦，劉邦先入關中，而項武後入。（項羽）欲害劉邦而未得，因爲劉邦是能成功並享用富貴的真命天子。 對句： 專心遣轉（轉移、轉運） 王必成就

【圖 31】越南文百詩關帝籤詩第一籤，成大中文系博士候選人羅景文翻譯

【圖 29】廣肇會館關帝籤詩櫃

四、結語

本文首先就越南方志、寺廟碑銘拓片、漢喃書籍等三類書籍文獻，爬梳與關帝信仰有關之記載，勾勒越南關帝信仰流傳與演變的大致面貌。經初步觀察結果，關帝廟的起建者雖然包括中國官商、越南華僑（明鄉人）與越南本地紳弁，但多數仍係明鄉人所建造與祀奉。此外，在特定地區的關帝廟，甚至曾獲得越南皇帝御賜賞銀或匾額。對照方志與碑銘拓片中的關帝廟記載，會發現兩者交集似乎有限，這一方面代表了關於越南關帝信仰的文獻，仍有值得我們挖掘、考索之處，再方面則說明了筆者在本文中對越南關帝信仰的介紹仍是不足，有待努力。

由於滄海桑田、世易時移，各地關帝廟

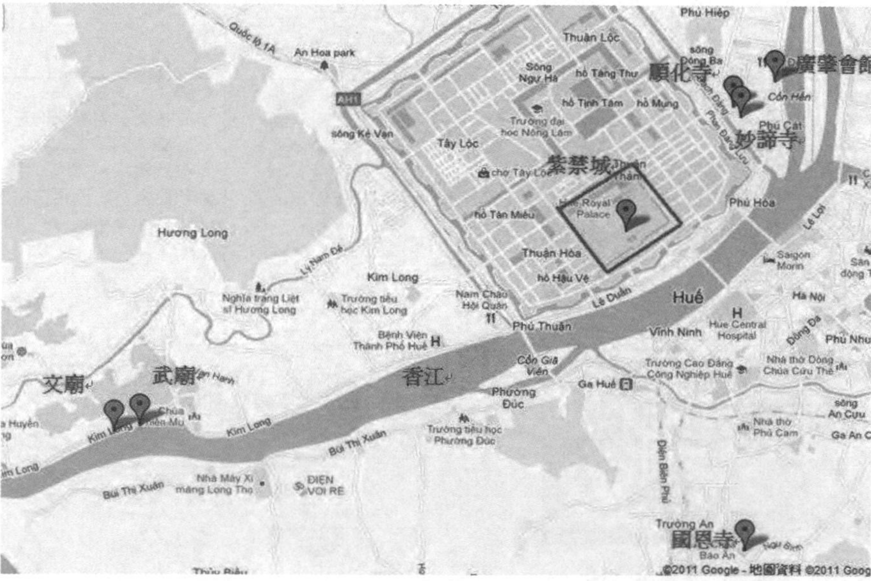

【圖 35】順化關帝廟田野調查位置圖，成大中文系博士候選人羅景文繪製

與關帝信仰也歷經了興廢遷轉的過程，根據方志、碑銘等文獻紀錄考察關帝信仰在越南傳播與發展情形，並非易事。筆者在會安關帝廟進行的田野調查工作，因行程匆促，所得有限；不過，藉由較大範圍地調查順化四座關帝廟的結果，則發現順化曾經存在的獨立關公祠，今日業已消失，甚至阮朝的文武廟也僅存遺跡。關於順化關帝廟如何興衰演變？現有關帝信仰都和佛寺、會館結合在一起，這種合祀的現象究竟是順化獨有，抑或可見於越南其他地區？關帝信仰合祀的對象與場所，是僅止於佛寺、會館，還是有其他不同的對象？都是值得追問的問題，但這都有賴日後繼續以書文獻結合田野調查，深入研究，方能為關心海內外關帝信仰發展的朋友們，細說明白。

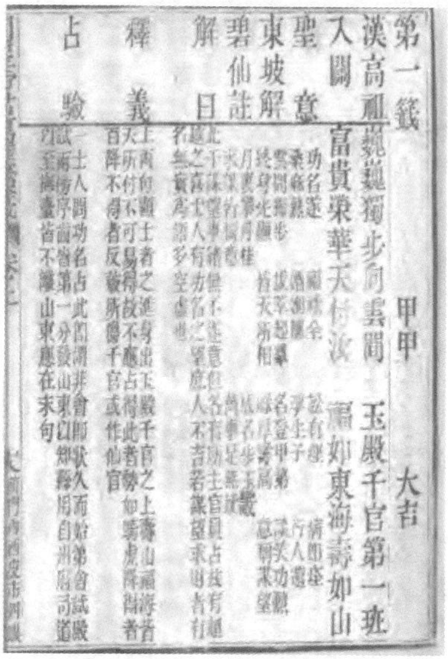

第一籤　甲甲　大吉

漢高祖入關

聖意

東坡解

碧仙註

解曰

釋義

占驗

巍巍獨步向雲間　玉殿千官第一班

富貴榮華天付汝　福如東海壽如山

【圖 32】道光丙戌年(1826)重刊之《關聖帝君萬應靈籤》第一籤

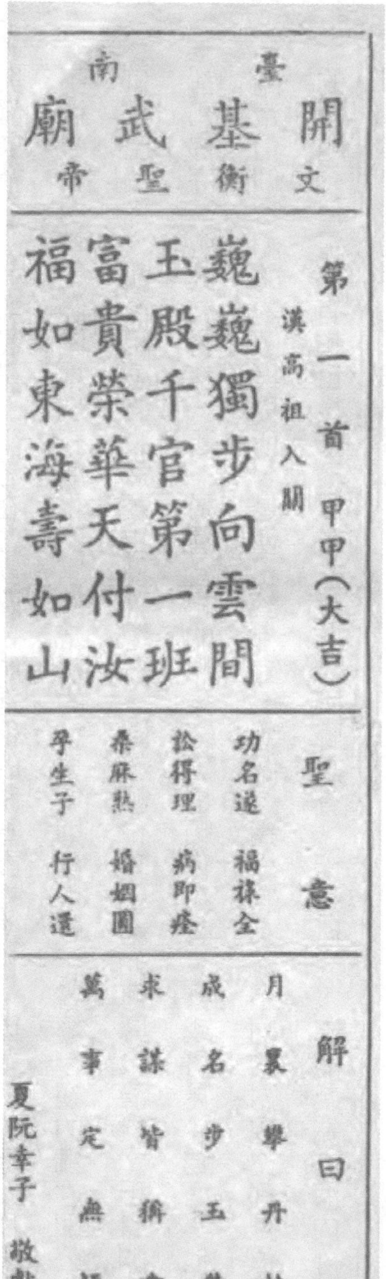

臺南開基武廟

文衡聖帝

第一首　甲甲（大吉）

漢高祖入關

巍巍獨步向雲間

玉殿千官第一班

富貴榮華天付汝

福如東海壽如山

聖意

功名遂　福祿全

訟得理　病即痊

桑麻熟　婚姻圓

孕生子　行人還

解曰

月裏攀丹桂

成名步玉[illegible]

求謀皆稱意

萬事定無誤

夏阮幸子　敬獻

【圖 33】臺南開基武廟靈籤第一籤

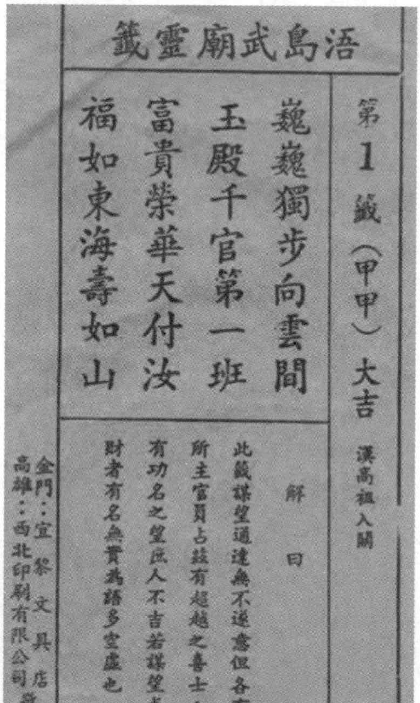

浯島武廟靈籤

第1籤（甲甲）大吉

漢高祖入關

巍巍獨步向雲間

玉殿千官第一班

富貴榮華天付汝

福如東海壽如山

解曰

此籤謀望通達無不遂意但各有所主官員占茲有超越之喜士人有功名之望庶人不吉若謀望求財者有名無實為語多空虛也

金門：宜黎文具店

高雄：西北印刷有限公司

敬獻

【圖 34】浯島武廟靈籤第一籤

儒家忠義觀念與關帝信仰

李焯然
新加坡國立大學中文系主任

忠義觀念的歷史考察

「忠」和「義」是中國傳統道德價值觀中兩個重要的觀念。「忠」是立身處世的基礎，「義」是社會道德的根據。傳統中國的政治型態、社會模式，可以說是由忠、義兩倫理的運作和發揮所衍生。所以忠和義是傳統中國政治、社會的兩大支柱，也是維持傳統中國政治和社會穩定的兩個重要因素。

「忠」做為一種對國家奉獻的政治倫理，有它的發展過程。「忠」字的普遍應用及忠的觀念的流行，相信是在西周中晚期之後，而至春秋初期已是相當普遍且重要的倫理觀念。（註1）「忠」字在《論語》中出現過十八次，在《孟子》中出現過九次，用法基本上相同。從《論

註1：參閱劉紀曜〈公與私——忠的倫理內涵〉，見劉岱編《中國文化新論（思想篇二）：天道與人道》，臺北：聯經出版事業公司，1982，頁171～207。

語》和《孟子》中去看忠字的涵義，當時「忠」並不具有特殊的政治性，而是指應對進退時內在的一種美德。《論語》〈顏淵〉篇記：「子問友。子曰：忠告而善道之，不可則止，毋自辱焉。」〈顏淵〉篇又記：「又張問政。子曰：居之無倦，行之以忠。」可見「忠」字在這裡是表示誠懇的態度。《論語》中許多時孔子喜歡「忠」、「信」並言。如〈衛靈公〉篇記：「子曰：言忠信，行篤敬，雖蠻貊之邦，行矣。」〈學而〉篇又說：「子曰：君子不重則不威，學則不固。主忠信，無友不如己者，過則勿憚改。」同樣的情形亦見於《孟子》中，孟子不但忠信並言，而且還有「仁義忠信」（註2）、「孝悌忠信」（註3）的用法。「忠」是誠意，「信」是守約，「忠」、「信」並言或用作連詞，含有誠信的意思。《論語》中「忠」字用得比較特殊的有：「君使臣以禮，臣事君以忠。」（註4）《孟子》中則有：「分人以財謂之惠，教人以善謂之忠，為天下得人者謂之仁。」（註5）這些例子所說的忠，可以說具有政治性的涵義。但其所指與後世專門用作對君主絕對服從的含意不同。孔子這裡所說的忠是對等的，「臣事君以忠」的前提條件是「君使臣以禮」；而且，忠是多用的而非對君主專用的道德概念，這裡可以做「敬」解。孟子以「忠」來形容「教人以善」，具有誠信、守職的意思。可見孔子、孟子對「忠」闡述，都是從普遍性的道德意義立論，尚未有專指君臣關係的特定的政治意義。「忠」被解釋為「忠君」的行為，是秦以後大一統國家出現的結果。（註6）所以《辭海》

對「忠」字解釋，有兩重意義：1、忠誠，盡心竭力。《論語·學而篇》：「為人謀而不忠乎？」2、特指忠君。如：忠臣；忠良。《後漢書·崔駰傳》：「夫以文帝之明，賈生之賢，絳、灌之忠，而有此患，況且其餘哉。」（註7）「忠」在中國古代社會中所蘊涵的普遍定義被概括為臣事君、僕對主的竭盡忠誠，以及對國家的克盡厥職、甚至是鞠躬盡瘁，死而後已。

「義」的含意早在周代已有所闡述。《禮記·中庸》說「義者，宜也」。而唐代韓愈的〈原道〉篇則詮釋為「行而宜之謂義」，引申為「正義」的意思。同時「義」在先秦諸子思想中也佔有重要的位置，在《論語》、《孟子》中便多次提及：

《論語·里仁》：「君子喻於義，小人喻於利。」

《論語·為政》：「非其鬼而祭之，諂也。見義不為，無勇也。」

《孟子·告子上》：「生亦我所欲也，義亦我所欲也，二者不可得兼，捨生而取義者也。」

註2：《孟子》，〈告子篇上〉第十六章。
註3：同上，〈梁惠王篇上〉第五章，〈盡心篇上〉第三十二章。
註4：《論語》，〈八佾篇〉第十九章。
註5：《孟子》，〈滕文公篇上〉第四章。
註6：有關「忠」觀念的政治化的討論，可參考李焯然〈忠孝不兩全——儒家忠孝觀念的歷史考察〉，《九州學報》第4卷第2期，1991，頁35～48。
註7：《辭海》，上海：上海辭書出版社，1999，頁2017。

《孟子．公孫丑上》：「其為氣也，配義與道，無是餒也。」

其他的古籍論及「義」的如：

《墨子．天志下》：「義者，正也。何以知義之為正也。天下有義則治，無義則亂，我以此知義之為正也。」

《淮南子．齊俗》：「為義者，佈施而德。」

《禮記．禮運》：「故國有患，君死社稷謂之義。」

從以上的資料中可知，「義」一般指公正合宜的道德、道理或行為。《釋名》曰：「義，宜也。裁制事物，使各宜也。」「義」是儒家五德（仁、義、禮、智、信）之一。儒家注重與身邊的人建立一種和諧的關係。西漢時董仲舒稱「仁、義、禮、智、信」為五常之道，是處理人際關係的基本法則。可見「義」字的涵蓋範圍，較之「忠」更為廣泛，儼然是社會中各階層人士處理人與人之間關係的道德標準。《康熙字典》對「義」字指出了兩個涵義，其引《容齋隨筆》：「仗正道曰義，義師、義戰是也；……至行過人曰義，義士、義俠之類是也。」又引《說卦傳》：「立人之道曰仁與義。」（註8）「義」可以是指「正義」，也可以是普遍的道德標準。

《辭海》對「義」字解釋與《康熙字典》較為接近。「義」可以指「正義」，即思想行為符合一定的標準。「義」也可指人與人之間的「情誼」，如常做為形容「有情有義」或「忘恩負義」的人。另一方面，「義」也可指「忠義之士」，勇於救困撫危的英雄豪俠。

儒家忠義思想的流行，是在秦漢大一統國家出現以後，忠義成為了個人對社會、國家的責任，和道德行為的規範，一方面受到政府的推崇，另一方面，在民間戲曲、小說的大力鼓吹下，更加廣為流傳。關羽做為儒家忠義人物的代表和化身，便在這樣的環境下產生。

關羽做為儒家忠義人格的象徵

民間信仰在中國文化傳統中具有重要的地位，同時也深受儒家思想的主導和薰陶。由於關羽一生的事蹟與言行，熔鑄了中國歷代亙古不變的完美價值、思想內涵和道德規範，樹立了「忠」、「勇」、「義」為核心意蘊的崇高至上的武將人格形象與英雄神格形象，使其成為人格神的典範，亦是民間諸神中名聲最為顯赫的神祇之一。

註8：《康熙字典》，上海：上海辭書出版社，1985，頁411。

關帝信仰興起於宋代，千餘年來歷久不衰，至明清時達鼎盛時期。明代思想家李贄曾對當時的關帝信仰之盛況，有如下的說明：

> 唯神忠義貫金石、勇烈冠古今。……因宜其千秋萬祀，不問海內外足跡至與不至，無不仰公之為烈。蓋至於今日，雖男婦老少，有識無識，無不拜關公之像，畏公之靈，而知公之為正直，儼然如在宇宙之間。（註9）

實際上，從《三國志》開始，就已經掀起了日後關羽形象在社會中的善變與廣泛傳播的序幕，再加上民間文學與歷代文人的渲染，其人格與神格遂昇華為關帝信仰最主導的核心內容。（註10）

關羽（約160～219）生於東漢末三國時代，卒於東漢獻帝建安二十四年。（註11）西元184年黃巾起義爆發後，各州郡的豪強紛紛趁勢崛起，逐鹿中原。關羽為協助劉備（161～223）創業，奉獻了一生的精力。做為一名戰績彪炳、出色卓越的蜀漢將領，他的歷史事蹟見於不少史書，而以晉朝史家陳壽（233～297）所著的《三國志》為最具代表性與客觀性的原始資料。除了關羽本傳較為詳盡外，其言行性格也可略見於當時的其他人物如張飛、馬超、黃忠、趙雲等人的傳中。《三國志》中關羽本傳不過千字，但正因書中「時有所脫漏」（註12），遂留給後人更多詮釋和推論的空間，使關公形象愈趨於豐富多彩。從史筆下一名英勇傲世的

武將轉化為萬人景仰的神靈，關羽轉變的雛形可以說肇始於《三國志》。（註13）

對於關羽的出處與事業，《三國志》的記載可說詳實而簡潔，關羽本傳說：

> 關羽字雲長，本字長生，河東解人也。亡命奔琢郡，先主於鄉里合途眾，而羽與張飛為之禦侮。先主為平原相，以羽、飛為別部司馬，分統部曲。先主與二人寢則同床，恩若兄弟，而稠人廣坐，侍立終日。隨先主周旋，不避艱險。（註14）

傳中極為扼要地概述了關羽的背景，但對他為何「亡命奔琢郡」，如何遇上劉備、張飛不曾說明。然而關羽投於劉備麾下，「不避艱險」，侍立於劉備左右，且與劉、張二人「寢則同床，恩若兄弟」，不但反映了異姓三兄弟的深厚感情，為創建蜀國奠下了基業，亦成為

註9：見朱一玄、劉毓忱《三國演義資料彙編》，天津：百花文藝出版社，1983，頁574～575。

註10：參考張志軍〈關於關公信仰的人類學分析〉，《民族研究》第4期，2003，頁61～108。

註11：關羽的生年今已不可考。吳黃麥《關羽》一書綜合史書、方志、碑傳、傳說的記載，認為關羽生於西元160年。但也有學者提出西元162年生的看法。

註12：見裴松之注《三國志》的意見。參考梅錚錚《忠義春秋—關公崇拜與民族文化心理》，四川：人民出版社，1994，頁3。

註13：有關討論可參考黃華節《關公的人格與神格》，臺北：商務印書館，1995。

註14：陳壽《三國志》，北京：中華書局，1982，頁939。

日後「桃園三結義」的張本。關羽的性格特徵與功業，在史書中可說表露無遺。但正史中的關羽是一個有血有肉的凡人，難以避免帶有缺陷。明人謝肇淛就指出：

余嘗謂關公雖忠勇有餘，而功業不足，視之呂蒙智謀，其不敵也，明矣。而萬世之下，英靈顯赫，日月爭光，彼曹操、孫權不知作何狀，而王獨廟食千載，代崇褒祀，是天固不以成敗論人也。（註15）

誠然，綜觀正史上的關羽一生的功業，其遭際歷經坎坷，大起大落，雖於事業頂峰時因剛愎自用而驟然落得兵敗被殺，但卻不因此被後人恥笑或遺忘，反而因其內在的英雄人格而受到極力推崇，足見中國傳統文化「不以成敗論英雄」的實質。（註16）

三國時魏人劉劭在其書《人物志》中曾對「英雄」之涵義做過界定，他說：

夫草之精秀者為秀，獸之特群者為雄，故人之文武茂異，取名於此。是故聰明秀出謂之英，膽力過人謂之雄。……英雄者，人之膽識之足以得他人也。（註17）

「英雄」在人們的理想觀念中，無論在識見、才能或做為上，都為出類拔萃者。不同文化的民族，不論其時代和背景有何差異，都會擁有本身的英雄崇拜和信仰歷史。這種英雄崇拜心理大概源自一般常人，尤其是處於社會底層的人，因感到自身的智力、體力和能力上有所不足，因而對社會上有特殊才能的人產生崇拜心理。關羽被推崇為英雄人物，主要是他的「忠」和「義」。而關羽的忠，就表現在他謹誠奉事劉備。三國時代是個「非但君擇臣，臣亦擇君」（註18）的年代，而劉備於創業初期在戰場上屢遭挫折，但關羽依然盡心跟隨左右。即使戰敗後，在曹營羈留期間也不因曹操以名利、美人善待之而降服。清毛宗崗的評語說：

人情未有不愛財與色者也。不愛財與色，未有不重爵與祿者也。不重爵與祿，未有不重人之推心置腹，折節敬禮者也。曹操所以駕馭人才，籠絡英俊者，恃此數者已耳！是以張遼舊事楊奉，賈詡舊事張繡，文聘舊事劉表……獨至關公，而心戀故主，堅如鐵石，金銀美女之賜不足以移之，偏將軍漢壽亭侯之封不足以動之。分庭抗禮，杯酒交歡之異數，不足以奪之。夫而後奸雄之術窮矣！奸雄之術既窮，始駭天壤間不受駕馭，不受籠絡者，乃有如此一

註15：見徐曉望《福建民間信仰源流》，福州：福建教育出版社，1993，頁409。

註16：參考梁漢傑〈關公信仰的產生與演變〉，新加坡：新加坡國立大學畢業論文，1998，第二章。

註17：劉劭《人物志》，郭模校正本，臺北：文史哲出版社，1987，頁30。

註18：《三國志》卷9，頁1268。

人。即欲不吁唆敬仰，安可得乎？（註19）

明人徐階則認為其「忠義」是關羽成為眾人崇拜的主要原因之一：

蜀漢之季，謀臣策士，成知天下之勢，必歸曹操，而王獨以正統所在，委身昭烈，及為操所執，禮之甚厚，而王迄無二心，去強歸弱，繼之以死，非忠義之尤者乎。……王感人以忠者，其廟祀遍天下，固宜也。（註20）

其中，關羽人格素質中的「忠義」內涵，正是儒家思想在君臣關係與人際道德上的直接體現。關羽在後世屢加封謚，被歷代君主廣加推崇和宣揚，與儒家的理想道德人格有密切的關係。清人張鵬翮提及關帝信仰在民間的作用時說：

充是心也，以之事親則孝、事君則忠、交友則信。如萬斛湧泉，取之不盡而用之無窮，則是侯之大有造於名教也，稱之曰「夫子」，誰曰不宜？於戲！　夫子者，孔子之盛德而甚美之稱也。侯雖未登洙泗之堂，而剛大之氣、忠義之概，暗與道合。（註21）

關羽正是在這種文化背景之下，從一位凡人轉變為神人、聖人，成為儒家與歷代帝王所標榜的道德楷模，被尊為「武聖人」和「山西夫子」。經過神格化的洗禮，做為儒家倫理的典範的關羽使儒家「忠義」倫理更為具體化，成為通俗、有血有肉、有言有行的典型人物形象，以達到教化社會、維護政治統治和社會秩序的目的。（註22）

劉志軍的研究指出，儒家倫理是歷代君主積極倡導的社會基本道德準則，但如何維繫與強化這些倫理規範，並使其經由「濡化」（enculturation）而代代相傳，是最重要的考量。孔子的《論語》及儒家其他經典的倫理說教，都屬於「言」的範疇，而在一個講求言傳身教的社會裡，還需要有一位身體力行的人物做為人格楷模，以為「身教」。如果這樣的人物帶有神聖的權威，就更具有無形的威懾力量。於是，在這種呼喚榜樣的歷史文化背景之下，關羽便在眾多的歷史人物中脫穎而出，逐漸深入人心，且愈傳愈神，直至成為一種影響深遠的關帝信仰。（註23）人們之所以選擇關羽做為神化的對象，是基於他超凡出眾的人格力量。在他身上，幾乎集中了儒家所稱道的全部美德。劉志軍的〈關於關公信仰的人類學分析〉進一步

註19：羅貫中著、毛宗崗評《三國演義》，河南：中州古籍出版社，1992，頁256。
註20：《關帝徵信編》卷7，頁21。
註21：張鵬翮〈關夫子志序〉，見張鎮《關帝志》卷3，乾隆二十一年刻本。
註22：參考張惠芝〈關羽之忠義與儒家誠學〉，《山西大學學報》，1998年第一期。
註23：張志軍〈關於關公信仰的人類學分析〉，頁67。

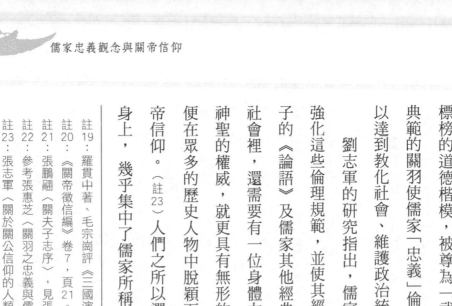

闡明說：

他熟讀《春秋》，言行合於經義，表現得俊逸儒雅；他溫酒斬華雄、水淹七軍又單刀赴會，可謂勇邁絕倫、智勇雙全；他一生追隨劉備，為君主和社稷不避艱險，捐軀而後已，是一代忠臣；他千里走單騎又義釋曹操，不忘桃園之義又有恩必報，為人行事光明磊落、大義參天；他刮骨療毒，割炙引酒，言笑自若，表現得神威凜凜；他尊愛皇嫂，秉燭達旦，日日問候，事事請命，克盡禮儀等等。在關羽身上體現出來的這些美德，都切合當時社會的心理需求。（註24）

正是有了關羽這樣一個神聖的人格楷模，儒家的一系列倫理規範才能在代代相傳的潛移默化中，植根於社會文化的土壤之中，成為歷代王朝的正統思想而長盛不衰。孔子的言傳與關羽的身教，合而為一，受到人們的普遍認同。至清代時，孔子與關羽更是並肩成為「文武二聖」。

關羽的忠義，既符合了儒家道德操守之規範，也符合了歷代帝王的效忠愛國的期許，更符合了廣大民眾所注重的結義之氣、江湖道義；故此關羽能深受社會中每個階層的景仰，在這諸多因素的配合下，取得了崇拜關公的一致性，使他由一名歷史武將成為日漸被宗教化的神靈。

從人到神：關帝信仰的形成

關帝的信仰與祭祀，在中國文化傳統中，並不是獨有的案例。人類學家李亦園指出，中國「早在殷商時代以前就有很完整而系統化的祖宗崇拜儀式存在」。他還根據《禮記．祭法》中的一段記載，推測祖宗崇拜「在中國是很久遠的儀式，不但在殷周時代即有之，而且在更早的堯舜夏後時代即已有相當制度化的祭法」。後來，這種對親人的靈魂加以敬奉的祖先崇拜，就逐漸演變成對社會上的有功人物的祭祀與崇拜，而那些有德於民、品行卓著者就往往成為人民造人神的對象。（註25）《禮記》、《左傳》裡就有「人死為鬼」、「鬼之至靈曰神」、「神為聰明正直而一者」等說法。《禮記．祭法》說得更為明白：「夫聖王之制祀也，法施於民則祀之，以死勤事則祀之，以勞定國則祀之，能禦大災則祀之，能捍大患則祀之。」凡有功於民的英雄人物都可以為鬼為神，享受後人的祭祀。正是由於有著濃厚的人神崇拜的民族文化傳統，為世人所稱頌的關羽，死後也成為人神。而關羽成為人神，正是關帝信仰得以發展、興盛的前提和基礎。

有些學者指出，關羽的崇拜可被納入宗教信仰中人神崇拜的範疇，與廣大民眾對媽祖、包

註24：同上。
註25：李亦園《人類的視野》，上海：文藝出版社，1996，頁275～76。

公、姜太公等眾多歷史人物或傳說人物的崇拜並無二致，都體現了中華民族的一種人神崇拜的傳統，只是對關羽的神化在中國的傳統造神文化中更具代表性而已。做為一種文化現象的關公信仰，它的產生與存在並不是孤立與偶然的，而是與社會文化的大背景密不可分的。而一旦被創造出來，就有了其政治、倫理和心理等方面的功能，以滿足社會的需要。（註26）

分析關帝崇拜中的具體內涵，可以看出，關帝崇拜的實質乃是體現英雄人格與聖賢人格的道德崇拜。因為關羽一身幾乎具備了古代社會大丈夫的所有美德，即以勇立功、以忠事主、以義待友，且熟讀詩書，是文韜武略皆備的道德楷模。在某種意義上，對關羽的頂禮膜拜就是對正統儒家的忠、義、勇等道德規範的勘定和崇拜。儒家文化本質上是一種主張以道德為一切社會基礎的文化，並將人的道德存在視做為人生的終極關懷（ultimate concern），從而形成對其認可的理想道德人格的崇仰與追求，並由此生發出將德治做為治國安邦的最佳模式的政治理念。（註27）

關帝信仰體現了中國宗教文化中神祇的衍化過程。關羽由歷史上的人臣，其人格經由中國傳統文化各方面理想化的自我設計、追求並實踐後，使其形象日趨完美而最終被神格化（deification），成為崇高偉大、無所不能的民間神靈。而從社會心理功能來分析，關帝崇拜與信奉，既是各個時代的社會思潮、政治觀念、民族心理、審美理想的沉澱與轉變的反映，其本質也可視為整個傳統社會的理想寄託。當代著名的法國社會學家 Emile Durkheim

（1858～1917）認為宗教是社會上一種共同的信仰與行為（unified system of beliefs and practices），他對這樣的行為曾表示：

> 宗教乃是一種表象，其本質在於是以神聖的形式再現了人們所屬的那個社會或集體自身，……是人們所屬的社會或集體的旗幟和標誌。……任何宗教，都產生於人們從普通事物中分離出「神聖的事物」的做法。這種「神聖的事物」本身無所謂神聖不神聖，……他們的神聖性是社會的人們所賦予的。（註28）

他的看法不一定能夠充分解釋一切的宗教活動，但對於中國從民間興起逐漸成為國家信仰的宗教行為，如媽祖信仰、關帝信仰，他的想法有助於我們思考其產生與特性。杜贊奇（Prasenjit Duara）的文章「Superscribing Symbols：The Myth of Guandi，Chinese God of War」亦指出，關帝信仰的形成與演變，是社會環境和政治階層心理需求的折射，他說：

註26：詳參張志軍〈關於關公信仰的人類學分析〉，頁62。

註27：參考龍佳解〈關帝信仰與道德崇拜〉，《湖南大學學報》19卷4期，2005，頁44。

註28：有關 Emile Durkheim 的觀點，可參考其代表著作 The Elementary Forms of Religious Life（1917）。本文中文翻譯見陳麟書《宗教社會學通論》，成都：四川大學出版社，1992，頁69～70。

關帝的形象對不同人可能有不同的意義，但他的意義在一定程度上亦會傳達到其他人。我們可以看到不同的說法如何被「連鎖語義」（semantic chain）連貫起來：一名武將對其結義的忠誠被轉化為對政權的忠誠；一位英雄對廟宇、社群、國家的保護，巧妙的轉變為對健康和財富的賜予。關帝神話的連鎖語義是在歷史上逐漸形成的，其紀錄反映了國家和社群的不斷轉變的需要。（註29）

可見關帝信仰與社會環境有著密切的關聯。因此，我們探討關帝信仰之興起和變遷，就不能孤立地看其歷史發展脈絡，必須置於歷史和社會大背景中去進行探析，從中觀察關帝信仰產生與演變所反映的時代特色與社會心理。

有些學者認為關帝信仰的產生與宋代理學的興起有關。當然，理學的產生使儒家的道德價值觀再次受到重視，並進一步被強化，落實到社會行為規範的層面。但對關羽大力推崇的是宋代的君主，不是理學家。所以，關帝信仰的形成，背後缺少不了政治力量的推動。宋代時，關羽便多次受到冊封。最早是在宋徽宗崇甯元年（1102）封關公為「忠惠公」，大觀二年進封為「武安王」，宣和五年加封「義勇」，南宋高宗建炎二年（1128）封「壯繆義勇武安王」。孝宗淳熙十四年（1187）封「英濟王」。蕭公權《中國政治思想史》認為宋代因為國勢積弱，為抵抗外族的侵略，加強皇權統治，特別標榜「忠」的思想。關羽被宋代政府推崇，大抵與當時的政治氣候的關係多於理學因素。

但關羽真正被升格為「神」，卻是在元明期間。元世祖時冊封關羽為「忠義之神」，元文宗封「顯靈威勇武安英濟王」。明洪武二十七年（1394）建關侯廟於南京，並定每年五月十三日由太常寺官祭。明成祖遷都北京，在正陽門內建關王廟。世宗嘉靖年間，加封關羽為「義勇武安王」。神宗萬曆四十二年（1614）更加封關公為「三界伏魔大帝神威震遠天尊關聖帝君」，其廟還配祀岳飛、陸秀夫、張世傑等宋代殉節忠臣。明神宗在此次敕封的詔書中說得明白：

> 關聖帝君，生前忠義，振萬古之綱常；身後威靈，保歷朝之泰運。除邪輔正，聖德神功。

（註30）

註29：Prasenjit Duara，「Superscribing Symbols：The Myth of Guandi，Chinese God of War」，Journal of Asian Studies，Vol.47，no.4，1988，p.791.

註30：見《關帝志》卷1，頁29。

至此，關羽的封號顯然已經超越了崇拜名將功臣的範圍，而進入神化升天的境界。（註31）關羽地位的進一步提升，是在清代以後。滿清政權並沒有因為關羽是漢人將領而有所顧慮。清延早在入關之前，就曾以「桃園三結義」的故事籠絡蒙古諸族，以蒙古為關羽，自己為劉備，旨在解除蒙古對它進取中原的威脅，所以在蒙古人所崇拜的喇嘛廟也增加了關公神像。（註32）相對於宋明代延，清代突出關公的「忠義」並非在於宣揚人心思漢或維護漢人江山，而是對儒家的道德觀念進行不同的詮釋：其所謂的「忠義」，是對滿清政府的效忠和認同。所以，清順治九年（1652）敕封關羽為「忠義神武關聖大帝」；康熙時敕封為「協天伏魔大帝」；乾隆三十三年又加封「忠義神武靈佑關聖大帝」。後來的清代君主仍屢有加封。道光年間加封「威顯」二字；咸豐年間又加封「精誠」、「綏靖」；同治九年加封「翊贊」；光緒五年（1879）再加封「宣德」。至此，關帝的全稱為「忠義神武靈佑仁勇威顯護國保民精誠綏靖翊贊宣德關聖大帝」，其受尊崇的地位可謂無以復加。清王崇儒在《掌故零拾》中談及滿清政府崇拜關羽地背景說：

本朝未入關之先，以翻譯《三國演義》為兵略，故其崇拜關羽。其後有託為關神顯聖衛駕之說，屢加封號，廟祀遂遍天下。（註33）

在關帝地位日漸被抬高的同時，自明代以來，坊間出現了大量有關於關帝顯靈和幫助朝廷擊退賊寇的故事。如崇禎八年（1635），虞城被流寇所圍，情勢危殆，但第二天賊寇自行退去，人們聲稱看到關帝顯靈，把賊寇嚇跑。（註34）同樣的故事也發生在明萬曆年間派兵協助朝鮮抵禦日本的入侵，因為得到關帝顯靈的庇佑，終於將日寇擊退，其後朝鮮在國家的東、南、西、北四方設關帝廟供奉關帝，時至今日，首爾還保留有祭祀關帝的東廟，是這段歷史的明證。

結語：儒家思想的宗教化

錢穆在《民族與文化》一書中認為中國傳統文化可以取代宗教，其原因：「中國傳統人文精神所以能代替宗教功能者，以其特別重視道德觀念故。」（註35）從關帝信仰在歷代的發展和在中國社會的受重視程度來看，其實事實並不如此。儒家的倫理道德不但沒有辦法代替宗教，甚至需要藉助宗教的力量來在民間推廣，這表現在明清的小說、戲曲，屢見不鮮。

儒家思想本來與宗教信仰扯不上關係。儒家談綱常倫理並不是為了來世回報，更不是為

註31：參閱阮昌銳〈臺灣的關公崇拜〉，《海外學人》第122期，1982，頁54～58。
註32：參考梁漢傑〈關公信仰的產生與演變〉，頁55。
註33：參考孫承宗〈重修漢前將軍壯繆公祠記〉，見《三國演義資料彙編》，頁708～709。
註34：《關帝征信編》卷16，頁6。
註35：錢穆《民族與文化》，香港：新亞書局，1962，頁25。

了成仙永生。儒家的道德追求在於個人的提升，修身是為了齊家治國，為了現世的人倫秩序。儒家的道德倫理教育本來不需要依賴宗教的力量或因果報應的思想來推動，但在民間的表達卻不一定如是。當其對象是沒有受過儒家經典教育的平民百姓，儒家明德新民的要求，自然無法提起這些人的關注甚至興趣，推廣綱常倫理、忠孝仁義，就只能夠依靠善惡報應、成仙得道的力量。例如明中葉大儒丘濬（1421～1495）所撰的《伍倫全備忠孝記》，目的是為了宣揚儒家五倫觀念和忠孝思想。（註36）毫無疑問，《伍倫全備記》的作者是深受儒家思想影響的學人，具有強烈的經世取向。但《伍倫全備記》在其闡釋過程中就帶有濃厚的因果報應觀念和神仙思想。如第二十三齣《割肝救姑》，老夫人思子憂心成疾，藥石無靈，媳婦決定割肝作藥，以救婆婆，表現出傳統孝行的捨身精神，但在行孝的過程中，也凸顯了神明幫助的重要性。第二十九齣《會合團圓》，是全文的結局，也是故事的高潮。故事中伍倫全、伍倫備兩兄弟分別為將為相，位極人臣，且國家太平，邊境無事，戲文說「由來忠孝登仙品，不用丹砂與白鉛」。作者還藉老夫人之口，進一步說明得以位列仙班的理由：「古云：千經萬典，忠孝為先。上帝感汝兄弟忠於國家，感汝媳婦孝於父母，一念之誠，感動天地，因此授我以玄君之職。」（註37）最後，伍家一門得以成仙，同日升天。表面看來，作品中體現出的仙道色彩與因果報應觀念，似乎與作者的價值持守稍有乖離，其實，這是文學藝術弘道的普遍規律。因為因果報應的思想見之於藝術的形式，更易於使情節跌宕起伏，迴環曲折。而仙道環境中玉殿金階之繁華，瑤池閬苑之雅麗，餐風飲露之清逸，騎鸞駕鶴之高蹈，也為藝術形式增添了別樣的色彩，更易激發讀者、觀眾的想像與共鳴，增強了藝術表現力，從而也更好地起到了教化的作用。另外，就學術背景而言，藝術形式中體現出的三教融通的傾向，也與唐宋以來中國學術的基本路向完全吻合。

同樣的道理，做為中國傳統文化的組成部分，關帝崇拜在古代能歷久不衰，不僅是由於關羽具有民間神靈的全民性和相容性，更大的因素在於他所體現的儒家忠義雙全、勇武蓋世的道德倫理，符合社會上的各層階級人士的要求。清人顧家相《五餘讀書廛隨筆》提到關帝信仰在當時社會上所產生的教化作用時說：

> 蓋自《三國演義》盛行，又復演為戲劇，而婦人孺子，牧豎販夫，無不知曹操之為奸，關張孔明之為忠，其遷移默化之力，關係世道人心，實非淺解。（註38）

統觀上述關帝信仰轉變的過程和種種因素，就可發現關帝信仰與儒家的道德價值觀有緊

註36：有關《伍倫全備忠孝記》的討論，參考李焯然〈通俗文學與道德教化—《伍倫全備記》與《彰善感義錄》的比較〉，《南京大學學報》2009年第4期，頁85～95。

註37：丘濬《伍倫全備忠孝記》卷4，《古本戲曲叢書初集》本，上海：商務印書館，1954，頁37下。

註38：見黃華節《關公的人格與神格》，頁124。

密關聯，儒家價值觀在社會和民間的推廣，實有賴於關帝信仰的深入人心和遷移默化作用。所以，關帝信仰所強調的是神明的完美的忠義勇烈性格，經由神道設教，輔助道德教化的推展。透過這樣的途徑，關帝信仰之所以產生，完全是因為其忠勇義的人格所在；而其衍化的過程也一直由此原因貫徹始終，其信仰的流行與儒家的道德教化是分不開的。

《三國演義》的關羽與關聖帝君的「義」

廖宗斐
勤益科技大學兼任講師、元亨書院臺中分部主任

林安梧
慈濟大學宗教與文化研究所所長

本文首先指出，關聖做為一強烈的文化符號，較文聖孔子猶不遑多讓。之所以如此，與華人文化「存有的連續觀」之思維下，強調「天人不二」、「天人合德」之「氣的感通」格局有重要關聯。透過此種格局的理解，關羽「忠義」之形象，不僅有歷史文化的脈絡為依據，也有超越的價值意義為依歸。其次探討通俗小說的流行，固然造就了「天下無不知有關忠義」的風潮，卻也突顯在公民社會中，關聖以「情義」為首出的形象。由此「情義」可上通於「道義」，亦有滑轉於「意氣」之可能。第三節探討從官方意識形態理解的關聖，雖然一方面強調其「忠義」的教化功能，實質上卻是一種結合了咒術思考、道德理想、社會規範的奇特綜合體。最後反省了現代社會中，既有的政治形態以及人文之禮崩解，主體自覺缺乏了客觀制

度結構的憑依，亦導致面對生活世界的疏離。蓬勃發展的民間宗教，反而承擔了更多心靈安頓以及社會教化的功能。本文強調，面對既有「綱常」、「名教」、「人倫」等結構的重新調整，「忠義」的意義如何轉化為「社會正義」的概念，在現代公民社會中，當有另一番重新審視的可能。

關鍵詞：關聖、氣的感通、存有的連續觀、社會正義

一、前言：由人而神的可能依據

武聖關公在華人的世界中，是一種很強烈的文化符號。「儒稱聖，釋稱佛，道稱天尊，三教盡皈依」（註1），尊崇至極。論其在民間社會之普及性，甚至較文聖孔子有過之而無不及。（註2）然而就陳壽《三國志》的記載，關羽雖名震當時，然遭仇國所擒，又剛愎自矜，終為東吳所殺。裴松之引《蜀記》，言關羽乞娶呂布部將之妻不果（註3），似乎又頗好女色。因此做為歷史人物的關羽，即使個性突出，其人格終究難與聖賢比配。蜀後主謚之為「壯繆」，略有貶抑之意。（註4）然而關公崇拜之興盛，畢竟是事實，正是因為這樣的矛盾，更值得人深思其中的意義。歷史中的關羽，如何能成為一神聖的關帝？關於這個問題，我們必須回到

華人文化對於宗教問題的理解來看。

華人文化看待人與天地鬼神的關係，基本上是採取「存有的連續觀」及「天人不二」的思維。此種思維，最早可追溯到原始的巫祝傳統。而巫祝傳統的最大特色在於，強調人與物、人與天、人與神基本上是同質的，因而得以轉化、變形。（註5）例如《國語・楚語》講的「絕地天之通」，強調天人之間有合理的連續關係，人類可以透過道德實踐之路，縫合天人之間的疏隔。（註6）基本上，所謂「天人不二」是從「天人同德」的角度來說。《易傳》中提到：「大人者，與天地合其德，與日月合其明，與四時合其序，與鬼神合其吉凶。」（註7）也就是說，ㄊㄙ過道德實踐而成就的偉大人格，可以將自己的生命和自然的生命關聯在一起。此種關聯，是人類以一種參贊的方式來理解及詮釋整個天地萬物，於是天地萬物充滿著價值性的色彩，

註1：王楚香《古今楹聯大觀》卷五收入朱一玄、劉毓忱編：《三國演義資料匯編》（天津：百花文藝出版社，1983年10月），頁632。

註2：胡渭：「蜀漢前將軍關侯之神，與吾孔子之道，並行於天下。然祀孔子者止郡縣而已，而侯則居九州之廣。」〈蜀漢關侯祠記〉收入朱一玄、劉毓忱編：《三國演義資料匯編》，頁567～568。

註3：陳壽撰、裴松之注：《三國志》（北京：中華書局出版，1997年11月），頁246。

註4：洪邁：《容齋隨筆》卷十一〈名將晚謬〉收入朱一玄、劉毓忱編：《三國演義資料匯編》，頁135。

註5：林安梧：《中國宗教與意義治療》（臺北：文海教育基金會出版，1996年4月），頁31。

註6：林安梧：《中國宗教與意義治療》，頁11。

註7：王弼、韓康伯注：《周易正義》（臺北：新文豐出版公司，2001年6月），頁53～54。

吾人經由參贊、感通、實踐之，因而調適而上遂，以契應於總體之根源，通極為一。

此種「天人不二」，表現出一種「氣的感通」的格局，其所開啟的人文理性，乃是一種關聯著情理、性理、道理的，一種「天人、物我、人己」皆關聯為一的「連續型的理性」。（註8）一方面，他強調天人、物我、人己各各彼此之間，皆為兩端之連續，互為主體，而感通交融為一不可分的總體；一方面，此交融不可分的整體，有其共同之生命根源，而此根源於不外於此整體之中。在此意義下，當下的歷史性、社會性之存在便與那絕對性、圓滿性有了密不可分的關係。當下的實存如何關聯到絕對？基本上，是以「人文之禮」做為具體感通情境下的依持，使得道德的連結成為可能。在《禮記‧祭義》中，孔子曾經解釋「鬼、神」的意義：

子曰：「氣也者，神之盛也；魄也者，鬼之盛也；合鬼與神，教之至也。眾生必死，死必歸土：此之謂鬼。骨肉斃於下陰，為野土；其氣發揚於上，為昭明，焄蒿，悽愴，此百物之精也，神之著也。因物之精，制為之極，明命鬼神，以為黔首則。百眾以畏，萬民以服。」（註9）

人死後形體雖腐朽，然其轉化為氣，其盛者發揚於上，使人感受其昭明、氣息、悲傷，聖人以此為「神」存在的證明。並設立了制度以「明命鬼神，以為黔首則」。這段文字顯示了在「氣的感通」格局下，所謂的「宗教祭祀」其實正是透過「人文之禮」的方式，來使得道德教化成為可能。《禮記・祭法》：「夫聖王之制祭祀也：法施於民則祀之，以死勤事則祀之，以勞定國則祀之，能禦大菑則祀之，能捍大患則祀之。」（註10）關羽輔佐蜀漢，力抗曹魏，威震華夏，合於「以死勤事」之例。其「生為英賢，沒為神明」（註11），關羽做為神靈供人祭祀，始於唐建中三年（西元782）與「古今名將」配享「武成王廟」（註12）。又迭經尊封，卒為堪與孔子比肩之聖人。清人張鵬翮在〈關夫子志序〉提到世人何以崇拜關公：

> 夫侯生於千載之上，千載之下，無論貴賤智愚，聞侯之名，莫不敬之畏之，夙夜駿奔，若有所惕，然而不容自己者，何也？天理之不泯於人心，而三代之直道尚存也。充是心也，以之事親則孝，事君則忠，交友則信，如萬斛源泉，取之不盡而用之無窮，則是侯之大有造

註8：林安梧：《中國宗教與意義治療》，頁16。

註9：鄭玄注、孔穎達疏：《禮記注疏》卷四十七〈祭義〉（臺北：新文豐出版公司，2001年6月），頁2037～2040。

註10：鄭玄注、孔穎達疏《禮記注疏》卷四十六〈祭法〉，頁2010。

註11：董鋌：〈貞元重建廟記〉收入朱一玄、劉毓忱編：《三國演義資料匯編》，頁51。

註12：歐陽修、宋祁撰：《新唐書》卷十五〈禮樂五〉（北京：中華書局出版，1997年11月），頁377～378。

於名教也。稱之曰夫子，誰曰不宜？於戲！夫子者，孔子之盛德而甚美之稱也。侯雖未登洙泗之堂，而剛大之氣，忠義之概，暗與道合。（註13）

清人將關羽與孔子並稱夫子，是著眼於關羽「忠義」之形象，產生了影響遠大的社會教化功能。而此種「忠義」，不僅有歷史文化的脈絡為依據，也有超越的價值意義為依歸。所謂「三代之直道」、「暗與道合」。「忠義」二字，在理論層級上，簡直可與孔子之「仁」等同並觀。其然乎？豈其然乎？本文將嘗試就《三國志》、《三國演義》以及歷代帝王所加尊號，略論關羽「忠義」之形像如何產生，並視其所「義」者何。

二、從「情義」通「道義」——關羽忠義形象的教化功能

陳壽《三國志》中的關羽，頗突顯其「萬人敵」的勇武形象，與張飛、黃忠、馬超、趙雲並列一傳。又於傳末評曰：「關羽、張飛皆稱萬人之敵，為世虎臣。羽報效曹公，飛義釋嚴顏，並有國士之風。然羽剛而自矜，飛暴而無恩，以短取敗，理數之常也。」（註14）《三國志》與《史記》、《漢書》並稱，素有良史之譽，其評論自當中肯。可知歷史上之關羽，實以武勇名世，亦未嘗掩飾其性格缺點。然而，其與劉、張恩若兄弟、為操所擒、襲斬顏良、

封操所賜、投奔玄德、刮骨療毒、水淹七軍、輕視東吳而終為擒殺，種種驚心動魄的事蹟，即使關羽「以短取敗」，是在不以成敗論英雄，但求典範在人間的華人社會中，反而得到更大的同情。誠如錢福〈義勇武安王廟碑〉所言：「端人正士義其忠，武夫勁節壯其勇，田畯村嫗懾其神，吊古感遇之徒，又悼惜其功之垂成而敗，而思有以報其仇以洩其不平。」(註15)忠、勇、神、悼，皆是對其人不凡之生命而有所感發、觸動，於是乎有所義、有所壯、有所懾、有所思。即便所體會者各有不同，然其有限之生命，自可破其狹隘，因情而暢性。

史書文字深奧，道理細微，非有一定學問能力者難以理解，甚至有所感發。因此要真正要讓關羽的形象感動人心，必須有適當的詮釋。就此而言，《三國演義》其實功不可沒。蔣大器〈三國志通俗演義序〉曰：

> 夫史，非獨紀歷代之事，蓋欲昭往昔之盛衰，鑒君臣之善惡，載政事之得失，觀人才之吉凶，知邦家之休戚，以至寒暑災祥，褒貶予奪，無一而不筆之者，有義存焉。……然史之

註13：張鵬翮：〈關夫子志序〉收入朱一玄、劉毓忱編：《三國演義資料匯編》，頁618。
註14：陳壽撰、裴松之注：《三國志》，頁951。
註15：錢福：〈義勇武安王廟碑〉收入朱一玄、劉毓忱編：《三國演義資料匯編》，頁570。

> 文，理微義奧。⋯⋯此則史家秉筆之法，其於眾人觀之，亦嘗病焉。故往往舍而不之顧者，由其不通乎眾人。而歷代之事，愈久愈失其傳。⋯⋯《三國志通俗演義》，文不甚深，言不甚俗，事紀其實，亦庶幾乎史。蓋欲讀誦者人人得而知之，若《詩》所謂里巷歌謠之義也。（註16）

《三國通俗演義》也就是一般所謂的《三國演義》，或作《三國志演義》。（註17）「通」者，達也。達於俗情，使民曉諭，謂之「通俗」；「演」者，延也，有推廣的意思。推而廣之，敷衍其義，謂之「演義」。蔣大器此文，清楚區別史文與小說，一重存其理義；一重通乎俗情。並強調《三國通俗演義》的內容可信度「庶幾乎史」，甚至如《詩經》般，有「聞其聲而曉其義」的教育功能。（註18）事實上，對比於史傳，在羅貫中筆下的《三國演義》，關羽不僅神武非凡，更成了「義」的化身。魯迅《中國小說史略》嘗論其得失，對其塑造關羽形象之成功頗有慨嘆：

> 至於寫人，亦頗有失，以致欲顯劉備之長厚而似偽，狀諸葛之多智而近妖：中唯於關羽，特多好語，勇義之概，時時如見矣。（註19）

《演義》對關羽的集中描寫，最動人者莫過於與曹操的互動。在《三國志・關羽傳》一千多字的記述中，對其被迫降曹的始末，記錄的文字便佔了四分之一的篇幅：

曹公禽羽以歸，拜為偏將軍，禮之甚厚。紹遣大將（軍）顏良攻東郡太守劉延於白馬，曹公使張遼及羽為先鋒擊之。羽望見良麾蓋，策馬刺良於萬眾之中，斬其首還，紹諸將莫能當者，遂解白馬圍。曹公即表封羽為漢壽亭侯。初，曹公壯羽為人，而察其心神無久留之意，謂張遼曰：「卿試以情問之。」既而遼以問羽，羽嘆曰：「吾極知曹公待我厚，然吾受劉將軍厚恩，誓以共死，不可背之。吾終不留，吾要當立效以報曹公乃去。」遼以羽言報曹公，曹公義之。及羽殺顏良，曹公知其必去，重加賞賜。羽盡封其所賜，拜書告辭，而奔先主於袁軍。左右欲追之，曹公曰：「彼各為其主，勿追也。」（註20）

關於這段文字，《演義》敷衍成：「第二十五回 屯土山關公約三事，救白馬曹操解重圍」、「第二十六回 關雲長掛印封金」、「第二十七回 美髯公千里走單騎，漢壽侯過五關

註16：蔣大器：〈三國志通俗演義序〉收入朱一玄、劉毓忱編：《三國演義資料匯編》，頁269～270。

註17：以下簡稱《演義》。

註18：朱子：「古人於詩，如今人歌曲一般，雖閭巷童稚，皆習聞其說而曉其義，故能興起於詩。」收入朱熹：《近思錄》卷十一（臺北：臺灣商務印書館股份有限公司，1996年4月），頁298。

註19：魯迅：《中國小說史略》收入氏著《魯迅小說史論文集－中國小說史略及其他》（臺北：里仁書局發行，1994年11月），頁114。

註20：陳壽撰、裴松之注：《三國志》卷三十六〈蜀志〉六，頁939～940。

斬六將」等膾炙人口的情節。小說之所以能有如此發揮空間，與關羽的人格特質有極大關係。在關羽與張遼的對話中，處處可見其「義重情深」：「吾固知曹公待吾甚厚；奈吾受劉皇叔厚恩，誓以共死，不可背之。吾終不留此。要必立效以報曹公，然後去耳。」這段在《演義》二十五回中的對話，幾乎全部抄錄《三國志》原文。所謂「生死與共」、「立效報曹」，表現一股恩怨分明的「義氣」，是生命氣質的直接展現，致使曹操為之心折：「事主不忘其本，乃天下之義士也！」（註21）曹操這裡所謂的「義」，顯然放在君臣「恩義」的關係上來說。恩義，重視「交情」，彼於我有恩，故當還以「人情」。順著這條理路，便衍生出第五十回「關雲長義釋曹操」這樣的虛構情節。在《演義》四十九回中，孔明料定關羽必定放走曹操，說道：「操賊未合身亡。留這人情，教雲長做了，亦是美事。」（註22）於是「義重如山」的關羽，終因想起曹操許多「恩義」，更念及張遼「故舊之情」，而放走了曹操。

《演義》所塑造出的關羽，是講恩義、念舊情的英雄形象。其人格特質，誠如《演義》中程昱所說「傲上而不忍下，欺強而不凌弱；恩怨分明，信義素著」，純粹是一個講義氣的響噹噹漢子。其所表現之「義」，乃由生命氣質而發之「恩義」、「情義」。以其由生命氣質而發，因而容易引起共鳴。如曹操贈錦袍一段，關羽穿於衣底，以劉備所賜舊袍罩之。毛宗崗批曰：「至性至情，讀至此令人淚下。」（註23）此乃以「情」為首出，以義氣相感應，重視人與人之間的關係，也就是所謂的交情。而此種交情，並非利益之交換或權力的裹脅，而是在一種交融感通的過程裡，通向一個天人、物我、人己一體關聯的總體之根源，也就是所謂的「道」。因此，即便不識字的平民百姓，透過《演義》所塑造的重情、尚義的關羽，亦可有所觸動而交融無礙，此亦為「氣的感通」之呈現。情義、義氣，調適而上遂，視其理而有所貞定，此可名之為「道義」。因此，重情義、講義氣，便不會只是任情使意，無當於理，否則「義氣」將流於只是「意氣」。

《演義》所塑造的關羽形象，確實發揮了很大的社會教育功能。（註21）王侃的《江州筆談》提到：

> 《三國演義》可以通之婦孺，今天下無不知有關忠義者，演義之功也。忠義廟貌滿天下，而有使其不安者，亦誤於演義耳。演義結義本於昭烈遇關、張，寢則同牀，恩若兄弟。費詩亦曰：王與君侯，譬猶一體，同休等戚，禍福共之。三義二字，何嘗見於紀傳？而竟題廟提

註21：參考王忠林、邱燮友等合著：《中國文學史初稿》（臺北：福記文化圖書有限公司，1995年1月），頁1058～1059。

註22：羅貫中撰、毛宗崗批：《三國演義》第二十五回（臺北：三民書局股份有限公司，2011年1月），頁214。

註23：羅貫中撰、毛宗崗批：《三國演義》第四十九回，頁413。

註24：羅貫中撰、毛宗崗批：《三國演義》第二十五回，頁212～213。

三義，像列君臣三人，以侯於未王未帝之前稱為故主者，與之並坐，侯心安乎？士大夫且據演義而為之文，直不和有陳壽志者，可勝慨嘆。（註25）

《演義》雖然造就了「天下無不知有關忠義」的風潮，其所強調之「兄弟恩義」，對帝王專制的宰制結構，卻又隱含了某種鬆動的力量。關於劉、關、張三人，在《三國志》僅提到：「先主與二人寢則同牀，恩若兄弟。」但是在《三國演義》裡卻敷衍了「桃園結義」的情節，將「恩若兄弟」塑造成「君臣契合」的另一典範。關羽與曹操的恩義，畢竟類於朋友相交，與劉備之恩義，則是關聯到兄弟。兄弟較諸朋友，自是關係更深。然而章學誠《丙辰箚記》卻認為：「其最不可訓者，桃園結義，甚至忘其君臣而直稱兄弟。」（註26）則《演義》中關羽重視「情義」、「恩義」的形象，亦未必為統治者所樂見。然自宋以來，歷代帝王多尊關羽，至清代尤甚，何以然哉？當次論之。

三、從「忠義」到「大義」——國家意識形態的咒術性

蜀漢景耀三年（西元 260 年），劉禪追謚關羽為「壯繆侯」，距其沒後 41 年（或曰誕辰百年。）（註 27）此後直到唐德宗建中三年（西元 782 年），才因從祀「武成王姜太公」而進入了配享之列。但是關羽真正受到官方的尊崇，確是到北宋末期才開始，此時已距其死後八百多年。趙翼《陔餘叢考》提到此種奇特的現象：

關壯繆鬼神之享血食，其盛衰久暫，亦若有運數而不可意料者。凡人之歿而為神，大概初歿之數百年則靈著顯赫，久則漸替。獨關壯繆在三國、六代、唐、宋皆未有禋祀。考之史志，宋徽宗始封為「忠惠公」，大觀二年加封「武安王」，高宗建炎二年加「壯繆武安王」，孝宗淳熙十四年加「英濟王」，祭於荊門當陽縣之廟。（《獨醒志》：李若水初為大名府元城尉，有村民持一書來，云：「夢金甲神人告我，到關大王廟側，遇鐵冠道士，以其書下李縣尉。」《夷堅志》：明椿都統自立生祠於關王廟側。是宋時關王廟亦已多。）元文宗天曆元年加封「顯靈威勇武安英濟王」。（《元史》：世祖尊崇佛教，用漢關壯繆為監壇。）明洪武中復侯原封，

註 25：魯迅：《小說舊聞鈔》收入氏著《魯迅小說史論文集－中國小說史略及其他》，頁 304。
註 26：魯迅：《小說舊聞鈔》收入氏著《魯迅小說史論文集－中國小說史略及其他》，頁 301。
註 27：皇甫中行編：《文化關羽》（北京：中國華僑出版社，2003 年 7 月），頁 165。

萬曆二十二年因道士張通玄之請，進爵為帝，廟曰「英烈」。四十二年又封「三界伏魔大帝」、「神威遠鎮天尊」、「關聖帝君」，又封夫人為九靈懿德武肅英皇后，子平為竭忠王，興為顯忠王，周倉為威靈惠勇公，賜以左丞相一員為宋陸秀夫，右丞相一員為張世傑，其道壇之三界馘魔元帥，則以宋岳飛代。其佛寺伽藍，則以唐尉遲恭代。劉若愚《蕪史》云：太監林朝所請也。繼又崇為武廟，與孔廟並祀。本朝順治九年，加封「忠義神武關聖大帝」。今且南極嶺表，北極塞垣，凡兒童婦女，無有不震其威靈者，香火之盛，將與天地同不朽。何其寂寥於前，而顯爍於後，豈鬼神之衰旺亦有數耶？（註28）

北宋徽宗始進關羽爵位，又始封王。時其國勢疲弱之際。南宋、元皆迭加尊號。明神宗時，應道士之請，始封帝而尊聖。又列為道教尊神。明末又尊為武聖。事實上，清代推尊亦有過之而無不及，順治、康、雍、乾皆加封號，康熙四年更尊名為「夫子」，與孔子並列。光緒五年，所加尊號「忠義神武靈祐仁勇顯威護國保民精誠綏靖翊贊宣德關聖大帝」，甚至多達二十六字。至於民間各地建廟祭祀更是難以估計。觀察歷代所以尊顯關羽之名號，於宋、明時期，皆頗受佛、道影響。諸如「真君」、「伏魔大帝」、「天尊」等稱號，頗有帶道教的咒術性色彩。另一面，也攸關當時國政皆處頹弱之勢，須塑造一護國祐民之勇武神聖角色以凝聚信心。（註29）而清初平治天下，則頗得力於《演義》一書。魏源《聖武記》載：「順治七年，翻譯《三國演義》告成，……文聞額勒登保，初以侍衛從超勇公海蘭察帳下，海公以翻清《三國演義》授之，卒為經略，蕩平三省教匪。是國朝滿洲武將不識漢文者，類多得力於此。」（註30）清人既以《三國演義》為兵書，更曾藉「桃園結義」故事以聯合蒙古，（註31）故其信奉關羽實有明效，更不同於宋、明。及至清末外患又起，仍不忘藉由尊封關羽，以召靈驗。可見官方之封尊其號，頗有視其為「護國神祇」之意味。官方企圖透過封尊、建廟、祭祀，與關羽勇武之神威結合，進而由此威靈發出巨大的力量，直接作用於吾人所處的生活世界中，此可名曰「咒術型的實踐因果邏輯」。（註32）

此種「咒術」與「帝王專制」結合，塑造出另一番關羽「義」的形象—「忠義」。在宋代南濤〈紹興重修廟記〉中，言關羽受曹操厚恩，終於「盡封寶貨，憲印綬」而求去，乃讚

註28：趙翼：《陔餘叢考》卷三十五〈關壯繆〉（上海：商務印書館出版，1957年12月），頁756～757。

註29：劉永華：「關羽崇拜在官方祀典的地位越隆，反映出的王朝危機就愈深。」氏著：〈關羽崇拜的塑成與民間文化傳統〉收入《廈門大學學報（哲社版）》1995年第2期，頁81。

註30：魏源：《聖武記》收入朱一玄、劉毓忱編：《三國演義資料彙編》，頁713。

註31：佚名：〈滿族的關羽崇拜〉收入皇甫中行編：《文化關羽》，頁224～227。

註32：此為林安梧之觀念。參考自氏著：《儒學與中國傳統社會之哲學省察》〈中國文化之核心困境及其轉化創造〉（臺北：幼獅文化事業公司，1996年4月），頁202。

之為「忠義之大節，又非戰勇可方。」（註33）又黃茂才〈武安王贊〉云：「身歸漢，義益彰。」田德秀〈嘉泰重修廟記〉載：「夫忠而事暗，不能擇有道之主，當代無以建其功。……公於是時，意謂予曹則助紂為虐，逆也；予劉則輔正合義，順也。」（註34）此所謂「忠義」，是就其能「忠」於漢室；所謂「義」，是指其能辨明順逆。能「忠」於漢室，乃因其所謂「明辨」，故是因「義」而「忠」。然所謂「順逆」者，仍不外是「漢賊不兩立」下的格局。故此所謂「義」，仍是指能擇於一家一氏而言。因此「身歸漢，義益彰」。能擇於「漢室」，其「大義」乃能彰顯。如此便將「忠義」納於「忠君」的意義下來理解。再加上傳說杜撰的關羽讀《春秋》之事，（註35）附會以「《春秋》大義」之名號，於是關羽「忠君」的「大義」形象，便徹底著實了。例如李永常〈洪熙修廟記〉：「當漢末搶攘之際，人心搖兀之秋，有能竭忠義、抗大節、審順逆、明去就，撥漢水於灰冷，輔正主於孤弱，挺然特立於千百載之上者，其唯公之偉歟！公勇而有義，好誦《春秋》……。」（註36）王忬〈嘉靖重修武安王廟記〉：「孔子作《春秋》，而亂臣賊子懼。王雅好《春秋》，誦說而有得焉，其於正名逆分之間有深辨矣。」（註37）皆強調關羽之「忠義」乃有得於《春秋》。

所謂「春秋大義」，蓋漢儒以為孔子作《春秋》「寓褒貶，別善惡」，使「亂臣賊子懼」，是有「大義」蘊於其中。然「大義」之上，更有「微言」，以寄託孔子「致太平」之理想。

基本上，《春秋》蘊含著儒學的批判精神。（註38）但是在帝王專制的格局下，卻轉變成了維護其統治權的合法性基礎。從官方意識型態下理解的關羽「忠義」形像，借用了「春秋大義」的名號，強化其對「明君」的忠誠，而《演義》中「情深義重」之關羽形象，顯然就被巧妙地遮掩住了。然而也將關羽的神聖性更加地純粹化。在雍正的諭旨中提到：

> 關聖帝君。我朝自定鼎以來，即為特立廟宇。五月致祭，春秋致祭。及皇上御極，又為追封三代，設立博士。所以特致其尊隆者，蓋以關帝植綱常，扶名教，立人倫之至，故不唯不欲與名賢碩士其他神明等量齊觀，直欲與至聖先師孔子尊崇如一。（註39）

註33：黃茂才〈武安王贊〉收入朱一玄、劉毓忱編：《三國演義資料匯編》，頁130。

註34：收入朱一玄、劉毓忱編：《三國演義資料彙編》，頁152。

註35：胡應麟《少室山房筆叢》：「古今傳聞偽謬，率不足欺有識。惟關壯繆明燭一端，則大可笑。乃讀書之士，亦什九信之，何也？蓋由勝國末村學究編魏、吳、蜀演義，因傳有羽守下邳，見執曹氏之文，撰為斯說：而俚儒潘氏，又不考而贊其大節，遂至談者紛紛。」收入魯迅：《小說舊聞鈔》，頁299。

註36：收入朱一玄、劉毓忱編：《三國演義資料彙編》，頁543。

註37：收入朱一玄、劉毓忱編：《三國演義資料彙編》，頁547。

註38：請參考廖崇斐：《熊十力經學思想研究》第二章〈熊十力論《春秋經》及其源流〉。國立中興大學中國文學研究所博士論文，2009年1月。

註39：《世宗憲皇帝硃批諭旨》卷一百六十一，收入《文淵閣四庫全書電子版》（香港：迪志文化出版有限公司，1998年）

關羽的神聖性，強化了帝王專制對於「綱常」、「名教」、「人倫」的管控，顯示出一種結合了咒術思考、道德理想、社會規範的奇特綜合體。而操縱這一切的，則是現實上的絕對王權。然而當帝王政治體制瓦解後，綱常、名教甚至人倫等概念，逐漸從現代化的意識中淡出，但是對關羽的崇拜卻沒有消失，反而深入到民間社會的各個階層，成為全能的大神。其「忠義」的形象，也留給了我們繼續詮釋的空間。

四、結語：從「忠義」到「公義」──公民社會下的契約性連結

天人不二的思維，蘊含在華人的心靈意識中。致使吾人透過「氣的感通」，及「人文之禮」的依持，便能連結到存在的價值之源。個體有限之生命，亦得以接通到整個天地萬物一體的脈絡中而達到無限。對「忠義」關羽的崇拜，不只是落在現實功利的目的，而是代表對價值之源的嚮往。「忠義」的關羽形象，不僅滿足了人們心靈上追求無限的深層渴望，在現實上，也承擔了教化的功能。然而，透過「情義」、「恩義」所產生的感通，雖然簡易而直接，但是如果缺乏主體自覺，

或者結構性的依持，將導致功利化、庸俗化，混亂了真正的價值理想。主體的自覺，代表個人追求價值理想的渴求；結構性的依持，代表人文之禮或政治制度的確立。

在近代社會發展過程中，既有的政治形態以及人文之禮，已然崩解。而主體自覺缺乏了客觀制度結構的憑依，亦導致面對生活世界的疏離，造成了自我封閉。當代社會中膚淺的功利思想及流俗文化橫行，蓬勃發展的民間宗教，反而承擔了更多心靈安頓以及社會教化的功能。面對既有「綱常」、「名教」、「人倫」等結構的重新調整，「忠義」的意義，在現代公民社會中，自當有另一番重新審視的可能。一方面，仍需正視在「氣的感通」格局下，人的心性如何通向存有之源。此時「忠義」，可以從「盡己之心為忠」（註40）；「義者，宜也。心得其宜之謂義。」（註41）這樣的意義來思考，也就是說，「忠要求的是歸返到自己內在生命而做的是非善惡的標準」（註42）；義，是透過心的主宰判斷，而定行事之宜與不宜。（註43）因此，所謂「義」，仍當返諸自家身心之要求，不是向外依據一個標準或典範來求其符合。

另一方面，人除了應當要求做為一個道德的存在，也必須正視做為一個社會的存在。「義」的概念，可以轉化為「公義」的概念。也就是說，除了返諸自家身心以判定行事是否

註40：朱熹：《中庸章句》收入氏著：《四書章句集注》（臺北：臺灣學生書局，2002年3月），頁23。
註41：王陽明：《傳習錄》卷二〈答歐陽崇一書〉收入吳光等編校：《王陽明全集》（上海：上海古籍出版社，1997年8月），頁73。
註42：林安梧：《儒學與中國傳統社會之哲學省察》，頁42。
註43：蔡仁厚：《孔孟荀哲學》（臺北：臺灣學生書局，1999年9月），頁212。

合宜外，也當發展出一種「契約性的社會連結」，以平等、合理的方式，透過客觀法則的約定，使每一個人都能夠共同處於恰當的心性狀態。（註44）如此一來，「盡己」之忠，與「心得其宜」之義，藉由橫面的開展連結，可以發展出「社會公義」；透過縱貫的歸返其源，可以通向「道義」。

參考資料（依作者筆劃排序）

一、專書

王忠林、邱燮友等合著：《中國文學史初稿》（臺北：福記文化圖書有限公司，1995年1月）

王弼、韓康伯注：《周易正義》（臺北：新文豐出版公司，2001年6月）

朱一玄、劉毓忱編：《三國演義資料彙編》（天津：百花文藝出版社，1983年10月）

朱熹：《四書章句集注》（臺北：臺灣學生書局，2002年3月）

朱熹：《近思錄》（臺北：臺灣商務印書館股份有限公司，1996年4月）

吳光等編校：《王陽明全集》（上海：上海古籍出版社，1997年8月）

林安梧：《中國宗教與意義治療》（臺北：文海教育基金會出版，1996年4月）

林安梧：《儒學與中國傳統社會之哲學省察》〈中國文化之核心困境及其轉化創造〉（臺

北：幼獅文化事業公司，1996年4月）

林安梧：《儒學轉向：從「新儒學」到「後新儒學」的過渡》（臺北：臺灣學生書局，2006年2月）

皇甫中行編：《文化關羽》（北京：中國華僑出版社，2003年7月）

陳壽撰、裴松之注：《三國志》（北京：中華書局出版，1997年11月）

廖崇斐：《熊十力經學思想研究》，國立中興大學中國文學研究所博士論文，2009年1月

趙翼：《陔餘叢考》（上海：商務印書館出版，1957年12月）

歐陽修、宋祁撰：《新唐書》（北京：中華書局出版，1997年11月）

蔡仁厚：《孔孟荀哲學》（臺北：臺灣學生書局，1999年9月）

鄭玄注、孔穎達疏：《禮記注疏》（臺北：新文豐出版公司，2001年6月）

魯迅：《魯迅小說史論文集─中國小說史略及其他》（臺北：里仁書局發行，1994年11月）

羅貫中撰、毛宗崗批：《三國演義》（臺北：三民書局股份有限公司，2011年1月）

註44：林安梧：《儒學轉向：從「新儒學」到「後新儒學」的過渡》（臺北：臺灣學生書局，2006年2月），頁123～124。

二、期刊

劉永華：〈關羽崇拜的塑成與民間文化傳統〉收入《廈門大學學報（哲社版）》1995年第2期

三、電子資料庫

《文淵閣四庫全書電子版》（香港：迪志文化出版有限公司，1998年）

高雄地區關帝廟籤詩之研究：

以《關帝百首籤詩》為中心

林文欽（註1）
國立高雄師範大學國文系教授兼系主任

關聖帝君信仰悠遠流長，從關羽顯靈傳說，到皇帝加封提升關公的神格，使關羽從英勇戰死沙場的將軍，蛻變為朝廷官方及平民百姓眼中的偉大神祇。臺灣地區因鄭成功、清代部隊帶入關聖帝君的信仰後，又因移民入臺而日漸普及。做為各地信仰中心的關帝廟宇，一般信眾除平事神外，當遇事疑惑，渴望藉由神諭獲得決斷，進廟求籤、解籤成為最簡便的方式。在臺灣百年以上大廟通行的籤詩版本中，以百首籤詩及六十首籤詩兩套系統最為廣泛使用，其中又以《關帝百首籤詩》最為盛行。而在高雄地區關帝廟絕大多數因主祀神其為關聖帝君，故而採用《關帝百首籤詩》，少數宮廟因同祀觀音菩薩而有觀音佛祖六十籤聊備一格。

註1：國立高雄師範大學國文系教授兼系主任。著有《易傳變易思想研究》、《周易時義研究》、《現代詩鑑賞教學研究》，最近發表〈《維摩詰經》對蘇東坡禪意詩特質之關係研究〉、〈從東坡禪意詩探其法界觀〉、〈高雄地區「笠」詩社詩人的社會關懷〉、〈從讀《周易參同契》談道教煉丹養生的困境與突破〉、〈反璞歸真在於術德兼修〉等論文。

基於高雄地區《關帝百首籤詩》的流傳廣泛，本文即以《關帝百首籤詩》為文本，討論《關帝百首籤詩》各項結構所代表的意涵價值，並由此分析歸證出《關帝百首籤詩》的文本中，以一百首籤詩文對一般信眾最具有教化的功能，且一百首籤詩文包含中國傳統三教合一的思想及生活智慧，對處於生活逆境、心態悲觀的求籤者也最能獲得啟發，從而鼓動得籤者積極向上、樂觀面對困境的態度，達到宗教啟發昇華信眾心靈的本衷，和教育勸世的社會功能。

關鍵詞：關聖帝君、關帝百首籤詩、籤詩、高雄關帝廟

一、前言

關聖帝君民間尊為「武聖」，又有「恩主公」之稱，乃蜀漢名將關羽化身。民間相傳關公遇害後，英魂由當陽玉泉山普淨和尚點化，此後常在玉泉山顯現聖跡，當地人因而於山頂建廟奉祀。唐代儀鳳元年（西元六七六年）玉泉山建造佛院時，以關公曾在鎮國寺聽經及普淨河上點化之因緣，授命關公為「伽藍之神」，成為佛、道兩教共祀之神明。關公神格化的過程歷經朝代更迭，在明萬歷十八年（西元一五九〇年），明神宗正式敕封關羽為「協天護國忠義大帝」，由王而晉升為帝。又於萬歷四十二年（1614），敕封為「三界伏魔大帝神威

遠震天尊關聖帝君」，並將關羽定為武廟的主神，與崇祀孔子的文廟並列為文武二聖，使關聖帝君的信仰在民間廣泛流傳。

關聖帝君的信仰涵蓋中國境內各族，臺灣地區奉祀關聖帝君，據《臺灣省通志》記載始於延平郡王鄭成功，此外清代軍營中都奉祀關公，而關聖帝君的信仰也同時隨移民入臺者開始普遍流傳。日治時期祭祀關聖帝君的寺廟為全臺第六；2005年內政部對全國廟宇進行主祀神明調查，關聖帝君次於福德正神、天上聖母、千歲、觀音普薩、釋迦牟尼、真武大帝等，排名第七位，佔10，770座寺廟中的4.86%，大約有523座寺廟主祀神明為關聖帝君。

做為各地信仰中心的關聖帝君信仰，平時除依循年節時令祭祖、事神之外，為使一般非出家信眾獲得宗教心靈醫療功效，藉由進廟求籤、解籤成為信眾間不假外求亦最平易近人的方式。在臺灣百年以上大廟通行的籤詩版本中，以百首籤詩及六十首籤詩兩套系統最為廣泛使用，其中又以《關帝百首籤詩》最為盛行。（註2）以高雄地區重要的關聖帝君信仰—高雄關帝廟（註3）、赤山文衡殿（註4）、左營啟明堂等而言，除高雄關帝廟因圓通寶殿同祀觀音菩薩，故亦置有觀音佛祖六十首籤詩較為特殊外，三座廟宇中皆以《關帝百首籤詩》為主，

註2：丁煌，〈臺南舊廟運籤的初步研究〉，《臺灣南部寺廟調查暨研究報告》，（臺南：國立成功大學歷史學系，1997年12月），頁12。

由此推論《關帝百首籤詩》在高雄關聖帝君的民間信仰上佔有相當重要的地位，且亦不限於主祀關帝的寺廟。（註5）

《關帝百首籤詩》原名《護國嘉濟江東王靈籤》，出現於南宋。根據《贛州聖濟廟靈跡碑》所記載（註6），《護國嘉濟江東王靈籤》是因江東王的神異而作（註7）。《搜神記》卷五「江東靈籤」條記載：「籤神姓石，名固，秦時贛縣人也。歿而為神，或陰雨霾霧，或夜深淡月微明，鄉人往往見其出入，騶從如達官長者，蓋受職陰司，而有事於綜裡雲。人為立廟，設以杯珓往問吉凶，受命如響。人益驗其靈應，為著韻語百首，第以為籤神乘之，以應人卜，愈益無不切中。廟在贛州府城外貢水東五里，因名曰江東靈籤，世傳以為美名云。」（註8）由《贛州聖濟廟靈跡碑》及《搜神記》的記載，籤詩最早只有文句，而無其他解籤項目。到了明代《正統道藏》收入的《護國嘉濟江東王靈籤》才加入「解曰」和「聖意」兩個項目。

註3：高雄關帝廟原名「關帝廳」，臺灣光復後改名高雄五塊厝「武廟」，民國六十八年一月重建完竣後，何應欽上將涖臨賜「高雄關帝廟」匾額，此後即以此為廟名。高雄關帝廟所在位置俗稱「五塊厝」，其開發最早可追溯至明鄭時期張姓、王姓、吳姓、方姓與陳姓等五姓人氏入墾。而關帝廟的香火傳遞亦可追溯至清康熙三十一年至四十三年（西元一六九二至一七〇四年）所測量繪製的臺灣輿圖上已清楚標示出關帝廳的所在位置。而立於廟中的清代咸豐九年的「重修武廟碑記」更清楚標誌出此廟悠久的歷史。清光緒二十年（西元一八九四年）所纂輯的《鳳山縣采訪冊》中記載：「關帝廟在五塊厝，莊北大竹縣西五里，厝十六間，創建莫考。咸豐九年副將曾元福修，光緒十七年舉人盧德祥重修，廟租二十石。現存癸巳年新捐銀三百元均未置業。」由此可見高雄關帝廟於清代，在鳳山縣一帶已香火鼎盛。詳參《高雄關帝廟沿革誌》，高雄關帝廟發行。

註4：左營啟明堂建廟的歷史，可追溯清康熙二十二年（西元1628年），由知縣楊芳聲於左營創立「文廟」，並於左側建築「明倫堂」；光緒二十一年乙未割臺時，設置「明德堂」。光緒二十九年（西元1903年），原位於前鋒尾的「武廟」被廢棄，啟明堂不忍神像蒙塵，於是迎奉「關聖帝君」神像回堂奉祀，不久呂洞賓仙翁帶著玉旨宣示，將更改「明德堂」堂號為「啟明堂」，又將武聖「關聖帝君」調為主神，因此後來「文武」二聖便成了啟明堂的主神。

註5：林豪《東瀛紀事》卷上，戴潮春倡亂卷中〈災祥〉篇，描述出籤詩的靈驗：「或於淡水城隍廟問彰化何時收復，得一籤語，有『若遇清江貴公子』之句，後果竹塹林雪村觀察往剿始克。清江為觀察小名，亦一奇驗也。」籤語「若遇清江貴公子」之句，正是《關帝百首籤詩》第12首籤詩文句，可見當時《關帝百首籤詩》早已流傳到臺灣，並且不僅限用在主祀關帝的寺廟。引自林豪，《東瀛紀事卷上》，（臺北：臺灣銀行經濟研究室，臺灣文獻叢刊第八種），1957年，頁54。

註6：宋濂《贛州聖濟廟靈跡碑》，（臺灣縮印本《正統道藏》第54冊，臺灣藝文印書館精裝縮印本，1977年3月，頁3。

註7：據傳江東王為秦朝人，姓石，名固，贛人，去世後被地方尊奉為神，靈應事蹟見：漢高祖六年（前201），灌嬰平定江南，江東王降靈於絕頂峰暗示他克捷之期。因有功，建崇福廟以安奉江東王神位，稱為石固王廟。到了唐代大中六年（847），當地人有個叫諒的人被鬼魅所惑墜崖，而符爽到長汀做買賣，船幾乎翻覆，當地人向石固王神祈禱，諒平安回到住所，而符爽也感應到有神暗中護佑化險為夷。當地人因此更加崇信石固王的靈驗。石固王的靈跡也越傳越多，供奉的廟隨之越建越多，從山地方神升格為道教神並屢受朝廷封號，在宋代被尊為「崇惠顯慶昭烈忠佑王」，在元代被尊為「護國普仁崇惠靈應聖烈忠佑王」。朝廷的敕封號的確使石固王的神威更加顯赫，為了搭建起人神之間溝通的橋樑，贛縣東尉傅燁寫一百首籤詩，供人卜問，據說「其響答吉凶往往如神面語之者，此亦陰翊治化之一端也。」

註8：干寶，《搜神記》，（上海：上海古籍出版社，1990年）。

清人盧湛編撰的《關帝聖君聖籤考．跋》載《關帝聖君聖籤》乃浙江寧波延慶寺僧人假託關帝的名義編造，然因多數廟宇已習用《護國嘉濟江東王靈籤》所以此版籤詩不傳。各地廟宇反以《護國嘉濟江東王靈籤》轉名《關帝百首籤詩》。(註9)現今及臺灣的《關帝百首籤詩》版本，是清光緒間泉州通淮關岳廟董事、綺文居書坊老闆王錢印製的《關帝靈籤》。每首籤詩體例由「干支」、「籤名」、「故事」、「吉凶」、「籤詩文」、「聖意」、「東坡解」、「碧仙注」、「解曰」、「釋義」、「占驗」組成。(註10)

四句籤詩文雖通俗質樸，但對於求籤者往往暗藏隱晦玄奧的神諭。使得解籤人須依賴智慧經驗的累積及按「八卦」、「姓名」、「卦頭」、「籤詩」、「解曰」的解籤手法來解答求籤者疑惑。(註11)但現今解籤人「限於文史知識也多從『籤詩文』、『籤解』直譯神諭，『籤詩故事』經常略而不提」(註12)，「八卦」、「姓名」更限於求籤者對自身生辰時間的忽略及解籤人對此方面經驗的不足，是以在《關帝百首籤詩》文本的各項結構中，「籤詩詩文」成為求籤者探求神諭的最重要基準。

二、《關帝百首籤詩》籤詩結構

以《關帝百首籤詩》文本結構來看，求籤者從獲得籤詩後（註13），籤詩的功能也因而展開。《關帝百首籤詩》的功能可由文本各項結構一窺究竟。每首籤詩由右到左的順序，依序為（一）籤序；（二）吉凶；（三）籤詩故事；（四）籤詩文；（五）籤解。

（一）籤序

籤序指籤詩的號碼，每一首籤詩均有專門清楚的籤序，方便抽籤者透過擲筊後尋得所求

註9：王銘銘，《逝去的繁榮：一座老城的歷史人類學考察》，（浙江：浙江人民出版社，1999年）。

註10：清光緒間（1875～1908年），泉州通淮關岳廟董事、綺文居書坊老闆王錢印製的《關帝靈簽》，林廷恭撰云：「夫子忠義，用詩百首，俾人占驗，彷彿蓍龜之意，而得其較著者歟。然往往有妄猜逆料而失乎詩之旨。前人幫輯一編，有『聖意』、『東坡解』、『碧仙注』及『解』、『釋』、『占驗』，條分縷析，庶乎可以誠求而得悟焉。但歷時久遠，編佚散失，恭自肩奇剛之資，刊刻成軸，非特俾求神者趨避，實存夫子之忠義，靈應於萬世之後耳。」

註11：詳參王儷蓉《臺灣廟宇籤詩解籤方式及其內涵探究—以高雄市哈馬星代天宮為例》第五節「解籤須具備之涵養」，（高雄：高雄師範大學國文教學碩士班碩士論文，2008年7月）。

註12：引自陳彥汝《籤詩故事在運籤中的核心價值研究：以關帝百首籤詩為例》，（高雄：高雄師範大學國文教學碩士班碩士論文，2006年7月），頁1。

註13：抽籤程序：1.燒香告訴神明您的問題，並擲筊請示是否賜籤；2.搖晃籤筒，直到有一支籤特別突出。（有的人是直接用抽的）；3.根據籤上的編號，找出對應的籤詩；4.擲筊得到三個聖筊（一正一反）即表示神明同意這支籤就是您要知道的答案；5.請解籤的廟祝先生幫您解籤，或自行翻閱解籤本。

相對應的籤詩。《關帝百首籤詩》以「天干籤序」和「數目籤序」並呈。「天干籤序」就是以兩組天干（甲至癸）來進行排列組合，產生「甲甲」、「甲乙」、「甲丙」……至「癸癸」，共一百籤。數目籤序，則用數字排序例如「第一籤」、「第壹籤」的方式，也是目前各類籤詩最常被採用。《關帝百首籤詩》以「天干籤序」和「數目籤序」為編序方式，但其中籤頭並不包含一百籤的編序。

（二）吉凶

「吉凶」項目是以吉、凶或上、中、下不同等級來表示，上等籤有：上籤、上上籤、上中籤、上平籤、上下籤、大吉籤、上吉籤、中吉籤、下吉籤九種等級；中等籤有：中籤、中上籤、中平籤、中中籤、中下籤五種等級；下等籤有：下籤、下上籤、下中籤、下下籤、下凶籤、不吉籤等六種等級。《關帝百首籤詩》分佈的吉凶數為：大吉2、上上8、上吉19、中吉27、中平24、中下1、下下19。

（三）籤頭故事

運籤結構中，具備心靈教化勸善功能的部分除了籤詩文之外，就屬籤頭故事最能給予人們直接的人生指引。籤頭故事取材出處涵蓋史事、小說、傳說、戲曲等。每一首《關帝百首籤詩》搭配一至二則籤頭故事，但現今廟宇之籤詩文本限於格式僅採一則故事。（註14）

籤頭故事能使抽到籤詩的人，學習從故事主角的遭遇情境中，映射到自己的現實處境。籤頭故事主角際遇情境與中心思想，與原籤詩吉凶並無一致性的關聯，得籤者若能深入剖析籤詩故事的主角際遇，從籤頭故事當中所得到的人生智慧及處世指引，就能得到多層次的行動指引超越吉凶的二分法簡單判定。陳彥汝的研究更指出：「《關帝百首籤詩》籤詩故事並非運籤中的附屬架構，並學習如何從故事情境中映射出自己的處境，籤詩故事的核心價值功能，就能在人們得到殷鑑後，從改過遷善的正向抉擇中得以顯揚。」（註15）

（四）籤詩文

籤詩文以詩文為載體將神諭寄託其中。籤詩文為似「詩」形式之文體，《關帝百首籤詩》中的籤詩文有四句，每句七言。籤詩文似絕句，但其格律不似絕句嚴謹，平仄、押韻、對仗方面較不嚴格要求，對於籤詩文內容的創作上，反而有更大的自由發揮空間，通俗淺白的文

註14：陳彥汝研究指出：「使用雙典故的優點：第一，同一首籤詩置放兩版籤詩故事能提高得籤者辨識度；第二，部分雙典故巧妙地用另一則負面事例來預警求籤者」。同註12，頁144。

註15：引自同註12，頁183。

字也較能使各階層人士理解。學者林國平提及籤詩文除了占卜吉凶的功能外，還蘊含中國傳統文化的倫理觀、價值觀、道德準則和宗教觀等，寓勸懲人心於其中。其並整理出《關帝百首籤詩》其中有宣揚忠信孝悌等倫理觀念者，如第3籤、第67籤等；有宣揚安分、隨緣，如第83籤、第51籤等；有宣揚積德行善，因果報應，如第29籤、第59籤；有宣揚禮拜仙佛，敬畏鬼神，如第4籤、第37籤等；有宣揚修省悔過，如第42籤、第45籤；有宣揚循規蹈矩、勿自欺欺人，如第27籤、第56籤等；有宣揚勤奮成材，勤勞致富，如第82籤、第91籤；有宣揚息事寧人、和為貴，如第16籤、第50籤等。（註16）

此外籤詩詩文因具占卜吉凶的功能，故有些詩文晦澀難懂，如第5籤，「若逢牛鼠交承日」以生肖暗喻地支的年、月、日；第12籤，「直遇清江貴公子」中「清江」一詞則不知所指；第36籤「萬里鵬程君有分，吳山頂上好鑽龜」則前後文意不相連貫；第63籤「欲識生平君大數，前三三與後三三」（註17）則詩意隱晦難解。籤詩文的多重象徵，讓得籤者可獲得更多面向揣摩出籤詩文內容中的涵義，並獲得啟發，達到籤詩文預卜吉凶的目的。

（五）籤解

1.聖意：在明代《正統道藏》諸書中，已可見「關帝靈籤」中的籤解項目記載，名稱至今仍沿用的有：功名、訟、行人、孕、婚姻等，但也有部分名稱因為分佈地區屬性而異。例如第4籤，「功名無，財祿輕。訟宜息，婚未成。病難癒，行阻程。若求吉，禱神明。」籤解項目與下下的吉凶相符，但「若求吉，禱神明」一句則顯示凡事皆有轉圜，若能誠心祝禱神明，仍有柳暗花明之時。

2.東坡解：在《關帝百首籤詩》中又稱為「解曰」。字句是以四言八句為主。功能是對籤詩文提出輔助性的解釋。例如第2籤，「萬事乘除，隨時而處，否極泰來，事無齟齬。能

註16：詳參林國平，〈《道藏》中的籤譜考釋〉，《福建論壇》2005年12期。

註17：一說為王重陽〈五篇靈文注〉以月的盈虛說明煉丹時陰陽氣的變化，所謂「『前三三，後三三』，四候之妙用也，二候之得藥之理。」二候為初一，一陽生得藥和十五，三陽已備得藥之時；四候為初八，半輪月現，有龍吟虎嘯之生；十八，一陰巽方守城，野戰之妙用；二十三，二陰時有艮地洗心沐浴之妙用；晦日，三陰時有慮險防危之妙用。一說為《廣清涼傳卷2》所載無著和尚見文殊菩薩的一段公案，「無著請童子入白寺主。以昏夜寓宿。童子得報。延無著入。主僧賓接。如人間禮。問曰。師自何來。無著具對。又曰。彼方佛法何如。答。時逢像季。隨分戒律。復問。眾有幾何。曰。或三百。或五百。無著曰。此處佛法如何。答云。龍蛇混跡。凡聖同居。又問。眾有幾何。答云。前三三與後三三。無著乃良久無對。主僧云。解否。答雲。不解。主僧云。既不解。速須引去。無宜久止。命童子送客出門。無著問曰。此寺何名。答。清涼寺。童子曰。早來所問。前三三與後三三。師解否。曰。不能。童子曰。金剛背後。爾可覷之。師乃迴視。化寺即隱。無著愴然久之。」所言「前三三後三三」可解釋(1)「凡聖同居」；(2)前三者，空、無相、無願也。後三者，法界、如如、實際也；(3)前三三者，小乘法之初中後善也。後三三者，大乘法之初中後善也。

保則吉，更當修為，切莫妄動，萬福來宜。」十六句警誡得籤者安時而處順、否極自能泰來，並勸諭修為的意涵與籤詩文思想內涵大致相近。（註18）

3.碧仙注：字句以五言四句為主，功能同樣是對籤詩文提出相似的解釋意涵。例如第14籤籤詩文，「一見佳人便喜歡，誰知去後有多般。人情冷暖君休訝，歷涉應知行路難。」碧仙注則依句意逐句注解（註19），籤詩文首句言見佳人歡喜，碧仙注則提醒乍喜反有成憂的發展；籤詩文二句言事後將起風波，碧仙注以「虛花總不收」注解事終難成；籤詩文三、四句以人情冷暖世態炎涼不須訝異，涉世一久就知世道崎嶇難行警惕世人，碧仙注則更進一步提撕得籤者世態炎涼之下，守己修德方是正道，將籤詩文的文意更進一步清楚解析。

一套完整的籤詩結構非一人一時一地可以完成，傅金星、曾煥智編著《泉州通淮關岳廟志》曾研究現存《關帝百首籤詩》版本形成的年代，認為書中有許多附會，「每首都有一欄《東坡解》，可是第五十籤就是《蘇東坡勸民》，證明詩籤肯定出於蘇東坡之後，哪來的《東坡解》？」（註20）雖然無法切確瞭解籤詩結構的作者，但可以肯定籤詩出於民間文士之手，從明代《正統道藏》僅有「聖意」、「東坡解」的籤解結構，到清光緒間綺文居書坊老闆王錢印製的《關帝靈籤》籤解結構已發展出「聖意」、「東坡解」、「碧仙注」、「解曰」、「釋義」、「占驗」的項目來推測，籤解結構出於民間信仰的需要而推陳出新，反映出傳統民間社會對於籤詩的依賴，與庶民對神諭吉凶渴求進一步瞭解的希望。

三、《關帝百首籤詩》籤詩文的教化功能

目前臺灣流傳的江東籤《關帝靈籤》共分兩個版本，籤詩內容相同，但籤頭故事及吉凶斷語數不同。一種是以「十八學士登瀛洲」為籤頭故事的版本，其吉籤多達56個。另一種是以「漢高祖入關」為籤頭故事的版本，吉籤共36個。高雄地區關聖帝君信仰的寺廟，多採「漢高祖入關」為籤頭故事的版本，一方面此版本故事較為通俗，二分面吉籤共36個，在解籤時較容易出現吉凶互見的多面向解釋性。

籤頭故事，原取材於史傳、戲曲、小說，使得籤者能從籤頭故事中真實或虛擬人物的際遇，映射出與自身相擬的人生情境。據陳彥汝的統計指出籤頭故事中人、事、物直接嵌入籤詩文詩句中者有6首，包含第1、13、22、58、68、70、97籤，而其餘籤詩文則依據籤頭故事的情境化成或按故事中心思想引申。（註21）由此可見籤詩文創作者乃依照故事而創作，且「籤詩語言哲理隱喻，互為辨證，可做多種解釋，為解籤者占測推斷留下許多空間。……

註18：第2籤「盈虛消息總天時，自此君當百事宜，若問前程歸縮地，更須方寸好修為。」

註19：第14籤碧仙注：「乍喜反成憂，虛花總不收。世情多反覆，守己是良謀。」

註20：傅金星、曾煥智編著，《泉州通淮關岳廟志》，（1986年5月）。

註21：同註12，頁183。

復以『詩無定詁』和漢語的異義、多義、雙關等現象，提供解釋了『不確定性』。」（註22）

以籤頭故事中人、事、物直接嵌入籤詩文詩句中的第13籤為例，籤頭故事「姜太公釣蟠（磻為正）溪」，典出《封神演義》姜子牙避紂居東海之濱，隱釣於磻溪（渭水），其鉤為直，意不在魚，志在君相。文王自有「飛熊入夢」吉兆，再聞其賢，聘師丞相，（其時年八十）後周伐紂，滅商興周，武王稱曰尚父，封其子丁公於齊。籤詩文以「君今庚甲未亨通，且向江頭做釣翁」來形容姜子牙避紂居東海濱、隱釣於渭水之事。而對周文王因有「飛熊入夢」吉兆，又聞其賢，聘姜尚為丞相、助周滅紂，籤詩文則以「玉兔重生應發跡，萬人頭上逞英雄」來隱喻呂望否極泰來、持守待時，謀望終成的狀況。籤詩文並以「玉兔重生」去暗示重生轉機的時間點在逢「卯」之時，相當程度擴大得籤者去詮解神諭的空間，以生肖而言屬兔者，或年、月、日而言逢「卯」者皆可為解，甚而以五行、方位來說，卯屬金、方位為西都可為解，得籤者依此連結作文本再創造，將獲得更多的解釋。

再以同依籤頭故事而創作籤詩文，故事主旨亦為守節待時、功名晚成的第97籤為例。籤頭故事「買臣五十富貴」，典出《漢書・朱買臣傳》。籤詩文在創作上，捨棄了朱買臣夫妻關係可議處（註23），而只著墨於朱買臣五十歲拜會稽太守，宦途大順的情境。籤詩文以「五十功名心已灰，哪知富貴逼人來」形容朱買臣官拜會稽太守的命中注定，但從《漢書》本傳來看「心已灰」並不完然符合朱買臣的心境，其後兩句「更行好事存方寸，壽比崗陵位鼎臺」，

註22：習五一，〈福建民間信仰考察報告〉李申、陳衛平主編《哲學與宗教》第一輯（上海：上海古籍出版社，2008年），頁174。

註23：《漢書・朱買臣傳》載：「朱買臣，字翁子，吳人也。家貧好讀書，不治產業，常艾薪樵賣以給食，擔束薪行，且誦書。其妻亦負戴相隨，數止買臣毋歌嘔道中。買臣愈益疾歌，妻羞之，求去。買臣笑曰：『我年五十當富貴，今已四十餘矣。女苦日久，待我富貴，報女功。』妻恚怒曰：『如公等，終餓死溝中耳，何能富貴！』買臣不能留，即聽去。其後，買臣獨行歌道中，負薪墓間。故妻與夫家俱上冢，見買臣飢寒，呼飯飲之。…初，買臣免，待詔，常從會稽守邸者寄居飯食。拜為太守，買臣衣故衣，懷其印綬，步歸郡邸。直上計時，會稽吏方相與群飲，不視買臣。買臣入室中，守邸與共食，食且飽，少見其綬，守邸怪之，前引其綬，視其印，會稽太守章也。守邸驚，出語上計掾吏。皆醉，大呼曰：『妄誕耳！』守邸曰：『試來視之。』其故人素輕買臣者入內視之，還走，疾呼曰：『實然！』坐中驚駭，白守丞，相推排陳列中庭拜謁。買臣徐出戶。有頃，長安廄吏乘駟馬車來迎，買臣遂乘傳去。會稽聞太守且至，發民除道，縣長吏並送迎，車百餘乘。入吳界，見其故妻、妻夫治道。買臣駐車，呼令後車載其夫妻，到太守舍，置園中，給食之。居一月，妻自經死，買臣乞其夫錢，令葬。悉召見故人，與飲食，諸嘗有恩者，皆報復焉。」從其妻改嫁後與夫家見朱買臣飢寒，呼飯飲之，到朱買臣任會稽太守著故衣見舊友，及其後置故妻於太守園中，故妻居一月後自經而死的情況來看，朱買臣的行徑與故妻對待朱買臣的情義來看，兩人關係實有討論空間。

又與朱買臣宦海浮沉的際遇不全符合。（註24）此外若比較13與97籤，第13籤並無點出姜子牙遲至八十歲才受聘為相，而97籤則清楚點出五十歲的時間點，可見籤詩文為符合求籤者一般性的生活經驗，不得不捨棄姜太公八十歲拜相的特殊狀況。

從籤詩文與籤頭故事的創作契合度來看，籤詩文只一定程度符合籤頭故事的內容，不似傳統詩詞的詠史詩、詠物詩作品，在詩題與詩文內容具有高度黏合的文學技巧。正因籤頭故事與籤詩文並非高度連結，故而坊間《關帝百首籤詩》籤詩文雖只有一版本，卻能同時存在兩版本的籤頭故事並行的解釋。究其原因乃在於籤詩文著重於勸世教化的實用功能，而並非全依籤頭故事來擬定籤詩文，此點從上述13及97籤即一窺端倪。

茲再舉依據籤頭故事的情境化成的籤詩，且籤頭故事主角同為典出《史記・留侯列傳》之第2、44、49三籤為證。第2籤籤頭故事為「張子房遊赤松」乃指張良在隨劉邦入關、天下大定後，張良便稱病杜門不出，學導引辟穀之法，晚年更「願棄人間事，欲從赤松子遊耳」（註25）選擇歸隱山林的狀況。而籤詩文「盈虛消息總天時，自此均當百事宜，若問前程歸宿地，須憑方寸好修為。」四句中並未扣緊籤頭故事來闡述，只偏重於提示得籤者應處世順天時，宜韜光養晦，潛心修為的態度。第44籤「留侯博浪椎」乃張良在博浪沙與力士狙擊秦始皇未遂的事蹟。而此籤籤詩文一、二句，「汝是人中最吉人，誤為誤作損精神」似乎在說明張良狙擊始皇一事的不智，但三、四句，「堅牢一念酬香願，富貴榮華萃汝身。」則單純提醒得籤者本性善良，現在卻誤入歧途，若回心向善，方能轉禍為福。第49籤籤頭故事為「張子房遁跡」，此事與第2籤一致，而籤詩文「彼此居家只一山，如何似隔鬼門關，日月如梭人易老，許多勞碌不如閒。」則完全無涉於歸隱遁世的內容。籤詩文意談及彼此距離相近，為何情誼卻如陰陽分界。歲月如梭，盼望無期、所倚非人，還不如看透人情，安閒隨分。籤詩文旨在提醒得籤者「守己安分，審交遊，勿輕信」的人生態度。

由此三籤為證，籤詩文偏重於正向人生態度的提醒，內容多有勸世教化的意涵，即使是相近故事（第2、49籤）所能引伸的核心精神卻不全然一致。

註24：《漢書．朱買臣傳》載：「後數歲，買臣隨上計吏為卒，將重車至長安，詣闕上書，書久不報。待詔公車，糧用乏，上計吏卒更乞丐之。會邑子嚴助貴幸，薦買臣，召見，説《春秋》，言《楚詞》，帝甚説之，拜買臣為中大夫，與嚴助俱侍中。是時方築朔方，公孫弘諫以為罷敝中國。上使買臣難詘弘，語在《弘傳》。後買臣坐事免，久之，召待詔。……是時，東越數反覆，買臣因言：『故東越王居保泉山，一人守險，千人不得上。今聞東越王更徙處南行，去泉山五百里，居大澤中。今發兵浮海，直指泉山，陳舟列兵，席捲南行，可破滅也。』上拜買臣會稽太守。上謂買臣曰：『富貴不歸故鄉，如衣繡夜行，今子何如？』買臣頓首辭謝。……數年，坐法免官，復為丞相長史。張湯為御史大夫。始，買臣與嚴助俱侍中，貴用事，湯尚為小吏，趨走買臣等前。後湯以延尉治淮南獄，排陷嚴助，買臣怨湯。及買臣為長史，湯數行丞相事，知買臣素貴，故陵折之。買臣見湯，坐床上弗為禮。買臣深怨，常欲死之。後遂告湯陰事，湯自殺，上亦誅買臣。」朱買臣能拜會稽太守乃其苦心上書，幸運獲得召見的機會，但其後仕途並沒有平步青雲般的順遂，最後甚至因揭發張湯而坐誅。

註25：《史記．留侯世家》

按照籤詩文核心精神歸納後，屬於正向人生態度提醒者佔極大比例。如明示積善有成，累積善緣，終可得福報的第18、26、29、37、42、60、74、75、82、92、96、100等籤；強調堅守本分，勿冒進較有利，冒進有害的第3、17、27、44、55、81、88、90籤；要求守己待時，儲備成功能量，蓄勢待發的13、24、25、31、36、52、54、70、83籤；秉持淡泊名利，不爭取計較，退守隨緣為吉的33、39、46、49、66、72、94籤。佔36%的比例，約三支籤中就有一支。

而說明運途先苦後甘，千辛萬苦終能成功的5、48、71、89、91籤；預卜逢凶化吉，際遇雖有危險卻能化險為夷的6、16、40、43、61、79、87籤；提醒將有貴人相助、親朋相助而成功或脫險的7、8、19、34、64、86、93、95、99籤；強調成功在望、前途光明，心想事成的1、22、58、97籤。凡此強調運途有柳暗花明發展的籤數占25%的比例，約四支籤中就有一支。

相反的，雖揭櫫未來運途多舛，但蹇運過後仍充滿希望的籤詩文，則有說明漸入佳境，雖可成功但是進展緩慢的28籤；未來柳暗花明，雖有迷惘，終能找到出路的12、30籤；強調謀事有成，雖不平順仍可成功的9、15、41、62、65、98籤；未來將有意外驚喜，額外機緣與收穫的51、80籤；而提醒得籤者趨吉避凶、走為上策，離開執著環境，可免傷害的2、4、20、68籤；要得籤者勿信讒言、心平氣和處事、讒言要小心的50、57、84籤，及應及時修德遠害、修身養性始能避開禍害的56、67、76、78、85籤。凡此共22籤，此類型的籤詩文多強調不宜躁進、須待時而成，但對於未來仍充滿可能性，如此「信眾若能汲取籤詩中，『守分待時』、『樂天知命』的正面意義，其社教功能仍不能小覷。」（註26）

至於剩下的16籤，核心精神如枉費心機、如何努力仍無成果的32、45、53籤；前途茫茫，找不到努力與成功目標的35籤；了無指望，再怎麼努力亦枉然的23、38籤；阻礙難行，反對阻擋者眾，困難重重的73籤；跌跌撞撞，不但難行，損傷不斷的63籤；遭受陷害、被（奸）人設計而損傷的11、21、77籤；遭逢劫難，意外事故而受傷或死亡的59籤；窮苦潦倒、悲苦境遇，了無止境的10籤；兩敗俱傷，互相攻擊或誤解而互有傷害的14、47、69籤，此類型的籤詩文吉凶多屬下下籤運。其中屬於中平的有第59籤，「門衰戶冷苦伶仃，可嘆祈求不一靈，幸有祖宗陰隲在，香煙未斷續螟蛉。」籤詩文意雖感嘆門衰祚薄孤苦伶仃，但仍幸而祖宗餘蔭庇佑，即使無後代也有養子可續香火，詩旨隱含「多積善以繼祖德」之思想。此外屬中平籤的63籤，「曩時征北且圖南，筋力雖衰尚一堪，欲識生平君大數，前三三與後三三。」籤詩文前兩句用「楊令公撞李陵碑」籤頭故事情境化成，告諭得籤者現在筋力雖衰尚有可為，若想要知道你的福分大數，只要認識盛衰循環的道理就會領悟。此籤末句「前三三與後三三」費人疑猜，雖籤解言：「此籤謀望有成」，但無法指點得籤者下一步的進程發展，失

註26：同註21，頁173。

去籤詩文正面積極的功能。

綜合上述對籤詩文的分析來看，籤詩文依籤頭故事來引申各類型正面積極的人生態度，並保留語言哲理的隱喻性，提供解釋神諭的再創造性。而籤詩文大量偏重說明正向、光明的人生哲理，正符合宗教勸人為善、勸世教化的主要目的。籤詩文藉由求籤者得籤、解籤後發揮宗教教化的功能，成為提升靈性的教諭，使民間信仰宗教的核心價值藉由玄虛神諭能內化於求籤者。而籤詩文啟發、指引得籤者充滿希望的未來前景，更讓處於人生困境的得籤者，可從中獲得跨越逆境的力量和勇氣，鼓動得籤者勇於進取、積極上進的正面力量，充分發揮教化功能。

俗語所謂「跨進廟門兩件事，燒香求籤問心事」，《關帝百首籤詩》所顯現的具體教化作用，並非迷信角度的靈驗性或悲觀的宿命思想，而在於勉人「回頭諸惡莫作，勉力眾善奉行」（《關聖帝君降筆真經》）。並藉關聖帝君忠孝節義的典範，使信眾建立積極的、深蘊忠孝節義的人生，大陸學者習五一說：「以泉洲通淮關帝廟的籤詩為例……這套籤詩是中國各地關帝籤詩中最完備的一種。勸善戒惡，寓意豐富。」（註27）曾收集 655 種籤詩的大陸學者林國平教授也說：「《關帝靈籤》流傳最廣，影響最大。」（註28）《關帝百首籤詩》何以影響深遠、流傳廣衮，並被不同主祀神祇的寺廟所借用，絕非其未卜先知的靈驗姓，乃在於籤詩文所包含警世勸世的教化功能及提升人們心靈向上積極奮進的正面力量。

四、《關帝百首籤詩》三教合一的思想內涵

三教合一的思想起源於北宋陳摶的提倡，與其後全真教王重陽等人的傳播。明清以後儒教、道教、佛教三家思想相互影響，融會貫通形成中國哲學的新階段（註29）。除思想的內緣因素，清代因聖祖康熙頒定〈聖諭十六條〉，其中第一條到第九條，「敦孝悌以重人倫；篤宗族以昭雍穆；和鄉黨以息爭訟；重農桑以足衣食；尚節儉以惜財用；隆學校以端士習；黜異端以崇正學；講法律以儆愚頑；明禮讓以厚風俗。」清楚規範一般庶民倫理觀、家族觀，並強調「隆學校以端士習；黜異端以崇正學」，使得儒學經由政治力量定於一尊，並影響民間信仰三教的版圖勢力。是以關聖帝君本身是儒、釋、道共同尊奉的神明，（註30）但《關帝百首籤詩》「尤以儒家文化對關帝信仰滲透最為顯著。儘管儒、釋、道文化對關帝信仰都有所滲透，但籤詩制訂者多為儒學之士，儒家思想成為籤詩的主導思想。如第76籤的『東坡解』

註27：同註21，頁173。

註28：李少園，〈泉州通淮關岳廟關帝靈籤和儒家和同觀念〉，《關岳文化與民間信仰研究》泉州市民間信仰研究會編，（福建，廈門大學出版社，2008年），頁1。

註29：詳參傅偉動，〈儒道佛三教合一的哲理探討—心性體認本位的中國生死學與生死智慧〉，《佛教與中國文化國際學術會議論文集下輯》，（臺北：中華文化復興運動總會宗教研究委員會，1995年07月），頁679～693。

註30：佛教稱「伽藍神」或「蓋天古佛」；道教稱「協天大帝」、「武安尊王」、「崇富真君」、「三界伏魔大帝」和「恩主」；信儒教的稱「山西夫子」和「文衡帝君」。

指出：『所謀未善，何必禱神，當決於理，改過自新。但能孝悌，敬君事親。和氣生福，家道回春。』在這裡，求神拜佛的『畏天命』觀念，被『盡人事』的理性行為所代替。理高於神，反映出以儒家思想為核心的中華文化傳統。」（註31）

因此三教合一的思想中，以儒家倫理、修養觀為多。以下茲以三教的思想做分類羅列籤詩文的儒、釋、道三家思想內涵。

（一）有關儒家傳統倫理觀之籤詩

第3籤，「但能孝悌存忠信，福祿來臨禍不侵。」第67籤，「願子改圖從孝悌，不愁家室不相宜」。兩籤強調孝悌、忠信之要。《論語・學而》有若言：「其為人也孝悌，而好犯上者鮮矣！不好犯上，而好作亂者，未之有也。君子務本，本立而道生。孝悌也者，其為仁之本與！」《孝經》開宗明義曰：「子曰：夫孝，德之本也，教之所由生也……身體髮膚，受之父母，不敢毀傷孝之始也；立身行道，揚名於後世，以顯父母，孝之終也。夫孝，始於事親、中於事君、終於立身。」

孝道是中國傳統美德，在小處體現在與親人的關係，中則體現在同君主的關係，在大處體現在一個人的為人處世和道德修養上。從家庭倫理出發，事親以孝，弟愛兄謂之悌。一個人以孝悌為本，推諸四海，在行為上則以忠信為要。

錢穆先生曾說：「以『忠』『信』並舉之文，屢見於論語。」（註32）《論語‧衛靈公》孔子言：「言忠信，行篤敬，雖蠻貊之邦，行矣。言不忠信，行不篤敬，雖州里，行乎哉？」孔子告訴弟子子張待人處事忠誠不欺，行為敦厚嚴肅，即使到了蠻荒之地，也行得通。《論語‧子罕》亦言：「主忠信，無友不如己者，過則勿憚改。」《朱子語類》卷二十一闡釋「忠信」二字說：「忠以心言，信以事言。以實之謂信。……人道唯在忠信，「不誠無物」。人若不忠信，如木之無本，水之無原，更有甚底！一身都空了。今當反看自身，能盡己之心，能不違於物乎？若未盡己之心而不違於物，則是不忠信。凡百處事接物，皆是不誠實，且謾為之。如此四者，皆是修身之要。其中『主忠信』，又是最要。」可見儒家思想中「忠信」二字之要。

此外《朱子語類》卷二十一回答林子武「問：忠是人心實理。於事父謂之孝，處朋友謂之信，獨於事君謂之忠」時，闡釋忠信與孝悌的關係說：「曰：父子兄弟朋友，皆是分義相親。至於事君，則分際甚嚴，人每若有不得已之意，非有出於忠心之誠者，故聖人以事君盡忠言之。又問：忠與誠如何？曰：忠與誠，皆是實理。一心之謂誠，盡心之謂忠。誠是心之

註31：同註21，頁174。
註32：錢穆，《四書釋義》（臺灣：臺灣學生書局，1990年），頁83。

本主，忠又誠之用處。用者，只是心中微見得用。」朱熹強調忠為一己之盡心，信為待友之至誠，孝悌為事父兄之至敬，「忠信」、「孝悌」皆為實理區別在於人倫之分際。

除了「孝悌」、「忠信」的倫理觀外。第27籤，「世間萬物各有主，一粒一毫君莫取」強調廉潔的重要。第84籤，「力行禮義要心堅」提點得籤者奉行禮義為要。《管子・牧民》：「禮義廉恥，國之四維，四維不張，國乃滅亡。」《關帝百首籤詩》之籤詩文繼承儒家明人倫、重禮義、講孝道的倫理觀，皆充分發揮教化的目的。

（二）有關儒家「誠意正心」修養觀之籤詩

「誠」始於先秦孟子與《中庸》，南宋朱熹則以《大學》：「所謂誠其意者，毋自欺也，……故君子必慎其獨也……此謂誠於中，形於外，故君子必慎其獨也……故君子必誠其意。」提出「誠意正心」的修養觀，來納攝孔孟道統。孔子自謂「五十而知天命」、孟子發揮為「盡心則知性，知性則知天矣」、「誠者天之道也，思誠者人之道也」，都在強調透過人的內在來實現來上達天意　。《中庸》則進一步發揮了「誠」的思想。二十二章說：「唯天下至誠，為能盡其性，能盡其性則能盡人之性，盡人之性則能盡物之性，則可以讚天地之化育……可以與天地參矣。」二十三章言：「唯天下至誠為能化。」就天道論而言「維天之命，於穆不已」，只是一個誠，天道流行，自古及今，無一毫之妄；就修養論而說「誠」為成己、成物之基本，「至誠」乃是真實極致而無一毫之不盡，唯聖人乃可當之。是以朱熹推「誠意正心」以體知天道、實踐人性。

在《關帝百首籤詩》籤詩文中，有關「誠意正心」之籤詩，更多達九首，佔百首籤詩近十分之一比例。如第11籤，「誰識機關難料處，到頭獨立轉傷神。」第17籤，「縱使機關圖得勝，定為後世子孫殃。」第30籤，「奉公謹守莫欺心，自有亨通吉利臨。」第32籤，「事到頭來渾似夢，何如休要用心機？」第37籤，「搦卻昧公心裡事，出門無礙是通時。」第56籤，「心頭理曲強詞遮，直欲欺官行路斜。」第70籤，「至誠禱告莫生疑。」第81籤，「假君財物自當還，謀賴欺心他自奸。幸有高臺明月鏡，請來照對破機關。」第100籤，「至誠祈禱皆靈驗。」

籤詩文畢竟在於教化一般信眾，在「誠意正心」的意涵界定上，無法如儒者嚴謹、深刻。但籤詩文中強調心誠則靈、至誠不欺、仰不愧天、俯不愧人的態度，正與儒家「至誠」的體悟與實踐不二。

（三）有關道家無往不復天道觀之籤詩

《老子》四十章：「反者道之動，弱者道之用。天下萬物生於有，有生於無。」說明天道運行、宇宙萬物都遵循回還反覆，靜極而動、動極而靜道理。劉基〈司馬季主論卜〉中所謂：「蓄極則洩，閟極則達，熱極則風，壅極則通。一冬一春，靡屈不伸；一起一伏，無往不復。」正代表道家反自是動，不動則無所謂反的天道觀。

《關帝百首籤詩》籤詩文中道家天道運行的循環觀實不勝枚舉。如第2籤，「盈虛消息總天時，自此君當百事宜。」第5籤，「若逢牛鼠交承日，萬事回春不用憂。」第13籤，「君今庚甲未亨通，且向江頭做釣翁。玉兔重生應發跡，萬人頭上逞英雄。」第15籤，「直待春風好消息，卻調琴瑟向蘭房。」第24籤，「更遇秋成冬至後，恰如騎鶴與腰纏。」第25籤，「寅午戌時多阻滯，亥子丑月漸亨嘉。待逢玉兔金雞會，枯木逢春自開花。」第31籤，「秋冬做事只尋常，春到門庭漸吉昌。」第41，「遇鼠逢牛三弄笛，好將名姓榜頭題。」第51籤，「莫嘆年來不如意，喜逢新運稱心田。」第52籤，「黃金忽報秋光好，活計扁舟渡北朝。」第53籤，「今日貴人曾見面，相逢卻在夏秋交。」第65籤，「更入新春人事後，衷言方得信先容。」第66籤，「只見今年新運好，門闌喜氣事雙雙。」第72籤，「縱有榮華好時節，直須猴犬換金雞。」第92籤「災數流行多疫癘，一陽復後始安全。」第93籤，「節氣直交三伏始，喜逢滂沱足田園。」第98籤，「玉兔交時當得意，恰如枯木再逢春。」

面對變動不居的宇宙，冬來復春、逆而後順，籤詩文質樸地以四季循環反覆的道理，來提示得籤者，一冬即有一春，一起即有一伏，一逆即有一順的道理。《周易》中《復彖》曰：「反覆其道，七日來復，天行也，復其見天地之心乎！」《雜卦傳》曰：「復，反也。」《乾彖》曰：「終日乾乾，反覆道也。」《泰彖》曰：「無平不陂，無往不復。」也都在說明天道循環反覆之理。《老子》十六章也說：「萬物並作，吾以觀其復。夫物云云，各復歸其根，歸根曰靜，靜曰復命。」又曰「復歸於嬰兒」，「復歸於無極」，「復歸於樸」，復之義即是返而歸之也，所謂「反者道之動。」也都強調天道復返、變動不息的道理。《關帝百首籤詩》籤詩文藉由「玉兔重生」、「直待春風」、「枯木逢春」、「一陽復後」、「更遇秋成冬至後」、「春到門庭漸吉昌」等詞句，其實也都在說明自剝而復的哲理，藉以提醒得籤者能遵循天道，安時處順。要能「知時」、「與時行」、「因時而惕」，隨時觀察把握世界的變化，知進退存亡而剛柔得當不失其正。面對天道順其變化，安之若命，就如《莊子・德充符》言：「知不可奈何，而安之若命，唯有德者能之。」當能虛心順命，並修養內在德行，方致「安時而處順，哀樂不能入」之境。

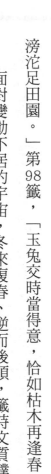

（四）其他有關「神仙思想」、「清靜寡慾」之籤詩

《關帝百首籤詩》籤詩文在三教合一的思想影響下，亦有道家神仙思想的內容。如第1籤，「巍巍獨步向雲間，玉殿千官第一班。」第7籤，「仙風道骨本天生，又遇仙宗為主盟。」第22籤，「生來骨格超凡俗，正是人間第一仙。」此三籤以神仙來暗示得籤者，一方面提升了運途不順得籤者的自信心，二方面所強調乃道家清心寡慾的修養，故而第33籤，「熟讀黃庭經一卷，不論貴賤與窮通。」第68籤，「勸君止此求田舍，心慾多時何日厭？」第74籤，「身似菩提心似境，長安一到放春回。」第83籤，「主張門戶誠難事，百歲安閒得幾年？」第89籤，「樽前無事且高歌，時未來時奈若何？」第90籤「崆峒城裡事如麻，無事如君有幾家。」在此類的籤詩文中，詩句強調道家「上善若水」清心寡慾、無為而無不為的智慧。希望信眾能淡泊名利、樸素自然、返本歸真、遠離慾望，達到與道家天道和諧的境界。

（五）有關佛教因果報應之籤詩

因果報應是佛教的基本理論之一。因是事物生起的主要條件或因素，緣是事物生起的次要條件或因素；由因緣和合（各種條件因素具備）生起的事物稱果，而此果對能生起的因與緣來說是報。世間萬法全部受此因緣果報法則的支配。佛經上說：「法不孤起」，以為世間

沒有獨立存在的事物。眾生因有分別、執著的心識，導致各種「業」的產生，又由此業為因，或趨善，或墮惡，生死輪迴，無窮無盡。俗語常說：「善有善報，惡有惡報，不是不報，時辰未到。」佛書有云：「欲知前世因，今生受者是；欲知來生果，今生作者是。」皆強調萬事萬物離不開因緣果報之理。

《關帝百首籤詩》籤詩文中，有如第96籤，「四十年前須報應，功圓行滿有馨兒。」強調因果循環報應者；有如第21籤，「與君夙昔結成冤，今日相逢顯惡緣。」說明惡緣惡果乃前生所種；有如第75籤，「生前結得好緣因，一笑相逢情自親。」說明今生善報乃累世積善所得；也有如第51籤，「君今百事且隨緣，水到渠成聽自然。」及第94籤，「凡事隨緣且隨分，秋冬方遇主人翁。」提醒信眾能隨緣自在、自在隨緣的道理。總之，佛教的輪迴轉世、因果報應目的在發揮了勸善止惡的教化功能，且更進一步提醒信眾種善因、得善果，希望信眾能為人群付出，而此付出並非為了獲得有形的利益或報償，期待信眾能將心回歸於清淨的境界，而得到真正的輕安，達到自在無有罣礙、煩惱的境界。

（六）有關易理之籤詩

《周易》乾卦強調「剛健不息」，孔子所謂「逝者如斯夫，不捨晝夜」的智慧，影響中華民族自強不息的民族精神和彰顯勤勞智慧的傳統文化。《關帝百首籤詩》籤詩文強調勤勞、自強不息態度的詩文也不少，如第28籤，「公侯將相本無種，好把勤勞契上天。」第54籤，「青燈黃卷且勤勞。」第55，「勤耕力作莫蹉跎，衣食隨時安分過。」第91籤，「佛說淘沙始見金，只緣君子苦勞心。」勤勞踏實、天道酬勤的哲理在此類的籤詩文中充分被發揚。此外第11籤，「一意謙撝莫自矜。」及第88籤「更須守己莫心高。」強調謙虛待己對人的態度，也充分發揮《周易》謙卦「謙謙君子」的美德。《謙卦》言：「勞謙君子，有終吉」、「勞謙君子，萬民服」，正說明傳統中華民族勤勞、謙讓的生活智慧。

《周易》坤卦文言曰：「積善之家，必有餘慶；積不善之家，必有餘殃。」及《尚書・洪範》：「唯天陰騭下民，相協厥居。」提及冥冥之天在暗中保佑人們，而人若遵天法地積善累德必能獲天之庇佑，反之則不然。可見老天有眼積善人家慶有餘和多行不義必自斃的觀念，實已流傳久遠。《關帝百首籤詩》籤詩文中，第18籤，「牢把腳跟踏實地，善為善應永無差。」第29籤，「祖宗積德32幾多年，源遠流長慶自然。」第45籤，「陰地不如心地好，修為到底卻輸君。」第58籤，「更好修為陰騭事，前程萬里自亨通。」第59籤，「幸有祖宗陰騭在，香煙未斷續螟蛉。」第76籤，「善惡兩途君作主，一生禍福此中分。」這些籤詩文中充分透露出天理昭彰、善惡到頭終有報的思想。

從上述的分析，《關帝百首籤詩》籤詩文做為民間信仰與宗教心靈媒介，如何透過簡單易瞭的詩句，讓一般信眾可以從中獲得心靈的提升；且用淺顯易懂的方式來詮釋深奧的哲理，讓一般百姓可以從中得到心靈的慰藉，是籤詩文的主要目的。雖然「一般百姓信仰宗教並不注重社會教化，更不是從靈魂聖潔出發」，且「抽籤者無不是宿命論者……大都屈服於大自然或社會的壓迫，對自身的力量感到無能為力，無法把握自己的命運，所以才拜倒在神祇的腳下。」（註33）但求籤者透過祈求籤詩，到閱讀籤詩文，獲得啟發的行為下，籤詩文所具備的三教合一思想，就能達到潛移默化的效果，使得籤者在獲得神啟的同時，也同時吸納了三教合一思想的精隨。

五、結語

從高雄地區關聖帝君信仰的實際訪查，關帝廟宇大多沿用《關帝百首籤詩》以「漢高祖入關」為籤頭故事的版本之籤詩。在籤詩結構上，因印刷格式的問題，「籤序」、「吉凶」、「籤頭故事」、「籤詩文」為固定不變者。而「籤解」部分在各寺廟則有不同印製內容，有單印「解曰」的版本、也有印製「聖意」與「東坡解」的版本。而現今各寺廟也因人力規劃問題，未必會設立解籤處及解籤人，如左營啟明堂、赤山文衡殿等多數廟宇，都直接以廟祝充任解籤人甚

註33：林國平、彭文宇，《福建民間信仰》，（福建：福建人民出版社，1993年），頁26～27、頁278。

或只放置一本百籤解本供得籤者自行參閱。較為特殊的高雄關帝廟，設有解籤處及專業解籤人，然而解籤功能也未必充分發揮。據解籤人自述，因現今教育普及，籤詩文內容簡明易瞭，多數得籤者常常只是借閱百籤解本，自行翻閱詮解。而真正向解籤人求解籤詩內容者，多數為尋求心靈慰藉或希望解籤人擔任傾聽者訴吐生活中的不如意。由此可知，在籤詩文化日趨沒落的現今，籤詩文反而成為得籤者獲得神諭的重要文本。籤詩文的內涵分析也更形重要。

《關帝百首籤詩》因流傳久遠，詩文中所蘊含的教化功能超越詩文的文學性。百籤中有宣揚忠信孝悌等倫理觀念者有之；宣揚安分、隨緣者有之；宣揚積德行善，因果報應者有之；宣揚修省悔過有之；宣揚循規蹈矩、勿自欺欺人有之；宣揚息事寧人、和為貴亦有之。在分析其教化功能上，實應考慮傳統的觀念延續至今，是否全然可行及其契合度的問題。如此方不至於掩蓋籤詩文的教化功能。

相反的籤詩文中所含三教合一的思想，實為籤詩文的精華所在。籤詩文透過淺顯易懂的文字透露出儒家忠孝節義的倫理觀、誠意正心的修養觀，也包含道家循環反覆的天道觀、佛教因果業報的哲理，此外籤詩文繼承中國傳統勤勞謙遜的生活智慧、天理昭彰善惡觀，凡此都顯示出中國傳統對於天的崇敬和天人合一的智慧。而這些智慧正是現今工商社會所缺乏並棄置的。是以如何透過籤詩文的閱讀去獲得中國傳統優秀的生活智慧，而非僅止於以宿命、天啟來看待籤詩文，是現今求籤者、得籤者所應深入思考之處。

六、參考書目

（一）專書

1.《百首靈籤註解，關聖帝君》，臺中，瑞成書局，2005年。

2.丁煌，〈臺南舊廟運籤的初步研究〉，《臺灣南部寺廟調查暨研究報告》，臺南：國立成功大學歷史學系，1997年12月。

3.王銘銘，《逝去的繁榮：一座老城的歷史人類學考察》，浙江：浙江人民出版社，1999年。

4.余全雄，《百首籤詩解》，臺南，大正書局，2006。

5.余南飛，《六十甲子註籤》，臺南，大正書局，2007。

6.余德慧，《臺灣民俗心理輔導》，臺北，張老師，1985。

7.岳堂，《靈籤100》，臺北，實學出版股份有限公司，2002。

8.林國平，《閩臺民間信仰源流》，臺北，幼獅文化事業公司，1996。

9.林國平、彭文宇，《福建民間信仰》（福建人民出版社，1993。

10.林衡道，《臺灣寺廟大全》，臺北，青文出版社，1974。

11.陳瑞隆，《百首籤詩解—關帝廟、安平開臺天后宮、城隍廟》，臺南，世峰出版社，安平鎮文史工作室，2003。

（二）期刊論文

1.方百壽，〈從寺廟籤詩看民間求籤者心理〉，《臺灣源流》，5卷，1997，頁102～108。

2.朱介凡，〈神籤探索起步〉，《中國民族學通訊》，30期，1993，頁1～19。

3.李少園，〈泉州通淮關岳廟關帝靈籤和儒家和同觀念〉，《關岳文化與民間信仰研究》泉州市民間信仰研究會編，（福建，廈門大學出版社，2008年），頁1。

4.林國平，〈《道藏》中的籤譜考釋〉，《福建論壇》2005年12期。

5.習五一，〈福建民間信仰考察報告〉李申、陳衛平主編《哲學與宗教》第一輯，上海：上海古籍出版社，2008年。

6.傅偉勳，〈儒道佛三教合一的哲理探討—心性體認本位的中國生死學與生死智慧〉，《佛教與中國文化國際學術會議論文集下輯》，（臺北：中華文化復興運動總會宗教研究委員會，1995年07月。

（三）碩博士論文

1.王文亮，《臺灣地區舊廟籤詩文化之研究—以南部地區百年寺廟為主》，臺南師範學院鄉土文化研究碩士論文，2000年。

2.王儷容，《臺灣廟宇籤詩解籤方式及其內涵探究—以高雄市哈馬星代天宮為例》，高雄師範大學國文教學碩士班碩士論文，2008年。

3.林國平，《中國靈籤研究—以福建為中心》，廈門大學博士論文，1998年。

4.馬玉臻，《（關帝籤）江東籤詩研究》，臺北市立教育大學應用語言文學研究所碩士論文，2007年。

5.陳彥汝，《籤詩故事在運籤中的核心價值研究—以關帝百首籤詩為例》，高雄師範大學系所國文教學碩士論文，2006年。

關帝信仰與善書的社會教化

鄭志明
輔仁大學宗教學系教授

一、前言

關公信仰大約形成於隋唐時代，大約是一種區域性的民間信仰，主要流行於關公殉難的荊州地區，在宋代以後以其忠義典範逐漸發展成為全國性的信仰大神（註1）。隨著各種顯聖或顯靈的神跡與神話的流傳，其信仰更為風行，幾乎遍及全國各地，是民間最為顯赫的神明。大約可以從三個方向入手，來探討關公的神格與神職，即歷代封諡祀典、神跡傳說與關聖信仰經典善書等（註2）。前二者已有不少的相關研究（註3），本文從善書的角度來進行討論。

關公的神名稱為「關聖帝君」，其信仰崇祀在臺灣有逐漸蓬勃發展的趨勢，各地方都有民間奉祀的宮廟，若加上扶鸞性質的恩主公信仰與玉皇信仰，及若干以關聖帝君信仰為主體未經政府核准立案的教門，累積起來，廟堂在千座以上，在民間頻繁的宗教活動中，居於重要的地位。與關聖帝君有關的善書種類繁多，大多是具有宗教結社色彩的地方性鸞堂著造，含有濃厚神人感應的巫術信仰，藉神明的意志來神道設教，是宗教性質的書籍。

由於此類善書在臺灣地區各廟宇廣泛流傳，其影響極其深遠，鄭喜夫曾著〈關聖帝君善書在臺灣〉一文，對各種關聖帝君善書的版本與流通情形，曾做詳細的考證與分析，是一篇文獻資料相當齊全的論文，在書誌學上貢獻良多（註4）。

除了書誌學的文獻研究，善書的思想內涵與宗教信仰研究，則可以探求民間關聖帝君信仰的真實面貌，及這種信仰的社會文化意義，尤其在今日急遽變遷的文明結構裡，鄉土信仰的本質分析，有助於本地文化的社會改革，調整社會的均衡與和諧發展。

註1：蔡東洲、文廷海，《關羽崇拜研究》（四川成都：巴蜀書社，2001），頁44。

註2：洪淑玲，《關公民間造型之研究－以關公傳說為重心的考察》（臺北：國立臺灣大學出版委員會，1995），頁442。

註3：有關關公研究的論文，參閱盧曉衡主編，《關羽、關公和關聖—中國歷史文化中的關羽學術研討會論文集》（北京：社會科學文獻出版社，2002）上下兩冊。

註4：鄭喜夫，《關聖帝君善書在臺灣》（臺北：臺灣文獻第三十四卷第三期，1983），收集的善書計有忠義經、明聖經、覺世經、降筆真經、教劫永命經、大解冤經、戒淫經、玄靈玉皇經、救劫文、關聖帝君聖蹟圖誌全集、武聖關聖帝君傳、武聖聖跡三字經等十二種。

二、關公信仰的神格問題

臺灣有關關聖帝君善書在宗教信仰上，其神格主要可區別為二，一為通明首相南天文衡帝君，一為第十八代玉皇大帝號稱玉皇大天尊玄靈高上帝，這兩種稱號皆是民間宗教加上去的，代表了民間神道信仰的文化理念，與傳統的道教信仰有些差異，是鄉土信仰自身變遷與涵化而成，嚴格地區分，是一種由傳統崇拜蛻變而成的新興宗教，有其自成系統的教化體制。

這兩種神職與關聖帝君歷朝封號祀典也有密切的關係，其神格是逐漸的演變與擴大。關聖帝君是指三國時代的關羽，由於英武過人，被視為武神列入祀典，但是真正被神格化，普遍流傳，據史料考證，大約發端於北宋末，大定於元明間，到滿清而登峰造極（註5），可能與小說、戲曲的渲染神化有關（註6），在說書人的誇張與附會，關羽從平凡的歷史人物，變成忠義賢德的神聖，轉而影響百姓英雄崇拜的心理，在萬人景仰之下，廟宇遍祀天下，廣受人間煙火（註7）。

宋代關公信仰時有所聞，據《關帝聖蹟圖誌》云：「哲宗紹聖三年（西元 1096），賜玉泉祠額曰顯烈王。」鄭南《加封記》亦云：「哲宗紹聖三年賜帝玉泉祠額曰顯烈廟。」這可能是宋代最早的封謚，但正史並未記載，真實性存疑。然玉泉山顯聖，是關公神化的最早傳說，如三國演義第七十七回所載，後云：「後來往往於玉泉山顯聖護民，鄉人感其德，就於山頂建廟，四時致祭。」玉泉山顯靈傳說已久，最早見於唐人所撰〈荊南節度使江陵尹裴公重修玉泉關廟記〉，三國演義是有所根據的，但是關公神化後，釋、道二家強加許多傳說，納入自己的宗教體系裡，使關公的神格愈趨複雜（註8）。

在宋代關公的神格並非崇高，是個從祀神，如李濤《續通鑑長編》云：「宣和五年（西元 1123）正月己卯，禮部奏請：侯封敕封義勇武安王，令從祀武成王廟。」還只是重視其義勇的武將精神，其封謚據荊州志所載，到南京仍不離「義勇」二字：「高宗建炎三年（西元 1129）加封壯繆義勇王。」到了南宋孝宗淳熙十年（西元 1187）他的封號累積更長，並且其威靈更加顯赫，如荊州志云：

註5：黃華節，《關公的人格與神格》（臺北：臺灣商務印書館，1967）頁 155。

註6：民間傳說中的神祇經小說、戲曲的渲染有加強的趨勢，取得民間信仰的地位，參閱諶湛，《元雜劇中道教故事類型與神明研究》（臺北：師範大學國文研究所集刊第二十八號，1984）。胡萬川，《鍾馗神話與小說之研究》（臺北：文史哲出版社，1980）。張火慶《說岳全傳研究》（臺中：東海大學中文研究所碩士論文，1984）。

註7：佛教將關聖帝君稱「護法爺」、「伽藍神」，始於宋代智顗法師，宋張商英著《重建關聖帝君廟記》主張此說，關聖帝君聖跡圖誌全集則有〈伽藍辯〉一文加以反駁。《桑榆漫志》云：「玉泉顯聖，羅貫中欲伸公冤，既援作普淨之事，復輳合傳燈錄中六祖以公為伽等之說，故僧家即妄以公與顏良為普安侍者。」宋代以來佛僧道士創造了不少關公神話，列入其自身的宗教體系。

註8：據日人直江廣治的中國民俗學（林懷卿譯，臺北：莊家出版社，1980）第 156 頁云：「在各地普遍信仰關帝，可能有許多原因；過去有許多人也研究過此一問題。前述的『說書的』與『說善書的』，對於此一信仰的深具影響力，他們對於這方面的貢獻是不容忽視的。」

淳熙十四年告敕曰：「生立大節，與天地以並傳；沒為神明，亙古今而不朽。荊門軍當陽顯烈神一壯繆義勇武安王，名著史冊，功存生民，一方所依，千載如在。凡有禱於水旱雨暘之祭，若或見於焄蒿悽愴之間。英烈巖巖，可畏而仰；廟貌奕奕，雖遠益新。爰啟王封，仍加美號，豈特顯爾神威德之盛，亦以慰此邦父老之情。尚祈靈聰，服我休顯，可特封「壯繆義勇武安英濟王」，奉敕如右，牒到奉行。

由此可知，關公在南宋時，已具神格，且相當靈驗，尤其是荊州一帶，香火必然鼎盛。加上「英濟」二字，有顯英濟世之意，假神道以助教化。元代文宗天曆元年（西元 1328）又加上「顯靈」二字，見〈秦和陽琚廟記〉云：「宋封帝武安英濟王，逮天曆後，加顯靈，故今稱壯繆義勇武安顯靈英濟王。」更重視關公英靈濟世的神能。

明代，關公的神格逐漸升高，加封帝號，如《幾輔通志》云：「萬曆四十二年（西元 1614）十月十一日，司禮監太監李恩齎捧九旒冠、玉帶龍袍、金牌牌書，敕封『三界伏魔大帝神威遠震天尊關聖帝君』。」《有明封祀錄》亦云：「天啟四年（西元 1624）六月十二日，太常盧大申題稱，追祀漢前將軍壽亭侯，原奉皇祖特封『三界伏魔大帝神威遠震天尊關聖帝君』，業已帝，而祀文猶侯，似不相蒙。仰祈敕下禮部查議云云，奉聖旨：神號著遵照皇祖加敕封祀，欽此。」足見關公到了明代末年，朝廷的封號已位極天神，「關聖帝君」的神號，就此確立定名。

滿清初入關即封關公，見大清會典，在順治九年（西元 1652）敕封「忠義神武關聖大帝」，足見關公在民間信仰上地位顯赫，引起異族的注意，並利用百姓的信仰心理，做為籠絡的手段。清代重視關公的「忠義」精神，封謚多有「忠義」二字，到了光緒五年（西元 1879）其封號累積多至二十六字，全稱為「忠義神武靈佑仁勇威顯護國保民精誠綏靖翊贊宣德關聖大帝」，關公成為護國保民維持人間秩序綜理萬事的大神。民間另外有「協天上帝」的神號，意為協助玉皇大帝料理天下大事，又稱「通明宰相」，是實際執行宇宙萬機的主宰。這種神格的完成，大致來自於民間宗教團體的大力推廣，宣揚的方式則是扶鸞善書的普遍流傳。

關聖帝君信仰與民間宗教結社結合，大約始於明代末葉（註9），最早一部扶鸞善書是《三界伏魔關聖帝君忠孝忠義真經》又名《三界伏魔關帝忠孝護國翊運真經》，其刊印年代大概也不早於明代晚期（註10），這可從其封號得知，所謂「三界伏魔關聖帝君」應是明代萬

註9：明代中葉以後，各種民間宗教興起，宗教善書大行其道，藉扶箕以顯信仰之靈驗。關公與扶箕的結合，見於明田藝蘅《留青日札》（卷三）武安王條云：「有客為余召箕，一日降壇，其勢甚猛，書云：『威鎮華夷，義勇三分，四海才兼文武，英雄千古一人。』余曰：『公乃武安王耶？』復書曰：『諾。』余曰：『關公之靈誓不入吳，何以至此？』又書曰：『赤兔騰霜汗雨零，赤龍偃月血風腥。晚來飛渡烏江上，始信天亡最有靈。』」關公屢降箕壇，帶動扶箕的宗教化，清陳其元《庸閒齋筆記》（卷十一）云：「扶鸞本干例禁，然亦可佐政治所不及，所謂神道設教。」足見神明信仰在民間的影響力。有關民間宗教的興起，參閱鄭志明《無生老母信仰溯源》（臺北：文史哲出版社，1985）。

註10：《忠孝忠義真經》最早收入清康熙三十二年盧湛所編《關聖帝君聖跡圖誌全集》，後又收入《道藏輯要》，本文採用道藏輯要所刊行的版本。該經序文以為由北宋學士孫奭編述，南宋中丞張守訂梓。但就內容與稱號絕對不早於明萬曆以前，是民間假借年代久遠以自重的性格。

曆四十二年以後的尊稱，該經所稱關帝的全稱為「至靈至聖至上至尊伏魔大帝關聖帝君大悲大願大聖大仁貞元顯應光昭翊漢靈佑天尊」。次早扶鸞善書為《關聖帝君應驗桃園明聖經》，簡稱《桃園明聖經》或《明聖經》，以為朱子曾刪定此書（註11），但民間經典多託付前人，依其封號或內容，應為清代中葉以後的作品（註12），其神號為「伏魔大帝關聖帝君大悲大願大聖大慈真元顯應昭明翼漢大天尊」，又有二稱號「蓋天古佛昭明翌漢大天尊」、「大聖伏魔蕩寇救苦救難天尊」（註13）。

善書中關公的神職在信仰裡地位相當崇高，可以詮釋「三界伏魔大帝」的職權，見忠孝忠義真經中關聖帝君誥云：

太上神威，英文雄武，精忠大義，高節清廉，協運皇圖，德崇演正，掌儒釋道教之權，管天地人才之柄，上司三十六天星辰雲漢，下轄七十二地土壘幽酆。秉注生功德，延壽丹書；執定死罪過，奪命黑籍。考察諸佛諸神，監制群仙群職。高證妙果，無量度人。

所謂「協運皇圖」即協助玉皇大帝綜理萬機，此一神格據該經附錄履歷事實有一條云：「明隆慶元年（西元 1567）三月封義勇武安英濟王崇寧至道真君南極協天顯威大帝」，另據

《壹是紀》以為萬曆四十二年（西元 1614）納道士張廷元的獻議，加封關帝為「協天護國忠義大帝」，協天的觀念，使關公由武神升格為綜理萬機的文相，部分《明聖經》稱關公為「南天文衡聖帝」，其全稱為「伏魔大帝關聖帝君大悲大願大聖大慈玉帝殿前首相執掌雷部真元顯應昭明翊漢天尊（註14）」，另有其他版本的明聖經加上「蓋天古佛中皇大天尊」與「昭明高上帝」的稱號（註15）。很明顯到了這些善書的刊行，關公的神職是玉皇殿前的通明首相，主宰宇宙，其官名為南天文衡聖帝，其尊稱為中皇大天尊，僅次於玉皇大帝，也可以上帝稱之，其名號為「昭明高上帝」。

「南天文衡聖帝」的主要職責為何？據明聖經云：「帝乃紫微宮裡朱衣神，協管文昌武

註11：朱子刪定明聖經之說，始於民國十八年好了道人蔡飛所撰《朱子刪定玉泉真本桃園明聖經序》，採用的是清末民間宗教扶鸞的說法：「己巳（民國十八年）季春，余出川返粵，道經宜昌時，在道友處閱及朱夫子於清末奉上帝敕旨，依宋天聖之玉泉真本，並考定三天著經籙載所刪定之明聖經……當清末貴州大醮時，朱夫子即以刪定之經文，從沙盤木筆中，宣揚於世。」

註12：明聖經典與「恩主公」信仰有關，恩主公信仰的起源年代目前缺乏史料，難考證，大約是清代中葉的產物。據新竹竹林書局民國五十八年刊行的版本，該書由關聖帝君降序的年代為「嘉慶二十五年（西元 1820 年）十一月二十八日」，書後附有靈驗記，刊行年代為「咸豐乙卯歲（西元 1855 年）上元日。」

註13：後二稱號在清代刊行的版本中未見，大多出現在臺灣重行刊印的版本上，可能是後人添加的。

註14：此一版本未刊錄印者及年代，是將明聖經、覺世經、戒淫經合為一本，此一稱號出現在前頭寶誥裡，可能是民間宗教朗讀的經本。

註15：出現在新竹竹林書局五十八年刊行《關帝明聖經》頁6。

曲星。」紫微宮，黃華節以為是玉皇的辦公廳（註16），但是依據《天界傳真》一書以為紫微宮位於東天之中央，是成道的原靈所居，故詮釋本注云：「我之元神，乃紫微宮中身著朱衣之神聖。」協助管理文昌武曲星等修真者的考核工作（註17）。關公由紫微宮的元神被封為通明首相，詳見《聖帝大解冤經》云：「帝君頓明千年因果，了悟天根，參養玄理，結據元神，護國保民，無窮感應，自漢至清，迨千餘年……大帝先封通明首相，立殿昭明。清帝追封蓋天古佛。」關公升為通明首相應是清代的事，其辦公位置在於南天，「文衡聖帝」的尊稱，是形容他綜理萬機。如《天界傳真》云：

「南天」乃天界之咽喉，亦全天界之行政區域，由通明首相——文衡聖帝所主宰。其行政中心——「南天玉闕」，設於南天第七層天，奉玉詔辦理三界十方一切行政，掌天地人之權，執萬教之柄。

從這一段敘述，可以與關聖帝君誥那一段相配合，得知關公的神職，已由武將崇拜轉而為萬神之長的「上帝」位置，此一神格僅次於玉皇大帝，但卻有參贊天地化育的實權。

關公被尊崇，與扶鸞降筆的民間信仰有關（註18），關聖帝君善書只是這一類降筆文章中較成系統的作品，其流行的動力在於作品背後民間教團的推廣，也可說此善書代表了民間某一教派的教義與活動，而這一教派是以關聖帝君做為其信仰主神，因此抬高關公的神格，是必然的宗教情操（註19）。到了民國十三年，剛甲子年，進一步將關公晉位為玉皇大帝，成為萬神之尊。此一事件見於《洞冥寶記》，關公的神號為「太平開天普渡皇靈中天至聖仁義古佛玉皇大天尊玄靈高上帝」。這時候關帝信仰與民間「老母」信仰已合流（註20），在玉皇之上有一權威的老母，玉皇的退位與接任完全由老母主持。

《洞冥寶記》第三十八回云玉皇大帝上表辭職，老母允許，立命三教聖人會議，公推關聖居攝，於甲子年元旦受禪登極，繼任為蒼穹第十八代聖主（註21）。臺中聖賢堂於民國六十二年曾扶鸞〈五教尊共議荐舉關聖帝君受禪玉帝經略〉一文，去除老母信仰，認為是由五教教尊推荐選拔而出，其推舉理由是：「唯此季世，受禪天皇，非通明首相關聖帝君不足

註16：同注釋5，頁186。
註17：《天界傳真》（臺中聖賢堂，1975），頁21。
註18：參閱許地山，《扶箕迷信底研究》（臺灣商務印書館，1966）第24-26頁。
註19：以關公為信仰主神的教派，以儒宗神教最盛，參閱鄭志明，《臺灣民間鸞堂儒宗神教的宗教體系初探》（臺北文獻直字第68期，1984年）。
註20：老母係指明代的無生老母，其合流的情形參閱前一注釋之引書，及鄭志明，《臺灣無生老母信仰淵源探論之一》（臺北文獻直字第71期，1985）。
註21：洱源紹善壇扶鸞著作，《洞冥寶記》（萬有善書出版社，1979）第10卷第46～53頁。

以膺此重任。通明首相自無量曠劫以來，道根深重，道氣瀰綻，係大赤天宮古老真仙，經億千萬劫行，上證無上真仙，永歷億千萬劫，不壞真宗。自洪濛以致今日，屢屢分身，下降人間，為蒼生之標榜，做皇朝之棟樑，五常八德，文武雙全，唯有通明首相而已，捨此，其誰與倫比。」此文一出，頗為其他善書所採用，但多把此一事件早推了一甲子，是藉年代古遠以自重（註22）。《玄靈玉皇真經》、《玉皇普渡真經》、《玄靈玉皇懺》等書所謂的玉皇大帝皆指關聖帝君，其稱號為「太上承天應運道協無皇三極攝建大中統御萬靈穹蒼聖主通明高真昊天金闕仁義蓋天古佛玉皇普渡大天尊玄靈高上帝」，詩云：「玄靈高上帝，歷劫億萬千。功德滿天下，無上證神仙。甲子年元旦，統御大羅天，受禪登九五，天運永連綿。（註23）」

由於關帝登基之說，僅其與老母信仰合流之教派傳出來，尚未獲得其他教派的普遍認可，以致目前臺灣民間鸞書有關玉皇大帝的稱號分成兩大系統，一支維持「玉皇大天尊玄穹高上帝」，未認為玉皇已退位，或根本不考慮這個問題，另一支則稱「玉皇大天尊玄靈高上帝」，其勢力逐漸龐大，這幾年來幾乎已獲得民間鸞堂的認同，然屬於蕭昌明「宗教哲學研究社」旁出之李玉階的天帝教，反對這種說法，出版《關聖要求正名——勿亂法統》一書，原因在於天帝教是崇拜玉皇大帝而非關聖帝君，是兩個互不相統屬的宗教信仰（註24），但在同一生態環境，又不能捨棄原本已流傳的說法，只好在原傳說上稍做修改，認為關聖乃為中天主宰，其尊號為「中皇大天尊玄靈高上帝」，玉皇大帝仍為玄穹高上帝，其說法如下：

甲子年元旦由昊天玉皇大天尊玄穹高上帝，於金闕凌霄寶殿召集群仙萬佛開會時，由五教教主，推舉關聖帝君為中天主宰之職，奉無極老母（無生聖母）及玉帝之御定，敕封為「中皇大天尊，玄靈高上帝」。

很明顯天帝教也屬於老母信仰的一支（註25），但是堅決主張玉皇大帝一直是由玄穹高上帝擔任，更換的只是中天主宰，到目前已傳到了第十八代。此一說法，與關聖帝君信仰的教派差異極大，為了肯定其主觀的立場，強調是正鸞識神用事，及司職文書之神失職所致（註26）。這是一場宗教之爭，在民間鸞堂引起一場名號爭辯，各自堅持不同的說法，互相攻擊。有關

註22：因為民間鸞書仍採用古代天支記年，常云天運××年，若缺乏其他旁證的資料往往容易誤植。

註23：聖賢堂扶鸞著作，《玉皇普渡真經》（臺中：聖賢雜誌社，1972），頁4。

註24：天帝教是以宇宙主宰道統始祖玄穹高上帝為主神，該教領導者李玉階為第55代天帝使者，見《天帝教簡介》（臺北：天帝教始院，1982）。

註25：由該信仰的天庭組織，可以瞭解無生老母在該信仰的地位：（關聖要求正名—勿亂法統，1981），頁17。

註26：在《關聖要求正名——勿亂法統》一書第23頁指出誤用名號的七個原因，較重要為第二條云：「司職文書之神，沿用錯誤名號已成氣候，又不敢糾正，為了是怕引起一連串的處罰，而造成極大風波。」第三條云：「正鸞受到一般習慣以及後天接觸環境的左右，接靈時輒因識神用事，將錯就錯，以致名號無由更正。」

「關帝當玉皇」的傳說，在臺灣並未被普遍接受（註27）。此即不同信仰欲借用民間共同傳說所造成的混淆現象，也可如此解說，民間的生態環境其信仰色彩是每一個教派所賴以生存，常在舊有基礎上建立新說（註28）。

玉皇大帝是否退位問題，留待民間信仰自己解決，誰的信仰龐大，獲得百姓認可，就能在民間流傳下去（註29）。有關十八代玉皇大帝的名號，見於臺中武廟明正堂扶鸞著作的《瑤池聖誌》，天帝教則列出十八代中皇的名號，將此二者列出做比較：

代號	中皇	玉皇
第一代	玄極大天尊	玄玄高上帝（黃老）
第二代	玄天高上帝	玄元高上帝（紫微帝君）
第三代	玄明高上帝	玄明高上帝（大寰教化聖主）
第四代	玄法高上帝	玄微高上帝（鴻鈞老祖）
第五代	玄慈高上帝	玄寰高上帝（星化帝君）
第六代	玄理大天尊	玄中高上帝（炁原天尊）
第七代	玄炁大天尊	玄理高上帝（光華聖主）
第八代	玄德高上帝	玄天高上帝（大羅祖師）

第九代	玄忠高上帝	玄運高上帝（精一天師）
第十代	玄欽高上帝	玄化高上帝（延衍祖師）
第十一代	玄道高上帝	玄陰高上帝（北華帝君）
第十二代	玄玄高上帝	玄陽高上帝（廣度真王）
第十三代	玄空高上帝	玄正高上帝（度化天尊）
第十四代	玄禪高上帝	玄炁高上帝（伏魔世祖）
第十五代	玄平高上帝	玄震高上帝（興儒天尊）
第十六代	玄真高上帝	玄蒼高上帝（救世天王）
第十七代	玄妙大天尊	玄穹高上帝（妙樂國王）
第十八代	玄靈高上帝	玄靈高上帝（關聖帝君）

臺灣目前鸞書，可說是神話連篇，是神仙降筆傳話，內容又是宗教色彩濃厚的神話，由神仙來傳達民間教團的教義思想。如玉皇大帝照次序排下來是「玄元明微寰中理，天運化陰

註27：王見川，〈臺灣「關帝當玉皇」傳說的由來〉（《臺灣的民間宗教與信仰》，臺北：博揚文化公司，2000），頁227。

註28：臺灣民間宗教的生態環境延續中國本土，有其文化的特色，參閱《臺灣舊慣習俗信仰》（鈴木清一郎著，馮作民譯，臺北：眾文圖書公司，1978）《臺灣風俗誌》（片崗嚴著，陳金田、馮作民合譯，臺北：大立出版社，1981）。

註29：我國傳統宗教體系與社會倫理結構有密切的關係，傳說及宗教形態往往會變成文化的一部分，參閱李亦園，《臺灣民俗信仰發展的趨勢》（民間信仰與社會研討會論文集，南投：臺灣省政府民政廳，1982）。

陽，正炁震蒼穹」代表了該宗教的宇宙造化理論，到了關聖帝君則又另開一個天運。關帝信仰可算是開啟新的神仙體系，重組天堂的神明結構，利用扶鸞的善書大力地宣傳，以求建立新的信仰關係。這種藉神仙以自重的宗教，人文精神淡薄，理性色彩減弱，神道設教的觀念加強，易引起人文與宗教衝突的時代情結（註30）。

三、關公信仰的本質問題

關聖帝君信仰是強調神明的權威性與神秘性，經由扶鸞大談神旨，就宗教現象而言，近於巫術的薩滿信仰（註31），但就神旨的內容，強調神明的完滿人格，經由神道設教，輔助道德教化的推展，又近於倫理宗教（註32）。尤其以福禍報應勸人為善，利用宗教儀式維護社會秩序的和諧，以神靈旨意安頓徬徨心靈，改善社會風氣，提升人們清明虛靈的本性，重組民間的倫常制度，又非單純的薩滿信仰。或者可說民間信仰在重視巫術的神媒宗教活動中加入道德文化的復振理念，是傳統社會在人文精神涵化下的產物，也是民間文化的特色之一。在目前已有的宗教分類上，此類信仰難以歸類，但是研究中國民間宗教，此一信仰型態應給予其適當的宗教地位，才能疏導臺灣當今的信仰問題（註33）。

有關該神信仰的本質，李亦園認為與城鎮市集的商業文化有密切的關係（註34），鍾華操進一步指出商人以關聖帝君為保護神的原由（註35），黃華節則認為關帝教門是一種倫理宗教，祂的教義是一種社會道德（註36）。由前面三人意見可知該信仰與社會文化有血脈相通的關係，不是單純的宗教事件，而是社會文化與意識型態發展而來，有其整合功能與存在價值，必須納入整個民間生活體系裡，才能有效地衡量其宗教意義。

就該信仰善書的內容而言，含有濃厚的救世思想，企圖以關帝的理想人格來感召人心，

註30：人文與宗教的衝突，是中國人的情結問題，而今日更為嚴重，以人文教化的立場言，宗教是非理性的，因此梁啟超等學者主張中國是非宗教國，將所有地方性信仰視為迷信，然而地方性宗教歷久不衰，有其存在的價值。今日有關單位處理宗教問題即徘徊在宗教與人文的衝突之下，在迷信與宗教之間難做抉擇。參閱王治心，《中國宗教思想史大綱》（臺北：中華書局，在臺影印版）第一章緒論。

註31：「薩滿信仰」（shamanism）是指神靈附身的宗教活動，參閱《雲五社會科學大辭典第十冊人類學》，頁305。

註32：倫理宗教一詞採用日人比屋根安定的宗教分類方式。

註33：有關中國信仰的分類是難以劃分，劉子健著《中國式的信仰——用類別來解釋》（臺北：漢學研究通訊第4卷第4期，1985）將中國信仰分成四大類：社會的禮教、團集的宗教、少數人的別教或個別宗教、大眾的宗教。但是大眾的宗教在本質上有許多的差別，劉文並未再區分。唯有再將大眾宗教加以本質上的分析，才能顯示出中國式信仰的特色。

註34：李亦園，《文化與信仰》（臺北：巨流圖書公司，1978），頁48。

註35：鍾華操，《臺灣地區神明的由來》（南投：臺灣省文獻委員會，1979），頁279。

註36：同注釋6，頁215。

改變社會風氣，推廣人文教化，因此特別注意民間各種不合理的倫常結構，加以強烈的批評，首見於《忠孝忠義真經》世道章第四云：

吾嗟世道：不忠不孝、不敬師長、不睦兄弟、夫婦不諧、朋友不義、天地不尊、神明不懼、五穀不重、三光不避、小秤大斗，殺害生命、奸淫詐逆、積微成著。如此等人，神明厭棄，先奪其魂，後殺其體，舉世昏迷，自謂得計，一旦無常，委之天地。諦聽吾言，玩此真味。

當社會風氣敗壞，無法挽救頹風時，有心人士藉助宗教力量，以其善惡報應的權威意志，掌握百姓趨福避禍的心理，約束其人生行為，進一步再灌入傳統的道德文明，仰賴神明來主持人間公道，神明成為道德的化身，也是昏迷人世的救世主，而此一救世主所開示的卻是傳統文化的人文精神，亦即藉神明的權威性來肯定人類的道德本心（註37）。《關聖帝君覺世真經》列舉邪惡行為三十五則比前引文十二則所包含的範圍更廣，其結論為：

不存天理，不順人心，不信報應，引人作惡，不修片善，行諸惡事。官詞口舌，水火盜賊，惡毒瘟疫，生怪產蠢，殺身亡家，男盜女淫。近報在身，遠報子孫，神明鑑察，毫髮不爽，善惡兩途，禍福攸分，行善福報，作惡禍臨，吾作斯語，願人奉行。

諸惡莫作，諸善奉行，是民間教化的主要內容，但是如何才能使百姓達到這種教化要求呢？往往訴諸於超越人力的報應手段，靠陰騭的神力來促使百姓行善，這種觀念由來已久，覺世真經即是利用陰騭思想，強調「行善福報，作惡禍臨」的相互關係。在混亂的現世人間，存有神明的鑑察，使得正義得到伸張，道德行為得以流行。這種經由神威神能來挽救頹廢的人心的救世思想，與信神得以永生的救世觀有所區別，其內容著重在個人清明本性的提升，使自己存天理順人心，以致得到上天合理的福報。因此這種救世思想必須配合著道德修養才能完成，如《明聖經》自敘該經本義云：「經者常也，所言無非人生日用常行道理，可以相傳萬古。人能恭敬身心，時時不忘乎根本，刻刻常存乎孝悌，謹敬這個心田，勿貪勿淫是也。」信神來時，修養自己的心田，以達到救世的效果，是有著神道設教的文化意義，選擇原有的傳統到得來維持社會秩序。

清代末年扶鸞的關聖帝君善書將救世思想與末世危機結合，塑造出關帝慈悲為懷，下凡救世的傳說，據《關聖帝君濟世救急文》（註38）認為始於光緒二年（西元1876），此傳說的

註37：參閱鄭志明，《評臺灣民間鸞書『天道奧義』的形上理論》（收入《臺灣民間宗教論集》，臺北：學生書局，1984）。

根本結構如下：

> 光緒二年元旦，帝駕親臨天闕查勘，果見眾生都是——不敬天地、不禮神明、不祀祖先、不孝雙親、不和親族、不敬老人、不守法紀、不存良心、明瞞暗騙、利己害人、恃強欺弱、敬富輕貧、離人骨肉、破人婚姻、邪言惡語、滅像欺神、宰牛殺人、買賣不平、見善不許、見惡稱心，其中有善可錄之人，百無一二，污聲遍地，惡氣沖天。帝回殿大怒，傳旨收滅眾生，吾見不忍眾生之苦，再三懇切哀求，幸蒙天尊慈允，飭准善惡區分，敕命十大魔王，雷雨風雹，蟲蝗瘟疫，豺狼傷人，除盡奸惡，以警人心。此後若仍不改，將來屍橫滿地，枯骨成林，那時則悔不及。眾生從此速速改惡從善，毋蹈前轍，吾嘗演說之濟世真經云……

此文列舉邪惡行為共二十則，介於《忠孝忠義真經》與《覺世真經》之間，結構大致相同。後半段的滅世說則是新添入的宗教神話，應是此一信仰教團組織化系統化的產物，強調其濟世救民的教宗情懷（註39）。民國六十九年臺中武廟明正堂扶鸞著作的《大漢天聲》將此說上推一千多年，云：「自從春秋戰國以來，經秦、漢、兩晉、南北朝時代，群雄爭霸，各逞機鋒而妄動干戈，生民塗炭，盡棄道德綱常而不修，致觸怒天顏，欲再混沌天下。是時關聖帝君、孚佑帝君、司命真君、文昌帝君、王天君等五聖賢人，為恐一旦混沌，則玉石俱焚，乃齊集天廷，叩求收回成命，願請命下凡，處處開堂，方方闡教，藉揮鸞以提醒人心向善，以消浩劫。上天垂念五聖救世之熱忱，乃准所請而收回成命，自此發揚光大鸞門，揮鸞闡教，救世渡眾，亦已有一千餘年歷史矣。」此書將鸞門的宗教本質敘述甚詳，可以瞭解此一信仰藉神道以助教化的宗教情操，將救世思想因末世救劫而顯得更具意義與價值。

但就宗教信仰的演變而言，該書將此一信仰上推千年，頗有假藉年代久遠以自重的心態，不符合事實。滅世之說可能與中國近代國勢衰微社會動盪有關，據民國二十三年雲南從善四壇扶鸞的《蟠桃宴記》云：「話說中國自咸同以來，內而朝政日壞，內亂外侮，疊相消長，幾無寧日。光緒變法立憲，送學生出洋，學習政治學術，欲勵精圖治，不知為治本末，到反種就革命，禍根釀成洪災浩劫，雖氣運之使然，而亦人心之造作也。當時劫運已定，時望人心改悔，復還古初，屢遣聖賢仙佛，下降人間，藉乩沙垂成訓誡。」此書反映的是民國初年保守人士的心聲，在這動亂的時代裡，末世救劫應運而生，利用宗教信仰普遍流傳，如《關聖帝君救劫渡人指迷篇》云：「大劫凜凜在眼前，五魔掃世甚兇嚴。各人提防早打點，莫到臨時後悔難。」這種避難的心理，來自於生存的需求，是人類共通的特質，因此希望透過信仰的力量，使人類超越時間與空間的大限，解除生命對死亡的憂慮與恐懼。

註38：此書有兩種版本，內容出入極大，另一稱《關聖帝君親降濟世靈驗救劫經文》，時間改為民國初年。
註39：有關救世神話，參同注釋27，第4節丙無極老母與創教神話一小節。

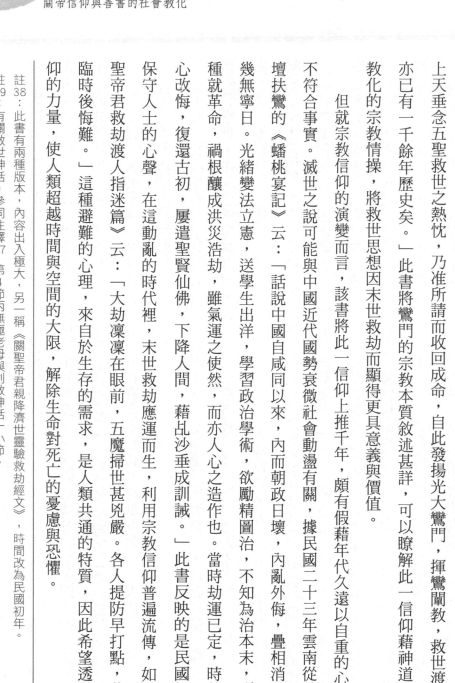

在一個危機的時代裡，祈求救世主的降臨，來化解災難的局勢，是宗教誕生的主要原因。在中國原有的生態環境裡，宗教信仰早已相當興盛，又加上儒家的人文教化，選擇以道德教化來挽救苦難的時代，也完全受到傳統文化的影響。這種因危機意識而企圖以神明扶鸞訓誡來輔助社會教化，實存在著有心之士的時代悲情。如《玉皇普渡聖經》強調該經的著作在於：「教化救世，挽轉頹風，復興孔孟道德。」以孔孟道德做為神仙闡教的主要內容，證明此一信仰是淵源於民間的傳統教化。

一般人將關聖帝君信仰列入道教，實際上此一信仰屬於新興教派，自認為儒、釋、道三教受其掌管，如《忠孝忠義真經》云：「掌儒釋道教之權，管天地人才之柄。」又云：「文衡武備，監察分明，統成三教，克盡五常。」《聖帝大解冤經》云：「宣化筵中，皈依三教，輔相昭明，靈機感應。」儒、釋、道三家思想在民間各有其教化的成效，經長時間信仰的流傳，已與社會文化結合，因此誕生於民間的新興教派必定走向三教會通的路上，但是為了提高其宗教地位，又認為三教只是天道的化身，該信仰是直接契合天道，是在三教之上。雖然是在三教之上，但可透過三教教義來完成天道。據該信仰晚出的《三教金剛身》一書，將三教統稱為崇教，云：「天下人不可能無崇教之信仰，以崇教者乃是代天宣化濟世度眾之任務，導人為善，守天理，存良心，行道德，渡人修行回鄉。故以有等皈依於儒教為聖家門徒學道修行，有等皈依於道教為道教門徒學道修行，有等皈依於釋教為佛家門徒學道修行。各部門都有傳教崇旨教人修性修命，修身立德。」三教都是代天宣化，勸化人心，用來輔助天道的流行，而當今真正代天宣化傳達神旨，輔助社會教化，以天意來佈道於人，則自認為是該信仰的擔當重任。

就善書的扶鸞內容，教派意識相當模糊，如《忠孝忠義真經》道教色彩較為濃厚，即〈長跪奉禮〉云：「仰啟三清境，無上三境尊。仰啟大羅天，無上玄穹主。」但在〈真志心懺悔〉中含有佛教的名相與思想：「貪嗔癡愛縱三心，喜怒愛惡增七慢。歷劫罪愆難記憶，多生業垢莫能量。」佛、道兩家名相與思想相互混用，成為民間善書的主要特色，而融合的動力似乎來自儒家的道德思想，如《明聖經》云：

> 心者萬事之根本，儒家五常，道釋三寶，皆從心上生來。仁莫大於忠孝，義莫大於廉節，二者五常之首，聖人參贊化育者此而已，仙佛超神入化者此而已。自有天地以來，這個無極太極之理，渾然包羅，古今長懸，諸帝王聖賢仙佛，萬經千典，只是明此理，成此事而已。

強調「心」的認知理性，肯定人的主體精神，透過自我的體驗來完成宇宙造化之功。其云：「萬經千典，只是明此理。」頗接近陸象山「六經皆我註腳」的心學，一切宗教思想皆是個人主體生命的呈現。這種宗教觀念已不單純是信仰的問題，包含了人性自覺的道德審察。但是此一信仰，又將「人心」歸於「天心」，認定道德來自於上天的教化，萬經千典只是在感通天理，如此是將儒家思想予以宗教化。這種宗教化的儒家思想當然不同於人文化的儒家思想，卻是本土文化的涵攝而成，彰顯出民間的文化特性，有其時空的價值與意義（註40）。這種文化涵攝與民間的包容性格有關，如《關聖帝君救劫永命經》把三教經書合一云：「可望之有志，將其性道證諸真經，深則大洞、金剛、心經、道德、黃庭、高王、本願等經，淺如皇經、明聖、覺世、陰騭、金科、玉歷、感應等編，列聖全書、三教經文、宇宙善書，無乎不可；群仙遺本、諸真寶訓、幽明法語，有感皆通。果能遵行，雖一經一文已足，莫如參透，更多聞多見愈明。」強調「有感皆通」是指性道已有體會，此一體會的道理是一致共通，一切勸化經典無外乎在宣化此一共理。這是由宗教立場談人生的道理，把道德基源於宗教，與儒家把宗教基源於道德，強調極高明而道中庸的道德主體性，在本質上差異極大（註41）。

此一信仰的主要宗教活動是在於扶乩飛鸞以宣傳神旨，藉靈媒來溝通神靈與人世。扶箕的靈媒活動，是以盤承砂，以桃柳彫鸞狀為筆，由兩人扶之，任由神明在砂盤上揮毫題字。這種強調神人相互感通的降筆法術，大多停留在巫術信仰的階段，以洩露一個神秘的世界與意想不到的事物，來引起人類對玄奧超能力量的皈依，及追求捷徑以安頓生命的存在，是充滿神秘氣氛的原始信仰（註42）。在今日漸趨理性的文明社會，民間的宗教信仰反而因巫術的超能，側重在神靈的感通，這不是單純的信仰問題，也牽涉到人類對生命存在所引起的心理問題，馬凌諾斯基（Bronislaw Malinowski）曾云：「我們站在遠處、高處、進步文明的聖靈之峰，自然很容易看出巫術的一切粗野和荒誕，可是沒有巫術的力量與指引，初民難以克服所遭遇的困難，也不能進入文化的高階段……我們必須瞭解包含於巫術內的希望，崇高而癡戇，卻是人性的最佳養成所。（註43）」科技的時代並未真正解決生存問題，仍有待宗教從神秘的超感力量，來安撫其內在的心理。

許地山著《扶乩迷信的研究》一書，是目前對扶乩此一信仰研究較完備的書籍，其結論是：「扶乩不過是心理作用的一種表現，當一種知識去研究它，當會達到更瞭解心靈交感現象的地步。若只信它是神秘不可思議，沙盤上寫什麼就信什麼，那就會墜落魔道了。假如我們藉扶乩能夠對於國政有所施設，也不過就是從舊觀念裡找出來的，還不如信賴科學來使人

註40：同注釋37，頁171。
註41：參閱牟宗三，《中國哲學十九講》（臺北：學生書局）第四講儒家系統之性格。
註42：基辛，《當代文化人類學》（于嘉雲、陳恭啟譯，臺北：巨流圖書公司，1981）第19章宗教—儀式、神話和宇宙觀。
註43：《巫術、科學與宗教》（朱岑樓譯，臺北：協志工業叢書出版公司，1978），頁68。

類在精神與物質求得進步。」又云：「希望讀過的人能夠明瞭扶乩並不是什麼神靈底降示，只是自己心靈的作怪而已。在這裡頭，還可以使我們注意的，是許多扶乩故事都是反映我們民族底道德行為與社會政治生活底。（註44）」從鸞書的文字、內容分析，它反映出民間的知識水準，正如許地山先生所云是心靈作用底一種表現（註45），也可說鸞書是民間文化智慧的集體創作。但是許先生是從科學的立場來批判此一信仰活動，這也正是目前在處理民間信仰時所遭遇到的難題，是該視之為宗教呢？還是視之為迷信呢？李亦園解釋「迷信」為：「凡是經驗技術與知識所能解決的事而不以之為解決的手段，轉而求之於神靈或超自然的都應視之為迷信。（註46）」關聖帝君信仰雖以神明的力量做為主要訴求的對象，但是此一信仰吸收了釋、道二教的宗教精神，並偏重在儒家的倫理道德來疏導存在的挫折與困頓，仍有「完美目標」與「理信」的成份存在（註47）。這種介於宗教與巫術之間又受民間文化支配的信仰現象，經由宗教英才的集體創作，已非單純的薩滿信仰，有其對社會生態環境的宗教整合功能與輔助個人的道德涵養，維持其生存應具有的人際間倫常結構。

四、關公信仰的道德思想

許地山認為扶乩的內容，反映了民族的道德行為與社會政治生活，亦即來自於傳統社會的通俗教化，表達民間共通的文化意識，這種文化意識是民間的智慧遺產，但是站在純知識的立場，難免會有鄙視的心態，如許先生的門生黃華節批評該信仰善書云：「關帝經所諄諄教誨的道德義理，全都是一些不成系統的陳舊思想，並雜糅得厲害，語其種類，不外抄襲儒、釋、道三教的通俗倫理思想；語其綱領，不外忠孝節義、因果報應、輪迴轉劫等等的陳腐觀念，沒有一樣是它自己獨創的。（註48）」又云：「所有關帝經，全是俗流的胡亂濫造，藉關公的名，來欺蒙信士，內容雖然閃現一點道德觀念，但也不過是儒、釋、道三教一些通俗信仰的雜糅，而其迷信色彩濃厚，卻把它所敷陳的道德教訓，玷染得黯淡無光，無論據哪一個標準來評量，都夠不上稱為一個宗教道門的經典。（註49）」文化是有層級的差別，純粹知識

註44：同注釋18，頁108。

註45：鸞書的內容不離民間固有的知識與傳說，應是心靈作用的表現，但這牽涉到民間的宗教心理，已非單純知識與理性的問題，不能單純以真假判斷之，有待繼續研究。

註46：同注釋34，頁63頁。

註47：同注釋34，頁40～43。

註48：同注釋5，頁193。

註49：同注釋5，頁195。

理性的文化傳統，是來自於知識份子自覺的理性反省，黃先生對此信仰的批評正是以知識份子的文化素養來反省民間的文化現象，也自有其意義與價值。然而民間由實際生活衍生的大眾文化，常是不自覺的，負有因應變局的流動性文化現象，就本質而言，是實際生活的經驗累積，存在著庸俗與非理性的文化成分，若單只是隔靴搔癢的批評，不如深入民間的文化意識，探求社會文化形成的內在基因及其特色。尤其，近年來大眾文化的抬頭與普遍流行，已引起了知識份子的注意與關懷，不再全般否定民間的文化現象，能以客觀理性的態度揭發其整體面貌，從本質的分析來疏導其內在的衝突與困惑。

就善書內容言，確實是抄襲儒、釋、道三教的通俗倫理思想，只是三教通俗信仰的雜糅，在重神通鬼神的巫術儀式中，使得三教倫理思想淪落為神明的附屬權威，道德建立在契求福報的相互關係上，道德的主體性無法展開，仰賴外在神明意志來扶持人類生命的自覺自證，然而這種宗教型態也有其自身的思想結構，以神明的權威性來架構維持生存的道德倫理，有著特殊的表達方式。

此信仰重視道德以為修道之本始於《忠孝忠義真經》，其詩偈云：「忠孝立身本，即此是修義。完全是行果，不實如禽獸。無量諸法門，悉唯一念起，遠離諸罪垢，從斯得解脫。」個人德性的圓滿是為了學修真道，修道的旨意在於超凡入聖，獲得解脫。以解脫為目的的道德修養，是將道德基於宗教，亦即德性行為受到外在不可知超越力量的支配，而非人自身主體性的明覺。而此超越力量則極權威而又無所不在，人必須完全皈依，才能獲得生存。在《忠孝忠義真經》氣數章第三，即將人之性命繫於天命氣數，如云：

人稟氣數，乃得生身；風土不同，稟受自異，故謂之氣。智愚不同，清濁殊度，故謂之數。數繫於禽，氣繫於天，務須學道，以全其元，愚可以智，濁可以清。諦聽吾言，勿虛爾生。

人稟氣數，氣又係於天，強調天人的相互感應，其彼此的關係，是以宗教的權威做為人倫道德的根源。學道修道的目的在於人稟之於天，彰顯天的神意與宇宙的秩序。由此可知，人非宇宙化生的主體，而是為了透露神意而存在，只有學道獲得解脫，才是生命的意義。

人稟氣而生，是認定人是依照自然法則而變化繁衍，此自然法則若單純只是天道，可以發展出老莊以虛無體道的宇宙論，或者易傳中庸以內在德行轉化天命運行的形上學（註50）。可是民間仍殘留著原始宗教信仰，以人格神的天志為指歸，將使由合理思維所構成的形上學或宇宙論又下墜到以天的意志為核心的宇宙論，由天的權威與神能來維持社會的正義與個人

註50：參閱徐復觀，《中國人性論史》（臺北：臺灣商務印書館，1969）第5章、第7章、第11章、第12章。

的福壽。因此人必須洞知天的意志才能解災除禍，如該經命運章第十二，強調命運主宰人生，唯有瞭解命運，才能化除災禍：

人稟命運，萬有不齊，富貴貧賤，各安其軀。五行奇蹇，九曜更變，年逢刑沖，運或尅戰。孤辰寡宿，羊刃劍鋒，祿逢於敗，馬落於空。動用凶危，行藏坎壈，何以禳禦，自反自省。三官解災，五方解厄，諦聽吾言，順守不忒。

人欲化除命運的坎坷，必須遵循天志，而天志要求人自反自省，上天是以仁義化生天下，人稟仁義可以上體天心，獲得福祿，解除災厄。故「順守不忒」是以天的意志來要求人依天行事。

為什麼上天要以仁義化生天下呢？可能採取墨子「上利於天，中利於鬼，下利於人」的功利思想（註51），認是天在維持人間的正義與福址，如該經太樸章第十五，說明天人之間的交互關係：

大樸既散，仁義乃興，禮樂既作，奸邪斯行。六義既失，四民有爭，上不寬恕，下不忠貞，全家疾病，死亡橫生，消耗財物，累歲官刑。性命枉逝，災害相仍，穢雜交染，骨肉伶仃。如此人世，那能平安？諦聽吾言，敦敘五倫。從謙從厚，必信必誠，守法安分，勿貪勿爭，災消禍滅，百福咸臻。

在該信仰的思想脈絡裡，社會秩序的敗壞，在於宇宙秩序的混亂，人失去了純粹樸實的天命，無法再依賴天命來維持人間的正義與公理。聖人的制禮作樂提倡仁義，目的在代天行道，但是維持生存的源頭已經喪失，導致人民的生活混亂無主近於禽獸，故云：「如此人世，哪能安平？」維持社會的秩序要上溯天命，其法務在「敦敘五倫」，因為上天極為關懷人間事務，倘若任何人都遵守社會的正義，在思想上與行動上凝聚成一體，上體天心，下得人和，福報自然來臨，災禍必定消退。

人間的災禍，社會的混亂，是因人失去天心，迷思本性，是自造罪孽，非上天不悲憫下民，如《玄靈玉皇懺》云：「慈憫下界眾生，迷昧靈性，廢弛綱常，男不遵忠良，女罔敦貞節，八德廢，五常棼，無禮義，寡廉恥。視道德為迂闊，講仁義為贅疣，不敬天地，不重三光，強以欺弱，富以凌貧，無怪乎刀兵水火瘟疫饑饉諸劫，連年荐臻，此皆由眾生造孽所招，非

註51：參閱勞思光，《中國哲學史》（臺北：文華圖書供應社），頁218。

帝不哀憫矜恤也。」因為人的非理性行為，導致劫難，說明宇宙秩序來自於人的道德，如果人人都能以天的意志為核心，實踐道德，就能展現一個理想性的完滿社會。這個理想性的社會，是人皈依於天，企求天大發慈悲，解除罪業，非由道德主體性呈顯而來，如《玄靈玉皇懺登極品一，說明將道德根源於宗教的基本形態：

> 吾昔南天文衡帝君，三期普渡，劫挽延康，洞冥蟠桃，請頒慈航，功高德大，勸化萬方。萬仙推尊，禪讓玄穹，金母懿旨，正統纘承，甲子登極。吾執玉綱，凌霄威鎮，燮理陰陽，世界寖衰，廢弛綱常，惡人黑籍，堆積如峰。釋迦佛祖，太上老君，至聖先師，同奏玄宮，大赦天下，啟迪愚蒙，憫萬民之苦難，解兆庶之災殃，身離金闕，親著寶章，善哉三教，大發慈衷，吾述寶懺，赦罪願洪，千祈萬應，靈驗異常，解冤消業，成德無窮，願爾天下眾生，急消宿業，諦聽帝諭，志心皈命，百拜投誠。

上天的職責在能「憫萬民之苦難，解兆庶之災殃」，依此天心，行天之道，佈天之德，勸化萬靈，志心皈依，改惡從善，以通神明的德性，來安頓萬物的生存。人的道德純粹是神明給予的，由於神明的慈悲，人才有體天道的可能性，再度地使道德重行人間，維持社會的正義秩序。為了宇宙秩序得以運行，人必須受命於天，對神明的投誠與信服，才能急消宿業，獲得福報。宿業的觀念來自佛教，在《關聖帝君大解冤經》一書仿照佛經，說明宿業的由來，與解冤的辨法，要求人們修身立德，以獲得神明的保護，即是道德含有宗教的目的，如云：「傳此解冤秘錄，俾爾生民謹遵，各能修身立德，果然誠意正心，人口皆安吉慶，禎祥擁集善門，所謀如意而獲，願將功果圓成，並得希賢希聖，何難成佛成真。」道德寓有宗教的目的，道德的實踐，是為了神明的賞賜，能安吉慶擁禎祥，進一步靠個人自我生命的努力持修，以獲得神力來成佛成仙，解脫生死。這種為了解脫的道德實踐，絕非生命主體性的自覺，不可以儒家的道德觀視之，雖然其道德條目是相同，但由於本質的不同，而存有彼此間的差異。

如儒家言「慎獨」是經由誠意正心的道德主體，從外收攝向內的功夫，在戒慎謹慎的深刻省察之下，呈現生命的本真，通物我而備萬德的精神狀態，但是《關聖帝君覺世真經》則從欺心即欺神的觀念下，認為慎獨是避免神明報應；「凡人心即神，神即心，無愧心，無愧神。若是欺心，便是欺神，故君子三畏四知，以慎其獨。勿謂暗室可欺，屋漏可愧，一動一靜，神明鑑察，十目十手，理所必至，沉報應昭昭，不爽毫髮。」道德的行為不是自性的無限展開，而受限於超越的神明，在報應昭昭之下，不敢做出非道德的行為，這是在天志淫威中屈服，受制於左右人事又主宰宇宙的天神。

民間的人際關係與倫常思想，大致受儒家教化的影響，又受宗教信仰的支配，如《玉皇普渡聖經》云：「玉皇大天尊玄靈高上帝曰：修身齊家，治國安民，仁義禮智，必須奉行，願爾世人，咸聽朕命，以消浩劫。」仁義禮智是五常的德目，在儒家的道德哲學體系裡，是成己成物的德性實踐，在自己生活中浮現出生命自覺的精神狀態，但是民間不僅條理化，落在實際的人事運作中談對應之道（註52），且加入謹慎奉行以消浩劫的神秘功能，仁義禮智已非個人的道德行為而是一種通向永生的秘訣，如該經云：「上述仁義禮智，乃是立身之本，願爾天下蒼生，無疑了悟奉行，同登樂善之天，勿墜幽酆之路。」仁義禮智的德目內容，該經詮釋如下：

仁者，慈悲為懷，矜孤恤寡，敬老憐貧，濟物利人，戒殺放生。親切和順，人能行之，好生之德，上合天心。

義者，公正無私，無諂無驕，不淫不佚，輕財樂輸，見危必救。善惡之心，人能行之，穩卜帝德，萬事回春。

禮者，有尊有敬，有威有儀，無偏無黨，文質彬彬，節己之欲。揖讓之心，人能行之，以離諸怨，天下皆親。

智者，知時識務，戒欺求慊，觀察想像，能辨是非，好善不倦。樂天知命，人能行之，諸神護佑，唯德是輔。

是以社會道德來詮釋仁義禮智，是基於社會群體的需求，建立而出的個體間道德法則，其目的在於維持人際倫常的和諧，用「人能行之，諸神護佑」的神秘力量，產生對非道德行為的禁忌作用，及加強道德行為的功利效能。將道德與社會配合，架構出規範化的道德條目，是缺乏了沈潛反省發自於內的主體性道德功夫，因此轉向於神秘的神力皈依，故屢云：「人能行之，好生之德，上和天心。」「人能行之，穩卜帝德，萬事回春。」道德行為在於符合上天的好生之德心，以求得神明的恩德，達到萬事如意，是藉神明的權威性來維持社會的穩定及肯定人類道德的價值。

因為重視社會的道德規範，除了強調正面的道德條目外，也從負面的罪惡報應，談行為的禁忌，該信仰最大的禁忌是「淫」字，《覺世真經》云：「淫為萬惡首，孝為百善先。」《關聖帝君降筆真經》云：「設計偷覷女色，自己唯薄宣淫，弄手誆騙財物，輩輩嫖賭淪深，比比爭能爭勝，往往越賤越貧，快快收心猛省，休休愈墮愈深。」人間的詐欺，是社會混亂的根源，而「淫」又是一切罪惡之首，往往因「淫」而造成詐欺等所有罪惡。在關聖帝君的善書裡有一部《戒淫經》即重視對社會風氣的影響，其書一開頭亦云：「淫為萬惡之首，孝乃百行之先。」著作的目的在於針對當今社會淫樂醜惡的百態，云：

註52：民間有其自成系統的道德規範，參閱鄭志明，《從臺灣俗諺談傳統社會的處世哲學》（臺北文獻直字第74期，1985）。

晚近以來，洋風新潮，凌襲中土，男女變相，衣冠怪異，廉恥盡拋。有以暴露招搖，亂愛種孽，未婚失貞者，或經營百業，耍千奇花招，明現春光妖浪，暗藏誨淫迷渦，多少志士淪落其間，無盡學子遊蕩忘返。萬商可營，淫業孽重，阿鼻慘刑嚴罰，子孫惡報臭名不斷。莫謂徜徉，尋歡可樂，縱以銀錢交易，靈性難免污穢，雖無旁觀耳目，暗室自感虧心。邪思既起，惡念滋生，身家喪失清白，心田毒苗生根，萬世孽業從此糾纏，累劫輪迴無休矣。幸而迷途未遠，今是昨非，有志聖賢，改過不吝，則彌天之罪，一悔便消。

現實社會，道德秩序的破壞，由神明來支撐起民俗民德，架構出一套賞罰的系統，規定世人共同遵守與不可觸犯的事項，尤其以神明權威與善惡報應事實，來阻止惡劣行為的運作，以達到淨化人心，制裁社會的效力。然而偶一為錯，能當下回頭，神明也能展現無限的愛與理性加以包容，拓開人性至高的忠誠，如《玄靈玉皇懺》云：「玄靈寶懺，功德無量，大赦人間罪惡，普濟天下生民，過去曾犯姦淫邪盜，有虧忠孝貞節，以致重病不痊，鬼妖剋害，臨盆難產，盜賊頻擾，如之反省，聲讚洪名……吾當令……一切神祇，廣施徵應，大顯神通，天地無嗔，陰陽無礙，鬼神不得侵陵，神煞不得擾害，消災解厄，轉禍為福，免受禍劫，以致慘傷。」

這種依賴神明以消災得福，雖然必須個人一心向上，追求道德的實踐，但是有了解脫的意念，道德的實踐只是解脫的工具而已，其目的在於「同赴龍華」，獲得永生。以《玄靈玉皇懺》的禱文作結：「茲則日趨正道，廣結善緣，覺今是而昨非，勤修真以鍊性，五蘊皆空，四相俱了，道心自在，萬法圓融，入菩提之路，登般若之門，超脫塵劫，同赴龍華，無任懇禱之至。」

五、結論

關聖帝君信仰善書代表了民間文化水準與意識形態，其就宗教形上學而言，不同於儒家、道家的宇宙意識（註53），是來自於民間故有的宗教意識，但是將宗教與道德配合，強調以道德行為為核心的宗教，受到傳統教化的影響，可知中國的民間一直受到上層文化的指導，民間文化與上層文化有相互融合的傾向。

余英時在〈文化危機與趣味取向〉一文中指出：「現代東方人常把文化分為上層和下層，高級和大眾。中國文化也未嘗沒有君子與野人或士大夫與民間之分，不過整個地看，這種分別在中國似只是程度的不同，而不是像西方那樣成為互相對立排斥的兩大類。（註54）」中國

註53：蔡英文，《天人之際——傳統思想中的宇宙意識》（《中國文化新論天道與人道》，臺北：聯經出版事業公司，1982）。

註54：余英時，《文化危機與趣味取向》（中國時報75年1月1日第8版副刊）。

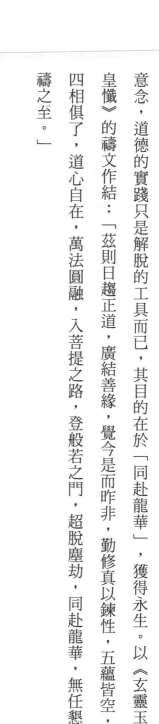

的民間文化能反映出上層文化的特質，所謂「禮失而求諸野」但是這種在野的文化，在本質上已有改變，雖形似而體異，受到民間意識形態的牽引。

今日的社會變遷愈鉅，上層文化在新舊的潮流的衝擊下，存有著調適與創造的能力，在知識分子的熱情關切，展延歷史文化的整體生命，通過時代的考驗。同時，民間文化也在自我調整，以渡過文化交替與社會轉型的過渡期，其表達的方式，值得我們加以注意與疏導，再度建立一個合乎理性的社會人生。

關帝信仰在臺灣之探析

林翠鳳
國立臺中科技大學應用中文系教授

一、前言

傳統信仰中，關帝以「智勇忠義」的完美人格情操，被推為「武聖」，讚其為「大丈夫」（註1），歷代褒封累增，神格愈顯尊貴非凡。在傳統社會儒、釋、道三教合一的思想中，關帝信仰成為三教共同尊崇的聖賢，相輔相成的，關帝信仰愈加廣為流傳，而當政者的青睞，更增加了推波助瀾的作用。

關公既是戰神，也是財神；既是帝君，也是護法；既是凡夫，也是神尊。歷史上很難找到像關公一樣，一身兼具多重信仰型態的多樣神格。且迭經歷史的變遷，而聲望愈加崇隆。凡華人地區，幾乎皆有關帝信眾的足跡。臺灣也不例外。

註1：臺南祀典武廟匾額，今存廟中。

關公隨著大陸移民者的腳步來到海島臺灣，庇佑先民開疆拓土。在臺灣拓墾的數百年中，經由時空背景差異、政治需求、生活需求的不同、社會民心的轉變等，關帝以不同的身分、形象或精神，啟示著人們，而展開層層推進的信仰歷程。

本論文期望透過臺灣開墾初期（明清之交）、人文初盛的清代中期、以及新世紀的當代社會三個階段，凸顯關帝的三大神格特色，以彰顯人神之間身心相依的緊密關係。

二、臺灣最早的關帝信仰圈——明鄭時期臺南地區

關帝信仰在臺灣，從方志紀錄中可知至少淵源於明鄭時期，迄今已經350餘年。臺灣的方志編撰始自清初，綜理臺灣最早期的清初諸方志，試尋早期的關帝信仰：

「關帝廟，一在府治鎮北坊。康熙二十九年臺夏道王效宗重建。因舊址而增廣之，棟宇加麗；後構禪室，以住僧焉。」（註2）

「關帝廟　在鳳山縣者，一在安平鎮。廟宇新建，堪稱宏麗。一在土墼埕。其像先在烈島。有賊犯島中，居民震恐；是夜，見神青巾綠袍、大刀駿馬巡海馳擊，賊遂逃去。後島民來臺洪姓者，鳩眾立廟祀之。」（註3）

「關帝廟：一在善化里目加溜灣，偽時馬兵營吳大明募建，年久傾圮。康熙二十三年漳浦營千總陳某重修。五十年，監生林嘉樑同耆民重建。」（註4）

「西定坊：大關帝廟，偽時建。康熙二十九年，臺廈道王效宗修。五十五年，臺廈道陳璸重修。五十六年，里人鳩眾改建。棟宇華麗，工巧異常，大非昔比。原寧靖王親書其匾，曰『古今一人』。」（註5）

「西定坊：小關帝廟，偽時建。五十八年，里人同修。在小關帝廟巷內。」（註6）

「東安坊：黃檗寺，康熙二十七年，左營守備孟大志建。三十一年，火。三十二年，僧募眾重建。前祀關帝、後祀觀音三世尊佛。」（註7）

「寧南坊：關帝廟，在道標營盤。開闢後，合標同建。」（註8）

註2：臺灣文獻叢刊第六五種高拱乾《臺灣府志・卷九・外志・寺觀（附宮廟）》頁219。

註3：臺灣文獻叢刊第六五種高拱乾《臺灣府志・卷九・外志・寺觀（附宮廟）》頁221。

註4：臺灣文獻叢刊第一四一種周鍾瑄《諸羅縣志・卷十二・雜記志・寺廟》頁282。

註5：臺灣文獻叢刊第一0三種陳文達《臺灣縣志・雜記志九・寺廟・在西定坊》頁209。「古今一人」匾為寧靖王朱術桂所題，上署「己酉年秋吉旦」，己酉年為明鄭永曆23年（1669）。復刻匾於民國100年（2011）10月10日重新高懸於武廟。

註6：臺灣文獻叢刊第一0三種陳文達《臺灣縣志・雜記志九・寺廟・在西定坊》頁209。

註7：臺灣文獻叢刊第一0三種陳文達《臺灣縣志・雜記志九・寺廟・在東安坊》頁207。

註8：臺灣文獻叢刊第一0三種陳文達《臺灣縣志・雜記志九・寺廟・在寧南坊》頁210。

「永康里：關帝廟，一在許厝甲，偽時建。係茅屋，開闢後易茅為瓦，鄉人同建。一在保舍甲，偽時建，臺廈道陳璸匾曰：『停驂默禱』。」（註9）

「長興里：關帝廟，偽時建。五十九年，鄉人同修。」（註10）

「新豐里：關帝廟，偽時建。」（註11）

「關帝廟：在鎮北坊。偽時建。康熙二十九年，臺廈道王效宗修。五十五年，臺廈道陳璸重修。五十六年，里人鳩眾就原址重建，壯麗異常。原寧靖王親書匾額曰：『古今一人』。雍正五年，奉旨春秋祀以太牢，仍追封三代；祠在後殿。一在西定坊港口。一在土墼埕。一在安平鎮。一在道署左側。一在許厝甲。一在保舍甲，臺廈道陳璸匾曰：『停驂默禱』。一在長興里。一在新豐里。一在保大東里。一在澎湖媽祖宮西側。」（註12）

統合以上各條，凡清人所稱「偽時」皆指明鄭時期。其所在位置（註13），依各方志條陳如下：

康熙35年（1696）高拱乾《臺灣府志》（高志）：

一在府治鎮北坊：今臺南市中區，稱大關帝廟，即祀典武廟。

一在安平鎮：今臺南市安平區。蔡相煇以為是明鄭時建立。

一在土墼埕：今臺南市中西區。蔡相煇以為是明鄭時建立。

康熙53年（1714）周鍾瑄《諸羅縣志》（周志）：

一在善化里目加溜灣：今臺南市善化區。

康熙59年（1720）陳文達《臺灣縣志》（陳志）：

一在西定坊：稱大關帝廟。此與高志所記「府治鎮北坊」的背景類同，為今臺南市中區。

一在西定坊：稱小關帝廟，即開基武廟，今臺南市中西區。（註14）

註9：臺灣文獻叢刊第一〇三種陳文達《臺灣縣志・雜記志九・寺廟・在永康里》頁212。

註10：臺灣文獻叢刊第一〇三種陳文達《臺灣縣志・雜記志九・寺廟・在長興里》頁213。

註11：臺灣文獻叢刊第一〇三種陳文達《臺灣縣志・雜記志九・寺廟・在新豐里》頁213。

註12：臺灣文獻叢刊第七四種劉良璧《重修福建臺灣府志・卷九・典禮（祠祀附）・祠祀（附）・臺灣府》頁305。

註13：參洪敏麟《臺灣舊地名之沿革》。南投：國史館臺灣文獻館，1980年1月。

註14：臺南市大小關帝廟所在里坊，於文獻記載中頗見出入，清代諸志或曰鎮北坊，或曰西定坊。據學者陳昭吟考察：大關帝廟原屬鎮北坊，康熙晚期里坊改制後劃歸西定坊。小關帝廟則都在西定坊。請詳陳昭吟〈臺南市大小關帝廟在文獻中的里坊釐辨〉，《臺灣文獻》60：3，頁135～170，2009年9月30日。

一在東安坊：今臺南市北區。（註15）

一在寧南坊：今臺南市中區。

一在永康里：一在許厝甲，今臺南市永康區。

一在永康里：一在保舍甲，今臺南市永康區。

一在長興里：今臺南市仁德區。

一在新豐里：今臺南市關廟區。

乾隆七年（1742）劉良璧《重修福建臺灣府志》（劉志）：

一在道署左側：道署為「臺灣分巡道按察使之巡道署」之簡稱，在西定坊，今臺南市中西區。

一在保大東里：今臺南市新化區。

一在澎湖媽祖宮西側：今澎湖馬公市。

由以上清楚可見：明鄭時期今大臺南市各區已普遍建置關帝廟，也是臺灣最早的關帝信仰圈。而政經中心的承天府治所在地尤其密集。延平郡王鄭成功於永曆15年（1661）12月初逐出荷蘭人，克復臺灣，稱臺灣為「東都」，置承天府，設府治於赤崁樓，劃為東安、西定、寧南、鎮北四坊。據方志記載，府治四大坊皆已一一建置關帝廟，足見關帝信仰在漢人初期大量移民臺灣的明鄭時代社會中，具有高度的重要性。

而大關帝廟所受到的推重，格外崇高。以其所受到的建築宏麗，屢頹屢建，歷明清兩代追封享祀，褒賜豐隆，儼然已是臺灣第一關帝廟，地位特別崇高。

考明太祖朱元璋興建關帝廟於金陵（今南京），題匾贊為「漢前將軍壽亭侯廟」。萬曆甲寅十月，賜九旒冠、玉帶、龍袍、金牌，敕封為「帝」，頒行天下。關帝威望名震天下，達於顛峰，臺屬各地，所在多有。

三、文衡化育的官祠——彰化關帝廟與崇文社

彰化設縣於清雍正元年（1723），關帝廟興建於雍正十三年（1735），為當時彰化知縣秦士望主持，是清代官方所祭祀的祠廟，至今已屆277年。其建築風格與雕飾以簡樸爽朗為特色，氣勢肅穆典雅，合乎官建寺廟之體制，格局構造足以做為清代武廟建築形式的代表，

註15：黃蘗寺據林衡道《臺灣史》：相傳為明鄭諮議參軍陳永華故宅。

經核定公告為縣定古蹟，受到保護。（註16）

彰化關帝廟原創基於城南，可惜經營不繼。至知縣秦士望接篆之後，於雍正十三年（1735）捐俸鳩工倡建，終於落成，撰〈關帝廟碑記〉（註17）一篇記其盛。知縣張世珍復於乾隆二十四年（1759）主持重修，撰〈重修關帝廟碑記〉（註18）。此二者的原碑刻，目前仍保存在關帝廟內，（註19）是重要的歷史文獻。迨知縣胡應魁調任彰化，因有感於彰化自林爽文、陳周全事件之後，歷經滄桑，廟宇多遭焚毀，關帝廟受損尤為嚴重，遂與地方士紳共議遷廟，移建於南街同知署故址（今日現址）。嘉慶五年（1800）重修落成，撰〈重修關帝廟碑記〉（註20）。道光九年知縣李廷璧整修。（註21）

關帝廟的修建，一方面固然是對關帝熾盛崇拜的時代風氣，一方面也是寄望藉由信仰產生薰陶化育的作用，知縣秦士望撰《關帝廟碑記》有云：

我彰邑荒昧初開，民番雜錯，沐聖朝雍熙之化，漸知服教畏法；若更感之以帝德、懾之以帝威，則其鼓舞益神。……夫自古忠臣義士，生為正人，歿為神明，皆足以奠俎豆、享血食；然或祀隆於一代，或廟建於一方，……自漢迄今，日新月盛，唯帝一人。論者謂：其德配尼山，聖分文武，忠同日月，氣塞天地。

官員推崇關帝的武德、忠義與正氣，主要在欲依神道設教，使民知敬畏，而能遵守倫理君臣父子綱常，特別是關帝的忠義典型，尤能軟化族群對立，達到宣揚忠孝節義的教化意義，實質推進百姓對朝廷的效忠，及對儒家禮教的遵循，助益於政治的統治效果，以及教化的提升。類近的意思也重複見於張世珍〈重修關帝廟碑記〉（註22）。

註16：由於武廟為清官方祭典的廟宇，彰化關帝廟建築型制較為簡樸，木構建築只髹漆無彩繪，斗栱的造型平實渾厚，許多斗拱組構省卻斗之做法，表現簡單力學之美，樸實內斂。彰化關帝廟現址：彰化市民族路 467 號。參「彰化縣古蹟暨歷史建築資訊網」，網址：http：//mus.bocach.gov.tw/index.jsp?ind=9&id=17。

註17：臺灣文獻叢刊第一五六種秦士望《彰化縣志．卷十二．藝文志．記．關帝廟碑記》頁 451。據秦氏碑記載：「前之宰是邑者，創基於城南，而經營未就，殿宇仍缺。予不自揣，竭蹶踵事，庀材鳩工，五閱月而廟成。」查「前之宰是邑者」，秦士望為彰化建縣後第八任知縣，其前任知縣為陳同善。也可能是在之前的任何一任知縣。第一至六任知縣依序為：談經正、張鎬、湯啟聲、張與朱、路以周、張宏章。見《彰化縣志．卷三．官秩志．文秩》頁76。可知關帝廟的創建是在秦士望之前奠基。

註18：臺灣文獻叢刊第一五六種張世珍《彰化縣志．卷十二．藝文志．記．重修關帝廟碑記》頁 452。

註19：秦士望〈關帝廟碑記〉原碑今存臺灣彰化市關帝廟，130×58 公分。張世珍〈重修關帝廟碑記〉原碑今存臺灣彰化市關帝廟，164×74 公分，額刻「武廟碑記」四字。《石刻史料新編》第三輯（17）《明清臺灣碑碣選集》，頁 138～139。臺北：新文豐圖書公司，1986 年。

註20：臺灣文獻叢刊第一五六種胡應魁《彰化縣志．卷十二．藝文志．記．重修關帝廟碑記》頁 453。

註21：臺灣文獻叢刊第一五六種秦士望《彰化縣志．卷五．祀典志．祠廟．關帝廟》頁 154。

註22：張世珍〈重修關帝廟碑記〉曰：「夫以帝之忠義聖武，扶彼炎漢，翊我皇清；尊親之戴，華夏一心。臺雖海外荒服，而猶是天地覆載之區，與日月霜露照墜之地，神靈之呵護，人被其賜。其賢者達於義理，其匹夫亦動其愚誠。」

今彰化關帝廟神尊聖前供桌大書「山西夫子」四字，關帝生前出生於山西（註23），故稱，而這是儒家的尊稱。彰化關帝廟的關聖帝君，實則亦常被尊稱為「文衡聖帝」，並奉祀之。「文衡聖帝」為儒教稱關公，效法關聖帝君忠直之心，定靜安慮，而視之為文教守護神，也為百姓們尊為五文昌帝君之一，被視為考試功名之神。彰化關帝廟在清代以官祠而受崇隆，日治時期「崇文社」創立並設址於關帝廟，官民致祭香火不斷，而尤重於文昌崇拜。崇文社的前身是一個祭祀文昌帝君的神明會，因為有感於當時道衰文敝，遂於大正六年（1917）成立之（註24）。崇文社成立之初特別假關帝廟恭迎倉頡、沮誦二聖，安座開幕，舉行盛大祭典。以當時報紙的新聞報導，可以得見當時祭祀盛況。如：

> 去六日辰刻，彰化崇文社，舉行盛大祭典於南垣武廟恭迎倉頡、沮誦聖人，開幕安位式典。主祭官井野邊支廳長，陪祭官長井彰化公學校代理鈴木教諭、吳參事、張區長……人數亦六、七百人，衣冠整齊，嚴肅而行，接民恭設香案。點燈結綵，洵一時盛況也。（註25）（大正六年）

此後定期春秋二祭，報端亦得見預先公告，如：

彰化崇文社，於十月二日（即農曆八月十五日）致祭關帝、文昌、倉頡、沮誦四聖。……（註26）（大正14年）

彰化崇文社，歷年春祭，於上元日（即國曆二月二十八日）午前七時，致祭文衡聖帝、文昌帝君、倉頡、沮誦聖人。（註27）（昭和9年）

以上，可見在日治崇文社時期，關帝廟的關聖帝君被較多地著眼於其「文衡聖帝」的身分，祈請鼓舞文昌，盛明文教。崇文社經常透過徵文，長期關注漢人傳統與殖民現代的統合與差異，使得以關帝廟為中心的此一地區，早已成為文化重鎮。凡此做為，目的在鼓吹漢文，延續一脈斯文，以抵抗日本殖民臺灣的同化危機，可為柔性抗日的一方做為。這與清代之著

註23：陳壽《三國志・蜀志・列傳》：「關羽字雲長，本字長生，河東解人也。」河東即今山西。

註24：見黃臥松〈彰化崇文社十五週年紀念圖－附追懷武訓、廖孝女詩集序〉頁1：「念自紅羊劫，版圖滄桑，道衰文敝，綱紀蕩然。雖曰典章文物，今昔不同。一線之延，綿綿弗替，責在諸儒。丁巳仲秋月之二十一，重興倉頡、沮誦牌位，余與亡友唐尹璿先生，力任其事，繼而募集社員，春秋致祭　文衡帝君、文昌帝君、倉頡、沮誦聖人。此崇文社設立之由來也。」公推塾師黃臥松為社長。文收在黃臥松編《彰化崇文社十五週年紀念圖》，嘉義：蘭記書局，1931年。

註25：見《臺灣日日新報》大正6年10月10日。

註26：《臺南新報》大正14年9月21日。

註27：《臺南新報》昭和10年2月22日。

重帝德、帝威，在時代背景與做為上都有所差異。

現今彰化關帝廟為三進二院的建築格局，分別為前殿、正殿及後殿。正殿主祀關聖帝君，從祀關平、周倉；後殿主祀文昌帝君，同祀魁斗星君。魁星爺左手持硯，右手執筆，獨腳踏鰲魚，乃「獨佔鰲頭」的寓意。看來是仍然延續著日治時期文衡帝君的角色為重。彰化市公所近年來每年都盛大舉辦文昌祈福大典，（註28）現場發放文昌筆、狀元金、學子祈福卡等，受到廣大學生親子的歡迎，幾已成為關帝廟的年度最大盛會。固然關聖帝君本是一身兼具文衡帝君、武財神等多種神格（註29），然而隨著時代背景、政治需求、社會演進、民心趨向……等遞變差異，關帝信仰也會因時因地而有偏向性的不同。

四、未著冕旒的玉帝天尊——魚池啟示玄機院

位於魚池鄉中明村文正巷的啟示玄機院孔明廟，為全省唯一一座供奉諸葛孔明的廟宇。溯源於日治時期明治34年（1901）孟秋，庄內石福添宅舍奉祀玉清三相，號「明德堂」。迨昭和元年（1926）3月建廟竣工，合祀的有諸葛孔明先師、北極玄天上帝。於民國68年12月

遷建現址新廟舉行鎮座儀式，並改號為「啟示玄機院」。（註30）

啟示玄機院廟分兩層：一樓大殿主祀諸葛武侯、玄天上帝與慚愧祖師三聖；二樓主祀武聖關公。該廟固然以奉祀孔明為主，然而關帝的角色也引人注目。觀察此廟宇中，關帝具有雙重身分：其一為凡夫關羽，其二為至尊天帝。前者見於入廟之前的御路位置上，建置為臥龍臺，塑有劉備、關羽、張飛三顧茅廬訪孔明四人立像，劉、關、張桃園結義三兄弟，關羽序排第二，立劉備身後，拱手行禮。取材自是源於《三國演義》情節。這是歷史上真有其人的關雲長。其後者為二樓殿內供奉武聖關公，像高九尺，威嚴莊重非常。兩旁隨侍關平與周蒼二將，關平單手捧方印，周蒼握執青龍偃月刀，皆凜然有神。龍邊祀南斗星君，虎邊祀北斗星君。俗話說：「南斗註生，北斗註死。」生死乃人生大事，因此南斗、北斗兩位星君特別受民間推崇，而常見供奉於凌霄寶殿，以輔佐玉皇上帝考察萬民功過壽考。此啟示玄機院以關帝配置南斗、北斗星君，等於也就是將關帝視同為「玉帝」「天尊」。只是關帝在此並未戴上冕旒，也未著皇袍。其右手仍握春秋，身穿儒生衣裝的文身，並未做帝王之相。

註28：見彰化市公所、彰化市民代表會指導，關帝廟主辦「文昌帝君獻讚繁星（有拜有保佑）」祝壽祈福典禮活動簡章。民國 100 年（2011）3月7日（農曆2月3日）假彰化關帝廟正殿舉行，活動名額 888 位。

註29：關公為官方奉為武聖，於民間被視為文昌帝君、武財神、三界伏魔大帝、佛教尊為伽藍護法、蓋天古佛、一貫道推為法律主等，乃至近代相傳已晉升為第十八代玉皇大天尊。

註30：見啟示玄機院網站，網址：http：//www.conming.org.tw/Diary_A_Show.asp?DCID=DC20100417104657。

再觀關帝神龕對聯有云：「心存漢室忠貞照赤日／志在扶劉義氣貫青天」，再看二樓門聯曰：「啟喚眾生志在春秋扶漢鼎／示歸正道旨存仁義嗣南陽」，二聯所著眼處在關帝興復漢室的忠義正氣，對聯中都並未以「玉帝」角度看待。而實際上，廟方對此尊高大神像的稱名是「關聖帝君」，顯然對聯所書者是比較符合此稱名的。

以關帝在凌霄殿的地位配置與其服裝儀態的衝突性，以及信眾似乎尚未清晰地視其為天帝之事來看，啟示玄機院的關聖帝君成為了有天帝之格，而無天帝之相之名的特色。這或許可以視為當關公由聖神轉化為天帝的一個過渡期的現象。

關公晉升為玉皇大帝的訊息，淵源自民間鸞堂以扶鸞方式著述鸞文善書，而透露出關公升格，位在至尊的消息。最早在民國13年（1924）洱源紹善壇（註31），扶鸞著《洞冥寶記》，發佈關公晉升，成為萬王之王。在第10卷38回指出，第十七代玉皇大帝上表辭職，經老母允許，授命三教聖人聯合議決，公推關聖。於甲子年（1924）元旦正式登基，繼任為蒼穹第十八代聖主。《洞冥寶記》指出：

有皇上帝，多年御世，歷數難稽，髦期已倦於勤，禪代合符乎數。然非有赫赫之大聖，不足以鎮穆穆之玄穹。恭維太上神威，蓋天古佛，三界伏魔，協天大帝，大成義聖，護國翊運天尊關聖帝君殿下。「管天地人三才之柄，掌儒釋道三教之權。上司三十六天星辰雲漢，下轄七十二地土壘幽酆。考察諸佛諸神。監制群仙群職。卓哉允文允武，偉矣至聖至尊。迺本歲上元甲子元辰，供奉老母慈命，升調上皇，召回西天同享極樂。即以我聖帝纘承大統，正位凌霄。特卜尊號曰：『蒼穹第十八聖主武哲天皇上帝』」。（註32）

在《洞冥寶記》中，這是文獻首見記載關公晉升上帝神職。歷經千百年，關帝終於成為萬王之王。從此他以頭戴帝王冠冕，身著皇帝龍袍的新形象，與世人見面。

第二次是民國16年（1927）昆明洗心堂出版《高上玉皇普渡尊經》，詳細說明關公為三教教主共同舉薦，雖在無極天尊聖前一再辭讓，終於還是登上玉皇大帝寶座，確認成為新一代的至尊。經文載曰：

在無極天尊面前接受道教元始天尊、儒家大成至聖先師與佛教牟尼文佛三教教主的推薦，在此道德衰退的季世，唯有通明首相（關公）道根深重、聰明穎異、文武雙全、功德昌盛，

註31：《洞冥寶記》，頁46-53，萬有善書出版社，1979年。朱浤源〈關公在政治思想的地位〉，《關羽、關公和關帝》，頁207～213，中國北京：社會科學文獻出版社，2002年。

註32：《洞冥寶記》，正一善書出版社，2000年。

堪做諸神尊之師，萬聖之王，能應任玉皇大帝寶座。然而關公得知三教教主的推薦後誠惶誠恐、稽首頓首，叩謝無極天尊提攜之德，再三退讓。……三教道主奉命薦舉，伏願首相唯命是從。……於是帝君欲辭無言，上朝無極天尊。（註33）

第三次乃近年於民國61年（1972）在臺灣財團法人臺中聖賢堂扶鸞出版的《玉皇普渡聖經》，說明關公為五教教主推薦，受禪為天公的事實，其序文道：

今著《玉皇普渡聖經》者，乃蒼穹天皇，由儒道釋耶回五教教主，共議選舉關聖，於甲子年元旦，受禪為第十八代玉皇大帝位，其尊號曰：玉皇大天尊玄靈高上帝，統御諸天、管轄萬靈、掌理三界十方、撫綏天下生民，並及九幽六道，今 玉帝為普渡天下蒼生、特敕命著作《玉皇普渡聖經》，以教化為普渡之本，此經之著，務使誦者易誦，讀者易讀，並易了悟經意奉行，冀能收到普化之效而著作者。（註34）

透過一再地降鸞，神尊欲昭告世人關公由神轉化為天公的既成事實。在鸞堂系統中成為一個已然具有共識的宗教要聞。啟示玄機院亦屬鸞堂系統，早在昭和十年（1935）即鍛鍊新

乩石陳川扶鸞闡教，施方濟世，於次年著述《覺世金篇》善書一本，警世勸善，啟發人心。鸞堂奉關帝為天帝，教忠教孝，其不著表象於是否為帝相，而實禮敬其為無上至尊，是為勸化之苦心孤詣。

五、結語

蜀漢關羽生前含恨吞敗，成為一代悲劇。逝後則萬民崇拜仰望，以忠義精神輔教累代萬民，其功至大。《易經》：「觀天之神道而四時不忒，聖人以神道設教而天下服矣。」凡聖之間，雖難以預想，而其能利益萬眾，無非是歷代賢者之善於因道設教，以導正向。則關帝神格之轉化與其利民之大，誠然為良善可讚之美事。

註33：《中天玉皇關聖帝君經典輯錄》，頁108～118，臺北：桃園明聖經推廣學會，2009年。
註34：《玉皇普渡聖經課誦本》，頁4～5，臺中：財團法人臺中聖賢堂，2003年。

近現代「玄靈」關帝經典及其儒學義理略論

李建德
國立彰化師範大學國文學系博士班研究生

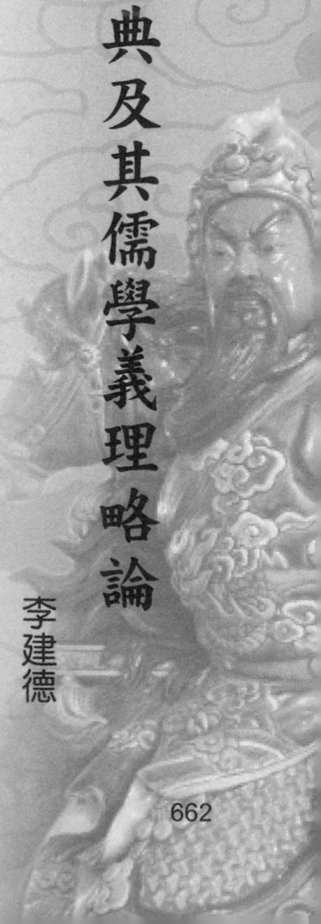

本為漢末武將的關羽（?～219），經過千百年的加封、改造，成為廣受社會各階層崇信的神祇之一，清末以來，民間諸多新興教派更以扶鸞的方式，宣傳「關公當玉皇」之說，信仰關帝的「恩主公崇拜叢」因而出現以「玄靈高上帝」為名的關帝經典。本文先考述關帝神格之出現與轉變，再探討近現代出現的「玄靈」關帝及其新出經典《玄靈玉皇寶經》、《玉皇普渡聖經》，進而分析其中論述的個人功夫、宗族倫理、社會規範三層次。透過對這兩本新出鸞經的粗淺探討，筆者因而持論，新出關帝經典固然偶有道釋二氏之語，然其論述核心仍是儒家的觀念，此現象也反應面臨社會風氣丕變時，傳統知識份子心中渴望道德復振的理想。因此，筆者希冀其信仰者能夠善體經義，除了法會科儀中的言說誦持，更需在日常生活躬行踐履，並落實其淑世的理想。

關鍵詞：功夫論、倫理觀、新興教派、道德復振、關羽、關公

一、前言

做為漢季武將之一的關帝（關羽，？～219）（註1），史傳稱其為「天下義士」、「萬人敵」、「有國士之風」（註2），並非以治經為業的儒生，但關羽嗜讀《左氏春秋》，早在《江表傳》中，即已出現「羽好《左氏傳》，諷誦略上口」、「斯人長而好學，讀《左傳》略皆上口」的記載。（註3）吾人所知，《春秋》係孔子寓褒貶、倡微言、使亂臣賊子懼的儒家「聖經」。因此，在封建社會中，關帝著造或託名關帝降鸞而成的經典，是否會因符合儒家傳統的義理、反映鸞堂成員心中固有的社會倫常與教化觀念，而在民間蔚為風潮，導致關帝在道教、民間信仰神譜中地位的快速上升？關帝神格地位上升之後產生的扶鸞經典，對其信仰群來說，是

註1：陳壽、裴松之在《三國志》卷三六〈蜀書．關羽傳〉中，皆未載關羽之生年，參「西晉」陳壽撰、「南朝宋」裴松之注：《三國志》（北京：中華書局，1959年），第四冊，頁939～942。後出的《關帝明聖經全集．關聖帝君世系圖》，則引《廣義祀典》所載：「漢前將軍、漢壽亭侯關，生於桓帝延禧三年庚子歲，六月二十四日。」收入胡道靜等主編：《藏外道書》（成都：巴蜀書社，1994年），第四冊，頁230右上。今從陳、裴二氏之說。

註2：《三國志．關羽傳》裴〈注〉引《傅子》云：「太祖曰：『事君不忘其本，天下義士也。』」陳《志》同卷又載「魏謀臣程昱等，咸稱羽、飛萬人之敵也。」「關羽、張飛皆稱萬人之敵，為世虎臣。羽報效曹公，飛義釋嚴顏，並有國士之風。」參《三國志》，第四冊，頁940、944、951。

註3：《三國志．關羽傳》裴〈注〉引《江表傳》云：「羽好《左氏傳》，諷誦略皆上口。」參《三國志》，第四冊，頁942。同書卷五四〈呂蒙傳〉裴〈注〉引《江表傳》云：「斯人長而好學，讀《左傳》略皆上口，梗亮有雄氣。」參《三國志》，第五冊，頁1275。

否更具備影響力？這個現象是一極有趣味性的問題，同時也是筆者對於近世以降關帝信仰蓬勃發展的最大問題意識。

吾人所知，歷經千餘年來的史傳、通俗小說以及神異題材的交互滲涉，關帝信仰已由儒家的「功國神靈」崇拜，擴展到關帝靈籤、關公戲、關公傳說、關公信仰……等面向，形成多元的「關公文化」，所產生的前行研究也極為豐碩。在學位論文方面，已有洪淑苓《關公「民間造型」之研究——以關公傳說為重心的考察》（註4）、王志宇《儒宗神教之研究——臺灣民間宗教的歷史學個案分析》（註5）、李世偉《日據時代臺灣儒教結社與活動》（註6）、張錦瑤《關公與李逵——以元、明（初）雜劇中人物形象研究為論》（註7）、陳妍希《關公信仰與臺灣宗教關係研究》（註8）等數本。在期刊論文方面，目前文史哲學門的論述焦點，係以關帝信仰中的鸞堂、善書、儒宗神教為大宗，間有論述歷代的關帝信仰，如鄭喜夫先生撰有〈關聖帝君善書在臺灣〉（註9），鄭志明教授撰有〈臺灣民間鸞堂儒宗神教的宗教體系初探〉、〈臺灣民間新興宗教的發展趨勢：遊記類鸞書的宗教分析〉、〈臺灣民間鸞書的神道設教〉、〈臺灣現階段民間鸞書的文學形式〉等文（註10），宋光宇教授撰有〈清末和日據初期臺灣的鸞堂與善書〉（註11），蔡相煇教授撰有〈臺灣的關聖帝君崇祀〉（註12），王志宇教授撰有〈臺灣鸞堂研究之一：儒宗神教的形成與發展〉、〈臺灣善書出版中心之研究——武廟明正堂鸞友雜誌社與善書出版〉、〈儒宗神教統監正理楊明機及其善書之研究〉等文（註13），王見川教授撰有〈清末日據初期臺灣的「鸞堂」——兼論「儒宗神教」的形成〉、〈臺灣「關帝當玉皇」傳說的由來〉、〈唐宋關羽信仰初探——兼談其與佛教之因緣〉、〈軍神、協天

註4：洪淑苓：《關公「民間造型」之研究——以關公傳説為重心的考察》（臺北：國立臺灣大學中國文學研究所博士論文，1994年）

註5：王志宇：《儒宗神教之研究——臺灣民間宗教的歷史學個案分析》（臺北：中國文化大學史學研究所博士論文，1996年）

註6：李世偉：《日據時代臺灣儒教結社與活動》（臺北：中國文化大學史學研究所博士論文，1998年）

註7：張錦瑤：《關公與李逵——以元、明（初）雜劇中人物形象研究為論》（臺中：國立中興大學中國文學系碩士論文，1999年）

註8：陳妍希：《關公信仰與臺灣宗教關係研究》（彰化：國立彰化師範大學國文學系在職進修專班碩士論文，2003年）

註10：鄭志明：〈臺灣民間鸞堂儒宗神教的宗教體系初探〉（《臺北文獻直字》68期（1984年6月），頁79-130）、〈臺灣民間新興宗教的發展趨勢：遊記類鸞書的宗教分析〉（《臺北文獻直字》77期（1986年9月），頁243-282）、〈臺灣民間鸞書的神道設教〉（《嘉義師院學報》3期（1989年11月），頁255-294）、〈臺灣現階段民間鸞書的文學形式〉（《漢學研究》8卷1期（總15期，1990年6月），頁701-718）。

註11：宋光宇：〈清末和日據初期臺灣的鸞堂與善書〉，《臺灣文獻》49卷1期（1998年3月），頁1-20。

註12：蔡相煇：〈臺灣的關聖帝君崇祀〉，《空大人文學報》6期（1997年5月），頁95～115。

註13：王志宇：〈臺灣鸞堂研究之一：儒宗神教的形成與發展〉（《史學彙刊》17期（1995年11月），頁207～222）、〈臺灣善書出版中心之研究——武廟明正堂鸞友雜誌社與善書出版〉（《臺灣史料研究》7期（1996年2月），頁100～121）、〈儒宗神教統監正理楊明機及其善書之研究〉（《臺北文獻直字》120期（1997年6月），頁43-69）。

大帝、關聖帝君：明中期以來的關公信仰〉、〈清代皇帝與關帝信仰的「儒家化」：兼談「文衡聖帝」的由來〉等文（註14），李福清（Boris L. Riftin）教授撰有〈關帝傳說與關帝信仰——關帝研究的新探索〉（註15），李世偉教授撰有〈日據時期鸞堂的儒家教化〉（註16）洪淑苓教授撰有〈文人視野下的關公信仰——以清代張鎮《關帝誌》為例〉（註17），游子安教授撰有〈敷化宇內：清代以來關帝善書及其信仰的傳播〉（註18）等。在會議論文方面，海內外亦有《關羽、關公和關聖：中國歷史文化上的關羽學術研討會論文集》（註19）、《2009年關帝經典文化學術研討會論文集》（註20）、《近代的關帝信仰與經典：兼談其在新、馬的發展》（註21）等書問世。至於探討關公及其「恩主公崇拜叢」的文獻、經典注譯及研究專書，則有《關公的人格與神格》（註22）、《關帝文獻彙編》（註23）、《臺灣的恩主公信仰——儒宗神教與飛鸞勸化》（註24）、《玉皇經今註今譯》（註25）、《關羽崇拜研究》（註26）、《從民間到經典——關羽形象與關羽崇拜的生成演變史論》（註27）及《關公信仰研究系列叢書》（註28）等，可以證知關公信仰業已形成多元的「關公文化」。

註14：王見川：〈清末日據初期臺灣的「鸞堂」——兼論「儒宗神教」的形成〉（《臺北文獻直字》112期〔1995年6月〕，頁49-83）、〈臺灣「關帝當玉皇」傳說的由來〉（《臺北文獻直字》118期（1996年12月），頁213～232）、〈唐宋關羽信仰初探——兼談其與佛教之因緣〉（《圓光佛學學報》6期（2001年12月），頁111～125）、〈軍神、協天大帝、關聖帝君：明中期以來的關公信仰〉（《臺灣宗教研究通訊》4期〔2002年10月〕，頁263～279）、〈清代皇帝與關帝信仰的「儒家化」：兼談「文衡聖帝」的由來〉（《北臺灣科技學院通識學報》4期〔2008年6月〕，頁21～41）。

註15：李福清（Boris L. Riftin）：〈關帝傳說與關帝信仰——關帝研究的新探索〉，《宗教哲學》2卷3期（總7期，1996年7月），頁147～164。

註16：李世偉：〈日據時期鸞堂的儒家教化〉，《臺北文獻直字》124期（1998年6月），頁59～79。

註17：洪淑苓：〈文人視野下的關公信仰——以清代張鎮《關帝誌》為例〉，《漢學研究集刊》5期（2007年12月），頁139～166。

註18：游子安：〈敷化宇內：清代以來關帝善書及其信仰的傳播〉，《中國文化研究所學報》50期（2010年1月），頁219～253。

註19：盧曉衡主編：《關羽、關公和關聖：中國歷史文化上的關羽學術研討會論文集》（北京：社會科學文獻出版社，2002年）

註20：《2009年關帝經典文化學術研討會論文集》（臺北：中華桃園明聖經推廣學會，2009年）

註21：王見川等編：《近代的關帝信仰與經典：兼談其在新、馬的發展》（新北：博揚文化，2010年）

註22：黃華節：《關公的人格與神格》（臺北：臺灣商務印書館，1967年，《人人文庫》本）

註23：魯愚等編：《關帝文獻彙編》（北京：國際文化出版公司，1995年影印本）

註24：王志宇：《臺灣的恩主公信仰——儒宗神教與飛鸞勸化》（臺北：文津出版社，1997年）

註25：蕭師登福：《玉皇經今註今譯》（臺北：臺北行天宮文教基金會，2001年）

註26：蔡東洲、文廷海：《關羽崇拜研究》（成都：巴蜀書社，2001年）

註27：劉海燕：《從民間到經典－關羽形象與關羽崇拜的生成演變史論》（上海：上海三聯書店，2004年）

註28：胡小偉：《關公信仰研究系列叢書》（香港：科華圖書出版公司，2005年）共五冊，分別為《伽藍天尊——佛道兩教的關羽崇拜》、《超凡入聖——宋代儒學與關羽崇拜》、《多元一統——元代關羽崇拜》、《護國佑民——明清關羽崇拜》、《燮理陰陽——〈關帝靈籤〉祖本及研究》。

不可諱言地，關羽係以參與平定太平道起事而出身，本身沒有修練道法、參授法籙的事實，因此，在關羽生前，並不能算是道教徒。然而，自宋代以來，民間的道壇與鸞堂卻使用可遠溯至東晉、六朝道教的扶乩降真之法（註29），產生不少關帝的道教經懺與民間善書。扶鸞雖經常運用在經典著造、修練法訣指引等方面（註30），卻未得到一致的認同，如明太祖（1328～1398，1368～1398在位）即在洪武三年（1370）六月明令「白蓮社、明尊教、白雲宗、巫覡、扶鸞、禱聖、書符、咒水諸術，並加禁止。」（註31）明初道教第四十三代天師張宇初（1359～1410，1377～1410掌教）也在《道門十規》持論「圓光附體、降將附箕、扶鸞照水諸項邪說，行持正法之士所不宜道，亦不得蔽惑邪言，誘眾害道。」（註32）因此，宋代以降產生的關帝經典、善書，是否確為關帝降筆？抑或是扶鸞者有意識地著造而成？這個問題向已聚訟良久，更甚者，則抱持著自身的「前理解」（vorverstandnis），將這些透過扶鸞所產生的關帝經典、善書，視為「全是俗流的胡亂濫造，藉關公的名來欺蒙信士」（註33），其實不盡公平。

筆者認為，倘若撇開近世以降大量出現的關帝經典、善書中，有關乩手本身「識神與否」的因素，而單就文本內容的義理思想及時空環境的外緣因素加以討論，則可使問題相對單純化。因此，筆者向撰〈近世關帝經懺中的儒道義理析論〉（註34），曾對五種收入《正統道藏》、

《道藏輯要》、《藏外道書》中的道教關帝經懺之義理進行討論，另一篇拙文〈清代道教關帝經懺及其義理探析〉（註35）則對《關聖帝君應驗桃園明聖經》、《太上忠武關聖帝君護國保民寶懺》與〈關聖帝君窮理盡性至命上品說〉進行探討，認為清代的道教關帝經懺，受到朝廷崇尚程朱理學的國策影響，故其行文多有與近世新儒學相關之處。此次，筆者基於時代

註29：早在東晉時期，楊羲（330～386）、許謐（305～376）、許翽（341～370）等人即透過扶乩降真之法請求神諭，得到曾為天師道「祭酒」的西晉女冠魏華存（251～334）等仙真傳授，如《黃庭內景玉經》、《上清大洞真經》等，皆於斯時陸續出現，魏華存因而成為上清經派的第一代祖師，上清經派也成為後世道教的「符籙三山」之一。

註30：如宋代以降的《文昌大洞仙經》為文昌帝君降授，《玉皇宥罪錫福寶懺》為雷霆猛吏都督辛漢臣所著；南宋淨明道「翼真壇」的何真公教團，亦依賴許遜等仙真飛鸞，產生《靈寶淨明秘法》，在在說明當時的道教多有使用扶乩降真之法。

註31：「清」清高宗敕撰：《續文獻通考》卷七九〈羣祀三〉，參《續文獻通考》（上海：商務印書館，1936年，《萬有文庫》本），第一冊，頁3497上。

註32：「明」張宇初：《道門十規》，收入張宇初等編纂：《正統道藏》（文物出版社、上海書店、天津古籍出版社聯合影印上海涵芬樓藏北京白雲觀所藏明刊本，1988年。本文所引《道藏》皆採此一版本，不另注版本項），正一部鼓字號，第三十二冊，頁150上。

註33：黃華節：《關公的人格與神格》，頁231。

註34：拙撰初稿於第五屆「國文經緯」——國立彰化師範大學國文研究所研究生論文發表會（2009年5月9日）宣讀，經審查後，收入《國文經緯》5期（2010年4月），頁81～103。並於2010年7月略作增補，收入《百年道學研究精華集成》（中國大陸「九八五工程二－四川大學宗教與社會研究創新基地、廈門大學道學與傳統文化研究中心重大項目」，排印中）。

註35：拙撰初稿於「關帝經典文化學術研討會」（2009年5月17日）宣讀，經審查後，收入《2009年關帝經典文化學術研討會論文集》，頁56～73。

連貫性的思考，對《玄靈玉皇寶經》、《玉皇普渡聖經》兩種近現代新出「玄靈」系統的關帝經懺略做討論。本文將先探討關帝神格之出現與轉變，再考述近現代出現的「玄靈」關帝及其新出經典，進而分析其中的儒學義理，藉由對關帝經典的解讀，審視其中「道德的形上學」（Moral metaphysics）之成分，使其價值得以重估。

二、關帝神格之出現與轉變

漢獻帝建安二十四年（219）歲末，關羽在臨沮（今湖北省襄陽市南漳縣）壯烈殉漢，孫權（182～252）為了轉移焦點，並挑起劉、曹兩大陣營間的仇恨，遂將關羽首級送至洛陽，並以諸侯之禮，將關羽的身軀葬於當陽。（註36）劉備（161～223）雖於兩年後（221）起兵為關羽復仇，但旋因大意而敗北，終劉備之世，並未議定關羽之謚號。直到四十年後的後主景耀三年（260），才追謚為「壯繆」。依據謚法「武而不遂曰壯」、「名與實爽曰繆」（註37）的定義，「壯繆」之謚，既肯定關羽一生戎馬倥傯之功，又批評其戰略上的失誤，是頗為公允的評價，而此時的關羽祭祀，係屬於儒家《禮記．祭法》「以死勤事則祀之」（註38）的體制，尚未出現神格。

「關羽殉漢之後，直到何時，才具備神格？」有關此一問題，民間信仰者大多認為始於六朝的「助建玉泉寺，皈依而成護法」之事。據南宋志磐所編之《佛祖統紀》所載，智顗（538～597）入當陽玉泉山修行，「見二人威儀如王，長者美髯而豐厚、少者冠帽而秀髮。……一日，神白師曰：『弟子今日獲聞出世間法，願洗心易念，求受戒，永為菩提之本。』師即秉燭授以五戒。」（註39）關羽遂被納入佛寺「伽藍護法」的行列。不過，智顗弟子章安（561～632）所撰之〈隋天臺智者大師顗別傳〉、隋代當陽縣令皇甫毘所撰之〈玉泉寺智者禪師碑文〉、唐初道宣（596～667）所撰《續高僧傳．智顗傳》等文獻，皆未提到智顗為關羽授戒的這則事蹟（註40），因此，從文獻學的角度而言，《佛祖統紀》晚出，實不宜輕信。此外，民間又有「唐儀鳳元年（676），六祖（德案：此指神秀（606～706））建刹玉泉山，立為伽藍之神」（註41）的記載，但這份資料也不可靠。因此，目前所見之文獻中，提及關羽

註36：《三國志》卷三六〈關羽傳〉裴〈注〉引《吳歷》曰：「權送羽首於曹公，以諸侯禮葬其屍骸。」參《三國志》，第四冊，頁942。

註37：劉熙曰：「志存節義，事有窘迫，功不得成而死者也。春秋原心，故曰壯。」轉引自汪受寬：《謚法研究》（上海：上海古籍出版社，1995年，《中國傳統文化研究叢書》本），頁321、439。

註38：《禮記．祭法》，參「唐」孔穎達：《禮記正義》，收入「清」阮元校刻：《十三經注疏》（北京：中華書局，2003年），下冊，頁1590中。

註39：「南宋」志磐：《佛祖統紀》卷六〈東土九祖．智者〉，收入《大正新脩大藏經》第四九冊，No.2035，頁183。德案：本處係使用中華電子佛典協會：《電子佛典》2010年版。

註40：詳見《關羽崇拜研究》，頁58～59。

註41：《關帝明聖經全集．歷朝封號》，《藏外道書》，第四冊，頁231右上。

捨地、將玉泉山奉獻給智顗建寺之事，當以唐德宗貞元十八年（802）的董侹〈荊南節度使江陵尹裴公重修玉泉關廟記〉為最早。（註42）而且，直到目前，關公在漢傳佛教中，仍僅被奉為叢林的護法神，並未列入菩薩、羅漢之林，遑論有蒙如來授記、得證佛果之載。

相對於佛教始終將關羽視為護法，唐代以後，儒家對於關羽的神格高低，則有升降之變。首先，關羽在唐代進入武成王廟的配享行列（註43），宋太祖乾德元年（963）一度被撤出廟庭（註44），但仁宗慶曆年間（1041～1048）再度復祀。（註45）徽宗崇寧元年（1102），更由原本的「壯繆侯」躍升為「忠惠公」，大觀二年（1108）又進封為「武安王」（註46），元文宗天曆元年（1328）復加封為「顯靈義勇武安英濟王」（註47），並在明初列入兩京官建廟宇之一（註48），萬曆四十二年（1614），神宗又加封關羽為「敕封三界伏魔大帝神威遠鎮天尊關聖帝君」（註49），並單獨建祠「武廟」，與孔廟並祀。（註50）至此，孔子與關帝文、武二聖同欽的地位始定。至於清代，對象徵忠義的關帝更曾十度加封，達「忠義神武靈佑仁勇顯佑護國保民精誠綏靖翊贊宣德關聖大帝」二十六字，可謂登峰造極。

除了佛教與儒家，道教同樣將關羽納入神譜之中，其神格高低亦有轉變。自從崇尚「雷法」的宋代道教新興宗派興起之後，由於「奉張繼先符檄斬蛟」的緣故（註51），神霄派、清微派等宋元新興符籙道派，即奉關羽為神將，並尊之為「轟雷攝正青靈上衛上將關元帥」（註

52）、「雷部斬邪使興風撥雲上將馘魔大將護國都統軍平章政事崇寧真君關元帥」（註53）、「酆

註42：「唐」董侹：〈荊南節度使江陵尹裴公重修玉泉關廟記〉，收入「清」董誥等編：《全唐文》（北京：中華書局，1983年），頁7001下-7002上。

註43：《新唐書》卷十五〈禮樂志五〉：「（德宗）建中三年……列古今名將凡六十四人……蜀前將軍漢壽亭侯關羽……。」參「北宋」歐陽修、宋祁撰：《新唐書》（北京：中華書局，1975年），第二冊，頁377～378。

註44：《續資治通鑑長編》卷四載：「癸巳，（張）昭等共議……退……蜀關羽張飛……凡二十二人。」參「南宋」李燾編：《續資治通鑑長編》（北京：中華書局，1979年），第二冊，頁92～93。

註45：《宋史》卷一〇五〈禮志八〉載：「初，建隆議升歷代功臣二十三人，舊配享者退二十二人。慶曆儀，自張良、管仲而下依舊配享，不用建隆升降之次。」參「元」脫脫等撰：《宋史》（北京：中華書局，1977年），第八冊，頁2556。

註46：「清」徐松輯：《宋會要輯稿》（北京：中華書局，1957年），第一冊，頁779上。

註47：《續文獻通考》卷七九〈羣祀三〉，參《續文獻通考》，第一冊，頁3495下。

註48：《明史》卷五〇〈禮志四〉載：「南京神廟：……。後復增四：關公廟，洪武二十七年建於雞籠山之陽，稱漢前將軍壽亭侯。嘉靖十年訂其誤，改稱漢前將軍漢壽亭侯。以四孟歲暮，應天府官祭；五月十三日，南京太常寺官祭。」又同卷載：「京師九廟：漢壽亭侯關公廟，永樂間建。成化十三年，又奉敕建廟宛平縣之東，祭以五月十三日。皆太常寺官祭。」參「清」張廷玉等撰：《明史》（北京：中華書局，1974年），第五冊，頁1304、1305。

註49：此封號不見載於《明史．禮志》，《續文獻通考》卷七九則云：「明初祀關侯，止用本稱，萬曆中特加封三界伏魔大帝神威遠鎮天尊，旨從中出，不由詞臣撰擬。劉若愚《蕪史》云：『時，掌道經廠太監林朝最有寵，封號實所奏請。』」參《續文獻通考》，第一冊，頁3498中。

註50：「清」趙翼：《陔餘叢考》（北京：中華書局，1963年），第三冊，頁757。

註51：《道法會元》卷二五九〈地祇馘魔關元帥秘法〉，《正統道藏》正一部殿字號，第三〇冊，頁594上～594中。

註52：《道法會元》卷二六〈清微馬趙溫關四帥大法〉，《正統道藏》正一部雅字號，第二十九冊，頁5上。

都朗靈馘魔大將關元帥」（註54），列為九天司命清真紫虛魏元君（魏華存）、北極紫微大帝、三十代天師虛靖張真君（張繼先，1092～1128）麾下的主法神將，又讚頌關羽的行誼與神威云：

馘魔大將，英烈威靈，在生忠勇，死後為神。忠貫日月，德合乾坤。寶刀在手，怒氣凌空。誅斬妖魔，賓伏不臣。鬼妖輒逆，怒目一瞋，化為微塵，助吾行神，神威明明，忠勇至聖。神知汝姓，鬼懼汝名，一攝速降，再攝現形。（註55）

在這段〈助贊咒〉中，可以看出南宋正一道已將生前忠勇、以死勤事的關羽列入神譜，並稱他英烈威靈、忠勇至聖，甚至到了忠貫日月、德合乾坤的至高境界。其後，由黃舜申（1224～？）集大成的南宋清微派，更將關羽與馬勝、趙公明、溫瓊合稱，成為「四大元帥」之一。在元末明初的道教科書《法海遺珠》卷三九〈酆都西臺朗靈馘魔關元帥秘法〉、卷四三〈太玄煞鬼關帥大法〉中，北帝派道士則稱關羽為「酆都大威德統天御地朗靈煞鬼馘魔大將關元帥」（註56）、「北帝酆都馘魔提刑上將」（註57），因此，吾人可知，從宋代至明初，關羽在道教中的地位，皆屬於雷部的護法神將。

到了明萬曆四十二年，神宗下詔加封關羽為「三界伏魔大帝神威遠鎮天尊關聖帝君」，又在醮詞中言明「命全真道士……關聖帝君以今年八月十五日位正南方丹天三界伏魔之位，天人共慶，三界推尊」（註58），因此，當代全真龍門派高道閔智亭（1924～2004）道長，在《道教儀範》一書中，即編有〈關帝聖班〉，尊稱關帝為「敕封三界伏魔大帝忠義神武關聖帝君神威遠鎮天尊」、「太上神威英文雄武精忠大義護國佑民三界伏魔昭明翊漢靈應天尊」，並以劉備、張飛、關平、關興、關統、趙累、王甫、馬良、伊籍、廖化、周倉、張巡、許遠、岳飛、陸秀夫、張世傑等，做為道門慶賀關帝寶誕時，需一併啟請的功國神靈。（註59）由此資料，可以瞭解當代道教的確已將關羽由神將之列，提升至天尊、大帝之品秩。（註60）

註53：《道法會元》卷二五九〈地祇馘魔關元帥秘法〉，《正統道藏》，第三〇冊，頁588下。
註54：《道法會元》卷二六〇〈酆都朗靈關元帥秘法〉，《正統道藏》正一部殿字號，第三〇冊，頁594下。
註55：同前注，頁595上。
註56：《法海遺珠》卷三九〈酆都西臺朗靈馘魔關元帥秘法〉，《正統道藏》太平部節字號，第二十六冊，頁939下。
註57：《法海遺珠》卷四三〈太玄煞鬼關帥大法〉，《正統道藏》太平部節字號，第二十六冊，頁978下。
註58：「清」張鎮：《關帝志》卷一〈封號〉，轉引自《關羽崇拜研究》，頁167。筆者認為近代民間新興教派多稱關帝與南方、火德有關，或許即源自於明神宗「位正南方丹天」的這篇醮詞。
註59：閔智亭：《道教儀範》（北京：宗教文化出版社，2004年），頁168～169、頁226。

民間常以「儒稱聖、釋稱佛、道稱天尊；漢封侯、宋封王、明封大帝」（註61）之楹聯讚頌關帝「三教同尊」，然而，透過對文獻的梳理，筆者認為「儒稱聖」、「道稱天尊」及歷代對關羽由侯而王、由王而帝的封號，是較為可信的，至於「釋稱佛」之說，未載諸釋氏典籍，僅見於民間新興教派經卷中的「蓋天古佛」、「仁義古佛」，顯然並未得到佛教界的一致認可。不過，關帝自宋代以來屢有飛鸞降筆之聖跡，受到社會各階層的一致崇敬，則是可以確定的。因此，蒲松齡（1640～1715）嘗說「關聖者，為人捍患禦災，靈跡尤著，所以樵夫牧豎、嬰兒婦女，無不知其名、頌其德、奉其祠廟，福則祈之，患難則呼之」（註62），而趙翼（1727～1814）也發出「南極嶺表，北極塞垣，凡兒童婦女，無有不震其威靈者，香火之盛，將與天地同不朽」（註63）的喟嘆，實非空言妄語矣。

三、近現代的新出「玄靈」關帝及其經典

吾人既已得知傳統儒、道、釋三教對關帝神格的「差別待遇」，更應將討論的視域（view area）轉向近現代民間新興教派的一個特殊現象——「關公當玉皇」。清末民初，中國大陸川、滇地區的先天道、同善社、歸根道等民間新興教派，透過扶乩的方式，大量出現「玉皇禪位、關帝繼任」的論調。從學者的前行研究中，可發現此一現象源自道光庚子年（1840）所興起「由

關帝領銜的鸞堂運動」（註64），其中，又以四川定遠龍女寺乩鸞著靈、聲威遠播，先天道等民間「會道門」組織遂「吸收了龍女寺扶鸞宗教結社的傳統，才會出現以無極老母（天尊）為至上神、龍華三會為架構的『關帝當玉皇』傳說。」（註65）

「關公當玉皇」的說法出現之後，由於各個民間教派彼此不相統屬，故乩文、鸞書中，對此「新皇」之稱號亦大相逕庭，王見川教授即指出至少有「玄旻上帝」（《中外普渡皇經》）、「季世天皇」（《玉皇普渡尊經》）、「武哲天皇」（《洞冥記》）、「玄靈高上帝」（《玄靈玉皇經注解》）等四稱號（註66），等到「關公當玉皇」之說傳入臺灣後，則被部分「恩主

註60：此外，在英國博物院藏明萬曆三十年熊仰臺刊本《北方真武祖師玄天上帝出身志傳》第三卷有「拜（玄天）上帝為師，生生世世不入塵勞、不須聞經聽法，亦可脫輪迴之苦」、「玉帝旨到，封關羽為崇寧至道大真君朗靈關元帥之職」，同書第四卷有「關羽封為朗靈關元帥」的記載（參劉世德等主編：《古本小說叢刊》（北京：中華書局，1990年）第九輯第一冊，頁135～136、頁225）且清代刊本《五百靈官爵位姓氏總錄》有「關帝駕下廖元帥」之稱（參《藏外道書》第十八冊，頁826右下），亦可證明最遲在清代，道教已不再將關帝視為護法元帥之職。

註61：「儒稱聖、釋稱佛、道稱天尊，三教盡皈依，式瞻廟貌長新，無人不肅然起敬；漢封侯、宋封王、明封大帝，歷朝加尊號，矧是神功卓著，真所謂蕩乎難名。」參譚大江編：《道教對聯大觀》（北京：宗教文化出版社，2002年），頁159。

註62：「清」蒲松齡著，路大荒整理：《蒲松齡集》（上海：上海古籍出版社，1986年），43。

註63：《陔餘叢考》，第三冊，頁757。

註64：游子安：〈明中葉以來的關帝信仰：以善書為探討中心〉，《近代的關帝信仰與經典：兼談其在新、馬的發展》，頁20；王見川：〈清代中晚期關帝信仰的探索：從「武廟」談起〉，同書，頁96。

註65：同前注，頁96。

公崇拜叢」（註67）的鸞堂接受。對於這種現象，王先生提出以下的論點：

鸞堂一般宣稱其所著的經典，係神佛降鸞著造的。實際上，其中大多數是編輯而成的，亦即根據需要從各種經典擷取或改編。……晚出或一般的鸞堂，即從先前流通的經典性鸞書或其他教門中，吸收教義或神明，來創造新的鸞書或信仰。就是經由這種方式，「關帝當玉皇」的傳說，很快地在臺灣鸞堂界流通，至今不息。（註68）

筆者認為，此論述甚當，透過新出鸞書的傳播、鸞堂之間的交流，的確使得部分信仰關聖帝君，並向玉皇大天尊玄穹高上帝（註69）請旨著書的鸞堂，改奉關聖帝君為玄靈高上帝。

然而，這種「關公當玉皇」的「改易至上神」現象，也引起道教與天帝教的反彈。當時，各級道教會公開澄清，與民間宮壇論辯（註70），同時也在《道教諸神聖紀》中載明「近年有人假借五教教主之名公推『關聖帝君』為十八代玉皇的說法，真是荒唐不敬至極。」（註71）而天帝教的首席使者李玉階（1901～1994）先生，則同樣以扶鸞的方式，著成《天堂新認識》、《關聖帝君要求正名》二書。（註72）在《天堂新認識》書中，收有三篇相關鸞文。第一篇為「南天文衡聖王」關平降筆的〈談南天陷吾父不忠不義，亟應更正澄清〉，其文云：

> 父王居中天昭明聖殿，……得五教教主之推舉，位證中天主宰之職，世人不察，司神忽視，竟直呼為「玉皇大天尊」聖號。七十年以來，關平怠於職責，對於轄下鸞堂誤稱「中皇」為「玉皇」，未加指正，罪有應得！……希天下道場，勿再無知迷惑誤傳，請即更正澄清為要！

註66：王見川：〈從「關帝」到「玉皇」探索〉，《近代的關帝信仰與經典：兼談其在新、馬的發展》，頁110。

註67：李亦園：〈傳統民間信仰與現代生活〉，《中華文化復興月刊》第16卷第1期（1982年1月），頁62～73。

註68：王見川：〈轉變中的神祇──臺灣「關帝當玉皇」傳說的由來〉，收入李豐楙、朱榮貴主編：《性別、神格與臺灣宗教論述》（臺北：中央研究院中國文哲研究所，1997年），頁136。

註69：林金郎在〈從關帝信仰演進談社會變遷中的信仰改革〉（《歷史月刊》263期（2009年12月），頁4～8）使用後出文獻《玉皇真經》認為原本的玉皇大帝在清光緒丙申（1896年）被易稱為「玄穹高上帝」，以便與關聖帝君（「中皇玄靈高上帝」）有所區別。德案：玄穹高上帝係道教對於玉皇上帝之稱號，即「玉皇大天尊玄穹高上帝」，見於雷部辛天君降筆著造的《玉皇宥罪錫福寶懺》（《正統道藏》洞真部威儀類結字號，第三冊，頁517中），其餘如元代之《高上玉皇滿願寶懺》、《玉皇十七慈光燈儀》（《正統道藏》洞真部威儀類結為字號，第三冊，頁524下、頁556上～556中）、明代《諸師真誥》（《正統道藏》洞真部讚頌類鳥字號，第五冊，頁758下）等，皆稱玉皇為「玉皇大天尊玄穹高上帝」，並非如林氏所言。

註70：吳彰裕：〈關公信仰研究〉，《關羽、關公和關聖：中國歷史文化上的關羽學術研討會論文集》，頁119。

註71：《道教諸神聖紀．玉皇上帝聖紀》（宜蘭：道教總廟三清宮，2007年）摘錄自道教總廟三清宮網站（網址：http：//www.sanching.org.tw/joinus_6/eq-detail.php?idNo=32，最後查詢日期：2011年7月1日）。

註72：吳嘉燕：《臺灣天公（玉皇）信仰之探究──以臺南市天壇為考察中心》（臺南：國立臺南大學臺灣文化研究所碩士論文，2010年），頁20。

（註73）

第二篇為關帝的〈談勿亂法統；吾是「中皇大天尊，玄靈高上帝」〉，其文曰：

吾以忠義稱為正直之神，今日為盛名所累，故命關平為之申明更正。……玉皇上帝之聖號，豈是可以隨便稱呼，一字之差，即亂了法統，希望從今以後，切不可再陷吾於不忠不義！（註74）

最末篇則是濟公活佛降筆的〈談金闕玉皇千古不易；關聖帝君是「中皇」〉，其文如下：

「上帝」就是天帝，指的是位居宇宙無極之源的玄穹高上帝也，其靈格乃是宇宙道源所化，其聖號亦是千古不變的化名——玉皇大帝，就是至尊之上帝。……關帝是吾濟佛之老兄，祂辦事是有板有眼，也許是風評太好，才一再地被無知捧成玉皇上帝，發生天人之錯覺，造成極大風波。（註75）

透過此一現象，可以約略看出當時「關公當玉皇」的現象，並未得到中國傳統文化根柢之道教與部分新興宗教的接受。

雖然如此，接受「關公當玉皇」的「恩主公崇拜叢」，仍然透過扶乩降筆的方式著造鸞書，產生數部經典，筆者將之稱為「玄靈」系的新出關帝經典，略述於次。

「關公當玉皇」之說傳入臺灣後，先出現的鸞經為《玄靈玉皇寶經》。根據經後〈跋〉文所載，該經係基隆臥虎山代天宮的鸞生杜爾瞻（1898～1969）等人，於1946年冬季向上天請旨，接續著造山東省濟南市「濟南道院」已刊行的《玄靈玉皇寶經》，共成〈超凡品〉、〈至誠品〉、〈忠義品〉、〈泰岳品〉、〈明善品〉等五品。（註76）筆者所見，係臺北行天宮《列聖寶經合冊》本與臺中瑞成書局刊行的經摺本。而在同一年，南投縣魚池鄉啟化堂也著造出《玄靈玉皇真經》（註77），然筆者未見到該資料，無法於本文進行探討。

王見川教授認為這部新經卷出現於1931年（註78），透過當時的「道院」與同善社等組

註73：《科學的宗教宇宙觀——天堂新認識》（臺中：教訊雜誌社、帝教出版社，1981年）摘錄自「天帝教圖書文獻館線上書房」網站（網址：http：//tienti.info/v2/library/paradise/p038.html，最後查詢日期：2011年7月1日）。

註74：《科學的宗教宇宙觀——天堂新認識》（臺中：教訊雜誌社、帝教出版社，1981年）摘錄自「天帝教圖書文獻館線上書房」網站（網址：http：//tienti.info/v2/library/paradise/p039.html，最後查詢日期：2011年7月1日）。

註75：《科學的宗教宇宙觀——天堂新認識》（臺中：教訊雜誌社、帝教出版社，1981年）摘錄自「天帝教圖書文獻館線上書房」網站（網址：http：//tienti.info/v2/library/paradise/p040.html，最後查詢日期：2011年7月1日）。

註76：題太白仙翁：《玄靈玉皇寶經．跋》（臺中：瑞成書局，1990年），頁80；題南宮孚佑帝君：《玄靈玉皇赦罪寶懺．跋》（臺中：瑞成書局，1990年），頁118～119。

註77：吳嘉燕：《臺灣天公（玉皇）信仰之探究——以臺南市天壇為考察中心》，頁20。

織的流佈，《玄靈玉皇經》遂異軍突起，逐漸取得「關公當玉皇」的話語解釋權，「玄靈高上帝」也逐漸取代相對較早出現的「玄旻上帝」等稱號。（註79）

二十餘年之後，臺中聖賢堂也用扶鸞的方式著成《玉皇普渡聖經》，根據經前〈玉詔〉所載，該經係由鸞生王奇謀於1972年正月著造，負責降筆之仙真則為元始天尊，〈玉詔〉並點明「教化救世、挽轉頹風、復興孔孟道德」，筆者認為，或許與當時「復興中華文化」之國策有關。（註80）

四、「玄靈」系關帝經典中的儒學義理

在明、清八股取士的科舉制度下，士人多有前往供奉關帝之祠廟或鸞堂，透過求籤、乩示的方式叩問試題之舉（註81），且因鸞堂的成員多為傳統社會中的知識份子，就三教典籍而言，他們較為熟悉的，也是儒家「漢學」系統的群經與「宋學」系統的四書、周張程朱等先儒語錄，故在飛鸞降筆的「神道設教」之際，乩文多有引述儒家典籍之語，對於傳播孔門儒教之義理，頗有貢獻。（註82）

這種在鸞書中引述經籍、申明儒學義理的現象，也出現在近現代新出的「玄靈」系關帝經典之中。不過，在筆者所見的《玄靈玉皇寶經》與《玉皇普渡聖經》之中，較少見到對於只存有而

不活動的形上本體之闡述，相對的，在日用功夫層面的論述，則不勝枚舉。筆者進而將之歸納為個人修養、宗族倫理與社會規範三橛，並臚列詮釋於次。

（一）個人修養

從《大學》「格、致、誠、正、修、齊、治、平」八德目觀之，個人是社會的根本，因此，儒家首重個人的修養功夫。此一信念，在近現代新出的「玄靈」系關帝經典中，屢屢出現。

首先，在《玉皇普渡聖經》中，提出「凡諸世人之心，為一身之主宰，如有所恐懼者，則不得其正也；如有所憂患者，則不得其正也；如有所好樂者，則不得其正也；如有所忿恨

註78：王見川：〈從「關帝」到「玉皇」探索〉，《近代的關帝信仰與經典：兼談其在新、馬的發展》，頁117。
註79：同前注，頁121。
註80：《玉皇普渡聖經．玉詔》（臺中：瑞成書局，2009年），頁2。
註81：詳參《關羽崇拜研究》，頁267～271。
註82：如中研院文哲所研究員楊晉龍教授撰有〈神仙佛的經學傳播：臺灣地區民國前扶鸞賦經學訊息探論〉（臺北：國立政治大學中國文學系，第七屆「中國經學國際學術研討會」論文，2011年4月16日）一文，指出「在1945年之前，澎湖、宜蘭、基隆、臺北、新竹、苗栗、高雄等地18個鸞堂35年間（1896～1931）完成的20部鸞書內59篇鸞賦，白《詩經》者108例、《論語》和《孟子》各97例、《書經》55例、《易經》和《禮記》各54例、《左傳》35例、《中庸》26例、《大學》15例、《孝經》8例、《周禮》2例。來自《四書》系統者235例，來自《五經》系統者308例。」本文PDF電子檔係黃師忠慎所提供，謹致謝忱。

者，則不得其正也。凡諸不得其正，皆因不安分也、皆因不知命也、皆因不樂天也。如欲得其正者，非禮者勿視焉、非禮者勿聽焉、非禮者勿言焉、非禮者勿動焉，凡諸視聽言動，日求中規中矩。常存正大之心，常養浩然之氣。善者求其遷善、過者求其改過，聞人行善則喜、受人言過則拜」（註83）的功夫論述，明顯直接繼承了《大學》「所謂修身在正其心」、《論語》非禮勿視聽言動、《孟子》「善養吾浩然之氣」、「子路，人告之以有過則喜」等典故。該段經文首先點出「心」為人身主宰，凡有所恐懼、憂患、好樂、忿恨，皆心有未正之故，若欲正其心，必在日常生活中的視聽言動處，做非禮莫為、合於中道的功夫，進而存心養氣、改過遷善，皆為日用之間的個人修養功夫。

其次，在《玄靈玉皇寶經・至誠品七》中，則提出「一念之誠，真而無妄。氣極其清，洒無纖翳朝體；質高而厚，安有駁雜混全？」（註84）的論點。筆者認為這段經文係濫觴於橫渠（張載，1020～1077）、朱子（1130～1200）的「氣稟」之說，經文認為人若能時刻存有真實無妄的至誠意念，其身中自可充滿沛然莫之能禦的清虛之氣，不與濁氣相駁雜，舉措自然不受浮翳所障蔽。同經〈凡因品三〉又云「克己懷仁，自動鄰朋戚友；修心正志，得欽天地鬼神。」（註85）倘若一人能修心克己、正志懷仁，自然可以逐漸影響生活周遭的他人，使社會移風易俗。

再者，由於「恩主公崇拜叢」相信關帝係因在世恪遵「人道八德」而成神，故不僅《明聖經》有「孝弟忠信人之本，禮義廉恥人之根」的經文，在「玄靈」系的關帝經典中，「八德」也被視為個人修養功夫的重要一環，《玄靈玉皇寶經．仙果品四》便持論「孝關性竅，不孝首部多創；弟屬督經，無弟脊梁難掌；忠腹能寬，命蒂可保；信心倘足，真息常調；以禮伏賊，何愁毛竅不舒；仗義驅邪，定卜陰陽混合；斷慾守廉，自得蓮生火內；固精知恥，必期金露沙中。」（註86）又說「不忠不孝，人間所痛，寡廉寡恥，天上難容。任爾丹還九轉，也無福受三千。……如無大忠大孝，當知有恥有廉。廉恥全無，住凡不無聾聵；孝忠喪失，學仙難證聖真。……八德不全，人間病漢；八寶不壞，天上金剛。」（註87）點明需恪守孝、弟、忠、信、禮、義、廉、恥等八德，若能持守不壞，死後方有位列仙班的可能性，倘若不能做到這些德目，即使煉成金丹，亦無福消受，遑論成仙證果。

《玉皇普渡聖經》同樣重視這些綱常德目，並稱之為「仁義禮智」四端，其文曰：

註83：《玉皇普渡聖經》，頁19～22。
註84：《玄靈玉皇寶經》，收入《列聖寶經合冊》（臺北：財團法人臺北行天宮，2003年），頁367。
註85：《玄靈玉皇寶經》，《列聖寶經合冊》，頁356。
註86：《玄靈玉皇寶經》，《列聖寶經合冊》，頁358-359。
註87：《玄靈玉皇寶經》，《列聖寶經合冊》，頁359。

仁者：慈悲為懷、矜孤恤寡、敬老憐貧、濟物利人，戒殺放生、親切和順，人能行之，好生之德、上合天心。

義者：公正無私、無諂無驕、不淫不逸、輕財樂輸，見危必救、羞惡之心，人能行之，穩卜帝德、萬事回春。

禮者：有尊有敬、有威有儀、無偏無黨、文質彬彬，節己之欲、揖讓之心，人能行之，以離諸怨、天下皆親。

智者：知時識務、戒欺求慊、觀察想像、能辨是非，好善不倦、樂天知命，人能行之，諸神護佑、惟德是輔。（註88）

這段經文首先點出仁義禮智四端，再依序論述其具體實踐的方式，稱矜孤恤寡、濟物利人為「仁」的體現，公正無私、見危必救係「義」的實踐等，最後再說明若能履踐德目，則可獲致上合天心、諸神護佑的應驗。

這些修養功夫，必須日復一日地躬行踐履，因此，在相傳為關帝親自降鸞的《玄靈玉皇寶經．忠義品八》中，便持論「閒居衾影，衾影抱義無虧；一日百年，百年全忠不變。」（註89）即屬於對《大學》、《中庸》「君子慎其獨」功夫的繼承，勉人在日用閒居之時，能夠全忠抱義、無愧衾影，日久自然能如〈明善品十〉所說的「豁然貫通，表裡精粗無不到；昭然洞徹，全體大用無不明」（註90）一般，成德入聖、粹然大中至正之歸。

（二）宗族倫理

由於傳統的華人社會屬於宗族制度，因此，由個人的一己修養向外延伸，即進入「家庭／宗族倫理」的層次。對於此項，近現代的「玄靈」系關帝經典，亦多所重視。

在這方面，以《玉皇普渡聖經》的論述較多，諸如「父母恩情重，奉親孝勿違」、「奉祖應追遠，木源念勿忘；弟恭兄友愛，手足宜同敦」、「琴瑟和夫婦，家道永昌輝」、「若得敦宗族，協和永著風；子孫宜督教，以免做頑童。」（註91）等經文，分別從父母、祖宗、兄弟、夫婦、宗族、子孫等六項立論，用以強調孝道、友愛、敦睦、庭訓的重要性。

接著，負責飛鸞降筆、著造《玉皇普渡聖經》的「元始天尊」（註92），又特別提出家庭教育的重要，其文曰：

註88：《玉皇普渡聖經》，頁14～16。

註89：《玄靈玉皇寶經》，《列聖寶經合冊》，頁369。

註90：《玄靈玉皇寶經》，《列聖寶經合冊》，頁374。德案：此段當係取自朱子之〈格致補傳〉。

註91：上述引文同出《玉皇普渡聖經》，頁11～12。

註92：在近現代「儒宗神教」系統鸞堂降筆的仙真，雖兼綜三教或五教，但其鸞文的內容，則多屬於「民間儒教」的觀點，因此，這些仙真與其本身所屬宗教實沒有太大的關係。關於這點，感謝陳益源教授於會後提供寶貴看法，謹致謝忱。

是故太姒之胎教，生武王周公之德；孟母三遷以教子，作育孟軻為聖賢，可知閨門之教育，而有不可及者焉。願爾世上之男女：男者遵三綱五常，女者守三從四德。居家善事爾父母，以報劬勞於生身；出嫁敬慎爾翁姑，孝行流傳於後世。必敬必戒從夫子、有型有儀教子孫，對待姑嫜應以寬、對待妯娌應以和，貴重米穀與雜糧、愛惜衣服與食物，富勿啟口而凌人、貧勿出口以媚人，此皆婦女之陰德。（註93）

在這段經文中，先舉《列女傳．母儀傳》中的太姒、孟母為例，論述有賢母而後有聖子的道理，進而期盼世間男女遵守傳統禮教中的三綱五常、三從四德。筆者認為，若以現代的觀點去看這段經文，或許會覺得過於陳腐、守舊，但若設身處地，回到該鸞經降筆的1960到七〇年代，對照當時自美國傳入臺灣的「嘻皮」（Hippie）導致社會風氣敗壞的現象，當可發現降鸞仙真提倡「道德復振」的苦心孤詣。

正面立論之後，《玉皇普渡聖經》再由反面申說，提出「勿奪家權、勿逆父母、勿逆翁姑，勿嫌姑嫜、勿嫌兄弟，勿觸祖先、勿觸東廚，勿棄五穀、勿棄糧食，勿求奢華而減福壽、勿貪口腹而殺生靈、勿以污穢而洗溪河，勿淫、勿逸、勿驕、勿諂，此皆格言，望諸婦女銘諸肺腑。」（註94）等一連串勿做勿為之事，做為婦女的日常守則。筆者認為，這並不宜用「吃人的禮教」加以否定，而是因為在傳統的華人社會中，婦女是嫁給一整個家族，而非只單純地嫁給丈夫，其婚後生活除了丈夫與兒女之後，既要面對夫家的公婆、兄弟、姑嫂等長幼大小，又要操持家務，難免會有倦怠、厭煩的情形出現，這時，處理人際關係的「情緒商數」（Emotional quotient，EQ）就顯得特別重要，故經文特別從反面立論，列舉種種勿為之事。如果吾人能用「同其情的理解」之態度去理解這段經文，就可以將之詮解為每個人都應踐履的「相互尊重」，而非僅限於女性才需遵守。

(三) 社會規範

在傳統華人社會中，人與人之間，是一種「同心圓」的輻射關係，從個人到家庭，再從家庭推擴到社會，因此，儒家強調「修身、齊家、治國、平天下」的進次。在這方面，近現代新出的關帝經典，也有著墨之處。

例如，1930年代成書於中國華北的《玄靈玉皇寶經·凡因品三》便云「慈老憐貧，壽算綿延可卜；矜孤恤寡，桂蘭昌茂必期。不用詐術，永無內外欺凌；常展和顏，定荷耄髫資望。

註93：《玉皇普渡聖經》，頁24～26。
註94：《玉皇普渡聖經》，頁26～27。

剷除詭譎，不遭急橫之凶；寬廓仁慈，每卜榮昌之泰。」（註95）如果每個人對於社會上的弱勢族群，能在適當時機、以適當方法伸出援手，則老有所終而幼有所長；在從事各種行業時，能夠以盡責的態度進行，不欺詐、不詭譎，則「大斗小秤」、「輕出重入」等情事就能逐漸減少，社會也能益加和諧。

同樣的道理，《玉皇普渡聖經》中，也倡言「國民應守法，切勿犯良規；尊師應重道，教育坐春風」、「守信交朋友，自新便有門」、「和睦鄉鄰里，自然少是非」（註96）強調師生、朋友、鄰居之間的關係，進而推擴到國民應盡的守法義務。並且又說「不但為如此，也應喚眾生；人人應信受，個個要奉行。」（註97）不僅自身需要做到這些事項，更要正己化人、自覺覺他，充分符合該經「當今開普渡，教化本為先。綱常與倫理，詳解要精研。願爾諸黎庶，奉行志要堅」（註98）的理念。

綜觀《玄靈玉皇寶經》與《玉皇普渡聖經》這兩本近代出現的「玄靈」系關帝經典，以「神道設教」的筆法，淺近的語句，從個人存心養性、克己復禮的功夫，到家庭、宗族之間「相人偶」的相親、相敬，並進一步地推擴到社會上成己立人的展望，應能發現「詳於功夫而略於本體、心性」這種明中葉以來「功夫即本體」、清代乾嘉以降「著重於形下、經驗視域之層次」的儒學特色，同時也反映出民間從近世「內丹修持，與道合真」到近現代「道德無虧，死後成神」的轉型。（註99）

五、結語

從唐代開始，關羽由漢末三國的武將，先後被佛、道二教吸納，列入自身的神系之中，並因宋以後透過飛鸞降筆的屢顯神跡、文學藝術的一再敷演，成為社會大眾心中極崇信、極親近的神祇之一。在此同時，士人或參與其扶乩的活動，或著手其形象的儒化，更使得關帝由原先「好《左氏傳》，諷誦略上口」的史傳形象，逐漸變成「協管文昌武曲星」、「素覽《春秋》，幼觀孔、孟」的文衡聖帝。

清末以來，民間新興教派更透過扶鸞降筆，宣傳「關公當玉皇」的說法，此舉造成傳統宗教與新興宗教之間的數度論戰，信仰關帝的「恩主公崇拜叢」也因而出現以「玄靈高上帝」為名的關帝經典《玄靈玉皇寶經》、《玉皇普渡聖經》。在這兩本新出鸞經之中，使用「神道設教」的筆法與淺近的語句，從個人的日用功夫，到家族成員間的倫理，並進一步地推擴

註95：《玄靈玉皇寶經》，《列聖寶經合冊》，頁356～357。

註96：上述引文同出《玉皇普渡聖經》，頁12～13。

註97：《玉皇普渡聖經》，頁13。

註98：《玉皇普渡聖經》，頁10～11。

註99：有關近世到近現代的修練焦點轉型，係筆者參加霧峰南聖宮「2010年道教文化專題講座」迎賓餐敘時，本師陳文洲（大洲）道長及香港道教聯合會理事湯偉俠博士提供給筆者的重要線索（時間：2010年6月11日17時～18時30分，地點：臺中縣大里市「陶源茗」餐廳），特申謝忱。

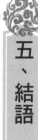

到社會的淑世展望，固然偶有道、釋之語，然其步趨的論述核心，仍是儒家「兼採漢、宋」的傳統義理，也反映出面臨社會風氣丕變時，傳統知識份子心中渴望道德復振的理念。

筆者認為，各宗教的信仰者對於這兩本新出的關帝經典，固然有不一致的評價，但若能對其內容進行價值重估，當可發覺其中道德形上之底蘊。更重要的，則在於其信仰者宜善體經義，除了法會科儀的言說誦持，更需在日常生活中躬行踐履，並弘揚其淑世之理想。

參考書目

一、古籍及道教典籍（依年代排序）

〔西晉〕陳壽撰、〔南朝宋〕裴松之注：《三國志》（北京：中華書局，1959 年）

〔北宋〕歐陽修、宋祁撰：《新唐書》（北京：中華書局，1975 年）

〔南宋〕李燾編：《續資治通鑑長編》（北京：中華書局，1979 年）

〔元〕脫脫等撰：《宋史》（北京：中華書局，1977 年）

〔清〕蒲松齡著，路大荒整理：《蒲松齡集》（上海：上海古籍出版社，1986 年）

〔清〕張廷玉等撰：《明史》（北京：中華書局，1974 年）

〔清〕清高宗敕撰：《續文獻通考》（上海：商務印書館，1936 年，《萬有文庫》本）

〔清〕趙翼：《陔餘叢考》（北京：中華書局，1963年）
〔清〕阮元校刻：《十三經注疏》（北京：中華書局，2003年）
〔清〕徐松輯：《宋會要輯稿》（北京：中華書局，1957年）
〔明〕張宇初等編纂：《正統道藏》（文物出版社、上海書店、天津古籍出版社聯合影印上海涵芬樓藏北京白雲觀所藏明刊本，1988年）
〔明〕張宇初：《道門十規》，《正統道藏》正一部鼓字號，第三十二冊。
《玉皇宥罪錫福寶懺》，《正統道藏》洞真部威儀類結字號，第三冊。
《高上玉皇滿願寶懺》，《正統道藏》洞真部威儀類結字號，第三冊。
《玉皇十七慈光燈儀》，《正統道藏》洞真部威儀類為字號，第三冊。
《諸師真誥》，《正統道藏》洞真部讚頌類鳥字號，第五冊。
《法海遺珠》卷三九〈酆都西臺朗靈馘魔關元帥秘法〉，《正統道藏》太平部節字號，第二十六冊。
《法海遺珠》卷四三〈太玄煞鬼關帥大法〉，《正統道藏》太平部節字號，第二十六冊。
《道法會元》卷三六〈清微馬趙溫關四帥大法〉，《正統道藏》正一部雅字號，第二十九冊。

《道法會元》卷二五九〈地祇馘魔關元帥秘法〉，《正統道藏》正一部殿字號，第三〇冊。

《道法會元》卷二六〇〈酆都朗靈關元帥秘法〉，《正統道藏》正一部殿字號，第三〇冊。

胡道靜等主編：《藏外道書》（成都：巴蜀書社，1994年）

《關帝明聖經全集》，《藏外道書》第四冊。

《五百靈官爵位姓氏總錄》，《藏外道書》第十八冊。

二、新出關帝經典（依出版年份排序）

《玄靈玉皇寶經》（臺中：瑞成書局，1990年）

《玄靈玉皇赦罪寶懺》（臺中：瑞成書局，1990年）

《列聖寶經合冊》（臺北：財團法人臺北行天宮，2003年）

《玉皇普渡聖經》（臺中：瑞成書局，2009年）

三、今人專著及論文集（依作者姓氏筆劃及出版年份排序）

王志宇：《臺灣的恩主公信仰——儒宗神教與飛鸞勸化》（臺北：文津出版社，1997年）

王見川等編：《近代的關帝信仰與經典：兼談其在新、馬的發展》（新北：博揚文化，

2010年）
汪受寬：《謚法研究》（上海：上海古籍出版社，1995年，《中國傳統文化研究叢書》本）
李豐楙、朱榮貴主編：《性別、神格與臺灣宗教論述》（臺北：中央研究院中國文哲研究所，1997年）
胡小偉：《關公信仰研究系列叢書》（香港：科華圖書出版公司，2005年）
黃華節：《關公的人格與神格》（臺北：臺灣商務印書館，1967年，《人人文庫》本）
閔智亭：《道教儀範》（北京：宗教文化出版社，2004年）
魯愚等編：《關帝文獻彙編》（北京：國際文化出版公司，1995年影印本）
劉世德等主編：《古本小說叢刊》（北京：中華書局，1990年）
劉海燕：《從民間到經典－關羽形象與關羽崇拜的生成演變史論》（上海：上海三聯書店，2004年）
蔡東洲、文廷海：《關羽崇拜研究》（成都：巴蜀書社，2001年）
蕭登福：《玉皇經今註今譯》（臺北：臺北行天宮文教基金會，2001年）
盧曉衡主編：《關羽、關公和關聖：中國歷史文化上的關羽學術研討會論文集》（北京：社會科學文獻出版社，2002年）

譚大江編：《道教對聯大觀》（北京：宗教文化出版社，2002年）

《2009年關帝經典文化學術研討會論文集》（臺北：中華桃園明聖經推廣學會，2009年）

四、期刊論文（依作者姓氏筆劃排序）

王志宇：〈臺灣鸞堂研究之一：儒宗神教的形成與發展〉，《史學彙刊》17期（1995年11月），頁207～222。

王志宇：〈臺灣善書出版中心之研究——武廟明正堂鸞友雜誌社與善書出版〉，《臺灣史料研究》7期（1996年2月），頁100～121。

王志宇：〈儒宗神教統監正理楊明機及其善書之研究〉，《臺北文獻直字》120期（1997年6月），頁43～69。

王見川：〈清末日據初期臺灣的「鸞堂」——兼論「儒宗神教」的形成〉，《臺北文獻直字》112期（1995年6月），頁49～83。

王見川：〈臺灣「關帝當玉皇」傳說的由來〉，《臺北文獻直字》118期（1996年12月），頁213～232。

王見川：〈唐宋關羽信仰初探——兼談其與佛教之因緣〉，《圓光佛學學報》6期（2001年12月），頁111～125。

王見川：〈軍神、協天大帝、關聖帝君：明中期以來的關公信仰〉，《臺灣宗教研究通訊》4期（2002年10月），頁263～279。

王見川：〈清代皇帝與關帝信仰的「儒家化」：兼談「文衡聖帝」的由來〉，《北臺灣科技學院通識學報》4期（2008年6月），頁21～41。

宋光宇：〈清末和日據初期臺灣的鸞堂與善書〉，《臺灣文獻》49卷1期（1998年3月），頁1～20。

李亦園：〈傳統民間信仰與現代生活〉，《中華文化復興月刊》第16卷第1期（1982年1月），頁62～73。

李世偉：〈日據時期鸞堂的儒家教化〉，《臺北文獻直字》124期（1998年6月），頁59～79。

李建德：〈近世關帝經懺中的儒道義理析論〉，《國文經緯》5期（2010年4月），頁81～103。

林金郎：〈從關帝信仰演進談社會變遷中的信仰改革〉，《歷史月刊》263期（2009年

12月），頁4～8。
洪淑苓：〈文人視野下的關公信仰——以清代張鎮《關帝誌》為例〉，《漢學研究集刊》5期（2007年12月），頁139～166。
游子安：〈敷化宇內：清代以來關帝善書及其信仰的傳播〉，《中國文化研究所學報》50期（2010年1月），頁219～253。
鄭喜夫：〈關聖帝君善書在臺灣〉，《臺灣文獻》34卷3期（1983年9月），頁115～148。
鄭志明：〈臺灣民間鸞堂儒宗神教的宗教體系初探〉，《臺北文獻直字》68期（1984年6月），頁79～130。
鄭志明：〈臺灣民間新興宗教的發展趨勢：遊記類鸞書的宗教分析〉，《臺北文獻直字》77期（1986年9月），頁243～282。
鄭志明：〈臺灣民間鸞書的神道設教〉，《嘉義師院學報》3期（1989年11月），頁255～294。
鄭志明：〈臺灣現階段民間鸞書的文學形式〉，《漢學研究》8卷1期（總15期，1990年6月），頁701～718。

蔡相煇：〈臺灣的關聖帝君崇祀〉，《空大人文學報》6期（1997年5月），頁95～115。

〔俄〕李福清（Boris L. Riftin）：〈關帝傳說與關帝信仰——關帝研究的新探索〉，《宗教哲學》2卷3期（總7期，1996年7月），頁147～164。

五、學位論文（依作者姓氏筆劃及出版年份排序）

王志宇：《儒宗神教之研究——臺灣民間宗教的歷史學個案分析》（臺北：中國文化大學史學研究所博士論文，1996年）

李世偉：《日據時代臺灣儒教結社與活動》（臺北：中國文化大學史學研究所博士論文，1998年）

吳嘉燕：《臺灣天公（玉皇）信仰之探究——以臺南市天壇為考察中心》（臺南：國立臺南大學臺灣文化研究所碩士論文，2010年）

洪淑苓：《關公「民間造型」之研究——以關公傳說為重心的考察》（臺北：國立臺灣大學中國文學研究所博士論文，1994年）

張錦瑤：《關公與李逵——以元、明（初）雜劇中人物形象研究為論》（臺中：國立中

興大學中國文學系碩士論文，1999年）
陳妍希：《關公信仰與臺灣宗教關係研究》（彰化：國立彰化師範大學國文學系在職進修專班碩士論文，2003年）

六、網路資料及電子資料庫

楊晉龍：〈神仙佛的經學傳播：臺灣地區民國前扶鸞賦經學訊息探論〉（臺北：國立政治大學中國文學系第七屆「中國經學國際學術研討會」論文，2011年4月16日）PDF電子文件檔。
道教總廟三清宮網站（網址：http://www.sanching.org.tw/joinus_6/eq-detail.php?idNo=32，最後查詢日期：2011年7月1日）
天帝教圖書文獻館線上書房網站（網址：http://tienti.info/v2/library/paradise，最後查詢日期：2011年7月1日）
中華電子佛典協會：《電子佛典》2010年版。

國家圖書館出版品預行編目資料

關帝信仰與現代社會研究論文集／蕭登福、林翠鳳主編.
－－第一版－－臺北市：宇河文化 出版；
紅螞蟻圖書發行，2013.10
面　公分－－(玄門真宗；5)
ISBN 978-957-659 948-4（平裝）

1.民間信仰 2.關聖帝君 3.文集

272.7407　　　　102018366

玄門真宗 5
關帝信仰與現代社會研究論文集

主　　編／蕭登福、林翠鳳
發 行 人／賴秀珍
總 編 輯／何南輝
校　　對／楊安妮、蕭登福、林翠鳳
美術構成／Chris' office
出　　版／宇河文化出版有限公司
發　　行／紅螞蟻圖書有限公司
地　　址／台北市內湖區舊宗路二段121巷19號(紅螞蟻資訊大樓)
網　　站／www.e-redant.com
郵撥帳號／1604621-1　紅螞蟻圖書有限公司
電　　話／(02)2795-3656（代表號）
傳　　真／(02)2795-4100
登 記 證／局版北市業字第1446號
法律顧問／許晏賓律師
印 刷 廠／卡樂彩色製版印刷有限公司
出版日期／2013年 10 月　第一版第一刷

定價 500 元　港幣 167 元

ISBN 978-957-659-948-4　　Printed in Taiwan